浙 江 省 重 点 建 设 教 材

《中国文化要览》编委会

主编　孙力平

编委　（以姓氏笔画为序）

万润保　马晓坤　王兴旺

方坚铭　朱惠仙　沈小仙

袁九生　唐元发　钱国莲

中国文化要览

◎ 孙力平 主编

浙江大学出版社
ZHEJIANG UNIVERSITY PRESS
· 杭州

代序:古典的价值在哪里[*]

□ 孙力平

近日,杭州报纸有几篇报道议论古典文学在当代社会中有什么用的问题。有学工商管理的大学生认为古典诗词在现实生活中,能派上用场的时候少之又少,学了毫无意义;有广告界人士认为除了应付考试的学生、教师和研究人员、有特殊喜好者,其他人都不需要懂古典文学。无庸讳言,这些说法反映了社会上很多人甚至一些高级知识分子对古典(文学、语言、文献等)的价值判断。

古典文学属于人文学科中的基础学科,的确很难在工商管理等实际工作中派上用场,更不能指望它给个人物质生活立马带来效益。但是,这决不等于它就毫无意义、不值一学了。不同的学科有不同的功用,文史哲一类人文科学、基础科学,与自然科学、应用科学在社会中的作用以及发挥作用的方式是不能相提并论的。人除了经济生活外,更有精神生活。反映在教育上,大致有两大类,一类是技术教育,具有工具价值,一类是人文教育,重在精神价值。包括古典文学在内的人文基础学科,其根本价值就在培养人的人格和精神、完善人的知识结构,从而实现人的全面发展(这恰恰是教育的最终目的),而古典文学正是在人文教育中起着潜移默化地提高文化品位和格调、塑造美好灵魂的特殊作用。

文化素养的高下、知识结构的完缺,对于一个人事业成就的大小,有着不可低估的作用。我们看到许多老一辈的专家学者,无论他从事哪一专业,大多都具有相当的古典文学修养,其造诣之精深,几乎不比"正业"差多少,如著名的自然科学家丁文江、竺可桢、李四光、吴大猷等。所以,美国主张通才教育,规定高中生必读书21种,从荷马、柏拉图、亚里斯多德、莎士比亚、托尔斯泰到惠特曼。哈佛核心课程中被认为是不可或缺的有六大门类:一是外国文化,二是历史研究,三是文学艺术,四是道德权衡,五是科学,六是社会分析。美国科学发达尚且不忘古典,我们有几千年的无与伦比的古典

* 本文发表于《文汇报》(2002年8月8日),收入《文汇时评》,文汇出版社2003年版。

文学遗产,怎么反倒弃之如敝屣呢? 中科院院士邹承鲁先生曾提出,解放以来我国教育有两个致命的大问题,其中一个就是对中国传统文化教育太薄弱。他说:"日本人读过唐诗的,一到苏州就要去看寒山寺。我曾问过十个本国研究生,居然只有一个人知道'姑苏城外寒山寺'这句诗。很多人自小就不知道中国文化,不知道本国历史,你如何叫他爱国?"

进而言之,古典文学或者说具有古典文学素养真的就没有任何实用价值吗? 非也。举例为证:美国前总统尼克松第一次来华访问,在会谈中讲到中美关系时,说双方的利益是"parallel"的。中国翻译把"parallel"译为"平行",尼克松的翻译弗里曼提出了异议,说平行的意思是永远不会相遇,例如双杠(parallel bar)始终往同一方向延伸而不相遇,他认为尼克松的意思不是这样的。周总理于是问他以为如何译才是他们总统的原意。弗里曼说:"我认为应当译为殊途同归。"在后来的一次宴会上,总理问他是在哪里学的汉语,弗里曼回答说是在台湾学的汉语。周总理感叹说:"台湾对古典汉语比我们重视。"①再举一个时下的例子。前几天结束的中央电视台青年歌手专业组比赛,不少毕业于高等音乐、艺术院校的歌手唱起歌来中气充沛,余音绕梁,考知识题则连一些最基本的题目也答不上来,有的回答简直令人愤慨(如说"长安街"在英国)。主持人客气,歌手也坦然,将之归咎于心理素质,殊不知底气不足的真正原因是文化素质不高。

急功近利之风愈演愈烈,影响所及,重理轻文、重应用轻基础的观念在学生中已牢牢扎根,体现在学习上,是漠视各种与现实生活没有直接关系的知识或抽象理论。体现在专业选择上,应用性专业炙手可热,基础性学科门庭冷落。比如文科中,中国语言文学(汉语言文学)专业,据浙江省教育厅公布的数字,签约率明明在法学、艺术设计等专业之上,但却少有人报考。不少人总以为进了大学就要学一个与社会上某一行当对口的专业,总以为专业越小越具体越好,其实这对就业并不一定有利。很多中文系的学生进校时闷闷不乐,想换专业,到毕业时,却庆幸当初还好学的是中文,比别人就业面更广阔,哪个单位都好去。为什么? 因为中国语言文学恰好符合近年高教改革中大力倡导的宽口径、厚基础方向。

文化不仅是人类生存的方式,同时也是人类进化的标志。实用主义、功利主义盛行是社会转型阶段的产物,它只能带来暂时或相当一个时期的近视价值判断,却不可能消解古典(文学、语言、文化)的永恒价值和魅力。

---

① 参见章含之《跨过厚厚的大红门》,文汇出版社 2002 年版。

目　录

第一章
中国思想

■ 概　述

　　精神文化一直是整个文化系统中最稳定却最具活力的部分,而哲学思想则又属于精神文化中最为核心的内容,中国文化自然也不会是例外。中国古代哲学思想不仅代表了中华民族理论思维的最高水平,它还在整个传统文化体系中起着主导和制约的作用,诸如"道法自然"、"天人合一"观念对中国古代文学、艺术乃至建筑形式的影响都足以证明这一点。只是隔着千百年的历史沧桑,站在今天现代文明的立场,对中国传统思想文化的理解不止有横看成岭侧成峰的困惑,更有见仁见智的分歧,这些都是很自然的现象。中国思想史上众说纷纭,头绪繁多,仅春秋战国就有"诸子百家"之多,限于篇幅,这里只能是择其要者作一简单介绍。

一　儒家思想

　　儒家是春秋战国形成的以孔子为代表的一个学派,而儒学可谓中国文化史上最早的也是最有影响的学说。关于"儒"字的起源和含意,自古以来说法不一。今天可以确认的是,随着封建制度的解体,"儒"甚至沦为以相礼为生的微贱职业。孔子的出现极大提升了这一社会阶层的文化品格,此即孔子要求其门人"汝为君子儒,毋为小人儒"的原因。自孔子以后,"儒"就成为孔门弟子的专称,由孔子创立的学说称为"儒学"。

　　孔子(前551—前479),名丘,字仲尼,春秋时期鲁国陬邑(今山东曲阜)人。孔子一生除一度出任鲁国司寇外,主要都是授徒讲学。据《史记·孔子世家》记载:"孔子以诗书礼乐教,弟子盖三千焉,身通六艺者七十有二人。"孔子生时,私人著述的风气还不甚流行,所以孔子并没有什么系统的论著,只留下经他手定的五经和弟子们追记他生平言论的《论语》可供我们了解他的思想。他对于政治社会的设想多保留在五经当中,《论语》则更多地表现了他对个人修养的看法。

孔子生逢乱世,如司马迁所言,"孔子之时,周室微而礼乐废"。在孔子看来,要改变当时"礼崩乐坏"的社会现状,最好的方法就是重新恢复周礼的权威,"一日克己复礼,天下归仁焉"。孔子的政治理想是"从周",其实行的具体主张就是"正名"。正名必以某种具体制度为标准,孔子的标准就是西周礼制,所以"从周"与"正名"在孔子那里实是一体之两面。因为要"从周",孔子在政治上极力反对"政"、"刑",主张用道德教化的方法来治理国家,他相信"道之以政,齐之以刑,民免而无耻;道之以德,齐之以礼,有耻且格";在经济上孔子也是主张维持原有的社会经济结构,他认为"有国有家者,不患寡而患不均,不患贫而患不安。盖均无贫,和无寡,安无倾",其精神显然不同于法家的"尽地力之教",与战国时代流行的富强政策更是格格不入。

孔子思想自有其保守的成分,但如果据此就把他归入守旧派阵营则显见是不公正的。孔子"从周"绝非一味单纯地复古,其礼治主义的基础就是"仁"学思想。简言之,孔子思想的革命性就在于他是"以仁释礼",孔子"人而不仁如礼何"正是着眼于此。孔子思想的核心就是"仁","仁"几乎包括了一切美德。孔子之"仁",推其原始无非人与人之间推己及人的同情心,孔子说"仁者爱人",一方面"己欲立而立人,己欲达而达人",另一方面则"己所不欲,勿施于人"。不过仁之成就,始于主观情感,最终却须落实在具体的社会实践当中。在孔子看来,一切人类社会以及政治生活都无非行仁的场所;仁者先培养其主观的仁心,然后按照其能力从小到大、由内而外地推行其客观的仁行。《大学》所谓"心正而后身修,身修而后家齐,家齐而后国治,国治而后天下平",说的就是这个道理。就修养而言,仁是私人道德;就社会实践来说,仁又是社会伦理与政治原则。孔子的仁学,诚如萧公权所言,"实已冶道德、人伦、政治于一炉,致人、己、家、国于一贯"。

据《韩非子·显学》记载,孔子身后"儒分为八,而皆自谓真孔",其中最有影响的儒家派别自然要数孟子(前372—前289)和荀子(约前313—前238)两家了。冯友兰认为,孟子代表儒家的理想主义的一翼,稍晚的荀子代表儒家的现实主义的一翼。孟子对孔子儒学最大的贡献就在于他从理论上解释了人为什么会"行仁",这个解释就是孟子著名的"性善"说。孟子认为一切人的本性中都有恻隐之心、羞恶之心、辞让之心、是非之心这四个"善端",若得到充分发展,就成为儒家极其强调的"仁、义、礼、智"这四种"常德"。这些德,若不受外部环境的阻碍,就会从内部自然发展(扩充),有如种子自己长成树,蓓蕾自己长成花。因为只有通过发展"四端",人才能成为真正的人。荀子最著名的是他的"性恶"说,这与孟子的性善说正好相反。因为性恶,所以要靠后天的努力来改造人的先天自然属性,即所谓"化性起伪",其途径有二:一是"修身",一是"师法"。和孟子一样,荀子也同意人人皆可为圣人,"涂之人可以为禹"。孟子说人皆可以为尧舜,是因为人本来是善的;荀子相信涂之人可以为禹,是因为人可以理性地选择自己的发展道路。

二　墨家思想

继儒学之后另一个影响广泛的学派就是墨家学派。墨家创始人为墨翟(约前468—前376),世称墨子。墨子思想主要保存在由他的弟子编辑而成的《墨子》一书中,墨家之名也由其创始人而得。据《淮南子》记载,墨子最初受业于儒家,后因不满儒家"尊尊亲亲"的政治主张,及对儒家的繁文缛节和靡财害事的丧葬礼仪怀有疑虑,故"背周道而用夏政",创立与儒家学说针锋相对的墨家学派。墨家同时被视为中国最早的民间结社组织,有着严密组织和严格纪律的墨家成员自称"墨者"。墨者多来自社会下层,以"兴天下之利,除天下之害"为目的,"摩顶放踵利天下,为之",甚至可以做到"赴汤蹈刃,死不旋踵"。据《韩非子》记载,儒、墨同为战国时期的显学,战国后期,墨学的影响甚至一度在孔学之上。

墨子是儒家思想最激烈的批判者。《墨子》"非儒篇"批评儒家"累寿不能尽其学,当年不能行其礼,积财不能赡其乐。盛饰邪术,以营世君;盛为声乐,以淫遇民;其道不可以期世,其学不可以导众"。墨子对儒家的批评主要集中在两点:一是儒者怀疑鬼神存在,"天鬼不悦";二是儒家提倡的礼乐制度造成社会财富和精力上的浪费。墨子的正面主张有十项五类,即"凡入国,必择务而从事焉。国家昏乱,则语之尚贤、尚同;国家贫,则语之节用、节葬;国家熹音湛湎,则语之非乐、非命;国家淫僻无礼,则语之尊天、事鬼;国家务夺侵凌,即语之兼爱、非攻",其中"兼爱"是墨子思想的核心。不同于儒家由亲而疏、推近及远的"仁爱",墨家"兼爱"要求不分亲疏远近、一视同仁的博爱。墨子认为,只有"兼爱"才能"兴天下之利,除天下之害",而"非攻"也不外是墨子"兼爱"逻辑上的必然结果。《墨子·兼爱下》说:"当今之时,天下之害孰为大?曰:大国之攻小国也,大家之乱小家也;强之劫弱,众之暴寡,诈之谋愚,贵之傲贱:此天下之害也。……然即国都不相攻伐,人家不相乱贼,即必曰:天下之利也。"墨子用这种功利主义的辩论证明"兼爱"是绝对正确的,"兼爱"应当成为天下所有人的行动标准,这叫作"以兼为正"。

墨子以"交相利"来论证"兼爱"的合理性,他强调"兼爱"符合每一个人的长远利益,"夫爱人者,人必从而爱之;利人者,人必从而利之;恶人者,人必从而恶之;害人者,人必从而害之"。在上述的道理之外,墨子又引进诸如"天之爱民之厚"、"鬼神之能赏贤如罚暴"等"天志明鬼"诸说为其"兼爱"思想助阵。除了宗教权威外,政治的制裁也是必要的。《墨子·尚同》篇集中阐述了墨子的国家起源学说。照这个学说,国家的主要任务就是监察人民的行动,奖赏那些实行兼爱的人,惩罚那些不实行兼爱的人。为了有效地做到这一点,必须做到"上同而不下比",即永远服从君主的意志。因此,国家必须是极权主义的,国君的权威必须是绝对的。因为国家的设立,就是结束"天下之人异义"的混乱,把人民从无政府状态中拯救出来。具有讽刺意味的是,极权主义的国家一旦建立,任侠尚武的墨家马上成为国家首先打击的对象。战国以后,墨家已趋衰微,西汉后更是完全销声匿迹了。

三 道家思想

道家之名起于西汉,首见于汉代司马谈《论六家要旨》一文。据《汉书·艺文志》著录道家之书,共计 37 家、933 篇,老子、关尹、文子、杨朱、列子和庄子(约前 369—前 286)等人都可以纳入"道家"名下,各家各派之间也没有确定无疑的师承和学术渊源关系。先秦道家不同于儒家、墨家,是联系较为松散的一个学派,或者说是由某些思想倾向较为接近的人共同发展出来的学术思潮,其学术渊源、传承和发展的历史脉络相当模糊,各家各派的内容也不尽一致,不过就其作为终极理论的道论、"自然无为"的基本精神,以及强烈的神秘主义和个人主义色彩而言,同属道家的各派又都有一脉相承的地方。

道家著作以《老子》和《庄子》最为重要,只是其人其书的实情,尤其是《老子》及其作者的问题,却是聚讼纷纭,扑朔迷离。总体看来,道家在基本的人生态度和政治理想方面的看法都同当时儒墨两大显学相去甚远。《论语》中就记载了楚狂接舆、荷蓧丈人、长沮、桀溺等道家隐君子对孔子的批评,老庄著作中对儒家的批判尤其激烈。《老子》认为:"失道而后德,失德而后仁,失仁而后义,失义而后礼。夫礼者,忠信之薄而乱之首。"庄子也要求弃仁背义,废礼毁智,同儒家主张正好是针锋相对。

道家得名于《老子》。在《老子》看来,道是世界万物的本源,又是宇宙运行的规律。作为前者,道生万物;作为后者,道法自然。老庄就把"道"视作流贯宇宙、社会和人生的规律,道的表现即是自然,自然无为就是道家所谓的"德"。在老庄那里,"道法自然"的哲学命题与"无为而治"的政治主张是一致的,既然作为万事万物的本原的道是自然无为的,那么统治者治理国家也应顺其自然,实行"无为而治"的方针。在《老子》看来,社会的发展和文明乃万恶之源,"大道废,有仁义;智慧出,有大伪;六亲不和,有孝慈;国家昏乱,有忠臣"。太古之人,无识无知,无为无欲,则能和睦相处,恬淡自乐。因此,他斥礼乐、排刑政、恶甲兵,主张回到"小国寡民"时代,实行"无为而治"。但是社会发展不可逆转,复归原始时代的人的本性无法实现,于是庄子便试图逃离现实物质世界的藩篱,到纯粹的精神世界去寻求自由。庄子认为,一个人可以通过"心斋"、"坐忘"的方式彻底摆脱物质世界的羁绊,让精神离开肉体的躯壳,无拘无束地游心于无功、无名、无己的绝对自由的境界。

老庄自然无为、全生适性、追求物我同一的思想,对汉初黄老之学、汉末兴起的道教,尤其是晋代以降的遁迹全身的知识分子均产生了很大的影响。两晋南北朝之际,士大夫趋尚玄学,归趣老庄,推崇《周易》、《老子》、《庄子》为“三玄”。至此,老庄思想真正作为一种学术思想而得到知识界的重视,并在中国思想史上产生至为深远的影响。

四　法家思想

法家学说是战国时代后起的一个学派,也是对中国古代社会产生重大影响的思想流派之一。法家指的是些“法术之士”,法术分为法和术。据韩非的说法,“法者,编著之图籍,设之于官府而布之于百姓者。术者,藏之于胸中,以偶众端而潜御群臣者也”。法家学说是一种极端功利主义的思想体系,内容核心主要是讨论君主如何加强极权统治。这个学派否定了世袭贵族天然传承的等级制度,主张彻底与传统文化决裂,“圣人苟可以强国,不法其故,苟可以利民,不循其礼”。法家代表人物是韩非(约前281—前233)。《史记》说他“与李斯俱事荀卿,斯自以为不如非”,著有《韩非子》55篇。

韩非是法家思想的集大成者,在他以前,法家已经有三派:一派以慎到为首,他以“势”——权威——为政治和治术的最重要的因素;另一派以申不害为首,强调“术”——指办事、用人的方法和艺术,也就是政治手腕——是最重要的因素;再一派以商鞅为首,最重视“法”。韩非认为,这三者都是不可缺少的。他说:“明主之行制也天,其用人也鬼。天则不非,鬼则不困。势行教严逆而不违,……然后一行其法。”明主像天,因为他依法行事,公正无私;明主又像鬼,因为他有神秘诡异的用人之术,这是术的妙用;他还有权威,可以强化他意志的力量,这是势的作用。这三者“不可一无,皆帝王之具也”。

韩非学说本于黄老。老子以道为天地万物之根本,主张“人法地,地法天,天法道”,以道为为人行事的根本原则,而有虚静、无为之论。韩非子吸收这种观点,并予以符合自己理论需要的新解释。道是世界的根本,而且是独一无二的,韩非子认为这样的道只能为人君独有,韩非子就这样为君主独裁找到了形而上学的依据。韩非认为人君当依道而治,实际上是将道作为集权统治的工具。他认为道之不可见、不可知之设,纯为君主权威的树立以及驭使臣下、百姓的需要。老子讲无为,取顺其自然之意;而韩非则讲人君无为而御下,君无为而臣有为。这些都是把道作为工具来看待的。

韩非也像他的老师荀子一样相信人性恶,但他对“化性起伪”一类的自我改善毫无兴趣,因为法家提出的治国之道正是以人性恶——自私、狡猾、短视、贪婪和怯懦等——为前提的。人都有"就利避害"的本性,商鞅就此得出结论:"人生有好恶,故民可治也。"《商君书》认为"制民之道,务在弱民",而弱民之道就是愚民,因为"民愚则易治也"。商鞅甚至主张剥夺人民一切生活乐趣,这样打起仗来老百姓才不至于贪生怕死。在法家眼里,臣民只不过是君主的工具而已,正如《韩非子》所说的,"君上之于民也,有难则用其死,安平则尽其力"。难怪郭沫若批评说:"韩非的文章,完全是一种法西斯式的理论,读起来很不愉快。"马克思曾经说过,"专制制度的唯一原则就是轻视人类,使人不成其为人",反观法家学说,确是一针见血。

在战国时代那种"捐礼让而贵战争,弃仁义而用诈谲,苟以取强而已矣"的局面下,法家这种思想确是相当有效,而儒家那种固守传统的温和政治主张就未免显得有些迂阔。自西汉后期,法家思想被"废黜百家,独尊儒术"的儒家所吸收,此后独立的法家就不复存在了。在漫长的中国历史里,"阳儒阴法"一直就是中国政治游戏中公开的秘密。

五 魏晋玄学

魏晋玄学是在汉代儒学衰落的基础上,为弥补儒学不足而产生的一种新学说。它既是对汉代儒学章句训诂烦琐学风的否定,同时也体现了魏晋思想界对汉代经学神学目的论思想的反动。玄学之"玄"首先来自《老子》"玄之又玄,众妙之门"一说,言道之幽深微妙;王弼把"玄"解释为"深者"、"物之极也"。玄学即以老庄学说为思想资源来研究幽深玄远的形上问题的学说,因其主要以老庄思想为依据,所以又称"新道家"。

玄学之为玄学,正是以玄之又玄的"有无之辨"为其理论特色。三国时王弼(226—249)首倡"以无为本"的"贵无"说,以无为本的思想可以追溯到《老子》"道生万物"、"有生于无"的表述,所以《晋书》会有何晏、王弼"祖述老庄"而立"天地万物皆以无为本"之语。不过以母子关系来类比的"以无为本"说存在一个致命的理论缺陷:"无"如何能越过无和有的界线而产生出原本不存在的"有"来呢? 正是看到这一点,裴頠针锋相对地提出"崇有"说,他坚持世界的根本是"有"而不是"无",肯定"有自生"而非"生于无",一定要给它找一个造物者作为它的依据是不可能的,也是不必要的。万物自生,向秀、郭象谓之"独化"。这个理论认为,万物不是任何造物主所造的,可是物与物之间并不是没有关系。关系是存在的,这些关系都是必要的。郭象(约252—312)以有作为万物存在的根据,又主张物各自生自为,而自为就是自然无为,这就调和了"崇有"与"无为"的矛盾。

以"有无之辨"为核心的魏晋玄学自有其现实的针对性,这种现实关怀集中体现在魏晋玄学的"自然名教之辨"上。名教即名分教化以及由此形成的一整套礼法制度和伦理规范。名教传统在汉代已经被钦定为三纲五常的天道,进入魏晋却开始受到源于道家的"自然"观的质疑。名教自然之辨始于王弼,从王弼"崇本息有"的贵无观点看,"无"——即"道"、"自然"——是现实世界一切现象赖以存在的本体,是"母"、"本"、"体"、"一",而纲常名分、伦理制度等有名有形的具体存在形式——即"有"——总是处在"子"、"末"、"用"、"多"的从属地位。尽管王弼承认名教存在的合理性,但其"名教本于自然"的价值判断还是毫不含糊的。沿着王弼以无为本、扬道抑儒的思想逻辑,阮籍、嵇康"非汤武而薄周孔"的极端倾向自然也不足怪了。阮、嵇等竹林贤士看不惯司马氏集团借名教名义残杀异己,愤而抨击整个名教,行为怪僻、放荡,甘做名教"罪人"。他们以老庄自然无为的思想对抗儒家纲常名教,提出"越名教而任自然"的观点。不同于王弼对名教有保留的肯定,在嵇康眼里,仁礼刑教都是同自然天性相悖的东西,而名教取代自然正是开启了社会混乱之源。为了从根本上理顺名教与自然的关系,郭象重新定义了道家的"自然"。郭象以为,所谓"自然","即物之自耳","自己而然,则谓之天然"。在他看来,人都有自然和社会的双重属性,人没有理由也没有必要去反对那天然合理且系"自生"的名分地位,郭象由此完成了他"名教即自然"的逻辑推演。这既是郭象为君主和名教的合法性进行的论证,也是他对名教与自然之辨所作的总结。

六　宋明理学

理学,指的是宋明儒学的哲学思想。理学各家均以"理"为最高范畴,故称"理学";又因其均以接续先秦儒学的道统自居,故又称"道学"。理学形成有两方面的原因:一是儒学发展内在的要求。汉代以来注重训诂章句的治经方法(即汉学)的弊病在魏晋时期已暴露无遗,宋代儒学研究强调领会儒学经典原道和原性的义理之学。二是受佛道思想的影响。道家《太极图》和《先天图》都是宋代理学的核心内容,佛教禅宗、华严宗对宋明理学的影响尤为深远,后人因此有"朱子道,陆子禅"的说法。

《宋元学案》开篇讲道:"宋世学术之盛,安定(胡瑗)、泰山(孙复)为之先河,程朱二先生皆以为然。"他们都强调儒家纲常和天道的一致性,可以看作开理学先河的人物。孙复之学传于张载,张以"气"来解释大地万物的生灭变化,他提出"天地之性"与"气质之性"的区别,主张通过道德修养和认识能力的扩充去"尽性"。胡瑗之学传于周敦颐,周又继承《易传》和部分道家以及道教思想,以"无极而太极"来解释宇宙生成,而以"中正仁义"为人生大道。程颢、程颐兄弟受教于周氏,"理学"之为"理"学,始于二程。程颢自称"吾学虽有所授受,'天理'二字却是自家体贴出来的"。在他们看来,理是自然界的最高原则,也是社会最高原则,它"在天为命,在人为性,论其所主为心,其实只是一个道",人与宇宙只为一体,欲明天理,只须识心见性。经由二程的发挥,理学大大发展,周、张、二程也被称作北宋"理学四大家"。

二程之学传至南宋,由朱熹(1130—1200)建立起一个完整的理学体系。朱熹在理学思想上的建树是在他把程颐的理气二元论扩充成很有条理的思想。他认为理气是二物,但就理气先后而言,理气又是浑沦不可分,气则是理的"挂搭处",通过气化生万物。人性具有这两方面的禀赋,理是纯善,气则有善有恶,修养的方法在锻炼气质之性使合于天理而已。这种说法由来有自,但如何变化气质使合于天理却人言言殊,周敦颐主静,程颢主敬,程颐提出"涵养须用敬,进学则在致知",朱熹因之大加发挥,遂建立起自己"穷理主敬"的修养论。朱熹是理学的集大成者,其最大的功绩在于他的综合工作。朱熹著有《四书集注》和《诗集传》,一扫汉人支离附会的习气,是经注上的一大革命。他还整理注释了周敦颐、张载和二程的重要著作,整个理学体系的系统渊源都有赖于他的工作才得以完成。

陆九渊(1139—1192)是当时朱熹理论最大的反对者。二者分歧主要在于修养途径的不同:朱主"道问学",以为从格物入手,物理既穷,自能豁然贯通。陆主"尊德性",以为先立乎其大,则自然百川会归。天下的道理都在人的本心之中,只消向内体悟,无不豁然开朗。所谓陆王心学,陆九渊只是开了个头,其大成则有待于明代王阳明(1472—1529)。"心即理"、"知行合一"、"致良知"是阳明心学最重要的三个论题。"心即理"是阳明心学的逻辑起点,王阳明反对朱熹"即物穷理"的主张,也对陆九渊"本心"说作了修正,他强调"万事万物之理不外于吾心",提倡求"理需从自己心上体认,不假外求始得"。王阳明认为朱熹学说之失就在于分"心"与"理"为二,因而导致分知、行为二。他一反朱熹"外心以求理"之说,主张"求理于吾心",大力倡导"知行合一"。王阳明称"致良知"为"千古圣圣相传的一点真骨血","吾平生讲学,只是'致良知'三字"。王阳明认为"良知"也就是"道"、"天理"、"本心","致"就是使良知"明觉"和"发用流行"。"致良知"也就是把良知扩充、推及到万事万物之中,从而将人的潜在道德意识转化成现实的人生价值。阳明心学宣扬人人皆有良知,哪怕愚夫愚妇也可以成为圣人,使"致良知"得以普及和推广,其影响十分深远,至明中叶已经"王学遍天下",但其流弊也逐渐显露出来。王学末流"酒色财气不碍菩提路"的狂禅作风早为人诟病;在明末天崩地解的大变局中,王学乃至整个理学空疏蹈虚、不切实际的毛病更是暴露无遗,最终落得个"终日袖手谈心性,临难一死报君王"的历史讥评。

七 清代实学

清代实学是对明末理学及王学末流所造成的种种积弊进行理性反思和深

刻批判的基础上形成的一股思潮,它是以泛化的儒学为主要研究内容的一种学术新形态,在明末开其端,至清代蔚为大观,直至近代仍有余响。清代实学以"经世致用"为价值核心,在批判宋明理学"束书不观,游谈无根"的基础上,大力提倡实事求是之学,主要表现在两个方面:对理学的空谈心性而言,主张经世致用;对理学的空疏浅陋而言,主张通经博物。

明末清初思想界主要以黄宗羲(1610—1695)、顾炎武(1613—1682)和王夫之(1619—1692)为代表,时称"清初学界三先生"。王夫之对宋明理学的批判主要是从形上的抽象思辨层面入手,他以"六经责我开新面"的气魄对理学进行全面批判和创新,在理气、理欲、道器、心性等许多方面提出了自己的观点,对传统学术进行了总结。鉴于理学师心自用、随意解经的学风,顾炎武主要致力于对经文本义的考索,欲藉此探索圣人之本义,著有《音学五书》《日知录》《金石文字录》等作品,开清代考据学先河。三人在历史、政治哲学方面也都有精辟见解,其中尤以黄宗羲最为激进。黄宗羲在《明夷待访录》中对专制制度作了有史以来最激烈的抨击,"天下之大害君而已矣!"他提出的"分治"思想不仅否定了"君权神授"说,也超越了孟子的"民贵君轻"论,可谓近代民主意识的先声。

清康熙年间,程朱理学被重新尊为官方哲学,这引起当时思想界的普遍不满。这一股"反理学"思潮中影响最大的要数颜元和戴震二人。颜元非常重视"习行"、"践履",他认为先儒所谓"格物",绝非程、朱闭门袖手的"穷理",也不是陆、王冥想空谈的"正心",而是"手格其物,而后知至",要"亲下手一番"才能获得真知。戴震在否定朱熹的形而上学本体论的过程中,建构起"天道—性—人道"的思想逻辑结构,"天道论"是戴震的世界图式,气化流行,生生不息是其核心内容;"天性论"是对于自然生命的关怀,肯定"欲"也是人性。他也精通训诂学,晚年所著《孟子字义疏证》则是其一生哲学思考的总结。

清代自雍正、乾隆以后,思想控制日趋严格,学者为避免触犯时忌,其著述多集中在考据训诂方面,其结果便是清代考据学的兴起。梁启超认为,清代考据学"其治学之根本方法,在'实事求是,无证不信'。其研究范围,以经学为中心,而衍及小学、音韵、史学、天算、水地、典章制度、金石、校勘、辑佚,等等。而引证取材,多极于两汉,故亦有'汉学'之目"。考据学一直就是清代学术思想的主流,出于对明代王学末流的反动,清代学术传统本以求实切理为号召,注重资料的收集和证据的罗列,少有理论的阐述及发挥,并崇尚朴实无华的治学风格,故有"朴学"之称。范文澜论及清代考据学的发展时曾指出:"自明清之际起,考据学曾是一种很发达的学问,顾炎武启其先行,戴震为其中坚,王国维集其大成,其间卓然名家者无虑数十人,统称其为乾嘉考据学派。"清代考据学的成熟与鼎盛期在清乾隆、嘉庆年间,而又被称为"乾嘉学派",因其师承关系又可以分为以惠栋、江永和钱大昕为代表的"吴派",以戴震、段玉裁以及王念孙、王引之父子为代表的"皖派"和以黄宗羲、全祖望、章学诚为代表的"浙东派"等分支学派。乾嘉学派的长处在于严谨扎实,但也不免流于琐细,其脱离现实更是有违先驱者"通经致用"的初衷。道光以后,清王朝内忧外患丛生,学术风气久经酝酿而发生了一个较大的变化,一时学者遂多舍弃文字训诂,而从事于"经邦济世"之学,其代表人物则有龚自珍、魏源和康有为等。乾嘉学派于穷途末路之中,犹有俞樾、孙诒让等谨守家法,其后章太炎、王国维尽管深受乾嘉学派影响,但前者重倡顾炎武"博学于文,行己有耻"之学,以伸张其政治主张;后者提倡"两重证据法"考释古文字和研究古史,都已非乾嘉学派所能之范围。

■ 专　题

老　庄

　　道家代表性作品首推《老子》,只是《老子》作者及其成书年代始终是个不解之谜。随着大量出土文献的面世,学术界推测,无论老子是一个传说人物还是确有其人,《老子》最后写定至少应在战国中期,它反映的则应当是战国前期的道家思想。《老子》之学和儒墨两家显学一样,创立于"礼崩乐坏"的混乱时代,原有的社会政治秩序和支撑这种秩序的思想观念体系都处于崩毁的状态,社会政治和思想观念的秩序如何重建自然成了当时思想者思考的中心问题。对于如何重建传统,儒文墨质,持说不一,但二者思路和话语却是一致的。当时真正超越于这场争论并开创出思想新局面的还是道家,《老子》建立了以"道"为核心的思想体系,将宇宙自然和人类社会的终极依据和最高准则规定为"道",道家也正得名于此。

　　《老子》道论绝非无源之水。《汉书·艺文志》里说,"道家者流,盖出于史官,历记成败存亡祸福古今之道,然后知秉要执本";《庄子·天下》也认为老子学说是对某种"古之道术"的继承。对于这些说法,过去多以为不过比附之辞,近年来一些古道者言之类的简帛文书相继出土,学界逐渐认识到道家思想与古代史官执掌的阴阳五行、天文历算知识之间的渊源关系。此外,由《左传》《国语》可以看出,春秋时期有关"天道"、"人道"的讨论已经蔚为风气,道在一定程度上已经成为当时学术讨论的关键词。《老子》对道的规定不同于前人处不止在其抽象程度更高,更在于《老子》把道视作天地万物的根本。春秋时期所谓"天道"即"天之道",道是从属于天的;《老子》则认为道比天更根本,道"先天地生"，"渊兮，似万物之宗"。《老子》之前，"帝"或"天"为根本，《老子》易之以道，是用一个无意志、无人格的存在来代替有意志的神，是用哲学代替了宗教神学。

从现在的眼光看，《老子》的"道"，就像康德的"物自体"和黑格尔的"绝对精神"一样，其实是个虚拟的问题。道所具有的种种特性和作用都是《老子》预设的，其实就是《老子》把现实世界中所体悟出来的道理统统托付给了所谓的"道"。当然，我们也可以把道理解为人的内在生命的呼声，它乃是应合人的内在生命之需求和愿望所开展出来的一种理论。

《老子》道论可以分为"道体"、"道理"、"道用"和"道术"几个部分，或者说，《老子》之"道"包括"本体之道"、"规律之道"、"人生准则之道"和"帝王南面之道"几个方面的内容，借用现代术语来说，《老子》道论是从本体论、宇宙论推及人生论，再延伸到社会政治论。当然，完全借用现代学科架构强行分解《老子》学说又是十分危险的，用《老子》的话说就是"大制不割"（二十八章），因为《老子》讲天（自然）必归结到人事，讲人事也必本之于天（自然），其世界观、社会观和人生观本就是一个统一的整体。

先就"道体"而言，《老子》反复申说"道"就是"无"，"天下万物生于有，有生于无"（四十章），"无，名天地之始；有，名万物之母"（一章）。《老子》中的"无"有两种用法，一是属于现象界的"无"，如十二章"三十辐共一毂，当其无，有车之用。埏埴以为器，当其无，有器之用。凿户牖以为室，当其无，有室之用。有之以为利，无之以为用"中的"无"；还有一类就是专用于说明道的特性的超现象的"无"。这个"无"不是"没有"而是"无限"，是对于我们有限的感觉能力而言的"无"，《老子》十四章"视之不见，名曰夷；听之不闻，名曰希；搏之不得，名曰微。此三者不可致诘，故混而为一。其上不曒，在下不昧。绳绳不可名，复归于无物。是谓无状之状，无物之象，是谓惚恍。迎之不见其首，随之不见其后"，说的就是这个意思。"道"不止对我们感觉能力是"无"，对我们理性能力也是如此，所以《老子》要说"道可道，非常道；名可名，非常名"（一章），"道常无名"（三十二章）、"道隐无名"（四十一章）。"无名"意味着道不是我们理性能力的对象，更进一步说，就连"道"这个名称也是下得很勉强的，"有物混成，先天地生，寂兮寥兮，独立而不改，周行而不殆，可以为天下母。吾不知其名，强字之曰道"（二十五章）。道不仅无形、无名，而且"道恒无为"。道法自然，因任自然便是"无为"。道之自然无为，一方面体现为"长之育之，成之熟之，养之覆之。生而不有，为而不恃，长而不宰"（五十一章），另一方面也表现为"天地不仁，以万物为刍狗"（五章）。

道既然无形、无名而又无为，何以能体认到它的存在呢？《韩非子·解老》说得好，"今道虽不可闻见，圣人执其见功，以处见其形"，意即道创生万事万物并在这创造过程中显现自身的存在。"道体"固然无形、无名又无为，看不见摸不着，不能解释也无法定义，漠然高远拒人千里之外，但它作用于万事万物时却表现出某种可以认识和理解的规律（道理），这些规律大可以作为我们行为的准则（道用）。道的运作规律，一言以蔽之，就是《老子》四十章所说的"反者道之动"。所谓"反（返）"包含了两层意思：一是"相反相成"，一是"返本复初"。

正如"道体"本身就是超越人类感性和理性能力一样，其"道理"以及"道用"也是反常识的。按照世俗的看法，世界上万事万物之间的区别都是自然、绝对和永恒的，一切相反对立的事物及其概念就更是有你无我，冰炭不能同炉的，殊不知所有长短、美丑、强弱甚至善恶之类的区别分辨其实全不过语言概念而已，而这些概念及其区分都不过是个方便的权宜之计而已。其实宇宙间万事万物都是一个连续的混沌，其间并没有一个现成的界限，譬如昼夜，原本有别，但它们的区别又是从哪一瞬间开始的呢？昼夜如此，又有哪些区别不是这样呢？我们若能摆脱当下自我的狭隘视点，从一个更高的，比如"道"的角度来看，就不难发现，一切所谓相反对立的东西，实在是联立并生，相互依存的。所以《老子》反复告诫我们："唯之与阿，相去几何？善之与恶，相去何若？"（二十章），"故有无相生，难易相成，长短相形，高下相倾，音声相和，前后相随"（二章）。相反的事物，不仅相生相成，而且本身就互为涵蕴，也就是说任何一方都必然蕴涵了对立面的潜在因素，所以《老子》说："祸兮福之所倚，福兮祸之所伏。"（五十八章）试看富贵陷溺英雄，贫贱反而锻炼豪杰，孟子说"生于忧患，死于安乐"，不都是这一道理的印证吗？相反对立的，不仅互涵而且还要互变，也就是说一切事物都有向其对立面转化的必然趋势。春秋时期的史官早已指出"高岸为谷，深谷为陵"的教训，《老子》也说"正复为奇，善复为妖"（五十八章），其原因就在于道循环往复的运动规律，"天之道其犹张弓欤？高者抑之，下者举之，有余者损之，不足者与之"（七十七章）。正是在这种高下代兴、正反互变的"反者道之动"的基础上，《老子》提出"弱者道之用"的主张。《庄子·天下》以"坚毁锐挫"为老聃关尹学说的核心，这"坚毁锐挫"实在是宇宙间千古不磨的真理，所以《老子》说"勇于敢则杀，勇于不敢则活"（七十三章），"人之生也柔弱，其死坚强。万物草木生之柔脆，其死枯槁。故坚强者死之徒，柔弱者生之徒"（七十六章）。《老子》以"守柔曰强"（五十二章），这守柔而来的强才是真正的强、绝对的强，所以他才说"天之柔弱莫过于水，而攻坚强者莫之能胜"（七十八章），"天下之至柔，驰骋天下之至坚"（四十三章）。

《老子》"反者道之动""道理"中"反"的另一层意思是"返本复初"。人的最高行为准则无疑是道，但道是无形无名的，"迎之不见其首，随之不见其后"，因而依道而行必须通过中介才行，这个中介，除了取法天地之外，就是"贵德"。《老子》五十一章说："道生之，德畜之，物形之，势成之。是以万物莫不尊道而贵德"。德是道在人和万物中的落实与内化，人初生之时，与物类无别，故有"德"，所以《老子》说"含德之厚，比于赤子"（五十五章）。但在大道既废，天下失朴之后,人类开始在自然之外别生枝节,试图把自己从自然秩序中突出出来。《老子》二十二章尖锐地批评了人类自我中心主义者的傲慢:"企者不久,跨者不行,自见不明,自是不彰,自伐无功,自矜不长。其在道,曰余食赘行,物或有恶之,故有道不处",《老子》开出的疗世药方就是"常德不离,复归于婴儿"(二十八章)。归根复命是万物普遍而共同遵守的法则,万物既本始于道体的虚无,亦复归于道体的虚静,"故飘风不终朝,骤雨不终日"(二十三章),不合自然的终究剥极必复,"夫物芸芸,各复归其根。归根曰静,静曰复命。复命曰常,知常曰明"(十六章),人的修德或者说回归于德并终至于道的回归过程,也是返归于本性的过程。

本根的状态就是一种"虚静"的状态。在《老子》看来,道创生万物之后,万物的运动发展也就离道越来越远,所以只有返回到本根,才合于自然,才不起烦扰纠纷。"虚"与"静"是万物最初的状态,也是人归于德而至于道的极致,"致虚极,守静笃。万物并作,吾以观复"(十六章)。"少则得,多则惑",虚是一种精神上的减法,"为学日益,为道日损,损之又损之,以至于无为,无为而无不为"(四十八章)。所以《老子》教人要"少私寡欲"(十九章),要"去甚,去奢,去泰"(二十九章);除了去欲,还要弃名,"圣人名与身孰亲?身与货孰多?得与亡孰病?是故甚爱必大费,多藏必厚亡"(四十四章)。人回归于德,需要去除各种欲望和贪念,也要去除自是、自满之心,"不自见,故明;不自是,故彰;不自伐,故有功;不自矜,故长"(二十二章);智虑和知识也在摒弃之列,"天下皆知美之为美,斯恶已;皆知善之为善,斯不善已"(二章),所以"多言数穷,不如守中"(五章)。人之修德向道,返本复初,甚至需要达到"无身"的境界,"吾所以有大患,为我有身,及我无身,吾有何患!"(十三章)所谓"无身",就是要抛弃一切可能引发祸患的生理的(欲)、社会的(名)和理智的(知)欲求之后而达到的虚静的状态。"虚"的东西,必然呈现"静"的状态,"夫物芸芸,各复归其根。归根曰静,静曰复命"。人在涤除一切欲念和知虑甚至自我意识之后就能达到某种彻底澄明之境,洞悉万物变化之中不变的法则,也就是"知常","知乃容,容乃公,公乃王,王乃天,天乃道,道乃久,殁身不殆"(十六章)。致虚守静,返本归根,而能体知常道,遂能无所不包而致廓然大公,终致符合天然而与道相合。这是人生的理想状态,也是人的意义与价值所在。修身须以"虚静"为归趣,社会改造又何尝不是如此呢。在《老子》眼里,所有的社会问题都无非是人自己特别是统治者(圣人)"多欲、多事、有为"的结果,所谓"天下多忌讳,而人弥贫;人多利器,国家滋昏;人多伎巧,奇物滋起;法令滋彰,盗贼多有"(五十七章)。因此,只有统治者"无为、好静、无事、无欲",社会政治才能走上正确的道路。《老子》理想的社会和国家正是这样一个无为的所在,"小国寡民,使有什佰之器而不用,使人重死而不远徙。虽有舟舆,无所乘之;虽有甲兵,无所陈之。使民复结绳而用之。甘其食,美其服,安其居,乐其俗,邻国相望,鸡犬之声相闻,民至老死,不相往来"。

《老子》之后,而有庄子。庄子之学,"要本归于老子之言"(《天下》),而又有根本的不同。就"道体"而言,老庄两家本无二致,《大宗师》说得最为透彻:"夫道,有情有信,无为无形;可传而不可受,可得而不可见;自本自根,未有天地,自古以固存;神鬼神帝,生天生地;在太极之先而不为高,在六极之下而不为深,先天地生而不为久,长于上古而不为老。"严复评点这一段"皆颂叹道妙之词,然是庄文最无内心处,不必深加研究",确是见道之论。庄子在道论方面对老子学说的发展和超越,主要表现在他对道、物关系的论析上。老庄之学都推崇道,只是《老子》之道,本体论和宇宙论的意味较重,而庄子则将它转化而为纯精神的境界,郭沫若许庄子为道家的马鸣、龙树,强调的正是这一点,庄子思想对后世的影响主要也在这里。

"凡有貌象声色者,皆物也"(《庄子·达生》),而道不是"物",这是老庄的共识。《老子》首先强调了道的"无形"和"无名",《庄子》则从逻辑上论证了道何以不是"物","有先天地生者物邪?物物者非物,物出不得先物也,犹其有物也。犹其有物也,无已"(《庄子·知北游》)。既然道生万物,它自身就不可能是"物",否则就势必有它本身为何物所生的问题,所以,只要它是物,它就不能在逻辑上"先"于物,即"物出不得先物也"。道是逻辑追溯的终点,自然也是人类认识的边际。"古之人,其知有所至矣。恶乎至?有以为未始有物者,至矣,尽矣,不可以加矣"(《庄子·齐物论》)。人类的认识能力是以物为对象的,而道不是物,明白这一点,便会清楚知识的限度。如果跨过这一限度,就会陷入无意义的恶性循环,"有始也者,有未始有始也者,有未始有夫未始有始也者。有有也者,有无也者,有未始有无也者,有未始有夫未始有无也者。俄而有无矣,而未知有无之果孰有孰无也"(《庄子·齐物论》)。对万物的生成固然可以作无休止的推论,但一切有意义的讨论总是要预先设定某种逻辑上的起点。庄子正是在设定知识或人类理性与智慧的起点这层意义上讲道是终极,是本根、本源的,"故知其所不知,至矣"(《庄子·齐物论》)。因此,道在庄子那里,既是终结又不是终结,它虽"自本自根"、"神鬼神帝",却既不是人格神,也不是一个实体。

《庄子·知北游》中有这么一段对话:

> 东郭子问于庄子曰:"所谓道,恶乎在?"庄子曰:"无所不在。"东郭子曰:"期而后可。"庄子曰:"在蝼蚁。"曰:"何其下邪?"曰:"在稊稗。"曰:"何其愈下邪?"曰:"在瓦甓。"曰:"何其愈甚邪?"曰:"在屎溺。"
>
> 东郭子不应。庄子曰:"夫子之问也,固不及质。……汝唯莫必,无乎逃物。至道若是,大言亦然。周遍咸三者,异名同实,其指一也。"

道不是实体性的存在,所以道无所不在。在庄子看来,一定要指出道之所在,其提问方式首先就错了。"周遍咸"云云,说的正是道无所不在,触目皆是道也。"汝唯莫必,无乎逃物",正是道在物而不是物。道遍存于万物,与物没有分界,而这没有分界又是一种分界,所谓"物物者与物无际,而物有际者,所谓物际者也;不际之际,际之不际者也。谓盈虚衰杀,彼为盈虚非盈虚,彼为衰杀非衰杀,彼为本末非本末,彼为积散非积散也"(《知北游》)。这段话包括四层意思:第一,道与物没有分别,因为万物之中都有道;第二,物与物之间是有分别的,但这种分别不是道与物的分别,因为道不是物;第三,道作为不是分界的分界,恰使得有区别的万物之间没有分别,因为从道的角度看,"万物皆一也"(《德充符》);第四,对道作为不是分界的分界的解释。道存在于万物之中,因而二者没有界限;但道主宰万物的变化而又不随万物的变化而变化,这又是道与物的分界。

道落实于万物,便是"德",道与德的关系也就是体与用的关系,但"德"的价值总是低于道的,即"孔德之容,惟道是从"(《老子》二十一章),这是《老子》的观点。而从庄子"物物者与物无际"的观点看,落实于万物当中的"道"既可以说是"德",也可以说是"道",道与德只是一体之两面。"德"是万物得自于道者,"泰初有无,无有无名;一之所起,有一而未形。物得以生,谓之德"(《天地》),万物因道而生,以德而明,如"马,蹄可以践霜雪,毛可以御风寒,龁草饮水,翘足而陆,此马之真性也"(《马蹄》)。物各有其真性而与他物有别,这个真性就是"德",但这个"德"又不过"道"的别称而已,"无为言之之谓德"(《天地》)。"形非道不生,生非德不明"(《天地》),就宇宙万物同出于道而言,则物我之间难分畛域,"天地与我并生,万物与我为一"(《齐物论》);就万物各有其"真性"而言,则万物殊类,"物固有所然,物固有所可。无物不然,无物不可"(《齐物论》)。道与德可谓是同出而异名,所以庄子说,"自其异者视之,肝胆楚越也;自其同者视之,万物皆一也"(《德充符》),称之为道还是德,视乎方便而已。要言之,庄子道论本于《老子》,其不同之处在于:第一,道不是物;第二,道无所不在;三,道通为一。这三点,尤其是"道通为一"的理论,构成庄子认识论、人生论和境界论的哲学基础。

庄子对人类的认识能力根本不抱有信心,《庄子·齐物论》中有一段诡异的文字非常典型地说明了庄子对于知识和理性的深刻怀疑:

> 啮缺问乎王倪曰:"子知物之所同是乎?"曰:"吾恶乎知之?""子知子之所不知邪?"曰:"吾恶乎知之!""然则物无知邪?"曰:"吾恶乎知之!虽然,尝试言之。庸讵知吾所谓知之非不知邪?庸讵知吾所谓不知之非知邪?且吾尝试问乎汝:民湿寝则腰疾偏死,鳅然乎哉?木处则惴栗恂惧,猨猴然乎哉?三者孰知正处?民食刍豢,麋鹿食荐,蝍蛆甘带,鸱鸦嗜鼠,四者孰知正味?猨猵狙以为雌,麋与鹿交,鳅与鱼游。毛嫱丽姬,人之所美也,鱼见之深入,鸟见之高飞,麋鹿见之决骤。四者孰知天下之正色哉?自我观之,仁义之端,是非之途,樊然殽乱,吾恶能知其辩!"

　　庄子的知识论和认识论,从根本上说,就是对各种知识和认识的否定。知识总归是关于某一特定对象的知识,而在庄子看来,世界上从来就不存在那种客观、静止和孤立的知识对象,"夫知有所待而后当,其所待者,特未定也"(《大宗师》)。事物的存在总是相对的,故而人的认知也必然是相对的:"物无非彼,物无非是。自彼则不见,自知则知之。故曰彼出于是,是亦因彼。彼是方生之说也,虽然,方生方死,方死方生;方可方不可,方不可方可;因是因非,因非因是。是以圣人不由,而照之于天,亦因是也。是亦彼也,彼亦是也。彼亦一是非,此亦一是非。果且有彼是乎哉?果且无彼是乎哉?"(《齐物论》)非但客观的世界是不可能的,作为认知主体的人又何尝可靠。《庄子·秋水》指出,认知主体的心态常常受到三种因素的干扰,即"拘于虚(空间)"、"笃于时(时间)"和"束于教(知识背景)",更要命的是,世俗所谓对错、真假和是非的判断往往出于人们自觉不自觉的成见("成心"),"夫随其成心而师之,谁独且无师乎?奚必知代而心自取者有之?愚者与有焉。未成乎心而有是非,是今日适越而昔至也"(《齐物论》)。庄子不相信真理是可以越辩越明的,因着每个人立场、视角和利益的不同,共同认可的标准更是不可能,因此明道之人是不会在恶性循环的泥潭中白白消耗自己宝贵生命的,"是亦彼也,彼亦是也。彼亦一是非,此亦一是非。果且有彼是乎哉?果且无彼是乎哉?彼是莫得其偶,谓之道枢。枢始得其环中,以应无穷。是亦一无穷,非亦一无穷也。故曰莫若以明"(《齐物论》)。庄子的认识论批判是对人类认识困境最深邃的揭示,认识既是对世界的发现,同时也是一种遮蔽,所谓"分也者,有不分;辩也者,有不辩也。曰:何也?圣人怀之,众人辩之以相示也。故曰辩也者,有不见也"(《齐物论》),所以高明的做法就是"不如两忘而化其道"。庄子说,"有真人而后有真知",他用玄妙的语言形容体道而获"真知"后的精神境界,"鱼相造乎水,人相造乎道。相造乎水者,穿池而养给;相造乎道者,无事而生定。故曰鱼相忘乎江湖,人相忘乎道术"(《大宗师》),体道之后,人就可以像江湖中的鱼儿那样从容逍遥、悠然自得。所以说,庄子之论认知、知识与是非,实在是为指明人生的一条大道通途。

　　庄子知识批判的目的是要让人抛弃世俗的是非对立,不要为日常经验和世俗的价值判断所束缚,明了"厉与西施,恢恑憰怪,道通为一。其分也,成也;其成也,毁也。凡物无成与毁,复通为一"(《齐物论》)的道理。庄子主张"物物者与物无际",在其哲学思想中绝无另一世界之说,他也不寄希望于彼岸世界,故而庄子对人的现实的和终极的生存困境皆有透彻的认识与分析。在庄子的思想世界里,人是渺小的,"吾在天地之间,犹小石小木之在大山也"(《秋水》),现实之中,"人之生也,与忧俱生",原因在于"天下之所尊者,富贵寿善也;所乐者,身安厚味美服好色音声也;所下者,贫贱夭恶也;所苦者,身不得安逸,口不得厚味,形不得美服,目不得好色,耳不得音声。若不得者,则大忧以惧"(《至乐》)。

人之以物易性,还包括受仁义道德等价值观念的束缚,"小人则以身殉利,士则以身殉名,大夫则以身殉家,圣人则以身殉天下"(《骈拇》),君子小人,就其"残生伤性"而言,都是一样的。庄子认为,人应当"任其性命之情",不管世间是非与得失,既不悦生也不恶死,"且夫得者,时也,失者,顺也;安时而处顺,哀乐不能入也。此古之所谓悬解也,而不能自解者,物有结之"(《大宗师》)。人在世间,对一切是非、得失都应安之若命,方不至于滑乱内心之纯和;同时也应当取无用之势,方能免于祸患。"山木自寇也,膏火自煎也。桂可食,故伐之;漆可用,故割之。人皆知有用之用,而莫知无用之用也"(《人间世》)。然而,木以不材而终其天年,庄子故人之雁却因不材而丧命(《山木》),故庄子也不是全取无用与不材,而是要处于材与不材、有用与无用之间。安时处顺、处于材与不材之间,都只是现实的生存智慧,而不是最高的人生境界。材与不材、有用与无用之间,仍不免于俗累,"若夫乘道德而浮游则不然。无誉无訾,一龙一蛇,与时俱化,而无肯专为;一上一下,以和为量,浮游于万物之祖;物物而不物于物,则胡可得而累邪"(《山木》)。这是庄子人生论的极致,也是其思想的最高境界。

庄子推崇的人生境界,乃是"与造物者为人,而游乎天地之一气"(《大宗师》)的境界,这是一种没有限制、无所假待的绝对自由的境界,是与道一体的境界,庄子称之为"逍遥"。逍遥境界的获得,需要依"道通为一"的眼光来破除物我之间的分别,复归于不知不识而冥合于自然的绝对世界。通往这个境界,需要的不是知识的积累,正如《老子》"为学日益,为道日损"所言,要的恰恰是遗忘,是"吾丧我"(《齐物论》),是"心斋"(《人间世》)和"坐忘"(《大宗师》)。"心斋",如冯契所说,就是"心不饮酒,远离颠倒;心不茹荤,无有污染",就是在心灵中戒除某些东西而获得精神上的清洁。庄子的"坐忘"讲得更具体一点,颜回坐忘始于忘仁义,进而忘礼乐,最终至于"坐忘","堕肢体,黜聪明,离形去智,同于大通,此谓坐忘",详言之就是"三日而后能外天下;已外天下矣,吾又守之,七日而后能外物;已外物矣,吾又守之,九日而后能外生;已外生矣,而后能朝彻;朝彻,而后能见独;见独,而后能无古今;无古今,而后能入于不死不生。杀生者不死,生生者不生。其为物,无不将也,无不迎也;无不毁也,无不成也"(《大宗师》)。所谓"入于不死不生"者,并非得道成仙,而是不受生死之束缚,在大化流行中保持心灵的虚静和安宁。逍遥的境界,破除了物我之分,故有"物化"之境,"昔者庄周梦为蝴蝶,栩栩然蝴蝶也,自喻适志与!不知周也。俄然觉,则蘧蘧然周也。不知周之梦为蝴蝶与,蝴蝶之梦为周与?周与蝴蝶,则必有分矣。此之谓物化"(《齐物论》)。逍遥的境界,不受物我分别的束缚,甚至于没有任何束缚,不受任何限制,"之人也,之德也,将旁礴万物以为一。之人也,物莫之伤,大浸稽天而不溺,大旱金石流土山焦而不热。是其尘垢秕糠,将犹陶铸尧舜者也,孰肯以物为事"(《逍遥游》)。这种绝对无待的逍遥,其核心的秘密就在于"有人之形而无人之情"(《德充符》),在于"一以己为马,一以己为牛"的"安排而去化"(《应帝王》)而已。"无思无虑始知道,无处无服始安道,无从无道始得道"(《知北游》),人只要根除一切欲望、思虑、情感和意志,就能达到"大泽焚而不能热,河汉冱而不能寒,疾雷破山而不能伤,飘风振海而不能惊"(《齐物论》)的境界。这是大自由和大解脱,但在这解脱背后也不乏沉痛和愤激之情,庄子这种充满悲剧意味的自由观,借用鲁迅的话说,正是"于浩歌狂热之际中寒。于天上看见深渊。于一切眼中看见无所有,于无所希望中得救"。

文 选

庄 子(节选)

闻一多

庄子名周,战国宋之蒙人(今河南商丘县东北)。宋在战国时属魏,魏都大梁,因又称梁。《史记》说他与梁惠王齐宣王同时。看来他大概生于魏武侯末叶,现在姑且定为周烈王元年(前三七五)。他的卒年,马叙伦定为周赧王二十年(前二九五),大致是不错的。

与他同时代的惠施只管被梁王称为"仲父",齐国的稷下先生们只管"皆列第为上大夫",荀卿只管"三为祭酒",吕不韦的门下只管"珠履者三千人",——庄周只管穷困了一生,寂寞了一生,《庄子·外物》篇说他"家贫,故往贷粟于监河侯",《山木》篇说他"衣大布而补之,正緳系履,而过魏王"。这两件故事是否寓言,不得而知,然而拿这里所反映的一副穷措大的写照,加在庄周身上,决不冤枉他。我们知道一个人稍有点才智,在当时,要交结王侯,赚些名声利禄,是极平常的事。《史记》称庄子"其学无所不窥",又说他"善属书离辞,指事类情,用剽剥儒墨,虽当世宿学不能自解免也"。庄子的博学和才辩并不弱似何人,当时也不是没人请教他,无奈他脾气太古怪,不会和他们混,不愿和他们混。据说楚威王遣过两位大夫来聘他为相,他发一大篇议论,吩咐他们走了。《史记》又说他做过一晌漆园吏,那多半是为糊口计。吏的职分真是小得可怜,谈不上仕宦,可是也有个好处——不致妨害人的身分,剥夺人的自由。庄子一辈子只是不肯做事,大概当一个小吏,在庄子,是让步到最高限度了。依据他自己的学说,做事是不应当的,还不只是一个人肯不肯的问题。但我想那是愤激的遁辞。他的实心话不业已对楚王的使者讲过吗?

子独不见郊祭之牺牛乎?养食之数岁,衣以文绣,以入大庙,当是之时,虽欲为孤豚，岂可得乎？

又有一次宋国有个曹商，为宋王出使到秦国，初去时，得了几乘车的俸禄，秦王高兴了，加到百乘。这人回来，碰见庄子，大夸他的本领，你猜庄子怎样回答他？

秦王有病，召医。破痈溃痤者得车一乘，舐痔者得车五乘，所治愈下，得车愈多。子岂治其痔邪？何得车之多也？子行矣！

话是太挖苦了，可是当时宦途的风气也就可想而知。在那种情况之下，即使庄子想要做事，叫他如何做去？

我们根据现存的《庄子》三十三篇中比较可靠的一部分，考察他的行踪，知道他到过楚国一次，在齐国待过一晌，此外似乎在家乡的时候多。和他接谈过的也十有八九是本国人。《田子方》篇见鲁哀公的话，毫无问题是寓言；《说剑》是一篇赝作，因此见赵文王的事更靠不住。倒是"庄子钓于濮水"，"庄子与惠子游于濠梁之上"，"庄子游乎雕陵之樊"，"庄子行于山中，……出于山，舍于故人之家"——这一类的记载比较合于庄周的身分，所以我们至少可以从这里猜出他的生活的一个大致。他大概是《刻意》篇所谓"就薮泽，住闲旷，钓鱼闲处，无为而已矣"的一种人。我们不能想象庄子那人，朱门大厦中会常常有他的足迹，尽管时代的风气是那样的，风气干庄周什么事？况且王侯们也未必十分热心要见庄周。凭白的叫他挖苦一顿做什么！太史公不是明讲了"自王公大人不能器之"吗？

惠子屡次攻击庄子"无用"。那真是全不懂庄子而又懂透了庄子。庄子诚然是无用，但是他要"用"做什么？

山木自寇也；膏火自煎也；桂可食，故伐之；漆可用，故割之。人皆知有用之用，而莫知无用之用也。

这样看来，王公大人们不能器重庄子，正合庄子的心愿。他"学无所不窥"，他"属书离辞，指事类情"，正因犯着有用的嫌疑，所以更不能不掩藏、避讳，装出那"其卧徐徐，其觉于于，一以己为马，一以己为牛"的一副假痴假呆的样子，以求自救。

归真的讲，关于庄子的生活，我们知道得很有限。三十三篇中述了不少关于他的轶事，可是谁能指出哪是寓言，哪是实录？所幸的，那些似真似假的材料，虽不好坐实为庄子的信史，却满足以代表他的性情与思想；那起码都算得画家所谓"得其神似"。例如《齐物论》里"庄周梦为蝴蝶"的谈话，恰恰反映着一个潇洒的庄子；《至乐》篇称"庄子妻死，惠子吊之，庄子则方箕踞鼓盆而歌"，又分明影射着一个放达的庄子；《列御寇》篇所载庄子临终的那段放论，也许完全可靠：

庄子将死，弟子欲厚葬之。庄子曰："吾以天地为棺椁，以日月为连璧，星辰为珠玑，万物为赍送。吾葬具岂不备邪？何以加此？"弟子曰："吾恐乌鸢之食夫子也。"庄子曰:"在上为乌鸢食,在下为蝼蚁食,夺彼与此,何其偏也!"

其余的故事,或滑稽,或激烈,或高超,或毒辣,不胜枚举,每一事象征着庄子人格的一方面,综合的看去,何尝不俨然是一个活现的人物。

有一件事,我们知道是万无可疑的,惠施在庄子生活中占一个很重要的位置。这人是他最接近的朋友,也是他最大的仇敌。他的思想行为,一切都和庄子相反,然而才极高,学极博,又是和庄子相同的。他是当代最有势力的一派学说的首领,是魏国的一位大政治家。庄子一开口便和惠子抬杠;一部《庄子》,几乎页页上有直接或间接糟蹋惠子的话。然而惠子死后,庄子送葬,走到朋友的墓旁,叹息道:"自夫子之死也,吾无以为质矣,吾无与言之矣!"两人本是旗鼓相当的敌手,难怪惠子死了,庄子反而感到孤寂。

除了同国的惠子之外,庄子不见得还有多少朋友。他的门徒大概也有限。朱熹以为"庄子当时亦无人宗之,他只在僻处自说",像是对的。孟子是邹人,离着蒙不甚远,梁宋又是他到过的地方,他辟杨墨,没有辟到庄子。《尸子》曰"墨子贵兼,孔子贵公,皇子贵衷,田子贵均,列子贵虚,料子贵别囿",没提及庄子。《吕氏春秋》也有同类的论断,从老聃数到儿良,偏漏掉了庄子。似乎当时只有荀卿谈到庄子一次,此外绝没有注意到他的。

庄子果然毕生是寂寞,不但如此,死后还埋没了很长的时期。西汉人讲黄老而不讲老庄。东汉初班嗣有报桓谭借《庄子》的信札,博学的桓谭连《庄子》都没见过。注《老子》的邻氏,傅氏,徐氏,河上公,刘向,毋丘望之,严遵等都是西汉人;两汉竟没有注《庄子》的。庄子说他要"处乎材与不材之间",他怕的是名,一心要逃名,果然他几要达到目的,永远埋没了。但是我们记得,韩康徒然要向卖药的生活中埋名,不晓得名早落在人间,并且恰巧要被一个寻常的女子当面给他说破。求名之难哪有逃名难呢?庄周也要逃名;暂时的名可算给他逃过了,可是暂时的沉寂毕竟只为那永久的赫烜作了张本。

一到魏晋之间,庄子的声势忽然浩大起来,崔撰首先给他作注,跟着向秀、郭象、司马彪、李颐都注《庄子》。像魔术似的,庄子忽然占据了那全时代的身心,他们的生活,思想,文艺,——整个文明的核心是庄子。他们说"三日不读《老》《庄》,则舌本间强"。尤其是《庄子》,竟是清谈家的灵感的泉源。从此以后,中国人的文化上永远留着庄子的烙印。他的书成了经典。他屡次荣膺帝王的尊封。至于历代文人学者对他的崇拜,更不用提。别的圣哲,我们也崇拜,但哪像对庄子那样倾倒、醉心、发狂?

(选自闻一多《古典新义》,湖北人民出版社 1993 年版)

【阅读书目】

1. 冯友兰:《中国哲学简史》,北京大学出版社 1996 年版。
2. 萧公权:《中国政治思想史》,新星出版社 2005 年版。
3. 张立文主编:《中国学术通史》,人民出版社 2004 年版。
4. 陈鼓应:《老子注译及评介》,中华书局 2009 年版。
5. 陈鼓应:《庄子今注今译》,中华书局 1983 年版。
6. 梁启超等:《道家二十讲》,华夏出版社 2008 年版。
7. 钱穆等:《庄子二十讲》,华夏出版社 2009 年版。
8. 闻一多:《古典新义》,湖北人民出版社 1993 年版。

【思考题】

1. 为什么说"仁"是孔子思想的核心观念?
2. 老子和庄子思想有何异同?
3. 中国古代思想有哪些主要派别?
4. 中国古代思想各流派之间存在怎样的继承与发展关系?
5. 你认为我们今天有必要了解中国古代的思想吗?

第二章

中国宗教

■ 概　述

　　宗教是一种不以人的意志为转移，在一切社会形态、国家和民族中都长期存在并发展的文化现象。这是由宗教的社会功能所决定的。宗教作为一种意识形态，为社会提供一种认识世界的方式，一套评判社会行为的价值观念和道德体系；宗教作为一种社会实体，为社会提供一种组织社会的形式，一套调适和整合、凝聚社会的机制和体系。

　　中国是一个宗教多元化的国家，存在原始宗教、正统宗教、民间宗教、外来宗教四大板块。原始宗教是正统宗教和民间宗教的源泉，正统宗教与民间宗教之间又有千丝万缕的联系，正统宗教脱胎于民间宗教，是民间宗教合法化、制度化的产物；民间宗教是正统宗教产生发展和形成的资源，有时民间宗教会上升为正统宗教，正统宗教也会沉潜为民间宗教。两者之间相互吸收、杂糅，彼此影响着各自的产生和发展。外来宗教与本土宗教之间也有着密切的关系，有的本土宗教吸收了外来宗教的成分，并对外来宗教进行改造；有的外来宗教接受本土宗教的影响，逐渐中国化。中国的政治、经济、文化等许多领域都不同程度地受到宗教的濡染。可以这样说，不了解中国的宗教史，就不可能真正了解中国的政治史、经济史和思想文化史。

一　原始宗教

　　所谓"原始宗教"，是指尚无宗教经典，也无宗教组织的一种有神信仰，它属于宗教发展的早期形态，包括自然崇拜、图腾崇拜、祖先崇拜等诸种形式，分别反映了原始人类的生态观、人际观和伦理观。原始宗教都与"灵魂"乃至"万物有灵"的思想有关，就是相信万物都有灵魂，都由某种超自然的力量所操纵。

（一）自然崇拜

远古时期，人们对与自己生活关系密切而又不可理解和不能驾驭的自然物和自然力，产生依赖与畏惧而对其进行崇拜。崇拜的对象越来越多，包括风雨雷电、山岳河川、动物植物、日月星辰等。中国是个农业社会，风雨雷电对农牧业的影响极大。雨神素为人们所重视，殷墟卜辞中，有关求雨和卜雨的卜辞所占比重最大，对雨的崇拜，后来转变为崇拜众多被认为具有施雨能力的雨师、神龙等。远古人们又认为四方来风，分别都有风神主宰。雷神被认为是主持人间正义的善神，后来被拟人化为雷公。土地更是原始民众的崇拜对象，最先人们直接向土地献祭，后来土地神人格化，变成"土地公公"。"社祀"是原始土地自然崇拜的一种典型形式。

古时有许多关于名山大川的神秘传说，这些山被认为能赋予人以生命力或某种灵性而受到崇拜。除昆仑外，五岳最受尊崇，古代帝王都要亲自去巡祭或派员去祭祀。原始社会各部族还崇拜其居住地附近的河川，国家形成以后，逐渐变为由帝王或诸侯祭祀天下的名川大河，而民间主要仍循旧俗祭祀其居住区的河神。

远古人们崇拜的动物主要有两个特点：一是狩猎和豢养动物，如马、牛、羊、猪以及虎豹等；二是想象中的吉祥动物，如龙、凤、麟、龟等。这些动物或被认为是各类动物之王，具有统御各类动物的神秘力量，或被认为是"灵物"，能"知天道"，预知人的吉凶祸福，或被推崇为仁德的化身，是"仁兽"、"瑞兽"、"德兽"。植物崇拜主要表现在两个方面：一是将农作植物神秘化而作为自然神进行崇拜，后来随着自然神的拟人化而成为农业祭祀上的神主。最初，稷是和稻、黍、麦、菽一起受崇拜的谷类植物之一，但因稷的种植最为广泛，历史最长，被推居"五谷之长"，进而成为五谷神的代表，变成谷类综合神，最后加以人神化，上升为农业之神。传说中的人物后稷、农、柱、周弃等，被奉祀为稷神神主。稷神是古代祭祀的重要对象之一，与土地神并称为"社稷"。二是崇拜某些植物的特性，相信这些特性具有某种神秘力量，而用于巫术活动方面，如桃木、苕、棘等具有驱魔辟邪的灵性。

（二）图腾崇拜

在远古时期，人们相信每个氏族都与某种动物、植物或无生物有着神秘的亲属关系或其他特殊关系，此物就成为这个氏族的图腾，成了这个氏族的保护者和象征。人们对本氏族的图腾禁杀禁食，还时常举行崇拜仪式。在中国现存的先秦典籍中，表明我们的祖先曾以熊、凤、虎等为图腾神，最后龙成为我们华夏民族的族徽。龙是一种并不存在的动物，它综合了许多动物的特征，表现了先民追求美好理想、驱除现实苦难的努力。

（三）祖先崇拜

从考古发掘探明，大约在两万至三万年以前的原始社会中，已产生灵魂不死的观念和对鬼魂的崇拜。祖先崇拜由灵魂崇拜与图腾崇拜发展而来，产生于父权制和私有制之后，其作用是确立和巩固父系血统关系，以保证权力或财产的正常继承和分配。同时由于重视血缘关系，人们观念中的一部分鬼魂成为氏族的祖神或保护神，作为长期固定的祭祀对象。祖先崇拜与血统观念相结合，以宗法制的形式出现，逐渐成为一种维护家族力量的手段。在出现统治集团、政权以及国家的雏形之后，祖先崇拜又演进为对"天"的崇拜。"天"被当作人世权利合法性的来源和依据，最高统治者莫不以"承天命"或"天子"自居。"天"的观念也进一步集中和具化为富有意志、人格，且为宇宙间一切事物的主宰者的"帝"或"上帝"。

（四）巫觋卜占

远古时代，人类随时都可能遭受种种天灾人祸。先民相信，只有依赖超自然的威力，凭借神灵的力量，才能避免这些天灾人祸。这种依靠"超自然力"对客体强加影响或控制的手段就被称之为"巫术"，而掌握这种手段的人就是"巫"或"巫师"。巫师是原始先民中最具智慧的人，是一种综合性的技术人才或文化人才。他们是祭师、预言家、医生、天文学家、史学家、政治首领，在社会生活中占有特殊而重要的地位。

二　正统宗教

正统宗教，是指具有精致的教义教理、严密的组织仪轨，代表主流意识形态的宗教形式。正统宗教承担着国家在精神统治方面的部分职能，得到统治者的扶植、控制和利用。佛教和道教是正统宗教的典型代表。

（一）佛教

佛教是世界四大宗教之一，创立者释迦牟尼（约前1027—前949）。佛教寻求苦乐之根源及其对策，要求止恶行善，改往修来，断烦恼，了生死，超越轮回，悟证真理；发菩提心，立大悲愿，愿我与众生，皆共成佛道。梵语释迦，译能仁，牟尼译寂默，能仁代表慈悲，寂默代表智慧。要粉碎烦恼枷锁，摆脱生死束缚，获得真理生命至真、至善的自由，需大智慧不可。佛教所谓"自由"，不是言论上、信仰上、经济上以及行动上的自由，而是心理上的自由。佛教所谓"平等"，不是种族的、法律的、经济的以及待遇的平等，而是理性的平等。

1.佛教发展史略

两汉之际，佛教由西域传入中国内地。东汉初年上层权贵中已有人信佛，但依附于黄老崇拜。据《理惑论》等书载，明帝梦见神人，傅毅解为天竺之佛，于是明帝派遣使者至大月支写佛经四十二章而归,并于洛城西门外起佛寺。汉末三国时期,下层佛教信徒日渐增多。在佛经传译方面,安息国僧人安世高于桓灵之世来到中国,系统翻译介绍小乘经典及禅法。与此同时,月支僧人支娄迦谶来华传译大乘般若学经典及思想,从此大乘佛教传入汉地。三国时,魏人朱士行首次西行求法。但终汉之世,佛教尚未形成一股强大的社会思潮,未能引起人们强烈的关注。

南朝诸帝皆敬信佛法,尤以梁武帝佞佛最甚,他曾四次舍身佛寺,使佛教在南朝盛极一时。北方诸少数民族政权也大都扶持佛教。中国僧人不断西行求法,最著名者为晋宋之际的法显,亲抵天竺,著有《佛国记》。天竺及西域僧人则东来传法,名僧有佛图澄、鸠摩罗什、佛驮跋陀罗、真谛、菩提达摩等。鸠摩罗什是龟兹名僧,他在后秦译出《般若》、《法华》、《中论》、《百论》、《十二门论》等经论74部,系统介绍了印度佛教大乘空宗学说。中国名僧有道安、支遁、僧肇、慧远、道生等人,他们致力于印度佛教与中国传统思想的融合,在佛教中国化进程中起过重要作用。道安弟子慧远在南方颇有影响,他的学说兼综儒、玄、佛,作《三报论》,认为因果报应有现报、生报、后报之分,回答了传统神学解释不了的"善人得凶、恶人获吉"的社会现象,影响极大。又作《沙门不敬王者论》,认为佛教仪规虽与世教不同,但在实质上是一致的,并不违背忠孝之道。他与刘遗民等123人建斋立誓,共期往生净土,开中国净土宗之端。

隋唐时期是佛教的成熟期。先后出现了天台宗、唯识宗、华严宗、净土宗、禅宗等佛教宗派。

天台宗的创始人是智顗(531—579)。该宗适应中国统一的政治形势,用"五时"、"八教"的判教方法,将佛教内部各派加以贯通。天台宗认为,空、假、中三谛皆由心生。就"所观法"而言,一心三谛;就"能观智"而言,一心三观,即空观、假观、中观。所以"三谛圆融"。在修行方法上,天台宗综合南方重义理和北方重禅定的不同风气,提出"止观"双修,以智慧断惑,以禅定养性。唯识宗又称法相宗,在中国的创始人是玄奘(602—664)和窥基(632—682),主要经典有《成唯识论》。该宗宣扬"万法唯识",以眼、耳、鼻、舌、身、意、末那、阿赖耶为八识,前六识管感觉和思维,第七识起联系作用,第八识总管一切,是"根本识",它绵绵续存,类似灵魂,承担着因果报应。人们平时所谓的事物,不过是八识变现的"相分",主观认识能力则是八识之"见分",认识世界乃是八识自己认识自己的过程。华严宗的创始人是法藏(643—712),以《华严经》为主要经典。该宗强调无碍圆融,要沟通主客观界限,把认识对象看成主客统一,如看金狮子,注重狮子时金隐,注重金时狮子隐,两皆注重则具隐具显。华严宗把世界描绘成复杂多样又连贯圆融的关系网,事事皆体现佛性,彼此交相辉映,重重无尽。净土宗的创始人是道绰(562—645)、善导(613—681),主要经典是《无量寿经》、《观音量寿经》《阿弥陀经》。该宗宣扬极乐世界美妙无比,信奉者只要口念佛号,坚持不懈,即可死后往生净土。净土宗教义简单,方法易行,在下层民众中有广泛影响。禅宗以达摩为初祖,六祖弘忍后分为北宗和南宗。北宗尊神秀为祖,主张渐悟。南宗的创始人是惠能(638—713)。南宗的出现,标志着佛教中国化的完成。宋元以后,佛教衰落,成就主要表现在佛典的整理,如宋代雕刻的《大藏经》,明代雕刻的《南藏》《北藏》《方册藏》,清代刊刻的《龙藏》等。

藏传佛教是在公元 7 世纪,由西藏原有的"苯教"结合印度传入的密教和汉地传入的大乘佛教而形成。该教以无上瑜伽密为最高修行次第,称为藏密。宗教活动重视诵咒、祈祷、祭祀、供养。尊称高僧为"喇嘛"。从 7 世纪松赞干布奉教,到 9 世纪中叶以前为"前弘期",以赤松德赞时期最盛,但内有渐、顿之争,外有与苯教的激烈冲突。唐会昌元年(841)朗达玛灭佛,西藏佛教中断一百余年。至宋太平兴国三年(978)佛教再度复兴并真正藏化。此后,称"后弘期"。公元11 世纪中叶起,各教派陆续形成,有白教(噶举派)、花教(萨迦派)、红教(宁玛派)、黄教(格鲁派)等。13 世纪出现活佛转世制度。在元代皇帝支持下,西藏形成政教合一体制。元世祖封八思巴为帝师,后继者十余代,皆享有极高荣誉和权力。黄教由宗喀巴(1357—1419)创立,在各教派中势力最大,其嗣法弟子称达赖、班禅,代代相传,担任黄教教主。该教又传到四川、青海、甘肃、蒙古等地,并外传至附近不丹、尼泊尔等国家。

2.佛教对中国文化的影响

佛教对中国思想、文学、艺术方面的发展,均有显著的促进作用。

(1)在哲学方面,宋代理学深受佛教影响。理学代表人物程颢、程颐赞美佛学"极尽乎高深"。朱熹称赞佛教说:"佛教最有精微动得人处。"他的"理一分殊"之说,无疑受到华严宗的启发。陆王"心学"主张直指本心、明心见性的简易功夫,颇有禅宗的风度,故世人称"陆学即禅学"。

(2)在文学方面,中国文学的故事、语言、意境,都受到佛教的沾溉。佛教典籍中不少故事和词语,被引进文学作品中,其中源于佛教的成语几乎占了汉语史上外来成语的九成以上。同时,佛经中的文法,还有变文和俗讲,都对中国文学的语法和文体产生过影响。

(3)在艺术方面,中国古代的建筑、雕刻、绘画、音乐等,无不有着佛教影响的痕迹。

(二)道教

道教是中国本土产生和发展的宗教,与佛教关注彼岸世界不同,它思考的是此岸世间的问题,即如何超越生死,实现长生不老。实现这一目的的途径,除了技术性肉体修炼技巧外,还有道德的自我完善。其思想源流"包罗万象,贯彻九流",吸收和杂糅原始宗教、战国至秦汉时期的神仙方术、先秦老庄哲学和秦汉道家学说、阴阳五行思想及古代医学和体育知识等许多内容而成。

1.道教发展史略

西汉成帝时,齐国方士甘忠可汲取原始宗教和当时流行的谶纬著作《天官历》、《包元太平经》,托言真人赤精子下凡传播太平道。东汉顺帝时,宫崇献上他老师于吉所得神仙书《太平经》共170卷。《太平经》并非一人一时之作,内容庞杂,既包括驱鬼、符箓、巫术等内容,也劝人积德行善,周穷济急,还提出修炼精、气、神,成为后来道教的重要理论。东汉熹平年间(172—178),张角奉《太平经》为经典,创立"太平道",并发动黄巾起义。

东汉顺帝永和六年(141)前后,张道陵在蜀中创立"五斗米道"。他的孙子张鲁在汉中建立了一个政教合一的政权机构。五斗米道的著作《老子想尔注》,是中国思想史上第一部用神仙长生理论来注解《老子》的书,开创了道教系统改造利用道家著作的传统,老子"太上老君"的称号就最早见于此书。东晋时五斗米道传入内地和沿海,并从民间发展到上层士族。

两晋南北朝时,道教有了重大的发展。葛洪是著名的道教思想家,外丹学和道教神学的奠基人。他主张外儒内道,以《六经》治国,用道术养生。由于五斗米道以房中术为人治病,在社会上造成了恶劣的影响,于是北朝道士寇谦之和南朝刘宋道士陆修静对道教进行改革。寇谦之总结以往道教各派教义,吸收佛教神学及其活动方式,建立新的科戒和组织系统,改革教义教规。经他改革后的天师道,后人称为"北天师道"。陆修静则把天师道与金丹道结合起来,依据封建宗法思想和制度,汲取佛教仪式,制定新的道教斋戒仪范,世称"南天师道"。自此,道教得到了统治者的肯定和支持,由民间宗教一跃而成为正统宗教。

唐宋是道教发展的极盛期。从唐高祖到唐玄宗执政前期,除武则天时崇佛超过崇道外,基本上是以崇道为主。在隋唐时期,外丹派成为主流。但外丹学数百年的流行期间,出现了不少人因吞食丹药中毒而亡的悲剧,于是,人们逐渐认识到外丹成仙学说的荒谬。至唐末,外丹学派开始走向穷途末路,内丹学代之而兴,成为道教炼养中的显学,一批内丹大家纷纷崛起,如崔希范、钟离权、吕洞宾、施肩吾诸辈。一些内丹学著作也纷纷问世,埋没了800年之久的《周易参同契》,也由五代后蜀的彭晓作注而流行于世。

宋代诸帝崇道也是甚于佞佛,宋时内丹炼养热潮愈加波澜壮阔,其中关键人物是五代末宋初的道教学者陈抟和稍后的张伯端。他们的内丹学和道教哲学,皆源于唐末五代的钟吕之学,将内丹与禅学相结合,不干势利,高尚道德以励世风,为世人所景仰。陈抟(871—989)相传得钟离权、吕洞宾丹法,著《指玄篇》和《太极图授受考》,奠定了"顺则生人,逆则成丹"的炼修原理和"炼精化炁,炼气化神,炼神还虚"的修炼基本步骤,成了内丹学的骨架。陈抟还吸收佛教禅法,教人以观心之道,立五种空义,这是一种佛道结合的内丹哲学。张伯端

(987—1082)所作《悟真篇》,为道教内丹学经典之作。《悟真篇》以《阴符经》、《道德经》为祖经,吸取"三才相盗"和"虚心实腹"的观念,融摄儒学和禅学,形成独具特色的先命后性的丹道理论。

宋代编辑了道教总集《大宋天宫宝藏》、《崇宁道藏》、《政和道藏》,张君房又辑要而成《云笈七签》,成为道教要籍。

辽金元之世,道教形成确定的教团,出现正一教和全真教两大教派。元世祖封张道陵三十六代孙张宗演为嗣汉天师,主领江南道教,形成以符箓为主的正一教派。金代道士王重阳(1112—1170)在山东创立全真道教。王重阳的弟子丘处机世称长春真人,受到成吉思汗隆遇,赐号"神仙",爵"大宗师",掌管天下道教。全真道融摄佛儒,倡导三教归一。全真道是内丹派与禅宗、理学相结合的产物,它以明心见性、养气炼丹、含耻忍辱为内修之真功,以传道济世为外修之真行,功行双修,以期成仙证真,故谓之全真。全真道兴于北方,在元朝传入江南,以武当山为活动中心。以前张伯端一系内丹派后学,此时纷纷合流于全真道门下,而成为全真南宗。

明代皇帝也多恩宠道士。朱元璋偏好正一道,召正一道四十二世天师张正常入朝,不久敕令永掌天下道教事。其子张宇初,洪武十三年授大真人,领道教事。张宇初撰《道门十规》,系统阐述道教教义,欲重整正一教。他的道教思想已不再局限于传统的符箓斋醮,更多地吸收了全真的性命双修之学与严格的教规教风,表现了道教内部各派互融趋同的潮流,同时又融会儒道,给道教输入更多的外部营养。

清代道教在理论上缺乏创新,清政府对道教态度较冷淡,视之为汉人的宗教,道教的地位下降,张天师由二品降为五品。道光年间停止张天师朝觐。官方道教从此一蹶不振,道教向世俗化、民间化的轨道发展。其时正一道与全真道虽各自保持教派之名义,而在教义教理上多已互相融合,差别越来越小,特别是明清两代的内丹学,已成为道教各派共习同倡的修炼理论和方法。在道教文献整理方面,康熙年间彭定求选取《正统道藏》中 200 余种道书,编成《道藏辑要》,按二十八宿字号,分成 28 集,共 200 余册,是道教的重要经典。

2. 道教的基本信仰:修炼身心,得道成仙

道教是诸多宗教中最重现实生命的宗教。道教提出"我命在我不在天"的口号,最讲究养生修道。他们认为通过一系列道功、道术的修行,可突破自然的束缚,使灵魂常在,肉体永生,返本还原,得道成仙。怎样才能成仙呢?概而言之,有两条途径:一是通过技术性的肉体修炼,如服饵、胎息、导引、辟谷、炼丹等;二是通过积德行善,或者肉体修炼和道德完善两者兼而有之。道教的流派也由此而分。道教门派众多,因分派标准不同而名称各异。但概括起来,大致有两大系统:一是符箓派,一是丹鼎派。在道教发展的后期,两派渐渐合流。

符箓派就是以符咒禁忌、祈禳斋醮、召劾鬼神之术为人治病。正一道是符箓派的典型代表。丹鼎派又分外丹和内丹两种。以炼制外丹黄白为修炼方术的道派统称外丹派,通过服食丹砂而达到长生不老。外丹相对内丹而言,起源较早,由秦汉方仙道中精于炼金术和炼丹术的方士承传而来。内丹派又有两大派系:一谓清修派,以人身为鼎炉,精、气、神为药物,呼吸为风,意念为火。运用意念和呼吸的程度为火候,以精气神的凝合体为还丹。王重阳的北宗、张伯瑞的南宗是内丹派的代表。二谓双修派。该派发挥《周易参同契》中"物无阴阳,违天背元"和《悟真篇》中阴阳交媾的思想,以为天下万物皆须阴阳配合才能成丹,所以内丹的人体修炼工程也须男女双修,阴阳配合才能结丹。主张男女双修,以女体为"鼎炉",即采取同类坎中真阳,以接补己身离中之阳。

3. 道教与中国文化

道教是植根于中国本土,发源于中国古代传统文化的宗教。它诞生之后,就对中国文化直接产生巨大而深远的影响,特别是在封建社会的后期,中国文化随处可以见到道教影响的印迹。鲁迅先生说"中国根底全在道教",可谓的论。

(1)对中国思想文化进程的影响。宋理学的前驱周敦颐和邵雍,都与道教内丹有极深的渊源。周敦颐作《太极图说》,从无极讲起,"无极而太极。太极动而生阳,动极而静,静而生阴,静极复动。一动一静,互为其根。分阴分阳,两仪立焉。阳变阴合,而生水火木金土。五气顺布,四时行焉"。邵雍的先天象数之学,其框架来自道教的《先天图》。

(2)对民间信仰的影响。道教诸神本来就庞杂而无严密系统,再加上佛教偶像、天神及鬼神,遂造成明清民间信仰的多神崇拜。特别是广大汉族农村,神庙林立,祭祀驳杂,除了天地君亲师以外,其他诸如玉皇、玄女、财神、灶神、海神、关帝、二郎神、送子娘娘等,名目繁多,其中很大一部分来自道教。封建社会后期,行业神崇拜盛行,其中多为道教尊神,如铁匠崇老君,染匠崇葛仙翁,刺绣崇绿仙女,墨匠崇吕祖,乞丐、剃头匠崇罗祖大仙,文具商崇文昌帝君等,按时祭祀,相沿成习,而与道教系统的宗教活动无直接关联。还有明代问世的道教《功过格》《阴骘文》等劝善书,对民间道德生活有深远影响,起着移风易俗的作用。

(3)对文学的影响。首先,道教对中国文学的艺术想象力的发展起了推动作用,使中国文学充满了浪漫主义色彩。道教极大地丰富了文学创作的题材,给文学艺术提供了神奇谲诡、色彩绚丽的意象,激发了无数作家、诗人的艺术想象。魏晋时期的游仙诗、元代的神仙道化剧和明清神魔小说等文学作品,塑造了众多的神仙形象。通过想象、虚构和夸张,小说作者赋予了这些神仙形象既有超现实的神性,又有常人所具备的人性。他们长生不老,可任意飞升,有神奇的法术。神仙们住在天宫、地府、名山大川、十洲三岛等处,那里有奇珍异宝、珍禽异兽、玉液琼浆,可以自由享乐。

（4）对艺术的影响。广泛吸收各地民间音乐乃至西域音乐而发展起来的道教音乐，不仅涌现了像阿炳这样的著名音乐家，而且还保存了《玉音法事》、《大明御制玄教乐章》等许多乐谱，这些都是中国民族音乐的宝贵遗产。

（5）对科学技术的影响。许多炼丹家往往兼攻化学、药物学和医学。炼丹术极大地推动了古代化学学科的发展，积累了关于汞、铅、砷等元素及其化合物的知识，其中尤其是对硫与汞的分解、化合以及汞的提纯，有精确的知识和技术，已达到相当高的水平。此外，《真元妙道要略》一书载了有关制造火药的最明确记录。

（6）对医学的影响。道教与医学的关系更为密切，"悬壶济世"就出自道教的故事传说。葛洪撰有《金匮药方》、《肘后备急方》、《神仙服食药方》等多种医药书籍，对传染病如天花、结核病等都有研究，对免疫法也有准确的认识，贡献不小。陶弘景的《本草经集注》、孙思邈的《千金要方》，都是道教著名的医药书。孙思邈对医药的研究更为精深，被后人尊为"药王"。李时珍《本草纲目》肯定任督二脉乃道家从静定功夫中得来，还丹内炼成为医疗术之一。

此外，一些道士还发展了中国的拳术，如张三丰就是武当内家拳的创造者。在武术上，拳勇之技，少林为外家，武当为内家。

三 外来宗教

（一）景教

景教是唐代传入中国的基督教聂斯脱利派。据《大秦景教流行中国碑》文载，唐贞观九年（635）由波斯传入中国，其译文用语多受佛教影响。教士称"大德"、"僧"、"僧首"等。高宗令各州置景寺，以阿罗本为镇国大法主。不少教士还担任了朝廷和军队的重要职务。唐武宗灭佛时，景教遭到废止。元代称"也里可温教"，又称十字教，有方济各会与聂斯脱利派。元世祖入主中原，基督教随之再度传入中国。世祖接见马可·波罗，托他致书教皇，请求派遣教士700人来华传教（《马可·波罗游记》）。元代朝廷设崇福司，专管该教事务。北京、杭川、西安、甘肃、宁夏、镇江、泉州等地都建有教堂。随着元朝的覆灭，它也就衰亡了。意大利耶稣会教士利玛窦开创基督教在华传教第三个时期。明末有信徒近4万人。清康熙时教徒至10万余人。雍正以后，朝廷禁止传教。鸦片战争以后，西方国家取得内地传教权利，基督教有了迅猛的发展。由于该教的传布与外国侵略中国的行为联系在一起，不断引起中国人民的反抗，众多的"教案"就是明证。

（二）伊斯兰教

伊斯兰教于唐时进入中国。一般史家把唐高宗永徽二年（651）大食国派使者来长安朝贡，作为伊斯兰教传入标志。中国与阿拉伯国家的交往，一是经由西域之陆路;二是经由海路,从东南沿海,经马六甲海峡、孟加拉湾、阿拉伯海,直至波斯湾。8世纪中叶,日渐增多的阿拉伯商人集居于广州、泉州等地,不少人与汉人通婚,其后裔相聚而居,保持共同的伊斯兰教信仰,建有"蕃坊"的宗教组织和礼拜寺,逐渐成为中国的回教徒。

明末清初,我国伊斯兰教出现新的变化,一方面适应我国情况,出现许多支派,并在西北地区形成门宦制度;另一方面伊斯兰教学者的汉文译著活动大为活跃。比较重要的著作有王岱舆的《清真大学》、《正教真诠》,马注的《清真指南》,刘智的《天方性理》等。清咸丰、同治年间,又有蓝煦的《天方正学》、马德新的《性命宗旨》等。这些作者都是受过儒家文化熏陶的回儒,他们认为"回、儒经书,文字虽殊而道无不共,语言虽异而义无不同"。例如将伊斯兰的"真一"说与程朱的"太极"说加以融合;将儒家"格物致知"加以改造,使之为"认主独一"的教义服务;将儒家的"五伦"称为"五典",使之隶属于"忠于真主"这一最高信条。这样,伊斯兰教就更深地扎根在中国这块土地上,伊斯兰教文化成为中华民族文化的有机组成部分。

中国历史上的宗教具有不同于外国宗教的一系列特点,这些特点是由中国社会历史的特殊环境造成的。主要有下列几点:

第一,中国私有制社会不像古希腊罗马那样,冲破氏族组织外壳,建立城邦国家,而是利用原有的氏族与部落血缘关系,建成宗法奴隶制,而后又改造成宗法封建制;相应地,中国传统宗教具有强烈的宗法性,它的组织活动与宗族家族结为一体,为宗法制度服务,表现为对祖先崇拜的特别重视,把"慎终追远"即守孝祭祖视为社会头等大事。祖先崇拜成为其他传统宗教崇拜的中心,外来宗教也必须与它保持一致。

第二,在宗法观念支配下,统治者用祖孙、父子关系看待天神与皇室的关系,君王自封为天子,奉天承运,代天行权;又视国为家,实行君王一姓的家天下,百姓为其子民。天子或皇帝独揽全国性祭典中主祭天神的权力。敬天祭祖作为一种宗教活动,没有独立的教团组织系统,国家与家族的组织兼有此种宗教职能。一个人在宗教祭祀活动中的地位,要由他在宗法等级制度中的地位来决定。当具有独立性教团组织的道教产生和佛教传入之后,皇权作为宗法制度的代表者,始终保持着至高无上的权威。教权非但不能超越皇权,还必须依附于皇权,才能合法地生存和发展,其教义绝不能反对敬天法祖的传统宗教信仰。

第三,中华民族是多种民族共存融合形成的,中国文化也是在多种文化不断汇合中发展的。这种传统产生了中国社会对各种不同宗教文化的极大包容性,形成多种宗教长期并存、互相交融的局面,在广大群众中造成多神崇拜的风气。各教间有过摩擦、论辩,个别皇权实行过毁教政策,但多数皇权容忍和支持各教存在,各教之间大致能和平相处,并互相吸收。贵族士人可以同时信仰数教,民间信仰更是驳杂多态。历史上没有发生残酷流血的宗教战争。

第四,中华民族的文化重现实人生,重人伦道德;自古代流传下来的天神崇拜、祖先崇拜、圣贤崇拜,它们作为长期封建社会的官方宗教和正统信仰有一个显著特点,就是不特别追究鬼神世界的真实价值和个人灵魂的解脱,不特别着重宗教祭拜的外在形式,而着重于宗教的社会功能,主要是政治的和伦理的教化作用。自古就有"神道设教"的说法,它概括了当政者对宗教社会本质的基本观点。宗法性的传统宗教,往往与政治、伦理合而成三位一体,难以严格区分。为了达到神道设教的目的,传统宗教要求人们以虔诚的态度敬祭神灵,"事死如事生","祭神如神在",这样才能培养出人们对家国诚实无欺的品格。"神道设教"本身包含着神道与教化两个因素,凡强调诚信神道然后才能教化人心的,属于有神论,这是传统宗教的主流;凡强调教化的作用,而把神道仅仅视为手段的,则有走向无神论的可能,成为破坏传统宗教的一种力量。

第五,中国是多神崇拜的国家,与西方排斥偶像只崇拜上帝迥然有别,中国人什么都信,其实又什么都不信,信仰讲究实惠,缺乏深刻的宗教精神。

■ 专 题

禅 宗

在中国佛教史上,禅宗是中国禅师依据中国思想文化,吸取并改造印度佛教思想而形成的颇具创造性的成果,在东亚思想文化史上产生了巨大的作用和影响。禅宗经历了准备、兴盛和衰落的过程,历史悠久,流派众多。禅宗因主张修习禅定而得名,其所蕴含的对本性的关怀,以及由此出发而展开的处世方式、人生追求、直觉观照、审美情趣、超越精神,凸现着人类精神澄明高远的境界。

一 禅宗简史

禅宗在佛教佛学之中,素来被称为教外别传的法门,历代相传。据说释迦在灵山会上,对着百万人天,默然不语,只是轻轻地手拈一枝花,向大众环示一转。大家都不了解他的寓意,只有其大弟子摩诃迦叶,会心地展颜一笑,于是释迦便当众宣布:"吾有正法眼藏,涅槃妙心,实相无相,微妙法门,不立文字,教外别传,付嘱摩诃迦叶。"这便是禅宗的开始,后来迦叶尊者便成为印度禅宗的第一代祖师,阿难为第二代祖师,历代相传,到了第二十八代菩提达摩(?—536)大师,正当中国南北朝时期,印度佛教衰微,大师谓东土震旦有大乘气象,便渡海东来,先从广州上岸,与南朝的梁武帝见面,因彼此话不投机,大师便渡江北去,寓止嵩山少林寺,面壁九年,后来传付心法和衣钵给中国的第二代祖师神光。

神光原名姬光,乃洛阳少年,博览经籍,尤善谈老庄,后来觉得儒道之书未能极尽宇宙人生之妙理,便放弃世间的学问,出家为僧,更名神光。从此遍学大小乘的佛学教义,至33岁时,回转香山,终日宴坐,八年后慕名求道,遂到少林寺见达摩大师,达摩不纳,神光便在寒冬大雪之际,彻夜立正侍候在达摩大师身旁,直到天明,地下积雪已经过膝,可是他侍立愈加恭敬。达摩这时乃回头问他:你彻夜立在雪中,为求什么? 神光痛哭流涕地说:惟愿大师慈悲,开示像甘露一样的法门,藉以广度众生。但达摩大师却以训斥的口吻说:请佛无上的妙道,要经历无数劫的精勤修持,经过许多难行能行、难忍能忍德行的锻炼,那里就凭你这样的小德行、小智慧,以轻忽骄慢的心情,便欲求得真正的道果,恐怕你是白费心思了! 神光听了这番训斥,就当下取出利刀,砍断自己左臂,送到大师前面,表示自己求道的决心。于是达摩大师认为他可以为担当大任的法器,就为他更改法名叫慧可,是为禅宗二祖。北周时,遇周武帝灭佛,神光于公元561年避难南来太湖县,在安徽司空上开辟道场,为禅宗的中国化作出了巨大贡献。赵朴初先生说:没有慧可便没有中国禅宗,慧可是中国禅宗初祖。慧可传三祖僧璨,祖庭在安徽天柱山;僧璨传道信,祖庭在湖北黄梅西山;道信传弘忍,祖庭在湖北黄梅东山;弘忍传惠能,祖庭在广东南华寺。

六祖慧能是使禅宗彻底中国化的关键人物。他俗姓卢,祖籍范阳,在唐高祖武德年间,因为他的父亲宦于广东,便落籍于新州。3岁丧父,其母守志抚孤至于成人,家贫,采樵为生。一日,因负薪到市上,听到别人读《金刚经》中“应无所住而生其心”一段,便有所领悟,别人告诉他这是黄梅弘忍禅师平常教人读的佛经,他便设法到黄梅去求学。五祖弘忍禅师初见他时便问:“汝自何来?”他便答道:“岭南。”五祖说:“欲须何事?”他答:“唯求作佛。”五祖说:“岭南是野蛮人居住的地方,怎么成佛?”他答道:“人地即有南北,佛性岂有东西?”五祖听了,便叫他到槽厂去做舂米的苦工。一天,五祖宣布要传授衣钵,物色接班人,叫大家呈述心得。这时,跟从五祖学禅的僧人有700多人,有一位首席上座师,名叫神秀,学通内外,素为大家敬仰。他在走廊的墙壁上,写了一首偈语:“身是菩提树,心如明镜台。时时勤拂拭,莫使惹尘埃。”五祖看了神秀偈语以后,便说:“后代依此修行,亦得胜果。”惠能不识字,叫大家念给他听,他听后便说:“美则美矣,了则未了。”大家便笑他说:“庸流何知,勿发狂言!”他答道:“你不信吗? 我愿意和他一首。”同学们相视而笑,并不理睬。到了夜里,他请人在神秀原偈旁边,写了一首偈语:“菩提本无树,明镜亦非台。本来无一物,何处惹尘埃!”五祖看到此偈便说："此是谁作，亦未见性。"众闻祖语，遂不在意。五祖却在夜间悄悄来到碓坊，问惠能米白了没有？他答道："白了，只是没有筛。"师筛同音，五祖以杖三击其碓而去，惠能便在三更入室，承受五祖的心传。惠能大悟，遂说："一切万法，不离自性。何期自性，本自清净；何期自性，本不生灭；何期自性，本自具足；何期自性，本无动摇；何期自性，能生万法。"五祖又说："不识本心，学法无益；若识本心，见自本性，即名大丈夫、天人师、佛。"随即传付衣钵，为中国禅宗道统继承人的第六代祖师。

五祖弘忍禅师自传心印以后，恐惠能有生命危险，就在夜里送慧能渡江南行，并亲自为他把橹说："合是吾渡汝！"六祖答道："迷时师度，悟时自度。度名虽一，用处不同。能蒙师传法，今已得悟，只合自性自度。"五祖听了便说："如是如是！以后佛法由汝大行。"五祖自此以后，就不再上堂说法，大众疑怪相问，便说："吾道行矣！何更询之！"又问："衣法谁得耶？"五祖便答道："能者得。"大众知惠能得法潜行，相约追踪。惠能匿居在四会的猎人队中，15年后才出来，到达广州法性寺，适逢印宗法师在寺里讲《涅槃经》，风吹幡有声，两个和尚正在辩论，一个说是幡动，一个说是风动，争论不已。六祖便说："不是风动，不是幡动，仁者心动。"一寺大惊，蒙印宗师会集大众，为他剃发受戒为僧。后来惠能便居留曹溪，大弘禅道。

自此禅宗有南宗和北宗的对立。北宗为神秀创立，也称"渐宗"；南宗为惠能创立，也称"悟宗"。慧能圆寂后，禅宗分流。一花五叶，五家为沩仰宗、临济宗、曹洞宗、云门宗、法眼宗。临济宗又分出黄龙派和杨歧派，合为七宗。门叶繁茂，家风各异，兰菊争艳，异彩纷呈。

宋代出现狂禅，呵佛骂祖，无所不为。义玄说："逢佛杀佛，逢贼杀贼。"云门更称：恨不得释迦初生时就"一棒打杀，与狗子吃"。

宋末元初，丘处机把道家学说与禅宗思想结合起来，创建了全真教。全真教其实就是禅化了的道教。由于元朝对禅宗佛学的极端推崇，使禅宗思想随着统治阶级的统治理念而得到普遍推广。

明代禅宗思想的世俗化变异趋向得到强化。王阳明以《六祖坛经》为理论基础，通过吸收老庄学说和儒家思想，用禅学构建自己的心学体系，产生了极大的影响。万历以后，禅风寝盛，士大夫无不谈禅。禅学由缁衣流入世流，学者取代禅僧，领导了禅学的发展。狂禅更是走向极端，如梵琦发挥"大道不离声色言语"的观点，说："处处无非佛事，头头总是道场。酒肆、淫坊了无罣碍；龙宫虎穴，任便经过。"修禅不仅不避俗事，也不避奢侈放荡，禁欲的宗教变成了纵欲的宗教。这种完全否定佛教传统的作风，预示着佛教危机的来临。

清朝是禅宗思想发展的黄金时期。明亡以后，故臣庄士，以逃禅全齐志节。可以说，朝代的更替赋予了禅学兴盛的机缘。而清初诸帝都对禅宗表示支持，甚至用政治介入禅门的门户之争,这也为禅宗的发展营造了良好的政治环境,禅宗因此而独盛天下。

禅宗重视现实和简便易行的特点,使它拥有众多的信徒,深刻地影响了中国文化内涵和文化人格的形成;禅学与政治混合,逐渐形成了中国独特的宗教体系;而禅宗的世俗化,则推动了禅学的发展。

二　禅宗的修持与教学

禅宗主流标榜不立文字,教外别传,直指人心,见性成佛。其间不同流派或云即心即佛,或谓非心非佛,或言即事而真,或称本来无事,还有诸如扬眉、瞬目、叉手、踏足、擎拳、竖佛、口喝、棒打甚至呵祖、骂佛等类机锋;其教学与禅修的方法更还有语录、公案、古则、话头、默照以及云门三句、黄龙三关、临济三玄三要、四料简、四宾主、四照用、曹洞五位等,五花八门,纷然杂呈,令人眼花缭乱,困惑难解。

1.公案。禅宗所称宗门历史故事,名为"公案",宋代理学家们所谓的学案,即由此脱胎而来。宋代以后的禅师们,好为"拈古",就是把过去某一禅师求学、悟道、教授法的故事汇集起来,作说明、讨论、研究、起疑的资料。又有"颂古"一辞,那是把过去某一公案的要点,自作一首诗、一首偈语来批判或赞扬,以此启发后学。

2.机锋。佛学的"机"包括学者的资质、学力与禅师临时所采用的启发契机等几个意义。机锋本由六祖开启端倪,以后的五宗,更强调"真如"不能用正面语言文字表达,便用比喻、隐语等来启发信徒,称之为机锋。"机锋"包括教授法的运用,如庖丁解牛,快利如锋,豁然开朗。机锋在问答上的运用,有时是说非成是,说是成非;有时是称许,有时是否定,无定法可循。但无论如何,它的目的,在于考核学人的见地和实证的工夫,以及引起他的怀疑,有自参自悟自肯的作用。因此禅宗宗师们的机锋、转语,往往有迥出意表、匪夷所思,甚至妙语解颐、隽永无穷的机锋作用。但这些机锋、转语,不是早已宿构在胸,而是临机对答,语语从天真中流露;机锋的运用,都在当时现场的一语、一默、一动作之间的表示,并非学习禅宗的人,要随时随地醉心在机锋妙语之间。

3.棒喝。禅宗大师们喜欢手持禅杖,作为领众的威信象征。后以棒击或拳打、脚踢的方式来开导信徒,称之为"棒喝"。所谓"德山棒,临济喝,云门饼,赵州茶",就是说德山宣鉴禅师喜欢用"棒",临济义玄禅师喜欢用"喝"。临济参禅的故事流传甚广:

　　临济首参希运禅师,初在黄檗,随众修学,时堂中第一座勉令问话,临济乃问:"如何是祖师西来意?"希运便打。如是三问,三次遭打。希运指示临济到高安大愚禅师处访道参学。临济到大愚处,大愚知其从黄檗处来,即问:"黄檗有何言句?"临济答:"我三度问佛法大意,三度被打,不知我有没有错?"大愚云:"黄檗老婆心切,只为你能够大疑大悟,你反倒来问自己有过无过!"临济言下大悟,曰:"原来黄檗佛法无多子。"意谓黄檗禅师的教法原来并不玄奥。不料大愚抓住他问:"这个尿床鬼子!这来道问有过无过?如今却道说黄檗佛法无多子。你见个什么道理?速说!速说!"这时临济朝着大愚胁下就是三拳。大愚急忙推开他曰:"汝师黄檗,非干我事。"

临济先三度被打,再自己打人三拳,从而真正悟出了佛法的真谛,成为一代宗师。黄檗希运禅师三打临济是想告诉他,佛法是悟出来的,不是问出来的。临济打大愚三拳,也正是这道理。从这禅宗公案我们可得出很多做人的道理。最主要的一点就是,这世上真正可以拯救自己的人只是自己。人皆有佛性,想成佛没有人可以帮助自己,只有自己才可以让自己成佛。

4. 参话头。禅宗从直指人心,见性成佛的原始方法,经盛唐到五代之间,五宗宗派兴盛以来,再变为应机施教,到了宋末元初之间,流弊所及,大多数便执著身心现前的境界,当作禅机,落于窠臼。因此,如大慧宗果、高峰原妙、中峰明本禅师等人,转变方法,便以提倡"参话头"的法门,作为禅宗的教授方法。从此经元、明、清以来,一提到禅宗的修法,因袭相沿,成为习惯,大多都以"参话头"、"起疑情"、"透三关"之说,为禅宗的不二法门,遂使禅宗在修为的流弊上,走向默照、止静的境界,成为唯一的方法。

三 禅宗的思想核心

中国古代封建社会,以高度的中央集权专制和分散的自然经济为基本特征。自中唐以来,这种社会格局的内在阶级紧张、中央与地方摩擦、民族之间冲突,渐趋激化,适应破产农民和失意的士大夫的精神需要,禅宗获得了广泛的社会基础和普遍流传。禅宗为解救人生的苦难而产生,也在解救人生的苦难中发展,形成了一套人生价值哲学体系。禅宗思想体系包括本体论、心性论、道德论、体悟论、修持论和境界论等思想要素,其中最主要的是心性论、功夫论和境界论三大要素,分别阐明了禅修成佛的根据(基础)、方法(中介)和目的(境界)三个基本问题。从这三大思想要素的相互关系来看,心性论是禅宗思想体系的核心内容。

(一)佛性本有,不假外求

佛祖拈花微笑,是一种"无相"、"涅槃"的最高的境界,只能感悟和领会,不能用言语表达。禅宗把佛学的经典妙义,归纳于秉承释迦拈花、迦叶微笑的教外别传法门,提倡径直指向人心,发明本心,发见真性,以体认心灵的原本状态,顿悟成就佛果。也就是说,禅修是心性的修持。

禅宗把自心视为人的自我本质,认为苦乐、得失、真妄、迷悟都在自心,人生的堕落、毁灭、辉煌、解脱都取决于自心。自心,从实质上说是本真之心,也称本心、真心,也就是佛性、真性,此真性为人人所平等具有。由此,禅宗在传法时讲"以心传心",即师父不依经论,离开语言文字直接面授弟子,以禅法大义使弟子自悟自解,这也称传佛"心印"。"自心"是众生得以禅修成佛的出发点和根据,是禅宗的理论基石。如达摩、慧可、僧璨重视坐禅守心,道信、弘忍重视"心心念佛"、"念佛净心"。北宗神秀的禅法,其弟子普寂归结为"凝心入定,住心看净,起心外照,摄心内照",特别提出"直指人心,见性成佛"的中心问题。六祖慧能自幼失学,未读诗书,故平常传扬禅宗心要,便不用循文解义、释字疏经的方式,提倡单刀直入,自证于心,自悟本性。虽然禅宗各派在修行的方式、方法、风格上各有不同,但是,或为了启导心地的开悟,或顺应心地的自然展现,或求得心灵的自由,各种禅修实践都围绕着心性进行,这是一致的。

禅宗还把禅修的目的、追求境界、成就佛果落实在自心上,强调佛从心生,自心成佛,自心就是佛。神秀主张净心的呈现就是佛地,慧能宣扬"我心自有佛,自佛是真佛;自若无佛心,向何处求佛?"众生只要认识自我,回归本性,当即成佛。在慧能看来,佛就是众生原始心灵、内在本性的人格体现,就是本心、本性的觉悟者,并不是外在于众生的具有无边法力的人格神。慧能门下及其后来的临济、曹洞等五宗都宣扬"即心即佛"的思想。有的禅师还强调"即境是佛"、"触境皆如",眼前的事物就是佛"真如"之所在。这是从理与事相即的角度,即把理事两边统一起来,以求禅境。还有的禅师鼓吹"本来无事"、"无心可用",这是强调人心本来是清净的,而心清净就是佛。所谓心清净就是从主观上排除执著佛法和万物为实有的观念,排除把心视为能实生佛法和万物的实有心的观念。可见,仍是"即心即佛"的变相。简言之,所谓涅槃,所谓佛,就是本性的护持,心态的复原,心灵的升华。

从上述禅宗的根据、方法和目的三方面思想来看,都是围绕心性展开的,心性是禅宗禅理的基础、禅修的枢纽和禅境的极致,心性论是禅宗思想的核心。

(二)不诵经义,不习禅定

既然是我心即佛,不假外求,所以禅宗破除偶像,推倒权威,不诵经义,不习禅定。唐朝末年有位云六文偃禅师,据说当他被问及"什么是佛"的时候,他不加思索地回答:"干屎橛!"他的用意无非是要打破询问者所执著的常识,也就是认为"佛是至高无上"的常识。如果佛是那样高高在上、遥不可及的话,那么我们凡夫如何能蒙受佛陀慈光的庇护?而那些修行者又如何能经由修行开悟而成佛?可以说把佛视为高高在上、遥不可及的观念,反而是修行上的障碍。所以南宗更是提倡不习经义,不习禅定,马祖参禅的故事就很能说明这一问题:

> 唐开元中,马祖习定于衡岳。南岳怀让禅师知道他是佛法的大器,便去问他说:大德坐禅,冀图个什么?马祖便说:欲求作佛?怀让禅师乃拿了

一块砖,日日在他坐禅的庵前去磨,马祖有一天问师,你磨砖作什么?师曰:磨作镜。马祖曰:磨砖岂得成镜?师曰:磨砖既不成镜,坐禅岂得作佛?马祖听了,便发生疑问:如何才是?师曰:如牛驾车,车若不行,打车即是?打牛即是?马祖被他问得无言以对,怀让又曰:你学坐禅?或是学作佛?若学坐禅,禅不在坐卧之间。若学坐佛,佛并非有个定相,本来是无住的法门,其中不应该有个取舍之心。你若认为打坐是佛,等于杀佛。你若执著长坐不动的定相便是佛法,实在未明其理。马祖听后,如醍醐灌顶,便向师礼拜,再问:那么!如何用心?才合于无相三昧?师曰:你学心地法门,如下种子,我说法要,譬如天降雨露,你的因缘凑合了,自然应当见道。马祖又问:道,并非有色相可见,怎样才能见呢?师曰:心地的法眼,自能见道,无相三昧,也便是这个道理。马祖又说:这个有成有坏吗?师曰:若以成坏聚散而见道者,就并非道了,我说个偈语给你吧!"心地含诸种,遇泽悉皆萌,三昧华无相,何坏复何成?"马祖听了悟,心意便超然解脱。

这一故事,充分说明了禅宗即心成佛的道理。这是南宗与北宗不同的地方,北宗主张渐悟,"时时勤拂拭,莫使惹尘埃";南宗主张顿悟,"本来无一物,何处惹尘埃"。

(三)即事修行,不离世俗

从禅宗思想体系的内涵、结构、核心来看,禅宗的基调是以心性论为基点,通过心性修持获得心性升华的心性学说,是一种摆脱烦恼、追求生命自觉和精神境界的文化理想。贯穿于禅宗心性学说、文化思想的本质内容是:自然—内在—超越。

禅宗吸取中国道家的"自然"观念来诠释人的生命自然状态、人的自性。道家把自然规定为万物的本质、本性,是不假外为、自然而然、本来如此的真实存在。禅宗认为,"自然"就是众生本性,也就是佛性。这也就是把佛性界定为自足完满、纯真朴实的生命本然。人的本性既然是自然的,也就是内在的,是内涵于人身的本质性存在,既非外在的神灵所赋予,又非通过超越经验、违背人性的作为所获得的,同时也是各种外在因素所不能消灭的。人的内在自性是生命的主体、成佛的根据。人的现实感性生活是自性的外在作用和体现,人转化为佛是自性的发现,是由此而生的精神境界的显现。人的自性是内在的又是超越的,因为内在本性是清净、圆满、纯朴、觉悟的,是离开一切现象,有别于人的外部表现的。禅宗强调佛就在心中,涅槃就在生命过程之中,理想就在现实生活之中。这样,禅宗就把彼岸世界转移到现实世界,把对未来生命的追求转换为内心反求。由此禅宗反对舍弃现实感性生活扭曲自性去寻求超验,而是强调"佛法在世间,不离世间觉"。入世即出世,佛法不过"吃饭着衣,屙屎送尿","运水搬柴,无非妙道"。要求在日常生活中发现超越意义,实现理想精神境界。禅宗追求自在的状况,要求"饥则吃饭,困则打眠,寒则向火,热则乘凉",从"青青翠竹,郁郁黄花"中发现禅意。禅宗要求从青山绿水中体察禅味,从人自身的行住坐卧日常生活中体验禅悦,在流动无常的生命中体悟禅境,从而实现生命的超越,精神的自由。

禅宗提倡内在超越,这种超越意识的具体内涵包括了超越对象、超越方法和超越结果几个方面。为了追求解脱,成就佛道,禅宗设计了一套消解人们心灵深处的紧张、矛盾、障碍,超越二元对立的方案。人是自然的一部分,又是从自然中分裂出来的独立实体,向往与自然同样具有永恒性、无限性,向往与自然的同一是人类最深沉、最根本、最强烈的内在愿望。生命现实与美好愿望并非一致,生命短暂与时间永恒、生命个体与空间整体、生命主体与宇宙客体等一系列人类所面临的矛盾,是禅宗的超越对象、超越目标。

人生短暂与宇宙永恒的矛盾最能激发人内在心灵的不安和痛苦。了脱生死大事是佛教也是禅宗的最基本目的。禅宗以"无生"思想来泯灭生死界定,超越生死的时间界限。"无生"是指一切事物是无实体的、空的,由此也是无生灭变化的。这是要求转变观念,从生灭的现象中看到无生无灭的本质。生灭是短暂的,无生无灭是永恒的,从悠悠生死中了悟无生,就是在短暂中体认永恒,消除短暂与永恒的隔阂。

个体生命的认识和实践等多方面的有限性与宇宙空间的无限性的矛盾,也是引人困惑不安的永恒性课题。禅宗通过无限扩张个体心灵的作用来摆脱个体生命的局限,进而消除有限与无限的矛盾。只要人的心境明净透彻,就能周遍宇宙万物,从而在内心实现泯灭内外的超越,使有限与无限在个体心灵中相即圆融。

由生命与万物、主体与客体的矛盾而引发的物我、有无、是非、善恶、真妄、苦乐等一系列的差别对立,是又一使人产生烦恼、痛苦的根源。这也是禅宗大师们所着力寻求解决的一大问题。他们继承道家的思想,通过直观宇宙本体(道、无)来寻求解决问题的途径。他们宣扬"本来无一物"、"本来无事"以消解矛盾,即万物如梦如幻,一切皆空,做到忘却情欲,超越自我,也就不存在生命与万物、主体与客体的对立了。为此,他们特别强调"无念"的重要性,"念"指妄念,要求人们不被纠缠于种种差别的妄念所迷惑。

禅宗"见山不是山,见水不是水,见山见水"的公案很能说明禅宗超越的路径。宋时吉州青山惟政禅师说:"老僧三十年前,未参禅时,见山是山,见水是水。乃至后来,亲见知识,有个人处,见山不是山,见水不是水。而今得个体歇处,见山只是山,见水只是水。"这代表参禅的三层境界。第一阶段的见山是山,见水是水说看到了事物的表象;第二阶段的见山不是山,见水不是水是说认识到了事物的本质;第三阶段见山还是山,见水还是水是表示他已经把握了事物,真正超悟了。三个阶段互为关联,层层推进。

从上面的论述,我们可以看到,禅宗是通过心性、心理、认识、观念等范畴,即在主观精神领域转变生灭的观念,扩大心的作用,泯灭情欲,排除妄念等内在活动来消解人的基本矛盾,排除心灵的紧张,克服人的意识障碍,从而实现自我超越的。

由此,我们可以总结出禅宗与印度佛教、中国佛教的其他宗派的主要不同特点:

第一,中国禅宗的禅是一种文化理想,一种追求人生理想境界的独特修持方法,或者说是一种生命哲学、生活艺术、心灵超越法。

第二,禅宗精神是超越精神。超越是禅宗思想的本质,超越现实矛盾、生命痛苦,追求思想解放,心灵自由,是禅宗追求的理想目标,它如一条红线贯穿于整个禅宗思想体系之中。

第三,禅宗的修持方法、生活态度、终极关怀、超脱情怀,对于人的心灵世界、精神生活是有不可否认的正面意义的。在历史上,它对破产农民和失意士大夫、知识分子起到了一定的思想解放作用,吸引了大批破产农民聚集山林,过着农禅并重的生活,同时,也深受一些思想家、文学家、艺术家的欢迎和赞赏,从而推动了思想文化的发展。在当前社会转型期中,出现了某种价值取向失衡,道德水准下降,拜金主义、享乐主义和极端个人主义盛行的倾向,我们若能重视吸取禅宗的超越精神的合理内核,无疑有助于端正人们的价值坐标和道德规范,提高人们的文化品位和精神境界。与禅宗的这种积极作用相联系,禅宗对客观环境和客观矛盾的悲凉超越,对物质生产和物质生活的消沉冷漠,则又是与人类的物质需求相悖的。我们认为,人面对大自然大宇宙,也应当以现实的人文精神为主导,永不满足,不懈求索,依靠智慧和创造、知识和科学的力量,不断战胜苦难,求得自身幸福。如果精神上的自我超越变成了精神上的自我满足,进而丧失进取精神、开拓精神与奋斗精神,那就既不利于实现人生的价值和升华,也不利于推动社会的进步和发展的。

文　选

金刚般若波罗蜜经(节选)

姚秦·三藏法师鸠摩罗什译

第一品　法会因由分

如是我闻,一时,佛在舍卫国祇树给孤独园,与大比丘众千二百五十人俱。

尔时,世尊食时,著衣持钵,入舍卫大城乞食。于其城中,次第乞已,还至本处。饭食讫,收衣钵,洗足已,敷座而坐。

第二品　善现启请分

时,长老须菩提在大众中即从座起,偏袒右肩,右膝着地,合掌恭敬而白佛言:"希有! 世尊! 如来善护念诸菩萨,善付嘱诸菩萨。世尊! 善男子、善女人,发阿耨多罗三藐三菩提心,应云何住? 云何降伏其心?"佛言:"善哉! 善哉! 须菩提! 如汝所说,如来善护念诸菩萨,善付嘱诸菩萨。汝今谛听,当为汝说:善男子、善女人,发阿耨多罗三藐三菩提心,应如是住,如是降伏其心。""唯然,世尊! 愿乐欲闻。"

第三品　大乘正宗分

佛告须菩提:"诸菩萨摩诃萨应如是降伏其心:所有一切众生之类,若卵生、若胎生、若湿生、若化生;若有色、若无色;若有想、若无想、若非有想非无想,我皆令入无余涅槃而灭度之。如是灭度无量无数无边众生,实无众生得灭度者。何以故? 须菩提! 若菩萨有我相、人相、众生相、寿者相,即非菩萨。"

第四品　妙行无住分

"复次,须菩提! 菩萨于法,应无所住,行于布施,所谓不住色布施,不住声、香、味、触、法布施。须菩提! 菩萨应如是布施,不住于相。何以故? 若菩萨不住相布施,其福德不可思量。须菩提! 于意云何? 东方虚空可思量不?"不也,世尊!""须菩提! 南、西、北、方、四维、上下、虚空可思不?"不也,世尊!""须菩提! 菩萨无住相布施,福德亦复如是不可思量。须菩提! 菩萨但应如所教住。"

第五品　如理实见分

"须菩提! 于意云何? 可以身相见如来不?"不也,世尊! 不可以身相得见如来。何以故? 如来所说身相,即非身相。"佛告须菩提:"凡所有相,皆是虚妄。若见诸相非相,则见如来。"

第六品　正信希有分

须菩提白佛言:"世尊! 颇有众生,得闻如是言说章句,生实信不?"佛告须菩提:"莫作是说。如来灭后,后五百岁,有持戒修福者,于此章句能生信心,以此为实,当知是人不于一佛二佛三四五佛而种善根,已于无量千万佛所种诸善根,闻是章句,乃至一念生净信者,须菩提! 如来悉知悉见,是诸众生得如是无量福德。何以故? 是诸众生无复我相、人相、众生相、寿者相;无法相,亦无非法相。何以故? 是诸众生若心取相,则为著我人众生寿者。若取法相,即著我人众生寿者。何以故? 若取非法相,即著我人众生寿者,是故不应取法,不应取非法。以是义故,如来常说:'汝等比丘,知我说法,如筏喻者;法尚应舍,何况非法。'"

第七品　无得无说分

"须菩提! 于意云何? 如来得阿耨多罗三藐三菩提耶? 如来有所说法耶?"

须菩提言："如我解佛所说义，无有定法名阿耨多罗三藐三菩提，亦无有定法，如来可说。何以故？如来所说法，皆不可取、不可说，非法、非非法。所以者何？一切圣贤，皆以无为法而有差别。"

第八品　依法出生分（略）

第九品　一相无相分（略）

第十品　庄严净土分（略）

第十一品　无为福胜分（略）

第十二品　尊重正教分（略）

第十三品　如法受持分

尔时，须菩提白佛言："世尊！当何名此经，我等云何奉持？"佛告须菩提："是经名为《金刚般若波罗蜜》，以是名字，汝当奉持。所以者何？须菩提！佛说般若波罗蜜，则非般若波罗蜜。须菩提！于意云何？如来有所说法不？"须菩提白佛言："世尊！如来无所说。""须菩提！于意云何？三千大千世界所有微尘是为多不？"须菩提言："甚多，世尊！""须菩提！诸微尘，如来说非微尘，是名微尘。如来说：世界，非世界，是名世界。须菩提！于意云何？可以三十二相见如来不？""不也，世尊！何以故？如来说：三十二相，即是非相，是名三十二相。""须菩提！若有善男子、善女人，以恒河沙等身命布施；若复有人，于此经中，乃至受持四句偈等，为他人说，其福甚多。"

第十四品　离相寂灭分

尔时，须菩提闻说是经，深解义趣，涕泪悲泣而白佛言："希有，世尊！佛说如是甚深经典，我从昔来所得慧眼，未曾得闻如是之经。世尊！若复有人得闻是经，信心清净，则生实相，当知是人成就第一希有功德。世尊！是实相者，即是非相，是故如来说名实相。世尊！我今得闻如是经典，信解受持，不足为难。若当来世，后五百岁，其有众生得闻是经，信解受持，是人即为第一希有！何以故？此人无我相、无人相、无众生相、无寿者相。所以者何？我相即是非相，人相、众生相、寿者相即是非相。何以故？离一切诸相，即名诸佛。"佛告须菩提："如是，如是！若复有人得闻是经，不惊、不怖、不畏，当知是人甚为希有。何以故？须菩提！如来说第一波罗蜜，即非第一波罗蜜，是名第一波罗蜜，须菩提！忍辱波罗蜜，如来说非忍辱波罗蜜，是名忍辱波罗蜜。何以故？须菩提！如我昔为歌利王割截身体，我于尔时无我相、无人相、无众生相、无寿者相。何以故？我于往昔节节支解时，若有我相、人相、众生相、寿者相，应生嗔恨。须菩提！又念过去，于五百世作忍辱仙人，于尔所世无我相、无人相、无众生相、无寿者相。是故须菩提！菩萨应离一切相，发阿耨多罗三藐三菩提心！不应住色生心，不应住声、香、味、触、法生心，应生无所住心！若心有住，即为非住，是故佛说菩萨心不应住色布施。须菩提！菩萨为利益一切众生故，应如是布施。如来说一切诸相,即是非相。又说一切众生,即非众生。须菩提！如来是真语者,实语者,如语者,不诳语者,不异语者。须菩提！如来所得法,此法无实无虚。须菩提！若菩萨心住于法而行布施,如人入暗,则无所见;若菩萨心不住法而行布施,如人有目,日光明照,见种种色。须菩提！当来之世,若有善男子、善女人,能于此经受持、读诵,即为如来以佛智慧悉知是人,悉见是人,皆得成就无量无边功德。"

第十五品　持经功德分

"须菩提！若有善男子、善女人,初日分以恒河沙等身布施,中日分复以恒河沙等身布施,后日分亦以恒河沙等身布施,如是无量百千万亿劫以身布施;若复有人,闻此经典,信心不逆,其福胜彼,何况书写、受持、读诵、为人解说。须菩提！以要言之,是经有不可思议、不可称量、无边功德。如来为发大乘者说,为发最上乘者说。若有人能受持读诵,广为人说,如来悉知是人,悉见是人,皆得成就不可量、不可称、无有边、不可思议功德。如是人等,则为荷担如来阿耨多罗三藐三菩提。"

"何以故？须菩提！若乐小法者,著我见、人见、众生见、寿者见,则于此经,不能听受读诵、为人解说。须菩提！在在处处,若有此经,一切世间、天、人、阿修罗,所应供养;当知此处则为是塔,皆应恭敬,作礼围绕,以诸华香而散其处。"

第十六品　能净业障分(略)

第十七品　究竟无我分

尔时,须菩提白佛言:"世尊！善男子、善女人,发阿耨多罗三藐三菩提心,云何应住？云何降伏其心？"佛告须菩提:"善男子、善女人,发阿耨多罗三藐三菩提心者,当生如是心:我应灭度一切众生。灭度一切众生已,而无有一众生实灭度者。何以故？须菩提！若菩萨有我相、人相、众生相、寿者相,即非菩萨。所以者何？须菩提！实无有法发阿耨多罗三藐三菩提心者。须菩提！于意云何！如来于然灯佛所,有法得阿耨多罗三藐三菩提不？""不也,世尊！如我解佛所说义,佛于然灯佛所,无有法得阿耨多罗三藐三菩提。"佛言:"如是,如是！须菩提！实无有法如来得阿耨多罗三藐三菩提。须菩提！若有法如来得阿耨多罗三藐三菩提者,然灯佛则不与我授记;汝于来世当得作佛,号释迦牟尼。以实无有法得阿耨多罗三藐三菩提,是故然灯佛与我授记,作是言:'汝于来世当得作佛,号释迦牟尼。'何以故？如来者,即诸法如义。若有人言:如来得阿耨多罗三藐三菩提,须菩提！实无有法佛得阿耨多罗三藐三菩提。须菩提！如来所得阿耨多罗三藐三菩提,于是中无实无虚,是故如来说一切法皆是佛法。须菩提！所言一切法者,即非一切法,是故名一切法。须菩提！譬如人身长大。"须菩提言:"世尊！如来说人身长大,即为非大身,是名大身。""须菩提！菩萨亦如是。若作是言:我当灭度无量众生,即不名菩萨。何以故？须菩提,实无有法名为菩萨。是故佛说：一切法无我、无人、无众生、无寿者。须菩提！若菩萨作是言：我当庄严佛土，是不名菩萨。何以故？如来说庄严佛土者，即非庄严，是名庄严。须菩提！若菩萨通达无我法者，如来说名真是菩萨。"

第十八品　一体同观分

"须菩提！于意云何？如来有肉眼不？"

"如是，世尊！如来有肉眼。"

"须菩提！于意云何？如来有天眼不？"

"如是，世尊！如来有天眼。"

"须菩提！于意云何？如来有慧眼不？"

"如是，世尊！如来有慧眼。"

"须菩提！于意云何？如来有法眼不？"

"如是，世尊！如来有法眼。"

"须菩提！于意云何？如来有佛眼不？"

"如是，世尊！如来有佛眼。"

"须菩提！于意云何？恒河中所有沙，佛说是沙不？"

"如是，世尊！如来说是沙。"

"须菩提！于意云何？如一恒河中所有沙，有如是等恒河，是诸恒河所有沙数，佛世界如是，宁为多不？"

"甚多，世尊！"

佛告须菩提："尔所国土中，所有众生，若干种心，如来悉知。何以故？如来说：诸心皆为非心，是名为心。所以者何？须菩提！过去心不可得，现在心不可得，未来心不可得。"

第十九品　法界通化分（略）

第二十品　离色离相分（略）

第二十一品　非说所说分（略）

第二十二品　无法可得分（略）

第二十三品　净心行善分

"复次，须菩提！是法平等，无有高下，是名阿耨多罗三藐三菩提；以无我、无人、无众生、无寿者，修一切善法，即得阿耨多罗三藐三菩提。须菩提！所言善法者，如来说即非善法，是名善法。"

第二十四品　福智无比分（略）

第二十五品　化无所化分（略）

第二十六品　法身非相分

"须菩提！于意云何？可以三十二相观如来不？"须菩提言："如是！如是！以三十二相观如来。"佛言："须菩提！若以三十二相观如来者，转轮圣王则是如来。"须菩提白佛言："世尊！如我解佛所说义，不应以三十二相观如来。"尔时，世尊而说偈言："若以色见我，以音声求我，是人行邪道，不能见如来。"

第二十七品　无断无灭分（略）

第二十八品　不受不贪分（略）

第二十九品　威仪寂净分

"须菩提！若有人言：如来若来若去、若坐若卧，是人不解我所说义。何以故？如来者，无所从来，亦无所去，故名如来。"

第三十品　一合理相分

"须菩提！若善男子、善女人，以三千大千世界碎为微尘，于意云何？是微尘众，宁为多不？""甚多，世尊！何以故？若是微尘众实有者，佛则不说是微尘众，所以者何？佛说：微尘众，即非微尘众，是名微尘众。世尊！如来所说三千大千世界，则非世界，是名世界。何以故？若世界实有者，则是一合相。如来说：'一合相，则非一合相，是名一合相。'须菩提！一合相者，则是不可说，但凡夫之人贪著其事。"

第三十一品　知见不生分

"须菩提！若人言：佛说我见、人见、众生见、寿者见。须菩提！于意云何？是人解我说义不？""不也，世尊！是人不解如来所说义。何以故？世尊说：我见、人见、众生见、寿者见，即非我见、人见、众生见、寿者见，是名我见、人见、众生见、寿者见。""须菩提！发阿耨多罗三藐三菩提心者，于一切法，应如是知，如是见，如是信解，不生法相。须菩提！所言法相者，如来说即非法相，是名法相。"

第三十二品　应化非真分

"须菩提！若有人以满无量阿僧祇世界七宝持用布施，若有善男子、善女人发菩提心者，持于此经，乃至四句偈等，受持读诵，为人演说，其福胜彼。云何为人演说，不取于相？如如不动。何以故？""一切有为法，如梦幻泡影，如露亦如电，应作如是观。"佛说是经已，长老须菩提及诸比丘、比丘尼、优婆塞、优婆夷，一切世间、天、人、阿修罗，闻佛所说，皆大欢喜，信受奉行。

（选自朱棣《金刚经集注》，上海古籍出版社 1984 年版）

【阅读书目】

1. 王明：《太平经合校》，西南师范大学出版社 1996 年版。

2. 郭朋：《〈坛经〉导读》，中国国际广播出版社 2008 年版。

3. 任继愈主编：《中国佛教史》，中国社会科学出版社 1981 年版。

4. 卿希泰、唐大潮：《道教史》，中国社会科学出版社 1994 年版。

5. 印顺：《中国禅宗史》，江西人民出版社 2002 年版。

【思考题】

1. 佛教对中国文化有何影响？
2. 道教对中国文化有何影响？
3. 禅宗对我们的学习、生活有何启发？
4. 宗教在当今社会如何转型？
5. 中国外来宗教与本土文化是如何融合的？
6. 了解佛教、道教的发展史。

第三章
中国民俗

概　述

中国历史悠久，幅员辽阔，汉族和各少数民族由于自然条件和社会环境的不同形成各自不同的生活方式和行为方式，各民族风俗习惯大都经历了漫长的演变过程，不仅不同民族的风俗习惯各有不同，即使是同一民族的不同地域、不同历史时期，其风俗习惯也多有差异，各个民族在婚姻、丧葬、饮食和社会关系的处理上都显示出积久性、多元性和相融性的特征。本章从古代称谓、婚俗、葬俗、服饰、饮食等诸方面探讨传统民俗风情。

一　古代称谓

古代中国是宗法制社会，每个人都与家族、社会有千丝万缕的联系。古代称谓主要包括个体的姓氏名字号、宗族亲属关系及社交礼仪称呼三方面。

（一）姓、氏、名、字、号

古代社会中，姓氏名字号虽然是个体特有的，但姓氏本身便是社会结构中标示血缘关系的符号，与宗族、门阀、身份等制度密切相关。姓氏最初起源于母系氏族社会，那时的人们按母系血缘分为若干氏族，每个氏族以区别他族的图腾和居住地为族号，这个族号便是"姓"。而"氏"的产生比姓晚，同一母族又分为若干支族，每个支族要有区别于其他支族的称号，这个称号便是"氏"。进入奴隶社会后，"氏"大都由统治者赐封地而得来，所以春秋战国时期"氏"已经成为贵族地位的标志，秦汉以后姓与氏合二为一了。

姓氏反映了自己的根基和归属，而名字则体现了自我个体的存在。按照礼俗，古人三月而命名，男20岁行冠礼表示成年，后再取字。女15岁行笄礼时取字，在正式命名前都有小名。古人重视命名，周朝规范礼制时甚至规定了如何命名,《左传》曾云"名有五,有信、有义、有象、有假、有类",这些在古人命名中多有体现。在人际交往中,名一般用于自称,或上对下、长对少的称呼,而字则表示对人的尊称。

名与字又有密切联系,一般说来有以下几种:其一,字与名意义相同,如屈原,本名平,字原,平原同义;其二,名与字意义相关,字是对名的补充与说明,如张飞,字翼德;其三,名与字意义相反,如北宋词人晏殊字同叔,殊与同意义相反;其四,名与字取于五行相生相克,如楚公子壬夫字子辛,壬为水,辛为金,取水生金之意;其五,名与字取自古语,成语,如清人钱谦益字受之,取自《尚书》"满招损,谦受益"之语。

古代文人为了表达自我志向和人生意趣,往往自取别号。如东晋诗人陶渊明自号"五柳先生",清代郑板桥因仰慕徐渭而自号"青藤门下走狗",如此等等,都体现了古代文人墨客试图以委婉的手法表达自己超然物外的情趣之意味。现代社会里除了姓名外,字号都已成为历史旧迹,只有某些文人尚有自号以表达雅趣之俗,但已不再是普遍的社会现象。

(二)亲属关系及其称谓

在儒家思想占主导地位的中国古代社会,"修齐治平"是每个人理想的人生之路,所齐之家为父系大家族,这样的家族才是宗法社会的基本结构。我国古代家族以"九族"制为代表,构成严格而精密的家族血缘世系。古代"九族"有两种界定方式:一是纵向的,是以自身为中,向上下各推四代,从玄孙到高祖共计九代,父亲称考,母亲叫妣,古时可以用来称呼在世父母,但后世常以先考、先妣代表过世父母。古代社会往往一夫多妻,这时称呼父亲的正妻为嫡母,妾为庶母,自己的母亲为生母,父亲后娶之正妻为继母。父亲之兄为伯、伯父,其弟为叔、叔父。相应的伯父之妻为伯母,叔父之妻为婶母。伯叔之女子女则为堂兄弟和堂姐妹。而父亲之姐妹合称为姑,姑母,其子女为表兄妹。父亲的父亲为祖父,古称大父、王父,即爷爷。祖父之妻为祖母,古称王母、大母。祖父之兄弟姐妹统称为伯祖父、叔祖父、姑祖,古称从祖父、从祖姑。伯叔祖之子女称堂伯、堂叔、堂姑。其子女为从堂兄弟姐妹,而姑祖之子女则为表叔、表姑。祖父的父母为曾祖父、曾祖母,其兄弟为曾伯祖、曾叔祖,其子为族伯祖、族叔祖,其孙为族伯叔、族叔,其曾孙为族兄、族弟。曾祖父的父母为高祖父、高祖母。与自己平辈的称兄、弟、姐、妹。兄之妻称嫂,弟之妻称弟媳或弟妇,姐妹之夫称姐夫、妹夫。兄弟之子称侄儿或侄女,兄弟之孙称从孙,姐妹之子女称外甥、外甥女。自己所生之男为儿,所生之女称女儿,子之妻称儿媳,女之夫称婿。子之子女称孙,其配偶称孙媳、孙女婿。孙之子女为曾孙、曾孙女,曾孙之子女为玄孙、玄孙女,这就是纵向的九族亲属称谓。

二是横向的,即父族四,母族三,妻族二,合为九族。所谓的父之族四,指父亲五代为一族(高曾祖父已),姑母嫁人者为一族,姐妹嫁人者为一族,已女嫁人者为一族,具体称谓可参见上文。而母族三指的是母之父系一族,母之母系一族,母之姐妹嫁人者一族。母之父母称外祖父母,古称外王父母,又称外公、外婆或姥爷、姥姥,外祖父的兄弟姐妹称外伯祖、外叔祖、外祖姑。外祖母的兄弟姐妹称舅外公、舅外婆、姨外公、姨外婆,外祖父之父母称外曾祖父母。母之兄弟称舅,其妻称舅母,其子女称舅表兄弟姐妹。母之姐妹统称姨母,其夫称姨父,其子女称姨表兄弟姐妹、姑表兄弟姐妹、舅表兄弟姐妹。姨表兄弟姐妹统称中表。妻族二指的是妻之父系一族,妻之母系一族。妻之父母古称外舅、外姑,南北朝时始称丈人、丈母,唐以后称岳父、岳母。妻的兄弟为内兄、内弟,俗称小舅子,其子女为内侄、内侄女,妻之姐妹称小姨,小姨之夫与自己为连襟。姨之子女也称外甥、外甥女。妻之父母与夫之父母 互称亲家或亲家翁、亲家母。

　　"九族"制的重要标记之一便是古代丧服制"五服"。丧服中最重的孝服称"斩缞",用最粗的麻布制成,断处外露,不缝边。一般是子女为父母,妻为夫,或父亲为长子所服,守制三年。次重的丧服是"齐缞",用粗麻布制成,剪断的地方缝边,一般是孙辈为祖辈服,为祖父母服制一年,为曾祖父母服五个月,为高祖父母服三个月。再稍轻的丧服是"大功",用熟麻布做成,为伯叔父母及堂兄弟和未出嫁的堂姐妹,服丧时间是九个月。再次轻的丧服是"小功",用较细的熟麻布做成,为祖父母、堂伯叔父母、未嫁的祖姑、堂姑、已嫁的堂姐妹、外祖父母、母舅、母姨而服,服丧的时间也缩短为五个月。最轻的孝服为"缌麻",用最细的熟麻布做成,为从曾祖父母、族伯叔父母、族兄弟姐妹、表兄弟、岳父母,服丧时间为三个月。这五个等级的丧服所表现出的五服亲疏在古代社会维系着我国九族制度的家族和亲族体系,体现了以父系为本位的社会关系,形成了中国古代社会的基础。

(三)社交礼仪场合的称谓

　　社交礼仪场合的称谓是指人与人交往的社会场合所形成的特定的称谓规范。先秦时期的男子一般对尊贵者自称为臣或仆,后世只有官员对帝王称臣,而清代大臣对皇帝自称奴才。在官场中,下属对上司自称卑职,而老百姓在地方官面前要自称小民、小人。仆除先秦之外,都是平辈间的谦称,有时也称鄙人、不才等。年轻者对年长者自称晚生、后学,而年长者对后辈自称老朽、愚。写信给别人时要自署名而非字号,向对方称自己的亲属时要加"家",如"家父"、"家母"、"家兄"等,弟妹则称"舍妹"、"舍弟",儿女要称小儿、小女,妻子用"内人"、"拙荆",已故的亲属要加"先",已故的兄弟要说"亡"。古代人在称呼他人时一般也不直呼其名,平辈一般称字或号,下级称上级为大人,长辈对晚辈用"尔"、"汝",自称"吾"、"余"、"我",对年长男性尊称为"丈",平辈尊称为"子",称对方亲属常加"令"字,如对方父母亲称为"令尊"、"令堂",儿女为"令郎"、"令爱",对方夫人为"尊夫人"等。这些称呼已经是社会约定俗成的礼节性用语,一般人都能恰当地使用。

而避讳是人际关系中特定的称呼问题,臣子对帝王、长官、父祖及圣贤之名不能直接称呼,即使是相同的读音也要想办法回避。如《红楼梦》第二回言林黛玉见到"敏"字皆读作"密",写这个字时也缺一两笔以示尊敬,皆因其母名敏。有时也可以根据古籍善本中对帝王的避讳情形确定刻印年代。避讳是古代礼制中很重要的一部分内容,在当代社会这种风气已逐渐消失。

二　婚姻习俗

各民族的婚俗和葬俗一直是人类文化学和社会学的重要研究对象,从这两种风俗习惯的发展变迁可以看出人类自身进步的程度。社会构成的基本单位是家族,而家族的构成、发展、延续及亲族之间的社会关系构成和扩展都源于婚姻。回溯历史,人类的婚姻大致经历了五个阶段:原始群团生活的杂婚,同辈血缘婚,排斥同辈同胞血缘的伙婚,对偶婚,一夫一妻的专偶婚。

(一)杂婚

杂婚是远古时期人类祖先实行的一种婚姻关系。这时的人类穴居群处,男女混杂,在集体生活中两性关系也自由随意,没有固定的配偶,因而也构不成任何家族。从古文献及神话传说中我们可以看到后世人对这一婚姻俗制的追忆。如疱牺是其母"履大人迹于雷泽"而生,炎帝神农氏是母亲"感神龙而生",周朝之祖后稷之母践巨人迹而身动如孕,商祖契之母吞玄鸟之卵而生契,在这些传说奇异怪诞的外表下正是昔日只知其母、不知其父的远古杂婚习俗的曲折反映。在希腊神话中我们也能看到杂婚的影子,如爱神阿佛洛狄蒂本来是宙斯和大河神的女儿狄俄涅所生,可她的父亲宙斯却曾向她求过婚;而风神伊奥拉斯之子萨尔门留斯则把自己的女儿嫁给了自己的弟弟克勒修斯。据人类学者调查,父女婚配型传说在中太平洋的波利尼西亚群岛上很常见,而母子婚配型传说则在印度尼西亚诸岛上也可以找到,这些都是原始杂婚在口头文学中的反映。从整体来看,我国大约在旧石器时代的中期结束了原始杂婚而进入到血缘婚阶段。

(二)血缘婚

这是以同族血缘关系为基础而形成的一种婚俗制度,是杂婚的进一步发展,它在群团内部划分了辈分,不同辈分的人禁止通婚,但同辈之间可以互为夫妻。血缘婚阶段最为典型的是同胞兄弟姐妹和从兄弟姐妹之间的族内婚。在世界各民族的传说中都有大量兄妹为婚的故事,如希腊神话中的众神之父宙斯与天后赫拉便是一对亲兄妹。在汉民族的传说中,始祖女娲和伏羲也是兄妹,他们结婚后生下一个肉团,内有十五对童男童女,他们又互相结合,生儿育女,这才有了人类。我国纳西族的《创世纪》中也记录了利恩六兄弟和利恩六姐妹互为夫妻的故事。这一类传说在日本、朝鲜、印度支那等地各民族中也广为流传,这些传说都比较真实地反映了最早的血缘婚俗。

（三）伙婚

随着社会的发展与文明的进步,人们逐渐认识到血缘婚的危害,于是出现了一种向对偶婚过渡的婚俗——伙婚。它排斥了同胞兄弟姐妹通婚,但保留了很长时期的旁系兄弟姐妹通婚的关系。也就是说一群兄弟和不是自己姐妹的一群不一定是姐妹的女子通婚,兄弟共妻,女子共夫,女子和女子之间,男子和男子之间互为"亲密的伙伴"。这种婚姻关系构成伙婚家族,并逐渐过渡到后世的对偶婚。在汉民族发展历史上,表兄弟姐妹之间结为夫妻是同辈血缘婚的遗风。

（四）对偶婚

在伙婚俗制逐步排斥了本氏族组织内部任何兄弟姐妹通婚的风俗以后,氏族成员需要到没有血缘关系的氏族中去寻找配偶。这时男女间的结合并不固定,没有严格的排他性,男可以多妻,女也可以多夫,但有一点可以确定,即都是男子出嫁到女方氏族,子女归女方所有,血统按母姓计算。按当时的氏族习惯,对偶婚的男女在死去后归葬于本氏族墓地。在我国一些少数民族地区,一直到20世纪50年代初期还保留着对偶婚的残余形态,如瑶族男子的"上门婚"、傣族男子的"入寮婚"、独龙族的"伯惹婚",其中最为典型的是云南永宁纳西族的"阿注婚"。"阿注"是纳西语的音译,意为朋友,在这种婚俗中,以女系为主招夫,男女自愿结成婚姻,男子只是晚上到女家同居,白天则返回自己家中,二者形成十分简单明确的对偶同居关系。从阿注关系的临时性和不稳定性来看,这种对偶婚俗可能是初期的形式。随着私有制的发展,男子地位逐渐提高,阿注婚俗中产生了"认子"内容,"父亲"观念开始产生。于是随之出现了阿注同居的婚姻和家庭。这种形式改变了男阿注晚去早归的访妻式,而是共同生活、共同劳动,开始具备了专偶婚的某些特点。

（五）专偶婚

专偶婚就是固定的一夫一妻制婚俗,考古工作者曾在陕西省华阴县发现了龙山文化时期的夫妻合葬墓,可见这种婚姻形态从新石器时代晚期便已经出现。它是在对偶婚产生了父权观念的基础上形成的,父权在控制和独占了自己的妻和子女的同时,也控制和占有了越来越多的积累起来的财富,于是男子开始有了向自己的子孙转移财产的继承观念,开始了男权世系的发展,确立了严格的血亲家族系统的亲属制度,这是专偶婚的主要特点。

专偶婚俗产生后,随之产生了媒俗、婚礼和离婚的种种习俗。"媒"古称媒妁,是说合婚姻的中介人,古人有谋合二姓曰媒、斟酌二姓曰妁的说法,有的还解释为在男为媒,在女为妁。《周礼·地官·媒氏》中云:"媒氏掌万民之判,凡男女自成名以上,皆书年、月、日名焉。"说明了媒的社会职能和特点。婚礼是人生仪礼中最重要者之一,我国古代为婚礼制定了"六礼":纳采、问名、纳吉、纳征、请期、亲迎。纳采是男方请媒人提亲,女方同意议婚,于是男方备礼到女方求婚,礼物是大雁。问名是求婚后托媒人问女方姓名及出生年月日、准备合婚的仪式。纳吉是把问名占卜后的好结果通知女方的仪式,后世称这个阶段为订盟,也就是现代的订婚,古礼照例用雁,后来随着私有制的发展,这一阶段俗称"送订",即"小聘",要送戒指、首饰和彩绸等。纳征又称纳币,是订盟后男方将聘礼送往女家,"征"在这里有"成"意。送完聘礼后再选择好结婚日期,备礼到女家,征得女方同意,这一仪式称作请期。婚礼的最后一个阶段便是亲迎,是新郎亲往女家迎娶新娘的仪式,这实际上是婚礼的主要过程。亲迎礼中有许多习俗,如向女家送贺礼的"添妆",新人在婚宴上斟酒,新婚之夜"食新娘茶"、"闹洞房"、"点烟"等。迎新队伍返回男家后,由门外进入室内的过程中形式最多,大都有祝吉驱邪的意味。

在早期结婚随意的情况之下,离婚也不需要什么仪式,直到对偶婚出现后,离婚习俗也开始有了简单的仪式。如印度东北部卡息族部落中的离婚便由一名报事人在本村中边走边喊,公告某男和某女离婚,并宣布男女双方可以另行结婚。而我国封建社会,离婚习俗称为"出妻",甚至明文规定了离婚的条件是"七出三不去",七出是"一无子,二淫佚,三不事舅姑,四口舌,五盗窃,六妒忌,七恶疾";三不去"一是经持舅姑之丧;二是娶时贱而后贵;三有所受无所归"。这是对弃妇权利仅有的一点保护。

在从原始杂婚向专偶婚的发展过程中,各地、各民族因为政治经济文化发展的不同,在婚姻的构成形式上也呈现出多样性,从汉族和其他少数民族的婚俗来看,大致有十几种类型,如掠夺婚、服役婚、买卖婚、表亲婚、交换婚、转房婚、招养婚、招养夫婿(俗称搭伙)、典妻婚、童养婚、指腹婚、冥婚、共妻婚、阿注婚、试验婚、自愿婚等。婚姻形式总是沿着自己的发展道路在社会民俗中作相应的变化,使人类文明向着更高层次发展。

三 丧葬习俗

葬礼和婚礼一样,也是最为重要的人生仪礼之一。远古时期人死去后并没有什么葬礼,后来随着原始宗教信仰的发展,产生了灵魂观念,随后出现了祖先崇拜意识,于是生者便对死者有了一份怀念和敬畏,复杂的丧葬制度便由此而产生。

最初的丧葬制度很简单,有"死陵者葬陵,死泽者葬泽"之说,据现代考古发掘证明,在原始社会中人死后集中葬于氏族公共墓。到新石器时代晚期,专偶婚出现后变成了夫妻合葬。这时的随葬品都比较简单,只是一些日常用具,陶器或骨制、石制的装饰品之类。到奴隶社会,由于私有制和等级的出现和发展,丧葬方式也因死者地位不同而不同,奴隶死后随意安葬,而奴隶主死后却不仅要有大量器具陪葬,还要杀死大量奴隶实行"人殉",考古工作者在河南省安阳市殷墟遗址考察时就发现了几处奴隶殉葬墓。这些奴隶都没有头骨,明显是杀后殉葬的。这种残酷的人殉制度直到战国时期依然存在。《诗经·黄鸟》中便记载秦穆公死后以当时的三员大将殉葬的事实。但在社会发展中,人们逐渐认识到人殉是对劳动力的极大损失,于是制造了许多类人的陶俑。现在秦始皇陵墓和汉墓都出土了大量陶俑,足见当时的人殉制已渐趋消失。

我国各民族葬礼的形式也各有不同,大致说来主要有土葬、火葬、水葬、天葬、悬棺葬、洞穴葬,以及各种变异形式和复合葬法。这些葬法其实可分两种形式:一是尽可能地消灭尸体;二是保存尸体。其实无论哪种葬仪都是以灵魂信仰为基础的,前者认为肉体是灵魂的负累,只有消灭肉体灵魂才可以尽快地超脱;而后者则认为灵魂须以肉体为媒介,所以以保存尸体为目的。

葬礼是葬俗的重要组成部分,它有两部分的内容:一是为生者,葬礼上的秩序决定了死者去世后的继承秩序,斩缞、齐缞、大功、小功和缌麻五种等级的丧服标志着与死者关系的亲疏远近。另一部分仪式与信仰有关,如斋七、百日和忌辰等礼仪都是为灵魂的归属所做的努力。汉族的葬礼一般有停尸、招魂、吊丧、殡仪和送葬几种程序。停尸是指人去世后把尸体安放在规定的地方,而且死者多须浴尸更衣,口中含物;招魂是古俗,古代有专门的人员,一般自前方升屋,手持寿衣呼叫,共呼三长声,以示取魂魄返归于衣,然后从后方下屋,将衣服敷于死者身上,后来这种习俗逐渐消失;吊丧是葬礼中社会往来的关键仪式,一般先是死者亲属报丧,然后亲友吊丧;殡仪"入殓""大殓",即尸体入棺;送葬是全部葬礼的最后程序。古代汉族和朝鲜族都有孝子为父母守丧三年之礼,在历史发展中这种方式也逐渐废除了。

四 衣冠服饰

一般来说,衣冠服饰主要有保护御寒、遮羞和装饰三重功用。从其最初起源来看,服饰是以保护自身为主要作用的。不仅是为了御寒取暖,而且可以防止各种侵害人体的虫类、风雨与酷暑等,热带部落的人们常常在身上涂抹树脂、油脂甚至黏土的做法,也可以作为这种保护作用的旁证。但随着文明的进步,人们有了羞耻的观念,于是才懂得遮羞。装饰则是服饰更为后起的功能了。发展到今天,服饰的三重功能早就合而为一了。

在各民族的经济文化发展历程中,衣冠服饰具有突出的民族特征和时代精神。如我国古代各族服饰便与历史上长期存在的等级制度密切相关。进入阶级社会后,服饰的政治色彩逐渐凸显。从文献资料和考古发掘中可以知道,商代服装的基本样式是上衣下裳。"衣"可以指衣服,又专指上衣;裳指下衣,就是裙交领的装束,是古代汉族服饰的基本样式。衽就是襟,交领的衣领直连左右襟,衣襟在胸前相交,左襟压右襟,在右腋下打结。到周代后,随着宗法制度的形成,天子、诸侯、大夫、平民的服饰都因尊卑等级不同而不同,一般有冕服、弁服、元端和深衣数种。冕服是最尊贵的礼服,是天子、诸侯、大夫祭祀时穿戴的服饰;而弁服则是天子视朝接受诸侯觐见时所穿;元端是天子退朝后所穿,对士来讲是早晨叩见父母时所穿。这三种服饰都是上衣下裳,互不连属。"深衣"则是衣裳相连,其形制为裳的左边相连,右边的则是用一块布裁成角形把下边缀起来,称之为"续衽钩边"。汉代后,人们喜欢把宽袍大袖的深衣作为礼服,但在形制上也有所改进,改上下连体为直裾襜褕,也就是下襟垂到脚连,但不缀在身上。服饰之外,汉代还盛行冠制,一般是尊者戴冠而卑者戴帻。冠的种类很多,因地位级别不同其形制和名称也有所不同。帻指的是头巾,一般是从后脑向前兜,在额上打结,叫幞头。后来幞头除在额前打结外,又在脑后扎成两"脚",自然下垂,称为"软脚幞头"。中唐以后又用金属丝把下垂后的二带略撑起,叫"硬脚幞头",是帝王公卿常服时所戴。而发展到宋代,幞头里边用木骨撑起,成为可以随时脱戴的幞头帽子。

魏晋南北朝是各民族大融合时代,在服饰上也体现了南北中外互相影响的趋势。比如这一时期"胡服"更为流行,这种服装上身为筒袖短上衣,下身为裤,腰间系皮带,穿起来活动很方便,而北方少数民族的统治者非常喜欢穿戴汉族的冠冕朝服。也正是在这一时期开始,历代公卿的服饰正式有了礼服和常服之分,这种习俗一直延续到明代。

唐代是一个开放包容的时代,在服饰演变中也体现了这一特色,据史书所载,"天宝末,贵族及士民好为胡服胡帽"。从现存诗文描述及壁画材料中可能看到这种"胡妆"的样子,男子多穿团领、窄袖袍;而女子可着衫裙,袒胸露肩,肩上披丝帛,在额上涂"额黄",眉间贴"花钿",两颊点妆靥。而唐朝服饰中最重要的变化是品色衣出现,即以服装颜色分辨官位的品级。皇帝着黄袍,亲王及三品以上官员是紫袍衫,五品以上大红袍,五品以下着绿、青衫,士兵衣皂(黑),庶人着白袍衫。宋代官服沿袭唐制而少有变化,只是头冠是幞头帽子。妇女服饰在宋代变化较大,一是贵族士女喜戴花钗冠,皇后则戴九龙四凤冠,而五代末年兴起的缠脚之风在宋代大为流行,女子以缠脚为美,成为俗称三寸金莲的小脚,再穿上三脚形的小鞋子。士、农、工、商等一般庶民的衣服则追求简朴实用,显示出平民化的特点。

元朝是蒙古族所建立的朝代,所以服饰在汉族服饰的基础之上变化较大,比如当时流行很广的"质孙衣"（一色衣）便是上衣连着下裳，上紧下短，便于活动。

明代则依据汉族习俗重新规定了服饰制度。冠冕规定只能是皇室子弟在祭天地、享太庙、册立、登基时才能穿用。日常官服方面皇帝穿黄龙缎袍，腰束玉带。百官则依官位等级不同而着不同颜色且而且绣有花纹的袍服，头戴乌纱帽，品级用袍服上的"补子"加辨别。补子据文官、武官及品级不同而绣上不同的奇珍异兽。民间服饰一般是男子青布衣裤，女子上衣下裙，但颜色较为浅淡，禁止用大红、鸦青和黄色。

清朝服饰一改汉人习俗，按满族风尚订制服饰制度。主要有以下几个特点：第一，官员着蟒袍，蟒的数目依官位品级而定；第二，帽子上以花翎为装饰，花翎尾部晶莹似眼，有单眼、双眼、三眼之分，以三眼最为尊贵；第三，在颈中悬挂朝珠，共 108 粒，限五品以上官员方可佩带。而当时普通百姓多穿长袍，外加马褂。满族女子喜穿旗袍，外罩马甲，而汉族女子则依旧是上身袄衫，下身裙裤。

五　饮食茶酒

民以食为天，饮食是人类出于本能的生理需求。与其他动物不同的是，人类以自己的智慧和技能创造了文明的饮食方式和饮食习惯。

人类最初的食物是自然采集，以后才是渔猎的鱼兽肉类。我们的祖先在一万多年前就已经发明了农业，开始种植粟稻等农作物。据古文献记载，可知在殷周时期的主食便是我们平时所说的五谷：黍、稷、麦、菽、麻以及稻。

从吃法上随着火的使用也由生食转变为熟食阶段。熟食最初是将猎获的兽肉割剥后在火中烧或叉到火上烤，在此基础上又发明了煮的方法，煮这种方法第一次创制了饭菜混合物，人们可以把粟类、肉类和菜类等放到一起混煮，发展了饮食结构。据考古材料显示，在殷代除煮法以外，还出现了蒸的方法，殷墟出土的"鬲"便是古代的煮具，但同时发现的"甑"便是下部注水，中间隔开，上面放粮米的蒸具。《诗经·生民》中有"释之叟叟，蒸之浮浮"的蒸饭的描述。

最初吃东西的方法都是用手撕抓，筷、叉、刀匙都是较晚出现的餐具。现在我国西北各族流行的"手抓饭"可以看作是古俗遗留。从餐制来看，原始人一般保持日出而作、日落而息的生活节奏，所以是一日两餐制，以后才逐渐发展到一日三餐制。

随着经济的发展与文明的进步，人们对饮食的要求也日趋精细。春秋战国时期，不仅粮食、肉类等主食丰富多彩，一些调味品也相继出现，食物的制作方法也日趋精细。时至秦汉，饮食进一步丰富，在长沙马王堆汉墓出土的简册表明西汉时的精美菜肴已有近百种，而且还有与各种饮食相配的各种食器。南北朝时期开始出现了专门研究饮食文化的专著如《食珍录》、《食经》等。唐宋时期中国饮食更加丰富多彩。杜甫在《丽人行》中曾描绘王公贵族的奢华宴席:"紫驼之峰出翠釜,水精之盘行素鳞。犀箸厌饫久未下,鸾刀缕切空纷纶",佳肴美器相映生辉。宋代饮食业更是集四海之珍奇,盛况空前。明清两代,人们已经在饮食方面积累了丰富的经验,于是总结烹调技术的专著出现很多,最为著名的是清代袁枚的《随园食单》。值得一提的是清代宫廷菜发展迅速,他们的菜系与汉族菜肴颇有区别,在历代宫廷名师的创制之下逐渐形成满汉一体的宫廷菜肴,俗称"满汉全席",代表了菜肴制作的最高水平。

在饮食文化数千年的发展历程中,各地由于气候环境及习惯口味的差异,烹调方法也多有不同,逐渐形成风味各异的地方类型,最有代表性的是闽菜、川菜、粤菜、京菜、鲁菜、苏菜、湘菜、徽菜、鄂菜等几大菜系。而菜肴的不同类型受原材料产地的地方特色和各民族生产生活的需要和口味的制约,一般来说,民间有"南甜、北咸、东辣、西酸"的说法。

酒可以说是饮食文化中的特殊类型,考古学家在新石器时代的仰韶文化遗址中出土了10件粗陶器,据推测便是用来盛酒的。传说中的酒是由仪狄和杜康制造的。酒在古代主要有两类:一是果酒,一是粮食类酒。从酒自身发展来看,果酒应该先于粮食类酒而出现。粮食类酒一般是谷物酿造,如糯米、青稞、高粱、麦类等,至迟在先秦时期这种酒已经出现。汉代以后,酒的酿造技术进一步提高,人们逐渐认识到泉水的不同也可以影响酒的质量,到北齐贾思勰的农学著作《齐民要术》中已经记载了九种酒曲的制造方法,但这时酒一般的酿造时间较短,酒性温和,烈性酒是在宋代以后出现的。

酒自产生以后,其社会文化功能主要体现在祭祀和现实娱乐享受上。春秋战国时期,诸侯会盟、私家宴乐已经离不开酒的助兴,魏晋南北朝时期酒甚至成为名士全身处世之道。在历史发展过程中出现了许多名扬天下的名酒,如山西杏花村的汾酒,贵州茅台村的茅台酒等。直到现在,酒依然在社会生活中扮演着重要角色。

茶是世界三大饮料之一,它的故乡就是我国云南思茅地区。在现今的思茅地区,还存活着世界最古老的有几千年树龄的原始茶树。据文献记载,茶最初是被当作一种药材,后来在实践中才发现它清热解毒,香气袅袅,是一种很好的饮料。从古代开始饮用茶水到现在大约已有五千年的历史了。到三千年前的西周时期,栽种茶树已经成为一项农事生产了。秦汉时期,饮茶已经成为日常习惯,茶成为招待客人,进行社交活动的一种媒介。唐宋之后,饮茶的风气不仅在中原地区相当普遍,由于茶叶生产发展迅速,唐政府在德宗建中四年(783)开始征收茶税,而且茶叶出口迅速扩大,不仅流传到西北西藏地区,而且沿丝绸之路走向西方,这样茶的种植和加工技术开始走向世界。公元805年,在天台山国清寺学习的日本最澄和尚回国时把茶籽带回日本,从此开始日本饮茶的历史。17世纪后,中国的茶叶又陆续传入印度尼西亚、印度等地,成为一种世界性的饮料。

饮茶方式也是随着社会的变迁而不断发展变化的。陕西法门寺地宫出土的一套茶具表明当时贵族饮茶一般要举行一定的仪式,即我们平时所说的茶道。而当时盛行煮茶之风,即先把茶叶碾碎制成茶团,饮用时把茶团捣碎,加入各种调料煎煮。有的是把茶叶碾碎、罗细,然后将茶末调成糊状吃下,现各地方言中多有"吃茶"一说,便反映了这种古俗。宋元后,人们逐渐改煮茶为泡茶,推崇茶叶本身的清香,这种方式一直保持至今。

在茶的发展史上有两部著作影响较大,这两部著作都出自唐代,一是《四时纂要》,它详细地记载了茶树栽培、采摘的方法,茶叶的加工程序等,在当时极大地促进了茶叶经济的发展。另一部是唐代陆羽的《茶经》,对唐代以前有关茶叶的科学知识和实践经验作了系统总结,重点讲述了饮茶的文化意味。陆羽死后被追忆为茶仙、茶圣,现在他的故乡还有陆羽亭等古迹。自陆羽后,饮茶也变成一件风雅趣事,历代文人也往往喜欢根据自己的经验和体会对适宜泡茶的泉水作出评定,并在文人雅集之时,形成品茗赋诗的风气,使传统茶文化意趣更为丰富。

茶在发展过程中与宗教有着密切联系,道教认为茶可以轻身延年,有助修行,佛教也认为"茶中有禅、茶禅一体、茶禅一味",除了品茶可以提神外,品茶也成为参禅悟道的媒介。宗教与茶的结合提升了茶的精神品味,丰富了茶的内在含蕴。历史上的名茶多与宗教有关,如黄山毛峰、六安瓜片、庐山云雾茶、西湖龙井、径山茶、天童红茶等皆为名寺名茶。

专 题

传统节日

我国幅员辽阔,民族众多,在漫长的历史发展过程中形成了数百个传统节日。丰富多彩的节俗活动是群体物质生产生活方式和精神生活的文化载体,体现了祖先对自然规律、社会生活的理解、认识和把握,显示了那个时代的社会、经济发展水平。本部分内容从节日的来源与形成原因,重要节日的节俗活动,以及传统节日的民俗特点与结构功能等方面来探讨民间节日的内涵。

一 节日的来源与形成原因

固定的日期与特定的节俗活动是节日确立的两个必要条件。节日源于古代季节气候。早在新石器时代,中国便已经进入农业社会,天文历法是农业生产的基础,早在殷墟甲骨文中已看到古代完备的历法纪年。最早在古文献《逸周书·时训》中就记载了一年中的二十四节气。古代历法中,一年分十二个月,五天为"一候",三候为"一气",十二个月共分为"二十四气"。其实是把黄道附近的一周天分为二十四等分,从冬至这天起,太阳黄经每增加 30 度(大约历时30 天)便开始过到另一个"中气",一年共十二个"中气":冬至、大寒、雨水、春分、谷雨、小满、夏至、大暑、处暑、秋分、霜降、小雪。从小寒日起,太阳黄经每增加30 度(大约历时 30 天)便开始过到另一个"节气",一年共十二"节气":小寒、立春、惊蛰、清明、立夏、芒种、小暑、立秋、白露、寒露、立冬、大雪。"中气"与"节气"相交相间,构成"二十四节气"。由一年四季、十二个月、二十四节气、七十二候、三百六十天(约),构成了岁时节令的计算基础,以后发展起来的民俗传统节日,便在这种岁时节令中占据了突出位置。四立、二分、二至八节既是标志阴阳四时始末的时令,也是传统的节日。

除二十四节气外,每月的朔望日也是特别的日子。朔为"上日",是各月初一,又称"元日",正月朔日,谓之元旦,旧历新年之始。元旦为一岁最早的节日。一元之始的正月元旦是古俗中大庆大祭的节日,延续至今,虽改称春节,但民间仍以为旧历新年。望日月圆,为月之十五。道教有"三元"之说,即天官、地官、水官三位神仙分别是正月十五、七月十五、十月十五三天生日,天官赐福、地官赦罪、水官解厄,后来都发展成为节日。八月望日的中秋节也在发展中形成,秦汉前后只是以仲秋的"白露节"为节日,节前筮卜,节后择吉日祭奉各路神灵,后来形成中秋节,以唐宋两代为最盛。

古代天干地支排列日时,在历史发展中,除朔望日之外,随着生产生活和信仰活动,大大小小的节日、祭日、集日、忌日从平常日中突出出来,并随之产生了一系列的节俗活动。这些节俗活动与原始信仰有直接的关系。比如,自然神崇拜是人类最常见的一种信仰,尤其是对日月星辰的信仰起源很早。《礼记·月令》篇已有:"天子春朝日,秋夕月,朝日以朝,夕月以夕。"《尔雅·释天》中也有"祭星曰布"的解释,与后世的中秋拜月、七夕祭星的习俗可谓一脉相传。除自然信仰之外,灵魂信仰和祖先崇拜也是民俗信仰的重要内容,这也是某些节日如中元节、清明节祭祖的根本原因。另外,很多节日习俗与长期以来古人的迷信、禁忌和巫术观念息息相关,钟敬文先生认为这些观念既是传统节俗产生的土壤,也是传统节俗的重要组成部分。

传统节日经历了漫长的发展历程,与西方传统基督教节日如圣诞节、复活节、感恩节及伊斯兰教的开斋节、古尔邦节（宰牲节）等宗教色彩浓厚的节日相比，我国的传统节日更富于人性化的色彩，既浸染有宗教的因素，同时也更多地带有农耕文明的印迹。大体而言，中国的传统节日的产生和发展基本上沿着三条线索进行：一是农事祭祀节日习俗；二是宗教节日习俗；三是纪念性（人或事）节日习俗。但在实际发展过程中，这三种线索往往因为各种外在因素而相互影响、相互渗透而形成综合性节日。

传统节日有的本身就反映出农业生产的规律，而有些节日则直接受到与农业生产有关的岁时历法的影响而产生，如二十四节气中四时标志的"四立"、"二分"、"二至"都是预报农事季候的。再比如清明节最早是农事节日，按《月令七十二候集解》："物至此时，皆以洁齐而清明矣。"在我国，这个节气是最好的耕种时令。江南浸种耕田、植树造林，北方农谚"清明忙种麦，谷雨种大田"，农村从此进入农事大忙阶段。桑农于清明节也活动起来，据东汉《四民月令》载："清明节，命蚕妾治蚕室，涂隙穴，具槌、 、薄、笼"，开始了蚕房的修缮和蚕架的陈设，进入养蚕季节。不过，这个节日在后来的发展中糅合了寒食节与上巳节，发展为一个综合性的节日。大多数的节日习俗与古代祭礼密不可分，如周代祭日之礼便是在立春、春分、立夏、夏至、立秋、秋分、立冬、冬至的季节转换时节进行，《礼记·月令》："立春之日，天子亲帅三公、九卿、诸侯、大夫，以至迎春于东郊。"而"腊八"节早在秦汉以前便是重要农猎祀日。按古代，每逢腊八要进行隆重家祭，古腊祭共五祀：祭门神、祭户神、祭宅神、祭灶神、祭井神，同时要祭祖先。许多少数民族的节日也来源于传统祭祀，如广西毛南族的"分龙节"农事祭祀，又称"五月庙节"，就是祭三界父及祖先以祈求丰收的盛大节日；壮族四月初八的"牛王节"奉祭牛王，为牛祛痘，为牛王做寿，用五色糯米饭喂牛等。

除祭祀和农业生产的因素之外，宗教作为人类精神信仰的重要组成部分，在某些特定的节日的形成与节俗活动的发展中起到了重要的作用。如中元节（七月十五）的兴起与道教和佛教皆有关系。前文已言，这一天是道教神仙地官的生日，是地官赦罪之日，道观多为人家持斋诵经、荐奠祖考；而这一天也是佛教徒追荐祖先的祭日，称为"佛自恣日"，寺僧作盂兰盆会以救倒悬。民间俗众则是佛道兼采：除作盂兰盆遍施鬼众外，还大放焰口，为堕入饿鬼道的饿鬼赎罪超生。同时，还在江河湖海放河灯、焚法船、拯孤照冥，普度落水鬼和其他孤魂野鬼。现在民间虽然不再举行大规模的宗教法会，但寺庙道观都还在这一天做法事，超度亡灵，民间还保留了祭祖扫墓的习俗。如观音信仰在汉地许多民族中流传很广，于是各族人都有不同的祭祀方式。汉族传说二月十九是观音菩萨的生日，所以在这一日举行盛大的观音庙会，士女在佛寺烧香祈福，僧尼建观音会庄严道场，以香花为供。杭州更是形成长达一个月的"天竺香市"。白族中广泛流传着观音降伏吃人魔罗刹的宗教传说，每逢农历四月十五日在上阳溪举行观音会,是当地重大的民族节日。中国传统的上巳节本来是古节日,道教流行后,传说这一天恰好是王母娘娘的诞辰,这天她摆蟠桃盛会来宴请各路神仙,所以道教也在这一天举行庆典活动。宗教信仰在这些节日的形成及节俗活动的发展中起到了决定性的作用。

纪念性节日民俗主要由追念民族英雄或地方历史人物而形成。如中国传统的寒食节据说是晋文公重耳为了纪念介子推被焚而禁火,后世沿袭成俗。又如端午节到了汉末魏晋之时,便增加了纪念历史人物的内涵:山西一带传说是为纪念介子推;吴越传说是为纪念伍子胥;会稽人以此日纪念曹娥;南方楚地俗传五月五日是屈原自沉汨罗江的日子,端午节是为纪念屈原的。由于人们敬重屈原的爱国精神和高尚人品,所以这种说法被后人普遍接受,产生了广泛而深远的影响。而锡伯族的"杜因拜专扎坤"节也是有名的纪念性节日。这个节日是农历四月十八日,是锡伯族从沈阳西迁到新疆察布查尔的纪念日。乾隆二十九年(1764),清政府从各地调来锡伯兵,及其眷属共3000多人,经蒙古迁徙到新疆伊犁,以镇边屯垦。他们是在四月十八日拜别祖庙而踏上征征途的,这是历史上民族大迁移的壮举,被锡伯族视为重大的节日而以为纪念。

在节日习俗的发展过程中,沿单一线索发展的节日虽然也不少,但更多的传统节日在发展过程中不断有新因素的渗入,所以多具有综合性的色彩。除以上所说的几个因素之外,神话传说因素的渗透和上层统治者的提倡都是传统节日风俗形成的重要影响因子。下面我们介绍几个在中国影响较大而且活动范围较广的重要节日。

二 重要节日的节俗活动

(一)春节

夏历(农历、阴历)正月初一,古代称为元日,又称正旦、元旦、元正、岁朝、年朝、三元(岁之元,时之元,月之元)。自以公历纪年为主后,俗将公历一月一日称为元旦,所以夏历正月初一便不再称元旦。春节是我国最大、最隆重的节日,我国大部分民族都过这个节日。在民间,春节的节日风俗活动很丰富,主要有祭祀拜年类和祛邪祈福类。

古人谓谷子一熟为一"年",西周初年已出现了一年一度的庆祝丰收的活动。后来,祭天祈年成了年俗的主要内容之一。而且,诸如灶神、门神、财神、喜神、床神、井神等诸路神明,在年节期间都备享人间香火。人们借此酬谢诸神过去的关照,并祈愿在新的一年中能得到更多的福佑。除夕,民间俗信诸神下界。于是,燃爆竹、点旺火,迎神"燎祟"、击鼓驱傩。在"一夜连两岁,五更分二年"的时刻,还多有占岁之举。春节时,人们大都要祭拜天地、灶神、喜神等神灵。吴地风俗则将神轴挂于中堂之上陈设几案,备香烛而祭拜,燕地风俗则以正月初二祭财神。这些祭神习俗与民俗信仰息息相关,人们认为自身的否泰穷通都是冥冥中由神安排好的,元旦祭之,实际也是希望能够取悦神灵,保佑一年平安好运。

除祭祀神灵之外,春节还要祭祀祖先。中国极重宗法伦理,每逢大事及节日必要祭拜祖先,春节祭祀祖先的习俗不仅古已有之,而且范围极广。据顾禄《清嘉录》所记可知,在吴越之地元日祭祀祖先有家祭和墓祭两种形式。《红楼梦》中所述贾府在元旦开祠堂,在祖先画像前依次祭拜,当是保留吴越家祭之俗。在我国北方地区,如现在的河北、河南、山西一带,都有在正月初一早晨携果盒、爆竹之类到祖先墓地行祭拜之礼,俗称"上坟",表达缅怀、申敬之情,亦不乏祈福、求佑之意。

拜年也是春节期间亲族之间礼仪性节俗,据南朝梁宗懔《荆楚岁时记》:"(元日)长幼悉正衣冠,以次拜贺。"发展到后世,拜年又有了社交性质。时至明清,拜年更加普遍,甚至拜年者和被拜者都不必认识,虚于应付,社交性拜年流于形式。当代社会更多的是亲族朋友间的礼仪性拜年,时间一般是从正月初一的早上开始,并没有明确的结束时间。这一风俗也体现了中华民族重伦理人情的一方面。

春节期间还有放爆竹的习俗,据说起于驱逐山臊恶鬼。而元日放爆竹的习俗最迟在南朝已经开始,南朝梁宗懔的《荆楚岁时记》云,元日这天"鸡鸣而起,先于庭前爆竹、燃草,以辟山臊恶鬼",时至宋代,燃放爆竹的意义仍旧在于驱鬼辟邪,南宋诗人范成大《爆竹行》中有"一声两声百鬼惊,三声四声鬼巢倾"之语。现在春节的早晨燃放爆竹,或仍有驱鬼辟邪之意,但又增添了几分热闹喜庆的气氛。

我国很早便有以桃梗、桃符来驱鬼辟邪的传统。民俗信仰中认为鬼怕桃木,所以春节时期便把桃木挂在门口以辟恶鬼。后来把神荼和郁垒两个大神的形像绘制到桃木之上,是为门神。据《荆楚岁时记》记载:"岁旦,绘二神披甲执钺,贴于门之左右,左神荼,右郁垒,谓之门神。"可见南北朝时已有这样的风俗。另外,作为门神的还有一些武艺高强的英雄豪杰,如孙武、庞涓、赵云、温峤、秦琼、尉迟恭、岳飞等。其中最为流行的是封秦琼和尉迟恭为门神。传说有一年唐太宗病了,夜间被恶鬼骚扰,难以安眠,于是便请秦琼和尉迟恭全副武装地为他把门,这一夜果然睡得安稳,但又不能让他们每夜都来,于是让画工把他们的形象画下来贴到门上,效果果然不错。当代的门神像多是这两个人。后世也有人将祈福禳灾的祝颂之语写在桃符之上,这便是春联的雏形了。现存最早的对偶桃符文字是五代后蜀的皇帝孟昶所写:新年纳余庆,佳节号长春。这可以说是历史上第一副春联。宋代以后,春联不仅仅在元旦时张贴,而是广泛地运用于店堂酒楼。明清时期以红纸书吉庆之语贴于门两旁为春联的习俗已经非常盛行,并且一直流传到现在。

旧时过年,并不仅仅是从除夕夜开始,而是从腊月二十三开始,叫做过小年,实际是为年节做准备了。这时便要洒扫门庭,采买年货,一直忙到除夕夜。现在河北农村还有谣谚:"二十三祭灶仙,二十四扫房子,二十五磨豆腐,二十六去割肉,二十七去杀鸡,二十八去挖沙(炒花生),二十九去打酒,三十下午挂灯笼。"过年是民众娱乐狂欢的节日。元日以后,到处都有耍狮子、舞龙灯、扭秧歌、踩高跷、跑旱船、杂耍诸戏等娱乐活动。此时正是立春前后,古时要举行盛大的迎春仪式,鞭牛迎春,祈愿风调雨顺、五谷丰登。各种社火活动到正月十五,再次形成高潮。时至今日,年节的主要习俗基本都完好地得以继承和发展。

(二)元宵节

农历正月十五,古称"上元节",又称"灯节"。元宵节是一个综合性的节日,形成过程中道教、佛教和统治者的提倡共同造就了元宵节从古至今的盛况。

在道教的神仙谱系中,执掌着一切生灵鬼神赐福降灾、生死轮转的三位大神是三官,他们本是三兄弟,老大"天官"主管赐福,老二地官主管赦罪,老三水官主管解厄。在民间极为常见的福禄寿《三星图》中的福星即天官。天官被道教最高神灵之一元始天尊封为"上元一品九气天官紫微大帝",正月十五是他的生日,所以这一天称为"上元节"。上元节的节日民俗活动主要是夜间张灯,而张灯习俗最早来自于汉武帝,他在这一天燃灯奉祀太一神,这种习俗又与佛教习俗相融合。佛教自东汉传入我国后,许多相关活动也随之而来。而上元张灯之俗,据《岁时广记》卷十引《僧史略·汉法本传》可知始于汉朝:"汉明帝令烧灯,以表佛法大明。"佛经中常有正月十五燃灯之说,如《涅槃经》云:"正月十五日,如来阇维讫,收舍利䍅置金床上,天人散花奏乐,绕城步步燃灯三十里。"佛教还有观佛舍利放光雨花之俗。隋唐之前,上元张灯活动还带明显的佛教内涵,如隋炀帝有《正月十五日于通衢建灯夜升南楼》诗云:"法轮天上转,梵声天上来。灯树千光照,花焰七枝开……"唐人崔液《上元夜六道》之一亦云:"神灯佛火百轮张,刻像图形七宝装。影里如闻金口说,空中似散玉毫光。"随着时代的发展,上元张灯中的佛教内容逐渐被世俗行乐活动所代替,宋代时已基本看不出佛教影响的痕迹了。

唐代张灯一般是正月十四、十五、十六三夜,古代京师本来有宵禁之俗,但这三夜人们可以尽情游玩。唐初苏味道有《正月十五夜》描绘灯节:"火树银花合,星桥铁锁开……金吾不禁夜,玉漏莫相催。"从《开元天宝遗事》和《朝野佥载》的相关描述中 我们可以看到唐代灯节的盛况。而宋代享乐之风盛行,张灯的日期也由三天而增为五天,规模更大,灯彩也更为丰富,这在《东京梦华录》、《宣和遗事》、《武林旧事》等典籍中都有记载。南宋著名词人辛弃疾的《青玉案·元夕》便是元宵赏灯之景:"东风夜放花千树,更吹落,星如雨。宝马雕车香满路,凤箫声动,玉壶光转,一夜鱼龙舞……"元明清三代上元节的活动有三夜、四夜、五夜,甚至十夜不等,而与张灯有关的行乐活动,基本是灯样翻新,猜制灯谜,歌舞戏曲,杂耍竞技,外加丝竹锣鼓,宴饮喧呼,古籍所载很多,如《红楼梦》中便有多次元宵宴饮行乐的描述。流传至今的当代元宵灯会的基本内容也是如此。

(三)清明节

清明节是二十四节气之一,在历史发展中融合了寒食节和上巳节而成为综合性节日。时间一般是在冬至后第 105 天,正好是农历三月上旬,公历四月五日前后。清明节本来是农事性节日(见前),它标志着春耕时节的到来。俗谚云:"清明前后,点瓜种豆。"而作为岁时节日的清明节,在融合了寒食节、上巳节的有关风俗后,清明节便有了禁火寒食、祭扫坟墓、踏青郊游、荡秋千、放风筝、打马球、插柳等一系列的风俗活动。

禁火寒食、祭扫坟墓的习俗来源于寒食节。据说寒食节起源于春秋战国时期介子推被火焚死之事。介子推本来是重耳手下的忠臣,在重耳流亡途中曾割股做汤奉主,重耳登基后大封功臣,却忘记了介子推。介耻讨封赏,隐于绵山(介山)。重耳经人提醒后想请介子推下山,于是放火烧山,不想介子推却抱木而亡。晋文公知道后很懊恼,便在这一天在全国禁火,只吃寒食,于是后世沿用其俗。据学者考证,事实并非如此。寒食的习俗古已有之,其真正起因是古老的改火习俗,而介子推焚死的故事是在与改火有关的习俗的背景下而编造出来的。[1]

唐宋时期,寒食节是全国性三大节日之一,一般要禁火寒食三天,所吃食物除果品外主要是预先做好的美味熟食,如糯米团、蒸饼、大馍、冬凌粥、桃花粥等,所以古语有谚曰:"谗妇思寒食,懒妇思正月。"明清时期,寒食节禁火、寒食甚至寒食节本身在我国大部分地区逐渐消失了,但寒食节的节俗活动之一——寒食祭墓的习俗却一直延续下来。因为寒食节两天后就是清明节,寒食节消失后,寒食祭墓也被称为清明祭墓了。寒食祭墓的节俗活动并非古已有之,而是兴起于隋唐初期,唐开元二十年四月十九日朝廷敕文中第一次将寒食祭墓列入古代五礼之一,并对此作了明确的规定。寒食祭墓的内容与其他祭祀相比有所不同,此时祭祀是将纸钱挂在坟旁树头,或压在坟头,而不焚化,这也是遵行寒食不举火之禁。除此外,还要芟除墓上杂草,培植新土。后世清明祭墓的时间可以从清明前一天到立夏日大约一个月的时间内任意选择,并没有硬性规定。清明节俗,除祭墓之外,还有郊游踏青之意。据宋《武林旧事》载:"(南宋时)清明前后十日,城中士女艳装饰,金翠琛缛,接踵联肩,翩翩游赏,画船鼓乐,终日

〔1〕 详见裘锡圭:《寒食与改火——介子推焚死传说研究》,载苑利主编:《二十世纪中国民俗学经典·社会民俗卷》,社会科学文献出版社 2002 年版。

不绝。"说的就是清明踏青的盛况,这一风俗至今不衰。由于寒食禁火,于是引出了清明节钻榆柳取"新火"、传"新火",以及沿门插柳、戴柳的习俗,民间有"清明不戴柳,红颜成皓首"之说。

古人以天干地支配合记年月日,上巳便是一个月中第一个巳日,作为节日则特指三月的上巳,一般是在三月上旬的某一天,但魏代之后将三月三日这一天行上巳之俗,定为上巳节。上巳节的节俗活动主要有祓禊、禊饮、游乐三种。今天,上巳节已融入清明节中,其节俗活动中已不再包含去灾除晦的巫术色彩,而流变为纯粹的踏青游乐之意。

(四)端午节

端午又称为端五节、重五节、端阳节,古人有于是日用兰草汤沐浴的习俗,故又称"沐兰节"。唐宋时,此日又叫"天中节"、"端阳节"。明清时北京人称其为"五月节"、"女儿节"。道教称此日为"地腊节"。

端午节的节俗活动主要有几大类:一是吃粽子。关于粽子的起源也有几种不同的说法,一说是源于祭祀伯夷叔齐,一说是源于祭祀周昭王及其二侍女。但流行最广的还是认为粽子起源于祭祀屈原。二是龙舟竞渡,据说这种习俗也与屈原的悲剧有关。宗懔《荆楚岁时记》中云:"是日(五月初五)竞渡,按五月五日竞渡,俗谓屈原投汨罗日。后人伤其死,故并命舟楫以拯之。至今竞渡是其遗俗。"这种风俗在南方很多地方至今保持。如杭州蒋村一带每年的端午节都要举行盛大的龙舟竞渡活动。究根溯源,端午节俗的初始之意是驱瘟、除邪、止恶气,到了汉末魏晋之时才增加了纪念历史人物的内涵。而粽子本来是一种祭祀食品,在屈原之前已有。而端午竞渡也与屈原无涉,"它本是古时人群用法术处理的一种公共卫生事业——每年在五月把疵疬夭札烧死,并且用船送走"[1]。三是避恶诸俗,古代认为五月为恶月,五月五日恶尤盛,所以五月里禁忌很多,如忌上任、忌盖屋、忌迁居、忌曝床席,甚至忌抚育五月出生的婴儿。除了以禁忌避恶外,人们还在这一天实行一系列驱恶避邪的风俗,比如在这一天煎兰汤沐浴,采制草药;采菖蒲、艾叶插于门旁以禳毒气;剪艾虎钗于头、悬于臂以镇祟辟邪;制作、饮用、涂抹雄黄酒以驱毒杀虫;贴"天师符"、"钟馗像"以捉鬼降妖;系五色丝、避兵缯、长命缕以辟灾除病、益寿延年,等等。上述习俗,除以兰汤沐浴、采制草药尚存些许保健性意义外,多属禁忌、被除观念的产物。

关于端午节的起源有很多种说法,有的说是源于吴越地区的龙图腾崇拜,有的说是为了纪念历史人物如屈原,也有的说五月五日是恶日,所以端午节的节俗活动以避邪驱恶为主。众说纷纭,各有道理,从端午节的节俗活动来看,该

---

〔1〕 江绍原:《端午竞渡本意考》,载苑利主编:《二十世纪中国民俗学经典·社会民俗卷》,社会科学文献出版社 2002 年版。

节当是由各种因素融合而形成。

（五）中元节

农历七月十五是道教神仙谱系中三官之一地官的生日，因为地官赦罪，所以这一天便是"地官赦罪之辰"。这一天的道教宫观都设有"普度醮"，为人们超度荐拔因在阳世犯罪而死后在冥间受罪的亡亲，家人也多持斋诵经，祭奠死去的亲人。

后来佛教兴起，也在这一日举行盂兰盆会，其宗旨与此相合，都是为亡亲解脱冥间的困厄。所以中元节俗称"鬼节"。在这一天祭祀鬼神的风气非常盛行，主要是祭祀祖先和无主游魂。佛教中元祭祖的风俗导源于《盂兰盆经》中所载的目连救母故事。据说佛的十大弟子，号称神通第一的大目健连有一次入定神通中看到生前不敬奉佛法的母亲在饿鬼道受苦，喝敬食而无法享用，佛说其母罪孽深重，让大目健连于七月十五日以百味五果诸般美食放入盆中，供诸佛僧众享用，诸佛可救僧众诵经念咒以无边佛法方可解脱其母苦厄。目连依言而行，果然如愿。后他又以己推人，想到凡子弟孝顺者都应在七月十五作盂兰盆会以报父母慈爱养育之恩。这种在寺院设盂兰盆会请僧人诵经超度祖宗亡灵之俗在我国齐梁时已在民间广泛流传。

唐宋以后，中元节在寺院设盂兰盆斋之俗非常盛行，直到今天，有的地方依然盛行中元祭祖的风俗。除了祭祀祖先外，人们还在这一天祭祀那些无人祭祀的孤魂野鬼，使其有所归而不为厉，这一风俗明清时最为盛行。在祭祀这些孤魂野鬼时，除前所说的施食及焚化纸钱冥器，并请和尚道士诵经超度外，许多地方还有放河灯的风俗。清人《盂兰竹枝词》有"河灯万点飞星斗，应改中元作上元"之语。

（六）中秋节

农历八月十五。又称"团圆节"，与春节、端午合称三大传统节日。在我国，中秋是象征家人团圆的节日。中秋节的节俗活动主要有祭月、赏月和吃月饼。

先秦时即有帝王春天祭日、秋天祭月的礼制；汉魏以后，已有了赏月、咏月的诗赋之作。除了祭月、赏月之外，古时秋季谷熟之时，民间还有享祀土地神的"秋报"活动。到唐代，中秋拜月、祭月、供月、礼月、赏月、玩月已蔚成风气，到宋代达于极盛，此后一直盛传不衰。在这一习俗的形成发展过程中，关于月亮的神话传说，如常羲浴月、嫦娥奔月、吴刚伐桂、唐明皇夜游月宫等的附会、渲染，起了直接的推动作用。

而吃月饼这一风俗据说在唐代也已经形成，但最早的文字记载却是在宋代，见于苏轼"小饼如嚼月，中有酥与饴"的诗句，可见当时已有月饼类的食品。后世演化为"人月双圆"之意。另外，中秋节还有卖兔儿爷、求子等风俗。旧时，吴地不育妇女还要在这一天夜里去瓜田架下摸取瓜、豆以求子，叫做"摸秋"。

总之,中秋节的节俗活动都表达了人们希企家人团圆、生活幸福美满的美好愿望。

（七）重阳节

农历九月初九日,古人以"九"为阳数之极,九月九乃是二九相逢,故曰"重阳"。在古代诗文中,重九又被称作"九日",因重阳节有接出嫁女儿归宁的风俗,故又称"女儿节"。

重阳节的起源最早见于梁朝吴均《续齐谐记》的"桓景避灾",桓景在仙人费长房的指点之下登山饮菊花酒免去大祸,自此之后重阳节便有了饮菊花酒、佩茱萸、登高的习俗。从实质来看,重阳节处于深秋时节,冷暖无常,天干气燥,疾病易于流行,古人对此不能理解,便归结为"阳九之厄",再通过这饮酒、登高、佩茱萸这样颇具巫术意味的节俗活动来辟邪解厄。可见,重阳节俗最初是与祓楔、驱避的观念有关。但随着岁月流逝,重阳节中的信仰成分日渐淡薄,而演变为一个以登高、赏菊、宴饮、赋诗为主要内容的游乐性节日。魏晋南北朝时,重阳节登高饮酒、赏菊赋诗已经成为重阳节的重要活动,随着时间的发展,其中所包含的巫术意味已渐趋消解,而转为吉庆娱乐之意。

除以上所列举探讨的几个节日外,在民众中长期流传的还有诸如二月初二龙抬头,二月十九观音菩萨生日,四月初八浴佛节,七月初七乞巧节,腊月初八腊八节和腊月二十三的小年等节日,这些节日直到今天依旧有其生命力。

三 传统节日的民俗特点与结构功能

前文已述,我国的传统节日是在农业文明的大背景之下形成发展的,所以节日也具有鲜明的农业文化特色,与春种、夏锄、秋收和冬藏这种生产性律相适应,春祈、秋报、夏伏和冬腊这些民间节日,无不展示了农业社会的特色,反映出人们渴望风调雨顺、年年丰收的情怀。

同时,因为传统社会重人伦亲情的特点,节日习俗也有了浓厚的伦理观念和人情味,祭祖团圆是节日习俗的重要内容,就这一角度而言,传统节日也是维系人际情感的重要纽带。

凝聚力、包容性是传统节日的另一个特点。因为传统节日是中华民族在长期历史发展过程中形成的,上至皇室贵族,下到平民百姓,无不同日而庆,在这样的庆祝节日的活动中产生强烈民族的认同感。而随着中华民族的形成,不同的少数民族不断融入这个大家庭,各民族节日在发展过程中有传承有变异,有吸收有融合,如秋千本来是山戎之风,射柳本是契丹与女真之俗,在历史发展中都已经与汉民族的节日风俗融为一体。

如果把节日作为一种传统事件和活动来分析它的结构的话,会发现其结构形式往往带有程式化的倾向。一般每个节日都会有一个标志性的事件作为起始仪式,如春节这个节日是从腊月二十三的祭灶开始的,这一天俗称"小年",是送灶神上天的日子,而诸神也随之上天,举头三尺无神明的情形之下人们便可以随心所欲。净化仪式是民间节日的一个重要组成部分。这种"净化"是从宗教或巫术的意义上而言,目的在于驱除邪恶、疾病、瘟疫、厄运和一切不吉利的因素。春节期间放鞭炮、点灯、贴春联、贴门神、挂桃符,清明节的踏青、放风筝,端午节的香包、艾草、粽子,泼水节中的泼水等也都具有辟邪的意思。祭神、祭祖是节日中不可缺少的,所以祭祀仪式一向是节日中的重要内容。另外,竞技和表演仪式、服饰和饮食的展示也是节日中必不可少的内容。最后,与开始仪式相对照的是结束仪式,标志着节日的结束,时空又回归正常。元宵节使春节的节日气氛达到高潮,同时也标志着春节的结束。[1]

■ 文　选

端午竞渡本意考(节选)

江绍原

一　竞渡是吊屈原吗

中国各省端午日的风俗虽然不尽同,但是竞渡之举,只怕不失为其中最普遍的一种。士女缙绅们自己是不会加入竞争的,然于出钱助兴、到场参观等事,却也兴致勃勃。

……

读过书的人普遍都以为竞渡起于悼屈原。然《荆楚岁时记》只云"五月五日竞渡,俗谓屈原投汨罗日。伤其死,故并命舟楫以拯之";而且此书又说:"邯郸淳曹娥碑云,五月五日时,迎伍君逆涛而上,为水所淹;斯又东吴之俗,事在子胥,不关屈平也"。《越地传》云"竞渡之事起于越王勾践。不可详矣。"可知竞渡之事,吴以为与伍子胥有关,越以为起于勾践,楚又另捧出其地的忠臣屈原,大有与吴、越竞争之意。《荆楚岁时记》虽然说竞渡起于纪念屈原,但另举出吴越两地相异的传说,总断为"不可详",我不知道我们还有什么根据强认竞渡之起与屈原有直接的关系。我以为我们从《荆楚岁时记》的记载,可以看出:(1)此俗实在比屈原、伍子胥、勾践三个人都早,但是(2)后来吴、越、楚的人又都想把这

―――――――――

〔1〕　此段材料详见王娟:《民俗学概论》,北京大学出版社 2002 年版,第 172—174 页。

个风俗归到本国的某一位大人物身上去。三地的人的地方主义,已经够讨厌;我们既然不都是楚人之后,为什么要特别替屈原捧场?

龙舟竞渡的真原始,必须离开屈原、伍子胥、勾践等等去求,是毫无疑问的。

二 竞渡本是一种用法术处理的公共卫生事业

风俗是生长的,它可以和另一个或一个以上的,而且与它一样古的风俗混合在一处。它也可以自己长出新的部分来,而且新的部分往往把原来的一层降为次要的或说比较不惹人注意的。因此寻求一个风俗的本意者,在负面须不为后起的或托古的解释所瞒过,如上所说;此外在正面,尚须找出它的较初的形式,或云前身。然则竞渡的前身是什么呢?

竞渡的较早的形式或云前身,我想《古今图书集成》所引的"武陵竞渡略"里面还记载着。可惜原著者没有风俗学的眼光,所以他只供给了我们足以解决本问题的材料,而似乎没提出那俯拾即是的解决。我且把它的文,择其有关者夹叙夹议地抄在下面。

> 竞渡事本招屈,实始沅湘之间。今洞庭以北,武陵为沅,以南长沙为湘也。故划船之盛甲海内,盖犹有周楚之遗焉。宜诸路仿效之者不能及也。旧制四月八日揭篷打船,五月一日新船下水,五月十日、十五日划船睹赛,十八日"送标"讫,便拖船上岸。今则兴废早晚,不可一律,有五月十七、八打船,二十七、八"送标"者。

读此可知那时原有五月(但不是五日)划船之俗,竞渡只是其中的一个节目。而"送标"是其归结点。而且我们以为在此风俗中,"送标"是原来的部分,而竞渡是后加的——说不定还是由送标直接变出的。无论如何,"送标"必定正是我们要找的前身。至于"送标"究竟是怎样的一回事,书中的说明如下:

> 今俗说、禳灾,于划船将毕,具牲酒黄纸钱,直趋下流,焚酹诅咒疵疠夭札,尽随流去,谓之"送标";然后不旗不鼓,密划船归,拖置高岸,搭阁苫盖,以待明年,即今年事讫矣。尔时民间设醮预压火灾,或有疾患,皆为纸船,如其所属龙船之色,于水次烧之;此本韩愈送穷,具车与船之意,亦非苟作。

读此可知竞渡的前身,既不是一种娱乐,也不是对于什么人的纪念,而是一种"禳灾"的仪式。古人的思想很奇,他们以为"疵疠夭札",是可以用船运走的;今人竞渡之日,正古人送灾之时。恐怕疵疠夭札不肯走,所以赂以"牲酒纸钱";又恐软的手段不生效力,所以"诅咒"之,使它们非走不成。而且不得不预防它们被送走之后仍乘了原船重来人间,所以船到了下流之后,送它的人须"不旗不鼓"地偷着回来。这船既然是载不祥之物的,自身也不免成了不洁净的东西;所以人只得把它"拖置高岸,搭阁苫盖",无论如何不作旁用。竞渡的前身是"禳灾"或云送灾；送灾者用法术处理的公共卫生也。

再看下面讲划船用巫的两节，便更加了然了：

> 划船用"巫阳"为厌胜；或是聘名巫于万山中，谓之山老师，法力尤高大。约划船先夜，"头人"具牲酒倩巫作法，从船首打觔斗至船尾，撒荞燃火，名曰"亮船"，鼓声彻旦不懈，以防敌巫偷作幻术。或捕得之，捶死无悔。

亮船的用意在防敌，务使与我们有仇的人没机会行出或种法术，以至于船上载的不祥有脱逃的可能。

> 划船之日巫举油火发船，以其红黑高下占船之胜负，历历不爽。巫所奉神，名西河萨真人；诅咒有"蛮雷"、"猛火烧天"等术；手诀有"收前龙"、"息阴山"、"移山倒海"等术；卷裤露足，跳罡七步，持咒激火，火起船行，咒词有"天火烧太阳，地火烧五方，雷火执常法，烧死诸不祥，龙舟下弱水，五湖四海任漂荡"云云。船底在水中，用白茅从首至尾顺拂一过，亦防敌人暗系诸物，以成滞蒚。余法秘妄，不能悉知。

"诸不祥"是很难制伏的，故须请术士于开船之倾，用火烧死它们（而且从咒词的末两句看来，似乎最古时只把装载不祥的船放在水上，任它漂荡到没人的地方去）。所怕的是敌人在船底暗挂或种物事，破了我们的法，故此用白茅把船底扫清再动身。至于以油火之红黑高下占船之胜负，自然是后添的；最初如果也顾到这一层，其用意只怕是考验"诸不祥"是否被烧着耳。

> 桃符兵罐二物，船人临赛掷之以祈胜，非也。桃符能杀百鬼，乃禳灾之具；兵罐中所贮者米及杂豆之属。按《续齐谐记》，楚人哀屈原，每至五日竹筒贮米投水祭之。汉建武中长沙区曲，白日忽见一人，自称三闾大夫，教曲以苇叶塞筒，五彩丝缚，免为蛟龙所窃。自是世有苇叶粽，并带五色丝。此兵罐盛米乃竹筒之讹，未有角黍以前之遗制也。

桃符的功用甚明，故不须讨论。至于竹筒与兵罐，想又系驱邪者给予诸不祥的一种贿赂，它们在"五湖四海""漂荡"之时，说不定会复苏，而且因为饥饿难挨，重来人间为祟；送之者为它们备下米粮，正是表示不要它们回来。后人制角黍自食，恐非先民本意矣。

船人而且须佩戴各种厌胜物，以防"疵疠夭札"与他们为难："是日划船悉顶巫师符篆及黄赤小旗，取鹭鸶毛插鬓间，厌胜物也。"头人身上的责任以及他所碰的危险，自然比其他的船人更重大，难怪"划船择头人必有身家拳勇者为之"。而且"前数日刊梨枣一片，上画龙舟，下书词调，蒸面为饼饵，遍送所隶地方，索报以金钱"。这自然是因为他为公众拼性命，所以社会许他随意"打秋风"。

船人用的酒饭，也有特别供给的人："亲戚或有力之人派供酒饭以供具盛者,为平生有行止之人,亦有寻常许愿供酒饭者。其中江中小艓揭黄钱二,树彩联,鼓吹而往,即供饭船也。"而且"凡供酒饭,虽船人醉饱必强饮食之,颗粒不留。余则撒江中。盘箸亦掷诸水,不复携去"。这等举动的用意,似乎也很明显,那一天的船人,从头人至普通的桡手,都与不祥之物为邻,所以都是不洁净的人物,而且凡与他们接触过的东西——酒饭与盘箸——也不免传染了不祥。他们剩下的残酒残饭是没人敢吃的;他们用过的盘箸是没人敢再用的,所以必须弃之水中。

合观以上所引的几节《武陵竞渡略》,我们可以知道其时其地的"五月划船"之俗,尚保存着一大部分原始的形式:聘巫亮船,举火发船,慎择头人,船人顶佩厌胜之物,临赛掷桃符兵罐,专船供给酒饭以及最后一二日之"送标"、烧纸船,皆是。我们若细看这些举动的性质,再参以竞渡意在禳灾之"俗说",则此事之动机大明,其与屈原无关也不问可知。然《武陵竞渡略》的原著者,不幸太为招屈之说所蔽,因此他虽供给了我们这许多有价值的记载,而他自己所下的解释和他为竞渡辩护的话,竟完全不可靠。他写道:

> 俗传竞渡禳灾。《风俗通》曰,五月五日以五彩系臂,辟兵及鬼,令人不病瘟,亦因屈原。《荆楚记》曰,五月五日并踏百草采艾为人,悬门户禳毒气;又曰,屈原以是日死,并将舟楫拯之。盖两事合为一耳。梅尧臣作"祝"讥原好竞渡,使民习向之,因以斗伤溺死,一岁不为,辄降疾殃,失爱民之道。刘敞作屈原蝦辞,言竞渡非原意,以晓圣谕。辩说蠭起。余谓楚俗尚鬼,原生时放逐沅湘,亲睹淫祀,《山鬼》《国殇》,何与人事,而皆为之辞,盖其俗有不可变者也。况原以忠直愤塞,蹈身洪流,民秉之良,自谋憔悴耳,属劳骚,振□未有,凭一叶舟,堕千古之泪,亦何伤乎?江南卑湿,温暑司辰,王侯驾言,士女于迈,抑亦山阴之竹禊,江南之插荬也。使其可已,何俟今日?

作者的意思,似乎是说五月五日之彩丝系臂、踏百草、悬艾人于门户,以禳毒却邪是一事;屈原适以是日投汨罗,后人伤其死,故命舟楫拯之,是另一事。后来两事合为一,所以本意在拯屈的竞渡,俗人误传是禳灾的了。假使他的确如此想,这就正与我们的意见相反:我们相信端午日的门户上悬艾人,臂系五彩丝,踏百草,与夫命舟送不祥是一件事(其用意皆在禳灾祛病,所不同者前三者以及"民间设醮预压火灾,或有疾患,皆为纸船……于水次烧之"等等,属私人的禳灾;划船送标,属公众的禳灾);而拯屈原云云者,完全是后人的附会。易言之:划船非由拯屈变为禳灾,却是由禳灾误认为招屈。"合为一"的两事,不是(1)五彩丝系臂、踏百草、悬艾人,以辟兵禳毒,与(2)命舟拯屈原;而是(1)丝系臂、踏百草、悬艾人以辟兵禳毒,命舟送标以遗疵疠夭札诸同属一系的民俗,与(2)拯屈原一句全不相干的话。民间流行的解释没错,错的倒是读书考古的缙绅们。

竞渡的本意一明，它所以被民众重视的真理由，也就了然，不劳缙绅们为之辩护了。此俗所以"不可变"，因其始众人已视为生存竞争的一种工具——"法术"性的公共卫生事业——何况其后又与冒险、比赛、娱乐诸动机相结合。竞渡既非屈原之意，则因之而生的斗伤溺死，不应由他负责。梅尧臣讥原"不爱民"，失矣。"一岁不为，辄降疾疢"两句极重，读之足知送标之事被先民认为疏忽不得的大事。那本是指疵疠夭札等不祥之物而言：一岁不送，必有疾疢。屈原被推为竞渡之原，难怪有人冤枉他"不爱民"。这两句书透露两件极重要的事实：(1)在招屈之说出现以前，竞渡不是为某一个旁人打算，而是众人为自己的利益打算的举动；(2)甚至于在招屈说出现未久之时，竞渡还不是民间自动的纪念这一位忠臣，而至多只是被认为人对于他的一种不得已的被动的义务；易言之，其动机不是悲悯而是恐惧。所以有些地方(譬如福建诏安县)独端午日的海飓为屈原飓。

结论："俗说"竞渡的目的在禳灾；而且竞渡之前和之中的种种举动，以及之后的"送标(我们认为竞渡的前身的)也都显然是去灾之仪。所以我们相信竞渡实与屈原无涉，它本是古时人群用法术处理的一种公共卫生事业——每年在五月中把疵疠夭札烧死，并且用船送走。

前两部分的撮要：端午竞渡的风俗由来已久，而且分布的区域也很广。通常受过教育的人，都以为这个风俗起于纪念楚忠臣屈原。此说在《荆楚岁时记》里面已经有，骤看似乎是很有根据的。无奈这部书同时又说起吴人别以为这个风俗与伍子胥有关，越地则俗传它起于勾践。我们看见他们这样竞争，只得认竞渡其实与这三个大人物都无关系；竞渡比屈原、伍子胥、勾践都早，它也有它的本旨。说它起于招屈，与说它起于其余二人是一样的不可靠。

《古今图书集成》的"岁功典"里面引的"武陵竞渡略"，供给了我们一些材料，都可以帮助我们发见竞渡的本旨的，虽则原著者自己似乎没能够完全意识到他所记载的东西的重要。那时武陵有五月划船之俗，其大略是于新船下水后若干日举行竞渡，竞渡后若干日又须"送标"，才算完事。竞渡前一夜和开船时有巫作法，船人都佩戴各种厌胜之物；甚至于他们的饮食之余和盘箸等物，也被认为旁人用不得的。"送标"是把"疵疠夭札"等不祥用船运到下流，然后掩旗息鼓地回来。我们提议：这所谓送标在那时虽只是竞渡之后的一件小事，然最初只怕倒是划船风俗全部的目的所在；换言之，送标是近代式的竞渡的前身。从送标的程式和划船风俗的其他节目上着眼，我们断定所谓竞渡起于送灾；送灾是用船运走不祥：一种用法术方法去处理的公共卫生事业——犹之乎"送穷"是一种用法术方法解决个人问题的举动。

(选自苑利主编《二十世纪中国民俗学经典·社会民俗卷》，
社会科学文献出版社 2002 年版)

【阅读书目】

1.（汉）应劭:《风俗通义》,上海古籍出版社 1990 年版。

2.（梁）宗懔著,宋金龙校注:《荆楚岁时记》,山西人民出版社 1987 年版。

3.（宋）孟元老著,伊永文笺注:《东京梦华录笺注》,中华书局 2006 年版。

4.武文主编:《中国民俗学古典文献辑论》,民族出版社 2006 年版。

5.苑利主编:《二十世纪中国民俗学经典》,社会科学文献出版社 2002 年版。

6.钟敬文主编:《中国民俗史》,人民出版社 2008 年版。

7.齐涛主编:《中国民俗通志》,山东教育出版社 2006 年版。

【思考题】

1.分析中国古代社会中九族制的内涵。

2.简述人类婚姻的几个阶段。

3.现代社会中有哪些传统节日?促使这些节日的形成原因又有哪些?

第四章
中国语文

概　述

汉语是汉民族的语言,由于我国汉族人口占绝大多数,长期以来汉文化居于先进的地位,因此汉语又是中华民族的共同语。汉语是世界上使用人数最多的语言,也是联合国规定的六种工作语言之一。现代汉语的标准语是以北京语音为标准音,以北方话为基础方言,以典范的现代白话文著作为语法规范的普通话。

汉语有着悠久的历史,由于商代以前没有文字记载,原始汉语的具体情况我们不得而知。殷商以来的汉语,根据发展变化,可以分为上古汉语、中古汉语、近代汉语和现代汉语四个阶段。至于各个阶段的具体时间,学术界有不同的说法,目前一般认为西汉以前为上古时期,东汉到魏晋南北朝为中古时期,晚唐五代到鸦片战争为近代时期,"五四"以后为现代汉语阶段,西汉、隋唐、鸦片战争到"五四"时期分别为上古到中古、中古到近代、近代到现代的过渡期。汉语在漫长的发展过程中,语音、词汇、语法等都发生了较大的变化。为了全面认识我们的民族语言,下面分别从五个方面入手介绍汉语的基本情况。

一　汉语语音

汉语语音系统由声母系统和韵母系统组成。声母是一个音节的开头部分,有的音节以元音开头,如"傲——ao",这样的音节称为零声母。现代汉语(普通话)共有 21 个辅音声母,一个零声母。韵母是一个音节除去声母以外的部分,韵母内部又可以细分为韵头、韵腹、韵尾三个部分,韵头也叫介音。一个韵母有的只有韵腹,如"a"、"o"、"e"等;有的只有韵头和韵腹,如韵母"ie"、"ia"、"ua","i"、"u"是韵头,"e"、"a"是韵腹;有的只有韵腹和韵尾,如韵母"ai","a"是韵腹,"i"是韵尾;有的韵头、韵腹、韵尾都有,如韵母"uan","u"是韵头,"a"是韵腹,"n"是韵尾。现代汉语共有 39 个韵母。尽管由于时空的限制,古代汉语不能完全以有声的形式流传到现在,但古音学家通过对文献语言中记录汉字读音的书面资料和语言的活化石——方言的研究,勾勒出了上古音系。根据《广韵》《中原音韵》等韵书及其他关于语音的资料,揭示了中古音系和近代音系。从上古汉语发展到现代汉语,声母系统、韵母系统、声调等都发生了很大的变化。

(一)声母系统

古音学家把声母称为字母或声纽。上古时期,总共有 32 个声母。关于上古声母的变化,清代著名古音学家钱大昕提出了两个著名的论断:一个是"古无轻唇音",就是说上古时期只有"b"、"p"、"m"等双唇音(古称重唇音),没有"f"、"v"等唇齿音(古称轻唇音)。现在吴方言区的义乌话中还保留了部分轻唇音,如"肥肉"的"肥"读作"皮"的不送气浊音。唇齿音大约在唐末开始从双唇音中分离出来。

钱大昕的另一个论断是"古无舌上音",也就是说上古时期没有"zh"、"ch"之类的翘舌音,只有"d"、"t"之类的舌头音,在唐代以后,舌上音才从舌头音中分化出来。正因为如此,现代汉语(普通话)中的一些形声字,它们有相同的声符,根据形声造字的原则,在造字之初的读音应该相同或近似,但是现在却分属舌头音和舌上音,如"睹"与"煮"、"玷"与"毡"、"汤"与"肠"、"茶"与"蜍"等。

汉语语音除了上述两个变化外,还有很多其他变化,如唐到宋时期,舌叶音并入舌面音,全浊声母消失,使得声母系统大为简化,到清代后期发展为 23 个声母,到现代普通话系统则只有 22 个声母(21 个辅音声母加 1 个零声母)。

没有复辅音是现代汉语声母的一大特点,但是越来越多的古音学家倾向于上古存在复辅音。认为上古有复辅音的主要依据就是谐声偏旁,如从"各"得声的形声字"格、搁、阁、胳、骼、蛒、硌、铬"等字的声母是"g",与"各"的声母相同,而"路、骆、赂、辂、珞、洛"等形声字的声母是"l";"黑"的声母是"h",从"黑"得声的形声字"墨、默"等的声母是"m",这种迹象表明在上古或更早时期有"gl—"、"hm—"复辅音的可能。由于年代久远,上古或远古汉语的声音资料无法流传到现代,我们只能根据有限的书面资料加以研究,因而上古或远古汉语到底是否存在复辅音声母、其具体情况如何,还有待于进一步研究。

(二)韵母系统

现代汉语共有 39 个韵母,16 个韵部,但是上古时期的韵母系统与现在有很大的不同。音韵学上把韵腹、韵尾相同的韵母归为一类,称为韵部,如"an"、"uan"、"ian"虽然有的没有韵头,有的韵头是"u",有的韵头是"i",是三个不同的韵母,但是它们属于同一个韵部。古音学家通过对《诗经》《楚辞》及先秦散文中的韵文用韵情况和汉字的谐声系统的研究,对上古汉语的韵母作了归类,分为 30 个韵部。这 30 个韵部分为三大类：一类为元音收尾，称为阴声韵；一类为鼻音收尾，称为阳声韵；一类为塞音收尾，称为入声韵。到中古时期发展为 50 个韵部。到宋代的时候，韵部大量减少，由中古的 50 部缩减为 32 部。到元代的时候，由于入声韵的消失，并入阴声韵，韵部进一步缩减为 19 部。到明清时期，由于"－m"韵尾消失归入"－n"韵尾，加之其他韵部的分合，进一步演变为 15 部。现代北京话的韵部则比明清时期多一部，共 16 部。

（三）声调

有声调也是汉语的一大特征，语流中不同声调的汉字交错出现，读起来抑扬顿挫，体现了汉语的音乐美。但是汉语的不同发展阶段和不同方言，声调情况有所不同。普通话有阴平、阳平、上声、去声四个调类。上古时期有没有声调、有几个声调，学者看法很不一致，明代陈第认为上古没有四声的区别，清代段玉裁认为上古没有去声，只有平声、上声和入声，近人黄侃认为上古没有上声和去声。由于平声和入声只是有无塞音韵尾的差别，而不是声调的差别，所以黄侃实际上就是否认上古汉语存在声调差别。王力主张上古不仅有四个声调，而且有音高音长的区别。对照中古时期的声调情况，段玉裁、王力的观点比较切合实际，即上古有平声、上声、长入、短入四个声调。魏晋时代产生了去声，四声发展为平、上、去、入。元代以后，声调系统有较大变化。一是浊声母的上声字变为去声，如"便、抱"等字，吴语中还保留了浊上的读音；二是中古时期的平声分化为阴平、阳平，中古的清声母平声发展为阴平，如"刚、都、低、天、昏"等，浊声母平声发展为阳平，如"麻、陈、缝、同、洪"等；三是入声消失，全浊入声变为阳平，如"白、独、习、别"等，次浊入声变为去声，如"力、纳、肉、玉、育"等，清入变为上声。在现代北京话中，调类与元明清时期相同，但是古入声字的分配有所不同，主要是清人派入阴平、阳平、上声、去声中，如"黑、七、漆"是阴平，"福、格、国"是阳平，"匹、甲、乙"是上声，"测、腹、浙"是去声。方言的调类情况比较复杂，不同的方言，甚至同一方言的次方言区，声调都会有所不同，如甘肃康乐只有三个调类，河北怀安有五个调类，湖北麻城有六个调类，江苏南通有七个调类。

二　汉语词汇

词汇是一种语言中使用的所有词的总汇，如"汉语词汇"、"日语词汇"等，也可以指某类词的总和，如书面语词汇、方言词汇；可以指一个人所掌握的词的总和，如鲁迅的词汇、老舍的词汇，也可以指某部作品的词的总和，如《红楼梦》的词汇、《西游记》的词汇。词汇也包括性质和作用相当于词的固定词组、成语等，但是词汇不能用来指单个的词。词汇反映了民族文化的个性特征，一个民族的词汇系统最能敏感地反映出该民族的价值取向。

(一)词汇的发生与积累

任何一种语言,在其产生之初,由于社会发展水平较低,人们的认识水平有限,因此词汇数量较少。任何语言的词汇都经历了由少到多的积累和发展过程。当然,不同的语言,其词汇发展的具体情况会有所差别。就汉语词汇而言,经历了原生、派生和合成三个阶段,相应地,派生造词与合成造词是汉语词汇积累的重要手段。由于语言的发展具有渐变的特征,三个阶段之间没有截然的界限,从一个阶段发展到另一个阶段,其间有一个过渡时期。三个阶段是根据汉语词汇发展情况的理论划分,而不是时间上的截然切分。此外,外来词的吸收在汉语词汇的发展中也有重要的地位。

1.原生造词

原生造词,是指语言产生后,从无到有,约定俗成地创制新词。任何一种语言都有一段漫长的原生造词时期,汉语也不例外。不过,这个时期,词汇如何从无到有,呈怎样的状态,是语言学家和人类学家反复探讨而又难以确证的命题。章太炎先生认为原生造词是受自然之声的提示,这一说法在某些词上似乎可以得到证实,如:"呱"、"咕"、"唧"等拟声词是模仿动物鸣叫声来造词,"蛙"、"鸡"、"鸭"、"猫"等动物是以它们的鸣叫声来为之命名,"淋"、"沥"、"流"、"涟"、"涝"等的读音似与水的滴沥声有关。汉语词的语音是否同自然的声音存在着一些必然的联系,人类的语音在多大程度上依赖于自然的声音,词汇里究竟有多少是属于原生造词的根词,这是一个难以找到确切的、足够的根据来证明的问题。从现代语言学理论看,原生词只能是约定俗成的,也就是说,语音与意义之间没有必然的联系,是人为的规定;人们一旦规定了音义关系,为社会所认可和接受,个人就不能任意改变。这些最初的、约定俗成的新创词就是原生词。

2.派生造词

派生造词,是指原来的词词义发生变化时,采用语音变化的方法,造出一个新词。如"好",本义是女子貌美,读为上声,引申为喜欢,作动词时,读为去声。或者当一个新的事物出现,需要为它造一个新词的时候,选择一个与这一事物的某一个特征相关的旧词,采用语音变化的方法来造一个新词。如支,是个象形字,本义是竹木等植物的分支。人和畜类的肢体是躯干的分支,与植物主干的分支相似,就把它命名为"肢";把禽类躯体的分支命名为"翅"。派生造词是汉语词汇积累的重要手段。派生阶段是汉语词汇积累最重要的阶段。我国历史上的周秦时期是汉语词汇派生的高峰期,这一时期积累了大量的同族词(源词和派生词合称为同族词)。原生阶段和派生阶段,绝大部分都是单音词。记录这些词的汉字常常有相同的声符,如上举的"肢"与"翅",或者派生词是在源词的基础上增加义符,如"解"与"懈"。

3.合成造词

合成造词也称语法造词,是指运用句法规则,把已有的单音词作为构词语素,组合成新词。合成阶段的到来是汉语词汇发展的必然结果。汉语词汇在原生阶段和派生阶段都以单音为主,但以单音词为主的先秦时期已有了一定数量的复音词。这时候的复音词主要是联合式和偏正式,动宾式数量非常少,主要是官名和其他专名,如"将军"、"司徒"、"牵牛"(星名)、"启明"(星名)等,动补式处于萌芽状态,主谓式则尚未产生。

汉语的音节数量非常有限。一方面,语音造词使得同音字大幅度增加,影响了表意的明确性,因而影响了交际;另一方面,书面上伴随着派生造词产生了大量的同源字,汉字也以惊人的速度增长,给人们的识记增加了很大的负担。词和字的增长一旦超越了人的记忆所能承担的负荷,凭借音变和字变而进行的派生造词便不能符合词汇继续增长的需要,而经过先秦派生造词,汉语的构词元素积累了足够的数量,为合成造词创造了必要的条件。因此,两汉以来,尤其是魏晋南北朝时期,汉语的复音化进程大大加快,联合式和偏正式仍然是语法造词的最主要方式,但语法造词的手段进一步丰富,动宾式合成词数量大大增加,词类有所扩展,动补式成为句法造词的正式成员,主谓式虽然数量很少,但也已作为句法造词的正式成员出现。这一时期,合成造词取代了派生造词,成为汉语最主要的造词方式。随之,汉语词汇由单音词为主逐渐转变为双音合成词为主。

4.吸纳外来词

词汇根据来源可以分为本语词和外来词。顾名思义,本语词是指用汉语原有的构词材料和构词方式构造的词。外来词,也称外来语、借词,是指从外国或国内其他民族语言中吸收到汉语中、语音形式全部或部分借自相对应的外族词的词。在汉语词汇史上,汉语较大规模地吸收外来词共有三次:一是秦汉时期,主要是来源于匈奴、西域的官制名,动植物名或其他器物名,如,"单于"、"阏氏"、"葡萄"、"石榴"、"狮子"、"琵琶"、"师比(带钩)"等;二是魏晋至隋唐时期,主要有来源于梵语系统语源的佛教词语、丝绸之路传入的俗常词语和异族交往或入侵带来的词语,如"菩萨"、"罗汉"、"刹那"、"世界"、"琉璃"、"橄榄"、"苹果"、"豆蔻"、"答腊鼓"、"苏幕遮"、"可汗"等;三是明清时期,主要来自西方语源的词语,如"薄利第加"("politica")、"络日伽"(logica)、"黑漆板凳"("husband")。这一时期外来词的大宗是科技词语。

按照吸收方式的不同,外来词可以分为三种类型:

(1)音译,即完全按照原词的语音形式对译成汉语,如:沙发(sofa)、咖啡(coffee)、拷贝(copy)、华尔兹(waltz)等。

(2)音译加意译,即既有音译成分,又有意译成分,也称为合璧词。其中又可分为三小类：

①音义兼顾，即既是音译，但对译的语素恰好有表意作用，如：绷带(bandage)、俱乐部(club)、维他命(vitamin)等。

②半音译、半意译，即把一个词分成两部分，一部分音译，一部分意译，如：冰淇淋(ice-cream)、色拉油(salad-oil)、新西兰(New Zealand)等。

③音译加表意语素，即用音译的方法把原词对译成汉语，再加上一个原词所没有的表示事物类属的表意语素，如：卡车(car)、啤酒(beer)、芭蕾舞(ballet)、比萨饼(pisa)、高尔夫球(golf)等。

(3)借形，即全部或部分直接借用外语文字形式，这种借形常常是日语汉字词或是英语缩略形式，如：领空、手续、腺、卡拉OK(由日语 kara(空)和日音译英语 orchestra(管弦乐队)构成，指录有伴奏乐曲的磁带或唱片)、UFO(unidentified flying object 的缩略，指未查明真相的空中飞行物，飞碟)、VCD(video compact disc 的缩略，指影碟)等。

(二)词义的演变

词汇是语言三要素中最敏感的要素，其发展变化的速度最快、程度最深。在汉语发展的历史长河中，旧词不断死亡，新词新义不断产生，一些词的词义、感情色彩也发生了改变。词义演变的基本途径是引申。词义演变的结果主要有四种情况：

1.词义扩大

随着社会的发展，有些词所指称的事物范围比古代大，也就是说它们的词义范围扩大了，如：响，古代特指回声，现在则泛指声音；菜，古代指各种可供食用的植物，今还包括鸡鱼肉蛋等荤腥，《现代汉语词典》对菜的解释即为"经过烹调供下饭下酒的蔬菜、蛋品、鱼、肉等"。又如：江，由专指长江扩大到泛指大江；河，由专指黄河扩大到泛指大河，都是词义扩大。

2.词义缩小

汉语中有一部分词所指称的事物的范围现在比古代的小，也就是说它们的词义范围缩小了。如：子，由兼指男孩女孩缩小为专指男孩。汉文帝时期，淳于意生有五个女儿，犯事被捕时想到自己只有五个女儿，不曾生有儿子，不禁痛心地说："生子不生男，缓急非有益也。"(生孩子不生儿子，紧急时候一点用处也没有)，其中"子"就包括儿子与女儿。《论语》中记载，孔子认为他的学生公冶长是个值得托付终身的人，于是"以其子妻之"，就是把他的女儿嫁给公冶长。又如：禽，由兼指禽类兽类缩小到专指长羽毛的禽类。三国时期的医学家华佗模仿五种动物的动作创造的保健操——五禽戏，五禽指虎、鹿、熊、猿、鸟，按照今天的标准，只有鸟属于禽，其他四种都是兽，可见那时"禽"的范围比现在大，可以包括现在的兽。瓦，古代是陶器的总称，现在则专指一般用泥土烧制的、铺在屋顶用来防雨的建筑材料。成语"宁为玉碎，不为瓦全"比喻宁愿为正义而牺牲生命，而不愿苟全性命，其字面意义则是宁可作为润洁的玉被打碎，不愿作为普通的陶器而苟全，"瓦"保留了古义。

3.词义转移

词义演变后所指的意义从一个范围转入另一个范围就叫词义转移。如：脚，古指小腿，今指下肢的最下端，也就是足掌；股，古指大腿，今指臀部。寺，本是中国古代官署名称，如大理寺、鸿胪寺（汉代接待外国宾客之所）。东汉明帝年间，印度高僧迦叶摩腾和竺法兰应邀来洛阳，先住在鸿胪寺，不久在洛阳西门外另造精舍，供他们居住，安置佛像、经典，并以驮运经卷来华的白马命名，又袭用当时官署之称，取名白马寺。随着弘法运动的展开，寺逐渐成为僧众供佛和聚居修行处所的专称，于是寺的官署义隐没。

4.感情色彩的变化

词的感情色彩是指附加在某些词语上的褒扬、喜爱、肯定、尊敬或者贬斥、厌恶、否定、鄙视等感情，属于词的附加意义。在词义演变的过程中，有很多词的感情色彩也发生了变化，如"爪牙"，古代指得力的帮手，属于褒义，但现在指"党羽"、"走狗"，完全贬义。"锻炼"，在古代除了冶炼的意义外，还指玩弄法律对人进行诬陷，属于贬义，但在现代汉语中，"锻炼"完全是褒义。"下流"古代指地位低下，是个中性词，现在指道德品质低劣，是个贬义词。

（三）词汇与文化

语言与文化的关系极为密切，语言是文化的产物，又是文化的载体。而词汇是语言三要素中最敏感的一个，是人们对世界认识的直接反映，社会的变化首先在词汇上得到体现，因此词汇最能体现民族文化的积淀。我们透过词汇既可以探寻本民族文化的特征，又可以探寻文化交流的痕迹。

很多词语看似平常，其实背后蕴含着丰富的文化内涵，比如方位词"东"、"南"、"西"、"北"，从理性意义上说，就是表示平面上的四个方位，但是在汉语中，还有特殊的文化意义。东是早上太阳升起的方向，是给人们送来光明和温暖的地方，也是给大地带来春天和生机的地方，所以在古人眼中东方主生，其表现是东风吹拂大地，春天到来，万物发芽生长，因此，古人称司春之神为"东君"、"东帝"。东方主春，所以也表示农事，如陶渊明的《归去来兮辞》："耕东皋之沃壤兮。"储光曦《同王十三维偶然作》之九："我念天时好，东田有稼穑。"其中"东皋"、"东田"的"东"都不是指方位，而是表示与农事相关。东主生，属阳，因此古代文献中还与男性相关，如《陌上桑》："东方千余骑，夫婿居上头。"女婿的代称"东床"，其"东"就是因为男性属阳而称，并非实指东方。相应地，西方因为是太阳下山的方位，是黑暗和寒冷产生的地方，所以意味着死亡和不祥。如我国古人讲究四方与四季相配，其中西配秋，就是因为古人观念中秋实为西方之神施展杀伐收敛威力的结果。西方是死亡之所,因而常常与悲伤的情感相联系。日落则阴暗生,阳气藏,所以西方又与女性相联系,正好与"东"相对,如古代"西厢"是女子住处的通称,阮籍《咏怀》之九:"西方有佳人,皎若白日光。"梁武帝《拟明月照高楼》:"君如东扶景,妾似西烟柳。"其"西"正是因为女子所在之处而称。"南"与"北"的情况与此类似。东南西北四方还象征尊卑贵贱,如大家熟悉的鸿门宴的座次安排就不是随意的,而是反映我们古代的方位与尊卑相关的一个典型例子。《史记·项羽本纪》是这样记载的:"项王即日因留沛公与饮。项王、项伯东向坐,亚父南向坐。亚父者,范增也。沛公北向坐,张良西向侍。"项王、项伯之所以"东向坐(面对着东方)"就是因为向东是尊位。沛公是赔罪而来,项羽是主人,此时军事上优势明显,又颇为自傲,所以就自居尊位。项伯是他的血亲长辈,所以也可有此礼遇。范增虽有亚父之尊,但他毕竟与项王没有血缘关系,所以只能居于次尊的南向之位。北向表示卑服,这时候沛公根本不是项羽的对手,在人屋檐下,不得不低头,只能居于下位。西向则是陪从之位,属于最下之位,张良是沛公的陪从人员,他坐在这个位置最为恰当。

另如数词,其理性意义也非常简单,但是汉语中其文化含义极为丰富。"六"象征吉祥顺利。"八"象征吉祥喜庆,民间在结婚或喜庆时常常设"八八"筵席(上八碗八碟菜肴)。"八"与"发"谐音,"发"有"发财"之意,因此"八"深得人们厚爱。"九"是基数的最高数,又与"久"谐音,因此"九"象征至高无上,象征长久。历代帝王都非常崇拜九,目的是希望他的统治长治久安,因此皇帝喜穿"九龙袍",北京紫禁城设"九龙壁",明代皇宫三大殿的总高度为九丈九尺,宫殿的台阶也是九级或九的倍数等等,其寓意都在于此。

汉语在发展过程中吸收了很多外来词,通过对外来词的考察,我们可以探知文化交流的信息。如"葡萄"、"苜蓿"等词在西汉的时候从西域传入,秦汉时期是我国历史上第一次外来词大量输入时期,这也是我国历史上第一次对外文化交流的高峰。这一时期输入的外来词主要是动植物名、官制名和其他一些物品名,表明这一时期主要是政治伴随经济生活的交流。魏晋南北朝时期是我国历史上第二次外来词大量涌入时期,这时的外来词除了一些物品名外,还有很多宗教词语,如"菩萨"、"塔婆"、"佛"、"浮屠"、"世界"等。从外来词的来源看,有来自古印度的,有来自西亚、中亚各国和西域各地的,表明这一时期文化交流的主要内容是宗教交流,而交流的地域则比秦汉时期大大扩展,内容也更加丰富。明清时期的外来词则以科技词语为大宗,说明学习吸收西方的先进科技是这一时期的一大潮流。

三 汉语语法

语法是指语言的结构方式。汉语是孤立语,缺乏形态的变化,语序与虚词是汉语最重要的语法手段。尽管在语言三要素中,语法最具稳定性,但由于汉语历史悠久,跨越了漫长的时代,在发展的历史长河中,语序与虚词、一些重要的句式都发生了重大变化。

（一）虚词

语法学上把有词汇意义、能够独立充当句法成分的词称为实词,如名词、动词、形容词等,把词汇意义已经弱化或完全不具有词汇意义、不能够独立充当句法成分的词称为虚词,如介词、连词、语气词等。从数量上说,虚词远远少于实词,但在词汇体系和汉语系统中,它们的地位和作用却不容忽视。尽管虚词一般没有具体的词汇意义,但在汉语发展过程中,它们也在不断地演变,如先秦和后代的文言中常用的虚词"之"、"乎"、"者"、"也",现在消失不用或被"的"、"吗"等词所替代。

虚词一般由实词虚化而来,实词虚化是汉语虚词产生的主要方式,汉语里的介词、助词、连词等大都从实词虚化而来,如介词"以"、"被"、"把"就是分别由动词义"用"、"遭受"、"把持"虚化而来;现在的时体助词"了"、"着"分别由动词义"终了"、"附着"义虚化而来。

虚词转化是虚词产生的另一途径,如"吗",本来写作"么","么"的前身是"无",而语气词"无"由否定词虚化而来。否定词"无"之所以虚化,是由于古代反复问句的否定部分通常省去主要动词,否定词处于句末,便进一步虚化,于是成了语气词。

虚词在发展过程中,也与实词一样存在复音化的趋势。有的是语法功能相同的单音虚词连用成词,如表示假设的"假"、"如"、"若"、"使"、"设"等形成"假如"、"假使"、"如若"、"设使";有的是单音虚词重叠,如"渐"变为"渐渐"、"稍"变为"稍稍";有的是词组凝固成词,如"虽然"、"然而"等。

虚词在发展过程中数量不断增加,而语法关系有限,同义虚词越来越多,于是虚词应用中自然而然地存在规范和自然选择的一面。有些虚词得到发展,有些虚词被淘汰,如先秦的语气词到近代被中古产生的新语气词所替代。有些虚词的用法得到调整,由分工不太明确逐渐发展到明确,如中古时期"了"既表示动作的完成,又表示动作的持续,"着"既表示动作的进行,也表示动作的完成或继续,到了近代,两者的分工就明确了,"了"不再表持续,"着"不再表完成。

（二）词序

词序就是句子各成分之间的顺序。汉语词序就总的发展方向来说是日趋规律化,但在特殊的情况下也有改变正常词序的情况。汉语的基本词序是主语、谓语、宾语,定语位于主语或宾语前,状语在谓语前,补语在谓语后。虽然汉语的基本词序早就确立了,但上古时期还不十分规律,有一种特殊的词序,那就是宾语前置。宾语前置有三种情况:

1. 疑问代词作宾语，宾语前置。如"吾谁欺，欺天乎？"(《论语·子罕》)"谁"和"天"都是"欺"的宾语，"谁"是疑问代词，"天"是普通名词，所以"谁"前置，"天"按通常词序不前置。

2. 否定句代词作宾语，宾语前置。这种情况有两个条件：一个是句中必须有"不、无(毋)、未、莫"等否定词，另一个就是必须是代词宾语，否则，不前置。如"三岁贯汝，莫我肯顾。"(《诗经·魏风·伐檀》)句中有否定词"莫"，所以作宾语的代词"我"前置。

3. 代词复指前置。叙述句为了强调宾语而把宾语放到谓语动词前面，宾语与谓语动词之间用代词"是"、"之"复指，如"岂不谷是为？先君之好是继！"(《左传·僖公三年》)"不谷"、"先君之好"分别由于代词"是"的复指构成前置。有时宾语前有助词"惟(唯)"加强肯定的语气，如"唯余马首是瞻。"(《左传·襄公十四年》)这一形式现在的成语中还有遗留，如"唯利是图"、"唯命是从"等都是。

(三) 句式

句式是句子的表达模式。语言中的句子是无限的，但句子的模式是有限的。在语言发展的不同历史阶段，具体句式会有所不同，也就是说，具体句式常常随着语言的发展演变而发生变化。汉语中的判断句、被动句及处置式的变化最为显著。

判断句是对主语的性质、情况作出判断的句子。现代汉语中的判断句一般由主语、判断系辞"是"和表示陈述的谓语构成，但汉魏以前，判断句以没有系辞的"……者，……也"为基本形式。系辞是表示主谓之间判断的词，在主谓之间起联系作用。古汉语中曾经有过多个判断系辞。春秋之前，系辞多用"维(惟)"，春秋以后多用"为"，战国末期，指示代词"是"发展出系辞的用法，东汉末期已经成熟，后来取代其他系辞取得独尊的地位，成为现代汉语中唯一的系辞。在汉语史上，系辞判断句与无系辞判断句的分期并不是界限分明的跳跃式，而是有主有次，相互补充，存在一定的过渡期。判断句从上古的无系辞，无系辞与有系辞并存，最后发展到现在的以有系辞占绝对优势，其间经历了漫长的过程。

被动句是主语为动作的受事者的特殊句子。在上古汉语中，有的被动句没有任何表明被动关系的形式标志，称为意念被动句。不过在先秦时期，被动句已有了多个形式标记：由介词"于"引出动作行为的主动者，置于动词之后；春秋战国之际出现了表示被动的介词"为"，或置于动词前单纯表被动，或引出施事者置于动词前，东汉以后"为……所＋V"的被动句式大为流行；春秋战国之际还出现了"见"表被动的句式，但"见"后面不能出现施动者，而是直接置于动词之前；战国后期则出现了"被"字句，这时"被"直接置于动词之前，后面不能带施事者，东汉开始后面可以接施动者。汉代是"被"字句长足发展时期。宋元明时期表示被动的"喫"、"吃"、"乞"大为流行。发展到现代汉语阶段，"被"成为最主要的表示被动的助词,书面语中也常用"为……所＋V"的句式。

处置式是汉语特有的一种句式,是用"把"或"将"把受事宾语提到动词之前的一种句式,现在人们习惯把它叫作"把"字句或"将"字句。由于这类句子大多具有对受事进行某种处置的意义,所以叫作处置式。处置式产生于中古时期,唐代的时候开始流行,但还不是很成熟。宋元以后,处置式有了新的发展,动词前后必须有表示处置结果的词语,使得处置式有了更加明确的处置意义,与一般的动宾结构有了更加明显的区别而不能互相替代。处置式的产生是汉语语法日益完善和现代化的标志之一,它的出现和成熟,给汉语语法增加了新的内容。

作为组词造句规则的语法,尽管相对稳定,但并非一成不变,它与汉语语音、词汇一样,经历了几千年的演变,词序固定化,句法手段日益丰富,句子结构不断严密化,句子的容量不断扩大是发展的总趋势。当然,在发展的同时也不断地规范,使汉语语法变得更精确、更成熟、更完善、更富有表现力。

四　汉语特点

作为汉藏语系分支的汉语,相对于非汉藏语系的语言而言,有着自身的特点。比较突出的是:

汉语是有声调的语言,声调具有区别意义的作用。汉语的音节非常有限,通过声调区别意义可以使有限的音节变化出数倍有意义的词素和词,对于减少汉语的同音字、同音词有显著的作用。如:"shishi"这两个音节,加上声调,理论上可以构成 16 个不同声调的双音节,由于组字成词实际上存在语意的选择,因而实际上可以构成 shīshī(湿湿)、shīshí(失实)、shīshì(失事)、shíshī(实施)、shíshí(实时)、shíshì(实事)、shǐshī(史诗)、shǐshí(史实)、shǐshì(史事)、shìshī(誓师)、shìshí(事实)、shìshì(逝世)等双音节形式。声音形式上,汉语具有乐音强的特征。在汉语音节中,元音成分多,也就是说乐音多。加上汉语是有声调的语言,而且一般一个字就是一个音节,因而音乐性极强,音节平仄交替,声调高低起伏,话语匀称而又有变化,既不单调又不杂乱,说来顺口,听来悦耳,韵律和谐优美,格律诗与词就是建立在这一汉语特点基础上的特殊文学形式。

词汇数目庞大而文字数量较少。上古汉语以单音词为主,魏晋以来,复音词在汉语词汇中的比重越来越大,现代汉语更是以复音词,尤其是双音词为主。运用数目不多的汉字可以组成数量众多的复音词,构成庞大的词汇库,比较经济。这是汉语的一大优点。外来词由音译向意译发展,现代外来词以意译为主。词汇富有弹性,如"星星"、"妈妈"、"哥哥"、"高高兴兴"、"欢欢喜喜"、"来来回回"、"端端正正"等语词,既可以单用,也可以叠用,其意义不变或基本不变。

汉语语法简洁,语序和虚词是汉语的主要语法手段,不像印欧语系那样有丰富复杂的形态变化,少了很多繁琐的语法规则。如汉语没有时态的变化,有时动作的完成或未完成通过简简单单的一个虚词就足以表现。"你什么时候来的"与"你什么时候来"两个句子,只有一字之差,前者用了虚词"的",后者没有,但两者时态完全不同,前者动作行为已完成,为完成时,后者则动作行为尚未发生,为将来时。汉语词类具有多功能性,与句法成分之间不存在简单的对应关系,如名词可以作主语、宾语,也可以作定语等,主语、宾语、定语也可以由代词充当;句子和短语的构造原则基本一致,有主谓式、偏正式、并列式、补充式等;有独具特色的词类和短语,句式多样化,如被动句,古代汉语有"于"字句、"为"字句(具体又有"为+施事者+及物动词"、"为+及物动词"、"为……所……"、"为所……"、"为+之所+施事者"、"为+所见+动词"等形式)、"见"字句、"被"字句,等等。

■ 专 题

汉 字

汉字是记录汉语的符号体系,它是先民在生产生活中,想把自己的思想、要求、信息让不在身边的人知道的愿望的驱使下创造的。从内心的主观愿望到愿望的具体实现,其间经历了漫长的过程,凝聚了无数先民的智慧。汉字从一产生开始,就作为记录汉语的工具而存在。虽然在历史发展过程中汉字也几经演变,但它作为语言记录符号的性质没有改变,记录和传承文化的功能没有改变。它不仅被沿用至今,而且还继续为文化的记录和传承发挥作用。

一 汉字的产生

汉字的产生是中国文化史上的大事。汉字到底是如何产生的呢?关于汉字的起源,有着不同的传说。

八卦说。八卦是古代用于占筮的八种符号,由阳爻(一长横"—")和阴爻(两短横"– –")组成,每卦由三爻上下整齐排列而成。汉代的时候就有人把汉字的起源与八卦联系在一起。汉人写的《易纬·乾凿度》最早把八卦与汉字相比附,认为乾、坤、震、艮、离、坎、兑、巽八个卦形分别是"天、地、雷、山、火、水、泽、风"的古文。虽然古文字的"水"字很像竖过来的坎卦,但其余几个都相差很远,可谓风马牛不相及,所以复杂的文字系统不可能起源于简单的八卦图形。

结绳说。根据典籍记载和民族学资料,历史上确实存在过结绳记事的事实,金文中十、廿、卅取象于结绳,数目字的起源很可能受到结绳记事的影响,但是,结绳只能起到帮助记忆的作用,并不能独立完整地记录事情。一个绳结表示的意义也不固定,可以是一,也可以是十;可以表示一天,也可以表示一元钱,等等,也没有固定的语音,不具备文字的性质,因此复杂的汉字也不可能由结绳发展而来。

契刻说。契刻就是在物体上刻上条痕、印记用来记数、记事或作为某种凭证。契刻比起结绳来说表达的意思更加丰富和复杂一些,在一定的范围内具有约定性,但表意并不明确。我们没有足够的证据证明它们用于记录语言,所以还不能说是文字。不过从出土的原始社会的某些陶器上的刻痕看,它们往往都刻在同样的部位,应该不是任意刻划,而是代表一定意义的符号。甲骨文中的"一、二、三、四"都是以短横表示,说明契刻对汉字的数目字的起源产生过直接的影响。

仓颉造字说。仓颉造字说产生于战国时代,传说仓颉是黄帝的史官,受到鸟兽交错纵横的足迹的启发而创造了文字。但是古文字有很多异体和同形字存在,说明复杂的文字并非产生于一时一地,并不是出自一人之手,而应是由不同时期、不同地区众多的劳动人民共同创造的,是众人智慧的结晶。战国后期思想家荀子认为仓颉对文字作了统一工作的说法比较可信。

汉字起源于图画。大量的考古成果证明,在原始社会,先民们经常用图画记录某些事件。由于图画比较形象具体,因此在记事和表情达意上也比结绳、契刻更为具体、明确,更易于识别,易于在表情达意上达成共识,这正是文字所要求的。当图画进一步简化,形体相对固定,赋予一定的意义和读音后,就成了文字。出土的新石器时代陶器上的一些刻痕、图形以及一些青铜器上的图腾,可以清楚地看出与甲骨文字之间的联系。根据古文字形体和某些原始图画、青铜器上的图腾和徽号,我们可以断定汉字起源于图画。

二 汉字的形体结构

世界上的文字可分为两个体系:一个是表意体系,一个是表音体系。汉字属于表意体系。汉字在造字之初,形体与它所表示的意义之间有密切的关系,所以分析汉字形体结构有助于对汉字本义的了解。由于汉字产生至今已经经历了几千年,形体也经历了多次变化,字形与意义之间的联系逐渐被掩盖起来,所以我们分析汉字结构所依据的是古文字形体,具体地说是小篆及小篆以前的形体。关于汉字形体的结构,传统有"六书"的说法。所谓"六书"就是六种造字和用字的条例,它们分别是象形、指事、会意、形声、转注、假借。

（一）象形

所谓象形，就是随着物体的轮廓，用弯曲的线条，画出物体的形状。在文字创造之初，象形是最基本的方法。因为会意字和形声字多数情况下都以象形字为基础。如："日"，甲骨文和金文都像一轮红日，不过大多不太圆，甲骨文由于书写工具的影响，有的刻成了四方块。中间的一点是填空符号，用点画填空隙是古文字常用的手法。"月"，甲骨文写作像才露出四分之一的月亮的样子，因为月亮缺时多，圆时少，所以画成缺的月亮。可见，勾勒轮廓或描绘事物最显著的特征是象形的重要特点。古文字字形不太稳定，方向或构件的位置有时不一定，但意义不变，如"月"的缺口方既可以朝左，也可以朝右。

象形字从字形结构的单复特点分类，可以分成纯体象形和复体象形，也称单体象形和加体象形。纯体象形就是字的所有笔画共同构成物体的轮廓，没有多余的部分，如："女"、"耳"、"止"、"木"、"羊"等。加体象形是为了明确意义，在描摹物体轮廓外再增加帮助明确意义的部分，如甲骨文"眉"，像一只眼睛上有一条毛的样子，在象形的眉毛之外再增加一只眼睛的形象，表示这是特指长在眼睛上面的毛，也就是眉毛。还有"州"，金文像河流中一块陆地的样子，这样的字还有"页"、"果"等。

象形字通常只用于表示有一定形体的具体物体（名词），但有一类字却用于表示比较抽象的概念（形容词或动词）。如"大"，甲骨文像一个正面而两腿分立、两臂向两边平伸的人形，但从来不表示人或大人的意思，而始终是一个与"小"相对立的概念。又如"高"，甲骨文像房屋建筑在高台上的样子，表示高这个概念。严格地说，这种字不属于象形，因为它所表示的概念是抽象的。

（二）指事

指事就是用记号指出字的意义所在。"上"甲骨文写作向上弯曲的弧形线条上加一短横，"下"甲骨文写作向下弯曲的弧线下加一短横。弧线表示位置的界限，短线在上表示"上"这个概念，短线在下表示"下"这个概念。

指事根据构成部件的不同可分为两类，就是纯符号指事和加体指事。纯符号指事就是用不代表任何具体事物的抽象线条来组字表示意义，这一类字除了"上"、"下"外，最典型的莫过于"一"、"二"、"三"等数目字。甲骨文中，它们都由笔画累积而成。不过指事字中，纯符号的为数很少，更多的是加体指事。加体指事就是在象形字的基础上增加指事符号，表示字的意义所在，如"亦"是分别在正面张臂而立的人的两边腋下增加指事符号，表示"腋下"之意；"本"是在一棵树的根部增加指事符号，表示字的所指是树根；"寸"是在手腕处增加指示符号，表示字的所指是寸口；"刃"是在刀锋的一面增加指示符号，表示字的所指是刀锋。

归结起来，指事字有两个特点：一是起关键作用的是指点记号；二是所指的是"事",往往是有形可象的具体事物的某一部分,而不是具体的物象本身或全部。

指事字和象形字都是独体字,这是它们的共同点,但它们也有区别,象形字都是具体事物的描写,都有形可象,而指事字却包含了抽象的指示事物的符号,甚至全由抽象符号构成,所指的常常是抽象的概念或具体事物的某一部分。

（三）会意

会意就是会合两个或两个以上的形体组合成一个新字表示新的意义,比如"逐"是会合"豕"和"止"的形象表示追赶之意。会意字根据构件表意的方式可分为两类,即比形会意和比意会意。比形会意是指构成会意字的偏旁之间,通过形象的会合产生新义,如"及"是会合一只手抓住前面的人的形象表示赶上,"受"以一只手把一个物品交给另一只手表示授受,"秉"以一只手抓一根禾表示秉持这个动作,"取"以一只手拿取耳朵表示获取。

比意会意是指组成会意字的偏旁之间没有形象的关联,而是意义的直接会合,如"尘"就是细小的土,"尖"就是一头小一头大,"歪"就是不正,"孬"就是不好,"劣"就是力气小。这种会意字的产生时代比较晚,数量也比上一种情况少得多,所以不宜用这种方式来分析解释商周时代产生的会意字。

会意字的各个组成部分都叫"意符"。在文字的象形程度比较高的商周时代,会意字的意符基本上都是由它的形象来会意,而不是通过意符独立成字时的文字意义来会意。绝大多数会意字由两个独体字构成,但也有小部分由三个或三个以上的独体字构成,如"森"、"焱"、"聂"、"掰"、"赢"等。

从形体结构上说,会意字是合体字,但很多合体字并不是会意字,判断一个字的造字结构不可臆断,否则会闹笑话。宋代笔记《鹤林玉露》记载了这样一个故事:

> 世传东坡尝问荆公:"何以谓之'波'字?"对曰:"水之皮也。"东坡曰:"然则滑者,水之骨也。"荆公默然。

原来,大文学家王安石曾经写了一部字书叫做《字说》,都用会意的方式解说汉字,因为很多字说不通,纯属牵强附会,于是苏东坡就讥笑他。如果说因为"波"是水的表面所起的褶皱,会合"水"与"皮"尚说得过去的话,那么"滑"是水的骨头可怎么也解释不通了,所以王安石自己也无言以对。究其原因,就是任意扩大了会意的范围。

（四）形声

形声就是由表示本义意义范畴的形旁和标示字音的声旁组成新字,像"江"、"河",是水一类的事物,所以用"水"来作形旁,音如"工"、"可",所以用"工"、"可"做声旁来比况字音,与"水"旁相合而成形声字。形旁又叫形符,声旁又叫声符。分析象形、指事、会意字都离不开古文字,分析形声字却基本上可以撇开古文字,只要根据没简化的楷书就可以了。现在形声字占汉字的 90% 以上,只要掌握形声字的特点,就可以对大多数汉字加以分析。形声字的结构分析根据形符和声符的位置,通常有以下六类:左形右声,如"松"、"结"、"理"、"语",这是形声字最常见的结构;此外还有右形左声、上形下声、下形上声、外形内声、内形外声等结构。不过,这些都是形声字的一般结构,还有些形声字的结构比较特殊,形符声符不能按自然结构分析,有的是形旁偏于一角,如"颖",禾是形旁,"顷"是声旁;"雖","虫"是形旁,"唯"是声旁。有的是声旁偏于一角,如"徒","彳"是形旁,"土"是声旁。有的形旁或声旁被拆开,如"哀","口"是形旁,"衣"是声旁;"戚","戊"是形旁,"尗"是声旁;"随","辶"是形旁,"隋"是声旁,形旁穿插在声旁中。还有些形声字的偏旁是不同层次的组合,也就是说可以多次切分,如"薄",第一次可以切分为形旁"艹"和声旁"溥","溥"又可以切分为形旁"氵"和声旁"尃","尃"又可以切分为形旁"寸"和声旁"甫",对于这样的字,分析形声结构的时候,要看第一次切分,也就是说,"薄"的形旁是"艹",声旁是"溥",而不是"尃"或"甫"。

为了适应结构匀称、书写方便、视觉上美观的需要,某些形声字的形符或声符的笔画被减省,必须补全才能起表意或表音的作用,这样的字称为"省形字"或"省声字",如"星",从晶省,生声;"耆",从老省,旨声,都是省形字。"豪",从豕,高省声;徽,从糸,微省声,都是省声字。

还有的形声字,声旁除了表音外,还与形旁一起表示意义,表意方式与会意字相同,这类字叫形声兼会意字,如"娶",意思是男子把女子取回家做妻子,"女"是形旁,表示与女性相关,"取"则标示读音,但是意思恰好是两个偏旁的组合。

形声字形符表示本义的意义范畴,一般不直接表示字义,如"持"、"提"、"握"、"抱"、"把"等,都从手,表示与手有关的动作。但也有少部分字的形符直接表义,形符义就是字义,如"爸"、"嘴"等。形声字的形符与声符之间的联系灵活多样,没有固定的模式,如同以"女"为形旁的字,"姚"、"姬"、"姜"表姓氏,"姊"、"妹"、"姑"、"姨"表亲属称谓,"婚"、"姻"、"嫁"、"娶"表婚姻,"姣"、"妩"、"媚"表体态美好,"奸"、"婪"、"媮"、"嬾"表丑恶的品性或行为。有些贬义字本来与妇女无必然联系,以女字为偏旁反映了封建意识的偏见。同类的意义,也可能用不同的形符来表示,如同样表示与行走有关,"追"、"逐"从辶,"趋"、"赶"从走,"跟"、"踪"从足;同是兽类,"狼"、"獭"从犬,"豺"、"貂"从豸,"猫"、"貓"既可从犬,也可从豸。

形声字的声旁具有标示读音功能,这是判断一个合体字是不是形声字的重要标志。这种方法在一般情况下可行,但并不绝对可靠。说起声符的表音功能,大家也许马上会想起一句话"秀才识字认半边",这句话是讽刺秀才识字粗枝大叶,主观臆测,未必正确。声旁既然是标示形声字的读音,现在为什么又不能完全按声符的读音来读呢？这是由于时代、地域的变迁,语音的发展,使有些声符在造字时代是谐声的,现在却不谐声了。所以判断一个合体字是否形声字,应以古音作依据。有些形声字以今音来衡量,声符已失去谐声功能如"等—寺","埋—里"。从同一个声旁得声的形声字,现在的读音也会有很大的差异,如同从"者"得声的字,只有"锗"、"赭"现在读"zhe"外,大多与"者"不同音,如"都"、"堵"、"赌"、"睹"音"du","著"、"诸"、"猪"、"煮"、"箸"、"渚"、"翥"、"褚"音"zhu","储"、"褚"、"躇"、"楮"音"chu","署"、"暑"、"曙"、"薯"音"shu"。

通常人们以为形声字只有形符具有表意功能,忽视了声符的表意功能。实际上,很多形声字的声符都具有表意功能,这可从形体表意和语音表意两方面来看。有一小部分形声字,原先是象形字,指事字或会意字,后来才加上形符成为形声字,如"雲",本来写作"云",古文字"云"像云朵的样子,后来假借表示说话之意,另造了形声字"雲",表示"云"的本义。另外如"株",本来写作"朱",是个指事字,字形是在"木"的中间加一个指事符号,表示意思是树木的主干,后用来表示红色,于是为本义另造了形声字"株"。"暮",本来写作"莫",是个会意字,古文字像太阳落入草丛,表示日暮,后来假借为无定代词,表示没有什么、没有谁的意思,于是为本义另造了形声字"暮"。

绝大多数形声字从语音方面进行表意,如"枸"是弯曲的树木,"钩"是弯曲的钩子,"笱"是弯曲竹子制成的捕鱼工具,"胸"是弯曲的肉干,"　"是车轭下面弯曲的构件……都从"句(勾)"得声,都有"弯曲"之义。不过要注意的是,这一意义隐藏于词义内部,是这一组词的共同义素,而不是表现在词的使用义中。

5.转注

由于古人对"转注"的解释并不很明确,历来对它的理解众说纷纭,分歧很多。一般认为转注是指把相同事类的字归到一起,并确立一个部首,归属于同一个部首的字,意义相同的可以互相解释,如"舟"和"船"、"走"和"趋"等。

6.假借

假借就是语言中有这样的词,但是没有专门为它造的字,于是就借用已有的同音字去表示,如"其",本是个象形字,甲骨文像簸箕的样子,由于语言中表领属的第三人称代词没有专字,就借用它来表示,并为本义另造了"箕"字。又如"亦",甲骨文是个指事字,表示腋下,借用它来表示"也"的意思,并为本义另造了"腋"字。第一人称代词"我"的本义是一种带有锯齿的兵器。假借本身不是造字法,但它能促进新形声字的产生,而且大多数以原字为基础再加形旁而构成,是形声字产生的渠道之一。

从上面对传统"六书"的介绍可知,"转注"、"假借"与"象形"、"指事"、"会意"、"形声"的性质不同,前者属于用字法,是如何用汉字记录语言中的词的问题,后者才是造字法。对此必须有清醒的认识。"六书"理论不但在很大程度上解决了分析汉字构造的问题,而且体现了汉字起源于图画的客观事实;形声字比重的不断增加反映了汉字向记音发展的方向;由象形到指事、会意、形声的顺序反映了人类由具体到抽象的认识规律。

三 汉字形体的演变

任何事物都是处于不断的运动变化之中,汉字也不例外。汉字自产生到现在已经经历了大约四千年,它的形体已经发生了很大的变化。这种变化表现在两个方面:一是字体的演变,也就是书写方法的变化;一是字形的发展,也就是笔画组合的变化,结构的变化。汉字形体的演变,一般分为古文字阶段和近代文字阶段(也有人称为隶楷阶段或者今文字阶段)。甲骨文、金文、篆文称为古文字,隶书、草书、楷书、行书称为近代文字。秦末汉初是汉字由古文字发展为近代文字的过渡时期。

甲骨文是商周时期刻在龟甲兽骨上的文字,是现在所知最早的、成系统的文字。甲骨文记录的都是当时占卜的内容,所以又叫卜辞、甲骨卜辞,首先从殷墟出土,所以也叫殷契、殷墟书契等。由于甲骨文离文字起源时代最近,所以象形程度高。从文字结构和用字情况看,"六书"都已具备,但形体结构尚未定型,一个字可以有多种写法,繁简不一。多合文,未完全形成一个符号一个音节的形式。由于书写工具的影响,线条瘦硬,字体挺拔,笔画多方折,行款自由不定。

金文是商周时期铸刻在青铜器上的文字。钟、鼎是当时青铜乐器、礼器的代表,所以又叫钟鼎文、吉金文字。长篇的金文主要在西周和春秋时期。早期金文多有块面结构,具有明显的图画性质;后期金文笔画渐趋线条化、简单化,便于书写。金文的异体字比甲骨文减少,偏旁渐趋定型,合文大为减少,行款渐趋稳定。

战国时期,文字的载体发生了很大的变化,最常用的书写材料是简牍,其次为缣帛。书写材料的改变对汉字形体产生了较大的影响。这一时期由于列国纷争,社会文化多样性特征显著,各国文字差异很大,带有明显的区域特征和地方色彩。秦国文字与西周金文一脉相承,变化较小,比较规整,较为繁复,称为秦系大篆。东方六国文字各异,日趋减省,春秋时期的差异主要表现为书写风格的不同,春秋末期形成了与周秦文字形体结构差异明显的新字体,称为六国古文。

秦统一六国后,为了实现文化上的统一,秦始皇接纳了李斯"书同文"的建议,并让李斯主持加以整理规范。李斯等人以秦国原有的文字为基础,废除了众多繁复的异体,废除与秦国文字不同的六国古文,对当时的文字作了全面的整理后作为标准字体颁行天下。规范后的标准文字称为小篆。小篆笔画匀圆，字体整齐匀称，结构固定，是古文字最进步的阶段。

隶书是汉字形体进入"近代文字"的开始，相传为秦代书家程邈所作。程邈是秦代下杜人，担任过县狱吏，后因得罪下狱成了徒隶。他感到当时官狱公牍繁多，篆书结构复杂，笔画匀圆，书写不便，便在原来大小篆的基础上对汉字加以改造，削繁就简，变圆为方，创造了一种新字体。始皇大为欣赏，不仅赦免了他的罪名，还任用他为御史，把他拟定的字体叫做"隶书"。世称程邈为"隶书之祖"。

但是，实际上隶书应是古代广大劳动人民在日常应用中日积月累创造出来的。根据出土文献，隶书至少可以追溯到春秋末年的山西侯马盟书，战国时基本形成，汉代真正定型和确立为标准字体。隶书最初由秦系文字草写发展演变而来，叫做秦隶，由于是早期隶书，所以也叫古隶。汉代成熟时期的隶书叫做汉隶，也叫今隶。汉字发展到隶书时期，篆书圆转不断的线条大多被改为方折的断笔，书写速度大大加快，形成了点、横、竖、撇、捺、钩、折等几种笔画。汉字由小篆发展为隶书的变化称为隶变。隶变使汉字的笔画彻底线条化、符号化，使汉字几乎完全失去了象形的特征；偏旁分化、混同，冲击了汉字的结构系统；汉字形体结构进一步简化。

草书最初是在隶书快写的过程中产生的。西汉武帝中期，草书作为一种新的字体已经诞生，成熟的时候已到西汉末、东汉初。草书本流行于民间，建武以后，经文人、书法家的加工后，形体规整，称为章草。"章"是章程、法式之意。东晋以后，在章草的基础上发展出新草体——今草，今草也是楷书的草写体。唐代的时候，张旭、怀素等人恣意连写，任意减省笔画，很大程度上破坏了汉字的结构体系，称为"狂草"，使草书失去了交际功能，成为仅供人们欣赏的艺术品。

楷书一名始于唐代，本名"正书"、"真书"。"楷"是楷模、法式之意。楷书由汉隶直接演变而来，萌芽于东汉，成熟于魏晋，沿用至今。行书是介于正体与草书之间的一种字体，早期介于隶书与草书之间，现在常见的行书介于楷书与草书之间。行书书写比楷书快捷，比草书易于辨认。至今，它还是使用最为广泛的手写体。

四　汉字结构的基本精神

汉字为中华民族先民们所原创，先民在创制汉字的时候，必然会按照自己的思维逻辑和习惯，融进原有的认识和习惯，因此，汉字所凝结的文化精神，最集中的是汉民族的思维特征。汉字的创制以当时的生产生活为内容，因而也是古代物质生活和精神生活的生动反映。具体说来，汉字的文化精神表现在以下几个方面：

　　形体的具象性体现了汉民族思维的具象性。汉民族思维的一大特征就是具象性,这在汉字中得到了充分的反映。在古文字阶段,汉字的象形程度很高,可以很直观地看出象形字所记录的物体,如"虎"甲骨文活脱脱是一只张开血盆大口、纹路清晰的老虎,"豕"活像一只大肥猪。虽然象形字在汉字系统中的绝对数量并不多,但大部分指事字和会意字都以象形字为基础,如"末"是在象形字"木"的上部增加指事符号,表示末梢之意;"天"是在正面张臂而立的人的上面增加指事符号,表示头顶之意;"森",以三棵数表示长着很多树的森林。至于形声字,虽然有标音的声符,但它的形旁显示了本义的范畴,而形旁往往是象形字,如"松"、"柏"、"桃"、"梨"、"桶"、"板"等字,我们一看到形符"木",就可以知道其意义与树木相关,这是其他任何拼音文字所不具备的。其实,汉字不仅体现了汉民族具象思维的精神,而且反过来强化了具象思维的定势。

　　结构的平衡性体现了汉民族崇尚平衡美的美学观念。拼音文字的单词由字母的线性排列组成,随着构成字母的多少而长短不一。汉字则由线条或笔画的上下左右组合构架而成,视觉上呈方块形。在小篆以前,尤其是早期金文以前的文字,汉字由于结构繁复程度不同,字与字之间的大小差别比较大,排列往往不整齐。但是在汉字发展过程中,不管是行款还是单个汉字所占的空间向着整齐匀称的方向发展,后期金文已是行款整齐,大小匀称,极为美观,楷书则是最具代表性的字体。从结构上看,汉字有独体结构、左右结构、上下结构和包围结构。独体结构的字一般比较紧凑,形体略小,但讲究疏密、斜倚的变化。左右结构的字一般偏宽,常常左右笔画多少不一,于是通过笔画的疏密安排使整体平衡协调。上下结构的字讲究重心在同一条垂直线上,不能头重脚轻,也不能头轻脚重。包围与半包围结构讲究内外部分大小匀称、疏密适度。

　　汉字的构形反映了原始社会的物质生活和精神生活。由于汉字是表意体系的文字,所以本身往往反映了文字创制之时的物质生活和人们对世界的认识。如"休",是一个人靠在一棵树上的形象,以此表示休息之意,足以看出当时人们是多么辛苦地在烈日下劳作,靠在大树下就是极大的享受了。"鬲"是一种三足而中空的炊器,三足结构有利于平放,不至于因放置面的不平而不稳当,足部中空则既有利于增加容积,又有利于增加受热面积,加快炊煮的速度,可见"鬲"既反映了当时炊具的形制,也反映了先民的几何学和物理学知识已达到很高的水平。"雷"的古文字由四面鼓加上云纹构成,后来又增加了"雨"字头,它的构形反映了人们对雷的认识,认为雷是雷神敲击天鼓发出的声音,增加"雨"旁则表明先民已发现雷与雨经常相伴出现的规律。

文　选

如　面　谈

朱自清

　　朋友送来一匣信笺，笺上刻着两位古装的人，相对拱揖，一旁题了"如面谈"三个大字。是明代钟惺的尺牍选第一次题这三个字，这三个字恰说出了写信的用处。信原是写给"你"或"你们几个人"看的；原是"我"对"你"或"你们几个人"的私人谈话，不过是笔谈罢了。对谈的人虽然亲疏不等，可是谈话总不能像是演说的样子，教听话的受不了。写信也不能像作论的样子，教看信的受不了，总得让看信的觉着信里的话是给自己说的才成。这在乎各等各样的口气。口气合式，才能够"如面谈"。但是写信究竟不是"面谈"；不但不像"面谈"时可以运用声调表情姿态等等，并且老是自己的独白，没有穿插和掩映的方便，也比"面谈"难。写信要"如面谈"，比"面谈"需要更多的心思和技巧，并不是一下笔就能做到的。

　　可是在一种语言里，这种心思和技巧，经过多少代多少人的运用，渐渐的程式化。只要熟习了那些个程式，应用起来，"如面谈"倒也不见得怎样难。我们的文言信，就是久经程式化了的，写信的人利用那些程式，可以很省力的写成合式的，多多少少"如面谈"的信。若教他们写白话，倒不容易写成这样像信的信。《两般秋雨庵随笔》记着一个人给一个妇人写家信，那妇人要照她说的写，那人周章了半天，终归搁笔。他没法将她说的那些话写成一封像信的信。文言信是有样子的，白话信压根儿没有样子；那人也许觉得白话压根儿就不能用来写信。同样心理，测字先生代那些不识字的写信，也并不用白话；他们宁可用那些不通的文言，如"来信无别"之类。我们现在自然相信白话可以用来写信，而且有时也实行写白话信。但是常写白话文的人，似乎除了胡适之先生外，写给朋友的信，还是用文言的时候多，这只要翻翻现代书简一类书就会相信的。原因只是一个"懒"字。文言信有现成的程式，白话信得句句斟酌，好像作文一般，太费劲，谁老有那么大工夫？文言至今还能苟延残喘，慢慢找出些白话应用文的程式，文言就真"死"了。

　　林语堂先生在《论语录体之用》(《论语》二十六期)里说过：

　　　　一人修书，不曰"示悉"，而曰"你的芳函接到了"，不曰"至感""歉甚"，而曰"很感谢你""非常惭愧"，便是噜哩噜苏，文章不经济。

　　"示悉"，"至感"，"歉甚"，都是文言信的程式，用来确是很经济，很省力的。但是林先生所举的三句"噜哩噜苏"的白话，恐怕只是那三句文言的直译，未必是实在的例子。我们可以说"来信收到了"，"感谢"，"对不起"，"对不起得很"，用不着绕弯儿从文言直译。——若真有这样绕弯儿的，那一定是新式的测字先生！这几句白话似乎也是很现成，很经济的。字数比那几句相当的文言多些，但是一种文体有一种经济的标准，白话的字句组织与文言不同，它们其实是两种语言，繁简当以各自的组织为依据，不当相提并论。白话文固然不必全合乎口语，白话信却总该是越能合乎口语，才越能"如面谈"。这几个句子正是我们口头常用的，至少是可以上口的，用来写白话信，我想是合式的。

　　麻烦点儿的是"敬启者"，"专此"，"敬请大安"，这一套头尾。这是一封信的架子；有了它才像一封信，没有它就不像一封信。"敬启者"如同我们向一个人谈话，开口时用的"我对你说"那句子，"专此""敬请大安"相当于谈话结束时的"没有什么啦，再见"那句子。但是"面谈"不一定用这一套儿，往往只要一转脸向着那人，就代替了那第一句话，一点头就代替了那第二句话。这是写信究竟不"如面谈"的地方。现在写白话信，常是开门见山，没有相当于"敬启者"的套头。但是结尾却还是装上的多，可也只用"此祝健康！""祝你进步！""祝好！"一类，像"专此""敬请大安"那样分截的形式是不见了。"敬启者"的渊源是很悠久的，司马迁《报任少卿书》开头一句是"太史公牛马走司马迁再拜言，少卿足下"，"再拜言"就是后世的"敬启者"。"少卿足下"在"再拜言"之下，和现行的格式将称呼在"敬启者"前面不一样。既用称呼开头，"敬启者"原不妨省去；现在还因循的写着，只是遗形物罢了。写白话信的人不理会这个，也是自然而然的。"专此""敬请大安"下面还有称呼作全信的真结尾，也可算是遗形物，也不妨省去。但那"套头"差不多全剩了形式，这"套尾"多少还有一些意义，白话信里保存着它，不是没有理由的。

　　在文言信里，这一套儿有许多变化，表示写信人和受信人的身分。如给父母去信，就须用"敬禀者"，"谨此"，"敬请福安"，给前辈去信，就须用"敬肃者"，"敬请道安"，给后辈去信，就须用"启者"，"专泐"，"顺问近佳"之类，用错了是会让人耻笑的——尊长甚至于还会生气。白话信的结尾，虽然还没讲究到这些，但也有许多变化；那些变化却只是修辞的变化，并不表明身分。因为是修辞的变化，所以不妨掉掉笔头，来点新鲜花样，引起看信人的趣味，不过总也得和看信人自身有些关切才成。如"敬祝抗战胜利"，虽然人同此心，但是"如面谈"的私人的信里，究竟嫌肤廓些。又如"谨致民族解放的敬礼"，除非写信人和受信人的双方或一方是革命同志，就不免不亲切的毛病。这都有些像演说或作论的调子。修辞的变化，文言的结尾里也有。如"此颂文祺"，"敬请春安"，"敬颂日祉"，"恭请痊安"，等等，一时数不尽，这里所举的除"此颂文祺"是通用的简式外，别的都是应时应景的式子，不能乱用。写白话信的人既然不愿扔掉结尾，似乎就该试试多造些表示身分以及应时应景的式子。只要下笔时略略用些心，这是并不难的。

最麻烦的要数称呼了。称呼对于口气的关系最是直截的，一下笔就见出，拐不了弯儿。谈话时用称呼的时候少些，闹了错儿，还可以马虎一些。写信不能像谈话那样面对面的，用称呼就得多些；闹了错儿，白纸上见黑字，简直没个躲闪的地方。文言信里称呼的等级很繁多，再加上称呼底下带着的敬语，真是数不尽。开头的称呼，就是受信人的称呼，有时还需要重叠，如"父母亲大人"，"仁兄大人"，"先生大人"等。现在"仁兄大人"等是少用了，却换了"学长我兄"之类；至于"父母亲"加上"大人"，依然是很普遍的。开头的称呼底下带着的敬语，有的似乎原是些位置词，如"膝下"，"足下"；这表示自己的信不敢直率的就递给受信人，只放在他或他们的"膝下"，"足下"，让他或他们得闲再看。有的原指伺候的人，如"阁下"，"执事"；这表示只敢将信递给"阁下"的公差，或"执事"的人，让他们觑空儿转呈受信人看。可是用久了，用熟了，谁也不去注意那些意义，只当作敬语用罢了。但是这些敬语表示不同的身分，用的人是明白的。这些敬语还有一个紧要的用处。在信文里称呼受信人有时只用"足下"，"阁下"，"执事"就成；这些缩短了，替代了开头的那些繁琐的词儿。——信文里并有专用的简短的称呼，像"台端"便是的。另有些敬语，却真的只是敬语，如"大鉴"，"台鉴"，"钧鉴"，"勋鉴"，"道鉴"等，"有道"也是的。还有些只算附加语，不能算敬语，像"如面"，"如晤"，"如握"，以及"览"，"阅"，"见字"，"知悉"等，大概用于亲近的人或晚辈。

结尾的称呼，就是写信人的自称，跟带着的敬语，现在还通用的，却没有这样繁杂。"弟"用得最多，"小弟"，"愚弟"只偶然看见。光头的名字，用的也最多，"晚"，"后学"，"职"也只偶然看见。其余还有"儿"，"侄"等："世侄"也用得着，"愚侄"却少——这年头自称"愚"的究竟少了。敬语是旧的"顿首"和新的"鞠躬"最常见；"谨启"太质朴，"再拜"太古老，"免冠"虽然新，却又不今不古的，这些都少用。对尊长通用"谨上"，"谨肃"，"谨禀"——"叩禀"，"跪禀"有些稀罕了似的；对晚辈通用"泐"，"字"等，或光用名字。

白话里用主词句子多些，用来写信，需要称呼的地方自然也多些。但是白话信的称呼似乎最难。文言信用的那些，大部分已经成了遗形物，用起来即使不至于觉得封建气，即使不至于觉得满是虚情假意，但是不亲切是真的。要亲切，自然得向"面谈"里去找。可是我们口头上的称呼，还在演变之中，凝成定型的绝无仅有，难的便是这个。我们现在口头上通用于一般人的称呼，似乎只有"先生"。而这个"先生"又不像"密斯忒"、"麦歇"那样真可以通用于一般人。譬如英国大学里教师点名，总称"密斯忒某某"，中国若照样在点名时称"某某先生"，大家就觉得客气得过火点儿。"先生"之外，白话信里最常用的还有"兄"，口头上却也不大听见。这是从文言信里借来称呼比"先生"亲近些的人的。按说十分亲近的人，直写他的名号，原也未尝不可，难的是那些疏不到"先生"，又亲不到直呼名号的。所以"兄"是不可少的词儿——将来久假不归，也未可知。

更难的是称呼女人，刘半农先生曾主张将"密斯"改称"姑娘"，却只成为一时的谈柄；我们口头上似乎就没有一个真通用的称呼女人的词儿。固然，我们常说"某小姐"，"某太太"，但写起信来，麻烦就来了。开头可以很自然的写下"某小姐"，"某太太"，信文里再称呼却就绕手；还带姓儿，似乎不像信，不带姓儿，又像丫头老妈子们说话。只有我们口头上偶而一用的"女士"，倒可以不带姓儿，但是又有人嫌疑它生剌剌的。我想还是"女士"大方些，大家多用用就熟了。要不，不分男女都用"先生"也成，口头上已经有这么称呼的——不过显得太单调罢了。至于写白话信的人称呼自己，用"弟"的似乎也不少，不然就是用名字。"弟"自然是从文言信里借来的，虽然口头上自称"兄弟"的也有。光用名字，有时候嫌不大客气，这"弟"字也是不可少的，但女人给普通男子写信，怕只能光用名字，称"弟"既不男不女的，称"妹"显然又太亲近了，——正如开头称"兄"一样。男人写给普通女子的信，不用说，也只能光用名字。白话信的称呼却都不带敬语，只自称下有时装上"鞠躬"，"谨启"，"谨上"，也都是借来的，可还是懒得装上的多。这不带敬语，却是欧化。那些敬语现在看来原够腻味的，一笔勾销，倒也利落，干净。

五四运动后，有一段儿还很流行称呼的欧化。写白话信的人开头用"亲爱的某某先生"或"亲爱的某某"，结尾用"你的朋友某某"或"你的真挚的朋友某某"，是常见的，近年来似乎不大有了，即使在青年人的信里。这一套大约是从英文信里抄袭来的。可是在英文里，口头的"亲爱的"和信上的"亲爱的"，亲爱的程度迥不一样。口头的得真亲爱的才用得上，人家并不轻易使唤这个词儿；信上的不论你是谁，认识的，不认识的，都得来那么一个"亲爱的"——用惯了，用滥了，完全成了个形式的敬语，像我们文言信里的"仁兄"似的。我们用"仁兄"，不管他"仁"不"仁"；他们用"亲爱的"，也不管他"亲爱的"不"亲爱的"。可是写成我们的文字，"亲爱的"就是不折不扣的亲爱的——在我们的语言里，"亲爱"真是亲爱，一向是不折不扣的——，因此看上去老有些碍眼，老觉着过火点儿；甚至还肉麻呢。再说"你的朋友"和"你的真挚的朋友"。有人曾说"我的朋友"是标榜，那是用在公开的论文里的。我们虽然只谈不公开的信，虽然普通用"朋友"这词儿，并不能表示客气，也不能表示亲密，可是加上"你的"，大书特书，怕也免不了标榜气。至于"真挚的"，也是从英文里搬来的。毛病正和"亲爱的"一样。——当然，要是给真亲爱的人写信，怎么写也成，上面用"我的心肝"，下面用"你的宠爱的叭儿狗"，都无不可，不过本文是就一般程式而论，只能以大方为主罢了。

白话信还有领格难。文言信里差不多是看不见领格的，领格表现在特种敬语里。如"令尊"，"嫂夫人"，"潭府"，"惠书"，"手教"，"示"，"大著"，"鼎力"，"尊裁"，"家严"，"内人"，"舍下"，"拙著"，"绵薄"，"鄙见"等等，比起别种程式，更其是数不尽。有些口头上有，大部分却是写信写出来的。这些足以避免称呼的重复，并增加客气。文言信除了写给子侄，是不能用"尔"，"汝"，"吾"，"我"等词的，若没有这些敬语，遇到领格，势非一再称呼不可；虽然信文里的称呼简短，可是究竟嫌累赘些。这些敬语口头上还用着的，白话信里自然还可以用，如"令尊"，"大著"，"家严"，"内人"，"舍下"，"拙著"等，但是这种非常之少。白话信里的领格，事实上还靠重复称呼，要不就直用"你""我"字样。称呼的重复免不了累赘，"你""我"相称，对于生疏些的人，也不合式。这里我想起了"您"字。国语的"您"可用于尊长，是个很方便的敬词——本来是复数，现在却只用作单数。放在信里，作主词也好，作领格也好，既可以减少那累赘的毛病，也不至于显得太托熟似的。

写信的种种程式，作用只在将种种不同的口气标准化，只在将"面谈"时的一些声调表情姿态等等标准化。熟悉了这些程式，无需句斟字酌，在口气上就有了一半的把握，就不难很省力的写成合式的，多多少少"如面谈"的信。写信究竟不是"面谈"，所以得这样办；那些程式有的并不出于"面谈"，而是写信写出来的，也就是为此。各色各样的程式，不是要笔头，不是掉枪花，都是实际需要逼出来的。文言信里还不免残存着一些不切用的遗物，白话信却只嫌程式不够用，所以我们不能偷懒，得斟酌情势，多试一些，多造一些。一番番自觉的努力，相信可以使白话信的程式化完成得更快些。

但是程式在口气的传达上至多只能帮一半忙，那一半还得看怎么写信文儿。这所谓"神而明之，存乎其人"，没什么可说的。不过这里可以借一个例子来表示同一事件可以有怎样不同的口气。胡适之先生说过这样一个故事：

> 有一裁缝，花了许多钱送他儿子去念书。一天，他儿子来了一封信。他自己不认识字，他的邻居一个杀猪的倒识字，不过识的字很少。他把信拿去叫杀猪的看。杀猪的说信里是这样的话，"爸爸！赶快给我拿钱来！我没有钱了，快给我钱！"裁缝说，"信里是这样的说吗！好！我让他从中学到大学念了这些年书，念得一点礼貌都没有了！"说着就难过起来。正在这时候，来了一个牧师，就问他为什么难过。他把原因一说，牧师说，"拿信来，我看看。"就接过信来，戴上眼镜，读道，"父亲老大人，我现在穷得不得了了，请你寄给我一点钱罢！寄给我半镑钱就够了，谢谢你。"裁缝高兴了，就寄两镑钱给他儿子。（《中国禅学的发展史》讲演词，王石子记，一九三四年十二月十六日《北平晨报》）

有人说,日记和书信里,最能见出人的性情来,因为日记只给自己看,信只给一个或几个朋友看,写来都不做作。"不做作"可不是"信笔所之"。日记真不准备给人看,也许还可以"信笔所之"一下;信究竟是给人看的,虽然不能像演说和作论,可也不能只顾自己痛快,真的"信笔"写下去。"如面谈"不是胡帝胡天的,总得有"一点礼貌",也就是一份客气。客气要大方,恰到好处,才是味儿,"如面谈"是需要火候的。

(选自《朱自清全集》(第三卷),江苏教育出版社 1988 年版)

【阅读书目】

1. 王力:《汉语史稿》,中华书局 1980 年版。
2. 史有为:《汉语外来词》,商务印书馆 2000 年版。
3. 裘锡圭:《文字学概要》,商务印书馆 1988 年版。
4. 何九盈、胡双宝:《中国汉字文化大观》,北京大学出版社 1991 年版。
5. 杨伯峻、何乐士:《古汉语语法及其发展》,语文出版社 1992 年版。
6. 苏新春:《文化语言学教程》,外语教学与研究出版社 2006 年版。
7. 蒋绍愚:《近代汉语研究概要》,北京大学出版社 2005 年版。

【思考题】

1. 语言是怎样起源的?
2. 汉语词汇是怎样积累的?
3. 举例说明汉语词义演变的情况。
4. 汉字形体结构反映了怎样的文化精神?
5. 汉语的特点是什么?

第五章
中国史学

▌ 概　述

中国史学源远流长,博大精深。史学之发达,乃世界之最。著名史学家梁启超说:"中国于各种学问中,惟史学为最发达;史学在世界各国中,惟中国为最发达。"(《中国历史研究法》)中国史学是中国文明的产物,从历代史著看,不但时间上前后衔接,而且从体裁到内容都有内在的发展脉络可寻,客观地反映了中华文明连续发展的进程。

一　史学沿革

史学的发展与文字的出现紧密相连,有了文字,人类才开始了自身历史的记载。目前所知,中国最早的历史记载是卜辞和金文。卜辞是殷、周时期奴隶主贵族贞卜的记录,因刻写在龟甲、兽骨上,又称甲骨文。殷代卜辞记录了自盘庚迁殷到殷灭亡的历史,所记内容主要是农耕、兵戎及祭祀等,是作为档案保存的官方文书。金文是指铸在铜器上的铭词,故也称铭文、钟鼎文。钟鼎多为贵族所用礼器,所记内容主要反映当时王臣庆赏、贵族纠纷、财产关系等方面情况。这些钟鼎铭文也具有官方文书的性质。卜辞、金文均由当时的史官负责记录,因为当时的史官兼具起草公文、记录时事,以及占卜等祭祀活动,从这点而言,他们可称得上是最早的职业历史学家。

我国第一部古书《尚书》就是具有官书性质的历史记载,所记皆为殷、周王朝的大事。在《诗经》中"大雅"的一些诗篇也反映了周王朝的历史,相当于史诗。

官书和史诗,标志着史学的萌芽,但还未成为正式的史书。从西周末年开始,周王室和各诸侯都有国史,这是中国史学上最早的正式史书。国史,在当时统称为"春秋"。《左传·昭公二年》载:"韩起聘鲁,见《易》、《象》与《春秋》,曰周礼尽在鲁矣。"《孟子·离娄下》:"孟子曰:'……晋之《乘》、楚之《梼杌》、鲁之《春秋》,一也。其事则齐桓、晋文,其文则史。'"春秋末年,孔子以鲁国国史为材料编撰成《春秋》一书。这是我国古代第一部编年史。孔子是我国古代私家著述史书第一人。

战国时还有私人历史撰述,代表作有《左传》、《国语》、《战国策》等。

如果说,先秦时期是我国史学的童年,萌芽期,那么秦汉时期则是中国史学的成长期。这一时期,出现了规模宏富的纪传体通史和断代史。汉代史官司马迁遵父司马谈遗嘱,历尽艰辛,撰成《太史公书》(即后之《史记》),记述了自传说的黄帝至汉武帝太初时约三千年间的历史。这是我国史学第一部规模宏大的通史著作,创造了中国史学上纪传体史书的表现范式,在我国史学发展史上具有划时代意义。班固因《史记》而撰《汉书》,断代为史。由于《汉书》创造了记述一代皇朝史事的历史撰述形式,开创了皇朝史撰述的先河。此外,荀悦受汉献帝之命,对《汉书》进行了改编,即体裁上改纪传体为编年体,内容上存其大体,综合凝练,他编的《汉纪》创立了中国史学上编年体断代史先例。

魏晋南北朝时期,史学得到了初步发展,不但从经学的附庸变为独立学科,而且居于重要地位。在《汉书·艺文志》中,把史书附在经书"春秋类"后;西晋荀勖所编《中经新簿》把图书分为甲、乙、丙、丁四部,其中丙部记史记、旧事;东晋的李充在整理皇家秘阁藏书时,把乙、丙两部互换,这样史部就提到了第二位,仅次于经书。

魏晋时期修史之风盛行,史家辈出,史书数量增多,内容丰富,门类繁多。史家除了任史职的史家,如华峤、陈寿、陆机、王隐、干宝、魏收等;还有未任史职的,如三国时有鱼豢、谯周,两晋的司马彪、王铨、袁宏,南朝有裴松之、范晔、萧子显、姚察,北朝有崔鸿。不任史职的史家的大量涌现,反映这个时期私人撰史之风盛行。这个时期史学门类,除纪传、编年外,又有民族史、地方史、家史、谱牒、别传以及史评、史论、史注等,显示出史学多途发展的勃勃生机。史学经过魏晋南北朝,真正呈现出了蔚为壮观的气象。

隋唐五代时期,中国史学出现了重要转折。首先,统治阶级重视修史,设馆修史,完善了史官制度,但对于魏晋以来私人修史之风大加压制。隋朝文帝开皇十三年(593)下诏:"人间有撰集国史、臧否人物者,皆令禁绝。"唐初,设史馆于禁中,把撰写前代史和本朝史作为皇家的一件大事,从而使修前朝史取得了前所未有的成就。二十四部正史有八部成书于唐初,显示了官修史书的实力。

其次,这一时期,史学家自觉意识增强,史学批评趋于成熟,史学思想和史学理论发展有了新转折。盛唐时期,杰出的史学批评家刘知幾写出了《史通》一书,这是中国古代史学上一部划时代的史学批评著作。而通史著作的复兴和新的史书体裁的出现也是此期史学发展的又一个特点。杜佑《通典》为史学开辟了制书通史的新路,"采《五经》、群史,上自黄帝,至于唐天宝之末,每事以类相从,举其始终,历代沿革废置及当时群士论议得失,靡不条载"(唐李翰《通典序》)。

宋元时代,尤其是两宋,史学发达,堪称盛世。两宋史学,在通史、当代史撰述和历史文献学方面均有突出的成就,在民族史、域外史、学术史和史学批评方面也都结出了灿烂果实。

这一时期的史书体裁增广,史料丰富。有宋代司马光的《资治通鉴》,为编年体通史;袁枢因之而作《资治通鉴纪事本末》,新创史书纪事本末体。又有宋代重要的本朝史,以李焘的《续资治通鉴长编》、徐梦莘的《三朝北盟会编》、李心传《建炎以来系年要录》最为有名。南宋郑樵的《通志》,元初马端临的《文献通考》,与《通典》并称为"三通",形成了以"会通"著称的典制体史书规模。另,方志在两宋,特别是在南宋,大量涌现。官修实录、国史、会要等书,也较前代为详。

辽、金、元时期,多民族史学得到了进一步发展。《蒙古秘史》是中国史学第一部较为全面记载蒙古族的起源、发展、社会生活、军事活动和文化面貌的历史著作。元代官修史书《辽史》、《金史》,总结了两个皇朝在经济、政治、军事、文化等方面的举措和兴衰的原因,以及在历史上所居的地位,具有鲜明的民族史内容。另,《元一统志》是元代最重要的官修地理书,包括山川形势、地质地理、建置沿革、历史人物及有关史事,也反映了元代辽阔的疆域和统一的政治局面。可惜此书已佚。

中国史学自唐宋以后,开始出现了走向社会深层的趋势,到了明代,进一步显示了这一趋势和特点。明代史学撰述,以官修实录和《元史》影响最大;私人著史名家林立,如王世贞、李贽、王圻、焦竑和谈迁等。而明皇朝对全国区域总志编纂的重视,又推动了方志的迅速发展,修志成了一项社会性很突出的工作。这时期史学笔记、稗史也大量涌现,如《典故纪闻》、《万历野获编》、《涌幢小品》等。经济史的撰述繁富,如会计、田赋、均役、漕政、盐政、屯田、荒政以及关系民生的治河、水利等。另外,在史学通俗化和历史普及教育方面也有突出的成绩,经由节选、摘录、重编等加工而成的历史撰述节选本、摘录本、类编本以及蒙学读物等,对于普及历史教育有很大作用。

明末清初,社会矛盾激化,动乱频繁,史学出现新的生气。明末清初史学家顾炎武、黄宗羲、王夫之等深感亡国之痛,斥责理学空谈心性误国,大力倡导经世致用之学,试图从历史研究中找到解决社会矛盾的办法,开启社会历史发展的新途径。因之而兴起的是以训诂考据为特点的所谓"质朴之学",简称朴学,也称考据学。不过考据只是作为手段,目的仍在经世致用。顾炎武针对明代空言心性而改道为讲究考据,《日知录》、《天下郡国利病书》是他以考古求真为宗旨写就的史学名著,集中反映了他经世致用的史学思想。黄宗羲精于史学研究,具有强烈的民主思想。他撰的《明夷待访录》为考古论今之作,突出表达了他的进步思想,是一部具有鲜明民主思想的史论和政论。同时他著的《明儒学案》以及由后人完成的《宋元学案》,是中国古代学术史著作的最高成就,在史学发展上占有重要地位。清代学风,以考据为盛,乾隆、嘉庆时期是其黄金时代。乾嘉考史著作,以王鸣盛的《十七史商榷》、赵翼的《廿二史札记》、钱大昕的《廿二史考异》、崔述的《考信录》等为主要代表作。

宋、辽、金、元、明、清时期(1840年以前),中国古代史学经历了从发展走向繁荣和从繁荣趋于嬗变两个阶段。繁荣期以两宋史学为代表;总结与嬗变,以明清之际和清代前期史学为标志。而明代史学的特点则显示出史学走向深层次的趋势。

清后期(1840年之后),在国家民族危亡之际,史学出现分化,既有保留传统发展的续补史、史注、历史人物传记汇编、方志、野史笔记等,又出现了具有新思想的史学,如黄遵宪、康有为、梁启超、谭嗣同等,介绍和利用西方史学,宣扬救亡图强和变法维新。康有为的《论语注》、《大同书》等,以"《公羊》三世说"与近代进化论结合,宣扬渐变的进化论。梁启超提出了"史界革命"的口号,他发表的《中国史叙论》与《新史学》两文,提出了新史学的任务,史书应当"为国民而作"。而章太炎则倡言革命论,否定了康有为、严复的庸俗进化论。他最早倡言编写新的中国通史,可惜未能完成。夏曾佑写出了《最新中学中国历史教科书》,这是近代史学萌生时期最有代表性的理论形态和具体表述,是中国第一部新式的历史教科书。

二　史家史籍

"史学寓乎史籍,史籍撰自史家。"(金毓黻《中国史学史》)我国最古之史家为史官。《说文解字·叙》云:"黄帝之史仓颉,见鸟兽蹄远之迹……初造书契。"这是古代史官最早见者。中国古代史官建置很早,自殷代始便有史官,他们担任记录时事、起草公文和掌管文书的工作。《周礼》春官之属有大史、小史、内史、外史、御史,其他六官均有史,当时的史主要是掌管文书以及起文书草,相当于后世官署之掾史。周衰,老聃为周室守藏史,即典守藏书之官。周代以前凡职司记事之人皆称作史。为帝王记事者,其位稍尊,亦称之为内史大史。从有确切的文献记载看,周代的史官有史伯、史佚。春秋时期,各诸侯国都有自己的史官,著名的有晋国的董狐、史墨,齐国的齐太史、南史氏,楚国的左史倚相、魏史起等,秦、赵则有御史之名。秦国还设有太史令,秦始皇时太史令胡母敬,以秦篆撰《博学》七章。

汉承秦制,至武帝时置太史令,司马谈担任此职。史职为世袭,谈卒,其子司马迁继任。司马父子为西汉时著名史官。自迁卒后,史官职掌分为二途:一则仍称太史,职掌天文历法,与记言记事无关;一则以他官掌史官之事,或另设著作起居之官,以撰述记注为任,也称太史。自汉迄清,无不如此。如汉明帝以班固为兰台令史,撰述国史。三国魏明帝太和中,始置著作郎以当撰著之任,晋改称大著作,专掌史任。

至北齐始置史馆,以宰相领之,称为监修国史。周隋仍之。

唐太宗贞观三年(629),重置史馆于禁中,史官制度乃趋于规范化。自史馆设立而以宰相监修史事,官著作者,只掌撰碑志祝文、祭文,不参与修史。史馆作为历代皇朝的主要修史机构,经历宋、辽、金、元、明、清等朝,近 1300 年历史。

中国史学的发展,依靠的是庞大的史家群体。中国古代史官产生出最早的史家,但是,历代还出现了一批并非史官的史家,他们的业绩是史官无法替代的。这样的史家,先秦以孔子为代表。自汉迄清,才人辈出,如荀悦、袁宏、裴松之、范晔、杜佑、王溥、刘敞、刘恕、郑樵、胡三省、马端临、王世贞、李贽、黄宗羲、王夫之、顾炎武、谈迁、全祖望、章学诚等,他们在史学上留下了一流的作品。数量繁多的稗史、笔记、谱牒以及地方史志、民族史等撰述者,大多亦非史家出身,他们共同组成了庞大的史家群体。下面介绍几位具有开创之功的史家及其著作。

孔子是我国春秋末年著名的教育家、思想家、政治活动家,也是我国历史上最早的史学家。

孔子名丘,字仲尼,春秋末年鲁国陬县(今山东曲阜)人。史载孔子删《诗》、《书》,作《春秋》。《春秋》是我国历史上第一部完整的史书,是孔子依据鲁国史料按照年月日的顺序记述事件,编订而成的。《春秋》一书文字非常简约,全书共 16572 字,一件事最多者 40 多个字,最少者 1 个字。一条记一事,眉目清楚,言简意赅。《史记·孔子世家》记孔子“因史记作春秋。上至隐公,下迄哀公十四年,十二公”,包括东周前期 242 年的史事。在《春秋》以前,记言记事之职由史官担任,孔子作《春秋》,则是私家著述。自此,著史由政治转归学术,开启了此后中国之史学。孔子是我国私人撰史第一人。

《春秋》是孔子的代表作,他曾说:“知我者其惟春秋乎! 罪我者其惟春秋乎!”可见对它的重视。孔子编《春秋》实际上是结合现实治史的方法,即运用具体的史实、史料来为自己的政治观点服务。他通过文辞的表达,以及对一些人、事的扬、抑,“寓褒贬,别善恶”,因而,“春秋之义行,则天下乱臣贼子惧焉”。(《孟子·滕文公下》)

《春秋》一书,不但记述了当时社会政治、经济的情况,其中还夹有一些自然科学的内容,尤其是对古代天文学的研究,提供了宝贵的资料。如在鲁国记载的 37 次日蚀中,就有 36 次是准确无误的。还有关于彗星的记录,也是很准确的。

　　古者惟史官能作史,私人作史,自孔子始,然孔子非史家。真正的史学始于司马迁的《史记》。

　　司马迁(前145—前90),字子长,左冯翊夏阳(今陕西韩城)人。其父司马谈,汉武帝初年,为太史令,通晓天文星象、阴阳吉凶,并信奉黄老之学,他的《六家要旨》是我国思想史上一篇重要学术论文。司马迁从小喜欢读书,"十岁诵古文"。后又向当时的儒家大师董仲舒、孔安国学习,前者为今文经学大师,后者是古文经学大师。司马迁既有世家史学之渊源,又有名师指点,这为他成为博学多才的历史学家提供了得天独厚的条件。他以毕生精力完成了《史记》,为我国历史学竖起了一座丰碑。

　　我国很早就有记言记事的治史传统,但孔子以前,史书都是官书,是史官按照统治者的规范而记录的,往往记事实而无目的。而孔子作《春秋》,其史事记载太简单,有时为"春秋大义"而牺牲事实。只有司马迁的《史记》,既忠于事实,又怀抱深远之目的,第一次囊括了古今中外,汇总百科知识,自成体系,完成了一家之言。《史记》成为了中国第一部"正史"。郑樵评《史记》:"使百代以下,史官不能易其法,学者不能舍其书,六经之后,惟有此作。"(《通志·总序》)清代史学家赵翼评说:"司马迁参酌古今,发凡起例,创为全史……自此例一定,历代作史者遂不能出其范围。"(《二十二史札记》卷一)

　　司马迁以《史记》奠定了史界太祖的地位,班固则以《汉书》获得了断代史初祖的美誉。史学界常以"迁固"、"史汉"连称,《汉书》与《史记》并驾齐驱,开创了纪传体记史的体例,建立了以一个封建王朝为"正统"的历史体系,成为了封建正统史学的鼻祖。

　　班固(32—92),字孟坚,东汉扶风安陵(今陕西省咸阳市东)人。出身于世代簪缨、诗书继世的世代书香官僚之家。家学对班固思想影响深刻,尤其是他父亲班彪,更是他生平事业上的引导者和奠基人。班彪,字叔皮,东汉著名的儒学大师,学问渊博,晚年专心研究史籍。《史记》问世,有很多人续补,而以班彪最有成绩。他采集前史遗事,又旁贯异闻,作《史记后传》百余篇[1]。建武三十年(54)卒于官。

　　班固9岁"能属文诵诗赋",16岁入洛阳太学。父彪死,固返乡居丧三年,开始整理父亲所作《史记后传》,感叹"所续前史未详",立志完成父亲未竟事业。明帝永平元年(58),开始撰写《汉书》。永平五年(62),正当他在家编辑《汉书》时,有人告他私改国史,被捕入狱。其弟班超上书明帝"具陈固不敢妄作,但续父所记汉事"。明帝阅其书稿后,很赏识班固的才学,任命他为兰台令史,期间

---

　　〔1〕　王充《论衡·超奇篇》:"班叔皮续太史公书百篇以上,记事详悉。"《后汉书·班彪传》:"作后传数十篇。"刘知幾《史通·古今正史篇第二》:"作后传六十五篇。"各书记载不一。以王充与班彪同时,此处从《论衡》。

参与撰写《世祖本纪》。次年,升为校书郎,奉诏撰修国史,他完成了功臣、平林、公孙述等列传,载记 28 篇,这些著述后来都成了《东观汉记》的一部分。随后,明帝命他在兰台续完《汉书》。班固用了 20 余年时间,至汉章帝建初年间,大致完成全书。班固因受大将军窦宪牵连被捕,死于狱中,时年 61 岁。

《汉书》尚有八表及《天文志》未完成,和帝又令其妹班昭续作八表,马续补作《天文志》。因此可以说,《汉书》是经过班彪、班固、班昭、马续四人之手,历时三四十年才最后完成的。

杜佑的《通典》,在中国史书里,开辟了一片新的疆土,开创了典制史的先河。

杜佑(735—812),字君卿,京兆万年(西安市长安县)人。出身于累世仕宦家庭,青年时就以父荫入仕,后累官,位极将相。生平嗜学,手不释卷,精通吏事、军事,也通经济、财务等各方面。

他一生主要活动在安史之乱以后,唐王朝迅速走向衰落时期。生活于这种情势下的杜佑,也就极讲求经世致用之学。他以为诸经大多记言,少存法制,故专究历代典章制度的沿革得失,意求"富国安人之术"。《通典》就是为实现这一宏旨而撰写的。他在进《通典表》中,就提到"将施有政,用乂邦家",在《通典序》中也说"所纂通典,实采群言,证诸人事,将施有政"。

《通典》的编撰是受刘秩的《政典》启发而进行的。刘秩是唐代著名史学家刘知幾的儿子,他仿《周礼》六官之法,著有《政典》35 卷,大为时贤所称赏。杜佑也很重视此书,但认为其内容不够完备,因此博采众书,扩充整理而成《通典》,尽显其"经世"、"致治"之目的。权德舆评说他"博极书术,详观古今,作为通典,以究理道,上下数千百年间,损益讨论而折衷之,佐王之业,尽在是矣"。此书从大历元年(766)开始编纂,到贞元十七年(801)书成进奏,前后历时 36 年。

《通典》是中国第一部典制通史。叙述了历代典章制度的沿革变迁,从黄帝尧舜说起,直到唐玄宗天宝末年止。下面的肃宗、代宗以后的变革亦附载于书中。此书采取了五经、群史、魏晋南北朝人的文集、奏议,分着记载下来,内容翔实,源流分明,既补历代史志之未备,又会同古今,为史书编纂开辟了新路。全书共分九门,每门之下各有子目。依次为食货 12 卷、选举 6 卷、职官 22 卷、礼100 卷、乐 7 卷、兵 15 卷、刑 8 卷、州郡 14 卷、边防 16 卷,合成 200 卷。以食货居典制首位,强调了物质条生活条件对于文化发展的决定性作用,反映了其进步的史观和卓越的史识。

司马光(1019—1086),字君实,号迂叟,陕州夏县(今属山西)涑水人。出身于官宦之家,从小就努力读书,手不释卷,尤其爱好史学。20 岁考取进士。他学问渊博,自经世百家以至音乐、律历、天文、书数,无所不通。一生著述很多,而《资治通鉴》是他倾注了毕生心血所萃的一部历史巨著,创立了编年体通史的规范体制。史学家金毓黻评此书："冠绝古今之作，是编年史之圭臬也。"（《中国史学史》第七章）《资治通鉴》是奉诏编集的，由司马光主编，刘恕、范祖禹、刘攽分撰，最后由司马光删削、修订，历时19年完成。《资治通鉴》上起战国时期三晋分家（韩赵魏）（前403年），下迄五代周世宗显德六年（959）凡12代，1362年，共294卷。同时还撰有《资治通鉴目录》30卷，《资治通鉴考异》30卷，目录是所谓"年经国纬"，以备检寻，考异是用以明史料取舍之故，现附在《通鉴》本书里。《资治通鉴》继承了《春秋》、《左传》、《汉纪》等书的传统和优点，用编年的方法，按时间先后叙次史事，便于人们对各种史事的发展变化、前因后果有一个较为系统明晰的了解。作者"专取关国家盛衰，系生民休戚，善可为法，恶可为戒者"以达到"鉴前世之兴衰，考当今之得失，嘉善矜恶，取是舍非"（《进〈资治通鉴〉表》）为现实提供借鉴目的。书成，神宗赐书名为《资治通鉴》，意指有助于政治，可资以治国。清人王夫之认为，《资治通鉴》包含了"君道"、"臣谊"、"国是"、"民情"等方面内容，说明它在历史借鉴方面有着广泛的作用。

在《资治通鉴》影响下，南宋李焘撰《续资治通鉴长编》、李心传撰《建炎以来系年要录》、朱熹撰《通鉴纲目》，清毕沅撰《续资治通鉴》、夏燮撰《明通鉴》，形成了历史编纂上的"《通鉴》学"。《通鉴》问世之后，不仅有注释，如宋胡三省的《通鉴音注》；有补正，如严衍的《资治通鉴补正》；还有续作、改编、仿制等作品相继出现。如宋袁枢的《通鉴纪事本末》、明王宗沐的《宋元资治通鉴》、清徐乾学的《资治通鉴后编》等。其中朱熹所编的《通鉴纲目》，首创了"纲"以大字提要，"目"以小字叙事的纲目体。

袁枢是我国古代三大史学体裁的创始人之一，他对司马光主编的《资治通鉴》加以改编，独辟蹊径，以"事"为线索，将史事分别立目，独立成篇，各篇按时间顺序编写，创立了"纪事本末体"，与编年体、纪传体并称于世，成为我国古代历史编纂学中具有开创性的典范。

袁枢（1131—1205），字机仲，宋建州建安（今福建建瓯）人。官至工部侍郎兼国子祭酒。

他自幼聪明颖悟，七八岁就能作诗，17岁离乡到临安，进入太学。他自小喜诵司马光的《资治通鉴》，因其纪一事而隔数卷，首尾难稽，于是自出新意，区别门目，以类排纂，每事各详起讫，自为标题，每篇各编年月，自为首尾，辑出239事，分作42卷，名曰《通鉴纪事本末》。此书虽全抄《通鉴》，别无取材，但能易其编年体裁，以事为纲，将我国历代治乱兴衰的变故更为集中地整理了出来。清代《四库全书》"提要"对袁枢的纪事本末体例给予了极高的赞誉，认为："纪传之法，一事而复见数篇，宾主莫辨。编年之法，一事而隔越数卷，首尾难稽。编年纪传贯通为一，实前古所未见。"因为它弥补了纪传、编年二体之不足，具有简明扼要的特点，这对于了解史事，提供了极大的方便，所以历代的史学评论家多持肯定态度。章学诚就认为"因事命篇,不为常格……文省于纪传,事豁于编年,决断去取,体圆用神",谓其有化臭腐为神奇之效。(《文史通义·书教篇》)

章学诚是全面总结中国古代史学理论的最后一位杰出的古代史家。章学诚(1738—1801),字实斋,浙江会稽(今浙江省绍兴县)人。

他小时不甚聪明,十五六岁以后,对史学很有兴趣。他自叙说:"十五六岁,虽甚骙滞,而识趣则不离乎纸笔,性情已近于史学,塾课余暇,私取《左》、《国》诸书,分为纪表志传,作《东周书》几及百卷。"(《章氏遗书》卷九《家书》六)他自谓,吾于史学,盖有天授。其实不然。他对史学的接受主要来自家教。其父名镳,乾隆七年进士,成进士后,未做官,在家乡教书为生。父嗜史学,对学诚亲自教导,可见,他在史学上能识大体有创见,是有家学渊源的。后至北京,结识了翰林院编修朱筠,并深得赏识,故得与当世名流交往,其中与史学家邵晋函最为友善,这时期他的学识大长。乾隆四十二年,中顺天乡试举人,次年成进士。他不愿做官,依人为生。历主北方各书院讲席,先后为和州、永清、亳州修志,并为湖广总督毕沅编纂《史籍考》(此书未能流传),主修《湖北通志》。乾隆五十八年后回故里,终身著述不辍。

章学诚的《文史通义》内篇 6 卷、外篇 3 卷,是评论文史的著作,而以评论史学为主。在论史方面,颇多创见。首先,提出六经皆史说,论述了史料和史观的关系,强调经世致用,反对空谈义理。第二,提出撰写历史有记注、撰述之分。他把史书分成两大部分:一部分叫做"记注",一部分叫做"撰述"。记注即史料,只是历史事实的记载。而撰述则是要根据史料,赋予作者创见的著作。第三,尊扬通史,倡导通史,有《释通》、《申郑》两篇,特申其旨。第四,方志学的建立。他有着丰富的修纂志书的实践经验,积累了方志学的理论。提出方志是历史而非地理,确立了方志编纂的学术地位。其最有价值的地方还在于,"辨章学术、考境源流"八个字。这虽是作为校雠学的指导思想提出的,但也可称得上是《文史通义》对于学术界最有贡献之所在。

《文史通义》博大精深,把古代史学理论推向了最高阶段,对之后史学界产生了深远的影响,梁启超称之为"是乾嘉后思想解放之源泉"。(梁启超《清代学术概论》)

三 史书体裁

史书的体裁即史书的表现形式。中国的史书浩如烟海,史书的表现形式丰富多样。《隋书·经籍志》史部,把史书分为十三类:正史、古史、杂史、霸史、起居注、旧事、职官、仪注、刑法、杂传、地理、谱系、簿录。正史,指纪传体。古史,"多依《春秋》之体",《新唐书·艺文志》称编年类。杂史,"体制不经",所记"大抵皆帝王之事";《宋史·艺文志》称别史类。霸史,特指十六国之记注。起居注,是"录纪人君言行动止之事";《新唐书·艺文志》把历朝实录、诏令,都放在起居注类。旧事、职官、仪注、刑法大都是有关制度之书。杂传是关于世俗、佛、道各种人物传记。地理纪全国州郡、山川、物产、交通、习俗。谱系纪姓氏,簿录著文献目录。这是以史书的内容与体裁相结合为原则划分的。清乾隆时期编《四库全书总目》,其史部分类,较之《隋志》更为细致。史部分为十五类,即正史、编年、纪事本末、别史、诏令、奏议、传记、史钞、载记、史令、地理、职官、政书、目录、史评。

史书体裁是随史学的发展而逐渐丰富完善的。

在史学兴起的先秦时期,记言、记事是主要形式,是最古老的史书体裁。中国历来有左史记言、右史记事的说法。从现存文献看,商周甲骨卜辞、金文基本是记事的,而《尚书》、《国语》则多是记言的。

以后,随着史学的发展,新的史书体裁逐渐为史家创造出来。唐刘知几在对古代史书溯源时,概括为"六家二体"。六家即《尚书》家,《春秋》家,《左传》家,《国语》家,《史记》家,《汉书》家。二体,即编年体、纪传体,是史书最主要的体裁。而刘知几所撰《史通》,则确立了史评体的规范。此后,在中晚唐,有典制、会要体的崛起;在宋代,有纪事本末体和纲目体的创立;在明清,有学案、史论、图表的发展;而自唐、宋以后,还涌出数量繁多、内容丰富的历史笔记、野史杂说等。在众多表现形式中,以编年体、纪传体、典制体、纪事本末体为史书的最主要体裁。

编年体是中国史书的主要体裁,特点是"以天时记人事",即以时间为中心,依照年月顺序记述史事。如《春秋》、《竹书纪年》、《左传》等书。《春秋》者,鲁之史记,而《竹书》则魏之史记也,《左传》则是为释《春秋》而作。孔子《春秋》只是编年史的开拓,《左传》才算是编年史的正式完成。此后,东汉荀悦撰《汉纪》,将纪传体的史法纳入编年体中,为编年史创造了多样成功的写法,且改过去写一个时代的历史而为写一个王朝的历史。梁启超说:"盖自班固以后,纪传体既断代为书,故自荀悦以后,编年体亦循其则。每易一姓,纪传家既为作一'书',编年家复为作一'纪',而皆系以朝代之名。"至东晋袁宏撰《后汉纪》,在《汉纪》基础上,采取"言行取舍,各以类书"的叙事方法,进一步扩大了编年体史的容量,两《汉纪》的出现,完备了编年史体的规模。于是断代之史,编年与纪传并行。

至北宋司马光,打破断代格局,贯穿古今,编撰编年通史《资治通鉴》,面目为之一新。章学诚称它是"合纪传体之互文,而编次总括乎荀、袁",谓之"正编年之的"(《文史通义·释通》)。《通鉴》行世,掀起了"编年热",李焘竭四十年精力私撰《续资治通鉴长编》,李心传接续《长编》,撰《建炎以来系年要录》。

到了清代,毕沅在李焘、李心传的著作以及清初徐乾学所撰《资治通鉴后编》基础上,撰成《续资治通鉴》,这部宋元编年史一经出现,史家便认为可取代诸家续作,把它同《通鉴》合刊,称《正续资治通鉴》。清末陈鹤编《明纪》、夏燮编《明通鉴》等明代编年史。这样,从《春秋》、《左传》到《正续通鉴》、《明纪》,形成了自春秋至明末近 2400 年前后衔接的编年史。这是世界史学史上的奇迹。

汉以后的编年史书还有一个系列,就是历朝的"起居注"和"实录"。起居注是按照时间顺序专门记载帝王言行的,实录是历代所修每一皇帝在位期间的编年大事记,它们是史家编撰史书重要的依据,有着珍贵的史料价值。

纪传体是我国封建社会最流行的史书体裁。司马迁《史记》(原称《太史公书》)发凡起例,开创了纪传体的史书体裁。班固《汉书》适应封建王朝统治的需要,借鉴《史记》的体裁而断代为史。《史记》和《汉书》在史学上可称"双璧",被视为纪传体之祖,奠定了历代"正史"体制,《隋书·艺文志》首先以"正史"一名概括纪传史一类。之后包括它们在内的"二十四史",都是用纪传体写成的。

纪传体的重要特点是以人为主,把历史人物作为记述的中心。从体裁和结构看,它是本纪、世家、载记、列传、书志、史表和史论的结合。由于本纪和列传是不可缺少的形式,故统称纪传体;其他部分,或有缺略,各史不尽相同。纪传体实质上是一种综合体。本纪基本是叙述帝王事迹,排比历史大事的编年体;世家,则兼用编年和列传的写法记述诸侯、勋贵和特殊人物的大事;列传主要是记载各类历史人物的活动,分为专传、合传、类传、寄传等类型,也有民族史传和外国传;表是用谱牒的形式,编排历史大事;书志,主要记载各类典章制度的沿革以及有关自然、社会各方面的知识的历史。另外,司马迁自创"太史公曰"史评形式,历代纪传史皆加仿效,实际上是史家对历史人物和事件的评论,也是纪传史的有机组成部分。纪传史博采诸体,互相配合,交相补充,形成了整体性的历史撰述。

较之编年体,纪传体史书优势在于,以记述人物为中心,易于反映各类人物在历史上的活动,且有更加宽广的历史容量,涉及政治、经济、军事、民族、文化以及各种典章制度,便于通观一个历史时期的复杂局面和发展趋势。缺点是,对于重大历史事件的始末以及有关人物与事件之间的相互联系,则难以清晰表述。

典制体史书是以典制为中心,记述历代典章制度及其因革损益,因其采用分门别类的表述方式,曾被称为分门书。我国史学家历来重视典章制度的记录,《史记》中就有"八书"纪天文、地理、文物制度,其后许多断代史皆沿"八书"体制,设"志"以记历代典章制度。所以,可以说,典制体是从纪传体史书中的"书志"分离出来,发展为独立体裁的,开辟了历史撰述的新领域。我国第一部有影响的典制史是唐代杜佑所撰的《通典》,它是一部关于历代经济、政治、文化等典章制度沿革的专史,因其专讲政治制度,所以称作"典",普通称"政书"。从史学角度讲,也可说是通史。

南宋郑樵承司马迁通史家风,撰成 200 卷纪传体通史巨著《通志》。郑樵撰述的主旨就是"会通",即"会通之义"、"会通之旨"、"会同之道"(《通志·总序》)。其记事自三皇迄隋末,诸略所记延及于唐。郑氏功力最深,成就最高的是"二十略","略"的体例是从书、志而来。"二十略"包括氏族、六书、七音、天文、地理、都邑、礼、谥、器服、乐、职官、选举、刑法、食货、艺文、校雠、图谱、金石、灾祥、昆虫草木,把经学、礼乐、天文、地理、文字乃至昆虫草木等方面知识都汇入其中,大大扩展了史学的研究范围。他在《通志·总序》中说:"凡二十略,百代之宪章,学者之能事尽于此矣。"并指出"二十略"意在"总天下之大学术而条其纲目",充分体现了他的会通史学思想。《通志略》继《隋书》"志"和《通典》之后,进一步扩大了史学对于典章制度和专史的研究。

《文献通考》是宋末元初史学家马端临所撰,仿效《通典》体例,增广门类,把《通典》的九门发展为二十四门,扩大了典制体史书的内容和范围。记事起自上古,迄于南宋宁宗嘉定年间,"贯通二十五代",统计历代典章,是继杜佑《通典》之后的又一部典制体通史巨著。全书348卷,分为24考。马端临首次对"文献"作了界定,认为:经史、会要、百家传记等书本记载,信而有征者,谓之"文";奏疏、评论、名流燕谈、稗官记录等关乎名流学士之议论,可证史传之是非者,谓之"献"。这是把叙事和论事作了区分。而"通考"则是作者对"文"、"献"的真伪详加考证,分类排比编纂。《文献通考》的史料价值高于《通典》。马端临旨在通古今的典制,而不涉时政。因以汇集考核典制为特点,故以后凡与此同类之书均称"通考"。

《通典》、《通志》、《文献通考》被目录学家合称为"三通"。其实"三通"的体裁各不相同。《通典》和《文献通考》都是典制体通史,《通志》属于纪传体通史,其典制部分称为"略"。"三通"都有续作,清代乾隆三十二年(1767)敕撰《续通典》150卷,起于唐肃宗至德元年(756),与《通典》相衔接,迄于明思宗崇祯末年(1644)。同时又官修《清通典》100卷,起于清初,终于乾隆五十年(1785)。又官修《续通志》640卷,《清通志》126卷。《续通志》和《通志》体例大致相同,纪传部分从唐初至元末,二十略从五代到明末。《清通志》只有二十略。乾隆十二年(1747)敕撰《续文献通考》250卷,起于宋宁宗嘉定末年,至明崇祯末年。又敕撰《清朝文献通考》300卷,后民国时期刘锦藻又撰《清朝续文献通考》400卷,上续《清朝文献通考》,下迄清末。这样,人们把"三通"、"续三通"、"清三通"和《清朝续文献通考》合称为"十通"。十通贯通中国几千年文物制度的历史,可谓是典章制度的渊海。

另外,历朝还有采用典制体而又专详一朝典章制度的史书,私人撰修的称"会要",官修的多称"会典"。会要中最有价值的一部是五代人王溥撰的《唐会要》。清人徐松从《永乐大典》中辑出汇编的《宋会要辑稿》,凡366卷,是反映宋代典章制度的重要资料,是现有会要书中卷帙最多的。这些断代的制度史书,与贯通古今的制度通史配合,相得益彰。

纪事本末体是以历史事件为中心,详细叙述重大历史事件的前因后果及其变化过程的。作为一种确定的史书体裁,出现较晚。以事为纲之史,在唐以前很少见。至南宋袁枢依据《资治通鉴》,将千余年史迹,按时间顺序,总括为239件史事,分别列目,各自成篇,撰成《通鉴纪事本末》,从而创立了纪事本末体。它的好处在于"因事命篇,不畏常格",而"文省于纪传,事豁于编年"。以后多有仿效之作,形成了纪事本末系列,先后有《宋史纪事本末》《元史纪事本末》《明史纪事本末》《左传纪事本末》《清史纪事本末》《辽史纪事本末》《金史纪事本末》,此一体例共有九部,合为"九朝纪事本末"。纪事本末体成为中国古代史书的一种主要体裁。

除了以上记述性史体外,还有史评类体裁,其特征是以议论为主。史评体大致可分为两类:一是评史事,一是重在评史书。

评史事是对历史事件和历史人物的评论,也称历史评论。最早的历史评论是史书的一个部分,如《左传》中的"君子曰"、《史记》中的"太史公曰",这一形式,纪传体正史以及编年史都继承了下来。史论专篇较早的是西汉贾谊的《过秦论》。唐宋以来,评史之风兴盛。如唐代朱敬则的《十代兴亡论》、宋代范祖禹的《唐鉴》、孙甫的《唐史论断》,明代张溥的《历代评论》等史论专著。清代王夫之的《读通鉴论》《宋论》两部书,则是专对宋代史事和人物所作的评论,其中蕴涵着深刻的历史哲学思想,是中国古代历史评论专著的代表作。

评史书者,主要指对史家、史书或某一种史学现象、史学思想的评论,又称史学评论。司马迁的《太史公自序》中对《春秋》的评论是有自觉史学意识评论的开端;其后,班彪作《太史公书》后篇,班固撰《汉书·司马迁传》是其发展;而内容比较全面的史学评论专篇则是《文心雕龙·史传篇》。唐刘知幾的《史通》是第一部有系统的史学评论专书。全书20卷,内容广泛,书中关于史书体裁体例、史家修养、史学功用的许多评论,在中国古代史学理论发展上具有重要价值。其对唐以前史学理论作了系统而全面的总结,标志着中国古代史学理论的确立。清代章学诚的《文史通义》是史学理论的又一杰作。该书不仅谈史,而且论文,对清代以前的史书体裁、体例有广泛的论述,特别是对于编纂方志,颇有创见。与刘知幾强调"史法"不同,章学诚强调"史意",对于治史的宗旨、任务、态度等都有独到见识,是中国古代史学评论的总结性著作。

此外,清代"乾嘉学派"考史学家,钱大昕的《廿二史考异》、王鸣盛的《十七史商榷》和赵翼的《廿二史札记》等史评著作,因当时尚未把《旧唐书》《旧五代史》正式列为正史,故称"廿二史"。《廿二史札记》于考史中十分重视历史评论,不但对二十四史作了全面介绍和评价,而且对重大历史事件作了综合分析,探究了一代政治利弊和兴衰变革的原因。

四　史书传统

我国古代史学发展过程中形成了许多优良传统,它是历代史学家们优良的品德修养、学风以及著作经验的集中表现。

(一)才德兼备,秉笔直书

中国古代史学之所以发达,与史家的才学和修养有着重要的关系。最早明确提出史家素养论的是刘知幾关于史家"三长论"。他认为,史家必须兼有史才、史学、史识三长。所谓"史才",是指修史的才能,即作史的技术能力。主要包括掌握文献的能力,运用体裁、体例编纂以及文字表达方面的能力。所谓"史学",是指各方面的知识,主要是文献知识,包括社会和自然等知识。所谓"史识",是指史家的观察力、历史见识、胆识,即观点和笔法。之后,章学诚在"三长"理论基础上增加了"史德",并将它置于首要地位。所谓"史德",即高尚的道德,章学诚解释为"著书者之心术"。他认为"盖欲为良史者,当慎辨于天人之际,尽其天而不益以人也。尽其天而不益以人,虽未能至,苟允知之,亦足以称著者之心术矣"。(《文史通义·史德》)

史学家梁启超认为:"史家第一件道德,莫过于忠实。"(《中国历史研究法补编》总论)忠于史实,秉笔直书,这是中国史学家的传统美德。"书法无隐"是孔子提出的一个评价"良史"的标准。书法,是史官记事的礼法;无隐,是不加隐讳。孔子称董狐为"良史",正由于他的书法不隐。"良史以实录直书为贵"(《史通·惑经》),这一传统影响着古代史学的发展,是史家提倡的一种精神境界,也是人们评价史家的一个标准。

有德之士从来都是为人敬仰的,而史家表现的秉笔直书,持大义、别善恶的高风亮节更是历来为人赞美。刘知幾在《史通·直笔》中,对直书史家给予了高度的称扬,"虽周身之防有所不足,而遗芳余烈,人到于今称之"。《左传》记述了齐国太史南史氏直书不惜以死殉职的故事。《左传·襄公二十五年》:"太史书曰'崔杼弑其君',崔子杀之。其弟嗣书而死者二人,其弟又书,乃舍之。南史氏闻太史尽死,执简以往,闻既书矣,乃还。"另不畏强御、坚持史节的,如三国史家韦昭,主撰《吴书》,孙皓要求为其父和作"纪",韦昭拒之,"以和不登帝位,宜名为传"(《三国志·韦曜传》)。唐朝史家吴兢写《则天皇后实录》,秉笔直书,不取人情,被时人誉为"昔董狐,古之良史,即今是焉"(《唐会要·史馆杂录下》)。

司马迁以其"不虚美,不隐恶"的实录笔法,赢得了"良史"的美誉,同时所撰《史记》更以"实录"、"信史"而著称。《史记》问世不久,扬雄就说"太史迁,曰实录"。班固也说:"然自刘向、扬雄博极群书,皆称迁有良史之材,服其善序事理,辨而不华,质而不俚;其文直,其事核;不虚美,不隐恶,故谓之实录。"(《汉书·司马迁传》)

中国史学上的信史传统不独于撰史者、评史者重视,亦为考史者所重视。清代史家崔述,是对先秦古史考证的第一人,他把自己对先秦古史考证的著作命名为《考信录》,足以证明中国史学之信史传统的源远流长。"乾嘉学派"中历史考证家治史宗旨是:"史非一家之书,实千载之书。祛其疑,乃能坚其信;指其瑕,益以见其美。"(钱大昕在《廿二史考异·序》)中国史学的信史原则,通过史家撰史、评史、考史等几方面的实践贯彻和承继,不断得到发扬光大。

当然,与直笔相对的曲笔在史学上也是客观存在的。虽然造成曲笔的原因有多种,概而言之,不外乎为了谋钱财、谋名利,因史家的品德修养所致。古来唯闻以直笔见诛,不闻以曲词获罪。"世事如此,而责史臣不能申其强项之风,励其匪躬之节,盖亦难矣。"(《史通·直书》)然而,千百年来,直书精神始终是中国史学的主流,赢得人们的赞扬,为史家效法,形成了中国古代史学的一个优良传统。"宁为兰摧玉折,不作瓦砾长存"(《史通·直书》)恰是古代史家的魅力所在。

(二)会通古今,经世致用

中国古代有代表性的史家及其撰述,一般都具有恢弘的历史视野。他们会通古今,气魄宏伟。如司马迁就明确指出著史宗旨为"究天人之际,通古今之变,成一家之言",所著《史记》上下三千年,通贯古今,囊括百家,包罗万千,开了中国古代史学上"会通之道"的先河。之后《汉书》虽断代为史,但亦能"究西都之首末,穷刘氏之废兴,包举一代,撰成一书"(《史通·六家》),展现了博通的内容和宽广的视野。

会通古今,重视通史著述,是中国古代史学的主流。唐刘知幾的《史通》就是一部"上穷王道,下掞人伦,总括万殊,包吞千有"的史学批评通史。他的这一思想也为郑樵、章学诚等批判地继承和发展了下来。郑樵《通志·总序》就指出,要"总诗书礼乐而会于一手","贯二帝三王而通为一家","会于一手……然后能极古今之变"。章学诚推崇郑樵,肯定通史。认为通史可以"纲纪天人,推明大道"(《章氏遗书》卷四《答客问》),"自为经纬,成一家言"(《章氏遗书》卷四《申郑》)。此外杜佑、司马光、袁枢、马端临等,他们撰述的著作虽形式不同,但都发展了"会通之旨",均显出辽远恢弘的历史视野。

而自《汉书》以下的断代史,如《续汉书》、《宋书》、《魏书》、《晋书》、《五代史志》等,也都展示了史学家会通古今的宏大气魄。

通古今的目的在于鉴古知今,经世致用。史学承担着求真和经世的双重使命,这是中国史学的优良传统。

在我国史学萌芽时期,史籍就表现出了资鉴垂训的经世意识。如第一部古书《尚书》,其中《召诰》有言:"我不可不鉴于有夏,亦不可不鉴于有殷。"《诗经·大雅》也有"殷鉴不远,在夏后之世"的诗句,反映了明确的历史鉴戒的思想。刘知幾《史通·人物》:"人之生也,有贤、不肖焉。若乃其恶可以诫世,其善可以示后,而死之日名无得而闻焉,是谁之过欤?盖史官之责也。"明确指出史官之责,在于"诫世"、"示后",即史学之资鉴作用。

史家也以考论政治得失、劝善惩恶为己任。司马迁撰著《史记》是"考之行事,稽其成败兴坏之理"(《报任安书》),是"述往事,知来者"(《汉书·司马迁传》)。唐太宗贞观十年(636),房玄龄、魏征等撰成五代史,太宗犒劳他们时说:"朕睹前代史书,彰善瘅恶,足为将来之戒。"(《册府元龟》卷544《国史部·恩奖》)司马光主编《资治通鉴》的目的就是给皇帝"以清闲之燕时省览,鉴前世之兴衰,考当今之得失,嘉善矜恶,取是舍非"。金世宗读《资治通鉴》,感叹说:"编次累代废兴,甚有鉴戒,司马光用心如此,古之良史无以加也。"(《金史·世宗本纪》)神宗赐名《资治通鉴》,更是强调了以史为鉴的作用。

历史学自诞生之日起,就隶属于一定阶级,具有鲜明的阶级性,为一定阶级的政治、经济服务。孔子为何修《春秋》?司马迁于《太史公自序》中答之。其说云:"太史公曰:余闻董生曰,⋯⋯贬天子,退诸侯,讨大夫,以达王事而已矣。"孟子说:"孔子成《春秋》而乱臣贼子惧。"(《孟子·滕文公下》)司马迁对此进一步阐述,他说:"《春秋》辨是非,故长于治人。"(《史记·太史公自序》)

而第一个由史学家本人宣布,其著述直接为政治服务的人是杜佑,他在《通典》自序中说:"所纂《通典》,实采群言,征诸人事,将施有政。"中国典制体史书在史学之经世致用方面具有突出的作用。清乾隆评论《通典》说:"此书⋯⋯本末次第,具有条理,亦恢恢乎经国之良模矣!"(乾隆丁卯《重刻〈通典〉序》)

(三)善叙事理,文史并重

中国古代史家特别注重史文,讲求文字表述之美,文史结合也成为优秀史家的传统。

"善序事理"的史家为"良才"。班彪推崇司马迁,说他:"善序事理,辩而不华,质而不俚,文质相称,盖良史也。"(《后汉书·班彪传》)而范晔对司马迁、班固的史文进行比较和评价时,这样说:"论者咸称二子有良史之才。迁文直而事核,固文赡而事详。若固之序事不激诡,不抑抗,赡而不秽,详而有体,使读之者亹亹而不猒,信哉其能成名也。"(《后汉书·班彪传》)肯定了班固史文的不偏激,不抑扬,叙事丰富而不庞杂,内容详赡而得体。梁启超在论及史家作史时,提到的史文最要紧的两件:简洁、飞动。简洁,"文约而事丰",这与善序有关,《史记》的"文直"而"事核"就是明证。"飞动",就是要令人感动。他说:"司马光作《资治通鉴》,⋯⋯光笔最为飞动,如赤壁之战,淝水之战,刘裕在京口起事,平姚秦,北齐北周沙苑之战,魏孝文帝迁都洛阳,事实不过尔尔,而看去令人感动。"(《中国历史研究法补编》总论)这指出了史文的感染力。《左传》、《战国策》、《史记》、《汉书》等诸多篇章都是名垂千古的美文。

专　　题

二十四史

我国的史籍浩如烟海,其中最著名也是最具代表性的,当首推二十四史。二十四史是我国古代二十四部正史的总称。"正史"之名,始见于《隋书·经籍志》:"世有著述,皆拟班、马,以为正史。"乾隆年间,编辑《四库全书》,乾隆皇帝钦定"二十四史",确定以纪传体史书为"正史"。根据《四库全书》的规定,正史类"凡未经宸断者,则悉不滥登。盖正史体尊,义与经配,非悬诸令典,莫敢私增",即未经皇帝批准,不得列入正史。因此"正史"成了二十四史专称,突显了它在史书中的"正统"地位。

"正史"的撰述是中国封建社会撰修历史的一大动力,为前朝修史,国灭而史不灭,是中国古代的传统做法。二十四史除《史记》为通史外,其余都是断代史,且大多为官家集体编写。自贞观三年(629),唐太宗颁诏史馆修史开始,纪传体正史的编纂由政府掌握,宰相监修国史,这成了以后历朝修史的定制。

二十四史记载了从传说中的黄帝到明朝末年(1644)共 4000 余年的历史,既是中国古代历朝"正史"的总结,也是中国古代史学的卓然成果。它完整而系统地记录了中国古代历史经济、政治、文化艺术和科学技术等各方面的发展历程,展现了一幅恢宏壮阔的中华文明的历史画卷,为研究中国封建社会历史文化提供了取之不尽的宝藏。

一　二十四史的形成

二十四史的形成,前后变化很大,水平不一。《史记》列二十四史之首,是纪传体史书的开山之作,被鲁迅先生誉为"史家之绝唱,无韵之离骚"。接踵之作是《汉书》,仿《史记》之体,断代为史,确立了之后历代正史撰写的范式。

至三国时,社会上有了"三史"之称。最初的"三史",通常指《史记》、《汉书》和东汉刘珍等写的《东汉观记》。自范晔的《后汉书》出现后,取代了《东观汉记》,列为"三史"之一。后因《后汉书》、《三国志》为史家所推崇,则与《史记》、《汉书》并称为"前四史。"

史书还有称"十史"、"十三史"的。清钱大昕《十驾斋养新录·十三史十史》:"十史者,自三国至隋十代之史,马、班、范三家不在其数。"即指《三国志》、

《晋书》《宋书》《南齐书》《梁书》《陈书》《魏书》《北齐书》《周书》《隋书》十部正史的合称。而"十三史",即"十史"再加《史记》《汉书》《后汉书》。

后世各朝史书陆续增加,到了宋代定为"十七史",即在"十三史"的基础上,加入《南史》《北史》《新唐书》《新五代史》四部史书。

至明代,又把元、明所修的《宋史》《辽史》《金史》《元史》加上,合为二十一部,故有"廿一史"之称。

清乾隆初年,《明史》修成,加先前各史,总名"二十二史",即称作"廿二史"。后诏《旧唐书》列为正史,又从《永乐大典》中辑出《旧五代史》,列入正史,经乾隆皇帝钦定,合称"二十四史"。并刊刻了武英殿《钦定二十四史》。

而今所谓的"二十六史",指的是《钦定二十四史》再加《新元史》《清史稿》。《新元史》是因明朝人修《元史》过于简单潦草,至清末柯劭忞参考诸家著述修撰而成。经北洋军阀徐世昌以大总统名义下令把《新元史》列入"正史",合称"二十五史"。也有人不将《新元史》列入,而改将《清史稿》列为二十五史之一。其实《清史稿》是未加修正的"未成之书",因形势使然,匆匆付印成书。

《二十四史》规模巨大、卷帙浩繁,用统一的纪传体裁,系统、完整地记录了明亡以前有文字可考的几千年历史,是中华历史文化的渊海,也是世界图书史上叹为观止的巨著。

二　二十四史体例及概况

中国古代史书的编写有多种体裁,二十四史采用的是纪传体。这种体裁始创于司马迁的《史记》,包括本纪、表、书、世家、列传。不过历朝正史的撰修在此基础上均有所创新,具有各自的特点。

《史记》由十二本纪、三十世家、七十列传、十表、八书组织而成,共130篇。本纪是全书大纲,以事系年,取法于《春秋》的编年;世家是分国的,分国也按时代排下,但不同于《国语》和《战国策》以记言为主的国别史,《史记》世家仍以记事为主;列传是司马迁独创的一个体例,是《史记》最主要部分;表,是全书中最重要的筋节,《史记》中的十张表,按事情不同而分作,其稽牒作谱,则以《世本》为范;八书,详记政制,专为一件事而特作一篇书,形制出于《尚书》。因此,可以说《史记》实际上是以前史学上各种体裁之集大成。其最异于前史者,是以人物为本位,故称为纪传体。《史记》记述了自黄帝至汉武帝太初时约3000年间的历史,是我国第一部规模宏大的纪传体通史著作。

《汉书》也称《前汉书》,班固著。它基本沿用《史记》体例而略作变更,"本纪"省称"纪","列传"省称"传",改"书"为"志","世家"并入列传,新增加了《刑法志》《五行志》《地理志》《艺文志》。全书由十二本纪、八表、十志、七十列传组成,共百篇,后人析为120卷,共80余万言。记载了汉高祖元年(前206)到王莽地皇四年(23)计230年的历史。这种断代为史的方法,虽然容易割裂历史的联系,但可以使一朝一代的历史史料保存得更加完备,便于总结一个王朝的兴衰,为后代治国者提供有益的借鉴。《汉书》断代为史,符合1000多年来不断改朝换代的封建统治阶级的政治需要,成了我国封建社会史书的典范。刘知幾说:"如《汉书》者,究西都之首末,穷刘氏之废兴,包举一代,撰成一书,自尔迄今,无改斯道。"(《史通》卷一《六家第一》)二十四史除《史记》和《南北史》外,都是沿用《汉书》断代为史的体例。

《后汉书》范晔著。原计划是十纪、十志、八十列传,合为一百篇,以与班固的《前汉书》相应,还有序例,但只完成了十纪、八十列传。《后汉书》在编写体例上继承了《史记》《汉书》的优点,同时又有创新。《后汉书》十纪,记述从东汉光武帝刘秀起兵推翻王莽起,终于汉献帝禅位于曹丕,按编年顺序详载了东汉195年的历史大事。在《纪》中开创了《后纪》与《附记》的写法。列传新增的类有《孝子》《党锢》《宦者》《文苑》《独行》《方术》《逸民》《列女》八种。"十志"托付给谢俨,因范晔被杀,文稿皆佚。所以《后汉书》只有纪、传部分流传了下来。

《三国志》,陈寿著。包括《魏书》30卷、《蜀书》15卷、《吴书》20卷,主要记载了魏、蜀、吴三国时期的历史。《三国志》目录虽未标"本纪"之名,但《魏书》前几卷,如武帝、文帝、明帝等篇都是本纪体裁,故后世谓陈寿修史虽名为"三国志",而实际上是以魏为正统,因之而遭后人责难。对此《四库全书总目提要》给予了解释:西晋是承曹魏而来,作为西晋朝臣,陈寿以魏为正统,这也是封建史家的惯常做法而已。《三国志》撰成后,大受赞赏。它是继司马迁、班固之后而写成的第三部纪传体史书,范晔的《后汉书》尚在其后100余年。可惜的是《三国志》只有纪、传而没有编志,内容太少,史料不足。后约130余年,刘宋文帝命裴松之为《三国志》作注。裴松之"上搜旧闻,傍摭遗逸",补阙漏、备异闻、矫正谬误、论辩得失,撰成《三国志注》。裴注搜采广博,"考证之家,取材不竭,转相引据者,反多于陈寿本书焉"。(《四库全书总目提要》)

《晋书》房玄龄等著。《晋书》包括帝纪10卷、志20卷、列传70卷、载记30卷,记载了从司马懿开始到晋恭帝元熙二年(420)为止,包括两晋165年间重要政治活动和重大事件的历史,并用"载记"的形式兼述了十六国割据政权的兴亡。唐以前晋史有十八家,但唐太宗对它们很不满意。贞观十八年(643)诏令重修《晋史》,只用了两年多时间就完成了这部史学巨著。《晋书》修成,由房玄龄领衔进呈,故署其名,其他史臣,均不列名。唐太宗很重视西晋王朝兴衰治乱的经验,亲自为宣、武二帝纪写史论,又给陆机、王羲之二传写论表彰,此四篇史论,称"制曰",所以旧本《晋书》题名为"御撰"。官修之《晋书》成,而其他十八家之晋书皆废。

《宋书》100卷,沈约著。包括本纪10卷、志30卷、列传60卷。全书起自晋义熙元年(405),终于宋升明三年(479),是记述刘宋兴亡的一部完整的纪传体断代史。《宋书》从纪传体例、书法和志目、类传目的取舍来看,主要是为维护世族地主和当时政权服务的。为尊者讳、为本朝讳,使权臣窃国的某些历史真相被歪曲和掩盖了。不过他的"讳之于本纪,而散见其事于列传"的体例,对于绝大部分历史是不失实的。另《孝义传》的创置,开创了史书宣扬封建礼教的新形式。

《南齐书》,萧子显著。原名《齐书》,60卷。至宋代为区别于李百药所著《北齐书》,改称为《南齐书》。《南齐书》现存59卷,其中帝纪8卷、志11卷、列传40卷。所缺一卷为序录或叙传。所记南齐七帝自齐高帝建元元年(479)至齐和帝中兴二年(502)23年间的史事,是现存关于南齐最早的纪传体断代史。其以历史编纂方面的类续法,文字简洁,一直为后人所称道。

唐太宗贞观三年(629)诏令狐德棻、岑文本修《周书》,李百药修《齐书》,姚思廉修《梁》、《陈》二书,魏征修《隋书》,而以房玄龄总监诸史。贞观十年,五史全部完成,合称《五代纪传》,共225卷。此为唐初官修五史,一称《五代史》。其中《周》、《隋》二书成于众人之手,是为官修,而《梁》、《陈》、《齐》三书,则虽以官修为名,其实私撰也。

《梁》、《陈》二书实际是姚思廉秉受父业完成的。《梁书》56卷、56篇,其中有26篇的论是其父姚察写的,而《陈书》大部分是姚思廉的撰述。《梁》、《陈》二书,除了强调帝王将相、英雄豪杰在历史的作用外,新意不多,但二书的行文,尤其是《梁书》,深受后人推崇。《梁》、《陈》二书有纪、传,无表、志。《陈书》内容不如《梁书》那样充实,本纪和列传也都过于简略。

《北齐书》50卷,李百药著。其父李德林,奉诏参加《国史》即《齐史》的编写,但全书未竟而卒。其子百药奉诏续成。《齐书》,到宋代才加"北"字,以区别于萧子显的《南齐书》。《北齐书》记述了从高欢起兵到北齐灭亡前后约80年的历史。虽题名北齐,实际上它集中地反映了东魏、北齐两个割据政权的兴亡史,而重点放在北齐政权。《北齐书》仿《汉书》、《后汉书》体例,卷后皆系以论赞,但只有纪、传,无表、志,现在只有17卷保持原貌,其他为后人用《北史》等著作增补,这使《北齐书》的价值大大降低。

《魏书》,魏收撰。包括十二纪、九十二列传、十志,主要记述了自北魏道武帝(拓拔珪)登国元年(386)至东魏孝静帝(元善见)武定八年(550)这一时期的历史。至北宋,《魏书》已亡缺不全,后人取其他史书补足。魏收的治史态度为后来人所责难,二十四史中,受攻击莫过于《魏书》了。

《周书》,令狐德棻主编,参加编写的有岑文本和崔仁师。《周书》虽以"周"题名,但所记史事在范围上是很广阔的,包揽了西魏、北周二朝史事。所记内容不仅关系东魏、北齐,而且兼及南朝梁、陈,在一定程度上反映了这时期全国范围的历史发展大势;同时对于当时有些重大史事,其他南北诸史不载,而《周书》

则详述之。《周书》也有回护、阙书等不足,但在民族史和民族关系史上的价值尤其值得重视。北魏、东魏、西魏是鲜卑族拓跋部建立的政权,北周是鲜卑族宇文部建立的政权,北齐则是鲜卑化的汉人建立的政权。《魏书》、《周书》、《北齐书》比较集中地记述了这五个皇朝的兴衰史。

《隋书》,魏徵等著。《隋书》包括帝纪 5 卷、列传 50 卷、志 30 卷。本书虽由多人共同编撰,但集中体现了魏徵的史学思想。《隋书》中,"以隋为监"是其主要目的,将修史与治国紧密结合了起来。《隋书》不仅是官修的史书,而且在当时所修专史中是比较好的一部,开了以后官修正史的先河。

《南史》与《北史》为姊妹篇,是由李大师及其子李延寿两代人编撰完成的。《南史》记述了自南朝宋武帝刘裕永初元年(420),止于陈后主陈叔宝祯明三年(589),南朝四代 170 年的历史。《北史》起于北魏道武帝登国元年(386),终于隋恭帝义宁二年(618),记述魏、齐(包括东魏)、周(包括西魏)、隋四朝 233 年的史事。《南史》、《北史》均经令狐德棻过目详正。二书编撰的特点,是将正史中的南北朝八书,加以连缀改订删补,以其简洁有条理而为后世学者所公认。南北史之间,《北史》详赡而《南史》疏略。南、北史只纪、传而无表、志,这是一大缺陷。

《旧唐书》,刘昫等撰。因刘昫为监修宰臣,《旧唐书》就题为"刘昫等撰",其实对于《旧唐书》贡献微薄。《旧唐书》原名《唐书》,宋代欧阳修、宋祁等编写的《新唐书》问世后,始有新、旧之分。《旧唐书》主要反映的是唐代中期以前的史学思潮,注重以史为鉴,注意经济制度、政治制度的变化,其中《食货志》在纪传体的"正史"中具有承前启后的重要地位。而对少数民族的记载也超过了以前各"正史"。由于五代是一个"乱世",封建秩序并不稳固,因而书中表现出的伦理色彩不那么浓厚,纂修也不全注意褒贬之法。所以,曾公亮等认为它"纪次无法","使明君贤臣、隽功伟烈,与夫昏虐贼乱,祸根罪首,皆不得暴其善恶"(《进唐书表》,附《新唐书》书后)从而决定重编唐史——《新唐书》。

《新唐书》,欧阳修、宋祁奉宋仁宗之命撰。欧阳修负责本纪、志、表,宋祁负责列传。《新唐书》包括本纪 10 卷、志 50 卷、表 15 卷、列传 150 卷。其成就在于诸"志"内容比《旧唐书》丰富,将目录学、地理学成果采录史中,改进了史志编辑体例;特别是创立了前所未有的两种新志——《仪卫志》、《兵志》,和前史几乎没有的《选举志》。还恢复了表谱,立表多达 15 卷。其中以《方镇表》为最善。《十七史商榷》评论《新唐书》,以为"最佳者志、表"。(《十七史商榷》卷六十九《新旧唐书·二书不分优劣》)

《新唐书》行世后,《旧唐书》在相当长时间里几乎被人们废弃。直到明朝闻人诠等重新刊印后,才又广泛流传开来。这一传布过程既反映了它的缺点,也说明它自有长处,非《新唐书》所能取代。

《旧五代史》由宰相薛居正监修,参加编修的有卢多逊、扈蒙、张澹、李昉、刘兼、李穆、李九龄等人。《旧五代史》全书 150 卷,包括本纪 61 卷、列传 77 卷、志 12 卷,另有目录 2 卷。原名《五代史》,后人为区别于欧阳修的《新五代史》,便习称《旧五代史》。《旧五代史》略仿《三国志》,以梁、唐、晋、汉、周各为一书,称曰在《梁书》、《唐书》、《晋书》、《汉书》、《周书》,各有纪传若干卷,合之可为一书,分之可为五史。以中原王朝为正统,合计 14 纪共 61 卷。《旧五代史》不仅是以五代为中心的一个历史时期的断代史,而且又是五个前后相衔接的王朝断代历史。《旧五代史》的"志"比《新五代史》的完整,全面叙述五代的政治、经济制度,为后人了解该时代典章制度,提供了方便。

《新五代史》,原名《五代史记》,是唐代设馆修史以后唯一的私修正史。全书包括本纪 12 卷、列传 45 卷、考 3 卷、世家及世家年谱 11 卷、四夷附录 4 卷。在编排体例上,推翻《旧五代史》一朝一史的基本格局,仿效《南史》、《北史》,将各代本纪和列传作为一史处理,按时间先后编排。十国史改旧史的"列传"而设"世家"记述。列传部分则依人物特点分立"类传"和"杂传"。"志"改称"考","表"改称"谱"。另置《四夷附录》,专叙少数民族史。

《新五代史》较之《旧五代史》史料价值要略逊一筹,但《新五代史》后出,在删削的同时也新增了一些史料,尤其对十国部分的补充,同时还采用了实录以外的笔记、小说等多种材料,对《旧五代史》有补正之功。恢复了用表谱列人物、国家和事件的优良传统,比一般文字叙述更加条理清晰,一目了然。欧阳修是宋代文学家,以其文豪大手笔修史,文采卓著,是二十四史中罕见的。

《宋史》496 卷、《辽史》116 卷、《金史》135 卷,脱脱等著。辽、金、宋三史是在脱脱主持下于元顺帝至正年间修成的。欧阳玄、揭傒斯为主要撰修者。欧阳玄是当时著名的文学家、史学家之一,他应召为总裁官后提出购书选史官的修史主张;又立三史凡例,使修撰者有所依据;三史中的论、赞、表、奏,皆为他的手笔。欧阳玄对三史的贡献极大。关于三史正统之争,脱脱独断曰:"三国各与正统,各系其年号。"(权衡:《庚申外史》)脱脱的决定使得三史顺利修撰,同时确定了三史平等对待的原则。

三史按历代正史体例,分纪、志、表、传,但纪、志、表又各有特色。三史中食货、选举、百官、地理、刑法、天文、历、兵、礼、乐等基本各史均有,但《辽史》有《营卫志》为各史所无,其中保存了契丹早期的户籍、兵籍、土地制度、部族组织等史料。《辽史》的《部族表》,将与辽发生关系的周边各族按年月列入大事年表中,读来使人一目了然,"又省却了多少外国等传"(钱大昕《廿二史札记》卷二七《辽史立表最善》),这是二十四史中的一个创举;三史是根据大量史料汇编而成的,修史者常不加修饰地照录旧史,因此三史的史料价值特别重要。另,辽、金二史各附有《国语解》一卷,这在二十四史中是特有的。书中保留的契丹、女真两族的语言文字,成了今天研究契丹、女真文字的珍贵资料。但三史中也充满了封建迷信和儒家天命思想,往往用道学的标准来评判历史的是非与功过。在编纂方法、史料取舍上,由于修史仓促,也存在不少问题,如一人重复立传、编次前后失当、纪传不符、译名不一、各史互异、传闻之误,等等。

《明史》,张廷玉等著。包括本纪24卷、志75卷、列传220卷、表13卷、目录4卷,共336卷。记载了自朱元璋洪武元年(1368)至朱由检崇祯十七年(1644)200多年的历史。清朝顺治二年(1645)设立明史馆,诏修《明史》,因政局不稳,修史条件不成熟,工作未能全面开展。康熙十八年(1679),重开史局,以徐元文为监修。于乾隆四年(1739)最后定稿,进呈刊刻。从第一次开馆至最后定稿刊刻,前后历时95年,这是二十四史中历时最长的一部。《明史》纂修体例整齐完备,事详文简,文笔雅正,舛误很少,堪称旧史中之良史。

三 二十四史价值

我国有着忠实记录历史的优良传统,是世界上最重视历史的国家之一,史料之丰富是举世无双的。二十四史是经过历代史学家们编著积累而成的,记载了中华民族自传说中的黄帝,至明朝崇祯十七年(1644)历时4000多年的伟大历史进程。其内容博大精深,涉及政治、经济、军事、文学、艺术、法律、典章制度等诸方面,保存了大量的历史资料,是中国文化遗产的一项巨大成果,在国内外产生了重大影响,历来为政治家、军事家、思想家鉴往知今、安邦治国之镜鉴,也是诸多学科研究取之不尽的知识宝藏,尤其在史学、文学以及文献学中有着举足轻重的地位和无可估量的学术价值。但受时代和个人史识的局限,二十四史的成就高下不一。对材料的选用,特别是对人物评价,多用封建道德作标准,阅读和使用时需谨慎鉴别。

第一,鉴古而知今,具有经世致用、安邦治国的作用。中国史学的作用,先秦古训说"彰往而察来"(《易·系辞下》),唐刘知幾说"史之为用,其利甚博,乃生人(民)之急务,为国家之要道"(《史通·史官建置》),都明确指出撰史的主要目的是鉴于往事,有助于治国安邦、经世致用。二十四史作为钦定"正史",以纪传为纲,贯穿历史事件,辅以"表"连接时空、人物,用"志"记载社会生活各方面发展变迁的情形。其中记载的人物,林林总总,从帝王将相到游侠策士,从儒林隐士到商贾、医、卜,从官吏到匠工、俳优等,无所不有;记载的社会生活,从政治经济到军事法律,从天文历法到礼乐典制,从文学艺术到科学技术,从山川水利到风物民俗,乃至学校、宗教、民族等,无所不包。全面展现了中国历史的全貌,为后世认清历史时势,审视现实,把握机遇,改革创新提供了镜鉴。太史公言:"述往事,知来者。"《汉书·司马迁传》)要建设中国特色的社会,就必须了解中国的历史;要了解中国的历史,则必须读二十四史。只有了解中国的历史,才不会重蹈历史覆辙。

第二,史料丰富而翔实,具有较高的史料价值。二十四史是各代记录史事经典史书的集大成者,内容极为广泛,包括哲学、政治、经济、军事、思想、文化、教育以至修身处世之道,为后人研究社会史、经济史、制度史、教育史、民族史、宗教史以及经籍、目录等提供了较为可靠,系统的依据,具有很高的学术价值。

不过,由于二十四史出自历代封建史学家之手,受时代局限,也存在着许多问题,特别是朝廷设官修史,一般都由当朝宰相监修。因此大多为帝王歌功颂德,抹杀劳动人民的作用和成就,有的甚至歪曲阶级斗争的事实真相,丑化农民起义领袖的形象等。经过乾隆皇帝钦定的二十四史被称为"帝王将相家谱",里面的史料,是被封建统治阶级筛选过的,有的甚至经过歪曲和篡改。因此利用这些材料时,必须谨慎,要加以辨析。

第三,建立了史传文学传统,对文学有着深远的影响。二十四史虽然出自不同人之手,成就也高低不一,但统一遵循纪传的体例,对于人物的刻画描写,历史事件的叙述,均具有较高的文学价值。

二十四史以《史记》成就最大,无论在中国史学史还是在中国文学史上,都堪称是一座伟大的丰碑。作为第一部传记文学,开创了史传文学的传统,对于古代的小说、戏剧、传记文学、散文等都有广泛而深远的影响,为中国文学建立了一批重要的人物原型。在后代的小说、戏剧中,所写的帝王、英雄、侠客、官吏等各种人物形象,有不少就是从《史记》的人物形象演化出来的。如《赵氏孤儿》、《霸王别姬》等。二十四史的撰写者中有不少是文学巨匠,如司马迁、班固、陈寿、沈约、萧子显、欧阳修等,其语言洗炼,文字生动,词气纵横,形象明快,常常令人击节赞叹。二十四史中有不少篇章是脍炙人口的文学佳作;不过也有因片面追求辞藻华丽而遭人批评的,如《晋书》被指"竞为绮艳,不求笃实",而班固喜用古字古词,较难读懂。

文 选

史 德

清·章学诚

才、学、识三者,得一不易,而兼三尤难,千古多文人而少良史,职是故也。昔者刘氏之玄,盖以是说谓足尽其理矣。虽然,史所贵者义也,而所具者事也,所凭者文也。孟子曰:"其事则齐桓、晋文,其文则史,义则夫子自谓窃取之矣。"非识无以断其义,非才无以善其文,非学无以练其事,三者固各有所近也,其中固有似之而非者也。记诵以为学也，辞采以为才也，击断以为识也，非良史之才、学、识也。虽刘氏之所谓才、学、识，犹未足以尽其理也。夫刘氏以谓有学无识，如愚估操金，不解贸化。推此说以证刘氏之指，不过欲于记诵之间，知所抉择，以成文理耳。故曰：古人史取成家，退处士而进奸雄，排死节而饰主阙，亦曰一家之道然也。此犹文士之识，非史识也。能具史识者，必知史德。德者何？谓著书者之心术也。夫秽史者所以自秽，谤书者所以自谤，素行为人所羞，文辞何足取重。魏收之矫诬，沈约之阴恶，读其书者，先不信其人，其患未至于甚也。所患夫心术者，谓其有君子之心，而所养未底于粹也。夫有君子之心，而所养未粹，大贤以下，所不能免也。此而犹患于心术，自非夫子之《春秋》，不足当也。以此责人，不亦难乎？是亦不然也。盖欲为良史者，当慎辨于天人之际，尽其天而不益以人也。尽其天而不益以人，虽未能至，苟允知之，亦足以称著述者之心术矣。而文史之儒，兢言才、学、识，而不知辨心术以议史德，乌乎可哉？

夫是尧、舜而非桀、纣，人皆能言矣。崇王道而斥霸功，又儒者之习故矣。至于善善而恶恶，褒正而嫉邪，凡欲托文辞以不朽者，莫不有是心也。然而心术不可不虑者，则以天与人参，其端甚微，非是区区之明所可恃也。夫史所载者事也，事必藉文而传，故良史莫不工文，而不知文又患于为事役也。盖事不能无得失是非，一有得失是非，则出入予夺相奋摩矣。奋摩不已，而气积焉。事不能无盛衰消息，一有盛衰消息，则往复凭吊生流连矣。流连不已，而情深焉。凡文不足以动人，所以动人者，气也。凡文不足以入人，所以入人者，情也。气积而文昌，情深而文挚；气昌而情挚，天下之至文也。然而其中有天有人，不可不辨也。气得阳刚，而情合阴柔。人丽阴阳之间，不能离焉者也。气合于理，天也；气能违理以自用，人也。情本于性，天也；情能汩性以自恣，人也。史之义出于天，而史之文，不能不藉人力以成之。人有阴阳之患，而史文即忤于大道之公，其所感召者微也。夫文非气不立，而气贵于平。人之气，燕居莫不平也。因事生感，而气失则宕，气失则激，气失则骄，毗于阳矣。文非情不深，而情贵于正。人之情，虚置无不正也。因事生感，而情失则流，情失则溺，情失则偏，毗于阴矣。阴阳伏沴之患，乘于血气而入于心知，其中默运潜移，似公而实逞于私，似天而实蔽于人，发为文辞，至于害义而违道，其人犹不自知也。故曰心术不可不慎也。

夫气胜而情偏，犹曰动于天而参于人也。才艺之士，则又溺于文辞，以为观美之具焉，而不知其不可也。史之赖于文也，犹衣之需乎采，食之需乎味也。采之不能无华朴，味之不能无浓淡，势也。华朴争而不能无邪色，浓淡争而不能无奇味。邪色害目，奇味爽口，起于华朴浓淡之争也。文辞有工拙，而族史方且以是为兢焉，是舍本而逐末矣。以此为文，未有见其至者。以此为史，岂可与闻古人大体乎？

韩氏愈曰："仁义之人，其言蔼如。"仁者情之普，义者气之遂也。程子尝谓：

"有《关雎》、《麟趾》之意,而后可以行《周官》之法度。"吾则以谓通六艺比兴之旨,而后可以讲春王正月之书。盖言心术贵于养也。史迁百三十篇,《报任安书》,所谓"究天地之际,通古今之变,成一家之言。"自序以谓"绍名世,正《易传》,本《诗》、《书》《礼》乐之际",其本旨也。所云发愤著书,不过叙述穷愁,而假以为辞耳。后人泥于发愤之说,遂谓百三十篇,皆为怨诽所激发,王允亦斥其言为谤书。于是后世论文,以史迁为讥谤之能事,以微文为史职之大权,或从羡慕而仿效为之;是直以乱臣贼子之居心,而妄附《春秋》之笔削,不亦悖乎!今观迁所著书,如《封禅》之惑于鬼神,《平准》之算及商贩,孝武之秕政也。后世观于相如之文,桓宽之论,何尝待史迁而后著哉?《游侠》、《货殖》诸篇,不能无所感慨,贤者好奇,亦洵有之。馀皆经纬古今,折衷六艺,何尝敢于讪上哉?朱子尝言,《离骚》不甚怨君,后人附会有过。吾则以谓史迁未敢谤主,读者之心自不平耳。夫以一身坎轲,怨诽及于君父,且欲以是邀千古之名,此乃愚不安分,名教中之罪人,天理所诛,又何著述之可传乎?夫《骚》与《史》,千古之至文也。其文之所以至者,皆抗怀于三代之英,而经纬乎天下之际者也。所遇皆穷,固不能无感慨。而不学无识者流,且谓诽君谤主,不妨尊为文辞之宗焉,大义何由得明,心术何由得正乎?夫子曰:"《诗》可以兴。"说者以谓兴起好善恶恶之心也。好善恶恶之心,惧其似之而非,故贵平日有所养也。《骚》与《史》,皆深于《诗》者也。言婉多风,皆不背于名教,而梏于文者不辨也。故曰必通六艺比兴之旨,而后可以讲春王正月之书。

(选自《文史通义校注》,清章学诚著,叶瑛校注,中华书局,1983 年)

【阅读书目】

1. 顾颉刚口述,何启君整理:《中国史学入门》,中国青年出版社 2007 年版。
2. 金毓黻著:《中国史学史》,河北教育出版社 2001 年版。
3. 瞿林东著:《中国简明史学史》,上海人民出版社 2005 年版。
4. 梁启超著:《中国历史研究法》,河北教育出版社 2000 年版。
5. 钱穆著:《中国史学名著》,生活·读书·新知三联书店 2005 年版。
6. 陈清泉、苏双碧等编:《中国史学家评传》,中州古籍出版社 1985 年版。

【思考题】

1. 简述中国史学的发展沿革。
2. 列举中国古代具有开先河意义的史家及其代表作。
3. 中国古代史书体裁主要有哪几种,简述其特点。
4. 简述中国史学的优良传统。

第六章

中国文学

概　述

中国文学源远流长,成果丰硕。它是中国几千年传统文化当中的一个重要组成部分,它不断地从传统文化中汲取养分,同时又以自己优秀的历史、多样的形式、众多的作家、丰富的作品、独特的风格、鲜明的个性、诱人的魅力不断地丰富传统文化的内涵。通过了解和分析中国文学,我们可以更好地传承和把握传统文化,也可以增强民族自信心和自豪感。

一　发展历程

中国古代文学产生于遥远的上古时代,年代久远。从口耳相传的上古神话开始,到春秋战国《诗经》《楚辞》的出现,接着又有了汉赋、唐诗、宋词、元曲、明清小说等文学样式,一代有一代之文学,此起彼伏,高峰迭现,各领风骚,争奇斗艳。

(一)先秦文学

先秦文学,是指公元前221年秦统一中国以前各个时期的文学。它是我国文学史上光辉灿烂的第一页,它的文学样式主要有神话、散文、诗歌等。

神话传说是古代劳动人民在与自然的斗争中产生的。它是生产力低下的原始社会里,通过人们的幻想,以一种不自觉的艺术方式加工过的自然和社会形式的本身。中国神话大多保存在《山海经》、《淮南子》等古籍中,如"女娲补天"、"后羿射日"、"鲧禹治水"、"黄帝战蚩尤"等神话。这些作品通过丰富、美丽、奇特的幻想,描绘了开天辟地,解释了人类的起源,说明了四季的变化等自然现象,歌颂了为民兴利、舍生忘死的神和英雄,赞扬了能工巧匠的劳动英雄,表现了文学的浪漫主义精神。中国神话对后世文学的影响极深,成为浪漫主义文学的源头。

《诗经》共收入 305 篇诗歌,创作于西周初年至春秋中叶的 500 年间。根据音乐的不同,《诗经》分为风、雅、颂三个部分。风是地方乐歌,有十五国风 160 篇;雅是正声雅乐,分《大雅》、《小雅》,有诗 105 篇;颂是宗庙祭祀的乐歌,分为《周颂》、《鲁颂》、《商颂》,有诗 40 篇。《诗经》所采用的艺术表现手法主要有赋、比、兴。整部《诗经》所包含的思想内容非常丰富,其中的精华部分,就是国风。《诗经》中有的诗篇反映劳动人民的生活处境,表达他们对剥削、压迫的不满,如《伐檀》、《七月》、《硕鼠》等;有的诗篇反映兵役、徭役带给人民的痛苦,如《式微》、《击鼓》、《扬之水》等;有的诗篇反映统治阶级的荒淫无耻,如《新台》、《相鼠》等;还有的诗篇以婚姻、恋爱为主题,如《静女》、《木瓜》等。《诗经》所体现的写实精神,对后世文学产生了深远影响。

《楚辞》作为我国第一部浪漫主义诗歌总集,由于诗歌的形式是在楚国民歌的基础上加工形成,篇中又大量引用楚地的风土物产和方言词汇,所以叫"楚辞"。《楚辞》主要是屈原(约前 339—前 278)的作品,其代表作是《离骚》,后人因此又称"楚辞"为"骚体"。西汉末年,刘向搜集屈原、宋玉等人的作品,辑录成集。《离骚》是一首宏伟的自叙性抒情长诗。全诗可分为两部分:前一部分是诗人对以往历史的回溯,并反复倾诉了对楚国命运的关怀以及同腐朽贵族集团斗争的强烈情感;后一部分是诗人对未来道路的探索,"路漫漫其修远兮,吾将上下而求索",反映了诗人对理想的追求和对楚国的热爱。全诗感情炽烈,辞采华丽,以大胆丰富的想象,驱使各种神话传说、历史人物、日月山川、风云雷电、芰荷芙蓉、鸾凤虬龙,构成一个五彩缤纷、雄奇瑰丽的意象世界。《楚辞》发展了诗歌的形式,它打破了《诗经》的四言形式,从三、四言发展到五、七言。在创作方法上,《楚辞》吸收了神话的浪漫主义精神。《楚辞》对后世文学影响深远,不仅开启了后来的赋体,而且影响历代散文创作,是我国积极浪漫主义诗歌创作的源头。

先秦散文包括诸子散文和历史散文,历史散文重在叙事,诸子散文重在言理。诸子散文是在春秋战国百家争鸣的局面下发展起来的,主要有《老子》、《论语》、《墨子》、《孟子》、《庄子》、《荀子》、《韩非子》等。《老子》和《论语》篇章短小,多为语录,但言约而意丰,警策而耐人寻味。《墨子》文风质朴,以逻辑严密见长。《孟子》和《庄子》开始摆脱语录体,往往是长篇大论。《孟子》说理畅达,气势充沛,富于雄辩的力量;《庄子》想象奇特,寓言丰富,思辨与奇幻融于一体。《荀子》和《韩非子》论题集中,说理透彻。《荀子》敦厚严正,法度井然。《韩非子》词锋锐利,富有峻峭犀利的锋芒。与诸子散文相辉映的是以记言或记事为主的历史散文,其中《左传》、《国语》、《战国策》是这一时期历史散文的优秀篇章,这些作品长于将历史事件故事化和情节化,人物性格鲜明突出,场面和细节描写生动传神。诸子散文和历史散文虽然不是现代意义上的纯文学作品,但这些作品说理、记事、写人的写作技巧,对后世议论、记叙等文体影响深远。

（二）秦汉和魏晋南北朝文学

作为中国历史上第一个封建帝国，秦王朝在中国政治制度史上颇多建树，但由于实行极端的文化专制政策，文学创作上却极少作为，仅值得一提的是吕不韦门客编著的《吕氏春秋》和李斯的《谏逐客书》。

汉王朝建立后，统治者重视文化，采取了一系列有利于文学发展的措施，文学创作获得生机，突出表现在散文、史传文学、赋、诗歌等方面。

散文方面的成就，主要表现在政论散文。汉初文人承续战国策士遗风，又值王朝新立，发表了许多与治国相关的政论。代表作家有贾谊和晁错，他们的散文针对现实问题而发，据实设论，切实中肯，铺排渲染，颇具战国策士的纵横之风。

代表史传文学方面最高成就的是司马迁的《史记》。司马迁本着"究天人之际，通古今之变，成一家之言"的著史理念，以人为经，以事为纬，开创了以人物为中心的纪传体通史的编写体例。从文学的角度看，叙事艺术和写人艺术是《史记》最主要的文学成就。作者对史料作了精巧的剪裁和安排，综合运用"互见法"，以及典型场景、细节、人物言行和心理描写等手法塑造人物形象。《史记》塑造了许许多多人物形象，上至帝王将相，下及商贾农夫，其中有许多性格鲜明的典型。项羽的勇武粗豪、刘邦的权谋无赖、李广的骁勇善战、蔺相如的机智大度、荆轲的侠义壮烈、信陵君的礼贤下士等，无不栩栩如生。《史记》刻画人物的高超技巧、谋篇布局的别具匠心、语言的非凡表现力，都对后世叙事散文产生了极大影响。

赋是汉代高度繁荣的文学样式，其最主要的特点是重铺叙与描写。随着社会的发展，汉赋经历了三个演变阶段：一是西汉初年的骚体赋。这时期的赋多模仿，缺乏真情实感。其中有抒发政见、感慨身世的作品，如贾谊的《吊屈原赋》、淮南小山的《招隐士》是这一时期赋的代表作品。二是西汉中期至东汉中叶的散体大赋。这些作品是为适应大统一的汉帝国"润色鸿业"、装点升平的需要发展起来的，著名代表作家有司马相如、扬雄、班固、张衡四大家。司马相如的《子虚赋》、《上林赋》是其中的名篇。散体大赋主要采取问答的形式，语言韵散结合，辞藻堆砌，重写景，重铺排，重夸饰，追求声音美和句型的排列美，基本上属于"宫廷文学"的范围。三是东汉中叶以后，因为王朝危机日益严重、政治黑暗、民生凋敝，许多人不满现实，胸怀郁结，因而出现了抒情咏物的小赋。代表作品是张衡的《归田赋》、赵壹的《刺世疾邪赋》。

诗歌方面，代表两汉诗歌成就的是乐府诗和五言诗。乐府诗从抒情出发，深刻反映了两汉社会生活的各个方面，表现了现实主义精神，其中的名篇《孔雀东南飞》是我国古代第一部长篇叙事诗。汉乐府句式以五言、杂言为主，语言质朴浅白，体现了诗歌艺术的进一步发展。汉代五言诗的最高成就是《古诗十九首》，这组文人创作的抒情短诗主要以表达游子的羁旅情怀和思妇闺愁为基本内容,还有部分作品表达的是追求功名富贵的强烈愿望和仕途失意的苦闷哀愁。它在艺术上质朴自然、没有雕饰,达到言近旨远、含蓄蕴藉的艺术效果。如《行行重行行》《涉江采芙蓉》等佳作,生动传神,体现了诗歌的节奏美和韵律美。《古诗十九首》的出现标志着文人五言诗的成熟,对我国诗歌的发展产生过重大影响。

魏晋南北朝是中国历史上一个动荡不安、风云变幻的时代。这一时期的文学反映了当时的社会形势对人们的意识形态及文化心理的冲击。

建安文学。汉末至魏初,文学发生了重要变化,文坛上涌现出了大量的现实主义作家,"三曹"、"七子"、蔡琰等都是其中的代表作家。他们经历了汉末的战乱,有广泛的社会阅历,在创作上继承了汉乐府的现实主义传统,因而他们的诗歌有深厚的社会内容,一方面反映了社会的动荡、百姓的疾苦,真实地描绘了凄惨的社会图景;另一方面又抒写了他们整顿乾坤、一统天下的理想和壮志。他们的作品,既慷慨悲壮又显得苍凉刚劲,后人称之为"建安风骨"。代表作品有曹操的《短歌行》《步出夏门行》,王粲的《七哀诗》,蔡琰的《悲愤诗》等。

正始诗歌。指曹魏末年至晋初的诗作。这段时间由于政治的高压,在士人当中兴起了"玄学"之风,诗风也随之变化,诗人的忧生之嗟代替了建安的关心国事,代表作家有阮籍和嵇康。阮籍诗以哲理观照人生,深刻反映了人生悲剧,表现手法上多用比兴、象征和典故,因而显得意蕴深沉,情逸玄远。嵇康着意创造诗化的人生境界,表现融于自然、心与道冥的理想人生,诗风清远隽秀。

两晋诗歌。西晋国家归于统一,社会安定,诗人因此缺少了理想和激情,创作出来的作品缺乏真情实感,代表作家有陆机、潘岳。这一时期以左思为代表继承建安诗风,抒写怀才不遇的悲愤或慷慨报国的志向,笔力雄健,别具一格。东晋陶渊明(365—427)写了大量的田园诗,以亲切自然的笔调描绘田园风光,歌咏躬耕劳作、饮酒抚琴、读书赋诗、走访乡邻等种种情趣,表达了作者与世无争、心与自然冥合的人生理想。其中《归去来兮辞》和《桃花源记》成为千古名篇。他的田园诗不仅开拓了诗歌的表现领域,而且创造了平淡自然且情味极浓的境界。

南北朝诗歌。南北朝时期,诗歌有了重大的变化与发展。谢灵运(385—433)是中国诗歌史上第一位有成就的山水诗人。山水在其诗中已上升到审美的层次,其后的谢朓又将山水诗发展到情景交融的境地。南北朝时,南方诗风以清绮见长,北方诗风以刚健取胜,能够融南北诗风于一体的是由南入北的庾信。南北朝也是乐府民歌发达的时期。南朝民歌大多出自女子之口,故多是情恋之歌,格调清新、婉转缠绵,代表作《西洲曲》。北朝民歌题材广泛,对诸如北国风光、游牧生活、爱情婚姻、战争和尚武精神等都有描写和反映,语言质朴,格调刚健豪迈,代表作《木兰诗》。

魏晋南北朝散文成就不高,在六朝诗风影响下,骈文盛行,散文衰落。骈文是一种讲求句式对称、用事精巧、韵律优美、辞藻华丽的美文形式,代表了艺术技巧的进步与发展,不足之处是过分追求形式、内容单薄。不过,这一时期也出现了几部优秀的散文著作,如郦道元的《水经注》和杨炫之的《洛阳伽蓝记》等。

魏晋南北朝是中国小说史上的重要时期,小说的发展已初具规模,笔记小说盛行,有志怪和志人两类。志怪小说记述神怪灵异和民间传说,曲折地反映社会现实和人民的思想与愿望,以干宝的《搜神记》最为著名。志人小说描述魏晋风度和名士风流,以刘义庆的《世说新语》为代表。这些作品对后世的笔记小说影响深远。

魏晋南北朝是一个文学自觉的时代,最突出的标志是出现了总结文学现象的文学批评专著。曹丕《典论·论文》、陆机《文赋》、钟嵘《诗品》、刘勰《文心雕龙》的相继问世,填补了建安前中国文学理论未成体系的空白,为后世文学理论奠定了坚实的基础。其中尤以《诗品》和《文心雕龙》堪称文学理论批评巨著,前者是五言诗的专论,对建立中国的诗歌批评理论,具有开创性意义;后者体大思精,对文体、文学创作和文学批评等都作了系统的论述。

（三）唐宋文学

唐朝是中国历史上空前强盛的朝代。社会的安定、思想文化政策的开明、南北文化的融汇、中外文化的交流等,这一切都促进了唐代文学的空前繁荣。

有关唐诗的内容,本章专题部分将专门讲述。

散文在唐代出现繁荣景象,《全唐文》收作者 3000 余人,作品 18400 余篇。随着初唐文风的变化和发展,中唐韩愈（768—824）、柳宗元（773—819）大力提倡古文,一时从者甚众,古文创作业绩大增,影响广大,成为文坛的主要风尚,文学史上称其为古文运动。古文作为一种文体,是唐代才有的,指上继先秦两汉、奇句单行的文字,用以与骈文相对。韩、柳散文不仅内容丰富深刻,而且艺术上各有特色。韩文风格雄健奔放,曲折自如。他的论说文逻辑性强、观点鲜明、锋芒毕露,代表作品《师说》、《原毁》等;他的小品文笔锋犀利、形式活泼,《杂说四·马说》充分体现了他的这一特点;韩愈的传记文继承《史记》传统,叙事中刻画人物,议论、抒情妥帖巧妙,《张中丞传后叙》是公认的名篇;他的抒情文中的《祭十二郎文》又是祭文中的千年绝调,具有浓厚的抒情色彩。韩愈是一个语言巨匠,语言鲜明简练,新颖生动,他创作的语句中有不少已成为成语流传至今,如"落阱下石"、"动辄得咎"、"杂乱无章"等。柳文风格自然流畅,幽深明净。他的议论文笔锋犀利、逻辑严密,以《封建论》最有代表性;寓言多用来讽刺时弊,想象丰富、寓意深刻、言语尖锐,《三戒》是他著名的讽刺小品;传记散文多以真人真事为基础,略带夸张虚构,代表作品《捕蛇者说》、《童区寄传》等;他的山水游记最为脍炙人口,被称为"游记之祖",著名代表作是"永州八记"。柳文语言简练生动,多用短句,节奏明快而富于变化。晚唐,散文创作逐渐走向衰落,而继承和发扬古文运动批判现实,文以载道的传统的小品文取得了发展,代表作家皮日休、罗隐、陆龟蒙等,风格轻松活泼。

到了唐代,中国小说发生了明显的变化,出现了唐传奇,较之魏晋南北朝小说,情节更曲折完整,人物性格更鲜明,文辞更华艳,结构更阔大。它的出现标志着中国短篇小说的成熟。因为它已超出了记录传闻逸事的范畴,而成为文人有意识的创作。唐传奇主要内容有神怪故事,代表作品有沈既济的《枕中记》、李公佐的《南柯太守传》,这两部作品讽刺了热衷功名富贵的封建士子;恋爱故事,如《李娃传》、《莺莺传》、《霍小玉传》、《柳毅传》等都是有名的作品,它们大都歌颂坚贞不渝的爱情,谴责封建礼教对妇女的迫害,并且塑造了一系列争取婚姻幸福的妇女形象;侠义故事,这类作品描写侠客义士惩强扶弱的英雄行为,代表作品有《红线传》、《谢小娥传》等。

随着城市经济的繁荣和燕乐的流行,唐代产生了一种合乐歌唱的新诗体——词。敦煌曲子词是现存最早的民间词,其特点是感情真挚、朴素清新。中唐以后,文人也开始填词。到了晚唐,文人词家越来越多。其中温庭筠是文人词家的第一个代表人物,其词设色华艳,造语工丽,组织绵密,善于借景物表达隐幽的感情。五代时,西蜀和南唐成为词的创作中心,西蜀词以花间派为代表;南唐词以冯延巳、李煜为代表。

宋代是一个阶级矛盾、民族矛盾尖锐且复杂的时代,因此宋代文学无不打上了鲜明的时代烙印。

诗发展到宋代,显示了与唐诗不同的风格,即抒情成分减少,叙述、议论的成分增多,重视描摹刻画,大量采用散文句法。宋初诗坛,学习晚唐诗风,没有担负起一代诗歌的使命。北宋中叶,欧阳修、梅尧臣、苏舜钦等人取法李白、韩愈诗风,平易畅达,为宋诗的发展开辟了道路。在他们的影响下,出现了王安石、苏轼两位大家。王安石(1021—1086)的诗思想深刻,风格多样;苏轼(1036—1101)诗歌以新颖独特的构思、新奇贴切的比喻、深远的理趣,避免了宋诗因散文化、议论化而产生的直露、枯燥、抽象的弊病,标志着宋诗发展的新阶段。北宋后期,出现了在北宋诗坛中影响最大的诗派——江西诗派,代表人物黄庭坚(1045—1105)。该派提倡"夺胎换骨"、"点铁成金",着意探索诗歌作法,喜好押险韵、用僻典、造拗句、作硬语,变唐人的奔放为内敛,变兴象玲珑为瘦硬生新。国难深重的南宋时期,诗作常充满忧郁、激愤之情,陆游、范成大、杨万里是这个时代的代表人物。文天祥是南宋最后一个大诗人,《过零丁洋》是他的代表作。

词在宋代臻于鼎盛。宋初的词人像晏殊、欧阳修都有出色的作品,但依然没有脱离花间派的影响。到了柳永(约 987—1057),其词在体制上,打破了词以小令为主的格局,开始大量创作篇幅较长、结构复杂的慢词,另外在词的内容和风格等方面都有突破,为后来苏轼对词体的解放作了准备。到了苏轼,"以文为诗"，又"以诗为词"，完全打破了诗与词的界线，使词的题材又得以进一步发展，还率先打破传统的婉约风尚，开创了豪放词风。北宋后期词坛名家有秦观、贺铸、周邦彦等，他们的词作各有特色。在两宋词坛上，女词人李清照（1084—约1155）以其独树一帜的风格，占有相当重要的一席之地。南宋初年，面临国破家亡的危局，诗词作品多表现作家们的爱国之情，辛弃疾（1140—1207）被誉为爱国词人，他是这一时期的代表人物，辛词内容广泛，艺术风格也丰富多彩，同时他还进一步打破了"以文为词"的桎梏，大大丰富了词的表现手法和语言技巧。受辛词影响，陈亮、刘过、刘克庄、刘辰翁等人形成了南宋中叶以后声势最大的爱国词派。南宋后期的词人姜夔最为著名，姜词绝大多数是纪游咏物之作。

两宋散文，取得了较唐代更大的成绩。中唐以后，古文运动一度衰落，到了宋代，在欧阳修周围团结了一批文学家，大量创作古文，掀起了一场声势浩大的古文革新运动。此后的王安石、曾巩、苏轼、苏洵、苏辙等人都在古文革新运动的影响之下取得了各自的成就，后人将他们与唐代韩愈、柳宗元合称为"唐宋八大家"。南宋散文家在北宋诸位大家影响下，产生了一部分上书言事的政论文，表现了作者鲜明的政治态度，陈亮、叶适是这方面的代表作家；另外，在南宋还大量创作笔记杂文，代表作品是洪迈的《容斋随笔》、王明清的《挥尘录》等。

两宋文学中值得一提的还有话本。随着城市繁荣和市民阶层扩大，宋代话本成为当时流行的小说。话本即说书人的底本，它是宋代白话小说的独特形式，分"讲史"和"小说"两大类，前者代表作有《新编五代史评话》《大宋宣和遗事》；后者代表作有《碾玉观音》等。"讲史"和"小说"合流，成为中国古典章回小说的雏形。

（四）元明清文学

明代，随着政治、经济和哲学思潮的发展和变化，小说作品日益为人们所接受，加上印刷术的发达，小说在这一时期取得了长足的发展，出现了许多长、短篇作品。

元末明初，在宋元讲史话本的基础上产生了许多优秀长篇章回小说，如《三国志通俗演义》《平妖传》《水浒传》等。《三国演义》是我国最早的一部长篇小说。它生动地描写了三国时期大规模的政治、军事、外交等方面错综复杂的斗争。作为历史题材小说，作者采用了七分实事、三分虚构的手法，几个主要人物写得比较出色，描写战争成就尤高，称得上是一部形象的百年战争史。《水浒传》是我国第一部以农民起义为题材的长篇章回小说，是在民间长期的口头流传与话本、杂剧的基础上整理提高而成。它艺术地表现了宋江等108名英雄好汉被逼上梁山、与官军对抗作战、最终接受招安的经过。它对人物塑造已开始向性格化发展，正如金圣叹所说："《水浒》所叙一百八人，人有其性情，人有其气质,人有其形状,人有其声口。"[1]

明中叶以后,小说在以往的基础上进一步获得了更大的发展,闪耀着浪漫主义色彩的《西游记》首先亮相,紧接着又出现了以家庭生活为题材的《金瓶梅》。除此之外,数量最多的是历史演义和英雄传奇。《西游记》是一部神魔小说,通过对唐僧师徒四人去西天取经的艰难历程,尤其是通过对孙悟空形象的塑造,反映了人类对追求真理执著不舍和冒险探索的精神,表现了人类对生命自由精神的向往和追求。《西游记》出现后,神魔小说曾风靡一时,其中比较成功的是《封神演义》。在这部长篇小说里,作者以武王伐纣的故事为底本,博采民间传说,再加上自己的想象,将它演绎成通过神魔斗法,曲折影射现实的长篇神魔小说。《金瓶梅》以全新写法反映人情世俗,围绕西门庆从经济上的发迹到政治上的得势,纵欲无度,最终乐极生悲、不得善终的人生历程,反映了封建末世的社会真相。在中国小说发展史上,《金瓶梅》在历史演义小说、英雄传奇小说和神魔小说的基础上,开辟出世情小说的新天地,这意味着小说创作已由塑造帝王将相、英雄好汉和神魔形象,开始向描写普通的市井中人回归。

明代短篇小说创作也很繁荣。由于受到宋元时期流行的讲述短篇故事风气的影响,到了明代便出现了大量文人模拟这种故事形式而编写的拟话本或话本小说。在白话短篇小说的整理、创作方面成就最高的是冯梦龙的《喻世明言》、《警世通言》和《醒世恒言》,以及凌濛初的《初刻拍案惊奇》、《二刻拍案惊奇》,合称"三言"、"二拍"。这些作品大多取材于现实生活,把普通市民及其生活作为主要表现对象,反映他们的社会观念和道德观念。

明代前期诗文创作的重要诗人是高启。后来,明代诗坛发生拟古与反拟古的斗争,出现了许多文学流派,著名的有:前后七子的复古运动、唐宋派、公安派、竟陵派,以及晚明小品文作家和夏社爱国作家。张岱是小品散文作者中比较有成就的一位。他的小品散文题材较广,山水名胜、风俗世情、戏曲技艺乃至古董玩具等都可以入他的文。他的散文语言清新活泼,形象生动,广览简取,《西湖七月半》、《湖心亭看雪》是其代表作。

清代文学是明代文学的继续发展。小说的创作最为繁盛,不仅数量居历代之首,而且题材类型不断扩大。白话小说在明代历史演义、英雄传奇、神魔小说和世情小说的基础上,发展出才子佳人小说、才学小说、讽刺小说、公案小说等新品种。文言小说在志怪、轶事、传奇的基础上衍生出"剪灯系列"、"聊斋系列"、"世说系列"等新类型。其中影响最大的是蒲松龄(1640—1715)的《聊斋志异》、吴敬梓(1701—1754)的《儒林外史》和曹雪芹(1715—1763)的《红楼梦》。

中国的文言小说自唐代传奇后相对沉寂,《聊斋志异》的问世形成文言小说

---

[1] 贯华堂本《水浒传》卷一《水浒传序三》。

的第二个创作高峰。这部文言短篇小说集以描写婚恋的作品居多,且多半托之于狐魅妖异,甚至草木鸟兽虫鱼。小说尽管写的是狐鬼花木,但多具人情,可亲可近,"忘为异类"。同时,作者在描狐画鬼之中往往寄寓着对社会的批判。

《儒林外史》是讽刺小说的典范性作品。作品描写了封建社会中不同类型知识分子利欲熏心、虚伪丑恶的精神面貌,对当时的官僚制度、人伦关系,以至整个社会风尚都作了无情的揭露和讽刺。小说的结构方式别具一格,采用了散中见骨的散点透视法,全书无中心事件和主要人物贯穿始末,看似松散,实则均统摄于八股取士摧残人心这一主干上。

《红楼梦》是中国古典小说中最优秀的作品。小说全面反映了封建官僚家族政治上的腐败、生活上的穷奢极欲和一代不如一代,贾府实际成了封建末世的缩影,从而揭示了封建社会走向衰败的内在原因和必然规律。小说结构宏大,人物众多,组织井然有序,叙写家庭琐事而涵蕴丰富。对于《红楼梦》价值,鲁迅说:"自有《红楼梦》出来以后,传统的思想和写法都打破了。"[1]

清代诗词流派众多,但大多数作家均未摆脱拟古主义和形式主义的套子,难有超出前人之处。清末龚自珍的诗常着眼于社会、历史和政治的观点来揭露现实,使诗成为批判现实社会的工具。清代在散文创作方面出现了声势浩大的桐城派。桐城派古文是清中叶最著名的一个流派,主要作家方苞、刘大槐、姚鼐都是安徽桐城人,桐城派因此而得名。方苞继承归有光的传统,提出"义法"主张,并使之成为桐城派古文的基本理论。桐城派古文作品选材用语只重阐明立意,而不期堆砌材料,因而文章一般简洁自然,但缺乏生气,代表作品有方苞的《狱中杂记》、《左忠毅公逸事》,姚鼐的《登泰山记》等。

有关元明清戏曲的内容,在本书的第九章——中国戏曲中有专门讲述。

二 主要特点

中国文学源远流长,不仅内容上卷帙浩繁,而且在表现形式上也千姿百态,所以要罗列其中所有的特点几乎是不可能的。我们在这里只能就其要者概述如下。

(一)"文以载道"的教化传统

中国传统文化的主导思想是儒家学说,它渗透于中国几千年社会的方方面面,自然也深深地影响到中国文学。因此儒家思想中以"修身、齐家、治国、平天下"为核心的思想,以"仁、义、礼、智、信"为标准的道德观念,以"天、地、君、亲、师"为次序的伦理观念,长期影响着中国古代的文学家,从而形成以诗文教化为核心的文学功用观。因此,中国古代文学在内容上偏向政治主题和伦理道德主题,无论是诗歌、散文、小说,还是戏曲,概莫能外。

〔1〕 鲁迅:《中国小说的历史的变迁》,见《鲁迅全集》(第九卷),人民文学出版社1981年版,第338页。

"文以载道"对中国古代文学客观上产生了两方面的深刻影响。首先,这种思想强调了文学的教化功能,为古代文学表达思想内容注入了政治热情、进取精神和社会使命感,使作家重视国家、人民的群体利益,即使在纯属个人抒情的作品中也时刻不忘积极有为的人生追求。例如,在唐代诗人中,杜甫忧国忧民,对儒家仁政理想的不懈追求、对国家人民命运的深切关注成为杜诗的核心内容。即使是"诗仙"李白,也在诗中强烈地表达了追求功名事业,而且明确地要以孔子作《春秋》为自己文学事业的典范。至于唐宋古文运动的巨大成就,更是在"文以载道"思想的直接指导下取得的。还有众人皆晓的长篇小说《三国演义》、《水浒传》、《西游记》等,一旦剥去其历史的、传奇的、神魔的外衣,其呈现给人们的就是忠奸、正邪、善恶之间的斗争,显示了作家执著于现实社会的伦常。其次,"文以载道"也给中国古代文学带来了一定的负面影响,这种与政治过于直接贴近的关系和单纯急切的教化目的,使中国文学中一部分作品充满了枯燥的说教内容,严重地影响了作品的艺术性。它使文学在一定程度上沦为政治的附庸,从而削弱了其主体意识和个性自由。这种消极的影响不但体现在士大夫的诗文作品中,而且体现在小说戏曲等叙事文学中。例如,元杂剧虽然高扬了针对黑暗势力的反抗精神,歌颂了反抗压迫、争取自由的民主思想,但它往往以道德判断作为审美判断的核心价值参数,而且这种道德判断常常混杂着封建伦理说教的糟粕,这就严重地损害了其思想意义。

(二)注重内心的抒情传统

中国古代文学具有强烈的抒情性,这从体裁和创作方法上明显地表现出来。在体裁上,以抒情为主要功能的诗歌在历代都受到文坛的重视。诗歌自《诗经》、《离骚》、汉乐府、《古诗十九首》、陶渊明,到唐代达到鼎盛;宋代的诗词就更不用说了;明清时期的诗歌发展虽不如从前,但所产生的诗歌数量也相当惊人。即使叙事文学也难以掩盖抒情传统,如《史记》就因洋溢着司马迁的悲愤情感而被鲁迅誉为"无韵之《离骚》";中国古代小说、戏曲虽然产生较晚,但也充满浓厚的抒情气息,小说中经常穿插抒情性的诗词,而戏剧更近于抒情诗的连缀,杂剧《西厢记》、小说《红楼梦》也因浓郁的抒情色彩使人百看不厌和百读不厌。在创作方法上,中国文学不重写实而重写意。它不以作品和作品所描绘的客观事物间的相似为衡量尺度,而以主体感受的真实为准绳,强调表现对象的内在精神,追求不拘泥于形似的神似和气韵生动。例如,山水田园诗本来可以处理成叙事性或描述性的作品,但在王维和孟浩然的诗中,却往往以抒情手段虚化了即目所见的景象,他们诗中的山水田园其实就是他们宁静心境和淡泊志趣的外化。

抒情传统使中国古代文学产生了以下文化特征:首先,中国古代文学是古代中国社会的文学图卷,但更是古代中国人的心灵记录,这使它成为我们了解中华民族传统文化心理的最好窗口。假如我们要想了解禅宗思想和理学思想对宋代士大夫的影响,最好的材料不是禅宗语录或理学讲章,而是"宋诗"。只要你仔细阅读王安石、苏轼、黄庭坚等人的诗歌,就能对宋人融儒道释为一体的思想面貌有直观而真切的把握。其次,中国古代文学追求的艺术境界不是真实而是空灵,不是形似而是神似,那种为历代文学家所憧憬的变化莫测、知其妙而不知其所以妙的艺术境界,正是在精炼含蓄的艺术表现形态基础上才可能达到的目标。

(三)追求"中和"的美学传统

儒家"中庸"思想对中国古代文学的影响,主要表现在内容上的情理结合和手法上的含蓄蕴藉。道家"天道自然"的思想对中国古代文学的影响,主要表现在创作构思中的"神与物游"和艺术境界上的无我之境。儒道思想一起影响着中国文学追求"中和"的美学传统。

儒家倡导的"中庸"精神对中国古代文学有深刻的影响,孔子称赞《诗经》"乐而不淫,哀而不伤",这种观点后来发展成"温柔敦厚"的"诗教"说,即主张在文学作品中有节制地宣泄情感,而不要把感情表达得过于强烈。在这种文学思想的指导下发展起来的中国古代文学,在整体上呈现出一种中和之美。一般说来,中国古代文学中很少有剑拔弩张地表达狂怒或狂喜的作品。多数古代诗人都自觉或不自觉地遵循着"诗教"的精神,以"怨而不怒"、"婉而多讽"的方式来批判现实。诗人在抒写内心情感时总是委婉曲折,含蓄深沉。中国古代诗歌中绝不缺少深挚的感情,但从未达到过西方诗歌那种"酒神"式的迷狂程度。情感宣泄的适度与表现方式的简约使中国古代文学在总体上具有含蓄深沉、意味隽永的艺术特征,这正是中华民族平和、宽容、偏重理性的文化性格特征在古代文学中的积淀。道家的"以和为美",要在视天、地、人为一体,主张人与自然相融相通,摈弃自我,纵浪大化之中。中国古代受道家思想影响的作家,如陶渊明、王维、苏轼等,大都追求这种"无我"境界。王国维《人间词话》云:"无我之境,以物观物,故不知何者为我,何者为物。"李白的《独坐敬亭山》一诗就很好地体现出了这种境界:"众鸟高飞尽,孤云独去闲。相看两不厌,只有敬亭山。"众鸟飞尽,四野静寂,孤云悠闲,来去自由,物我两忘,冥然归一。

专　题

唐　诗

唐诗是我国诗歌发展史上的一个高峰,也是我国优秀的文化遗产之一,同时也是全世界文化宝库中的一颗璀璨的明珠。每一个时代都有那个时代特有的文学,唐诗就是唐代的"一代之文学"。所谓"一代之文学",就是代表着那个时代的文学成就、文学主流、文学倾向。

一 唐诗的历史

唐代初期,诗歌创作仍受南朝诗风的影响,题材较为狭窄,追求华丽辞藻。"初唐四杰"王勃、杨炯、卢照邻、骆宾王的出现,才扩大了诗的表现范围,从台阁走向关山和塞漠,显示出雄伟的气势和开阔的襟怀。如杨炯的《从军行》:"烽火照西京,心中自不平。牙璋辞凤阙,铁骑绕龙城。雪暗凋旗画,风多杂鼓声。宁为百夫长,胜作一书生。"这种激扬豪迈的格调,为唐初诗坛吹进一股新风。诗中表现了青年人不甘寂寞,想投笔从戎,到边疆建功立业的热望。宁可做个低级军官(百夫长),也不想做书生老死窗下。

初唐还出现了几位重要的诗人:陈子昂、沈佺期、宋之问和张若虚。陈子昂(659—700)主张诗应该有所寄托,他的38首《感遇》诗,就是这一主张的实践。但他写得最好的诗还是那首《登幽州台歌》:"前不见古人,后不见来者。念天地之悠悠,独怆然而涕下。"抒写不遇的悲怆,但其中蕴含的是自信和抱负,情怀壮伟,有一种得风气之先而不被理解的伟大孤独感。沈佺期、宋之问的贡献主要在诗歌格律方面,他们总结了"永明体"以来诗人们探索诗歌格律的成果,以自己的诗作,促进"近体诗"最后定型。张若虚的《春江花月夜》,写月夜春江明丽纯美的境界,融入浓烈情思和深刻哲理,婉转的音调,无穷的韵味,创造出了非常完美的意境。

盛唐是唐诗发展的高峰,诗歌创作领域出现了大批优秀诗人,写下了内容异常丰富的诗歌。其中田园山水诗和描写边塞战争的诗占相当比重,李白、杜甫也出现在这时。

田园山水诗,这类诗歌最有名的作者是王维(701—761)和孟浩然(689—740)。王维和孟浩然善于表现山水田园的美,表现人与自然和谐相处的那种宁静平和的心境。王维的山水诗融诗情画意于一体,把人引向秀丽明净的境界,那境界里洋溢着蓬勃生机。如他的《山居秋暝》:"空山新雨后,天气晚来秋。明月松间照,清泉石上流。竹喧归浣女,莲动下渔舟。随意春芳歇,王孙自可留。"雨后的松林间月色斑驳,流泉淙淙。浣纱女踏着月色从竹林间喧闹着归来;渔人正分开荷叶摇舟远去。山村之夜,如诗如画。孟浩然善于用最省净的笔墨,写山水田园的秀美。他的《过故人庄》流传最广:"故人具鸡黍,邀我至田家。绿树村边合,青山郭外斜。开轩面场圃,把酒话桑麻。待到重阳日,还来就菊花。"老朋友杀鸡做饭,请他到村中做客。近看,茂密的绿树严严地围住村庄;远望,青翠的山峦向远方延伸开去。打开轩窗,可见到堆着谷物的场院和青青的菜园;端着酒杯兴致勃勃地聊起桑麻的长势和收获。在这样天然图画中与好友饮醇酒,品佳肴,纵情谈笑,该是多么快乐和惬意!酒后,朋友之间仍恋恋不舍,约定九九重阳节再来欢聚,痛饮美酒,醉赏菊花。诗歌写出了做客田家的喜悦,恬静的农舍,真挚的友情,充满浓郁的生活情趣。这时和王维、孟浩然的诗歌风格相近的还有常建、储光羲等人。

在唐代的对外战争中,许多文人参与进去,对边塞和军旅生活有亲身体验,从戎而不投笔,写诗描绘苍凉的边塞风光,赞颂将士们的勇武精神,或诅咒战争带来的灾难,于是有了边塞诗派。其主要代表人物有:王昌龄(约694—756)、高适(约700—765)、岑参(715—770)、王之涣(688—742)等。他们大都到过边塞,领略过边塞的壮丽景色,向往边塞立功。在他们的诗中,祖国山河的壮美与保家卫国的豪迈情怀表现得淋漓尽致。王昌龄的边塞诗有一种深厚的历史感和清刚的风格,如《出塞》:"秦时明月汉时关,万里长征人未还。但使龙城飞将在,不教胡马度阴山。"王昌龄这一首有名的边塞七绝,其妙处在于:篇幅虽小,而容量特大。诗人以雄劲的笔触,对当时的边塞战争生活作了高度的艺术概括。岑参写边塞风物的雄奇瑰丽,写军人的豪雄奔放,荒漠与艰苦,在他笔下都成了充满豪情的壮丽图画。如岑参的《白雪歌送武判官归京》:"北风卷地白草折,胡天八月即飞雪。忽如一夜春风来,千树万树梨花开。散入珠帘湿罗幕,狐裘不暖锦衾薄。将军角弓不得控,都护铁衣冷难着。瀚海阑干百丈冰,愁云惨淡万里凝。中军置酒饮归客,胡琴琵琶与羌笛。纷纷暮雪下辕门,风掣红旗冻不翻。轮台东门送君去,去时雪满天山路。山回路转不见君,雪上空留马行处。"作者用敏锐的观察力和感受力捕捉边塞奇观,笔力矫健,有大笔挥洒(如"瀚海"二句),有细节勾勒(如"风掣红旗冻不翻"),有真实生动的摹写,也有浪漫奇妙的想象(如"忽如"二句),再现了边地瑰丽的自然风光,充满浓郁的边地生活气息。王之涣的《凉州词二首》是唐代边塞诗的名篇,其一云:"黄河远上白云间,一片孤城万仞山。羌笛何须怨杨柳,春风不度玉门关。"苍茫云海中万仞高山围绕一座永无春色的孤城,写出绝域荒寒之苦。但诗中画面雄壮阔大,声调从容豪迈而不落于凄切,仍可见出英雄本色。

最能反映盛唐精神风貌、代表盛唐诗歌高度艺术成就的,是伟大诗人李白(701—762)。李白是一位性格豪迈、感情奔放、不受拘束而又向往建功立业的诗人。他的诗充分表现了盛唐社会士人的自信与抱负,神采飞扬,充满理想色彩。他的诗歌的艺术形象具有浓郁的主观色彩,蕴含丰富,情感强烈,个性鲜明,《将进酒》、《梦游天姥吟留别》、《蜀道难》等诗中的形象就是诗人内在思想性情的外化,才华横溢,我行我素,无拘无束的诗人形象活灵活现,即便在那些短小的律诗绝句中也不难捕捉到诗人特异的影子。当被召入京时,他就欣然高歌"仰天大笑出门去,我辈岂是蓬蒿人"。并对妻子戏言"白玉高楼看不见,相思须上望夫山"。他曾想通过"终南捷径","从布衣直取卿相",实现"济苍生"、"安社稷"、"使寰区大定,海县清一"的政治抱负。即使在处境不妙时,也坚信"天生我材必有用,千金散尽还复来","长风破浪会有时,直挂云帆济沧海"。恨世嫉俗时,他就大声疾呼"生儿不用识文字,斗鸡走马胜读书"。任性顽劣时,他就"天子呼来不上船,自称臣是酒中仙"。厌倦官场时,就挥袖而去"高声长啸出关门"。忧伤时"抽刀断水水更流,举杯消愁愁更愁。人生在世不称意,明朝散发弄扁舟"。慷慨时"五花马,千金裘,呼儿将出换美酒,与尔同销万古愁"。旷达无拘时"两人对酌山花开,一杯一杯复一杯。我醉欲眠卿且去,明朝有意抱琴来"。依恋时"桃花潭水深千尺,不及汪伦送我情"。有什么样的心情,有什么样的喜、怒、哀、乐,像泉水般,汩汩而出。难怪好友杜甫赞颂说:"落笔惊风雨,诗赋泣鬼神。"

当时另一位伟大诗人,是被后人称为"诗圣"的杜甫(712—770)。如果说李白是一个性格外向的诗人,那么比他晚生11年的杜甫则显得内向宽厚。也许这种性格的差异与两人的家世有难分的联系。李白乃富商后裔,杜甫却出生于"奉儒守官"、"生常免租税,名不隶征伐"的家庭。可在诗歌中,杜甫也一样地展示了自己的才情性致。"会当凌绝顶,一览众山小",昭示的是青年诗人宽阔的襟怀,积极进取的心态。"秦山忽破碎,泾渭不可求",表现出诗人敏锐的洞察力和政治预感。"君不见青海头,古来白骨无人收",对拓边政策,穷兵黩武战争深为愤懑。"穷年忧黎元,叹息肠内热"、"朱门酒肉臭,路有冻死骨",同情心、怨愤之情杂然相生。"感时花溅泪,恨别鸟惊心。烽火连三月,家书抵万金",国运衰败,痛心疾首,连无情之物也为之伤怀心痛。"好雨知时节,当春乃发生。随风潜入夜,润物细无声",可见诗人崇尚隐忍奉献、和谐而不张扬的心性。"黄四娘家花满蹊,千朵万朵压枝低。留连戏蝶时时舞,自在娇莺恰恰啼",显示的是亲情的温馨,对祥和宁静生活的向往,以及对自由的迷恋。"剑外忽传收蓟北,初闻涕泪满衣裳……白日放歌须纵酒,青春做伴好还乡……",经历了长期的战乱,叛乱平定,诗人不免惊喜欲狂,热血沸腾,毫无掩饰。杜甫是仁爱而宽厚的,他富有同情心,而且执著坚韧。其诗的主要品格为凄凉悲壮,沉郁顿挫,突显了人生沉重的一面。在艺术手法和艺术风格上,杜甫与李白不同,李是感情喷涌而出,杜是反复咏叹;李是想象瑰奇,杜是写实;李是奔放飘逸,杜是沉郁顿挫。

唐代中期,诗歌的发展走向多元化,出现了有明确艺术主张的不同流派。韩愈、孟郊和他们周围的一些诗人,在盛唐诗歌那样高的成就面前,另寻新路。他们追求怪奇的美,重主观,常常打破律体约束,以散文句式入诗。这时的另一个诗派,以白居易(772—846)、元稹(770—831)为主。他们主张诗应有为而发,应有益于政教之用。白居易提出"文章合为时而著,歌诗合为事而作"。元、白都写新题乐府,表达对国家的关心、对黑暗现象的抨击和对生民疾苦的同情。

在艺术表现上,白居易主张要写得通俗易懂,趣味与韩、孟诗派正好相反。白居易既写有大量的讽喻诗,也写了不少闲适诗,而艺术上最成功的,是长篇歌行《长恨歌》和《琵琶行》。中唐的著名诗人还有柳宗元和刘禹锡,他们的艺术趣味既不同于韩、孟,也不同于元、白,而有着自己的特点。

晚唐诗歌又一变。中唐的那种改革锐气消失了,诗人们走向自我。这时出现了大量写得非常好的咏史诗,杜牧、许浑是代表。杜牧(803—852)是写咏史诗的大手笔,对于历史的思索其实是对于现实的感慨,历史感和现实感在流丽自然的形象和感慨苍茫的叹息中融为一体,《江南春》、《登乐游原》、《泊秦淮》等诗都是咏史佳作。晚唐艺术成就最高的一位诗人是李商隐(813—858)。唐诗的发展,到盛唐的意境创造,达到了意象玲珑、无迹可寻的纯美境界,是一个高峰。杜甫由写实而走向集大成,是又一个高峰。中唐诗人在盛极难继的情况下,另辟蹊径,或追求怪奇,或追求平易,别开天地,又是一个高峰。诗发展至此,大有山穷水尽之势。李商隐出来,以其深厚的文化素养、惊人的才华,开拓出一个充满朦胧、幽约的美,让人咀嚼回味的诗的境界,达到了新的高峰。他是一位善于表现心灵历程的诗人,感情浓烈而细腻。他的爱情诗深情绵邈,隐约迷离,刻骨铭心而又不易索解。他的不少诗(特别是无题诗)情思流动是跳跃式的,意象组合是非逻辑的,意旨朦胧而情思可感,往往可作多种解释。他的艺术技巧,达到了出神入化的境界,极大地扩大了诗的感情容量,为唐诗的发展作出了最后的贡献。

晚唐后期的诗人们,有的走向华丽,有的走向淡泊,但成就不大,已经无法同他们的前辈相比了。

二　唐诗鉴赏

鉴赏唐诗,首先要对"近体诗"和"古体诗"的区别有个概要的了解,掌握它们各自的特点,就能更好地领略其妙处。

古体诗,又称古诗或古风。这个概念和通常说的"古代诗歌"不同,是专用名词,专指唐代以前流行并在唐代继续流行的一种诗体,和唐代形成的近体诗相对存在。古体诗的特点是:每篇句数不限,每句字数不限,可押韵也可不押韵,押韵也可换韵,句与句之间没有平仄对应和用词对仗的要求。一句话,古体诗格律上比较自由,同近体诗在格律上有极严格的要求不同。古体诗分两大类:五言古诗和七言古诗(或简称五古和七古)。此外还有句式长短不齐的古诗,一般归入七古。有的古体诗句数、字数和律诗相同,但用韵、平仄和对仗都不同于律诗的要求,所以仍是古诗。例如《古诗十九首》及陶渊明等人的诗都是古诗。

近体诗,又叫今体诗("近"和"今"都是就唐代而言的),讲求严格的格律。

近体诗有四项基本要求:一是句数、字数有规定;二是按规定的韵部押韵;三是上句和下句各字之间要求平仄对立和相粘;四是规定某些句子之间用词要对仗,即名词对名词,动词对动词,形容词对形容词等。

近体诗分两大类:(1)律诗,由八句组成,五字句的称五言律诗,七字句的称七言律诗。(2)绝句,由四句组成,五字句的称五言绝句,七字句的称七言绝句。下面我们分别举例说明。如大家熟悉的王之涣的《登鹳雀楼》:

> 白日依山尽,黄河入海流。
>
> 欲穷千里目,更上一层楼。

这是五言绝句,首先,它必须是四句20字。其次,它必须依照用韵要选一个韵部的字作韵脚,这首诗的"流"、"楼"两字就属"十一尤"韵。再次,它用的字必须合乎规定的平仄格式,这样读起来才抑扬顿挫,和谐动听。这首诗的平仄格式是:

仄仄平平仄,平平仄仄平。
仄平平仄仄,仄仄仄平平。

下划线的字可平可仄,其余的字不能变通。平——指的是古代汉语中的平声字;仄——指的是古代汉语中的上声、去声、入声字。按现代汉语说,阴平(第一声)、阳平(第二声)字属平;上声(第三声)、去声(第四声)字属仄。绝句诗上下句之间可以对仗,也可以不对仗。这首绝句全首对仗,后两句"欲穷"对"更上","千里"对"一层","目"对"楼"。

我们举《登鹳雀楼》这首诗来说明近体诗最基本的格律要求,此外五言绝句还有三种平仄格式,共四种格式。七言绝句、五言律诗、七言律诗也都各有四种平仄格式。关于近体诗的平仄格式,只举上例作些提示,不再详细介绍了。如果不想创作这类诗,只是鉴赏前人作品,那么关于格律的要求知道得粗略些,也是无妨的。

七言绝句,我们举孟浩然的《送杜十四之江南》来看:

> 荆吴相接水为乡,君去春江正淼茫。
> 日暮孤帆何处泊?天涯一望断人肠。

表达了送别友人远行时留恋怅惘的感情。全诗四句,二十八字,押的是"七阳"韵,平仄按规则。因绝句允许不对仗,这首诗就没有对仗。

五言律诗,我们看戴叔伦的《除夜宿石头驿》:

> 旅馆谁相问?寒灯独可亲。
> 一年将尽夜,万里未归人。
> 寥落悲前事,支离笑此身。
> 愁颜与衰鬓,明日又逢春。

这是除夕夜晚远离家乡亲人独宿逆旅感慨自身遭际的诗。全诗八句,四十字,押"十一真"韵,平仄合规则。律诗的一、二句称"首联",三、四句称"颔联",五、六句称"颈联",七、八句称"尾联"。律诗的颔联和颈联必须对仗。如这首的颔联"一年"对"万里","将尽"对"未归","夜"对"人";颈联"寥落"对"支离","悲"对"笑","前事"对"此身"。

七言律诗,我们看柳宗元的《别舍弟宗一》:

> 寥落残魂倍黯然,双垂别泪越江边。
>
> 一身去国六千里,万死投荒十二年。
>
> 桂岭瘴来云似墨,洞庭春尽水如天。
>
> 欲知此后相思梦,长在荆门郢树烟。

这是柳宗元被贬到蛮荒的柳州,送别堂弟柳宗一去江陵时写的诗,情绪极度感伤悲愤。全诗八句,五十六字,用的是"一先"韵,平仄合规则,颔联和颈联对仗工整。七言律诗第一句多用韵,也可不用韵,这首用韵。

律诗中还有一种"排律",即把律诗延长至十句以上乃至百句,除首、尾两联外,中间所有出句与对句全要对仗。排律通常为五言。

三　唐诗的繁荣

唐代诗歌创作的繁荣是空前的,290 年间,历久不衰。唐诗不仅从数量上超过了唐以前历代诗歌数量的总和,而且其内容之广博、思想之深刻、情感之丰富、艺术之卓越、体制之完备,也都达到了前所未有的崭新境界和水平。

首先,唐诗不仅数量丰富,而且质量很高。

中国最早的诗歌产生于西周时期,大家都知道中国最早的诗歌总集是《诗经》,它收录作品的时间跨度大致是从西周到春秋中叶,那么从西周年间到唐代之前的时间跨度差不多 2000 年的时间里留下了多少诗歌作品呢? 不到 2 万首! 而唐代在不到 300 年的时间内给我们留下了多少首诗呢? 据清朝康熙年间编定的《全唐诗》所录,诗作就达 48900 余首,后来人们又陆续搜补唐代逸诗 1000 多首,今人能读到的唐诗总计近 5 万首,这个数量远远超过了唐以前历代诗歌数量的总和。当然,这些我们所能读到的唐诗是在经历了 1400 多年的改朝换代、历史风云、天灾人祸之后流传下来的作品数目。唐代究竟产生了多少首诗? 在 1400 多年的岁月中又流失了多少首唐诗? 这些我们都已经无法准确知道了。

从数量上说,唐诗与唐以前的诗歌相比较,有很大优势,但相对于清诗的数量来说的话,就没有优势可言了。清诗的数量到底有多少呢? 迄今为止,还没有一个人明确地指出它的数量,但是可以肯定的是清诗至少有几十万首。但在今天很少有说清诗是繁荣的,其原因在于清诗的质量不及唐诗。凡是读书人从小都熟读唐诗,即使记忆力再不好的人恐怕也会背出几十首,如"欲穷千里目,更上一层楼"、"床前明月光,疑是地上霜"、"春眠不觉晓,处处闻啼鸟",此类的名篇佳句大家可以不假思索,张口就来。反过来,对于清诗,我们又能背出多少篇呢?那些深深镌刻在你脑海里的,你能够不假思索立刻能回忆起来的清诗的数量是极为有限的。这也从一个侧面说明清诗不及唐诗脍炙人口。

"黄沙百战穿金甲,不破楼兰终不还"、"醉卧沙场君莫笑,古来征战几人回",抒发爱国的热情;"谁言寸草心,报得三春晖",道出对慈母的孝念;"举头望明月,低头思故乡",泛起思乡的波澜;"会当凌绝顶,一览众山小"、"欲穷千里目,更上一层楼"、"天生我材必有用,千金散尽还复来"、"长风破浪会有时,直挂云帆济沧海",表达人生崇高的境界;"西出阳关无故人",道出了别离的伤痛;"人面不知何处去",道出对恋人的追忆;"宁为百夫长,胜作一书生"、"功名只向马上取,真是英雄一丈夫",反映时代理想的价值观,等等。唐诗是如此的简单,文字和语言非常简单和通俗,但是意味深长。这么简单的诗,能流传1000多年而且被反复吟诵,也不觉得过时,反复回味,意犹未尽。这也从一个侧面说明唐诗质量之高。

其次,唐诗不仅作者众多,而且有成就的诗人也很多。

整个唐代不足300年,即使将五代十国算在一起,也就350年,流传至今有名有姓的诗人竟有2200多位。其中,上至帝王后妃,下至村夫农妇;雅至文人学士,俗至文盲武夫;长至耄耋老人,小至垂髫少年,人人能写,个个会吟,而且还产生了"诗仙"李白、"诗圣"杜甫,以及初唐四杰、陈子昂、王维、孟浩然、韩愈、白居易、元稹、李贺、刘禹锡、柳宗元、李商隐、杜牧等世界闻名的伟大诗人。下面略举几例,说明唐代诗人群体之宽广。

"帝王"如唐太宗李世民《赠萧瑀》:"疾风知劲草,板荡识诚臣。勇夫安识义,智者必怀仁。"这首诗对萧瑀的评价很高,对他的忠心进行了充分的肯定。萧瑀起初是隋朝的官吏,后来投降了李世民,受到了重用,得到了李世民的赏识。"疾风知劲草,板荡识诚臣",比喻危难时刻才能考验出一个人的坚强与忠诚,这对于当代人亦有启发意义。

"后妃"如武则天《腊日宣诏幸上苑》:"明朝幸上苑,火急报春知。花须连夜发,莫待晓风吹。"腊月初八,正是天寒地冻的季节,武则天却突然宣诏要到上林苑赏花,而且还指令花神:"花须连夜发,莫待晓风吹!"百花必须为我而开,而且要准时开,快开,捱到明天早上都不行!她不仅号令臣民,还号令天时,其雄霸之气跃然纸上。

"村夫"如张打油《咏雪》:"江上一笼统,井上黑窟窿。黄狗身上白,白狗身上肿。"此诗描写雪景,由全貌而及特写,由颜色而及神态。通篇写雪,不着一"雪"字,而雪的形神跃然。遣词用字,十分贴切、生动、传神。用语俚俗,本色拙朴,风致别然。格调诙谐幽默,轻松悦人,广为传播,无不叫绝。

"农妇"如葛鸦儿《怀良人》："蓬鬓荆钗世所稀，布裙犹是嫁时衣。胡麻好种无人种，正是归时底不归？"诗中这位农妇，"荆钗"、"布裙"，且久未更新，足见其贫寒；蓬鬓垢面，亦见其劳苦。但现在正是春夏播种胡麻的季节，良人（丈夫）为官家服徭役，应该归来，却为什么还没回来呢？贫穷、困顿，失望、无奈，一个无助的女人。此诗读来令人心酸！

"垂髫少年"如骆宾王《咏鹅》："鹅，鹅，鹅，曲项向天歌。白毛浮绿水，红掌拨清波。"这是被称为"初唐四杰"的骆宾王 7 岁时所写的一首诗。这首充满生活情趣的小诗，在今天可以说连牙牙学语的幼儿都会张口背诵。鹅是常见的家禽，可诗人却从它们身上发现了这样明快活泼、令人赏心悦目的美。可见，只要热爱生活，就能时时发现美，处处找到诗意。

"七岁女子"《送兄》："别路云初起，离亭叶正飞。所嗟人异雁，不作一行归。"7 岁的骆宾王能写诗，7 岁的女孩也能写诗。但她不如骆宾王幸运，因是女孩，所以连个名字也没落下，被称为"七岁女子"。"七岁女子"，姓名及生卒年不详，《全唐诗》载称："女子南海人"，"武后召见，令赋送兄诗，应声而就"。可见她是初唐武则天时代的一位神童。

再次，唐诗题材广泛，形式多样。

唐诗题材广泛，有的写边塞的豪壮生活，写羁旅之苦，写壮丽秀美的河山，写缠绵的情爱，写求仙参禅，写世态炎凉，等等；此外，有抒写个人抱负和遭遇的，有表达儿女爱慕之情的，有诉说朋友交情、人生悲欢的，等等。他们还比以往任何一个时代的诗人们都更加深切而具体地写生民疾苦，写战乱灾难，写现实的黑暗，写细民的种种情事。总之，从自然现象、政治动态、劳动生活、社会风习，直到个人感受，上至朝政，下至细民琐事，都逃不过唐代诗人敏锐的目光，成为他们写作的题材。他们为我们描绘了一幅有血有肉的唐代社会的生动画卷。从唐诗中，我们可以找到经济史、政治史、民俗史、艺术史，甚至娼妓史等各种宝贵资料。

唐诗形式多样，从字数看，有三言诗、四言诗、五言诗、六言诗、七言诗、杂言诗；从体裁看，有古体诗（歌行体、古风诗）、近体诗（格律诗）、乐府诗等各类型无不具备。可以说，中国古代诗歌的各种体制，在唐代已经全部形成、确立或得到进一步完善了。

大家通常读到的唐诗大多是五言诗、七言诗，这里给大家介绍一首六言诗——唐代女诗人李冶的《八至》："至近至远东西，至深至浅清溪。至高至明日月，至亲至疏夫妻。"现在的读者，熟悉这首诗的恐怕不会太多。以现代人的眼光来看，这也是一首绝妙的诗，其中的哲理，会使很多人感慨共鸣。四句诗，八个"至"，前面六至，是巧妙的铺垫。"至近至远东西"：最远和最近的，是人们所说的"东西"，这是指一个不确定的方位，可以遥不可及，也可以近在咫尺。"至深至浅清溪":最深和最浅的,是溪流,流水可以深不可测,也可以清浅见底。"至高至明日月":这两至,情形有些不同,最高和最明亮的,是太阳和月亮,似乎少了前面四至的对称和悖反,如改成"至明至暗日月",也许更有趣。全诗的点睛之笔,是最后那两至:"至亲至疏夫妻"。这样的议论,在当时很有惊世骇俗的味道。古时男尊女卑,女人被三纲五常压迫,"夫为妻纲",夫妻之间,妻子只有顺从的权利。夫对妻,主权大于爱情;妻对夫,义务大于爱情。一个女人,敢在诗中作如此大胆的表达,在唐诗中是少见的。

总之,唐诗的繁荣,不仅表现在作者的众多和作品数量的巨大,而且表现在有鲜明风格、有巨大成就的诗人的众多和千古传诵的名篇的数量的巨大上。在我国历史上,没有任何一个朝代像唐代那样,留下了那么多家喻户晓的诗人和诗篇。唐诗正是以它高度的艺术成就,经受了漫长岁月的考验,保持了它永久的艺术魅力。

四 唐诗繁荣的原因

首先是良好的社会环境。唐代的太平盛世,为诗歌繁荣提供了广阔的平台和创作的"底气"。但对诗歌创作影响最大的,要算是政治的开明和思想的活跃。在这样的一个时代,诗人们有了言论的自由,敢于指责朝政,看看李白和杜甫那些指责朝政黑暗的诗是何等大胆,便可以了解这一点;同时,这也使得诗人们有很强的社会责任感,都想能为国家建功立业,甚至出将入相。他们认为,"端居耻圣明"(孟浩然),而希望"申管、晏之谈,谋帝王之术。奋其智能,愿为辅弼"(李白);"自谓颇挺出,立登要路津。致君尧舜上,再使风俗醇"(杜甫)。所以,伟大的时代给了诗人以胆魄,而他们的诗歌,也正唱出了时代的昂扬精神。与政治较为开明相联系的是思想较为活跃,儒释道三家并存,士人思想中极少有专从一家之说的,看人处世,较少僵化,很少有汉儒经学束缚的痕迹。这样,对诗人们来说,有利于表现内心世界和创造诗歌的意境。

其次是民族大融合。唐帝国是空前大一统的国家,"五胡十六国"时代各民族之间的混战局面平息下来,文化融合大大加强,诗人们可以在全国范围内漫游,可以广泛地接触各地的生活。南方的诗人可以到北方去看看大漠、长河、秦城、汉关;北方的诗人可以到南方去看看清溪、绿野、碧树、亭台。同时,中国同西域、中亚、印度等国的文化交流也有较大的发展。玄奘西游,鉴真东渡,唐帝国是一个向世界敞开大门的开放的社会。生活在这样的时代,诗人们精神生活更加充实了,视野更为宽阔了,写作素材更为丰富了。

另外是官家大提倡。这里包含两个层面的意思:一是帝王们自己带头写。历代唐王,差不多都是诗人,都有诗作传世。帝王都爱诗,上行下效,就形成创作风气。二是科举考试中有"考诗"的科目,即"以诗取士",这是很关键的。考试就是指挥棒,诗写得好可以做官,谁不努力为诗呢?

最后是诗歌本身的发展。这对促进唐诗繁荣发挥了巨大的作用。从中国诗歌的成长历史来看,到唐代,诗歌走向盛壮之年,理所当然是最美、最完善的时期,这是诗歌发展自身的规律所决定的。唐代是中国古代诗歌一个集大成的时代,不仅当时的古体诗、乐府诗等文学形式在前人打下的基础上,有了新的发展,而且唐人继承前代已有的成果,使律诗崭新的文学形式趋于成熟。这种继承主要表现在两个方面:一个是效法《诗经》、《楚辞》、汉乐府和六朝以来的优秀诗作表现社会生活和人民的意愿;二是对南北朝时期所形成与格律诗密切相关的声律论的进一步完善和大量的成功的实践。

唐诗繁荣的原因是复杂的,以上所述,只是一些主要的原因。

文　选

文心雕龙（节选）

南朝梁·刘勰

文心雕龙·神思

古人云:"形在江海之上,心存魏阙之下。"神思之谓也。文之思也,其神远矣。故寂然凝虑,思接千载;悄焉动容,视通万里;吟咏之间,吐纳珠玉之声;眉睫之前,卷舒风云之色;其思理之致乎? 故思理为妙,神与物游。神居胸臆,而志气统其关键;物沿耳目,而辞令管其枢机。枢机方通,则物无隐貌;关键将塞,则神有遁心。是以陶钧文思,贵在虚静,疏瀹五藏,澡雪精神。积学以储宝,酌理以富才,研阅以穷照,驯致以绎辞,然后使玄解之宰,寻声律而定墨;独照之匠,窥意象而运斤;此盖驭文之首术,谋篇之大端。

夫神思方运,万涂竞萌,规矩虚位,刻镂无形。登山则情满于山,观海则意溢于海,我才之多少,将与风云而并驱矣。方其搦翰,气倍辞前,暨乎篇成,半折心始。何则? 意翻空而易奇,言征实而难巧也。是以意授于思,言授于意,密则无际,疏则千里,或理在方寸,而求之域表,或义在咫尺而思隔山河。是以秉心养术,无务苦虑;含章司契,不必劳情也。

人之禀才,迟速异分,文之制体,大小殊功。相如含笔而腐毫,扬雄辍翰而惊梦,桓谭疾感于苦思,王充气竭于思虑,张衡研京以十年,左思练都以一纪:虽有巨文,亦思之缓也。淮南崇朝而赋《骚》,枚皋应诏而成赋,子建援牍如口诵,仲宣举笔似宿构,阮瑀据案而制书,祢衡当食而草奏:虽有短篇,亦思之速也。

若夫骏发之士，心总要术，敏在虑前，应机立断；覃思之人，情饶歧路，鉴在虑后，研虑方定。机敏故造次而成功，虑疑故愈久而致绩。难易虽殊，并资博练。若学浅而空迟，才疏而徒速，以斯成器，未之前闻。是以临篇缀虑，必有二患：理郁者苦贫，辞溺者伤乱，然而博见为馈贫之粮，贯一为拯乱之药，博而能一，亦有助乎心力矣。

若情数诡杂，体变迁贸，拙辞或孕于巧义，庸事或萌于新意，视布于麻，虽云未费，杼轴献功，焕然乃珍。至于思表纤旨，文外曲致，言所不追，笔固知止。至精而后阐其妙，至变而后通其数，伊挚不能言鼎，轮扁不能语斤，其微矣乎！

赞曰：神用象通，情变所孕。物以貌求，心以理应。刻镂声律，萌芽比兴。结虑司契，垂帷制胜。

文心雕龙·情采

圣贤书辞，总称"文章"，非采而何？夫水性虚而沦漪结，木体实而花萼振：文附质也。虎豹无文，则鞟同犬羊；犀兕有皮，而色资丹漆：质待文也。若乃综述性灵，敷写器象，镂心鸟迹之中，织辞鱼网之上，其为彪炳，缛采名矣。故立文之道，其理有三：一曰形文，五色是也；二曰声文，五音是也；三曰情文，五性是也。五色杂而成黼黻，五音比而成韶夏，五情发而为辞章，神理之数也。《孝经》垂典，丧言不文；故知君子常言，未尝质也。老子疾伪，故称"美言不信"；而五千精妙，则非弃美矣。庄周云，"辩雕万物"，谓藻饰也。韩非云，"艳乎辩说"，谓绮丽也。绮丽以艳说，藻饰以辩雕，文辞之变，于斯极矣。研味孝老，则知文质附乎性情；详览庄韩，则见华实过乎淫侈。若择源于泾渭之流，按辔于邪正之路，亦可以驭文采矣。夫铅黛所以饰容，而盼倩生于淑姿；文采所以饰言，而辩丽本于情性。故情者文之经；辞者理之纬；经正而后纬成，理定而后辞畅：此立文之本源也。

昔诗人什篇，为情而造文；辞人赋颂，为文而造情。何以明其然？盖风雅之兴，志思蓄愤，而吟咏情性，以讽其上，此为情而造文也；诸子之徒，心非郁陶，苟驰夸饰，鬻声钓世，此为文而造情也。故为情者要约而写真，为文者淫丽而烦滥。而后之作者，采滥忽真，远弃风雅，近师辞赋，故体情之制日疏，逐文之篇愈盛。故有志深轩冕，而泛咏皋壤，心缠几务，而虚述人外。真宰弗存，翩其反矣。夫桃李不言而成蹊，有实存也；男子树兰而不芳，无其情也。夫以草木之微，依情待实，况乎文章，述志为本，言与志反，文岂足征？

是以联辞结采，将欲明理；采滥辞诡，则心理愈翳。固知翠纶桂饵，反所以失鱼。"言隐荣华"，殆谓此也。是以"衣锦褧衣"，恶文太章；"贲"象穷白，贵乎反本。夫能设模以位理，拟地以置心，心定而后结音，理正而后摛藻；使文不灭质，博不溺心，正采耀乎朱蓝，间色屏于红紫；乃可谓雕琢其章，彬彬君子矣。

赞曰：言以文远，诚哉斯验。心术既形，英华乃赡。吴锦好渝，舜英徒艳。

繁采寡情,味之必厌。

文心雕龙·物色

春秋代序,阴阳惨舒,物色之动,心亦摇焉。盖阳气萌而玄驹步,阴律凝而丹鸟羞,微虫犹或入感,四时之动物深矣。若夫珪璋挺其惠心,英华秀其清气,物色相召,人谁获安?是以献岁发春,悦豫之情畅;滔滔孟夏,郁陶之心凝;天高气清,阴沉之志远;霰雪无垠,矜肃之虑深。岁有其物,物有其容;情以物迁,辞以情发。一叶且或迎意,虫声有足引心,况清风与明月同夜,白日与春林共朝哉!

是以诗人感物,联类不穷;流连万象之际,沉吟视听之区。写气图貌,既随物以宛转;属采附声,亦与心而徘徊。故"灼灼"状桃花之鲜,"依依"尽杨柳之貌,"杲杲"为出日之容,"瀌瀌"拟雨雪之状,"喈喈"逐黄鸟之声,"喓喓"学草虫之韵。"皎日"、"嘒星",一言穷理;"参差"、"沃若",两字连形:并以少总多,情貌无遗矣。虽复思经千载,将何易夺?及《离骚》代兴,触类而长,物貌难尽,故重沓舒状,于是"嵯峨"之类聚,"葳蕤"之群积矣。及长卿之徒,诡势瑰声,模山范水,字必鱼贯,所谓诗人丽则而约言,辞人丽淫而繁句也。至如《雅》咏棠华,"或黄或白";《骚》述秋兰,"绿叶""紫茎";凡摛表五色,贵在时见;若青黄屡出,则繁而不珍。

自近代以来,文贵形似,窥情风景之上,钻貌草木之中。吟咏所发,志惟深远,体物为妙,功在密附。故巧言切状,如印之印泥,不加雕削,而曲写毫芥。故能瞻言而见貌,印字而知时也。然物有恒姿,而思无定检,或率尔造极,或精思愈疏。且《诗》《骚》所标,并据要害,故后进锐笔,怯于争锋。莫不因方以借巧,即势以会奇,善于适要,则虽旧弥新矣。是以四序纷回,而入兴贵闲;物色虽繁,而析辞尚简;使味飘飘而轻举,情晔晔而更新。古来辞人,异代接武,莫不参伍以相变,因革以为功,物色尽而情有馀者,晓会通也。若乃山林皋壤,实文思之奥府,略语则阙,详说则繁。然则屈平所以能洞监《风》《骚》之情者,抑亦江山之助乎?

赞曰:山沓水匝,树杂云合。目既往还,心亦吐纳。春日迟迟,秋风飒飒。情往似赠,兴来如答。

文心雕龙·知音

知音其难哉!音实难知,知实难逢,逢其知音,千载其一乎!夫古来知音,多贱同而思古,所谓"日进前而不御,遥闻声而相思"也。昔《储说》始出,《子虚》初成,秦皇汉武,恨不同时;既同时矣,则韩囚而马轻,岂不明鉴同时之贱哉!至于班固傅毅,文在伯仲,而固嗤毅云:"下笔不能自休。"及陈思论才,亦深排孔璋,敬礼请润色,叹以为美谈,季绪好诋诃,方之于田巴;意亦见矣。故魏文称"文人相轻",非虚谈也。至如君卿唇舌,而谬欲论文,乃称"史迁著书,谘东方朔",于是桓谭之徒,相顾嗤笑。彼实博徒,轻言负诮,况乎文士,可妄谈哉!故鉴照洞明,而贵古贱今者,二主是也;才实鸿懿,而崇己抑人者,班曹是也;学不逮文,而信伪迷真者,楼护是也。酱瓿之议,岂多叹哉!

夫麟凤与麏雉悬绝,珠玉与砾石超殊,白日垂其照,青眸写其形;然鲁臣以麟为麏,楚人以雉为凤,魏氏以夜光为怪石,宋客以燕砾为宝珠。形器易征,谬乃若是;文情难鉴,谁曰易分?

夫篇章杂沓,质文交加,知多偏好,人莫圆该。慷慨者逆声而击节,酝藉者见密而高蹈;浮慧者观绮而跃心,爱奇者闻诡而惊听。会己则嗟讽,异我则沮弃,各执一隅之解,欲拟万端之变,所谓东向而望,不见西墙也。

凡操千曲而后晓声,观千剑而后识器;故圆照之象,务先博观。阅乔岳以形培塿,酌沧波以喻畎浍。无私于轻重,不偏于憎爱,然后能平理若衡,照辞如镜矣。是以将阅文情,先标六观:一观位体,二观置辞,三观通变,四观奇正,五观事义,六观宫商。斯术既行,则优劣见矣。

夫缀文者情动而辞发,观文者披文以入情,沿波讨源,虽幽必显。世远莫见其面,觇文辄见其心。岂成篇之足深?患识照之自浅耳。夫志在山水,琴表其情,况形之笔端,理将焉匿?故心之照理,譬目之照形,目瞭则形无不分,心敏则理无不达。然而俗监之迷者,深废浅售,此庄周所以笑《折杨》,宋玉所以伤《白雪》也。昔屈平有言:"文质疏内,众不知余之异采。"见异唯知音耳。扬雄自称:"心好沉博绝丽之文"。其事浮浅,亦可知矣。夫唯深识鉴奥,必欢然内怿,譬春台之熙众人,乐饵之止过客。盖闻兰为国香,服媚弥芬;书亦国华,玩泽方美;知音君子,其垂意焉。

赞曰:洪钟万钧,夔旷所定。良书盈箧,妙鉴乃订。流郑淫人,无或失听。独有此律,不谬蹊径。

(选自周振甫《文心雕龙今译》,中华书局1986年版)

【阅读书目】

1. 袁珂:《中国古代神话》,中华书局1960年版。
2. 余冠英选注:《诗经选》,人民文学出版社1979年版。
3. 王伯祥选注:《史记选》,人民文学出版社1982年版。
4. 余冠英选注:《乐府诗选》,人民文学出版社1957年版。
5. 中国社会科学院文学研究所编:《唐诗选》,人民文学出版社1978年版。
6. 俞平伯选注:《唐宋词选释》,人民文学出版社1979年版。
7. 钱钟书选注:《宋诗选注》,人民文学出版社1959年版。
8. 四川大学中文系古代文学教研室选注:《宋文选》,人民文学出版社1980年版。

【思考题】

1.为什么说《诗经》与楚辞开创了中国古典诗歌写实与浪漫的创作传统？

2.怎样理解从建安到南北朝,文学进入了自觉的时代？

3.与唐诗相比较,宋诗体现了哪些新的特点？

4.苏轼在中国文学史上有什么贡献？

5.为什么说长篇章回小说的创作在明代形成了高潮？

第七章
中国美术

概　　述

中国古代有所谓"绘缋之事"（绘画）、"刻镂之术"（雕刻），这些都属于"百工技艺"。"美术"作为专有名词则是近代以后的事。有关中国美术，涉及的内容比较多，这里我们主要从四个方面来介绍。

一　中国绘画

绘画是人类最普遍的艺术活动之一。中国绘画有着悠久的历史，走过了从发端、童稚到成熟，从实用到艺术化的漫长路程，形成了人物、动物、山水、楼阁等独立的画种。绘画内容，可分为宗教画、风俗画、历史画等几大类，有岩画、壁画、装饰画、画像砖、画像石、版画、年画、卷轴、册页等不同形式，而且因为画风和画法的不同而形成不同的画派。

中国绘画的源头可以追溯到史前时期。在长期的劳动过程中，旧石器时代的人们在制作工具时就发现了对称、均衡、色彩等美感形式。原始岩画是中国绘画最早的遗存，大体上可分为南北两大系统。北方以内蒙古、甘肃和新疆等地的岩画为代表，画面多为动物、狩猎、生殖崇拜和各类符号，作画多采用凿刻等手法，刀法简洁，风格粗犷而雄浑。南方以云南、广西等地的岩画为代表，大都用红色颜料涂绘，色彩沉稳，风格拙朴而神秘。

新石器时代，绘画的最高成就集中在彩陶的装饰图案上。纹饰既有写实性的人物鸟兽虫鱼等，也有抽象的图案。河姆渡文化骨匕柄（双鸟纹）、仰韶文化彩陶（游鱼纹）和马家窑文化彩陶（舞蹈纹）的各种纹饰多用线条描绘，或流畅、或粗放，可见当时描绘彩陶已使用毛笔，成为中国绘画注重线条表现的滥觞。

夏、商、周时代，青铜器上的纹饰（如兽面纹、凤纹等）使线条的造型能力得到了很大的提高。线条的表现或简单，或丰富，这些纹饰庄严神秘，与原始图腾崇拜有一定的联系。这个时期的绘画题材广泛。据记载,西周初的明堂壁画上曾绘有尧舜和桀纣两类不同的古代帝王,用于政治教化,起到"恶以诫世,善以示后"的作用。

最能代表战国时期绘画成就的是长沙出土的《人物龙凤图》和《御龙图》帛画,它们是目前所能见到的世界上最早的丝织物绘画。都是随葬品,画面具有送墓主人飞升仙界、求得永生的含意,体现了楚文化中简朴的道家升仙思想。

秦汉时期,绘画种类和形式趋于多样化。除帛画外,还有壁画、木版画、漆画以及画像石、画像砖、动物瓦当等。其中较能代表汉代绘画水平的是壁画。汉墓壁画加强了绘画的人文因素,带有写实色彩。洛阳西汉墓中的《鸿门宴》壁画,人物造型夸张、神态生动,风格粗犷,代表了西汉墓室壁画的特征。在绘画手法上,汉墓壁画灵活采用了勾勒、平涂、晕染等方法,还采用了近于后世的"没骨"法的画法,画面色彩丰富,着意追求明暗凹凸的立体效果,体现出中国早期绘画的多种尝试。

汉代厚葬之风盛行,人们用刻有画像的画像石、模印烧制的画像砖建造墓室、祠堂、石阙等,装饰建筑,用来炫耀地位,表彰功德。画像砖石的题材以描绘现实生活居多,如车骑出行、田猎农事、历史故事等。画像砖石,以刀代笔,风格质朴粗犷。多采用剔底阴线刻、薄肉雕、模印等手法,注意形体的大致勾勒,线面结合,黑白分明,富有装饰趣味。南阳出土的《斗牛》画像石、成都扬子山出土的《弋射收获图》画像砖等,表现手法精巧,淳朴自然,颇富生活气息。

魏晋南北朝时期,随着士族阶层和玄学的兴起,绘画艺术得以蓬勃发展。绘画呈现出丰富多彩的面貌并走向专门化。画家普遍追求一种平淡自然之美。除民间画工外,士大夫也积极参与美术活动,一批优秀的画家脱颖而出,成为划时代的艺术大师,其中顾恺之、张僧繇、陆探微三人合称"六朝三杰"。谢赫的《画品》提出了绘画的品评标准和社会功能,无疑使绘画开始成为一个专门的艺术领域。

这一时期的绘画形式以长卷为主。绘画题材不断扩大,人物画更加注重以形写神、形神兼备;花鸟画开始兴起。绘画风格多样化,在表现人物方面,有"张(僧繇)得其肉、陆(探微)得其骨、顾(恺之)得其神"之别;在技法上,既有顾恺之、陆探微"笔迹周密"的密体,又有张僧繇"笔才一二,像已应焉"的疏体。

相传东吴画家曹不兴为孙权画屏风时,误落墨迹,他顺势将污墨改为一蝇,呈献时,孙权竟误以为是真蝇而举手拂之,一时间传为美谈。曹不兴是最早接受西域佛画影响的画家,故被誉为"佛画之祖"。世传他绘有《释迦牟尼说法图》、《维摩诘图》等。

代表当时绘画最高成就的东晋大画家顾恺之以"画绝、才绝、痴绝"驰名于世。作画专重以形写神,尤以点睛最妙。年轻时曾为建业(今南京)瓦棺寺作壁画《维摩诘像》，当众点睛，"光照一寺"，致使观者如堵，捐舍给寺庙的钱顷刻超过百万，顾恺之由此名声远扬，当朝宰相谢安赞之："苍生以来未之有也！"顾恺之创造了一种"紧劲联绵、循环超忽、格调高逸、风趋电疾"的笔法，画史喻其线条为"春蚕吐丝"，后人把这类线描统称为"高古游丝描"，其艺术效果含蕴、飘忽，虽静犹动。他的画迹有摹本《洛神赋图》《女史箴图》和《列女仁智图》传世。

隋代绘画在绘画发展史上只是一种过渡。画家展子虔是继往开来的人物，其技法特点是以细线勾描，青绿晕染，有"青绿法"之称，其画法为唐代李思训一派继承和发展，故有"唐画之祖"之称。

山水画兴起的代表作《游图春》，相传为隋代展子虔所作，是现存最早的一件绢本设色山水画卷。画图成功地展示了山水的秀美和士人游乐的场景。画中湖面波光潋滟，载有男女游人的华丽游艇荡漾其中，岸边山峦重叠，村舍与寺院掩映其间，湖堤小径蜿蜒伸入山间幽谷，山下"桃溪李径花未残"，山上"层青峻碧草树腾"。画中人物或策马纵游，或伫立观赏，画面春意浓郁，情趣盎然。画面线条轮廓准确优美，色调明丽、轻快醒目，风格细腻，情调委婉，全图有"远近山川，咫尺千里"之趣，具有强烈的艺术效果。

唐代是中国绘画趋向全盛的时期。"个性的发展"，致使唐画气度非凡，瑰丽、豪放、宏伟、明快成为唐画的共同风格。绘画的创作题材空前广泛：人物画更加注重反映现实生活和刻画人物的精神气质；山水画出现了青绿和水墨两大体系；花鸟画创立工笔设色和水墨淡彩、没骨等多种表现手法；宗教画则显得更为绚丽多彩。

唐代涌现出大批著名的画家。人物画的大家有阎立本、吴道子、张萱、周昉等。阎、吴以历史人物和释道人物为主。阎立本《历代帝王图》与《步辇图》中的线条坚实刚健，作风沉着；"百代画圣"吴道子作画以似莼菜条的线条描绘衣褶，有"吴带当风"之誉。张、周则专画上层贵族妇女，多作"浓丽丰肥之态"，这种画被称为"仕女图"。山水画的代表人物有"二李"（李思训、李昭道）、王维、张璪、王墨等，讲究笔墨清润，重在墨法巧变，如王维和张璪的"破墨"，王墨的"泼墨"等。花鸟画开始成为专门的画科，著名的画家有薛稷、刁光胤等，强调观察，注重写生。

唐代绘画的繁荣促进了绘画史论的发展，收藏著录和绘画史论的著述成就大大超过了往代，著名的有裴孝源的《贞观公私画录》、张彦远的《历代名画记》等。

唐末至五代，花鸟画进入成熟阶段，以黄筌、黄居寀父子以及徐熙为代表，二黄的花鸟画采用勾线填色的技法，称为"勾勒法"，其画风称为"黄体"，演变为后世的工笔画；徐熙的花鸟画不用墨笔勾勒，直接用色彩点染，称为"没骨法"，其画风称为"徐体"，演变为后世的写意画。这时的山水画都以真山真水为范本,画家有意识地追求笔墨,注重对自然景物的揣摩,一方面着力表现大自然的秀丽和壮美,同时又寄情于山水之中。出现了四位在山水画发展中作出里程碑式贡献的人物:荆浩、关仝、董源、巨然,史称"荆关董巨",前二人生于江北,后二人生于江南,并由他们开始逐渐形成了南北流派的不同风格。

宋代朝廷在宫内设立翰林图画院,形成"院体画",其题材多为山水、花鸟,作品多供帝王观赏。宋徽宗赵佶是院体画的代表人物之一,其流传作品有《芙蓉锦鸡图》等。被称为"南宋画院四大家"的李唐、刘松年、马远、夏珪等多以山水画、花鸟画闻名,其中马远的画集中于一角,世称"马一角";夏珪的画集中于半边,世称"夏半边"。宋代反映社会生活的风俗画大量出现,最有名的是张择端的《清明上河图》,其他如李唐的《村医图》、李嵩的《巴船下峡图》以及无名氏的《耕织图》、《归牧图》等。宋代还兴起了以梅兰竹菊为题材的"四君子画",借以表现文人的节操和雅趣,代表画家有文同、苏轼、杨无咎等。

元代是中国绘画画风大转变时期,诗书画紧密结合成为时尚,画面题诗,以诗点意,书画相映成趣,形成文人画的独特意味。画家多以水墨写意为主,凭意构而不拘形似,追求清淡高逸之风。最具代表性的画家是"元代四大家":黄公望、王蒙、倪瓒、吴镇。元代水墨梅竹画很流行,画梅画竹成为文人作画的特技,顾安、柯九思等因画竹而著世,王冕、陈立善等以画梅而出名。

进入明代,中国绘画发展十分缓慢,直到中叶后才有生气。明代的水墨写意花鸟画有较大的发展,但基本上沿袭宋元之风,画家追求笔墨情趣,水墨淋漓,徐渭大胆用泼墨勾染的技法画牡丹,被称为"大写意"画家。明代以文人画偏胜,山水画较为发达。著名的有"吴派四大家":文征明、沈周、唐寅、仇英,其中唐寅之作,别具细劲流动之美。他们的继承者有董其昌、陈继儒等人。明末画家陈洪绶擅长人物画,重视形象的夸张变形和神情表达的含蓄。

清代绘画受统治者高压政策的钳制,形成一种仿古的风气,以王时敏、王鉴、王翚、王原祁、吴历、恽格为代表,习称"清初六家"。另有一些画家对现实作消极反抗,借山水花鸟抒发幽愤,作画手法夸张,风格怪异,以石涛、朱耷为代表。继承他们精神的是"扬州八怪"李鱓、金农、罗聘、郑燮、汪士慎、高翔、黄慎、李方膺等人,他们的绘画都体现了反传统的创新精神。民间绘画在清代也较为繁荣,年画创作空前发达,构图饱满,色彩鲜艳,生活气息浓郁,富有装饰性,感染力较强,一直传承到现在。

清末民初以来,中国文化面临社会变革和西方文化影响的挑战,绘画在继承中求创新、变革和发展。这期间出现了一批很有成就的画家,如任伯年、吴昌硕、齐白石、徐悲鸿、黄宾虹、刘海粟、张大千、潘天寿、吴作人、傅抱石等,各具风格和特色,在技巧和情趣方面都有新的尝试,并影响至今。

二　中国书法

中国书法是以汉字的字形结构和线条变化为基础,来表现审美情感的一种特殊艺术。汉字总体上是表意文字,字形结构趋于平衡,整齐而有变化,本身就具有自然之美和人文之美的因素。因此,人们在书写汉字的时候,完全可以根据自己对美的感受,把存在的对象之美与汉字的内在之美融合起来。汉字由书写符号成为艺术,就在于人们赋予它神采和意韵,使之能传达人的气质和情感,所以中国有"字如其人"的说法。

中国书法艺术的雏形可见于远古的彩陶上。大汶口文化时期的陶器上的刻画符号,一般认为已经是造型美观的文字。甲骨文已有很高的艺术性,商周时期的钟鼎文,字形章法严整优美。由于当时艺术创作的自觉性还没有形成,书法理论还没有萌芽,因此以上时期还只是书法艺术的产生阶段。先秦的书体主要是金文和秦统一文字后的小篆,这一时期可以称得上书法家的代表人物是李斯。

我国的书法艺术在汉魏时期才真正形成。汉代隶书盛行,草书、行书、楷书应运而生,出现了诸体皆备的辉煌局面,成为书法艺术的成熟时期。隶书产生于秦代,称为"秦隶",笔画简直平稳,结构由纵势向横势转变。到了西汉,隶书被奉为"史书",成为汉代最主要的书体,称为"汉隶"。字形呈扁形横势,上下紧密,左右舒展,呈现出匀称自由的特点。银雀山汉墓出土的《孙子》《孙膑兵法》,马王堆汉墓出土的《老子》等,都是西汉的墨迹。《张迁碑》《礼器碑》《华山碑》《仓颉庙碑题记》等则是有代表性的东汉墨迹。两汉的书法作品多未署名,所以今天能知名的书法家很少,著名的书法家可以杜度、崔瑗、蔡邕、曹喜、张艺等人为代表。汉隶以它独特的生命力在整个书法史上取得了极其重要的地位,它上承篆籀,下启楷书,而且是草楷两体产生的基础。草书起初是汉隶的潦草写法,字体笔势连绵,有时仅具字之轮廓,后发展成为一种独立的字体。

魏晋南北朝是承上启下、完成书体演变的时期,篆隶楷行草诸体俱臻完善,流派众多,名家迭出。

钟繇师承蔡邕,又习众家之长,完成了楷书的定型化。遗憾的是,钟繇的楷书墨迹迄今尚未发现。《上尊号碑》是钟繇的隶书代表作,前人评其隶书"点如山颓,滴如雨骤,纤如丝毫,轻如云雾,去若鸣凤之游云汉,来若游女之入花林"。

王羲之为中国书法创立了至高的准则,因他曾任"右军将军",后世称为"王右军"。王羲之初学钟繇,后博览秦汉以来名作,兼采众法,自成一家,被尊为"书圣",与钟繇并称为"钟王",其书法奇而正,雄而逸,健而美。唐太宗评之:"观其点曳之工,裁成之妙,烟霏露结,状若断而还连;凤翥龙蟠,势如斜而反直,玩之不觉为倦,览之莫识其端。心摹手追,此人而已。其余区区之类,何足论哉。"唐太宗死后还把王羲之的《兰亭序》真迹带入昭陵。正是王羲之把中国的书法艺术推向了顶峰。

王献之继承家法，与其父王羲之并称"二王"，书风似其父，然更具逸气，进一步扭转了当时的古拙书风，称为"破体"。他兼精诸体，尤以行草见长。

南北朝的书法，风格多在"二王"的影响之下，不同体式、不同流派的作品各异其趣，书法作品大都出自无名书法家之手。僧人智永是王羲之的七世孙，其书法深得家风，他写的《千字文》极为后人推崇。南北朝因地理划分为南北两派：南朝碑少帖多，其书清丽飘逸；北朝碑多帖少，其书挺拔劲健。以魏碑为代表的北碑书法体格高峻，形质爽朗，笔势雄浑。魏碑的代表作有《郑文公碑》、《张猛龙碑》、《始平公造像记》等。王虔僧和萧子云是这一时期著名的书法家。

隋唐是中国书法艺术的鼎盛时期。唐代专设"书学"，书法被定为学校的学习课目，在理论和创作上都达到新的高度，对日本书法的影响也肇始于此。唐代书法承晋韵，其楷书雍容华贵，庄重沉稳，可以"初唐四家"欧阳询、虞世南、褚遂良、薛稷为代表。欧阳询以楷书为最好，被推为唐人楷书第一，代表作有《九成宫醴泉铭》、《皇甫诞碑》；虞世南是唐太宗的老师，其书法笔圆体方，外柔内刚，传世名作有《孔子庙堂碑》；褚遂良书习王羲之，其书法"字里金生，行间玉润"，温雅而美丽多方，代表作是《大唐三藏圣教序碑》；薛稷的字"用笔纤瘦"，开后世瘦体之先河，其传世作有《升仙太子传》等。

中唐的楷书代表人物是大书法家颜真卿和柳公权，二人并称"颜柳"。颜真卿"萧然于绳墨之外"，大胆创新。他把篆隶笔法用于楷行草书，把楷书的横划写得细瘦，点竖撇捺则写得肥壮，字体遒劲健壮，宽博规整，世称"颜体"。颜氏作品很多，著名的如《多宝塔感应碑》、《东方画赞碑》、《颜氏家庙碑》等。与颜真卿相呼应的是柳公权，他锐意革新，独创"柳体"，其楷书横竖均匀硬瘦，点画皆有骨鲠，方起圆结，精悍利落。代表作有《玄秘塔碑》、《符璘碑》、《神策将军碑》等。颜柳书体之别，世人多以"颜肥柳瘦"来概括。

唐代草书以张旭、怀素最为有名。张旭的草书结构奇特多变，体势飞扬不拘，人称"张癫"，杜甫在《饮中八仙歌》中誉之"挥毫落纸如云烟"。其书体极富神韵和意趣，笔画狂而不怪，癫而不乱，刚柔相济，气韵贯通，代表作有《肚痛帖》。张旭的草书与李白的诗歌、斐旻的舞剑，号称"三绝"。怀素自幼家贫，种芭蕉万株，以叶代纸，苦练书法，他住的寺庙因此叫"绿天庵"（今湖南永州绿天庵旧址仍保留清代摹刻的怀素《千字文碑》）。李白《草书歌行》中赞他："吾师醉后倚麻床，须臾扫尽数千张。飘风骤雨惊飒飒，落花飞雪何茫茫。起来向壁不停手，一行数字大如斗。恍恍如闻神鬼惊，时时只见龙蛇走。"其代表作另有《自叙帖》等。

晚唐五代战乱频仍，唯杨凝式能于离乱中佯狂自晦，人称"杨风子"。其书破方为圆,削繁为简,结字善移部位,展蹙生姿,雄逸多变,落落大方,影响了宋以后无数书家,传世墨迹有《韭花帖》《神仙起居法帖》等。

宋代书法艺术不甚景气,虽书家辈出,但没有形成自己的特色。宋初学帖者较多,囿于藩篱,限制了书法的创新。加之宋人习书,时俗趋贵,书家很难有独特的发展。值得称道的是苏轼、米芾、黄庭坚、蔡襄、赵佶等人,他们为宋代书法的振兴作出了贡献。

元代的书法艺术总体上较前代有所逊色。但宋朝降元的皇胄(赵匡胤十一世孙)赵孟頫以古为师,以古为新,篆隶行草无所不学,集晋唐书法大成,成为可与颜真卿、柳公权、欧阳询并称的楷书四大家之一。其书笔画圆润,结体匀称优雅,内藏筋骨,秀美流芳,独占元代书坛。代表作有《仇锷墓碑铭》《兰亭十三跋》《洛神赋》《妙严寺记》等。

明朝由于文字狱以及众多书家求功名富贵心切,书法的艺术实践和理论都受到了很大限制。其间影响较大的书法家主要有董其昌、祝允明、文征明、米万钟、邢侗、张润图、徐渭等人,其中"董、米、邢、张"被称为"晚明四大家"。

清代书法以嘉庆、道光为界分为前后两期:前期注重帖学,书法不太景气;后期注重碑学,提倡个性与个人风格,出现了新局面。清代书法家很多,成就突出的也不少。中期的书法家如金农、郑燮、刘墉、王文治等,特别是郑燮的隶书独具一格,书体参用篆行楷的形势,且多受其画技的影响,石文兰叶,古秀独绝,为后人叹服。后期的书法家有何绍基、吴昌硕、邓石如、康有为等。其中吴昌硕擅长石鼓文,邓石如的篆隶笔力苍劲,朴厚沉雄。

民国以后,硬笔逐渐替代了毛笔,书法的基础训练远不如前朝。新中国成立之后,书法艺术走上复兴,各种流派、体裁的作品层出不穷,硬笔书法也登上了书坛。知名的书法家有:于右任、沈尹默、舒同、邓散木、林散之、康殷、启功、赵朴初、沙孟海等。

书法讲究的是运笔取势,力在其中,能体现"相反相成"的美感。要求同中有异,异中求同,主次分明,虚实相间,刚柔相济,正中有奇,断中有连,开合自成,否则就构不成书法艺术。

三　中国雕塑

雕塑作为一种艺术,它以各种硬质或软质材料为媒介,把它们雕刻塑造成可供视觉感受的艺术实体形象,给人们以审美享受和启示。考古发掘的成果证明,中国的雕塑可以追溯到原始氏族社会,辽西文化遗址牛梁山出土的五千年前陶塑裸体女神及无头裸体女神坐像,轮廓健美柔和,造型准确生动,内蕴神态可见,显示出原始雕塑的惊人艺术水平。

中国雕塑按照材料可分为:陶塑、泥塑、瓷塑、金属塑铸、木雕、竹雕、石雕、根雕、玉雕、骨雕、果核雕刻、沙雕等。就其成果和种类来说,则可分为明器雕塑、陵墓雕塑、佛教造像、宗庙雕塑、建筑雕塑、工艺雕塑等。下面着重简要介绍前三种雕塑。

（一）明器雕塑

明器亦称冥器、盟器,指古代用于陪葬的代替实物模型。它包括用雕塑手法制作的人像、动物和车船模型等。中国古代明器雕塑历史悠久,河南安阳商墓中就出土过商代石雕,其中虎首人身石雕是用大理石雕成的,屈膝跪坐,张口龇牙,状若咆哮,是一件珍贵的艺术作品。秦朝的明器雕塑发展惊人。

秦汉和隋唐是代表中国明器雕塑最高成就的两个时期。"世界第八大奇观"的秦始皇兵马俑是这一时期明器雕塑的代表作。据统计,共有武士俑7000个左右,驷马战车100辆,战马100多匹。武士俑形象生动逼真,人物表情极富个性,无一雷同。采用模塑与手塑相结合的制作方法,这种统一性与差异性的有机结合,为后世陶俑的制作提供了有益的经验。徐州楚王墓汉代兵马俑,已出土2500多件,是继秦兵马俑之后的第二大兵马俑军阵。汉俑比秦俑在体形规模上要小得多,很可能反映了秦汉艺术在观念上的变化,即秦重"写真",汉趋"写意"。唐代是中国明器雕塑的全盛时期。题材上更为宽泛,主要表现盛唐时大国的风采。如唐俑中的贵妇形象,体态丰腴,温婉大方,人物表情闲适优雅。武士俑身着铠甲,表情严肃。明器雕塑中的马也往往是膘肥体壮。三彩釉的发明和使用,使唐代明器雕塑异彩纷呈。西安附近出土的唐三彩女立俑,体态动人可爱,服饰色彩深浅交错,给人以清新的美感。

（二）陵墓雕塑

陵墓雕塑是古代厚葬制的产物。一般指陵墓周围设立的石人、石兽等仪卫性雕塑,具有一定的纪念夸示功能,亦称"石象生"。据记载,汉代以前中国就已经有陵墓雕塑,汉以后各代都有体现时代特色的陵墓雕塑。就成就和影响而言,中国陵墓雕塑当以汉唐两代为最。

西汉盛行厚葬,营造帝王之陵墓时更是无所不用。陕西兴平市作为汉武帝陪葬墓的霍去病墓前有一组石雕群,雕塑均用秦岭山区硬度很强的花岗石雕成,其价值足以与秦陵兵马俑相提并论。石雕群中约有十几件作品造型相对较为完整,如"马踏匈奴"、"怪兽食羊"、"野人搏熊"、无腿胡人、卧象、卧牛、跃马、伏虎、野猪、蟾、蛙、鱼等。石雕群以墓前的"马踏匈奴"为主题,石马与真马大小相近,造型厚重,脚踏一个正在挣扎而又紧张恐惧的匈奴军士,突出表现了霍去病抗击匈奴的赫赫战功。作品用一块整石将这一马一人雕刻出来,在艺术表现上既重写实又具浪漫,被誉为中国古代首件具有记功碑性质的石雕精品,在中国雕塑史上占有重要地位。

唐代经济繁荣,雕塑规模空前巨大,帝王陵墓前的石雕作品,更是气魄宏伟,风格雄浑。西安附近"关中十八陵"中尤以昭陵、乾陵为最,"昭陵六骏"以李世民所骑的六匹骏马为原形雕刻而成,形象高大,体魄剽悍,体现了勇猛不屈的品质。乾陵前的石雕,如踞坐雄视的狮子,以及传神的马匹、鸵鸟等,形态丰硕,体格健劲。另外,武则天母亲杨氏顺陵前的走狮、天禄等,也都是具有代表性的作品。

(三)佛教造像

魏晋南北朝时期,佛教流行,雕塑艺术深受其影响,以表现佛教内容为题材的雕塑作品大量出现,由此佛教造像也成为中国雕塑艺术的重要组成部分。

佛像雕塑是佛教造像中的样式之一,包括四个部类:佛部像,即佛祖释迦牟尼以及三世佛(阿弥陀佛、卢舍那佛、弥勒佛)的塑像;菩萨部像,即具有一定佛性但尚未成佛者的塑像;声闻部像,即闻佛之声而觉悟者(佛的弟子、罗汉等)的塑像;护法部像,即保护佛法者(如天王、金刚等)的塑像。

石窟造像是佛教造像中另一种雕塑。石窟,又名石窟寺,中国古代石窟众多,石窟中设置的造像难以统计。最有代表性的是四大石窟:敦煌莫高窟、大同云冈石窟、洛阳龙门石窟、天水麦积山石窟。

寺庙造像也是佛教造像的另一种样式。目前留存最早的地面寺庙造像是建于唐代的五台山南禅寺大殿和佛光寺大殿的泥塑造像。宋代寺庙造像众多,题材多以罗汉和菩萨为常见,代表作品如苏州保圣寺的罗汉群像等。明清保留下来的寺庙造像不少,但总体水平不及前代。相对而言,山西平遥双林寺明代造像和昆明筇竹寺的清代罗汉塑像,还是比较有价值的。

佛像塑造方面,魏晋南北朝时期的佛像基本上是印度佛的模样,同时注意浓丽淳厚的色调和朴实的装饰美。由于战乱,人们饱受苦难,因此往往把他们的思想愿望和脱俗的情感寄托在佛像中。唐代文化昌盛,雕塑作品趋于华丽,色彩明快,作品中的人物往往透着浓郁的亲切感。特别是女菩萨像,更是秀美娴雅,目透柔情,温和慈祥。宋代的佛教造像更加世俗化,注意从日常生活和言行举止中展示人物的心灵境界,被梁启超誉为"海内第一名塑"的济南灵岩寺千佛殿中的四十尊罗汉彩塑,表情深沉而恬静,喜怒哀乐,栩栩如生。

宗庙造像兴起于汉代,已塑造现实中的人物为主。四川都江堰的秦蜀郡太守李冰石雕像,是后人为颂扬他的治水功业所立。杭州岳王庙大殿中的岳飞像及其旁边秦桧等人的跪像,是后人为歌颂岳飞的抗金功绩,鄙视秦桧等人所建,反映了人们强烈的爱憎感情。

建筑雕塑是附属于建筑的装饰性或寓义性的雕塑,有的直接为建筑物的构成部分(如雕成龙头的水道、屋顶的瓦当等),有的设置于建筑周围。秦砖汉瓦在中国建筑史上享有盛名,它们与建筑浑然一体。汉代大兴宫殿苑囿工程,建筑雕塑往往用作夸饰,如石阙的阙檐上雕刻的猛兽或神话故事等。

工艺雕塑有的既有实用价值,又可供玩赏。我国新石器时代的壶型器物一般为某动物造型,用动物的四脚为器物的四腿,用动物之口为壶嘴,倾倒浆水,实用性与工艺性巧妙结合。当然,也有许多工艺雕塑是只有玩赏价值而无实用价值的。

从时间上看,中国雕塑自元明以后,艺术上没有更多的长进,造像的世俗化越来越明显。总的说来,元代雕塑较为粗犷,明代雕塑过于繁琐,清代雕塑流于庸俗,这些都与时代的精神面貌有关。

四　中国工艺

工艺美术包括人们的衣食住行等生活各个方面的美术加工。品种很多,从用途上看,有生活日用品和装饰欣赏品;从制作上看,有手工制品、机器产品、电脑产品;从性质上分,有传统工艺、民间工艺、现代工艺。通常则是以材料来分类,如陶瓷工艺、染织工艺、漆器工艺、金属工艺、玻璃工艺、塑料工艺、木工艺等。下面着重讨论前四种材料工艺。

（一）陶瓷工艺

中国是世界上较早发明陶器的民族之一。目前所知我国最早的陶器实物出土于江西万年的仙人洞遗址和广西桂林的甑皮岩遗址,均在公元前 7000 年以前。制陶成为新石器时代的重要特征,各个著名的文化时期,如河姆渡文化、仰韶文化、大汶口文化、龙山文化等,都有不同艺术特色的陶器工艺。其中著名的品种有彩陶和黑陶。

彩陶是一种绘有黑色、红色的装饰花纹的陶器。分布区域很广,以黄河中上游最为发达。不同区域彩陶有各自不同的艺术特点。西安半坡彩陶的装饰花纹以鱼纹具有代表性,人面形花纹也有特色;以陕西关中地区为中心的庙底沟彩陶,其装饰纹以回旋钩连纹最有特色;甘肃宁定半山彩陶流行锯齿纹,图案组织常见有旋涡纹和葫芦纹,其装饰精巧工整,是彩陶工艺中最精美的一类。

黑陶即黑色陶器,分布在黄河下游和东部沿海一带,最早发现于山东历城龙山镇,所以也称"龙山文化"。黑陶工艺在生产技术上有了很大提高,开始利用陶轮制作陶器,又运用了封窑技术。渗入碳素烧成的黑陶质量很高,有的器体很薄,有"蛋壳陶"之称,是黑陶工艺中的精品。

商周时期出现了原始瓷器,即早期青瓷。春秋战国时期的陶瓷工艺品种增多,有暗纹陶、彩绘陶、印纹硬陶等,特别是彩绘陶,先烧制陶坯然后画花,色泽鲜艳,但容易脱落,此后一直延续到两汉时代。

六朝开始,中国的工艺美术进入了瓷器时代,瓷器成为一种重要的生活用品。六朝的青瓷种类丰富,有壶、尊、罐、碗、杯、盘、灯、炉、水注等。具有时代特色的是鸡头壶(又名天鸡壶)。六朝青瓷产地以浙江地区为中心,如越窑系统的会稽窑烧造历史相当久远。北方瓷窑虽发现不多,但出土的瓷器却不断增多,河北景鼎封氏墓出土的仰覆莲花尊,已具有很高的艺术水平,是陶瓷中的珍品。

唐代的陶瓷工艺有较大的发展,陶瓷的种类增多,除青瓷以外,还有白瓷、花瓷、唐三彩等。白瓷瓷窑中具有代表性的是邢窑,邢瓷釉白而微闪淡黄,有"类银"、"类雪"之喻,器形光素大方,无纹饰,器底多为璧形的宽圆圈,被称为"玉璧底"。被誉为奇异的陶瓷之花的唐三彩,是一种精美的低温铅釉陶器,常应用黄、绿、褐等色釉,色彩斑斓,造型优美,品种丰富,当时还作为珍贵物品远销海外,为古代中外文化交流作出了贡献。

宋代是我国陶瓷发展的一个鼎盛时期,宋代陶瓷被人们通称为"宋瓷"。南宋以后,还形成了一条海上"陶瓷之路"。就整个宋代而言,重要的名窑中,北方主要有河北的定窑和磁州窑、河南的汝窑和钧窑、陕西的耀州窑等,南方主要有江西的景德镇窑和吉州窑、浙江的龙泉窑、福建的建窑等。宋代的官窑是由官方垄断经营供宫廷专用的瓷窑,北宋官窑在汴京,南宋官窑在临安。宋瓷诸窑各具特色并显示出不同的风格之美,如官窑之典雅,钧窑之绚丽,建窑之纯朴,定窑、景德镇窑之清秀,汝窑、耀州窑、龙泉窑之浑厚,等等。此外还有一种宋三彩,也别具一格。

元代陶瓷最有成就的是青花和釉里红的烧成制作。特别是青花的发展,改变了以前用刻花、划花、印花、堆塑为主的陶瓷装饰方法,此后,青花成为陶瓷中的一个主要装饰品种。此外,颜色釉也取得一定成功,如红釉、蓝釉以及卵白釉等,都是重要产品。元代陶瓷的造型特点是器大、胎厚、钝拙。有时代特色的器物主要是玉壶春、匜马上杯等。陶瓷的主要产地以景德镇为中心。在山西一带流行的琉璃成为陶瓷中的一个特殊的品种。

时至明朝,中国陶瓷进入以彩绘为主的阶段。瓷器上流行用年号作为款式,成为体现时代特色的标志之一。景德镇成为全国制瓷中心,产量最多,规模最大。所谓"工匠来四方,器成天下走"。其瓷器的突出成就是青花、五彩、颜色釉等。福建德化窑也颇负盛名,所生产的白瓷独具一格,形态优美。其白色犹如凝脂,有"奶油白"或"象牙白"之称。白瓷温润莹净,法国人喜欢称为"中国白"。另外,江苏宜兴的紫砂壶也开始兴盛起来。

清代瓷器仍以景德镇为生产中心,突出成就表现在彩绘和色釉两个方面。彩绘中著名的有古彩、粉彩和珐琅彩。珐琅彩,也称古月轩,其正式名称为"瓷胎画珐琅";其原料最早采用西洋料;其特点是轻、薄、坚、细;画法细而碎,且富有立体感。清代的陶瓷中宜兴的紫砂继续发展,仍放异彩;广州的广彩,用金彩和明艳彩绘作装饰,也称之织金,颇富民间特色。

(二)染织工艺

中国的染织工艺历史悠久,制作精美,在世界上享有盛誉。其种类较多,从原料上看,主要有丝织、麻织、毛织、棉织等。其中丝织品常见的品名有:锦、缎、绫、罗、纱、绢、绮等;麻织品主要指麻、苎、葛等植物纤维的织品。染织工艺的装饰方法,大体可以分为四大类:织花、印染、刺绣、画花。

1958年,陕西华县一个女性成人墓葬中出土了比仰韶文化还要早的石片、骨针、骨锥,是目前为止所发现的世界上最早的纺纱工具。龙山文化中发现的骨梭,表明生产工具的改进和织造技术的提高。我国原始社会的织物目前发现的不多,但是从浙江吴兴钱山漾出土的麻布可以看出当时织造的精细程度还是比较高的。

商代的染织业随着农业生产的发展也得到了很大的发展。甲骨文中的"桑、丝、麻、帛、裘、巾"等字,以及不少从"糸"的字,表明当时已有专门的纺织和缝纫工艺。商代的染织工艺主要有丝织和麻织两大类。由于丝织品不易保存,目前很难看到商代丝织品的实物资料。安阳殷墟武官村大墓出土的铜器上的绢纹残迹中,不但有细密的平纹,还有织成菱形纹、方格纹和回纹的印痕。

周代染织业普遍有所提高,养蚕、缫丝、织帛、种麻、织绤、染色都有专门分工。周代葛布中精细的叫做绤,粗的叫做绤。植物染料主要用蓝草(蓼蓝)染蓝色,茜草染红色,紫草染紫色,栀子染黄色;矿物染料主要有赭石、朱砂、石黄、铅丹以及各种天然铜矿石等。周代已出现了锦,还有用手工在织物上绘画图案的产品(如画帷等)。周代服饰艺术加工常用画花和刺绣作装饰,宝鸡茹家庄出土的西周刺绣残片,就是一件珍贵的刺绣实物资料。

春秋战国时期的织绣工艺,已经具有较高的水平。湖北江陵马山楚墓出土的大批丝织品、编结和刺绣中,品种有绢、罗、纱、锦等。锦的花纹有几何纹、菱形纹、S形纹。几何纹中还饰有龙凤、麒麟和人物,其中有一件舞人动物纹锦丝织珍品,图案中的舞者高举双袖,腰间束带飘动,姿态优美。刺绣中有绣衾、绣衣、绣袍、绣裤等,用辫针绣出的图案如龙、凤、虎、三头鸟,以及花朵、草木和枝蔓等,线条流畅,针法纯熟。据记载,大约从公元前五六世纪起,中国的丝织品已开始传到西方。

秦汉时期的织绣工艺有着飞跃的发展,尤其是丝织品种更为丰富多样。通称为"经锦"的汉代锦是一种经丝彩色显花的丝织品,纬线只用一色,经线则多至三色。汉代丝织的花纹,常见的有云气纹、动物纹、花卉纹、吉祥文字以及各种几何纹等。刺绣的针法主要是辫绣。马王堆汉墓出土的大量刺绣实物中,著名的绣品主要有三类:信期绣、长寿绣、乘云绣。汉代的蜡染工艺也达到了一定的水平。

三国时期,四川生产的蜀锦最为著名,蜀锦当时也是魏国和吴国所争求的高级丝织品之一。六朝时期的织锦纹样改变了汉代不规则变化的格式,构成了有规则的几何分割线,更加样式化。

唐代的染织工艺十分发达,努力追求华丽的色彩效果,品种多,产量大。其中织锦最著名,一般称为"唐锦",唐锦是用纬线起花,所以又称"纬锦"。唐锦的装饰花纹有:联珠纹、对称纹、团窠纹、散花等。唐代的印染很发达,印染方法很多,主要有蜡缬、夹缬、绞缬、碱印、拓印等,创造了多种艺术特色,产生了多种艺术效果。

宋代的织锦具有时代特色,称为宋锦,多采用小朵花、规矩纹、龟背纹、锁子纹、万字流水等,色调典雅。缂丝是宋代一种新兴的丝织品,主要是织作绘画或书法,反映丝织工艺由实用向欣赏方面分化,著名的缂丝能手有朱克柔、沈子蕃、吴煦等。宋代的刺绣精细典雅,朝着欣赏品发展,成为后来的画绣。

元代的丝织中以织金最为特色,织金称为"纳石失"。元代的毛织也得到特殊的发展,这是为了适应蒙古游牧民族的生活需要,多作为地毯、床褥、马鞍和鞋帽等。棉织是在元代发展起来的一种新兴工艺,当时松江一带的"乌泥泾被",成为大江南北的著名产品。其间黄道婆为棉纺织工艺作出了卓越的贡献。

明代织锦被称为明锦,主要有库缎、织金银、妆花三类品种。明锦的花纹丰富,有云龙凤鹤、花草鸟蝶、吉祥锦纹等,富有装饰美。明锦的图案组织有团花、缠枝、几何纹等,其中缠枝是主要组织部分,颇具时代特点。明代刺绣工艺以"顾绣"最为有名。嘉靖时有进士顾名世,几代人擅长刺绣,顾名世的儿媳妇韩希孟,刺绣更为精巧,或称"韩媛绣"。顾绣是一种画绣,所绣人物、花卉、山水、翎毛等,"劈丝细过于发,针如毫",为人所重,影响很大。

清代的丝织风格大体可分为早、中、晚三个阶段。早期多用几何形骨架,花朵较小,规矩严谨;中期纹样繁缛,并有显著的欧洲艺术影响;晚期多用大花朵,纯朴粗犷。著名的丝织品种有云锦、宋锦、蜀锦等,古香缎、织锦缎也是重要产品。云锦为南京所产,主要织造宫廷贡品;宋锦是苏州的特殊产品,分为大锦(又名重锦)、小锦(一名盒锦);蜀锦是四川传统丝织品,代表产品有方方、雨丝、月华等。清代的刺绣形成不同的地方体系,著名的有苏绣、湘绣、蜀绣、粤绣、京绣,另外,山东的鲁绣、河南的汴绣、浙江的瓯绣、贵州的苗绣等也很有名,各具艺术特色。清代染织工艺中,苏州的缂丝、北京的地毯、福建的漳绒、贵州的蜡染、广西的壮锦、西藏的氆氇,河北高阳的彩花布,嘉兴、常德、苏州、天门等地的蓝印花布,也都很有名,有较高的艺术水平。

(三)漆器工艺

漆有防腐耐酸碱的物理性能,用漆制成的器皿,不仅实用,而且美观。古人较为重视漆树的种植,促进了漆器工艺的形成和发展。1957 年河南信阳发掘的战国楚墓中,出土了漆器达 300 多件,包括日用器皿、家具、乐器、车马饰以及镇墓神等。江陵天星观楚墓中出土的漆器则多达 2500 多件,其中著名的漆器作品有:彩绘漆座屏、漆双凤鼓等。战国漆器的装饰方法主要是彩绘、针刻和描金等,色彩一般以黑与红为主。

汉代漆器是漆器发展史上的一个鼎盛时期,品种主要有漆杯、漆壶、漆盒、漆奁、漆案、漆几等。装饰手法以彩绘为主,漆器造型注重既要实用方便又要美观协调,体现了卓越的工艺美术设计思想。

六朝较为突出的漆器工艺是制造夹纻造像。夹纻是用漆灰造型并用麻布粘贴做成漆胎。六朝用夹纻漆艺制造的佛像,比铜像轻便得多,便于装在车上游行,时人谓之"行像"。另外,斑漆和绿沉漆都是这一时期的新创造。

漆器到了宋代有一定的发展,主要产地在温州、杭州等地,其品种主要有金漆、犀皮、螺钿、雕漆等,多以造型取胜。不少漆器注有价格和"货真上牢"等字样。

自元代起,漆器的装饰以雕饰成为主流。元代漆器的主要产地是浙江嘉兴地区,出现了张成、杨茂等卓越的漆器工艺家。陶宗仪《辍耕录》详细记载了漆器的多种制作方法,工序极为复杂。北京后英房出土的元代广寒宫点螺漆盘残片,色彩斑斓,十分精美。

明代的漆产量很高,漆器工艺十分发达。官方专营的果园厂漆器制作和民间漆器生产都很兴盛。出现了诸如张德刚、姜千里等众多制漆名人。明代的雕漆种类很多,如剔红、剔彩、剔犀等。安徽新安著名漆艺理论家黄大成的《髹饰录》是古代漆艺的唯一专著,总结了古代漆艺的创造实践理论,详细叙述了制漆的材料、工具和方法,提出了"巧法造化,质则人身,文象阴阳"等重要工艺美学原则。

清代漆器中著名的有北京雕漆、扬州螺钿、福建脱胎、浙江金漆等。其中扬州螺钿中以有点螺最为精美,百宝嵌是其中较为著名的传统产品。

(四)金属工艺

青铜工艺是商周时期最具有代表性的工艺美术。青铜是指在红铜中加锡、铅等冶炼成的一种合金,因颜色会青而得名。商周制作青铜器的方法主要是陶范法、蜡模法,品种可分为烹饪器(如鼎、甗、鬲)、食器(如簋、豆、簠、盨)、酒器(爵、斝、角、觯、觚、卣、壶、罍、瓿、盉、尊、彝)、水器(如鉴、盘)、乐器(钟、钲、铙)、杂器(禁、俎),等等。商代青铜器饰纹主要采用饕餮纹(即兽面纹),其他如夔纹、鸟纹、象纹、鱼纹、蝉纹等,青铜器多用作祭祀或酒具。周代青铜器的饰纹多用窃曲纹、环带纹、重环纹等,青铜器主要用作礼器或纪念用品。

春秋战国时期,青铜工艺从造型上看,在品种和样式上都产生了许多新的变化。比如食器中的鼎,采用部件分铸及焊接方法,样式更为复杂,增添了附耳和器盖等。装饰的手法也很多,有模印、线刻、镶嵌、金银错、鎏金、失蜡法等,饰纹除了主要用蟠螭纹外,还有反映生活题材的,如宴乐、渔猎、攻战等。1935年河南汲县山彪镇出土的水陆攻战纹鉴、1965年成都百花潭出土的宴乐渔猎攻战纹壶,都是这一时期创新的精美作品。

秦代青铜器中富有地方特色的是蒜头瓶和鍪(一种锅)。1980年陕西临潼秦始皇陵西侧陵道中出土的铜车马,则是秦代青铜工艺制作水平的代表。

汉代的铜器多以生活日用器皿为主,流行素器,饰纹简朴。品种主要有铜灯、铜炉、铜壶、铜尊、铜洗、铜鼓、铜镜等。其中铜炉主要供烧香时用,又称"熏炉",另有温手炉、温酒炉等。汉代的铜镜很发达,制作精巧,样式华美,图案组织丰富多彩,具有很高的艺术性和装饰性。

六朝的金属工艺处于衰落时期。铜主要用于铸造佛像,这跟佛教流行有关。金属工艺中的一般日用器皿多为青瓷替代,只有铜镜尚有特色,当时绍兴的铜镜颇有名气。

唐代的铜镜制作非常兴盛,多用作献礼和馈赠品。唐镜的样式除传统的圆形外,另新创了菱花形和葵花形等花式镜。饰纹有花鸟纹、走兽纹、海兽葡萄纹、双鸾衔绶纹等,其装饰加工很丰富,有鎏金、错金银、螺钿、金银平脱、涂珐琅、漆彩等。唐镜中往往多有诗句,把金属工艺与文学结合在一起。另外,唐代的金银器也很突出,许多作品做工很精巧,如西安南郊出土的舞马衔杯银壶。江苏丹徒出土的涂金龟负"论语玉烛"是行酒令用的一种器具,龟负的圆筒内放有用《论语》章句所作的五十支银酒筹,是一件罕见的特殊银制品。

宋代是我国铜镜发展的最后阶段,出现了亚字形新兴样式。北宋铜镜制作较为精美,多用花草纹作装饰,采用连珠纹作边;南宋铜镜很简朴,多为素地无纹。铜镜除手持外,已经改用镜架挂镜,镜背一般不用装饰。

元代的金银器制作比较发达,不仅器件多,而且不乏巧匠。安徽合肥小南门内孔庙地槐树下发现的元代窨藏金银器有100多件,江苏金坛发现的罐藏银器也有50多件。有名的银匠有浙江绍兴的朱碧山、江苏平江的谢君馀和谢君和、上海松江的唐俊卿等。其中朱碧山最负盛名,至今还保存着他创作的酒器"龙槎",做工精美,形象生动。

明代的宣德炉和景泰蓝最具有时代特色。宣德炉是宣德年间制作的一类小型铜炉,形式多样,采用多种合金冶铸,呈色多达60多种变化,加以用鎏金、渗金等方法,显得十分富丽。除宣德时期外,嘉靖、万历年间,此炉在京师所制称为北铸,在金陵所制称为南铸,在苏州所制称为苏铸。景泰蓝的正式名称是"铜胎掐丝珐琅",目前通行的说法是它在景泰年间得以发展,又以蓝色为主,故得名。其制作工序复杂,要经过制胎、掐丝、点蓝、烧蓝、磨光、镀金等过程,色彩多样,加上铜胎铜丝的光泽,作品显得富丽辉煌。从出土文物上看,景泰蓝的制作技法历史应该颇为悠久,越王勾践铜剑的剑柄上,就有珐琅釉料装饰。

清代的金属工艺中,除了景泰蓝继续发展外,还新创了"画珐琅"(或称铜胎画珐琅),不用掐丝,其装饰是以釉彩在表面画花。另外,安徽芜湖的铁画很有名,它是一种用铁片经锻打、焊接制成的室内装饰品。据记载,"康熙年间,有汤天池者","少为铁工,与画室为邻,日窥其泼墨势",受到启示,于是"以炉为砚,以铁作墨,以锤代笔"制作铁画。作品苍劲有力,古朴大方,风格独特,既有国画的神韵,又有雕塑的立体美,堪称"中华一绝"。

专　题

国　画

国画是中国传统绘画的主要种类,历史悠久,风格独特,具有很高的艺术成就,深受广大人民群众的喜爱。

中国画在古代无确定名称,一般称之为丹青,主要指的是画在绢、纸上并加以装裱的卷轴画。近现代以来为区别于西方输入的油画(又称西洋画)等外国绘画而称之为中国画,简称"国画"。它是用中国所独有的毛笔、水墨和颜料,依照长期形成的表现形式及艺术法则而创作出的绘画。国画在思想内容和艺术创作上,反映了中华民族的社会意识和审美情趣,集中体现了中国人对自然、社会及与之相关联的政治、哲学、宗教、道德、文艺等方面的认识。它在世界美术领域内自成体系,是世界画坛上一朵瑰丽的奇葩。

一　三足鼎立,异彩纷呈——国画的分类

在国画的分类上,我们可以通过三条不同的途径进行划分:一是题材门类;二是画法(包括材料的选择);三是画家主体。

(一)题材分类

从国画所表现的绘画题材上,当前一般将国画分为人物画、山水画、花鸟画三大类。需要注意的是,国画中讲的绘画题材与以某些题材作画是两个不同的概念。比如,以花鸟为题材的绘画在中国很早就出现了,仰韶文化中彩陶上绘制的著名的《鹳鱼石斧图》就是名副其实的以花鸟为题材的作品,但是国画中的花鸟画的诞生与成熟,至少要到唐五代时期。关于绘画的分科至少是魏晋时代才初有提及,东晋顾恺之在《论画》中说"凡画,人最难,次山水,次狗马",似有给国画最初按题材分类的倾向。

人物画是国画中出现最早的主要画科,是以古今各种人物或鬼神等为主体的绘画统称。大致分为道释画、仕女画、肖像画、风俗画、历史故事画等。由于

古代人物画力求传神,所以有些画论又称之为"传神"。此外,肖像画亦称"写真",半身肖像画称"云身",佛教中弟子为师祖画的遗像称"顶像",佛经中经传故事里的人物画称为"经变画",等等。

山水画是以描绘天地山川景色为主体的绘画,形成于魏晋,成熟于唐宋之际。中国历史上的山水画出现过多种画法。唐代李思训以石青石绿为主色画山水,此画法称为"青山绿水",着色浓重、少皴笔者为"大清绿山水",水墨打底、薄施清绿者为"小清绿山水"。元代黄公望,善以赭石藤黄色画山水,此画法称为"浅绛山水"。相传唐代画家王洽能以墨泼纸素,脚踩手抹,随形而为山为石、为水为云,被称为"泼墨山水",当代有人以彩色效仿,或称"泼彩山水"等。值得注意的是,现代有些人将中国的山水画与西方的风景画相提并论,致使中国当代山水画的创作更倾向于描绘实景山水和表现地域风貌,反而失去山水画中更重要的东西,即对情境、气象的追求与对品格的把握,更容易落入"风景画"的窠臼中。

花鸟画形成于唐代,成熟于五代至北宋。在形成之初,花鸟画就注重题材与寓意的多重组合,使之更多指向了精神的作用,故有"花鸟精神"之说。中国历史上出现了各类题材和画法的花鸟画,五代的黄荃善画宫中珍禽异鸟,史称"黄家富贵";同时代的江南徐熙善画野扩水禽,史称"徐熙野逸";宋代赵昌善写风霜雨雪中的花木生态,时称"写生赵昌","写生"也就成了花鸟画的代称。另外,还可以根据画作不同的题材内容和情境给不同的花鸟画分别冠以不同的称呼,如称不写全株的花鸟画为"折枝";专画猛禽猎食的花鸟画称为"捉勒";专供殿堂装饰的花鸟画称为"铺殿花"或"装堂花";古器物上的花鸟画称为"博古",等等。由于花鸟画是国画中最具突出特征的门类,其他民族与文化的绘画题材很难与之相提并论,所以明清以来的国画家中很少有人不涉足花鸟题材的。

(二)画法分类

从画法上(即绘画自身特质)看,国画又可分为工笔、写意、没骨三大类画法体系。

工笔画法是在古老的"勾勒"、"填色"方法(简称"勾填法")的基础上发展起来的体系,属于巧密精细的一类。重视设色染墨,常用晕、染、敷、托等染法,偶用皴擦法。工笔画法简称"工笔画"或"细笔画"。

写意画法是在发展疏体绘画基础上形成的体系,它通过简练概括的笔墨着重描绘事物的意态神韵,属于简略的一类,即所谓"用笔简易而意全者"一类的画法,故称之为"简笔画"或"减笔画"。明清之后,这类国画则习惯上称之为"写意画"。"写意"是对一种极高心理境界的追求,是与"传神"相类似的国画要求的进一步发展,不是等闲的瞎涂乱抹。

至于没骨法,则既不勾填也不写意,而是一类所谓"兼工带写"的画法,更多是以点染的方法作画。

（三）主体分类

从画家主体（即作者群体）看，国画又可分为工匠画、院体画、文人画三大类。

工匠画一直是国画发展的主体。始自秦汉，画匠便成为国画创作与发展的主要力量，许多国画法度的形成、应用与完善都与他们的努力分不开。工匠画题材广泛、门类众多，适用于诸如古代大量庙宇、神殿、石窟以及各种民间游艺活动等各种场所，使得国画更具有最广泛的教化作用和实用功能。工匠画中包含了国画最基本的要素和追求，是国画发展的根基和生命源泉。

院体画，或称"院画"。唐末宋初，政府将一些著名的画家集中在翰林图画院，于是有相当文化素养和绘画能力的画家成了国画的主导力量，后来国画中便称这类宫廷画家的画为"院体画"。院体画名称始于宋代，风格工致细密，所以，它既可单指南宋画院的作品，也可泛指宫廷画家较工致的作品，还可以指非宫廷画家效法南宋画院风格的一类作品。院体画必须迎合宫廷需要，题材多为花鸟、山水、共同生活及有关宗教内容，作画讲究法度，风格华丽细腻。此外，社会上也有不少画家致力效模院体画，因此，有人将一般专职画家的作品也归入这类画中，通称为"画家画"。

文人画，也称"士人画"或"士夫画"，是有别于工匠画和院体画的另一大类绘画。自宋末开始，许多有地位的文化人更看重国画怡情悦性的文化功能，自觉地将国画作为主要的业余爱好，以追求心性表现与自我实现的愉悦。久而久之，便形成了国画队伍中最重要的一群作者——士人，他们的作品古代称之为"士人画"，现在一般称为"文人画"，成为国画中最有影响也最有生命力的一类绘画。通常文人画多取材于有相对稳定的文化寓意的题材（如山水、花鸟等），不以"形似"论，讲求笔墨情趣，强调神韵，崇尚品藻，重视文学、书法修养和画中意境的缔造。文人画注重诗书画印形式上的统一，重视要求作者的人品、学问、才情和思想，成为国画中品位较高、文化影响深远的品类。

二　门派林立，俊才星驰——国画的流派

国画在其发展进程中画派的形成有两大因素：一是社会环境，如一个地区或一个时代中有一群彼此社会意识相投且有共同理想的人；二是画理画风的相近，甚而有师承关系的人。前者是自然的聚合，后者较多人为因素。然而就画派的归类而言，二者之间并不是孤立的，一般跟社会发展和对人生价值的认定有关，既是自然形成的文化现象，也是生活的需要与风气。根据不同的画家群及其所具有的不同风格特点，后人将他们归结为各自不同的流派。从绘画题材上看主要以山水画、花鸟画，或兼而有之者为主，专门从事人物画的不多。

（一）山水画派

（1）北方山水画派。产生于五代北宋间，宗师为关仝、李成、范宽。关仝是五代后梁画家，师荆浩，晚年有"出蓝"之誉。善写秋山寒林、野渡林居、幽人逸士、渔市山驿等，笔简气壮，景少意长，时称"关家山水"。李成，五代宋初画家，师法自然，常画雪景寒林，多为北方景色，勾勒皴擦甚少，惜墨如金，但毫锋颖脱，骨干自坚，给人气象萧疏、烟林清旷之感。范宽，北宋画家，初学李成，继法荆浩，后感"与其师人，不若师诸造化"，作品峰峦浑厚，势伏雄强。三人画风之盛，风靡齐、鲁，影响关、陕。

（2）南方山水画派。亦称"江南山水画派"，产生于五代北宋间，宗师为董源、巨然。董源为五代南唐画家，中主李璟朝时任后苑（即北苑）副使，故称"董北苑"。善画人物、牛、虎、龙，尤工秋岚远景，多写江南真山，不为奇峭之气，画面峰峦晦明，林麓烟云，洲渚掩映，表现了平淡天真的情趣。巨然为五代宋初画家，南唐亡，至开封为开元寺僧。山水画师承董源，皆臻妙理，擅画烟岚气象和山川高旷的江南景色。江南派系，至元代而大盛。

（3）米派。指宋代米芾、米友仁父子的绘画。画史上称"大米"、"小米"，或名"二米"。"二米"均居襄阳和镇江，尤其醉心于萧、湘二水及金、焦二山的自然景色，故其画多以云山、雨霁、烟雾为题材。米芾画山水，突破勾廓加皴的传统技法，多用水墨点染，自谓"信笔作之，多以烟云掩映树石，意似便已"，不求工细。其子米友仁，晚年号懒拙老人，发展了米芾技法，"略变其尊人所为，成一家法"，用水墨横点写烟峦云树，崇尚平淡天真，运笔了草，自称"墨戏"。米派纯以水墨烘托，用卧笔横点成块的"落茄法"表现烟雨云雾、奇幻迷茫的妙趣，世称"米点山水"、"米氏云山"，属水墨大写意。"二米"对后世影响甚大，南宋牧溪、元代高克恭、方从义等皆师之。

（4）吴门画派。简称"吴门派"。明代中期在苏州地区形成、崛起的一个绘画流派。吴门乃旧时苏州的别称，在中国绘画发展史上是一个画家辈出的地区。其中声誉最著者是"吴门四大家"（亦称"明四大家"）——沈周、文徵明、唐寅、仇英。沈周与其学生文征明，画山水崇尚北宋和元代，与取法南宋的"浙派"风格不同。吴门画派盛行于明代中期，从学者甚众，在当时画坛占有重要地位。

（5）松江画派。简称"松江派"。晚明松江府治下三个山水画派的总称：一是以赵左为代表的，称"苏松画派"；二是以沈士充为代表的，称"云间画派"；三是以顾正谊及其子侄辈为代表的，称"华亭画派"。赵左和沈士充的老师宋懋晋同师宋旭，沈士充又兼师赵左。除宋旭外，这些画家都是松江府人，风格互相影响，故称"松江派"。此派实际领袖是董其昌。由于受到山水画分宗说中崇南抑北思想的影响，松江画派以温润、娴雅、含蓄、重视笔墨情趣享誉画坛。松江画派在发展高峰之际取代了吴门派，在明末清初的画坛被视为正宗。

（6）黄山画派。简称"黄山派"。以清初宣城梅氏一家为嫡系，他们是梅清、梅羽中、梅庚、梅府等以及流寓宣城的石涛。石涛喜山水，屡登庐山、黄山诸名胜，在宣城十载与梅氏交往。这些既师造化又师古人的画家，相互影响，以画黄山而著名，故称作"黄山派"。

（7）江西画派。简称"江西派"。清初江西人罗牧是此派创始人及代表画家。罗氏善画山水，林壑森秀，墨气凉然，笔意空灵，颇具韵味，时称妙品，江淮之间多有师之者。

（8）虞山画派。简称"虞山派"。开创者是清代山水画家王翚，王氏是常熟人，常熟有虞山，故以此称。王翚悉心临摹历代名作，取法宋元诸名家，常与恽寿平切磋画艺。康熙曾命他主持绘制《南巡图》，并赐书"山水清晖"四字，故此声誉益著，画名盛于当时，对清代山水画影响颇大。他的学生主要有杨晋、顾昉、金学坚等。

（9）娄东画派。简称"娄东派"，一称"太仓派"。以画家王时敏、王原祁、王鉴为核心。王时敏身为京官，参与宫廷许多重大绘画活动，影响扩大，不少人纷纷投到他的门下，形成了娄东画派。山水画家王原祁，继其祖父王时敏家法并仿黄公望法，名重于康熙年间，一时师承者甚多，一些身居宫廷要职的达官显贵也加入了这一门派，如张宗苍、董邦达、钱惟城等，宫廷画师也师承王原祁，势力甚于虞山派。娄东画派的绘画艺术只是祖述宗师，缺少创新和开拓，在崇尚"四王"画风的年代里，这些画家和画作颇受时人欢迎。

（二）花鸟画派

（1）黄派。五代花鸟画两大流派之一。成熟于西蜀的黄筌，又称"黄筌画派"。黄筌是宫廷御用画家，其人才高技巧，善于取熔前人轻勾浓色之法，独标高格。其作品多写宫苑中的奇花怪石、珍禽瑞鸟，勾勒精细，设色浓丽，不露墨痕，所谓"诸黄画花，妙在赋色"（沈括），故有"黄家富贵"之称，深得统治阶层喜爱。黄派代表了晚唐、五代、宋初时西蜀和中原的画风，成为院体花鸟画的典型风格。其子居寀、居宝承其家风，并发扬光大，成为两宋时占统治地位的花鸟派别。宋后画花鸟者多以"黄家体制为准"，在中国花鸟画史上占有重要地位。

（2）徐派。五代花鸟画两大流派之一。代表画家为南唐的徐熙。徐氏为金陵（今江苏南京）人，虽身为布衣，但志节高尚，旷达不羁，其作品多透着潇洒之气，故有"徐熙野逸"之称。徐熙独创"落墨法"，注重墨骨勾勒，淡施色彩，作品多绘汀花野竹、草木虫兽、小鸟渊鱼，皆形骨清秀，朴素自然，清新淡雅，妙入造化。至其孙徐崇嗣出，徐熙画派名声渐振。后经张仲、王若水、沈周、陈道复、文征明、徐渭等人，发展成水墨写意花鸟画，与黄派竞争，对后世花鸟画坛产生了深远的影响。

（3）常州画派。常州古名毗陵、武进，故此派又称"毗陵画派"、"武进画派"。

常州画派始于北宋毗陵僧人居宁,自此以来画家云集。画派擅长写生花卉、草虫,南宋元初于青言、于务道祖孙以画荷著称,明代孙龙擅画泼彩写意花鸟,到了清初常州花卉作品已达高峰,其中唐于光、恽寿平分别以"唐荷花"和"恽牡丹"而著名。作品不用墨线勾勒,而是直接用彩色描绘,祖述于北宋初年徐崇嗣、赵昌的没骨法。唐、恽花卉写生多空灵之感,是徐崇嗣没骨法的继承者。

(4)湖州竹派。此派以竹为表现对象,自北宋至明代画家共有 25 人之多,以宋代文同、苏轼为代表,尤以文同画竹最著称。因文同曾任湖州太守,故称。或认为墨竹始于唐玄宗李隆基,吴道子、王维、李昂、萧悦等也善画竹。至文同竹艺大进,文氏毕生画竹,苏轼称其画"得成竹于胸中",苏轼本人也好为竹,自称"派出湖州"。元代画竹成风,此后李衎、吴镇、柯九思等复承其绪。

(5)岭南画派。简称"岭南派"。明代著名画家林良开创,代表着岭南一带画风。林氏擅画花果、翎毛,着色简淡,备见精巧,常以水墨为烟波出没,清淡有致。笔法放纵简括,遒劲飞动,有类草书。他在继承了南宋院体画派基础上,另开写意派,为明代院体花鸟画的代表,也是近代岭南画派的先驱者。后宗其法者明代有高俨、陈瑞、李魁等,清代有苏六朋、居巢、居廉兄弟。现代番禺人高剑父、高奇峰、陈树人早年均师从居廉,三人后曾留学日本进修画艺,于是取中西绘画之长,熔文人画和工匠画于一体,故又称"折衷派"、"新国画派",高氏兄弟及陈树人也因此被称为"岭南之杰",对广州地区的绘画影响很大。

(三)兼类画派

(1)浙派。明代前期主要画家戴进开创。戴进,钱塘人,作画取法南宋画院体格,擅山水、人物、花果、翎毛。戴氏画艺很高,从学者甚多,逐渐形成"浙派"。后江夏人吴伟学戴进而更为豪放,追踪其画风者人数不少,又形成浙派的支流——"江夏派"。浙派、江夏派的著名画家另有张路、蒋三松、谢树臣、蓝瑛等。明代中叶后,浙派渐衰直至明末。

(2)扬州画派。即"扬州八怪",是清代乾隆年间活跃在江苏扬州画坛的革新派画家总称。其人数和姓名说法不一,其中郑燮占有突出的地位。此画派人物的共同特点是,不少人一生不得志,不当官,愤世嫉俗,不媚权贵,有的即便做过几年小官后又弃官专以绘画为生。他们重视思想、人品、学问、才情对绘画创作的影响,文学及书法修养都很高。绘画题材以花卉为主,也画山水、人物。这些画家继承了徐渭、朱耷、石涛等人的创新精神,在画法上虽取法前人,但能不拘陈规,自成风格,主张师造化,抒发真情实感,反对崇尚摹拟的泥古作风,跟当时所谓"正统"画风迥然不同,被时人视为"偏师"、"怪物",遂有"八怪"之称。扬州画派最终以一种清新而又生气勃勃的姿态振奋了中国画坛,在中国画史上占有极重要的地位,对后世影响很大。

(3)海上画派。简称"海派",形成于近代。鸦片战争后上海辟为商埠,从各地流寓于上海的一些文人墨客,以卖画为生,日久便组成绘画活动中心,主要以赵之谦、任颐、虚谷、吴昌硕、黄宾虹等为代表。受到西方绘画的影响,画家们在继承传统绘画技法和风格的基础上,破格创新,既融合民族艺术之精华,又善于借鉴和吸收外来艺术,以具有世俗生活色彩的花鸟画、人物画成为海上画派的主要题材,形成了个性鲜明雅俗共赏的独特风格。他们重品学修养,讲个性鲜明,形成不拘一格的新型画风,时人称之"海上画派"。

（4）长安画派。国画现代画派之一。由长安画家或寄居在长安一带的画家组成,他们反对清末民国期间画坛摹古不化之风,大胆走向生活,形成具有陕北风味的特殊画风。20世纪40年代,赵望云迁居西安,传播画艺,相继收黄胄、方济众、徐庶之等人为徒,奔走于西部苍茫荒凉之地绘画写生,使国画出现了前所未有的新面貌。新中国成立后,石鲁、何海霞、康师尧等加盟其中,形成了以赵望云、石鲁为核心的画家群体。他们的绘画题材以山水、人物为主,兼及花鸟,作品多描绘西北的自然风光和风土人情,尤其钟情于陕北黄土高原。创作手法上,画家们致力于中国画的继承与创新,以巧妙的构思和质朴的笔墨,表现浑朴苍茫的西北风光,创作了大批气势磅礴,雄浑厚重,具有浓郁西部特色和强烈时代精神的经典之作,在当时的中国画坛上产生了极大反响。

三　气韵生动,姿态万千——国画的特点与一般形式

（一）国画的特点

国画在形象塑造和表现手法上,体现了中华民族传统的哲学观念和审美观。在对客观事物的观察认识中,采取以大观小、小中见大的方法,并在活动中观察和认识客观事物,甚至可以直接参与到事物中去,而不是做局外观,或局限在某个固定点上。它渗透着人们的社会意识,从而使绘画具有"千载寂寥,披图可鉴"的认识作用,又起到"恶以诫世,善以示后"的教育作用。即使山水、花鸟等纯自然的客观物象,在观察、认识和表现中,也自觉地与人的社会意识和审美情趣相联系,借景抒情,托物言志,体现了中国人"天人合一"的观念。画家所创造的艺术灵境,情景相生,气韵生动,有诗一般的韵味,使观者神往无穷。如果没有表现出如此生动、韵味丰富的内涵,作品就达不到国画富有的引人入胜的意境。

国画在创作上重视构思,讲求意在笔先,不管是山水画、人物画,还是花鸟画,绘画理论家都首先强调的一点是:以立意为先。唐代张彦远有云"夫象物必在于形似,形似须全其骨气。骨气形似,皆本于大意而归乎用笔"(《历代名画记》)。他认为作画须先立意,而后才能用笔。宋代以画梅花著称的华光和尚指出"画梅全决,生意为先"(《画梅指迷》)。宋代画家文同在画竹之前,头脑中已有了竹子的形象,笔下跃跃欲出,便能落笔而就,人们称之"胸有成竹"。清代方

薰谈到立意与作画之关系时,强调"作画必先立意以定位置,意奇则奇,意高则高,意远则远,意深则深,意古则古"(《山静居画论》)。他认为因为缺乏画家最宝贵的"立意",所以平庸者作画必平庸,俗气者作画也俗气。可见,"意"不仅源于画家对现实生活的丰富而细致的体察和创作经验的充分积累,同时也源于画家本人的修养。在张彦远之前,南朝时期的谢赫曾提出过"创意"之说。创意之画,贵在练意,不落俗套,用意须精当,笔少而意多。

国画主要是以线为造型之基础,通过线勾出轮廓和质感来。国画无论对山水的破线或衣服的纹线,都积累了非常丰富的线型,以此巧妙地描绘着各种形象。晋代画家顾恺之提出"以形写神"(《论画》),确立了中国艺术神高于形的美学观。绘画不能满足于外形之模拟,不能拘泥于自然之真实,还要升高于神似。这一点为国画建立起应竭力企求的高度,成为指导绘画的一个重要准则。因此,国画在造型上讲求"妙在似与不似之间"和"不似之似"。其形象的塑造以能传达出物象的神态情韵和画家的主观情感为要旨。因而可以舍弃非本质的,或与物象特征关联不大的部分,而对那些能体现出神情特征的部分,则可以采取夸张甚至变形的手法加以刻画。

在构图上,国画讲求经营,它不是立足于某个固定的空间或时间,而是以灵活的方式,打破时空的限制,把处于不同时空中的物象,依照画家的主观感受和艺术创作的法则,重新布置,构造出一种画家心目中的时空境界。于是,风晴雨雪、四时朝暮、古今人物可以出现在同一幅画中。国画画面的空间和布白,一方面要严守真实,另一方面也可以根据构图需要打破真实而采用平列的方式。因此,在透视上它也不拘于焦点透视,而是采用多点或散点透视法,以上下或左右、前后移动的方式,观物取景,经营构图,具有极大的自由度和灵活性。一株低于视平线的牡丹花,也可架高于视平线之上,而取得透视的最佳效果。同时,国画在构图中还注重虚实对比,讲求"疏可走马"、"密不透风",要虚中有实、实中有虚。在空白处尤其注意经营,常常借用书法上的计白当黑,即没有画面的部位要像有画面的部位一样作认真的推敲和处理。

国画以其特有的笔墨技巧作为状物及传情达意的表现手段,以点、线、面的形式描绘对象的形貌、骨法、质地、光暗及情态神韵。这里的笔墨既是状物、传情的技巧,又是对象的载体,同时本身又是有意味的形式,其痕迹体现了特有的意趣,具有独立的审美价值。由于并不十分追求物象表面的肖似,因此中国画既可用全黑的水墨,也可用色彩或墨色结合来描绘对象。国画用墨讲求墨分五色,以调入水分的多寡和运笔疾缓及笔触的长短大小的不同,造成了笔墨技巧的千变万化和明暗调子的丰富多变。同时墨还可以与色相互结合,墨不碍色,色不碍墨,形成墨色互补的多样性。而在以色彩为主的中国画中,讲求"随类赋彩",注重的是对象的固有色,画某物品就赋予那物品的基本色,达到色与物、色与线、色与墨、色与色的调和。光源和环境色并不重要，一般不予考虑。但为了某种特殊需要，有时可大胆采用某种夸张或假定的色彩。

国画，特别是其中的文人画，在创作中强调书画同源，注重画家本人的人品及素养。在具体作品中讲求诗、书、画、印的有机结合，并且通过在画面上题写诗文跋语，表达画家对社会、人生及艺术的认识，不仅起到了深化主题的作用，而且与图画互相衬映，成为画面的有机组成部分。国画画面留白的角落中常有"压角"的闲章出现，好的印文，配以好的雕刻刀法，盖在画上，使作品更添光彩，同时体现了浓郁的传统艺术风味。

（二）国画的一般形式

国画的形式多姿多彩，是在画幅上完成的。画幅主要有两种：一种是横向的，一种是纵向的。

起初国画沿着横向发展，形成了横向排列的画幅形式。顾恺之的传世之作《洛神赋图》、《烈女图》都是此类例证。这类横向的狭长作品，经过特有的装裱，形成的国画作品泛称为"手卷"。

装裱古已有之。古代的书画用黄檗汁染的"潢纸"装裱，一说"潢"为水池，书画加边镶饰犹如圈围的水池，所以装裱也称"装潢"、"装池"、"装褫"、"装治"、"装背"、"装褙"或"潢治"等。装裱是一门特殊的艺术，俗话说"三分画七分裱"，可见装裱之重要。画作一经装裱，便觉神采墨妙而成为完整的作品使人感到赏心悦目。

"手卷"是书画装裱的一种式样。一般装裱成手卷的作品外面有"包首"，里面前段留有空白纸方称"引首"，中间是作品，作品之后所留的空白纸方称"拖尾"，引首与拖尾可供作者、藏家、鉴赏者等题识署名。连接作品与引首和拖尾部分的装裱分别称之为前隔水和后隔水。宋朝时画院将画幅压缩成接近方形的画幅，有时会绘制在各种扇面上形成不同形状的画幅，这类画幅不大，一般称之为"宋人小品"。后来这类"小品"成为一类画幅的样板，通常把正方形的称为"斗方"，装裱后成册的称为"册页"。册页一般少则四开，多则二十四开，多取双数。册页的装裱有推蓬式、蝴蝶式、经折式三种，也有装裱成单片的称为"散装"。

南宋以后国画画幅趋于朝纵向发展。这种画幅便于表现纵深关系的变化，同时也便于作上下打量式的观看，更便于厅堂中的悬挂装饰，这样的画幅在装裱后统称为"立轴"。立轴的悬挂处横杆叫做"天杆"，下垂杆称为"轴杆"，两头装有骨、木、瓷等多种材质和形状做成的轴头，可将悬挂的画幅张直。靠近天杆和轴杆部分的裱褙成为"天头"和"地脚"。天头和地脚上贴的纵向丝带称为"惊燕带"（又名"绶带"）。画幅当中的作品称为"画心"（或"画身"、"蕊子"），画心两端可加镶锦条，称为"锦眉"（或"锦牙"），锦眉上下分别为上隔水和下隔水。有时因为画心短小,可在上隔水当中加嵌一块可以题字的空白纸方,称为"诗塘"。立轴画因大小宽窄不同有不同的称谓,四尺以上的画幅称为"大轴"(俗称"中堂"),特大的称作"大堂"(或"大中堂");三尺以下的统称为"立轴";画身狭长,为四尺、五尺等宣纸对开的装裱立轴又称"屏条"(或"条屏"),屏条若四幅并排悬挂称为"堂屏"(或"四季屏"),也有四幅至十六幅紧挂相连成双数的完整画面的称为"通屏"(或"通景屏"、"海幔");以两幅屏条成对悬挂的称为"对幅"(或"对屏"),对幅中加中堂的称为"三联幅"。如果画心竖短横长,装裱后两端装对称的木杆一副,这种式样则称之为"横披",画心左右边称为"耳",尺寸相同。

一般画幅的尺寸因用纸尺寸和裁法而有固定的大小和形状。画幅多因整张纸裁开而成,一般是对裁,即一张纸裁成同样大的两幅:横裁成为两个正方形画幅,纵裁成为两个条幅。较大的纸可以横裁成三幅或四幅等大的画幅,也可作条幅绘画。由于受西方绘画的影响,近现代不少国画画幅也选择了西方画幅的比例。

四 文房四宝,尽显风骚——国画的工具材料

工具材料是决定艺术面貌的基本要素,最能充分展示艺术特有的表现方法和气质追求,并决定艺术的文化品格和内涵。在人们不懈的努力追求中,中国逐渐形成了专门供国画创作的工具材料体系,并将它们视为创造文化的宝藏,称为"文房四宝",一般指笔、墨、纸、砚。史书记载,这种称谓最初出现在宋代,已有近千年的历史。"四宝"之中"纸"和"墨"是绘画材料,墨是国画中可以创造一切形色表述方式的最具特色的材质,纸是可以承载国画所创作的载体材料。"笔"和"砚"是绘画工具,笔是使用和涂布材料的工具,砚是承载和调和材料的工具。

(一)笔

在众多的笔类制品中,毛笔算是中国独有的品类了。毛笔的发明和制造可以上溯到原始社会的中晚期,史载"虞舜造笔,以漆书于方简"(《广博物志·物原》)。传统毛笔在表达中华书画的特殊韵味上具有与众不同的魅力。毛笔的品种较多,从性能上分,则有健毫、柔毫、兼毫。健毫笔性刚健,适合画线条;柔毫性质柔软,含水性强,适合用于大面的渲染;兼毫性质介于刚柔之间。从笔毫的原料上看,一般以紫毫、狼毫、羊毫最为重要。紫毫笔取野兔项背之毫制成,因色呈黑紫而得名。兔毫坚韧,白居易有乐府词云:"紫毫笔尖如锥兮利如刀。"狼毫,通常为黄鼠狼之毫,而非狼之毫。黄鼠狼仅尾尖之毫可供制笔,性质坚韧仅次于兔毫。羊毫是以青羊或黄羊之须或尾毫制成,柔而无锋,书亦"柔弱无骨"。兼毫笔是合两种以上之毫制成,多取一健一柔相配。以健毫为主,居内,称之为"柱";柔毫为副,处外,称之为"被"。特性据其混合比例或柔中见刚,或

刚中有柔,或刚柔适中。

毛笔以笔锋之长短可分为:长锋、中锋和短锋笔,性能各异。长锋易画婀娜多姿的线条,短锋则易于凝重厚实,中锋兼而有之。以笔锋之大小而论,毛笔又分为小、中、大等型号。

制笔和选笔有四个标准,即"尖、齐、圆、健"四德。"尖"是笔锋合拢后顺畅而尖,尖则不失其锋,易于传神;"齐"是锋毫齐平,齐则万毫齐力,易于变化;"圆"是笔毫充足圆整,圆则笔力完足,圆劲自如;"健"是笔毫具有适度的弹性,锋直则健,坚固耐用。新笔笔锋多尖锐,只适于画细线,皴、擦、点擢用旧笔效果更好。个别画家喜欢用秃笔作画,作品别有苍劲朴拙之美。

毛笔之中"湖笔"最为著称,历史悠久、制作精良、品质优异,素有"毛颖之技甲天下"的美称。

(二)墨

先秦时代中国人已经发明了墨。据记载,墨是西周宣王时期刑夷发明的,其所制的墨称为"刑夷墨"。汉字中的"墨"从"黑"从"土",表明了墨的色彩与质地属性。国画用墨很讲究,常用制墨原料有"油烟"和"松烟"两种。油烟墨用桐油或添烧烟加工制成,墨色黑而有光泽,能显出墨色浓淡的细致变化,宜画山水画。松烟墨用松枝烧烟加工制成,墨色黑而无光,多用于表现某些无光泽物。国画用的墨,一般加工制成墨锭,墨色泛出青紫光的最好,黑色次之,红黄光或有白色者最劣。磨墨时要用清水,用力平均,按顺时针方向慢慢地磨研,直到墨汁稠浓为止。用墨要新鲜现磨,磨好了而时间放得太久的墨称为宿墨,宿墨一般是不用的。

书画墨汁(如"一得阁"、"曹素功"等),使用方便,可代墨使用。但墨汁胶重,最好略加清水,再用墨锭研匀使用,墨色更佳。

墨的外表形式多样,可分本色墨、漆衣墨、漱金墨、漆边墨。

"天下墨业在绩溪",清代徽墨四大家,绩溪有其二,即绩溪人汪近圣、胡开文,尤以胡开文名冠海内外,其墨至今久传不衰。

(三)纸

纸是文房四宝中出现最晚的品种。在纸的选择和制造方面,中国人更重视纸与笔墨交汇的那种效果的感受,所谓"受墨"、"吃墨"、"发墨"、"受笔"、"着笔"等是画家始终追求的极特别的感受,而纸的发展也始终迎合着国画的要求,彼此相得益彰。国画用纸一般是青檀树作主要原料制作的宣纸。宣纸产于安徽泾县,古属宣州,故称宣纸。

宣纸的闻名始于唐代,唐书画评论家张彦远《历代名画记》记载:"好事家宜置宣纸百幅,用法蜡之,以备摹写。"南唐后主李煜,曾亲自监制的"澄心堂"纸,就是宣纸中的珍品,它"肤如卵膜,坚洁如玉,细薄光润,冠于一时"。

宣纸分为生宣、熟宣和半生熟宣。熟宣纸用矾水加工过,效果与其他纸张不一样,水墨不易渗透,遇水不化开,可作细致描绘,可反复渲染上色,适于工笔山水画。生宣纸没有经过矾水加工,吸水性和渗水性强,遇水即化开,易产生丰富的墨韵变化,能收到水晕墨章、浑厚化滋的艺术效果,多用于写意山水画。半生熟宣纸遇水慢慢化开,既有墨韵变化,又不过分渗透,皴、擦、点、染都易掌握,可以表现丰富的笔情墨趣,一般为山水画乐用。

宣纸具有洁白稠密、纹理纯净、光而不滑、搓折无损、韧而能润、润墨性强等特点,且有独特的渗透性。写字则骨神兼备,作画则神采飞扬,成为最能体现中国艺术风格的书画纸。所谓"墨分五色",即一笔落成,深浅浓淡,纹理可见,墨韵清晰,层次分明,这是书画家利用宣纸的润墨性,控制了水墨比例,运笔疾徐有致而达到的一种艺术效果。再加上耐老化、不变色、少虫蛀、寿命长,故有"纸中之王、千年寿纸"的誉称。

(四)砚

"砚"字始用于秦汉时期,砚就是用来磨墨的研石。砚台主要选择质地细腻,湿润,易于发墨,不吸水的石料。砚的优劣,对墨色有很大的影响,好的砚石坚致细润,发墨快,磨墨细,且能贮墨甚久不易干,磨出的墨色"沉而濡纸"。砚台的形状也有多种款式,以墨海一型最便利,储墨多,使用后可盖上盖子,以免墨水干涸。砚台使用后要及时清洗干净,保持清洁,切忌曝晒、火烤。

最有名的砚是歙砚和端砚。歙砚产于安徽歙县,端砚产于广东高要县。歙砚历史千年有余,据史料记载,盛唐时歙砚已大盛。宋代歙砚精品不断涌现,名色之多、质地之细、雕镂之工,均为诸砚之冠。宋代书法家蔡君谟赞曰:"玉质纯苍理致精,锋芒都尽墨无声。相如闻道还持去,肯要秦人十五城。"将歙砚与卞和玉相媲美。

歙石有"坚、润、柔、健、细、腻、洁、美"八德。石质坚韧,莹润细密,砚材纹理细密,有涩不留笔、滑不拒墨的特点。叩之有清越金声,抚之若肤,磨之如锋,宜于发墨,长久使用,贮水不耗,历寒不冰,呵气可研,发墨如油,不伤毫,雕刻精细,浑朴大方。砚上残墨陈垢,入水一濯即莹洁如新。被誉为"石冠群山"、"砚国名珠"。

当然,国画还要用到一些其他相关的颜料和工具。国画在色彩运用方面除了墨以外,还有一些传统颜料,大致可以分两大类:一类是矿物性颜料,色彩厚重,覆盖性强,如石绿、石青、朱京、朱膘、赭石、白粉。一类是植物性颜料,透明色薄,无覆盖性能,如花青、藤黄、胭脂。常见的其他相关用具有笔架、笔洗、笔筒、注子、调色碟、贮水盂、砚钵、薄毯、胶和矾等,这些用具的使用一般要注意两点,一是追求品味,二是讲究实用。器具的使用贵在得心应手,用得越久则越好越有感情,切忌反复更换、好奇图新,以至于玩物丧志,反为其累。

五　真情亮节，修身自娱——画师的情感和修养

(一)画师的情感和气节

国画深刻体现出中国文化的特征。作为一种艺术，绘画不像照相那样对客观对象作机械摹写，它融进了画家对客观世界的理解。画的是同样的花，但是，在不同的时候不同的心情下，画家所抒发出来的感受是不同的。画家李　在一幅月季花画上题款"月月红如此，那能数见鲜。一年开一度，应博世人怜"，此画中的月季分明是一位少女的化身，画家借怜惜月季，慨叹自己的命运。而在另一幅月季图中的提款则是"粉团如语启朱唇，常比春花解趣人。老眼独怜枝上刺，不教蜂蝶近花身"。其意旨在告诫正人君子要洁身自好，防范狂蜂乱蝶之类的小人。

画家的浪漫情感，往往也能在绘画中突出地表现出来。相传石涛在画菊花之前，脑海中先盘旋着菊花凌霜开放的形象，受强烈的创作欲望和激情的驱使，落笔时难受常规支配，便随意抹涂，以至于不似菊花，只好顺势改成枯藤缠花之状。画中题诗云："兴来写菊似涂鸦，误作枯藤缠数花。笔落一时收不住，石棱留得一拳斜。"一次，择仁大师烂醉于永嘉，随手取来擦盘子的布，便蘸墨在店家新泥墙壁上涂抹，翌日稍作增修，似有神助，墙上狂枝枯卉、千姿百态、天然成趣，观者无不佩服。因此，画家必须用自己的感情去体会和想象物象的精神实质，才能创造出"气韵生动"的作品。中国的山水画大多不画人物，即或有，少而且小，不占重要位置。颇有点"不食人间烟火"的味道，这与中国山水画家大都是隐士或有隐士思想是分不开的。可以说，中国的绘画是感情流动的艺术。

绘画自然也离不开画家的精神气节。元代倪云林是一位富有传奇色彩的山水画家。他的画构图简约，表现曲折含蓄，浪沙溪石，笔道所至，顺乎自然，有一种空灵清润之气。他曾经想博取功名，他一意清高，但官府的差役时时来缠扰，他诅咒这扼杀文人抱负的时代。从此他浪迹江湖，不与达官贵人往来；他散尽家财，不与元朝统治者合作。吴王张士诚的弟弟张士信差人前来购画，倪云林冷笑道："我不做王门的画师。"张士信听了暴跳如雷，要杀掉倪云林，经人苦苦相劝，重重责打了倪云林一顿。在雨点般的板子打击下，文弱的书生竟一声不吭。事后别人问他遭此毒打，为何不出一声。倪云林鄙夷地说："我一出声便俗气了。"铁骨铮铮，令人敬佩。无怪乎董其昌推崇倪云林为米芾后第一高人逸士，清代画家对他顶礼膜拜。明末清初，江南家家户户争挂倪云林的画，以此来表明自己门第的清高。

梅兰竹菊，自古以来被称为"四君子"，是中国古代文人思想、性格、心理和理想的化身。世间混浊，文人厌政，以洁身自好为宗旨。君子见君子，岂有不相怜相惜之理？古人把知心朋友称为"兰交"，良友称为"兰客"。三国时期的"竹

林七贤"终日憩息于竹林之中。北宋林逋隐居在西湖孤山,视梅花为妻,终身不娶。《宋逸民录》记载,南宋灭亡后,画家郑思肖改名思肖(原名已不知晓,"肖"隐射"赵")。日常坐卧,从不肯面向北方。他画梅不画根,发出"宁可枝头抱香死,未曾吹落北风中"的悲壮呼声。知县派衙役求兰草图未遂,便威胁利诱:若肯画兰草,便可免除粮税和徭役。郑思肖拍案道:"头可断,兰不可画。"

作为画中"四君子"大约在唐宋时期。古人画"四君子",重在抒怀,以表情操。梅之高洁、竹之坚贞、兰之静逸、菊之孤傲,几乎概括了高士逸人的品格,文人焉有不钟爱之理?宋代开始,文人画家几乎很少有不涉猎"四君子"者。元代以画墨竹为最盛,画家中有三分之二画墨竹,那直立不偏、挺拔不弯的形象正是民族气节的写照。明代时墨竹、墨梅都很盛行。清代"扬州八怪"的四君子画,更是独自高标,深受后世宝爱。

古人称画梅为"写梅",称画竹为"写竹",皆不以形似为高,注重发挥意趣、倾泻情怀。写梅则体现梅花的"清肌傲骨"。扬州八怪之一的高翔,画梅爱用枯笔,着意表现梅花枝疏花少、雪冷风清的姿态。郑板桥以画竹闻名,他曾做地方小官十二年,但厌恶官场的阿谀奉承、贪污腐化的恶习,他曾在《墨竹》图中题诗:"我被微官困煞人,到君园馆长精神。请看一片萧萧竹,画里阶前总绝尘。"那淡淡疏疏、清新净绝的竹子,无疑是他精神的慰藉。

(二)画师的修身和交往

魏晋以后,随着文人画的逐渐兴起,中国绘画分为两大支流:一是以求功利为目的、写实的宫廷和民间绘画;一是以自娱为目的,以写意为原则的文人绘画。文人绘画占据了中国传统绘画的主导地位。文人处于社会的特殊阶层,他们强调创作自由和个人精神的解放,因此,对他们来说,绘画就意味着不能追求功利,而是以画自娱,是作为一种解脱精神、排遣情怀的活动,是"墨戏"、"清玩"。

"智者乐水,仁者乐山。智者动,仁者静。智者乐,仁者寿。"乐山或是乐水,都是通过自然景物怡悦作用来宣泄感情,所以能"乐"能"寿"。绘画作为一种遣兴的娱乐活动,以绘画自娱的人也每每长寿。黄公望90岁时仍然面如童颜,其他如米友仁、沈周、文征明、董其昌等,皆享高寿,究其缘由乃文人画中"烟云之所供养也"。文人画作为一种养生之道,其中既能体现道家的"清静无为",也有儒家的"中庸之道",更有文人的处世哲学。

以画会友也是中国文人之间交往的重要形式之一。相传清代王石谷、恽南田、笪重光三人相逢同游毗陵,放舟碧波,饱览秀色,面对自然的神奇造化,三人同声惊叹。受恽南田之请,画兴勃起的王石谷欣然命笔,不多时,一幅江南山水画告成,恽、笪二人赞不绝口。事后恽南田激动不已,又著名文追记。以绘画为契点的交往形式普遍存在于文人画家之间。这种交往常常在一个优雅的环境里,或备茶点、酒菜,或伴以丝管清音,也成为文人画家的传统题材。明代尤求的《西园雅集图》画的是苏轼、黄庭坚、米芾、秦观、苏辙、晁补之、张耒等 16 人，在花园里饮酒赋诗、谈禅论道、挥毫书画的情景。

古代文人家庭中的绘画交流，能给生活平添一份乐趣。赵孟頫的妻子管道升善画墨竹梅兰，夫妻俩常切磋技艺，交流心得。据说管道升的画是出嫁后跟赵孟頫学的，然而赵氏的字画从总体上说本不及其夫人，常经管道升点拨，技艺日精。夫妻二人常用诗文书画来传情达意，间或在戏谑中包含深情蜜意，妙趣横生。

文　选

中西画法所表现的空间意识

宗白华

中西绘画里一个顶触目的差别，就是画面上的空间表现。我们先读一读一位清代画家邹一桂对于西洋画法的批评，可以见到中画之传统立场对于西画的空间表现持一种不满的态度：

邹一桂说："西洋人善勾股法，故其绘画于阴阳远近，不差锱黍，所画人物、屋树，皆有日影。其所用颜色与笔，与中华绝异。布影由阔而狭，以三角量之。画宫室于墙壁，令人几欲走进。学者能参用一二，亦具醒法。但笔法全无，虽工亦匠，故不入画品。"

邹一桂说西洋画笔法全无，虽工亦匠，自然是一种成见。西画未尝不注重笔触，未尝不讲究意境。然而邹一桂却无意中说出中西画的主要差别点而指出西洋透视法的三个主要画法：

（一）几何学的透视画法。画家利用与画面成直角诸线悉集合于一视点，与画面成任何角诸线悉集于一焦点，物体前后交错互掩，形线按距离缩短，以衬出远近。邹一桂所谓西洋人善勾股，于远近不差锱黍。然而实际上我们的视觉的空间并不完全符合几何学透视，艺术亦不拘泥于科学。

（二）光影的透视法。由于物体受光，显出明暗阴阳，圆浑带光的体积，衬托烘染出立体空间。远近距离因明暗的层次而显露。但我们主观视觉所看见的明暗，并不完全符合客观物理的明暗差度。

（三）空气的透视法。人与物的中间不是绝对的空虚。这中间的空气含着水分和尘埃。地面山川因空气的浓淡阴晴，色调变化，显出远近距离。在西洋近代风景画里这空气透视法常被应用着。英国大画家杜耐（Turner）是此中圣手。但邹一桂对于这种透视法没有提到。

邹一桂所诟病于西洋画的是笔法全无,虽工亦匠,我们前面已说其不确。不过西画注重光色渲染,笔触往往隐没于形象的写实里。而中国绘画中的"笔法"确是主体。我们要了解中国画里的空间表现,也不妨先从那邹一桂所提出的笔法来下手研究。

原来人类的空间意识,照康德哲学的说法,是直观觉性上的先验格式,用以罗列万象,整顿乾坤。然而我们心理上的空间意识的构成,是靠着感官经验的媒介。我们从视觉、触觉、动觉、体觉,都可以获得空间意识。视觉的艺术如西洋油画,给与我们一种光影构成的明暗闪动茫昧深远的空间(伦勃朗的画是典范),雕刻艺术给与我们一种圆浑立体可以摩挲的坚实的空间感觉(中国三代铜器、希腊雕刻及西洋古典主义绘画给与这种空间感)。建筑艺术由外面看也是一个大立体,如雕刻内部则是一种直横线组合的可留可步的空间,富于几何学透视法的感觉。有一位德国学者 Max Schneider 研究我们音乐的听赏里也听到空间境界,层层远景。歌德说,建筑是冰冻住了的音乐。可见时间艺术的音乐和空间艺术的建筑还有暗通之点。至于舞蹈艺术在它回旋变化的动作里也随时显示起伏流动的空间型式。

每一种艺术可以表现出一种空间感型。并且可以互相移易地表现它们的空间感型。西洋绘画在希腊及古典主义画风里所表现的是偏于雕刻的和建筑的空间意识。文艺复兴以后,发展到印象主义,是绘画风格的绘画,空间情绪寄托在光影彩色明暗里面。

那么,中国画中的空间意识是怎样?我说:它是基于中国的特有艺术书法的空间表现力。

中国画里的空间构造,既不是凭借光影的烘染衬托(中国水墨画并不是光影的实写,而仍是一种抽象的笔墨表现),也不是移写雕像立体及建筑的几何透视,而是显示一种类似音乐或舞蹈所引起的空间感型。确切地说:是一种"书法的空间创造"。中国的书法本是一种类似音乐或舞蹈的节奏艺术。它具有形线之美,有情感与人格的表现。它不是摹绘实物,却又不完全抽象,如西洋字母而保有暗示实物和生命的姿式。中国音乐衰落,而书法却代替了它成为一种表达最高意境与情操的民族艺术。三代以来,每一个朝代有它的"书体",表现那时代的生命情调与文化精神。我们几乎可以从中国书法风格的变迁来划分中国艺术史的时期,像西洋艺术史依据建筑风格的变迁来划分一样。

中国绘画以书法为基础,就同西画通于雕刻建筑的意匠。我们现在研究书法的空间表现力,可以了解中画的空间意识。

书画的神采皆生于用笔。用笔有三忌,就是板、刻、结。"板"者"腕弱笔痴,全亏取与,状物平扁,不能圆混"(见郭若虚《图画见闻志》)。用笔不板,就能状物不平扁而有圆混的立体味。中国的字不像西洋字由多寡不同的字母所拼成,而是每一个字占据齐一固定的空间,而是在写字时用笔画,如横、直、撇、捺、钩、点(永字八法曰侧、勒、努、趯、策、掠、啄、磔),结成一个有筋有骨有血有肉的"生命单位",同时也就成为一个"上下相望,左右相近。四隅相招,大小相副,长短阔狭,临时变适"(见运笔都势诀)。"八方点画环拱中心"(见法书考)的一个"空间单位"。

中国字若写得好,用笔得法,就成功一个有生命有空间立体味的艺术品。若字与字之间,行与行之间,能"偃仰顾盼,阴阳起伏,如树木之枝叶扶疏,而彼此相让。如流水之沦漪杂见,而先后相承",这一幅字就是生命之流,一回舞蹈,一曲音乐。唐代张旭见公孙大娘舞剑,因悟草书;吴道子观斐将军舞剑而画法益进。书画都通于舞。它的空间感觉也同于舞蹈与音乐所引起的力线律动的空间感觉。书法中所谓气势,所谓结构,所谓力透纸背,都是表现这书法的空间意境。一件表现生动的艺术品,必然地同时表现空间感。因为一切动作以空间为条件,为间架。若果能状物生动,像中国画绘一枝竹影,几叶兰草,纵不画背景环境,而一片空间,宛然在目,风光日影,如绕前后。又如中国剧台,毫无布景,单凭动作暗示景界。(尝见一幅八大山人画鱼,在一张白纸的中心勾点寥寥数笔,一条极生动的鱼,别无所有,然而顿觉满纸江湖,烟波无尽。)

中国人画兰竹,不像西洋人写静物,须站在固定地位,依据透视法画出。他是临空地从四面八方抽取那迎风映日偃仰婀娜的姿态,舍弃一切背景,甚至于捐弃色相,参考月下映窗的影子,融会于心,胸有成竹,然后拿点线的纵横,写字的笔法,描出它的生命神韵。

在这样的场合,"下笔便有凹凸之形",透视法是用不着了。画境是在一种"灵的空间",就像一幅好字也表现一个灵的空间一样。

中国人以书法表达自然景象。李斯论书法说:"送脚如游鱼得水,舞笔如景山兴云。"钟繇说:"笔迹者界也,流美者人也……见万类皆像之。点如山颓,摘如雨骤,纤如丝毫,轻如云雾。去若鸣凤之游云汉,来若游女之入花林。"

书境同于画境,并且通于音的境界,我们见雷简夫一段话可知。盛熙明著法书考载雷简夫云:"余偶昼卧,闻江涨声,想其波涛翻翻,迅駃掀搕,高下蠡逐,奔去之状,无物可寄其情,遽起作书,则心中之想,尽在笔下矣。"作书可以写景,可以寄情,可以绘音,因所写所绘,只是一个灵的境界耳。

恽南田评画说:"谛视斯境,一草一树,一邱一壑,皆洁庵灵想所独辟,总非人间所有。其意象在六合之表,荣落在四时之外。"这一种永恒的灵的空间,是中画的造境,而这空间的构成是依于书法。

以上所述,还多是就花卉、竹石的小景取譬。现在再来看山水画的空间结构。在这方面中国画也有它的特点,我们仍旧拿西画来作比较观。(本文所说西画是指希腊的及十四世纪以来传统的画境,至于后期印象派、表现主义、立体主义等自当别论。)

　　西洋的绘画渊源于希腊。希腊人发明几何学与科学,他们的宇宙观是一方面把握自然的现实,他方面重视宇宙形象里的数理和谐性。于是创造整齐匀称、静穆庄严的建筑,生动写实而高贵雅丽的雕像,以奉祀神明,象征神性。希腊绘画的景界也就是移写建筑空间和雕像形体于画面;人体必求其圆浑,背景多为建筑(见残留的希腊壁画和墓中人影像)。经过中古时代到文艺复兴,更是自觉地讲求艺术与科学的一致。画家兢兢于研究透视法、解剖学,以建立合理的真实的空间表现和人体风骨的写实。文艺复兴的西洋画家虽然是爱自然,陶醉于色相,然终不能与自然冥合于一,而拿一种对立的抗争的眼光正视世界。艺术不惟摹写自然,并且修正自然,以合于数理和谐的标准。意大利十四、十五世纪画家从乔阿托(Giotto)、波堤切利(Botticelli)、季朗达亚(Ghirlandaja)、柏鲁金罗(Perugino),到伟大的拉飞尔都是墨守着正面对立的看法,画中透视的视点与视线皆集合于画面的正中。画面之整齐、对称、均衡、和谐是他们特色。虽然这种正面对立的态度也不免暗示着物与我中间一种紧张,一种分裂,不能忘怀尔我,浑化为一,而是偏于科学的理知的态度。然而究竟还相当地保有希腊风格的静穆和生命力的充实与均衡。透视法的学理与技术,在这两世纪中由探试而至于完成。但当时北欧画家如德国的丢勒(Dürer)等则已爱构造斜视的透视法,把视点移向中轴之左右上下,甚至于移向画面之外,使观赏者的视点落向不堪把握的虚空,彷徨追寻的心灵驰向无尽。到了十七、十八世纪,巴镂刻(Baroque)风格的艺术更是驰情入幻,眩艳逞奇,摛葩织藻,以寄托这彷徨落寞、苦闷失望的空虚。视线驰骋于画面,追寻空间的深度与无穷(Rembrandt 的油画)。

　　所以西洋透视法在平面上幻出逼真的空间构造,如镜中影、水中月,其幻愈真,则其真愈幻。逼真的假相往往令人更感为可怖的空幻。加上西洋油色的灿烂眩耀,遂使出发于写实的西洋艺术,结束于诙诡艳奇的唯美主义(如 Gustave Moreau)。至于近代的印象主义、表现主义、立体主义未来派等乃遂光怪陆离,不可思议,令人难以追踪。然而彷徨追寻是它们的核心,它们是"苦闷的象征"。

　　我们转过头来看中国山水画中所表现的空间意识!

　　中国山水画的开创人可以推到六朝、刘宋时画家宗炳与王微。他们两人同时是中国山水画理论的建设者。尤其是对透视法的阐发及中国空间意识的特点透露了千古的秘蕴。这两位山水画的创始人早就决定了中国山水画在世界画坛的特殊路线。

　　宗炳在西洋透视法发明以前一千年已经说出透视法的秘诀。我们知道透视法就是把眼前立体形的远近的景物看作平面形以移上画面的方法。一个很简单而实用的技巧,就是竖立一块大玻璃板,我们隔着玻璃板"透视"远景,各种物景透过玻璃映现眼帘时观出绘画的状态,这就是因远近的距离之变化,大的会变小,小的会变大,方的会变扁。因上下位置的变化,高的会变低,低的会变高。这画面的形象与实际的迥然不同。然而它是画面上幻现那三进向空间境界的张本。

宗炳在他的《画山水序》里说:"今张绡素以远映,则崑阆之形可围于方寸之内,竖划三寸,当千仞之高,横墨数尺,体百里之远。"又说:"去之稍阔,则其见弥小。"那"张绡素以远映",不就是隔着玻璃以透视的方法么?宗炳一语道破于西洋一千年前,然而中国山水画却始终没有实行运用这种透视法,并且始终躲避它,取消它,反对它。如沈括评斥李成仰画飞檐,而主张以大观小。又说从下望上只合见一重山,不能重重悉见,这是根本反对站在固定视点的透视法。又中国画画樨面、台阶、地席等都是上阔而下狭,这不是根本躲避和取消透视看法?我们对这种怪事也可以在宗炳、王微的画论里得到充分的解释。王微的《叙画》里说:"古人之作画也,非以案城域,辨方州,标镇阜,划浸流,本乎形者融,灵而变动者心也。灵无所见,故所托不动,目有所极,故所见不周。于是乎以一管之笔,拟太虚之体,以判躯之状,尽寸眸之明。"在这话里王微根本反对绘画是写实和实用的。绘画是托不动的形象以显现那灵而变动(无所见)的心。绘画不是面对实景,画出一角的视野(目有所极故所见不周),而是以一管之笔,拟太虚之体。那无穷的空间和充塞这空间的生命(道),是绘画的真正对象和境界。所以要从这"目存所极故所见不周"的狭隘的视野和实景里解放出来,而放弃那"张绡素以远映"的透视法。

《淮南子》的《天文训》首段说:"……道始于虚霩(通廓),虚霩生宇宙,宇宙生气……"这和宇宙虚廓合而为一的生生之气,正是中国画的对象。而中国人对于这空间和生命的态度却不是正视的抗衡,紧张的对立,而是纵身大化,与物推移。中国诗中所常用的字眼如盘桓、周旋、徘徊、流连,哲学书如《易经》所常用的如往复、来回、周而复始、无往不复,正描出中国人的空间意识,我们又见到宗炳的《画山水序》里说得好:"身所盘桓,目所绸缪,以形写形,以色写色。"中国画山水所写出的岂不正是这目所绸缪、身所盘桓的层层山、叠叠水,尺幅之中写千里之景,而重重景象,虚灵绵邈,有如远寺钟声,空中回荡。宗炳又说:"抚琴弄操,欲令众山皆响",中国画境之通于音乐,正如西洋画境之通于雕刻建筑一样。

西洋画在一个近立方形的框里幻出一个锥形的透视空间,由近至远,层层推出,以至于目极难穷的远天,令人心往不返,驰情入幻,浮士德的追求无尽,何以异此?

中国画则喜欢在一竖立方形的直幅里,令人抬头先见远山,然后由远至近,逐渐返于画家或观者所流连盘桓的水边林下。《易经》上说:"无往不复,天地际也。"中国人看山水不是心往不返,目极无穷,而是"返身而诚","万物皆备于我"。王安石有两句诗云:"一水护田将绿绕,两山排闼送青来。"前一句写盘桓、流连、绸缪之情;下一句写由远至近,回返自心的空间感觉。

这是中西画中所表现空间意识的不同。

(选自宗白华《美学散步》,上海人民出版社 2005 年版)

【阅读书目】

1. 张懋镕著:《绘画与中国文化》,海南人民出版社 1988 年版。
2. 田自秉著:《中国工艺美术简史》,中国美术学院出版社 1989 年版。
3. 杨大年编著:《中国历代画论采英》,河南人民出版社 1984 年版。
4. 王秀成编著:《中国历代画论选释》,黑龙江美术出版社 1988 年版。
5. 李公明主编:《中国美术史纲》,湖南美术出版社 2004 年版。
6. 陈聿东、崔延子编著:《中国美术通识》,河南美术出版社 2003 年版。

【思考题】

1. 中国美术的主要成就表现在哪些方面?
2. 中国国画的特点如何?
3. 试谈你对国画中某个流派的认识。
4. 中国雕塑和工艺的主要类型分别有哪些?
5. 谈谈你对中国画师在人文精神方面的认识。

第八章
中国音乐

概　述

中国素号"礼乐之邦",古代音乐在人格养成、文化生活和国家礼仪方面有着重要作用和地位。孔子提出了"兴于诗,立于礼,成于乐"的学习步骤和修身次第,形成了"六艺"教育,礼、乐即其中二大项目。克己复礼,立身成人,是谓"立于礼";而欲达到君子人格的养成,必须经过音乐的性情熏陶,才能达到圆成境界,是谓"成于乐"。可见孔子认为伟大完美的人格只有在音乐中才能得以实现。在传统社会,礼、乐是密不可分的,"乐也者,情之不可变者也;礼也者,理之不可易者也。乐统同,礼辨异,礼乐之说,管乎人情矣。"(《礼记·乐书》)

中国音乐与西洋音乐的差异,不仅是器乐的不同,更多的是文化意蕴的不同。那清幽的竹笛、浑厚的古琴、深沉的洞箫、脆响的琵琶、幽怨的二胡,总是那样富有灵性,沁人心脾,绕梁不绝。在不经意间,民族音乐会拨动我们的心弦,使我们与那颇觉生疏的文化传统重新融合为一体,在清音雅调之间,民族的魂灵顿时盘活了,历史文化生命又一次鲜活地呈现。尽管中国音乐并没有以自己为中心独立发展,像西方音乐那样在文化中占据重要地位,但也形成了自己的特色。本章概述中国音乐的特色、类型和地位,并介绍中国音乐的历史演变。

一　特色地位

中国古代音乐起源很早。河南舞阳县发现的十八支七音孔和八音孔的骨笛,距今已有八千多年。正式的关于中国音乐历史的文字记载,始于周朝。中国音乐从很早已经掌握七声音阶,但一直偏好比较和谐的五声音阶,重点在五声中发展音乐。这是因为五声音阶与中国五行相配,故地位较高。到了春秋战国后期,这种以五声音阶为主的音乐文化体系就定型了。

中国音乐未能以自己为中心独立发展,而是依附于文化的各领域以游散打方式发挥了多种功能。按其功能中国音乐可分为：一是仪式音乐，用于祭祀、宗庙、大典，也包括宗教寺庙的仪式音乐。其特点是音域不宽，节奏缓慢，肃穆庄重。二是宫廷舞乐，又称燕乐，宫中乐，主要用于帝王在宫中饮宴、游乐。如唐代的《霓裳羽衣曲》。三是声乐，指用人的嗓子演唱的音乐，声乐用歌词的内容来规范音乐表现的多样性。四是独奏器乐，指不需要伴奏就能独立地演奏曲子的器乐。中国古代的许多乐器是可以独奏的。五是民乐，即民俗庆典中的音乐，多以吹奏乐和打击乐为主，在民间遇有婚丧嫁娶等活动时往往以民乐来烘托气氛。

（一）特色

先秦以后，中国音乐没有像西方音乐那样在文化中占据重要地位。但也形成了自己的特色。

以旋律为主。中国音乐将中心放在追求旋律、节奏变化，给人的是气韵生动的线条美，而轻视和声的作用，其发展方向和西方音乐不同的。西方音乐从古希腊的五声音阶，逐渐发展到七声音阶，直到十二平均律；从单声部发展到运用和声。所以西方音乐如果说像一堵厚重的墙壁，上面轮廓如同旋律，砖石如同墙体，即使轮廓平直只要有和声也是墙，正像亨德尔的某些作品。中国音乐则不同，好像用线条画出的中国画，如果没有轮廓（旋律）则不成其为音乐，但和声是可有可无的。所以西方人听中国音乐"如同飘在空中的线"，而从未接触西方音乐的中国人则觉得西方音乐如同"混杂的噪声"。

与文学紧密联系。中国古代"诗歌"是不分的，即文学与音乐是紧密相连的。现存最早的诗歌总集《诗经》中的诗篇当时都是配有曲调，为人民大众口头传唱的。这个传统一直延续下去，比如汉代的官方诗歌集成，就叫《汉乐府》，唐诗、宋词当时也都能歌唱。甚至到了今天，也有流行音乐家为古诗谱曲演唱，如苏轼描写中秋佳节的《水调歌头》。

理性精神。声乐之妙，发于情，止乎礼。古人认为音乐是表达内心情志的，情志属人，用嘴吟唱比非人体乐器更接近情调本性，所谓"丝不如竹，竹不如肉"。肉能唱的只能是声乐，声乐之妙在于词对乐的规范，故音乐能"乐而不淫，哀而不伤"，"发于情，止乎礼"。一个重要因素在于，当情用乐唱出时，已用文字来予以提示和规范了。

节奏宣泄。以旋律为主的器乐声乐表现的是理性精神和哲学沉思的一致，节奏宣泄则表现的是中国文化的另一端，它主要在民间音乐中表现出来，如陕北腰鼓、山西锣鼓即属此类，在喧闹节奏中展现出了一种粗犷的阳刚之美。

（二）地位

在中国古代，音乐受到人们的敬畏和重视，成为一切艺术的中心，并非仅仅因为音乐是一种可供听赏的艺术品，它还是一种与社会人生有着密切联系的文化现象。它的存在与自然、人、社会有着密切的联系,是一种具有深刻社会意义的文化存在。比之西方,中国将音乐作为文化现象存在的研究和思想极其丰富。正如唐君毅先生所言:"世界各民族,皆有音乐,而音乐之意趣,能与其文化之各方面,皆息息相关者,盖莫如昔之中国。《周礼》之五学,南学曰'成均',或谓'成均'为周代大学之通称。均与韵通,成均之学,以'乐德'、'乐语'、'乐舞'为教。《书》载夔典乐,以九德教胄子。以乐教德,由来久矣。世界盖唯中国古代之大学,以成均为名。……今顾名思义,则于周代之大学,当言不知乐者,不得入其门。而乐与中国古代文化之息息相关,亦略可知矣。"[1]

特别是先秦时期,音乐备受重视,成为一切艺术的中心,儒、道两家都将它看成与社会人生有着密切联系的文化现象,认为音乐与自然、人、社会相通相契,是一种具有深刻社会意义的文化存在。儒道两家的音乐美学思想都建立在"天人合一"的思想基础上,将音乐的存在与自然、天道紧密地联系起来。而儒家,更是在美善相契的观念中,将音乐视为调适情感、修养品性的文化手段,并认为音乐是与人的社会行为有直接关系的文化现象,音乐的意义不仅在于审美,它还承担着教化民风、考察政治得失、协调社会伦理秩序的作用。[2]

但是,中国古代对音乐家却比较轻视,不像对待画家,因为中国画和书法联系紧密,画家属于文人士大夫阶层,在宋朝时甚至可以"以画考官"(其实也是因为宋徽宗个人对绘画的极度爱好)。乐手地位较低,只是供贵族娱乐的"伶人"。唐朝时著名歌手李龟年也没有什么政治地位,现在的人知道他也是因为他常出现在唐诗中,受人赞扬。

中国古代的"士大夫"阶层认为,一个有修养的人应该精通"琴棋书画",所谓的"琴"就是流传至今的古琴。不过古琴只限于士大夫独自欣赏,不能对公众演出。古琴音量较小,也是唯一地位较高的乐器。

总之,中国古代的音乐理论发展较慢,在"正史"中地位不高,没有能留下更多的书面资料。但音乐和文学一样,是古代知识分子阶层的必修课,在古代中国人的日常生活中无疑有着重要地位,民间则更是充满了多彩的旋律。

二　历史演变

(一)先秦时期

我国音乐文化源远流长。黄河、长江流域是中华民族音乐文化的最早发祥地。距今 7000 余年的新石器时代,先民们可能已经可以烧制陶埙,挖制骨哨。远古的音乐文化具有歌、舞、乐互相结合的特点。葛天氏氏族中的所谓"三人操

---

〔1〕 唐君毅:《中华人文与当今世界》,广西师范大学出版社 2005 年版,第 319 页。
〔2〕 龚妮丽:《中国传统文化视野中音乐文化意义解读》,《星海音乐学院学报》2007 年第 3 期。

牛尾,投足以歌八阕"的乐舞就是最好的说明。当时,人们所歌咏的内容,诸如"敬天常"、"奋五谷"、"总禽兽之极",反映了先民们对农业、畜牧业以及天地自然规律的认识。这些歌、舞、乐互为一体的原始乐舞还与原始氏族的图腾崇拜相联系。

夏商两代渐渐脱离了原始的图腾崇拜,转而为对征服自然的人的歌颂。例如夏禹治水,于是便出现了歌颂夏禹的乐舞《大夏》。夏桀无道,商汤伐之,于是便有了歌颂商汤伐桀的乐舞《大蠖》。商代巫风盛行,于是出现了专司祭祀的巫(女巫)和觋(男巫)。他们为奴隶主所养,在祭祀时舞蹈、歌唱,是最早以音乐为职业的人。

据史料记载,在夏代已经有用鳄鱼皮蒙制的鼍鼓。商代已经发现有木腔蟒皮鼓和双鸟饕餮纹铜鼓,以及制作精良的脱胎于石桦犁的石磬。青铜时代影响所及,商代还出现了编钟、编铙乐器,它们大多为三枚一组。各类打击乐器的出现体现了乐器史上击乐器发展在前的特点。始于公元前5000多年的体鸣乐器陶埙从当时的单音孔、二音孔发展到五音孔,它已可以发出十二个半音的音列。根据陶埙发音推断,我国民族音乐思维的基础五声音阶出现在新石器时代的晚期,而七声至迟在商、殷时已经出现。

西周时期宫廷首先建立了完备的礼乐制度,共分五类:六代之乐、颂、雅、房中乐、四夷乐。其中,"六代之乐",即黄帝时的《云门》,尧时的《咸池》,舜时的《韶》,禹时的《大夏》,商时的《大蠖》,周时的《大武》。周代还有采风制度,收集民歌,以观风俗、察民情。赖于此,保留下大量的民歌,经春秋时孔子的删定,形成了我国第一部诗歌总集——《诗经》。它收有自西周初到春秋中叶500多年的入乐诗歌一共305篇。《诗经》中最优秀的部分是"风"。它们是流传于以河南省为中心,包括附近数省的十五国民歌。此外还有文人创作的"大雅"、"小雅",以及史诗性的祭祀歌曲"颂"这几种体裁。在《诗经》成书前后,诗人屈原根据楚地的祭祀歌曲编成《九歌》,具有浓重的楚文化特征。至此,两种不同音乐风格的作品南北交相辉映成趣。周代时期民间音乐生活涉及社会生活的十几个侧面,十分活跃。世传伯牙弹琴,钟子期知音的故事即始于此时。这反映出民间音乐演奏技术、作曲技术以及人们欣赏水平的提高。

周代音乐文化高度发达的成就还可以1978年湖北随县出土的战国曾侯乙墓葬中的古乐器为重要标志。这里出土的8种124件乐器,按照周代的"八音"乐器分类法(金、石、丝、竹、匏、土、革、木)几乎各类乐器应有尽有。其中最为重要的64件编钟乐器,分上、中、下三层编列,总重量达5000余公斤,总音域可达五个八度。由于这套编钟具有商周编钟一钟发两音的特性,其中部音区十二个半音齐备,可以旋宫转调,从而证实了先秦文献关于旋宫记载的可靠。曾侯乙墓钟、磬乐器上的铭文,记载了各诸侯国之间的乐律理论,说明十二律的理论已经确立,五声阶名(宫、商、角、徵、羽)也已经确立。而且这种单音音乐旋律美感的律制一直延续至今。

春秋战国百家争鸣时期音乐思想获得了长足的发展。墨、道、儒三家围绕着怎样看待商周以来的"礼乐",包括音乐的本质、音乐与现实生活的关系,音乐与政治的关系,音乐的社会功能等问题,进行了热烈的辩论。儒家孔丘、荀卿、公孙尼重功利、重情理;道家老聃、庄周重艺术、重精神。他们的见解,对日后中国音乐的发展产生了极为深远的影响。

(二)秦汉及魏晋南北朝时期

秦汉时开始出现"乐府"。乐府是继周代"大司乐"之后又一在宫廷中建立的中国古代音乐舞蹈教育机构。它继承了周代的采风制度,搜集、整理改编民间音乐,并将其职能一直延续到两汉南北朝时期。乐府所编排的乐舞节目,主要在享宴、郊祀、朝贺等场合演奏。那些用作演唱的歌词,被称为乐府诗。乐府,后来又被引申为泛指各种入乐或不入乐的歌词,甚至一些戏曲和器乐也都被称之为乐府。

汉代主要的歌曲形式是相和歌。它从最初的"一人唱,三人和"的清唱,渐次发展为有丝、竹乐器伴奏的"相和大曲"。其特点是"丝竹更相和,执节者歌",即歌唱者自击一个叫"节"或"节鼓"的击乐器,与其他伴奏的管弦乐器相互应和,并且具有"艳—曲—乱或趋"的曲式结构,它对隋唐时的歌舞大曲有重要影响。

汉代在西北边疆兴起了鼓吹乐。它以不同编制的吹管乐器和打击乐器构成多种鼓吹形式,如横吹、骑吹、黄门鼓吹等。它们或在马上演奏,或在行进中演奏,用于军乐礼仪、宫廷 宴饮以及民间娱乐。今日尚存的民间吹打乐,当有汉代鼓吹的遗绪。在汉代还有"百戏"出现,它是将歌舞、杂技、角抵(相扑)合在一起表演的节目。

清商乐是在继承汉魏乐府的相和歌基础上,融合"吴歌"、"西曲"等南方各地民间音乐而形成的,在史籍中称之为"清商乐",简称"清商"或"清乐"。由相和歌发展起来的清商乐在北方得到曹魏政权的重视,并设置清商署。由于官方推动,清商乐获得较大发展。相和歌和清商乐在内容和结构上进一步扩充发展,就成为融歌曲、舞蹈和器乐为一体的大型歌舞体裁"大曲"——"相和大曲"和"清商大曲"。两晋时期,源于西北游牧民族音乐的击奏乐器与吹奏乐器组合的样式鼓吹乐也兴盛起来。

这一时期古琴的演奏趋于成熟,出现了古琴专著《琴操》。同时也出现了一批文人琴家如阮籍、嵇康等,留下诸如《广陵散》(《聂政刺秦王》)、《酒狂》等一批著名曲目。

（三）隋唐及五代时期

唐代政治稳定，经济兴盛，统治者奉行开放政策，勇于吸收外城文化，加上魏晋以来已经孕育着的各族音乐文化融合打下的基础，终于到达了以歌舞音乐为主要标志的音乐艺术的全面发展的高峰。

唐代歌舞大曲继承了相和大曲的传统，融会了九部乐中各族音乐的精华，形成了散序—中序或拍序—破或舞遍的结构形式。见于《教坊录》著录的唐大曲曲名共有46个，其中《霓裳羽衣舞》以其为著名的皇帝音乐家唐玄宗所作，又兼有清雅的法曲风格，为世所称道。著名诗人白居易写有描绘该大曲演出过程的生动诗篇《霓裳羽衣舞歌》。

唐代宫廷宴享的音乐，称作"燕乐"。它们分别是各族以及部分外国的民间音乐，主要有清商乐（汉族）、西凉（今甘肃）乐、高昌（今吐鲁番）乐、龟兹（今库车）乐、康国（今俄国撒马尔罕）乐、安国（今俄国布哈拉）乐、天竺（今印度）乐、高丽（今朝鲜）乐等。其中龟兹乐、西凉乐更为重要。燕乐还分为坐部伎和立部伎演奏，根据白居易的《立部伎》诗，坐部伎的演奏员水平高于立部伎。乐队中琵琶是主要乐器之一，它已经与今日的琵琶形制相差无几。受龟兹音乐理论的影响，唐代出现了八十四调、燕乐二十八调的乐学理论。曹柔还创了减字谱的古琴记谱法，一直沿用至近代。

唐代还有一系列音乐教育的机构，如教坊、梨园、大乐署、鼓吹署，以及梨园法部所置的"小部音声"，专门教习15岁以下的小孩。这些机构以严密的考绩，造就了一批批才华出众的音乐家。

文学史上堪称一绝的唐诗在当时是可以入乐歌唱的。当时歌伎曾以能歌名家诗为快；诗人也以自己的诗作入乐后流传之广来衡量自己的写作水平。唐薛用弱《集异记》记载过这样一个故事：开元中，诗人王昌龄、高适、王之涣诣旗亭（酒楼）饮。梨园伶官亦招妓聚燕（宴）。三人私约曰："我辈擅诗名，未定甲乙（名次），试观诸伶讴诗分优劣。"他们果然听到伶人先唱王昌龄、高适的诗，后唱王之涣《凉州词》。这个故事反映了唱诗的风气。

（四）宋辽金元时期

宋、辽、金、元时期音乐文化的发展以市民音乐的勃兴为重要标志，较隋唐音乐得到更为深入的发展。随着都市商品经济的繁荣，适应市民阶层文化生活的游艺场"瓦舍"、"勾栏"应运而生。在"瓦舍"、"勾栏"中人们可以听到叫声、嘌唱、小唱、唱赚等艺术歌曲的演唱；也可以看到说唱类音乐种类崖词、陶真、鼓子词、诸宫调，以及杂剧、院本的表演，可谓争奇斗艳，百花齐放。

承隋唐曲子词发展，宋代词调音乐获得了空前的发展。这种长短句的歌唱文学体裁可以分为引、慢、近、拍、令等词牌形式。在填词的手法上已经有了"摊破"、"减字"、"偷声"等。南宋姜夔是既会作词，又能依词度曲的著名词家、音乐家。他有十七首自度曲和一首减字谱的琴歌《古怨》传世。这些作品多表达了作者关怀祖国人民的心情,描绘出清幽悲凉的意境,如《扬州慢》、《鬲溪梅令》、《杏花天影》,等等。早期的工尺谱谱式在张炎《词源》和沈括的《梦溪笔谈》中出现。近代通行的一种工尺谱直接导源于此时。

宋代还是我国戏曲趋于成熟的时代。它的标志是南宋时南戏的出现。南戏又称温州杂剧、永嘉杂剧,其音乐丰富而自然。最初是一些民间小调,演唱时可以不受宫调的限制。后来发展为曲牌体戏曲音乐时,还出现了组织不同曲牌的若干乐句构成一种新曲牌的"集曲"形式。南戏在演唱形式上已有独唱、对唱、合唱等多种。传世的三种南戏剧本《张协状元》等见于《永乐大曲戏文三种》。

戏曲艺术在元代出现了以元杂剧为代表的高峰。元杂剧的兴盛最初在北方,渐次向南方发展,与南方戏曲发生交融。代表性的元杂剧作家有关汉卿、马致远、郑光祖、白朴,另外还有王实甫、乔吉甫,世称六大家。典型作品如关汉卿的《窦娥冤》《单刀会》,王实甫的《西厢记》。元杂剧有严格的结构,即每部作品由四折(幕)一楔子(序幕或者过场)构成。一折内限用同一宫调,一韵到底,常由一个角色(末或旦)主唱。这些规则,有时也有突破,如王实甫的《西厢记》达五本二十折。元杂剧对南方戏曲的影响,造成南戏(元明之际叫做传奇)的进一步成熟,出现了一系列典型剧作,如《拜月庭》《琵琶记》等。这些剧本经历代流传,至今仍在上演。当时南北曲的风格已经初步确立,以七声音阶为主的北曲沉雄,以五声音阶为主的南曲柔婉。

随着元代戏曲艺术的发展,出现了最早的总结戏曲演唱理论的专著,即燕南之庵的《唱论》;而周德清的《中原音韵》则是北曲最早的韵书,他把北方语言分为十九个韵部,并且把字调分为阴平、阳平、上声、去声四种。这对后世音韵学的研究以及戏曲说唱音乐的发展均有很大的影响。

（五）明清时期

明清时期,市民阶层日益壮大,音乐文化的发展更具有世俗化的特点。明代的民间小曲内容丰富,已经达到"不问男女","人人习之"的程度。由此,私人收集编辑,刊刻小曲成风,而且从民歌小曲到唱本、戏文、琴曲均有私人刊本问世。如冯梦龙编辑的《山歌》,朱权编辑的最早的琴曲《神奇秘谱》等。

明清时期说唱音乐异彩纷呈。其中南方的弹词,北方的鼓词,以及牌子曲、琴书、道情类的说唱曲种更为重要。南方秀丽的弹词以苏州弹词影响最大。在清代,苏州出现了以陈遇乾为代表的苍凉雄劲的陈调;以马如飞为代表的爽直醋畅的马调;以俞秀山为代表的秀丽柔婉的俞调这三个重要流派。以后又繁衍出许多新的流派。北方的鼓词以山东大鼓,冀中的木板大鼓、西河大鼓、京韵大鼓较为重要。而牌子曲类的说唱有单弦、河南大调曲子等;琴书类说唱有山东琴书、四川扬琴等;道情类说唱有浙江道情、陕西道情、湖北渔鼓等;少数民族也出现了一些说唱曲,如蒙古说书、白族的大本曲。

明清时期歌舞音乐在各族人民中有较大的发展,如汉族的各种秧歌,维吾尔族的木卡姆,藏族的囊玛,壮族的铜鼓舞,傣族的孔雀舞,彝族的跳月,苗族的芦笙舞,等等。

以声腔的流布为特点,明清戏曲音乐出现了新的发展高潮。明初四大声腔有海盐、余姚、弋阳、昆山诸腔,其中的昆山腔经由江苏太仓魏良甫等人的改革,以曲调细腻流畅,发音讲究字头、字腹、字尾而赢得人们的喜爱。昆山腔又经过南北曲的汇流,形成了一时为戏曲之冠的昆剧。最早的昆剧剧目是明梁辰鱼的《浣纱记》,其余重要的剧目如明汤显祖的《牡丹亭》、清洪昇的《长生殿》等。弋阳腔以其灵活多变的特点对各地的方言小戏产生重要影响,使得各地小戏日益增多,如各种高腔戏。明末清初,北方以陕西秦腔为代表的梆子腔得到很快的发展,它影响到山西蒲州梆子、陕西同州梆子、河北梆子、河南梆子。这种高亢、豪爽的梆子腔在北方各省经久不衰。晚清,由西皮和二黄两种基本曲调构成的皮黄腔,在北京初步形成,由此,产生了影响遍及全国的京剧。

明清时期,器乐的发展表现为民间出现了多种器乐合奏的形式。如北京的智化寺管乐,河北吹歌,江南丝竹,十番锣鼓,等等。明代的《平沙落雁》、清代的《流水》等琴曲以及一批丰富的琴歌《阳关三叠》、《胡笳十八拍》等广为流传。琵琶乐曲自元末明初有《海青拿天鹅》以及《十面埋伏》等名曲问世,至清代还出现了华秋萍编辑的最早的《琵琶谱》。

明代末叶,著名乐律学家朱载堉计算出十二平均律的相邻两个律(半音)间的长度比值,精确到二十五位数字,这一律学上的成就在世界上是首创。

(六)"五四"前后至 1949 年

这段时期,音乐文化的发展交织着传统音乐和欧洲传入的西洋音乐。

戏曲音乐中京剧的形成影响及于全国,出现了程长庚、谭鑫培以及后来的梅兰芳、程砚秋、周信芳等一代名优。各种地方小戏如评剧、越剧、楚剧等也获得了较快的发展。

民族器乐则以民间出现各种器乐演奏的社团为特点,如"天韵社"、"大同乐会"等。这反映出民族器乐的发展有着深厚的民间活动基础。这种民族音乐民间活动的特点造就出许多卓越的民间艺人,其中华彦钧(瞎子阿炳)就是杰出的代表。此外,各种琴谱、琵琶谱的编定、出版也多了起来。

西洋音乐的传入中国虽可以上溯到元、明时期,但作为一种文化形态影响于中国应当是清末民初的学堂民歌运动。当时一些要求效法欧美,富国强兵的维新派知识分子倡导了这一运动,如梁启超、沈心工、李叔同等。学堂乐歌作为学生音乐教材,以宣传爱国反帝,拥护共和,以及学习欧美科学文明为内容,如《中国男儿》、《体操—兵操》等,这些乐歌不仅流传于学校,而且广泛影响到社会各界。这些乐歌多借用外来曲调填词,也有少数根据本国曲调填词,还有少数创作曲调。

在"五四"新文化运动的影响下,兴起了传播西洋音乐、改进国乐的音乐活动,并建立了一些音乐社团,如"北大音乐研究社"、"中华美育社"、"国乐改进社"。而专业音乐教育最初就是在这些音乐社团的基础上建立的。20世纪20年代,肖友梅在上海创建国立音乐院,这是正规专业音乐教育的开始。肖友梅呕心沥血,毕生献给了我国早期专业音乐教育事业。"五四"时期,著名语言学家、作曲家赵元任是我国早期专业音乐创作的代表人物之一,他注意民族语言音调同歌曲音调的结合,善于吸收传统音乐中的营养,写出了《卖布谣》、《教我如何不想他》等流传至今的作品。民族音乐家刘天华则从学习西洋音乐中探索改进国乐的道路,创办了"国乐改进社"。

王光祈作为我国第一代音乐学家,在中国音乐史学以及比较音乐学上具有开创性的贡献。20世纪30年代著名的音乐教育家、作曲家黄自对专业音乐教育的巩固和提高做了大量工作;他培养出一批专业音乐工作者如刘雪庵、江定仙、贺绿汀等,他创作的《玫瑰三愿》、《南乡子》等艺术歌曲仍然回响在今天的音乐会舞台上;他还写出了我国第一部清唱剧《长恨歌》。

这一时期,专业音乐的发展以歌曲为主要体裁,器乐曲相对来说较为薄弱。但在器乐作品民族化方面也出现了一些较好的作品,如贺绿汀的钢琴曲《牧童短笛》,瞿维的钢琴曲《花鼓》,马思聪的小提琴曲《内蒙组曲》,马可的管弦乐曲《陕北组曲》,民族器乐曲如《春江花月夜》,以及华彦钧的《二泉映月》。

专　题

古　琴

中国古琴,亦称瑶琴、玉琴、七弦琴,是世界最古老的弹拨乐器之一,主要由弦与木质共鸣器发音,至今已有3000多年历史(湖北曾侯乙墓出土的十弦琴是最早的古琴实物,距今有2400多年)。古琴艺术在中国音乐史、美学史、社会文化史、思想史等方面具有广泛影响,是中国古代精神文化在音乐方面的主要代表之一。2003年11月7日,古琴被联合国教科文组织宣布为第二批"人类口述和非物质遗产代表作"。古琴艺术是继昆曲被授予这一称号后,中国第二个入选的项目。1977年8月20日,"旅行者二号"太空考察船,携有代表人类音乐的喷金铜唱片,一共选了几十首乐曲,其中代表中华音乐的就是管平湖先生演奏的古琴曲《流水》。

一 古琴史略

古琴是在春秋时期就已盛行的乐器,到 20 世纪初才被称作"古琴"。琴的创制者有"昔伏羲作琴"、"神农作琴"、"舜作五弦之琴以歌南风"等说,作为追记的传说,可不必尽信,但却可看出琴在中国有着悠久的历史。

(一)先秦时期

《诗经》、《尚书》、《吕氏春秋》、《左传》、《论语》、《韩非子》等主要文献中就已经对古琴有了直接或间接的记载。如《诗经·周南·关雎》:"参差荇菜,左右采之。窈窕淑女,琴瑟友之⋯⋯"《吕氏春秋》和《列子》中均有对伯牙、子期"高山流水遇知音"典故的记载等。这一时期有名的琴人有楚国的钟仪、卫国的师曹、晋国的师旷以及曾教授孔丘弹琴的鲁国琴师师襄等。《高山》、《流水》、《阳春》、《白雪》等经典琴曲也产生于这一时期。

(二)汉、魏、六朝时期

古琴艺术有了重大发展,除在《相和歌》、《清商乐》中作伴奏乐器外,还以"但曲"演奏形式出现。如器乐曲《广陵散》、《大胡笳鸣》、《小胡笳鸣》等,反映出古琴作为器乐演奏的一个重要发展阶段。汉末的蔡邕父女和魏、晋间的嵇康,都是当时著名的古琴演奏家和作曲家。这一时期的琴曲有:《广陵散》、《梅花三弄》、《碣石调·幽兰》、《乌夜啼》等。魏晋时期有著名的"竹林七贤"。其中,阮籍、嵇康均为文人琴家。嵇康尤善弹奏《广陵散》一曲。阮籍作有琴曲《酒狂》;嵇康作有琴曲"嵇氏四弄"——《长清》、《短清》、《长侧》、《短侧》,并著有乐评《琴赋》。

(三)隋唐时期

这一时期的主要琴人有赵耶利、董庭兰、薛易简等。赵耶利为隋末唐初著名琴家,他对当时流行的文字指法谱进行了整理,并辑录了《弹琴右手法》、《弹琴手势谱》等有关演奏技法的著作。董庭兰与薛易简均为盛唐时期著名琴家,其中薛易简著有《琴诀》七篇。晚唐时期一个名叫曹柔的人创造了减字谱,这是古琴史上一个重要的转折点,由此而使大量的琴曲在这一时期以及以后的朝代更迭中得以记录和保存。四川的雷氏家族世代制琴,以其中的雷威最为有名。目前北京的故宫博物院所藏的"九霄环佩"、"大圣遗音"均为唐代保存至今的稀世名琴。这一时期的琴曲有《大胡笳》、《小胡笳》、《阳关三叠》等。唐代是古琴文化艺术繁荣发展的一个重要时期。

(四)宋元时期

这一时期著名的文人琴家有欧阳修、苏轼等。主要的琴家有:郭沔、毛敏仲、汪无亮、刘志芳等。其后金元时期的主要琴家有耶律材楚等。南宋时期杰出琴家郭沔（号楚望）和他的弟子刘志芳、毛敏仲等人，在古琴遗产的整理、创作方面对古琴音乐的发展作出一定的贡献。郭沔（郭楚望）所作的琴曲《潇湘水云》为传世佳作。刘志芳创作有《忘机曲》和《吴江吟》等曲，后世的《鸥鹭忘机》一曲就是由《忘机曲》延传而来。毛敏仲是刘志芳的学生，创作有《渔歌》、《樵歌》等曲。金元的耶律楚材是一位弹琴高手，师从苗秀实。琴歌有姜夔的《古怨》；庐山道士崔闲所著《醉翁吟》等。宋人朱长文撰写的《琴史》，真实地记录了隋、唐、宋三代琴的史料。

（五）明清时期

这一时期著名琴人有严徵（严天池）、徐常遇、蒋文勋、张孔山等。由于印刷术的发展，大量的琴谱在这一时期得到刊印流传。如明初的《神奇秘谱》、《风宣玄品》、《西麓堂琴统》等均为非常有价值的谱集，其中收录了大量宋代以前的传谱。明宁王朱权，收录唐宋之前艺术珍品六十四曲，历十二年主持撰辑了《神奇秘谱》，于 1425 年刊行，是我国现存最早的一部琴谱。明初琴家冷谦的《琴声十六法》，明末清初徐青山著的《溪山琴况》（二十四况）是重要的古琴美学理论著作。严徵在江苏常熟创立组织了虞山琴派，并编印了《松弦馆琴谱》。这一时期也出现了一些制琴高手，至今还能见到的明代潞王"中和"琴等，就是由于当时的帝王及统治阶级好琴而大批量制造的缘故。清末的张孔山将《流水》一曲发展成为"七十二滚拂"，是流传至今的典范之作。这一时期的琴曲有《渔樵问答》、《平沙落雁》、《水仙操》等。

（六）近代

近代琴家有祝桐君、诸城王氏、黄勉之、杨宗稷等。新中国成立后的著名琴家有吴景略、管平湖、查阜西、张子谦、夏一峰、龙琴舫、徐立荪、詹澄秋、周庆云等。这一时期大量的琴曲被整理出来，主要琴曲有《长门怨》、《关山月》、《秋风词》、《醉渔唱晚》、《忆故人》等。

二　圣人之器

（一）古琴结构

如果乐为心声的话，那么琴乐所反映的心声是非凡的心声。因此，古人称琴，常称之为"圣人之器"。古代传说"伏羲削桐为琴。面圆法天，底平象地。龙池八寸，通八风；凤池四寸，象四气"。（《琴书》引蔡邕《论琴》，见《玉海》）

琴一般长约三尺六寸五（约 120～125 公分左右），象征一年 365 天（一说象征周天 365 度）。一般宽约六寸（20 公分左右）、厚约二寸（6 公分左右）。

古琴属于平放弹弦类乐器。共鸣箱由两块长约三尺六寸的木板胶合而成，头宽尾略收窄,琴面为桐木,琴底为梓木。琴身全部上漆,琴面头部镶有一块称为承露的硬木,木上有七孔直贯琴底以便穿琴弦,承露左面另一称岳山的硬木用以架弦。琴尾两端用红木镶嵌两片边饰称为焦尾(或称冠角),焦尾中间为龙龈。琴面另嵌上十三个螺钿的圆点"徽",琴底有两个长方形的孔作为共鸣,位于琴底的中央(约于琴面的四徽与七徽之间)长六寸许多为龙池,而再下十寸多(位于琴面十徽与十三徽之间)长约三寸的为凤沼,在凤沼之右另有足池以插上两只雁足。琴面的七条弦的头部系于绒剅,绒剅再系于琴轸,架在岳山上的弦直伸到龙龈,然后分别镶在琴背得两只雁足上。[1]

从琴各部分的命名亦可看出琴制之受儒家思想的影响。琴前广后狭,象征尊卑之别。官、商、角、徵、羽五根弦,象征君、臣、民、事、物五种社会等级。后来增加的第六、七根弦称为文、武二弦,象征君臣之合恩。十二徽分别象征十二月,而居中最大之徽代表君,象征闰月。古琴有泛音、按音和散音三种音色,分别象征天、地、人之和合。这些古琴形制命名的象征意义反映出儒家的礼乐思想,即"礼以别异,乐以和同",在重"礼"的同时,又重"乐"。古琴形制命名可见其制作形制即寓有教化人伦的深意。

(二)古琴的取材

琴的形制尽管在魏晋以前一直有着变化,但其取材、造型以及形制的含义很早便已固定了下来。

先来看看琴的取料。宋代朱长文在《琴史》中将琴的美好品质概括为四点:"琴有四美,一曰良质,二曰善斫,三曰妙指,四曰正心。四美既备,则为天下之善琴,而可以感格幽冥,充被万物。况于人乎? 况于己乎?"这四种品质之中,良材又是最为重要的。从某种意义上说,良材就意味着好琴。所以,才会有蔡邕从火中抢出焦桐的事情发生。(《后汉书·蔡邕传》:吴人有烧桐以爨者,邕闻火烈之声,知其良木,因请而裁为琴。果有美音,而其尾犹焦。故时人名曰"焦尾琴"焉。)

斫琴者除以唐代雷氏造琴选用新材以外,多倾向于选择旧材。赵希鹄《洞天清录》:"论择材者曰纸甑、水槽、木鱼、鼓腔、败棺、古梁柱楹桷。然梁柱为重压,损纹理;败棺少用桐;纸甑、水槽薄而受湿气太多。惟木鱼、鼓腔晨夕近钟鼓,为金声所入,最为良材。"正如杨宗稷所说:"音声有九得(德),清、圆、匀、静,人力或可强为;透、润、奇、古四者,则出于天定。"(《琴学丛书·琴余》)所谓天定,即时光岁月的作用。自古以来,讲究的斫琴者大多会想办法去寻觅旧材。经旬累月地呆在深山老林里觅良材,自然不现实,但这种注重选材的态度却依然值得今天的制琴者学习。《古琴疏》里有这样一则故事:

---

〔1〕 叶明媚:《古琴音乐艺术》,商务印书馆(香港)1991年版,第1—3页。

吴叔治修夏月,纳凉门外。时闻桐树下有琴声。后一外国人请以五百金买此树。叔治曰:"金欲得耳,第吾自以口就食即见此树,今何忍伐之。"后叔治出为北海主簿,归,已为族人卖去。久之,外国人以二琴至,示叔治。一曰"阴姬",一曰"阳娃",不加斲磨,其文宛然,各有仙女弄琴之状。云凉天月夜,不鼓而鸣。请以其一相报,叔治拒而不受。

吴叔治的孤傲,是对一棵普通桐木的珍视,更是对自己性情所依之物、对自己生命情感的珍视。[1]

（三）古琴的造型

古琴造型优美,常见的为伏羲式、仲尼式、连珠式、落霞式、灵机式、蕉叶式、神农式等。主要是依琴体的项、腰形制的不同而有所区分。这些样式,均有名琴传世。但它们差别总的来说并不太大,都是比较简朴的。历史上曾也有人别出心裁制作一些花样新异之琴,但并不为大家接受。

制琴的最终目的,是为取得美好的声音,以古人的趣味,是不愿把琴弄得花花哨哨喧宾夺主的。当然,也有人在琴的样式、配件上花功夫,金徽玉轸、八宝髹漆、精雕细镂,如明代有不少"璐王琴",日本正仓院有金银平脱琴,但那都是舍本逐末之举,徒有观赏之美而无聆听之用了。

琴漆有断纹,它是古琴年代久远的标志。由于长期演奏的振动和木质、漆底的不同,可形成多种断纹,如梅花断、牛毛断、蛇腹断、冰裂断、龟纹等。有断纹的琴,琴音透澈,外表美观,所以更为名贵。古代名琴有绿绮、焦尾、春雷、冰清、大圣遗音、九霄环佩等。

三　古琴美学

中国传统文化儒释道的思想渗透在古琴美学思想的各个方面。传统琴曲主要用五声音阶,即五正音,这可说是儒家中和雅正思想在音乐上的落实,而琴乐清虚淡静的风格和意境则主要为道家思想的反映。古琴音乐主要受儒家中正和平、温柔敦厚、"德音之谓乐"和道家顺应自然、大音希声、清微淡远等思想的影响。此二家的影响可分别以"中正和平"、"清微淡远"两句来总括。此外还有佛教禅宗顿悟思想的影响。

儒家的入世思想讲求中庸、和雅、道德,反映在音乐上则为雅乐、德音的推崇和俗乐、淫声、溺音的贬斥。雅乐的特色正在于其平和雅正、温厚含蓄,因而可移风易俗和导人向善,其风格是含蓄、平静的,与所谓繁手淫声、追求声响效果复杂多变的俗乐相反,故曰"大乐必易"。

"琴者,禁也"(古琴言禁始自汉《新论·琴道》,后被《白虎通》加以发展),是

---

〔1〕 郭平:《古琴丛谈》,山东画报出版社 2006 年版,第 1—13 页。

传统古琴美学思想中最重要的命题,突出代表了儒家的音乐思想,也是古琴美学的主流思想。儒家提倡古琴的"禁",主要基于它对音乐基本功能的认识。儒家认为音乐的首要功能是教化,所以其美学思想的出发点是音乐服务于政治、礼法等,从而认为古琴的主要功能是教化和修身。

道家的修真、出世逍遥、返朴归真思想对中国文化影响也极深。道家超世的思想讲求自然、逍遥和超脱世俗的羁绊,反映在音乐上则为老子"大音希声"的思想,追求所谓"道的境界"的音乐。所以道家只对音乐的精神层面积极,而对音乐的声音层面(即物化、形而下的层面)来说,基本上是采取消极和反对的态度(可见儒道二家同样排斥音声物化层面之过度发展)。道家超世的思想则形成其清微淡远这一类追求意境,贵"意"说,讲求弦外之音的审美理想。

《老子》"淡兮其无味"的思想被阮籍、嵇康、白居易、周敦颐、徐上瀛等人吸收、发展,在音乐审美上形成对"淡和"之乐的崇尚,限制了古琴音乐风格的多样性,对古琴的发展产生了较大的消极影响;《老子》"大音希声"的思想则为陶渊明、白居易、薛易简等人所继承,使崇尚"希声"之境成为众多琴人追求的目标;老、庄对自然之美的推崇为嵇康、陶渊明、李贽等多人继承,使古琴美学思想重视人与自然的联系,追求人与自然的统一;庄子以自由为美、音乐可自由表达感情的思想又被嵇康、李贽等人发展,提倡音乐要成为人们抒发心声的艺术,而不是封建统治的工具;庄子"得意而忘言"的思想被陶渊明等众琴人所继承,使追求言外之意、弦外之音成了古琴音乐审美中的重要特征。另外,老、庄明哲保身、退隐出世的思想也对古琴美学思想有一定的影响。

与儒、道思想在古琴音乐中的地位相比,佛教思想是不如的。然而佛教思想对古琴美学并非毫无影响。对古琴美学思想有影响的佛家思想是禅宗的顿悟说。最早把禅理与琴学联系在一起的是宋人成玉   ,他在《琴论》中说"攻琴如参禅",认为参禅和学琴有同样的思维方式,都须"瞥然省悟",即顿悟,才能超越自我,超越尘世,达到至境。这种思想被明人李贽加以发挥,李贽认为"声音之道可与禅通"(《焚书·征途与共后语》)。成玉   、李贽等将禅的意识、思维方式用于音乐审美,强调自我体验、心领神会,在音乐中彻悟琴学之三昧,实现人生之追求的思想对古琴美学有一定的影响。

中国乐器中很少像古琴那样具备一套完整的弹奏风格、审美准则。历代论述古琴演奏风格的文章,有些见于琴文、专集的琴书和琴谱中,亦有些散见于零星的诗文中,而较有系统和条理地阐述古琴演奏风格的审美经验结晶和审美准则判断的琴论文章,则以明代冷谦的《琴声十六法》和明代徐上瀛的《溪山琴况》较为完整和重要。

冷谦的琴声十六法实际上乃提出了十六个审美范畴,企图为琴乐的审美和表演作一归纳和依据。十六法分别为:轻、松、脆、滑、高、洁、清、虚、幽、奇、古、澹、中、和、疾、徐。在每一个美学范畴之下，冷谦更详细地论述它的内涵和外延，从不同的美感特征去引导读者把握古琴的声音美。总的来说，十六法的提纲和内容以抽象性、文学性和形象化的描述为多，实际配合技巧实践的理论少，故容易偏向唯美形式主义。

另一位是明末清初琴坛上重要人物徐上瀛，他受宋崔遵度《琴笺》"清丽而静、和润而远"思想的影响，仿照司空图《二十四诗品》，写成了琴学最重要的论著《溪山琴况》（作于崇祯十四年，公元 1641 年）。其中二十四况是：（1）和；（2）静；（3）清；（4）远；（5）古；（6）澹；（7）恬；（8）逸；（9）雅；（10）丽；（11）亮；（12）采；（13）洁；（14）润；（15）圆；（16）坚；（17）宏；（18）细；（19）溜；（20）健；（21）轻；（22）重；（23）迟；（24）速。

二十四况虽比十六法多出了八个范畴，但二者基本上是以一系列美学范畴来组织成文的。二十四况内容中亦有部分与十六法相同。概括地说，二十四况主要是对琴乐内在意境和外在风格、审美价值与标准提出系列要求，为古琴艺术提出审美准则。此内容和形式总合的特征即为整个古琴风格的体现。这二十四况渗透着儒道佛三家的思想。徐上瀛晚年曾寄居僧舍，所以佛教思想对他有较大的影响，如佛教提出"识心见性，自成佛道"（惠能《坛经》），徐上瀛就说"修其清净贞正，而藉琴以明心见性"。徐上瀛将佛教思想融入琴学中去，发展成儒、释、道合一的审美观。

儒、释、道三家尽管从各自教义出发，对音乐的功用、目的等有不同的看法，但在音乐的审美上其总体特征基本一致，即均以"平和"、"淡和"为其审美准则，视古、雅、淡、和等音乐为美，排斥时、俗、艳、媚等音乐，徐上瀛《溪山琴况》中的美学思想就集中体现了这一审美特征。[1]

四 古琴流派

琴派，指古琴音乐的流派，是中国器乐音乐中极为特殊的文化现象。在中国传统独奏乐器发展史上，有明确记载的器乐流派，最早便是有着悠久历史的古琴音乐。南宋末年以来，随着古琴演奏艺术的发展，由于演奏风格、师承渊源、所据传谱的不同，形成众多的琴派，各有卓越的琴家和琴曲。

琴乐艺术是个人内在心灵通过琴弦体现于外。不同琴人对于琴文化的理解，自然也受其天资、性格、个人修养、思想境界、心理状态的影响。随着理解的不同，流露于指下，则神韵各异，形成不同的艺术风格。风格相近者，最终形成琴派，就是很自然的事了。琴派的形成，主要因素可总结为地域影响、师承影响和传谱不同。

---

〔1〕 参见叶明媚：《古琴的音乐美学》，《古琴音乐艺术》，台湾商务印书馆 1996 年版。

所谓地域影响,是指同一地域的琴家,便于寻师访友,相互切磋琴艺,加之民风相近,性格往往相近。如此相互影响,较易形成默契,形成相同或相近的理解和风格,最终形成琴派。

所谓师承影响,是指卓越的琴学家,由于其深厚的造诣,独树一帜,得到大众的仰慕,琴人相继随之学习。如此就形成了不同的师承体系。同一师承的琴家,遵循恩师的教导,往往对琴道的理解和演奏的风格相同或相近,最终形成琴派。

所谓传谱不同,是指随着琴谱的普及,不同琴家,依照不同的琴谱钻研琴学。学习同一琴谱的琴家,则更易形成相同或相近的理解和风格,最终形成琴派。

自唐朝起,琴学流派就已见于著录。如隋唐赵耶利所述:"吴声清婉,若长江广流,绵延徐延,有国士之风。蜀声躁急,若激浪奔雷,亦一时之俊。"北宋时,亦有京师、两浙、江西等流派,并有著录评价说:"京师过于刚劲,江南失于轻浮,惟两浙质而不野,文而不史。"到了明朝,江、浙、闽派也有很大影响。如明朝刘珠所说:"习闽操者百无一二,习江操者十或三四,习浙操者十或六七。"明末清初以后,至于现代,相继又出现了"虞山"、"广陵"、"浦城"、"泛川"、"九嶷"、"诸城"、"梅庵"、"岭南"等著名琴派。后世的琴派多以地区划分、命名,虞山派以江苏常熟为中心,广陵派以江苏扬州为中心,都是著名的琴派。

下面介绍这些著名琴派,并对浙派、虞山派、广陵派重点介绍之。这三派实际上是中国南方地区由唐代发展而来的三个最为重要的琴派,且三者继相衍传,传统不断。三派在琴曲、指法以及审美等方面都有着很深的渊源关系和承继关系。

(一)浙派

南宋著名琴派。浙派因他们主要活动在浙江一带,后人则称他们的演奏风格为"浙派"。与北派和江派相比,浙派独具特色和优势。浙派认为江派的一字当一音为俗调,易流于轻浮,主张"去文以存勾剔"(见萧鸾《杏庄太音补遗·徐门正传》)的古琴独奏旋律,在音色上则追求"微、妙、圆、通"的"希声"境界。明代初年,江派比较盛行,至明嘉靖初,逐渐衰弱下去。而浙派则一直盛行,后来的琴人多自居为浙派,直至明代的黄献、萧鸾等都仍称自己为"徐门(指浙派琴家徐天民)正传",可见浙派之影响极为深远。

形成时期:南宋末年。创始人:郭沔(楚望)。其代表作品为《潇湘水云》。传承:经刘志方授与毛敏仲和徐天民。毛、徐两人在杨攒的主持下编纂《紫霞洞琴谱》。徐天民祖孙四代都是著名的琴家,明代尊之为"徐门正传"。后人称浙派传谱为浙谱。代表人物:郭楚望、毛敏仲、徐天民、徐秋山、徐梦吉、徐仲和等。主要风格:流畅清和。代表琴曲:《潇湘水云》、《渔歌》、《樵歌》、《胡笳十八拍》

等。重要琴著:《琴操谱》(郭楚望)、《琴述》(袁桷)、《霞外琴谱》(金汝励)、《琴学名言》(徐梦吉)、《梅雪窝删润琴谱》(徐仲和)、《梧岗琴谱》(黄献)、《杏庄太音续谱》(萧鸾)等。

（二）虞山派

明代琴派,形成于明末,创始人为严徵(天池)。虞山即在今江苏常熟,有河流名为琴川,所以这一琴派又称"熟派"或"琴川派"。"浙操徐门"中的第三代传人徐晓山,曾在常熟传琴,致使当地名手辈出,陈爱桐即其中之一。传至严徵,结"琴川琴社",谱辑为《松弦馆琴谱》,后人尊为虞山宗派(也称"熟派")之创始人。严徵为明嘉靖年间大学士文靖公严讷之子,工书法,善鼓琴。他主张黜俗还雅,提倡纯粹的琴乐,反对一字一音地将琴乐对上文字。严徵曾遇浙派著名琴师沈太韶(名音)于京师,深受其影响。显然,虞山派实际可视为是南宋浙派在明代的发展和延续。陈爱桐的另一再传弟子徐上瀛在严氏的基础上加以丰富,添加了快速的《潇湘水云》等曲目,辑有《大还阁琴谱》,并著《溪山琴况》,提出了"二十四况"的古琴演奏美学。虞山派在琴界威望很高,20世纪30年代在上海成立的"今虞琴社"就是依照该派之名而命名的。该派之名的主要风格为清微淡远,中正广和。代表人物有严天池、徐上瀛、吴景略等。代表琴曲:《秋江夜泊》、《良宵引》、《潇湘水云》等。重要琴学论著:严天池的《松弦馆琴谱》、徐上瀛的《大还阁琴谱》等。

（三）广陵派

清代著名琴派,创始人为徐常遇等。江苏扬州古称广陵,以此地为中心形成的琴派称为广陵派。最初由徐常遇在虞山派的基础上发展而成。徐常遇生活在虞山派盛行的时期,其琴必定受到虞山派很深的影响。扬州和常熟皆属江苏,二城又相距不远,其琴乐之互相影响、交流之密切可想而知了。清代周庆云的《琴史续》中也认为徐常遇之琴乐"气味与熟派相近",查阜西先生在编订《琴曲集成》的时候,对广陵琴派则有这样的论述:"实虞山旁支耳。"徐常遇二子晋臣、周臣继承家学,晋京献艺,曾到报国寺演奏,琴艺倾倒四座。后康熙帝曾两次在"畅春院"召见,听二人弹琴。一时争传"江南二徐"。广陵派自继承虞山琴学传统之后,从康熙年间一直到现在,三百年来绵延不断、代有传人,且相沿有五大琴谱流传于世,是众多琴派中难得一见的现象。所辑《澄鉴堂琴谱》为本派最早谱集。继起者徐祺吸收各地名曲加工整理,编成《五知斋琴谱》,为近代流传最广的谱集。太平天国以后,该派陆续出版了《蕉庵琴谱》、《枯木禅琴谱》等,其影响一直延续到当代。该琴派的主要风格为:中正、跌宕、自由、悠远。代表人物有徐常遇、徐枸、徐祺、秦维翰、释空尘、孙绍陶、张子谦、刘少椿等。代表琴曲:《龙翔操》、《梅花三弄》、《平沙落雁》、《潇湘水云》、《广陵散》等。重要琴著:徐常遇的《澄鉴堂琴谱》、徐祺的《五知斋琴谱》、秦维翰的《蕉庵琴谱》、释空尘的

《枯木禅琴谱》等。

（四）闽派

又称为蒲城派,近代著名琴派。祝凤喈为代表,形成于清代末期。祝凤喈,字桐君,福建浦城人。父亲好琴,兄长善琴,祝桐君学琴从家学,致力于琴学先后三十余年,"官于江浙,以琴自随,所至名噪一时",著有《与古斋琴谱》。主要风格:指法细腻,潇洒脱俗,疾缓有度。代表人物:祝桐君、许鱼樵、张鹤等。代表琴曲:《鱼樵问答》、《平沙落雁》、《阳关三叠》、《石上流泉》等。重要琴著:苏琴山的《春草堂琴谱》、祝桐君的《与古斋琴谱》、张鹤的《琴学入门》等。

（五）川派

此琴派又称蜀派。形成时期为清代。创始人为著名琴家张合修(孔山)。近代川派的知名琴家有:张孔山、杨紫东、李子昭、吴浸阳、龙琴舫、顾玉成、顾隽、顾梅羹、夏一峰、查阜西、喻绍泽等。此琴派的主要艺术风格:躁急奔放,气势宏伟。代表琴曲:《流水》、《醉渔唱晚》、《孔子读易》、《普安咒》等,其中以《流水》和《醉沙州晚》歌曲最为流行,尤其受到琴界的重视。重要琴著:《天闻阁琴谱》(唐松仙)、《百瓶斋琴谱》(顾隽)等。

（六）诸城派

形成时期:清代。创始人:王溥长、王零门等。山东诸城王溥长、王作祯、王露,祖孙三代以虞山派为基础,另有王冷泉和他的学生王宾鲁以金陵派为基础。两者汇流,又结合当地民间音乐风格,形成具有山东地方风格的诸城派。此琴派辑有:《桐荫山馆琴谱》、《梅庵琴谱》。代表曲目《长门怨》、《关山月》,都是当代比较流行琴曲曲目,在古琴界影响比较大。此琴派内部风格也不尽相同,主要为:王溥长所代表的清和淡远,王零门所代表的绮丽缠绵。代表人物:王溥长、王零门、王心源、王宾鲁、王心葵等。

（七）梅庵派

形成时期:清代。创始人:王宾鲁(燕卿)、徐立孙。主要特点:流畅如歌,绮丽缠绵,吟揉幅度较大。代表人物:王宾鲁、徐立孙、邵大苏、王永昌等。代表琴曲:《平沙落雁》、《长门怨》、《关山月》、《秋江夜泊》、《捣衣》等。重要琴著:《龙吟馆琴谱》(毛式郇)、《梅庵琴谱》(徐立孙)等。

（八）九嶷派

形成时期:清代。创始人:杨宗稷(时百)。主要风格:苍劲坚实,讲究吟揉节奏。代表人物:杨宗稷、管平湖等。代表琴曲:《流水》、《广陵散》、《胡笳十八拍》、《幽兰》等。重要琴著:《琴学丛书》(杨宗稷)等。

（九）岭南派

又称为广东琴派。形成时期为清代道光年间。创始人为黄景星,他继承先辈琴人的《古冈遗谱》，并向他人苦心学习琴曲，后辑 50 首为《悟雪山房琴谱》。近人郑健侯传琴学琴艺。此琴派的主要风格为：清和淡雅。代表人物：黄景星、李宝光、郑健侯、杨新伦等。代表琴曲：《碧涧流泉》、《鱼樵问答》、《怀古》、《玉树临风》、《鸥鹭忘机》、《乌夜啼》等。重要琴著：《古冈琴谱》、《悟雪山房琴谱》等。

五　琴人轶事——寻找知音的故事

一部琴史，就是一部寻找知音的历史。我们看到无数的琴人，将其心志寄托于古琴之中，希冀着知音的出现。从伯牙弹琴钟子期聆听这里开始，就奠定了古琴的基本品格。

琴家从先秦写到魏晋时期，即从师旷开始写到嵇康为止。因为这段时期两个最具有原典色彩的古琴故事都是在这段时间发生的：即伯牙高山流水觅知音和嵇康临刑前弹奏广陵散的故事，前者象征着古琴寻找知音的心志寄托，后者象征着文人琴家对古琴艺术至死不渝的热爱。汉魏之后，著名琴家层出不穷，琴人轶事传闻不断，想深入了解的话可看有关专著。

（一）师旷

师旷，名旷，字子野，晋国著名音乐家，主乐大师（今山西洪洞）人（当时地位最高的音乐家名字前常冠以"师"字）。大约生活时期在公元前 572－前 532 年，晋悼公、晋平公执政时期。师旷生而无目，故自称盲臣，又称瞑臣；为晋大夫，亦称晋野，是当时著名的大音乐家，以"师旷之聪"闻名于后世。他还是位杰出的政治活动家和博古通今的学者，时人称其"多闻"。在后世的传说中，他被演化成音乐之神、顺风耳的原型和瞎子算命的祖师等。史载，师旷曾到过开封，在那里筑台演乐，至今遗址尚存。

师旷的思想相当丰富，具有强烈的民本主义思想。当卫献公因暴虐而被国人赶跑时，晋悼公认为民众太过分，师旷则反驳说："好的君主，民众当然会拥戴他，暴虐之君使人民绝望，为何不能赶他走呢？"晋悼公听了觉得很有道理，于是又问起治国之道，师旷简言之为"仁义"二字（《左传·襄公十四年》）。齐景公也曾向师旷问政，师旷提出"君必惠民"的主张，故他在当时深受诸侯及民众敬重。

师旷有非凡的音乐才华，但却比较保守。晋平公喜欢新声，师旷就加以反对，认为是："公室其将卑乎？君之明兆于衰矣！"（《国语·晋语十四》）又如，卫侯曾命师涓为晋平公演奏新曲，师旷当场攻击说是"靡靡之乐"，"亡国之声"（《韩非子·十过》），师旷认为可以通过音乐来传播德行。师旷敢于如此发表自己的意见，其地位显然不同于一般的乐工，而是一个颇受重用的乐官。

《周书》记载师旷不仅擅琴，也会鼓瑟。在艺术上取得了极高造诣，为世人所共仰。《庄子齐物论》说师旷"甚知音律"，《洪洞县志》云"师旷之聪，天下之至聪也"。故在先秦文献中，常以师旷代表音感特别敏锐的人，"譬犹师旷之施瑟柱也,所推移上下者,无尺寸之度,而靡不中音"。晋平公曾铸大钟,众乐工都以为音律和谐,惟师旷言"不调",师旷的判断后来果然为齐国乐师师涓所证实(《吕氏春秋·仲冬纪·长见》)。

师旷音乐知识非常丰富,不仅熟悉琴曲,并善用琴声表现自然界的音响,描绘飞鸟飞行的优美姿态和鸣叫。有许多关于他的神话,说他用琴弹奏起"清徵",使得玄鹤起舞;弹奏起"清角"又能飞沙走石,使得大旱三年,等等。这些传闻当然不可信,但反映出师旷的琴艺在人们心目中造成的印象。

此外,师旷的劝学思想富有现实教育意义。他说:"少而好学,如日出之阳;壮而好学,如日中之光;老而好学,如炳烛之明。炳烛之明,孰于昧行乎?"(《说苑》卷三)给人以深刻的启迪和鼓励。

(二)伯牙

荀况的《劝学》篇最早提到了伯牙,"昔者瓠巴鼓瑟,而沈鱼出听;伯牙鼓琴,而六马仰秣",用夸张的笔法,写出了伯牙琴艺的高妙。

后代文献中还有成连先生带伯牙到海边去"移情"创作琴曲的传说。据说著名琴家成连是伯牙的老师,有一次成连对伯牙说:我能教你弹琴而不能教你"移情",我有一位老师叫方子春,住在东海的蓬莱山上,他善于弹琴又能教人"移情",于是他们就一起去了东海。伯牙到了那里,并没有见到方子春,而只看见了汹涌的海水波涛,杳冥的山林和悲号的群鸟,便很感叹地说:"先生移我情矣"!于是创作了《水仙操》一曲(《乐府古题要解》)。这个故事有夸张之处,甚至未必真有其事,但它反映出我国古代琴家们已经认识到体察现实对创作和表演所起的作用,并用伯牙学琴的故事说明它的重要性。

《吕氏春秋本味》载:"伯牙鼓琴,钟子期听之,方鼓琴而志在泰山,钟子期曰:'善哉乎鼓琴!巍巍乎若泰山。'少时而志在流水。钟子期曰:'善哉鼓琴,洋洋乎若流水。'钟子期死,伯牙摔琴绝弦,终身不复鼓琴,以为世无复为鼓琴者。"(另见《列子·汤问》)伯牙是钟子期的知音,只有他能听懂他的琴音心语。这个故事一直为后世所传诵,把伯牙和子期的友谊作为典范,于是"知音"就成了"知己"的同义语了。明冯梦龙《警世通言》卷一《俞伯牙摔琴谢知音》将此故事衍成小说,写出了知音难求的况味。

(三)孔子

孔子,名丘,字仲尼,春秋后期鲁国人。孔子是春秋时著名的教育家、音乐家。孔子和他所开创的儒家学派,非常重视音乐的社会作用和教化作用。孔子以六艺(《诗》、《书》、《礼》、《乐》、《易》、《春秋》)育人,提倡"兴于诗,立于礼,成于乐"。文人雅士,修习琴乐,以完善人格的风尚,可以说在很大程度上,是受到孔子的影响。

《论语》、《史记·孔子世家》载,孔子能"弦歌不衰"、"闻《韶》三月不知肉味",能"击磬于卫"、"取瑟而歌","三百五篇孔子皆弦歌之",对琴乐推崇备至。他曾向当时著名的乐师师襄学习弹奏《文王操》。《孔子家语》载:"孔子学琴于师襄子,襄子曰:'吾虽以击磬为官,然能于琴。今子琴已习,可以益矣。'孔子曰:'丘未得其数也。'有间,曰:'已习其数,可以益矣。'孔子曰:'丘未得其志也。'有间,曰:'已习其志,可以益矣。'孔子曰:'丘未得其为人也。'有间,孔子有所谬然思焉,有所罩然高望而远眺。曰:'丘迫得其为人矣。近黮而黑,颀然长,旷如望羊,奄有四方,非文王其孰能为此?'师襄子避席叶拱而对曰:'君子圣人也,其传曰《文王操》。'"(《孔子家语·辨乐》)孔子不仅认真学弹琴的技巧,更细细体会作品的内涵,并进而追溯到创作者的精神。

传孔子曾作《幽兰操》。《乐府诗集》第五十八卷《琴曲歌辞二》《猗兰操》,又称《幽兰操》,其题解云:《古今乐录》曰"孔子自卫返鲁,见香兰而作此歌"。《琴操》曰:"孔子历聘诸侯,诸侯莫能任。自卫返鲁,隐谷之中,见幽兰独茂,喟然叹曰:'幽兰当为王者香,今乃独茂,与众草为伍。'乃止车,援琴鼓之,自伤不逢时,讬辞于香兰云。"

(四)司马相如

司马相如(前179—前118),字长卿,蜀郡成都人,以辞赋见称。史载:司马相如因汉景帝不好辞赋,并不受重用,遂托病辞官,出游梁,当了梁孝王的门客,著《子虚赋》。不多久,孝王死,相如失去依靠,只好返回成都。归家的相如,家贫而无以为业。幸蒙与临邛令王吉颇有交情,遂受邀前往。有一次,他在富豪卓王孙家做客,即席弹奏琴曲,引起卓王孙的女儿文君的爱慕。卓文君不顾父亲的反对,毅然和司马相如私奔(《史记·司马相如传》)。琴界根据这段故事,创作了《文君曲》、《凤求凰》等作品,来赞扬他们的爱情。皇后陈阿娇被汉武帝冷落之后,独处在长门宫内,求司马相如作赋来感动汉武帝,这就是《长门赋》的来历。后人运用这一题材创作了琴曲《长门怨》。司马相如不但自身有着高超的琴技,更因他的传说故事,成为琴曲创作的来源。他所用的一张琴名叫"绿绮",亦成名琴,后代李白专门写诗赞之。

(五)蔡邕

蔡邕(132—192),字伯喈,陈留圉(今河南杞县)人,是东汉的文史大家,同时也是琴文化史上顶级的琴学大家。蔡邕博学,工于书画,尤精琴道。他著有《琴赋》、《琴操》等重要琴学名文,对琴文化的发展有很大影响。另外,他所作的《蔡氏五弄》(《游春》、《渌水》、《幽居》、《坐愁》、《秋思》)是传世名曲。《蔡氏五弄》还曾被隋炀帝钦定为考取进士的必考科目。蔡邕的贡献,还在于在其影响下,先后涌现出阮禹、阮籍等琴学名家。其女蔡琰,在其影响下,也成了琴学大家。

民间流传有不少关于蔡邕的故事。《后汉书·蔡邕传》:"吴人有烧桐以爨者,邕闻火烈之声,知其良木,因请而裁为琴。果有美音,而其尾犹焦。故时人名曰'焦尾琴'焉。"至今琴的尾部仍称作"焦尾",就是根据这个故事来的。又如:蔡邕弹琴,偶尔断了一根弦,他的女儿根据声音,指出是断了第几根弦,父亲又故意试断其他弦,她也能辨别出来,等等。这些故事,不仅说明了蔡邕父女具有敏锐的听音能力,也表达了人们对他们高超的音乐修养的敬佩。

(六)嵇康

嵇康(223—263),是竹林七贤的领袖之一。《晋书·嵇康传》说他"学不师受,博览无不该通"。不仅如此,他还精通音律,擅长乐器。嵇康有一张非常名贵的琴,为了这张琴,他卖去了东阳旧业,还向尚书令讨了一块河轮佩玉,截成薄片镶嵌在琴面上作琴徽。此琴可谓价值连城。有一次,其友山涛乘醉想剖琴,嵇康以生命相威胁,才使此琴免遭大祸。

面对司马氏的黑暗统治,嵇康是愤激不平的,经常"非汤武而薄周孔",将矛头直指当政者。为表示反抗,他经常逃入山林,与"竹林七贤"相与遨游。袁颜伯《竹林七贤传》云:"嵇叔夜尝采药山泽,遇之于山,冬以被发自覆,夏则编草为裳,弹一弦琴,而五声和。"

嵇康终为司马氏政权所不容,遭到杀害,死时才40岁。据《世说新语·雅量》载:"嵇中散临刑东市,神气不变。索琴弹之。奏《广陵散》。曲终曰:'袁孝尼尝请学此散,吾靳固不与,《广陵散》于今绝矣!'"对于这首优秀作品无人继承下来,表示无限惋惜。以后人们往往把再也见不到的美好事物,称之为"广陵散",把它当作"绝响"的同义语。嵇康临刑前,有三千太学生共同向司马氏要求"请以为师",但未被允许,使"海内之士,莫不痛之"(《晋书》本传)。可以说,嵇康的死,使广陵散与他的名字永远连在了一起。

《广陵散》是古代一首大型琴曲,它至少在汉代已经出现。其内容向来说法不一,但一般的看法是将它与《聂政刺韩王》琴曲联系起来。古来琴曲家即把《广陵散》与《聂政刺韩王》看作异曲同名。《聂政刺韩王》主要是描写战国时代铸剑工匠之子聂政为报杀父之仇,刺死韩王,然后自杀的悲壮故事(关于此,蔡邕《琴操》记述得较为详细)。

《广陵散》在历史上曾绝响一时,新中国成立后,我国著名古琴家管平湖先生根据明代朱权编印的《神奇秘谱》(1425)所载曲调进行了整理、打谱,使这首奇妙绝伦的古琴曲音乐又回到了人间。

嵇康除以弹奏《广陵散》闻名外,在音乐理论上也有独到贡献,这就是其《琴赋》与《声无哀乐论》。《琴赋》主要表现了嵇康对琴和音乐的理解,同时也反映了嵇康与儒家传统思想相左的看法。《声无哀乐论》是作者对儒家"音乐治世"思想直接而集中的批判,其中闪烁着嵇康对音乐的真知灼见。

▋ 文　选

溪山琴况

明·徐上瀛

一曰和。稽古至圣,心通造化,德协神人,理一身之性情,以理天下人之性情,于是制之为琴。其所首重者,和也。和之始,先以正调品弦,循徽叶声,辨之在指,审之在听,此所谓以和感,以和应也。和也者,其众音之款会,而优柔平中之橐籥乎?

论和以散和为上,按和为次。散和者,不按而调,右指控弦,迭为宾主,刚柔相剂,损益相加,是为至和。按和者,左按右抚,以九应律,以十应吕,而音乃和于徽矣。设按有不齐,徽有不准,得和之似,而非真和,必以泛音辨之。如泛尚未和,则又用按复调。一按一泛,互相参究,而弦始有真和。

吾复求其所以和者三,曰弦与指合,指与音合,音与意合,而和至矣。夫弦有性,欲顺而忌逆,浅实而忌虚。若绰者注之,上者下之,则不顺;按未重,动未坚,则不实。故指下过弦,慎勿松起;弦上迎指,尤欲无迹。往来动宕,恰如胶漆,则弦与指和矣。

音有律,或在徽,或不在徽,固有分数以定位。若混而不明,和于何出?篇中有度,句中有候,字中有肯,音理甚微。若紊而无序,和又何生?究心于些者,细辨其吟猱以叶之,绰注以适之,轻重缓急以节之,务令宛转成韵,曲得其情,则指与音和矣。

音从意转,意先乎音,音随乎意,将众妙归焉。故欲用其意,必先练其音;练其音,而后能洽其意。如右之抚也,弦欲重而不虐,轻而不吝,疾而不促,缓而不弛。左之按弦也,若吟若猱,圆而无碍(吟猱欲恰好,而中无阻滞),以绰以注,定而可伸(言绰注甫定,而或再引伸)。纤回曲折,疏而实密,抑扬起伏,断而复联,此皆以音之精义而应乎意之深微也。其有得之弦外者,与山相映发,而巍巍影现;与水相涵濡,而洋洋徜恍。暑可变也,虚堂凝雪;寒可回也,草阁流春。其无尽藏,不可思议,则音与意合,莫知其然而然矣。

要之,神闲气静,蔼然醉心,太和鼓畅,心手自知,未可一二而为言也。太音希声,古道难复,不以性情中和相遇,而以为是技也,斯愈久而愈失其传矣。

一曰静。抚琴卜静处亦何难?独难于运指之静。然指动而求声恶乎得静?余则曰,政在声中求静耳。

声厉则知指躁,声粗则知指浊,声希则知指静,此审音之道也。盖静由中出,声自心生,苟心有杂扰,手指物挠,以之抚琴,安能得静?惟涵养之士,淡泊宁静,心无尘翳,指有余闲,与论希声之理,悠然可得矣。

所谓希者,至静之极,通乎杳渺,出有入无,而游神于羲皇之上者也。约其下指工夫,一在调气,一在练指。调气则神自静,练指则音自静。如热妙香者,含其烟而吐雾,涤介著者,荡其浊而泻清。

取静音者亦然,雪其躁气,释其竞心,指下扫尽炎嚣,弦上恰存贞洁,故虽急而不乱,多而不繁,渊深在中,清光发外,有道之士当自得之。

一曰清。语云"弹琴不清,不如弹筝",言失雅也。故清者,大雅之原本,而为声音之主宰。地而不僻则不清,琴不实则不清,弦不洁则不清,心不静则不清,气不肃则不清,皆清之至要者也,而指之清尤为最。

指求其劲,按求其实,则清音始出。手不下徽,弹不柔懦,则清音并发。而又挑必甲尖,弦必悬落,则清音益妙。两手如鸾凤和鸣,不染纤毫浊气,厝指如敲金戛石,傍弦绝无客声,此则练其清骨,以超乎诸音之上矣。

究夫曲调之清,则最忌连连弹去,亟亟求完,但欲热闹娱耳,不知意趣何在,斯则流于浊矣。故欲得其清调者,必以贞、静、宏、远为度,然后按以气候,从容宛转。候宜逗留,则将少息以俟之。候宜紧促,则用疾急以迎之。是以节奏有迟速之辨,吟猱有缓急之别,章句必欲分明,声调愈欲疏越,皆是一度一候,以全其终曲之雅趣。试一听之,澄然秋潭,皎然寒月,湱然山涛,幽然谷应,始知弦上有此一种清况,真令人心骨俱冷,体气欲仙矣。

一曰远。远与迟似,而实与迟异,迟以气用,远以神行。故气有候,而神无候。会远于候之中,则气为之使。达远于候之外,则神为之君。至于神游气化,而意之所之玄而又玄。时为岑寂也,若游峨眉之雪。时为流逝也,若在洞庭之波。倏缓倏速,莫不有远之微致。盖音至于远,境入希夷,非知音未易知,而中独有悠悠不已之志。吾故曰:"求之弦中如不足,得之弦外则有余也。"

一曰古。《乐志》曰:"琴有正声,有间声。其声正直和雅,合于律吕,谓之正声,此雅、颂之音,古乐之作也。其声间杂繁促,不协律吕,谓之间声,此郑卫之音,俗乐之作也。雅、颂之音理而民正,郑卫之曲动而心淫。然则如之何而可就正乎?必也黄钟以生之,中正以平之,确乎郑卫不能入也。"按此论,则琴固有时古之辨矣!

大都声争而媚耳者,吾知其时也。音淡而会心者,吾知其古也。而音出于声,声先败,则不可复求于音。故媚耳之声,不特为其疾速也。为其远于大雅也;会心之音,非独为其延缓也,为其沦于俗响也。俗响不入,渊乎大雅,则其声不争,而音自古矣。

然粗率疑于古朴,疏慵疑于冲淡,似超于时,而实病于古。病于古与病于时者奚以异？必融其粗率，振其疏慵，而后下指不落时调，其为音也，宽裕温庞，不事小巧，而古雅自见。一室之中，宛在深山空邃谷，老木寒泉，风声籁籁，令人有遗世独立之思，此能进于古者矣。

一曰淡。弦索之行于世也，其声艳而可悦也。独琴之为器，焚香静对，不入歌舞场中；琴之为音，孤高岑寂，不杂丝竹伴内。清泉白石，皓月疏风，倏倏自得，使听之者游思缥缈，娱乐之心不知何去，斯之谓淡。

舍艳而相遇于淡者，世之高人韵士也。而淡固未易言也，祛邪而存正，黜俗而归雅，舍媚而还淳，不着意于淡而淡之妙自臻。

夫琴之元音本自淡也，制之为操，其文情冲乎淡也。吾调之以淡，合乎古人，不必谐于众也。每山居深静，林木扶苏，清风入弦，绝去炎嚣，虚徐其韵，所出皆至音，所得皆真趣，不禁怡然吟赏，喟然云：“吾爱此情，不求不竟；吾爱此味，如雪如冰；吾爱此响，松之风而竹之雨，涧之滴而波之涛也。有窟痹于淡之中而已矣。”

一曰逸。先正云：“以无累之神合有道之器，非有逸致者则不能也。”其人必具超逸之品，故自发超逸之音。本从天性流出，而亦陶冶可到。如道人弹琴，琴不清亦清。朱紫阳曰：“古乐虽不可得而见，但诚实人弹琴，便雍容平淡。”故当先养其琴度，而次养其手指，则形神并洁，逸气渐来，临缓则将舒缓而多韵，处急则犹连急而不乖，有一种安闲自如之景象，尽是潇洒不群之天趣。所以得之心而应之手，听其音而得其人，此逸之所征也。

一曰雅。古人之于诗则曰“风”、“雅”，于琴则曰“大雅”。自古音沦没，即有继空谷之响，未免郢人寡和，则且苦思糖售，去故谋新，遂以弦上作琵琶声，此以雅音而翻为俗调也。惟真雅者不然，修其清静贞正，而籍琴以明心见性，遇不遇，听之也，而在我足以自况。斯真大雅之归也。

然琴中雅俗之辨在纤微？喜工柔媚则俗，落指重浊则俗，性好炎闹则俗，指拘局促则俗，取音粗厉则俗，入弦仓卒则俗，指法不式则俗，气质浮躁则俗，种种俗态未易枚举，但能体认得“静”、“远”、“淡”、“逸”四字，有正始风，斯俗情悉去，臻于大雅矣。

一曰丽。丽者，美也，于清静中发为美音。丽从古淡出，而非从妖冶出也。若音韵不雅，指法不隽，徒以繁声促调触人之耳，而不能感人之心，此媚也，非丽也。譬诸西子，天下之至美，而具有冰雪之资，岂效颦者可与同语哉！美与媚判若秦越，而辨在深微，审音者当自知之。

一曰亮。音渐入妙，必有次第。左右手指既造就清实，出有金石声，然后拟一“亮”字。故清后取亮，亮发清中，犹夫水之至清者，得日而益明也。唯在沉细之际而更发其光明，即游神于无声之表，其音亦悠悠而自存也，故曰亮。至于弦声断而意不断，此政无声之妙，亮又不足以尽之。

一曰采。音得清与亮，既云妙矣，而未发其采，犹不足表其丰神也。故清以生亮，亮以生采，若越清亮而即欲求采，先后之功舛矣。盖指下之有神气，如古玩之有宝色，商彝、周鼎自有暗然之光，不可掩抑，岂是致哉？经岁锻练，始融其粗迹，露其光芒。不究心音义，而糟精神发现，不可得也。

一曰洁。贝经云："若无妙指，不以发妙音。"而坡仙亦云："若言声在指头上，何不于君指上听?"未始是指，未始非指，不即不离，要言妙道，固在指也。

修指之道由于严净，而后进于玄微。指严净则邪滓不容留，杂乱不容间，无声不涤，无弹不磨，而只以清虚为体，素质为用。习琴学者，其初唯恐其取音之不多，渐渐陶熔，又恐其取音之过多。从有而无，因从而寡，一尘不染，一滓弗留，止于至洁之地，此为严净之究竟也。

指既修洁，则取音愈希。音愈希则意趣愈永。吾故曰："欲修妙音者，本于指。欲修指者，必先本于洁也。"

一曰润。凡弦上取音惟贵中和，而中和之妙用全于温润呈之。若手指任其浮躁，则繁响必杂，上下往来音节俱不成其美矣。故欲使弦上无煞声，其在指下求润乎？

盖润者，纯也，泽也，所以发纯粹光泽之气也。左芟其荆棘，右熔其暴甲，两手应弦，自臻纯粹。而又务求上下往来之法，则润音渐渐而来。故其弦若滋，温兮如玉，泠泠然满弦皆生气氤氲，无眦阳眦阴偏至之失，而后知润之为妙，所以达其中和也。古人有以名其琴者，曰"云和"，曰"泠泉"，倘亦润之意乎？

一曰圆。五音活泼之趣半在吟猱，而吟猱之妙处全在圆满。宛转动荡无滞无碍，不少不多，以至恰好，谓之圆。吟猱之巨细缓急俱有圆者，不足则音亏缺，太过则音支离，皆为不美。故琴之妙在取音，取音宛转则情联，圆满则意吐，其趣如水之兴澜，其体如珠之走盘，其声如哦咏之有韵，斯可以名其圆矣。

抑又论之，不独吟猱贵圆，而一弹一按一转一折之间亦自有圆音在焉。如一弹而获中和之用，一按而凑妙合之机，一转而函无痕之趣，一折而应起伏之微，于是欲轻而得其所以轻，欲重而得其所以重，天然之妙犹若水滴荷心，不能定拟。神哉圆乎！

一曰坚。古语云："按弦如入木"，形其坚而实也。大指坚易，名指坚难。若使中指帮名指，食指帮大指，外虽似坚，实胶而不灵。坚之本全凭筋力，必一指卓然立于弦中，重如山岳，动如风发，清响如击金石，而始至音出焉，至音出，则坚实之功到矣。

然左指用坚，右指亦必欲精劲，乃能得金石之声。否则抚弦柔懦，声出委靡，则坚亦浑浑无取。故知坚以劲合，而后成其妙也。况不用帮而参差其指，行合古式，既得体势之美，不爽文质之宜，是当循循练之，以至用力不觉，则其然亦不可窥也。

一日宏。调无大度则不得古，故宏音先之。盖琴为清庙、明堂之器，声调宁不欲廓然旷远哉？

然旷远之音落落难听，遂流为江湖派，因致古调渐违，琴风愈浇矣。若余所受则不然："其始作也，当拓其冲和闲雅之度，而猱、绰之用必极其宏大。盖宏大则凌晨老，音老则入古也。至使指下宽裕纯朴，鼓荡弦中，纵指自如，而音意欣畅疏越，皆自宏大中流出。"

但宏大而遗细小则其情未至，细小而失宏大则其意不舒，理固相因，不可偏废。然必胸襟磊落，而后合乎古调，彼局曲拘挛者未易语也。

一日细。音有细缈处，乃在节奏间。始而起调先应和缓，转而游衍渐欲入微，妙在丝毫之际，意存幽邃之中。指既缜密，音若茧抽，令人可会而不可即，此指下之细也。至章句转折时，尤不可草草放过，定将一段情绪缓缓拈出，字字摹神，方知琴音中有无限滋味，玩之不竭，此终曲之细也。昌黎诗"昵昵儿女语，恩恩相尔汝。忽然变轩昂，勇士赴敌场。"其宏细互用之意欤？

往往见初入手者一理琴弦便忙忙不定，如一声中欲其少停一息而不可得，一句中欲其委婉一音而亦不能。此以知节奏之妙未易轻论也。盖连指之细在虑周，全篇之细在神远，斯得细之大旨者矣。

一日溜。溜者，滑也，左指洽涩之法也。左指洽涩之法也。音在缓急，指欲随应，敬非握其滑机，则不能成其妙。若按弦虚浮，指必柔懦，势难于滑；或着重滞，指复阻碍，尤难于滑。然则何法以得之？惟是指节炼至坚实，极其灵活，动必神速。不但急中赖其滑机，而缓中亦欲藏其滑机也。故吟、猱、绰、注之间当若泉之滚滚，而往来 上下之际更如风之发发。刘随州诗云"溜溜表丝上，静听松风寒"，其斯之谓乎？

然指法之欲溜，全在筋力运使。筋力既到，而用之吟猱则音圆，用之绰注上下则音应，用之迟速跌宕则音活。自此精进，则能变佛莫测，安往而不得其妙哉！

一日健。琴尚冲和大雅，操慢音者得其似百未真，愚故提一健字，为导滞之砭。乃于从容闲雅中刚健其指，而右则发清洌之响，左则练活泼之音，斯为善也。

靖以健指复明之。右指靠弦则音钝而木，故曰"响如金石，动如风发"，非运健于坚也耶？要知健处即指之灵处，而冲和之调无疏慵之病矣，气之在弦，不有不期去而自去者哉。

一日轻。不轻不重者，中和之音也。趣调当以中和为主，而轻重特损益之，其趣自生也。

盖音之取轻属于幽情，归乎玄理，而体曲之意，悉曲之情，有不其轻而自轻者。第音之轻处最难，工夫未到则浮而不实，晦而不明，虽轻亦未合。惟轻之中不爽清实，而一丝一忽指到音绽，更飘摇鲜朗，如落花流水，幽趣无限。乃有一切一句之轻，有间杂高下之轻，种种意趣皆贵清实中得之耳。

要知轻不浮，轻中之中和也；重不煞，重中之中和也。故轻重者，中和之变音；而所以轻重者，中和之正音也。

一曰重。诸音之轻者业属乎情，而诸音之重者乃由乎气。情至而轻，气至而重性固然也。第指有重、轻则声有高下，而幽微之后理宜发扬，倘指势太猛则露杀伐之响，气盈胸臆则出刚暴之声，惟练指养气之士则抚下当求重抵轻出之法，弦自有高朗纯粹之音，宣扬和畅，疏越神情，而后知用重之妙，非浮躁乖戾者之所比也。故古人抚琴则曰"弹欲断弦，按如入木"，此专言其用力也，但妙在用力不觉耳。夫弹琴至于力，又至于不觉，则指虽重如击石，而毫无刚暴杀伐之疚，所以为重欤！及其鼓宫叩角，轻重间出，则岱岳江河，吾不知其变化也。

一曰迟。古人以琴能涵养情性，为其有太和之气，故名其声曰"希声"。未按弦时，当先肃其气，澄其心，缓其度，远其神，从万籁俱寂中冷然音生，疏台寥廓，若太古，优游弦上，节其气候，候至而下，经叶厥律者，此希声之始作也；或章句舒徐，或缓急相间，或断而复续，或幽而致远，因候制宜，调古声淡，渐入渊原，而心志悠然不已者，此希声之引伸也；复探其迟趣，乃若山静秋鸣，月高林表，松风远拂，石涧流寒，而日不知晡，夕不觉曙者，此希声之寓境也。严天池诗"几回拈出阳春调，月满西楼下指迟"，其于迟意大有得了。若不知"气候"两字，指一入弦惟知忙忙连下，迫欲入放慢则竟然无味矣。深于气候，则迟速俱得，不迟不速亦得，岂独一迟尽其妙耶！

一曰速。指法有重则有轻，如天地之有阴阳也；有迟则有速，如四时之有寒暑也。盖迟为速之纲，速为迟之纪，当相间错而不离。故句中有迟速之节，段中有迟速之分，则皆籍一速以接其迟不候也。然琴操之大体固贵乎迟：疏疏淡淡，其音得中正和平者，是为正音，《阳春》《佩兰》之曲是也；忽然变急，其音又系最精最妙者，是为奇音，《雉朝飞》《乌夜啼》之操是也。所谓正音备而奇音不可偏废，此之为速。拟之于似速而实非速，欲迟而不得迟者，殆相径庭也。

然吾之论速者二：有小速，有大速。小速微快，要以紧紧，使指不伤速中之雅度，而恰有行云流水趣；大速贵急，务令急百不乱，依然安闲之气象，而能泻出崩崖飞瀑之声。是故速以意用，更以意神。小速之意趣，大速之意奇。若迟而无速，则以何声为结构？速无大小，则亦不见其灵机。故成连之教伯牙蓬莱山中，群峰互峙，海水崩折，林木幽冥，百鸟哀号，曰："先生将移我情矣！"后子期听其音，遂得其情于山水。噫！精于其道者自有神而明之妙，不待缕悉，可以按节而求也。

（选自《续修四库全书》第 1094 册，上海古籍出版社 2002 年版）

【阅读书目】

1. 杨荫浏:《中国古代音乐史稿》,人民音乐出版社 1981 年版。
2. 刘东升、袁荃猷:《中国音乐史图鉴》,人民音乐出版社 1996 年版。
3. [日]岸边成雄:《唐代音乐史研究》,梁在平、黄志炯译,台湾中华书局 1973 年版。
4. 蔡仲德:《中国音乐美学》,人民音乐出版社 1995 年版。
5. 连波:《国乐飘香:中国传统音乐文化赏析》,人民音乐出版社 2001 年版。
6. 叶明媚:《古琴音乐艺术》,商务印书馆(香港)1991 年版。
7. 章华英:《古琴——人类口头与非物质文化遗产丛书》,浙江人民出版社 2007 年版。
8. 陈建一:《浙派古琴艺术》,上海文艺出版社 2006 年版。

【思考题】

1. 简述中国音乐的特色和地位。
2. 简述中国音乐的发展史。
3. 我国古琴艺术具有哪些美学特征?
4. 古琴琴派是如何形成的? 有哪些重要门派?
5. 浙派古琴有何特色? 有哪些代表人物和代表琴曲?

第九章
中国戏曲

概　述

　　中国戏曲是中国传统文化的一枝奇葩,是中华文化中最为通俗和普及的部分,是一种具有中华民族美学特质的艺术样式。

　　"戏曲"一词最早见于元末陶宗仪《南村辍耕录》:"唐有传奇。宋有戏曲、唱诨、词说。金有院本、杂剧、诸宫调。"陶氏所称"戏曲"乃特指两宋时期某种萌生态戏剧的杂戏,如"宋杂剧"。元明清三代的戏曲论著,对中国传统戏剧的指称,一般多用当时各戏曲样式习常的称谓,如宋元"南戏"或"戏文"、"南曲"、"南词";元"杂剧"或"元曲"、"北曲";明清"传奇"。其间当然也有冯梦龙、凌濛初诸家用"戏曲"一词来指称过中国传统戏剧。清代阮元将中国传统戏剧统称为"戏曲",并对"戏曲"的艺术特征作了概括:"戏曲,歌者、舞者与乐器全动作也。"之后,王国维的《戏曲考原》将"戏曲"明确界定为:"戏曲者,谓以歌舞演故事也。"

　　"戏剧"即亚里士多德所说的"完整、有一定长度的行动"——"戏剧情节",亚里士多德论述"戏剧"的六个组成部分(情节、性格、思想、语言、歌唱、造型)时将"情节"(对于人的行动所构成的事件的安排)置于首位。因此,"戏剧"强调的是以表演对一个完整、有一定长度的行动(情节)所进行的模仿。而在王国维那里,中国"戏曲"的首要特征是"歌",即"唱曲",王氏在《宋元戏曲史·宋之乐曲》中,对这一定义作了补充:"必合言语、动作、歌唱以演一故事,而后戏曲之意义始全。"这就是"戏剧"和"戏曲"两个词的区别,而以"戏曲"来称谓,以"唱曲"为其主要艺术特征的包括宋元南戏、元明杂剧、明清传奇以及近代以降的京剧和所有地方戏在内的中国传统戏剧,即准确反映了其民族文化特色。

一　发展进程

(一)中国戏曲的萌芽——原始歌舞

中国戏曲起源于原始歌舞。廖奔的《中国戏曲史》指出:"戏剧起源于人类对于自然物以及自身行为的行动性或象征性模仿,用专业概念来定义就是:戏剧起源于拟态和象征性表演。"原始时期,先民对神的敬畏和崇拜,产生了原始宗教,由此产生了以表达神崇拜、祖先崇拜、图腾崇拜为目的的祭祀行为,从而产生了一系列祈神娱神的宗教歌舞表演。《尚书·舜典》所记之"击石拊石,百兽率舞",周代的驱傩活动即为拟兽表演。先秦的雩祭(祭祀求雨)和蜡祭仪式中带有原始戏剧表演成分。《吕氏春秋·仲夏记·古乐》曰:"葛天氏之乐,三人操牛尾,投足以歌八阕。"这种"葛天氏之乐"也是带有宗教意义的歌舞表演。由于对神鬼的信仰和对巫觋的崇拜,民间就出现了由巫觋穿戴着神的面具和衣物,模仿着神的音貌和动作,以驱逐四方鬼疫的祭祀活动。周代以前的傩舞就属于这种形式。到了战国时代,这种民间由巫觋扮演神鬼的祭祀仪式依然存在。《楚辞·九歌》,就是楚国民间祀神歌舞的歌辞。虽然这些原始歌舞与戏剧的形式相去甚远,但它们可以说已经是戏剧的萌芽了。

(二)中国戏曲的初级形式

中国戏曲从原始歌舞到成熟的戏曲,经历了漫长的过程,其中经历了多种作为过渡的初级戏曲形式。

1.优戏

优戏由优人表演。优人以娱乐王侯贵族为专门的职业,他们以滑稽调笑的表演手段去取悦帝王,有的伶优进一步用装扮、模仿别人的相貌、言行的方式,达到谏讽帝王的目的,如楚之优孟讽刺楚庄王贵马贱人的故事,秦之优旃讽刺秦始皇、秦二世的故事等。"优孟衣冠"的故事中,优孟模仿故相孙叔敖的举止言行、音容笑貌,并穿戴着孙叔敖的衣冠去谏楚王,竟然使楚王也信以为真。由此可见,优伶们已经具备了一定的表演才能。优伶们的模仿表演已经是一种戏剧行为,同后来的戏剧演员扮演某一角色、表演某个故事的情节已经十分类似。因此,王国维在《宋元戏曲考》中说:"后世戏剧,当自巫、优二者出;而此二者,固未可以后世戏剧视之也。"

2.汉代百戏

汉代出现了"百戏杂陈"的繁荣景象。汉代百戏最初名为角抵戏,角抵戏的名称始见于秦,传说起源于战国时代,是一种较量技艺的杂耍表演。表演者头戴牛角,互相抵触,旁立一裁判以裁决高低。至汉代,这种表演形式进一步戏剧化。张衡的《西京赋》和《西京杂记》都记录了汉代流行于民间的角抵戏《东海黄公》。《东海黄公》是一种竞技性的表演,表演时一人扮演黄公,一人扮演白虎,互相角力以为戏。从《东海黄公》的表演中,我们已经能看到故事、舞蹈、化妆三者的初步结合。汉代的乐舞百戏,不仅具有极为丰富的内容和多样的形式,而且在演技上也达到了一定的艺术水平。

3. 魏晋南北朝的小型歌舞戏——代面、踏摇娘等

魏晋南北朝时期,少数民族的歌舞与汉族的民间歌舞、角抵结合后,又循着《东海黄公》的路子,产生出"代面"、"踏摇娘"、"拨头"等带故事性的小型歌舞戏。"代面",或称"大面",是一种有化妆、有动作、有歌舞的舞曲。代面出于北齐,主要表演兰陵王的故事。"代面"中的主角,再也不是过去歌舞戏中的神仙猛兽,而是历史人物,为戏剧的发展开辟了新的道路。"踏摇娘",又称"谈容娘"或"苏中郎"。踏摇娘的表演中,扮妻子的演员徐徐入场,边走边唱,以诉说心中的苦痛,唱时还要不断地摇动身子,每唱完一段,有人合唱帮腔。扮丈夫的上场后,两人作斗殴的表演。丈夫虽然很凶残,但却醉步跟跄,丑态百出,从而形成一种滑稽表演与舞蹈、角抵相结合的舞台艺术。"拨头",一名"钵头",由西域传入。拨头与《东海黄公》在故事情节上基本相同,但是,拨头不仅加进了歌舞,而且对服饰、人物表情和动作等方面都作了规定。较之《东海黄公》,拨头在由歌舞向戏曲发展的道路上,又迈进了一步。这些歌舞戏在形式上已经介于歌舞和戏曲之间。

4. 唐代的优戏和歌舞戏

为了管理宫廷的歌舞、百戏等排练、演出活动,唐代设立了"教坊",唐玄宗时又在宫廷中创设了"梨园",选数百歌舞艺人在此学习歌舞,通晓乐律的唐玄宗亲加教正。因此,后世称戏班为"梨园",称演员为"梨园弟子",奉唐玄宗为戏曲祖师。在这样的时代背景下,唐代的表演艺术出现了繁盛的景象,主要表现为优戏的兴盛和歌舞戏的繁荣。唐代优戏类型较多,文献有记载的主要有弄参军、弄假官(假吏)、弄孔子、弄假妇人、弄婆罗门、弄神鬼、弄三教等,其中最有代表性的是弄参军。参军戏以滑稽诙谐、笑谑讽刺为主。在演出形式上,基本上是两个角色有趣的问答。两个角色的职能也相对稳定:一个是被嘲弄者叫"参军",另一个是戏弄者叫"苍鹘"。唐代的参军戏已向戏剧的形成迈出了关键性的一步,对后世戏剧产生了深远的影响。宋杂剧、金院本以及元杂剧、南戏中的一些插科打诨、滑稽表演,都可以见到参军戏的痕迹。

(三)中国戏曲的雏形——宋金杂剧与诸宫调

宋代戏剧的范式是宋杂剧,这时期的杂剧包括北宋杂剧及其衍生体南宋官本杂剧和金院本。北宋杂剧可以说是中国戏曲的雏形,而南宋官本杂剧和金院本则是北宋杂剧的延伸和发展。宋金杂剧是宋杂剧、金院本的统称。

宋杂剧,最初是"杂戏"、"杂技"的意思,与后来元人的"杂剧"的意思完全不同。宋杂剧是在唐代参军戏和歌舞戏的基础上,糅合其他伎艺发展起来的一种

滑稽短剧,一般以大曲曲调来演唱故事。宋杂剧的角色已由唐参军戏的两人发展到五人,而且出现了分工、职司不同的角色名目。仅据周密《武林旧事》所录宋《官本杂剧段数》就有 280 种(其中包括北宋时期的若干作品),由此可见宋杂剧的繁荣情况。

宋杂剧入金以后被称为"院本",金院本是宋杂剧过渡到元杂剧的重要形式,它与宋杂剧既有继承关系,又有所发展。金院本大都已失传。仅陶宗仪《辍耕录》就载有院本名目 694 种。其中虽有若干种与宋杂剧同名,但仍可以看出当时金院本演出的盛况。

诸宫调是宋金元时流行的说唱体文学形式之一。它取同一宫调的若干曲牌联成短套,首尾一韵,再用不同宫调的许多短套联成长篇,以说唱长篇故事,因此称为"诸宫调"或"诸般宫调"。诸宫调由韵文和散文两部分组成,演唱时采取歌唱和说白相间的方式,基本上属叙事体,其中唱词有接近代言体的部分。"诸宫调"在形式上自有其特点:一是唱白相间;二是集合若干不同宫调的不同曲子说唱一个故事,可长可短,机动灵活;三是说唱时还有乐器(一般是琵琶)伴奏,给后世的戏曲音乐开辟了道路。诸宫调的主要艺术手段,都为元杂剧所吸收。元杂剧的旦本、末本之分,一本由一个角色主唱到底,套曲的组织方式等,都直接受到诸宫调的影响。"诸宫调"的曲本流传至今的已经很少,金代董解元的《西厢记诸宫调》是迄今唯一保存完整的诸宫调作品。

中国的戏曲起源很早,在原始时代的歌舞中已开始萌芽,但发育成长的过程却十分漫长,直到唐代才有了一个比较长足的发展。从唐代的参军戏发展到宋杂剧、金院本,才把音乐、唱词、说白、舞蹈、动作等综合在一起,为演出一个故事服务。至此,我国的戏曲艺术基本上形成了。

(四)元杂剧

元杂剧是盛行于元代、用北曲演唱的一种戏曲形式,是在继承了金院本,又糅合了诸宫调的多种特点,并从其他民间伎艺中吸取了多种养分发展而来的。至此,中国传统戏曲才成为具有完备的文学剧本、严格的表演形式、完整的故事情节的成熟的艺术样式。

元杂剧在体制上有其基本特点:第一,元杂剧的基本结构形式是以四折(一"折"就是一个故事单元,同时也是音乐单元),通常外加一段楔子(元杂剧中的"楔子"是指对剧情起交代或连接作用的短小的开场戏或过场戏,楔子可以没有,也可以多到两三个)为一本,表演一种剧目,少数剧目是多本的。第二,元杂剧每一折用同一宫调的一套曲子组成,并一韵到底;四折可以选用四种不同的宫调;元杂剧限定每一本由正旦或正末两类角色中的一类主唱;正旦所唱的本子为"旦本",正末所唱的本子为"末本"。第三,元杂剧以唱为主,以说白为宾,所以说白称为"宾白","宾白"又有散白与韵白之分,前者用散行单句的口语,后者用诗词或顺口溜式的韵文。第四,元杂剧中的"科",表示舞台效果和演员所要做的动作、表情等,如"起风科"、"倒下科"等。第五,元杂剧的角色,可分为旦、末、净、外、杂五大类。

在元杂剧的繁荣过程中,出现了众多的作家和作品。据钟嗣成的《录鬼簿》、贾仲明的《录鬼簿续编》和朱权的《太和正音谱》等文献记载,有姓名可考的杂剧作家将近百人,见于文献记载的作品约 500 余种(明初朱权《大和正音谱》录元人杂剧 535 本),现存 116 种(据王国维《宋元戏曲考》)。代表作家有关汉卿(生卒年不详)、王实甫(生卒年不详)、马致远(生卒年不详)、白朴(1226—?)、郑光祖(生卒年不详)等,他们的代表作分别是《窦娥冤》、《西厢记》、《汉宫秋》、《墙头马上》、《倩女离魂》。

(五)宋元南戏

南戏,又有戏文、南曲戏文、温州杂剧、永嘉杂剧等名称。南戏大约产生于北宋末年和南宋初年,出于浙江的温州以及福建的泉州、福州一带。南戏的剧本一般都为长篇,一场戏为一出,早期的南戏虽有段落可分,但不注明出数,往往牵连而下。一本戏长的可达五十多出,短的则为二三十出。如在《永乐大典戏文三种》中,《张协状元》有五十三出,《宦门子弟错立身》最短,也有十四出。南戏的演唱方式较自由,不仅上场角色皆可唱,而且还可独唱、接唱或合唱,全视剧情需要而定全。南戏的角色,通常为生、旦、净、丑、末、外、贴等七种。南戏是联曲体的音乐结构,它所使用的曲调为南曲,到了后期,由于受北曲杂剧的影响,才吸收了一些北曲曲调,出现了南北合套的形式,但仍以南曲为主。

南戏流传的时间长,地域广,在其发展过程中,一定产生了一大批剧本,但是流传下来的南戏剧本很少。一般认为,我国最早的南戏作品是《赵贞女蔡二郎》和《王魁》两种。前者已全佚,后者也仅存残文。现存最早的南戏剧本,是保存于《永乐大典》中的《小孙屠》、《张协状元》和《宦门子弟错立身》三种戏文。从《张协状元》等早期的南戏剧本中,虽然可以看到我国古典戏剧剧本的雏形和曲、白、科三者融为一体的基本格式。但总的说来,这些早期的南戏结构还比较松散,语言芜杂粗糙,有的故事情节和人物性格还有前后不一致的地方。直到南戏四大本"荆(《荆钗记》)"、"刘(《刘知远白兔记》)"、"拜(《拜月亭记》)"、"杀(《杀狗记》)"和《琵琶记》的出现,南戏才真正趋于成熟,从而为明清传奇奠定了坚实的基础。尤其是高明(1305?—1359)的《琵琶记》,把南戏创作推向了高峰,成为南戏向传奇衍变过程中的重要作品。

(六)明清传奇

明清传奇指当时活跃在舞台上的海盐、余姚、弋阳、昆山等声腔及由它们流变的诸腔演出的戏曲。经过元末明初"荆"、"刘"、"拜"、"杀"四大南戏之后,尤其是经过《琵琶记》之后,南戏体制开始逐步严格化,宫调系统也渐渐严密起来。

《琵琶记》是南戏与传奇之间承前启后的作品,从《琵琶记》开始,传奇多系有名有姓的文人雅士所创作,文词自然也朝着典雅甚至骈俪方向发展。随着海盐、余姚、弋阳、昆山四大声腔的发育成熟和广为流播,源于南方的传奇成为明代戏曲的主体。尤其是昆山腔,经嘉靖年间著名曲家魏良辅的改革,之后梁辰鱼创作的《浣纱记》将经魏氏改革后的昆山腔应用于戏剧舞台上之后,自此便崛起于戏曲舞台之上,并很快取得了压倒其他声腔的优势。尤其是从明万历到清中叶,是昆山腔传奇的黄金时代,文士都竞相依昆山腔创作,产生了不少名作。同时,弋阳诸腔则在民间广泛流传,发展为许多新的地方戏曲声腔。

昆山腔传奇的剧本体制特点主要是:第一,篇幅上没有限制,但总的说来,篇幅较长。第二,情节普遍比较曲折、复杂,这与传奇的鸿篇巨制结构是相一致的。第三,在音乐上,昆山腔传奇既吸收了杂剧音乐结构严谨的优点,又保留了南戏音乐的灵活性,一出戏中既有宫调的变化,又按照一定的宫调运用法则来加以规范。在曲牌上,大量继承南戏各种唱腔的曲牌,又吸收了北曲曲牌,大大增加了曲牌数量。第四,角色分工更细,分为十二角色。十二角色名称各书记载不尽一致,明王骥德《曲律·论部色》云:"今之南戏(指昆腔传奇)则有正生、贴生(或小生)、正旦、贴旦、老旦、小旦、外、末、净、丑(即中净)、小丑(即小净)共十二人或十一人。"

明代传奇的作家作品众多。汤显祖(1550—1616)及其《牡丹亭》是其中最杰出的代表,此外代表作家作品还有李开先的《宝剑记》、梁辰鱼的《浣纱记》、传为王世贞所作的《鸣凤记》、沈璟的《红蕖记》、周朝俊的《红梅记》等。明末清初传奇创作又有新的发展,以李玉为代表的苏州地区作家,写出了《清忠谱》、《万民安》、《一捧雪》、《人兽关》、《永团圆》、《占花魁》、《千钟禄》等昆曲作品。清代洪昇(1645—1704)的《长生殿》、孔尚任(1648—1718)的《桃花扇》是传奇创作又一高峰。

二　戏曲种类

中国戏曲的种类有 300 多个。京剧是目前流行最广、影响最大、表演艺术最成熟的一个剧种。较大的剧种有豫剧(河南梆子)、秦腔、川剧、越剧、吕剧、晋剧(山西梆子)、黄梅戏、河北梆子等。此外,还有湖南、湖北、广东的花鼓戏,江西等地的采茶戏,西北的道情,华北的秧歌,还有乱弹、高腔、碗碗腔,丰富多彩,各具芬芳。在唱腔上,有的用高腔(如北方梆子戏、江西高腔戏),有的用低调(如山东柳子戏、河南太平调),有的激越高亢(如秦腔、晋剧、河北梆子),有的婉转抒情(如越剧、沪剧、黄梅戏);在表演上,有的庄重严肃(如京剧、昆曲、晋剧、秦腔),有的轻松活泼,富于民间情趣(如川剧、花鼓戏)。精彩纷呈、风格各异的地方戏充分体现了各区域的文化特质及人的精神气质的差异。

三 民族特色

中国戏曲是一种具有中华民族美学特质的艺术形态，所以又被称为"中华戏曲"，它是以角色唱、念、做、打的综合表演为中心，偏重写意的一种戏剧形式。中国戏曲以类型化的角色扮饰人物，借戏剧化的声乐与器乐，通过程式化的舞蹈性虚拟动作，在具有虚拟性的舞台时间和空间内，按规定的情节表演故事。中国戏曲的民族特色表现在以下几个方面。

（一）独特的角色体制

在中国戏曲中，扮演人物的角色，亦称"脚色"、"部色"、"行当"等。中国戏曲角色的基本类型，有其演变过程，宋杂剧正式形成角色分工，《都城纪胜》"瓦舍众伎"条说："杂剧众，末泥为长……末泥色主张，引戏色分付，付净色发乔，付末色打诨，又或添一人装孤。"金元院本行当的名称和分工与宋杂剧几乎相同，宋元南戏、元明杂剧、明清传奇的角色体制有了重大发展，角色分工更趋细密。各个剧种在角色的名目、分支及其功能上有所不同，如元杂剧的角色分为旦、末、净、外、杂（如《西厢记》中正旦扮莺莺，正末扮张生，外扮老夫人，净扮长老，旦俫扮红娘，俫为儿童的俗称，杂扮演杂差一类人物），主要人物为正色，男主角为正末，女主角为正旦。南戏现存作品的角色行当主要有生、旦、净、外、贴、丑、末七种，明清传奇的角色分工更细。尽管如此，中国传统戏曲的角色归纳起来，主要是生、旦、净、末、丑五类。生、旦为剧中主角，重唱工（生、旦又分为小生、小旦，老生、老旦等）；净扮演性格粗放或相貌特异的男子，或扮演反面人物，如张飞、李逵、曹操、严嵩等；元杂剧的正末是和正旦并重的主要角色，明清戏曲中的末多扮演中年男子，近现代一些剧种如京剧中的末已逐渐并入老生行）；丑俗称"小花脸"，扮演的人物通常语言幽默、行为滑稽。在中国戏曲的角色体制中，各类行当在美学判断、表演技术、化妆（如生、旦的"素面"，净、丑的"花面"）等方面都有不同的规定。一般情况下，在中国戏曲的舞台上，只要角色一登场，观众就能知道该角色所扮饰的剧中相应人物的身份、地位、性格、品性等。角色行当的类型化，是中国戏曲重要的民族特色之一。

（二）虚拟的表演和严格的程式

中华民族艺术侧重于写意传神，戏曲也是如此，戏曲表演的虚拟性就是这一民族特色的重要表征。中国戏曲通过虚拟的舞蹈化的动作，使表演臻于神似的艺术境界，有时还以髯口、甩发、翎子、水袖等为辅助，强化表演的意义表达和情感渲染。中国戏曲这种虚拟的表演又具有严格的表演程式。如表演开门关门时，舞台上没有门，演员只是做一个开关门的虚拟动作即可，但是必须做到在什么地方关，就在什么地方开。表演上楼下楼时，也没有楼梯，但是上楼迈几步，下楼就必须迈几步。京剧《三岔口》中焦赞和任堂惠的扮饰者在灯光如昼的舞台上表演在黑暗中搏斗,他们的一举一动要按照严格的程式进行。这种虚拟的表演和严格的程式既不同于歌剧,也不同于舞剧,更不同于话剧,为中国传统戏曲所独有。

（三）虚拟的时空环境

这一点与话剧截然不同。话剧要求真实地表现生活,话剧舞台的时空环境具有写实的特点,例如剧情是黄昏时分一对男女坐在公园的长凳上谈恋爱,那么舞台的时空就必须是黄昏、公园,还要有长凳。但是中国传统戏曲则不然,它在舞台的时空处理上有极大的超越性和灵活性,完全以虚拟的手法来表现。舞台上摆放一张桌子和两把椅子,灯光如昼,这几乎是中国戏曲开场的基本时空模式。所以,演员出场之前,观众并不知道剧情发生的时间和地点,只有等演员上场通过"说"和"唱"作出交代之后,观众才会知道故事发生的时间和地点,并通过想象在自己的脑海中勾画出剧中的时空环境。《窦娥冤》第一折开场赛卢医出场是在山阳县的药铺,台上不会真的有个药铺(话剧则不然,《茶馆》就必须在台上模拟真实的茶馆),观众只是通过扮演赛卢医的演员的宾白才知道。京剧《三岔口》焦赞和任堂惠是在黑暗中打斗,但是台上灯火通明,观众通过演员的唱和念以及表演,才知道故事发生的时间和空间。中国戏曲的时空转换也很方便,演员在舞台上走一个圆就是到了一个新的空间,千军万马从甲地开到乙地,哪怕是几千里之遥,也是如此表现:主帅站在中间,叫一声"发兵前往",诸将士(一般是四员大将和八个龙套)随着音乐围着主帅在台上走一个圆,曲牌演奏结束,主帅喊一声"人马列开",就完成行军了。中国戏曲还可以在舞台上表现不同的空间环境,如闽剧《拜月亭》中蒋世隆兄妹和瑞兰母女四人在逃难中不幸失散,四个人在不同的地点各自寻找亲人,他们四个人同时在舞台上边唱边走∞字形,彼此视而不见,听而不闻。这就是中国戏曲时空环境处理上的超越性和自由性。

（四）以唱腔为核心的音乐体制

中国传统戏曲根深叶茂,繁衍派生,产生了300多个剧种,这些剧种使用特定的语言(包括地方语言)、唱腔系统,有各自的代表性剧目,有一定的流传空间和一定的观众。其中唱腔系统是区别剧种的最根本的要素。以唱腔为核心的音乐体制是中国传统戏曲的重要的民族特质。中国传统戏曲中的各个剧种都有自己的唱腔和音乐,一些在音乐风格上有亲缘关系的剧种唱腔构成一定的声腔系统。明代产生了余姚腔、海盐腔、弋阳腔、昆山腔等四大声腔。明嘉靖年间,戏曲音乐家魏良辅对昆山腔进行了改革创新,造就了一种细腻优雅、集南北曲优点于一体的"水磨调",通称昆曲。到万历末年,由于昆班的广泛演出活动,昆曲经扬州传入北京、湖南,跃居各腔之首,成为传奇剧本的标准唱腔。清朝中叶,昆山腔日渐衰微,皮黄腔、梆子腔兴盛,从而出现了皮黄、梆子、高腔、昆曲新四大声腔对峙的局面。每种声腔系统又包括十几种乃至几十种剧种,如"梆子系统"中就有秦腔、山西梆子、河南梆子、河北梆子、山东梆子、上党梆子、枣梆、徐州梆子等。再如"皮黄腔",它是"二黄"、"西皮"两种声腔的合称,京剧、汉剧、西秦戏等属于这一声腔系统。同样,属于昆腔、高腔的剧种也都在十数种以上。无论哪一个剧种或哪一类声腔,它们都必须遵循一定的音乐结构原则。中国戏曲的不同剧种,虽然各有自己的音乐体系,但就基本结构而言,可以分为两种,一为曲牌联套体,二为板式变化体。曲牌联套体,就是连缀若干个曲子(曲牌),组成一个相对独立的音乐段落,再把诸多音乐段落连接起来的唱腔体制,运用南曲和北曲演唱的声腔如宋元南戏、元杂剧、明代各种南曲变体、清代昆曲和高腔等都属于这一体制。板式变化体也称为板腔体,它是伴随着秦腔的兴起而形成的。与曲牌联套体戏曲音乐结构不同,它不是由若干支曲子组合起来的一个大的音乐段落,而是以一对具有对仗关系的上、下乐句为基本音乐结构,组成一个乐段,再由若干个乐段构成一个完整的音乐结构。板式变化体音乐的基本板式有四种:三眼板、一眼板、流水板和散板,并以此为基础发展出各种反调和倒板等。这样,每对上、下乐句就可以有各种板式的变化和选择,唱腔由此变得更加丰富,并通过多种板式的变化来表现不同的情感。板式变化体是清代以后统治戏坛的皮黄、梆子腔所依赖的音乐形式。

■ 专 题

京 剧

京剧是我国目前流行最广、影响最大、表演艺术最成熟的一个剧种,因形成于北京而得名。京剧凝结着深厚的中国文化,是地地道道的中国国粹,故有"国剧"之称。京剧是一门观赏性极强的综合艺术,集"唱、念、做、打、舞"等艺术手段于一体,唱腔旋律优美,舞蹈语汇丰富,服装工艺考究,化妆色彩鲜明。在二百多年的发展历程中,京剧在唱词、念白及字韵上越来越北京化,使用的二胡、京胡等乐器,则融合了多个民族的艺术精华,终于成为一种成熟的戏曲艺术,屹立于世界艺术之林。

一 京剧的产生和发展

清初,昆曲与京腔(产生于江西弋阳的"弋阳腔"流传到北京后,与北京的语言相结合,逐渐丰富、衍变,形成了"京腔")占据着京城的戏曲舞台。至乾隆中叶后,一向被尊为雅乐正声的昆曲渐而衰落,京腔兴盛,进而一统京城舞台。乾隆四十五年(1780)秦腔艺人魏长生(1744—1802)率领"双庆班"由川进京,魏长生扮相俊美,嗓音甜润,唱腔委婉,做工细腻,一出《滚楼》轰动京城,双庆班也被誉为"京都第一"。自此,京腔开始衰微。乾隆五十年(1785),清廷以魏长生的表演有伤风化为由,禁止秦腔演出,将魏长生逐出京城。1790 年,乾隆八十大寿,安徽"三庆班"进京参加朝廷大典,"新"声夺人,一炮走红,在京城扎根落脚,之后很多徽班相继北上,其中以"四喜"、"春台"、"和春"和"三庆"最受欢迎,有"四大徽班"之称。四大徽班进京献艺,揭开了 200 多年波澜壮阔的中国京剧发展的序幕。

"四大徽班"的演出剧目、表演风格,各有其长。所谓"三庆的轴子、四喜的曲子、和春的把子、春台的孩子","轴子"指连演整本大戏,"曲子"指擅长唱曲,"把子"指以武戏取胜,"孩子"指以童伶见长。"四大徽班"除演唱徽调外,昆腔、吹腔、四平调、梆子腔亦用,可谓诸腔并奏。在表演艺术上,"四大徽班"广征博采吸取诸家剧种之长,融于徽戏之中,兼之演出阵容齐整,剧目丰富,颇受京城观众欢迎,一时盛况空前。自魏长生被迫离京后,秦腔艺人也纷纷加入徽班,形成了徽、秦两腔融合的局面,徽班广泛吸纳秦腔的演唱、表演和剧本移植,为徽戏艺术进一步发展创造了有利条件。

从徽戏到京剧的演变过程中,汉剧也起到了重要作用。汉剧流行于湖北,其声腔以西皮、二黄为主。徽、汉二剧在进京前已有广泛的艺术交融。继乾隆末年汉剧名家米应先进京后,道光初年(1821),先后又有著名汉剧老生李六、王洪贵、余三胜等入京,纷纷搭入徽戏班,共同演出。汉剧演员搭入徽班后,将声腔曲调、表演技能、演出剧目融于徽戏之中,"联络五方之音,合为一致",使徽戏的唱腔板式日趋丰富完善,唱法、念白更具北京地区的语音特点。徽、汉合流后,促成了湖北西皮调与安徽二黄调的再次交融。

道光二十年(1840)至咸丰十年(1860)间,经徽戏、秦腔、汉调的合流,并借鉴吸收昆曲、京腔之长,京剧形成。京剧曲调板式完备丰富,超越了徽、秦、汉三剧中的任何一种。京剧唱腔由板腔体和曲牌体混合组成,西皮、二黄是京剧的主要腔调,所以西皮二黄也成为京剧的代名词。西皮和二黄的节奏旋律不同,风格也不同。西皮的旋律起伏变化较大,节奏紧凑,曲调高亢、激越、流畅、活泼,适于表现喜悦、欢快的情绪,或抒发缠绵、细腻的情感,也可以表现慷慨激昂的情绪。如《红灯记》中李铁梅唱"我家的表叔数不清"一段,表现一个小姑娘猜到大人心事时的得意心情。二黄的旋律比较平稳,节奏舒缓,曲调深沉、凝重、稳健、浑厚,适于表现庄严、肃穆的情境,或抒发沉郁、忧伤、哀怨、悲愤的情感。如《借东风》中诸葛亮设坛祭风、《文昭关》中伍子胥月夜忧叹等。

京剧行当大体完备的同时,涌现了一大批著名演员。程长庚(1811—1880)、余三胜、张二奎是京剧形成初期的代表,时称"老生三杰"。他们在演唱及表演风格上各具特色,在京剧主要腔调、表演形式、具有北京语言特点的说白和字音等特色的形成上作出了卓越贡献。由晚清民间画师沈蓉圃绘制的彩色剧装画《同光名伶十三绝》描绘的就是清同治、光绪年间(1860—1890)京剧舞台上享有盛名的13位演员。

1883年至1918年,京剧由形成期步入成熟期。代表人物为时称"老生后三杰"的谭鑫培(1847—1917)、汪桂芬、孙菊仙。其中谭鑫培承程长庚等"老三杰"艺术之长,从昆曲、梆子、大鼓及京剧青衣、花脸、老旦各行中借鉴,创造出独具演唱艺术风格的"谭派",一时间,京剧舞台上"无腔不学谭"。咸丰十年(1860)京剧始入宫廷演出,当年五月初六起至月末,分由三庆班、四喜班、双奎班及外班(京剧班)演出。光绪九年(1883),慈禧五旬寿日,挑选张淇林、杨隆寿、鲍福山、彩福禄、严福喜等18人入宫当差,不仅演唱,且当京剧教习,向太监们传授技艺。一直到宣统三年(1911),清宫掌管演出事务的机构"升平署",每年均选著名艺人进宫当差。由于慈禧钟爱京剧,京剧名家得以频繁在宫中献艺,声势日隆。这一时期,旦角开始崛起,形成了旦角与生角并驾齐驱之势。俞菊笙(1838—1914)开创了京剧武生行,后人称之为"武生鼻祖"。上述京剧名家,在继承中有创新发展,演唱技艺日臻成熟,将京剧推向了新的高度。

1917年后,京剧发展进入鼎盛期,优秀演员大量涌现,呈现出流派纷呈的繁盛局面。这一时期的代表人物有杨小楼(1878—1938)、梅兰芳(1894—1961)、余叔岩(1890—1943)。1927年,北京《顺天时报》举办中国首届京剧旦角名伶评选,梅兰芳以演《太真外传》、尚小云(1900—1976)以演《摩登伽女》、程砚秋(1904—1958)以演《红拂传》、荀慧生(1900—1968)以演《丹青引》荣获"四大名旦"。"四大名旦"脱颖而出是京剧走向鼎盛的重要标志。他们创造出各具特色的艺术风格,形成了梅兰芳的端庄典雅、尚小云的俏丽刚健、程砚秋的深沉委婉、荀慧生的娇昵柔媚"四大流派",开创了京剧舞台上以旦为主的格局。武生杨小楼在继俞菊笙、杨月楼之后,将京剧武生表演艺术发展到新高度,被誉为"国剧宗师"、"武生泰斗"。老生中的余叔岩、高庆奎、言菊朋、马连良(1901—1966),时称"四大须生"。20世纪30年代末,余、言、高先后退出舞台,马连良与谭富英、奚啸伯、杨宝森称为"四大须生"。流派纷呈,人才济济,造就了京剧的辉煌。

二 京剧行当

京剧行当的划分,除依据人物的自然属性(性别、年龄)和社会属性(身份、职业)外,更主要的是按人物的性格特征和对人物的褒贬态度不同而异。京剧自形成以来,在行当的划分上经过了几次变化。最初京剧的行当,划分为"十行",即：生、旦、净、末、丑、副、外、杂、武、流。20 世纪 20 年代,"梨园公会"(京剧演员的组织)曾将京剧演职员分为"七行七科"。舞台演出人员分"七行":老生行、小生行、旦行、净行、丑行、武行、流行;后台服务等职员分为"七科"。新中国成立后,京剧又从七行简略到五行,即生、旦、净、末、丑,后来,末行又归入生行,最终形成了四大行当,每个行当都有若干分支,分支以下又有细目,各有其固定的程式和表演特色。

京剧中生行分为老生、武生、小生、红生、娃娃生。"老生",指中老年男子角色,多扮演性格忠厚、正直刚毅的人物。老生演出时要挂胡子,京剧行话叫"髯口",并有专门的髯口表演功夫,胡须颜色表示人物年龄,有黑、灰、白三种颜色,颜色越浅年龄越大,所以,老生又称"须生"、"胡子生"。老生在剧中一般注重演唱和细腻表演,风格刚劲、挺拔、质朴、醇厚,动作造型也以雍容、端庄、庄重为基调。"红生"属老生分支,原指老生应工的关羽、赵匡胤一类勾红脸的角色,后来专将擅长演赤面黑髯的关羽的演员称为"红生"。"小生"是青年男子角色,特点是不戴胡子,在剧中的动作造型儒雅倜傥、秀逸飞动,演唱上采用真假声结合的唱法,演唱风格华美明亮,如京剧《白蛇传》中的许仙。"武生"是指年轻的男性武将,不重演唱,注重武打动作的娴熟和技巧的难度,如京剧《长坂坡》中的赵云。"娃娃生"是专门扮演儿童一类的角色,如《三娘教子》中的薛倚哥。

京剧中把女性统称为"旦",旦行又分正旦(青衣)、老旦、花衫、花旦、刀马旦、武旦。饰演大家闺秀和有身份的妇女称为"正旦",俗称"青衣"。因为正旦所扮演的角色常穿青色的长衫而得名,《窦娥冤》中的窦娥是典型的青衣角色。青衣的表演庄重娴静,秀雅柔婉,以唱功为主,一般说来,青衣的唱腔旋律优美,细腻婉转。"老旦",指扮演老年妇女的角色行当,为突出老年人的特点,走路迈沉稳的横八字步,服装色调为色彩偏暗的秋香色、墨绿色,演唱用真声表现。旦行中的"花旦",多扮演天真活泼或放荡泼辣的青衣妇女,在表演上注重做工和念白,如《红娘》中的红娘、《花田错》里的春兰。"武旦"和"刀马旦"相当于生行中的武生,扮演的是擅长武艺的青壮年妇女,装扮同武生差不多,也扎靠服,在剧中多扮演女侠、女将等。刀马旦就是长靠武旦,穿上大靠,顶盔贯甲,这样的角色,一般都骑马,拿一把尺寸比较小的刀,所以叫刀马旦。刀马旦的戏有《穆柯寨》里的穆桂英,《三休樊梨花》里的樊梨花等,武旦和刀马旦的表演往往还伴随着热闹的锣鼓点,烘托场上的气氛。"花衫"是集唱、念、做、打并重的旦行,她集中了青衣的端庄严肃,花旦的活泼开朗和武旦的武打工架。早期京剧里只有青衣和花旦,没有花衫,花衫的创始人是王瑶卿。著名的花衫戏有梅兰芳的《贵妃醉酒》、《霸王别姬》、《穆桂英挂帅》等。"彩旦"俗称丑婆子,以做工为主,表演、化妆都很夸张,是以滑稽和诙谐的表演为主,如《西施》里的东施。

在京剧中,"净"角是舞台上具有独特风格的人物类型。"净"要用多种色彩画脸谱,化妆丰富夸张,所以俗称"大花脸"。"净"行分正净、架子花、武二花、摔打花、油花。正净一般以唱工为主,所以又叫唱工花脸,还有两个专门名称:铜锤和黑头。分别指《二进宫》里手拿铜锤的徐彦昭和勾黑脸的包公。净行主要表现性格豪放、粗鲁、刚烈、忠直或者奸诈的男性,有文武善恶之分,在演唱上要求用真声演唱,音色宽阔洪亮、粗壮浑厚,动作造型顿挫鲜明,气度恢宏,给人以强烈的震撼感。

"丑"行角色又称"小花脸"。丑行都是在鼻梁上用白粉涂一个粉块,根据不同的人物,画不同形状和大小的白粉块,有方形、元宝形、倒元宝形、枣核形等。"丑"分"文丑"和"武丑",武丑扮演机警风趣、武艺高超的人物,如绿林好汉、侠盗小偷等;"文丑"扮演花花公子、狱卒、酒保、更夫、老兵等。

京剧的行当是经过长期的提炼和规范而形成的,是京剧区别于其他戏曲形式的重要特征。

三 京剧脸谱

京剧脸谱是一种写意和夸张的艺术,常以蝙蝠、燕翼、蝶翅等为图案勾眉眼、面颊,结合夸张的鼻窝、嘴窝来刻画面部的表情。开朗乐观的脸谱总是舒眉展眼,悲伤或暴戾的脸谱多是曲眉合目。勾画时以"鱼尾纹"的高低曲直来反映年龄,用"法令纹"的上下开合来表现气质,用"印堂纹"的不同图案象征人物性格。京剧脸谱色彩十分讲究,根据不同性格、性情和人物类型采用色彩,同含义的色彩绘制在不同的图案轮廓里,人物性格也不同。如红色脸谱表示忠勇、义烈,如关羽、姜维、常遇春等;黑色脸谱表示刚烈、正直、勇猛而智慧,如包拯、张飞、李逵等;黄色脸谱表示凶狠残暴,如宇文成都、典韦等;蓝色或绿色脸谱表示粗豪暴躁的人物,如窦尔敦、马武等;白色脸谱一般表示奸臣、坏人,如曹操、赵高等。值得一提的是曹操戏,化妆勾水白脸,不用一般的油彩,而是用水粉加上一些黑笔道勾成水白脸,这就是所谓的奸臣脸,以曹操为最典型。历史上的奸臣赵高、董卓、严嵩等都勾水白脸。京剧舞台上的人物只要勾这种脸,就一定是坏人。

京剧脸谱图案非常丰富,大体上分为额头图、眉型图、眼眶图、鼻窝图、嘴叉图、嘴下图。每个部位的图案变化多端,有规律而无定论。如:包拯黑额头有一白月牙,表示清正廉洁;孟良额头有一红葫芦,示意此人爱好喝酒;闻仲、杨戬画有三眼,来源于古典传说;杨七郎额头有一繁体"虎"字,显示其勇猛无敌;赵匡胤的龙眉表示为真龙天子;雷公脸谱中有一雷电纹;夏侯惇眼眶受过箭伤,故画上红点表示;窦尔敦、典韦等人的脸谱上有其最擅长的兵器图案;王延章头画蛤蟆,表示是水兽转世;赵公明面画金钱,表示是财神爷;北斗星君画七星图于额上,等等。

脸谱根据描绘着色方式,分为揉、勾、抹、破四种基本类型。

揉脸：用手指将颜色揉满面部，再加重眉目及面部纹理轮廓，凝重威武，是一种象征性的脸谱。京剧《三国演义》中的关羽就是揉红脸。

勾脸：用毛笔蘸颜色勾画眉目面纹，填充脸膛色彩，色彩绚丽，图案丰富，有的贴金敷银，华丽耀炫，光彩夺目。京剧《西游记·金钱豹》中的金钱豹即用勾脸，脸膛贴金，脑门上勾豹头形花纹，脸蛋上勾金钱图形，以示豹的凶猛。

抹脸：用毛笔蘸白粉把脸的全部或一部分涂抹成白色，表示这一类人不以真面目示人，是一种饰伪性脸谱，又称粉脸。曹操在京剧中是奸雄，用大白粉脸，脸上全涂白色。

破脸：指左右图形不对称的脸谱，揉、勾、抹三种脸中都有破脸，是一种以贬意为主的脸谱。小说、评书中说宋朝初年的开国功臣郑子明雌雄眼，相貌丑陋，是典型的破脸人物。

四　京剧服饰

京剧的服装基本上是以明代日常生活的服装为基础，参照了宋、元两代服装的样式，同时吸收了清代服装的某些特点，经过历代艺术家的概括、提炼、美化形成的，融汇了各个朝代的服装特色，体现了中华民族的审美情趣和文化意识，形成了京剧服装夸张、美观、概括力强等特点。

京剧服装的服色主要由十种颜色组成，分为上五色和下五色。上五色是指红、绿、黄、白、黑，用于社会地位较高者；下五色是指粉、蓝、紫、香、湖，用于社会地位稍低者。使用最多的图案是龙和凤，还有"寿"字、蝙蝠、梅花、燕子等。京剧服装绚丽多彩，复杂多变，虽然能在不同朝代的戏中通用，却又通而不乱，有着严格的穿戴原则。如穿黄蟒的是皇帝；穿红、紫色蟒的是大臣；穿官衣的是小于大臣的地方官；穿衣裙的是小姐；穿坎肩和裙子的是丫环。武生穿的褶子多绣飞禽；小生穿的褶子多绣花卉；贫困书生穿的褶子上补着不规则的杂色绸子，叫富贵衣；头上缠着带子，身上系着裙子表示这个人有病，等等。所以京剧人物一出场，观众就能对他的年龄、社会地位、生活状况和人品等有个大概的了解。

京剧服饰根据其外形的特点，主要分为蟒、帔、靠、褶、衣。"蟒"又叫"龙袍"，真正的龙袍绣的是五爪龙，王公大臣是四爪龙，京剧中的"蟒袍"都是四爪龙，蟒袍前后襟下面和袖口部分绣有海水图案，取"蛟龙出海"之意。蟒的样式是圆领、大襟、长袍，腋下开衩，配有异色宽边，叫做"摆"，下配裙子飘带。"蟒"按龙的形状可分为团龙蟒、行龙蟒和大龙蟒三种。团龙蟒使用最多，根据上五色划分，黄色为皇帝专用色；红色表示庄严贵重，为皇亲国戚、宰相大臣使用；绿色表示威严英武，关羽即为勾红脸、穿绿蟒的人物；白色具有素雅、纯洁之意，英俊儒雅的武将使用，如周瑜；黑色具有庄重威严之气，一类是正直的文臣，如包公，另一类是勇猛的武将，如张飞、项羽。按照性别、年龄等分为男蟒、女蟒、老旦蟒、旗蟒,男蟒周身绣团龙或行龙,凡穿男蟒,一定配穿彩裤、厚底靴、玉带;女蟒早期为团龙形,后多绣丹凤朝阳等图案;老旦蟒专用于皇后和诰命夫人,全身绣有十个团龙或团龙凤,而不单绣团凤;箭蟒为京剧艺术家马连良所创,改宽身宽袖为紧身紧袖,改水袖为马蹄袖,只有红黄两种。

帔,又称对襟长袍,是京剧中帝王将相、中高级官吏、富绅秀才及眷属在非正式场合穿用的服装,使用范围较广。男、女帔均为大领、对襟、宽身宽袖,带水袖,腰部以下左右开衩;男帔比较长,盖住鞋面,女帔至膝并配有裙子。帔有一个显著特点,就是男女人物可以同时穿用相同材料、颜色和图案装饰的"对儿帔",表明人物的夫妻身份。绣有团龙团凤图案的黄帔,为皇帝、后妃、公主所穿;绣有鹤、鹿、牡丹、花卉等图案的帔,为宰相、重臣、绅士、夫人、小姐等人物所穿;状元登科和新婚拜礼时穿大红绣花帔;一般文人学士只穿素帔。

靠,又叫甲衣,为武将戎服,源于清朝将官戎服。靠的服色与蟒大致相同,有"十蟒十靠"之说。靠的造型夸张,赋予人物以英俊、威武的气概,便于做各种舞蹈动作,或表现战斗的激烈场面,与靠配穿的靠旗(四面三角小旗),上下翻飞,更使人眼花缭乱,应接不暇。靠分男靠、女靠,男靠前后身分为两片,用素缎绣鱼鳞花纹,靠肚呈虎头形,两肩做成蝴蝶式或虎头形,长袖紧口;女靠的颜色绚丽多彩,以大红为多,并配穿彩裤鞋和衬裙,头戴七星额子(京剧女将盔帽,有并排两层彩色的大绒球,每排七个)。靠又分为硬靠、软靠、改良靠。男硬靠又叫大靠,要扎靠旗,根据颜色又分为俊扮老生、武生穿的红靠,净行穿的黑靠,如张飞、项羽等;白靠用于年轻武生和儒雅小生,如赵云、周瑜等;粉靠由小生行当人物穿用,如吕布等,穿粉靠的人物一般还要佩戴翎子;绿靠用于大英雄,如《汉津口》中的关羽,但关羽穿靠时不扎靠旗,而是专用的绿色夫子盔。去掉靠旗就是"软靠",一般用于非战斗场合的武将或是年老的武将,如《群英会》中的黄盖、《碰碑》中的杨继业。软靠常加上狐尾,以示"番邦"将官。改良靠由周信芳改创,简单易穿,但缺少威严,适用于一般的将官。除此之外,绿色关羽靠和黑色霸王靠为关羽和项羽专用。

褶,又称褶子,是京剧舞台上用途最多、最为常见的一种袍服类便服。文武官员、平民百姓都可以穿用。褶子造型简洁、流畅,一衣多用,褶子的种类很多,主要按性别、年龄、性格、行当区分。褶子分男女两种款式,男褶子是大斜领,大襟右衽,左边开衩至腰,形成左右对称,长及足,宽身宽袖带水袖。女褶子是对襟小立领,长及膝盖,左右自腰部以下开衩,宽身宽袖带水袖。绣有飞鸟、蝴蝶、花卉等图案的称为花褶子;没有刺绣的称为素褶子。按行当又可分为文小生花褶子,服色淡雅明丽,以梅花、兰花、栀子花为装饰,给人以清秀洒脱之感,显示人物文静风流,如《游园惊梦》中的柳梦梅、《梁山伯与祝英台》中的梁山伯;文小生托领素褶子,服色素淡,托领上以梅花图案居多,象征人物品行高洁,其他部位无装饰,如《西厢记》中的张君瑞;武小生花褶子,服色以象牙白为主,周身绣有花卉图案,以菊花、芍药花为多,形式活泼,显示儒将俊秀中带有刚毅,如《蒋干盗书》中的周瑜。武生团花褶子,以白色、淡蓝色为多,全身有十个团花,显示成熟、老练,如《野猪林》中的林冲、《岳母刺字》中的岳飞;花脸花褶子,服色热烈,如紫红、宝蓝,花型工整,遍布全身,显示人物豪放粗鲁、不拘小节;文丑花褶子,服色为绿色,全身绣满"八宝"等图案,显示人物俗气;武丑花褶子,服色为黑色,用蝴蝶或燕子装饰全身,显示人物武艺高强。

京剧服装中,蟒、帔、靠、褶四大类服装,基本上是按功能划分的,且自成体系。除此之外,还有很多不成体系但人物、剧情需要的服装,或是专用服装,或是补充服装,都统称为"衣"。

京剧里的人物头上所戴的统称为"盔头",分盔、冠、巾、帽等类。盔,有元帅戴的帅盔,赵云戴的夫子盔,马超戴的倒缨盔,项羽戴的霸王盔,典韦戴的虎头盔,孙悟空戴的钻天盔,扈三娘戴的蝴蝶盔,山大王戴的草王盔等。冠,有帝王戴的平天冠、九龙冠,后妃戴的凤冠,皇子戴的紫金冠。帽,有软硬之分,也有贫贱之别。有帝王戴的皇帽,有穷人戴的毡帽,官僚戴的纱帽(亦有忠纱、奸纱、圆纱、相纱之分),也有鞑帽、侯帽、僧帽、皂隶帽、罗帽。罗帽为家院(佣人)和武士所戴,又有软罗帽和带绒球的硬罗帽之分,太监所戴的称太监帽,李逵和武丑所戴的称蛐蛐帽。巾,多为便帽,有员外巾、相巾、文生巾、道巾,以及专用的许仙巾、林冲的将巾、关羽的夫子巾等。

水袖来自演员穿的一种衬衣,又名水衣,袖子露在戏衣的外边,后脱离水衣,直接缝在宽袖的戏衣上,成为水袖。水袖有十几种表示不同含义的表演功夫:抖袖,表示整理衣服;投袖:表示生气;挥袖:表示叫人离开;招袖:表示叫人来;摆袖,表示飘逸自如等。

胡须的表演又称为髯口功,京剧里老生、净、丑都挂髯口,用髯口表现人物喜、怒、哀、乐种种感情。老生的髯口捋须表示整理;托须表示思考;挡须表示着急;绕须表示喜悦;吹须表示恼怒等。

翎子,是中古代武将在盔冠上插的两根雉尾,表示官职较高,英勇善战。戏曲中把雉尾加到七八尺长,通过舞动翎子配合身段动作,表现人物的心情。各行都用翎子功,小生用得最多,故有雉尾生一行。翎子功有掏、衔、绕、刷、抖、摆等,表示喜悦、得意、沉思、惊恐等情绪。

五　京剧名伶和流派

京剧虽然历史较短,但是它形成于中国经济、文化的中心,又集中吸收了我国东西南北各种地方戏曲的优点,因而显示出顽强、旺盛的生命力,经过几代京剧艺术家的创新和发展,在 20 世纪初,呈现出了百花争艳的局面,达到了艺术高峰。京剧艺术家们在多年的演出实践中形成了自己的风格,因而也就形成了流派,20世纪初所涌现的众多的京剧著名演员,不仅有自己的独特风格,又有众多的艺术传人。京剧的生、旦、净、丑四大行当的人物特点完全不同,因此,流派演员是在各个行当的基础上产生的。

京剧史上最早的流派产生于老生行当,即徽派程长庚、汉派余三胜、京派张二奎,时称"老生三杰",是京剧形成期的奠基人之一。1883年至1918年,京剧由形成期步入成熟期,代表人物为时称"老生后三杰"的谭鑫培、汪桂芬、孙菊仙。从前三杰到后三杰,不但有继承,而且有发展,其中以谭鑫培最为突出。谭鑫培(1847—1917),湖北江夏(今武汉)人。出身演员世家,从小就受到严格的基本功训练。先后拜程长庚、余三胜为师,初唱武生,后改老生。谭鑫培在问师程、余的同时,细心观摩、学习其他名角的演唱技巧,能够集诸家之长,融会贯通,并加以发展变化,成为同时期生行中的优秀者,清光绪十六年(1890)被选为内廷供奉。谭鑫培在唱腔上,创造了很多能揭示人物内心世界的花腔和巧腔,将老生唱腔向前推进了一大步,增加了老生唱腔艺术的表现力和形式美;在唱念上确立了以湖广音为主、中州韵为辅的京剧声韵体系,以后的京剧演员无不以此为宗,遂成为京剧声韵的法则。谭鑫培重视京剧剧本的文学性,对戏词不通、音律不协等情况进行重新整理。京剧"老生前三杰"所体现的流派,是代表着地域特点的流派,而到了谭鑫培的时代,则创立了以个人风格为特点的流派。在京剧发展史上,谭派是影响最大的一个流派,有着不可替代的重要地位。谭鑫培因此有"无腔不学谭"之誉和"伶界大王"之称。1905年,谭鑫培主演的《定军山》由北京丰泰照相馆拍成无声影片,这是中国最早摄制的京剧影片。

旦行流派首推"四大名旦"之首梅兰芳的"梅派"。梅兰芳,江苏泰州人,生于北京京剧世家,创立了"梅派"艺术体系,在唱、念、做、舞、音乐、服装、扮相和剧目各个方面都达到一个新水平,成为旦行中影响极其深远的流派。梅兰芳的嗓音高宽清亮,圆润甜脆兼备,音域宽广,音色极其纯净饱满,已臻炉火纯青的境界,故其唱工从不矜才使气,始终保持平静从容的气度,从而高音宽圆,低音坚实,有珠圆玉润之感。他精通音律,吐字讲究五音、四声、尖团,而不拘泥。发声善用共鸣,无论何种音韵的字都能使之如莺声圆啭。梅兰芳的演唱艺术体现了中国传统的美学原则,具有端庄娴雅的古典美,平和中正,恰到好处,处处出自天然,全无人为斧凿痕迹,在表面规矩平淡之中显现出深沉含蓄的内在魅力。他的唱、做完全从传统中来,无一腔一式无来历,但又无一腔一式照搬传统,故能使人耳目全新而毫无刺耳棘目之感,看上去似无明显特色,实即梅派艺术的特色。梅派著名唱段有《四郎探母》、《女起解》、《玉堂春》,梅兰芳的念白富于情感,毫无刻意求工的感觉,其韵白以《宇宙锋》、《贵妃醉酒》、《霸王别姬》等剧为代表,京白以《四郎探母》等剧为代表。他的做工总体上突出一个"圆"字,不仅背影有"戏"，即使从任何一个角度看他的表演都能给人以美好的感受，他还化用大量昆曲的表情、身段和步法，如《贵妃醉酒》、《宇宙锋》等剧，尤其能将人物的内心情感通过面部表情的细微变化极其准确、细致地体现出来。他的武功极有根底，步法准确而且轻盈迅捷，又于武打中融入舞蹈，所以匀净婀娜。梅兰芳参考古代仕女画及神像雕塑首创古装头画与古装裙服，开辟旦角服装、扮相新领域，成为京剧旦行艺术继往开来的巨匠。

京剧武生行的代表首推杨小楼、尚和玉和盖叫天等。杨小楼，祖籍安徽，生于北京。出身于梨园世家，父亲杨月楼是京剧著名武生，因擅演猴戏，人称"杨猴子"。杨小楼幼入小荣椿科班学艺，出科后曾受谭鑫培等名家指点，并受业于俞菊笙，但初登舞台却不大顺利，一度充当武行班底。后立志发愤，艺业大进。在一些勾脸戏和长靠武生戏中显示了精湛的表演技艺，受到观众欢迎，后长期挑班领衔主演，在舞台上塑造了项羽、林冲、黄天霸、赵云、楚霸王等个性鲜明的艺术形象，被誉为"武生宗师"。在当时，与梅兰芳、余叔岩一起被奉为京剧界的三位代表人物。杨小楼性格沉稳，不善交游，喜静坐参禅，潜心研究所演的各类人物，在继承家学、师法俞、杨（隆寿）两派的基础上，创造了京剧武生中影响最大的流派"杨派"，以武戏文唱的艺术风格，把京剧武生艺术推向了一个新阶段。杨小楼的代表剧目有《艳阳楼》、《金钱豹》、《长坂坡》、《挑滑车》、《霸王别姬》等。

净行以裘盛戎创立的"裘派"为代表。裘盛戎（1915—1971），自幼从父学艺，其父裘桂仙以演唱铜锤花脸著称。裘盛戎继承家学，又入富连成科班，并吸收了金少山、郝寿臣、侯喜瑞等各派之长，形成了铜锤和架子花脸融为一体的新风格，创立了影响深远的裘派艺术。裘派艺术的精华首先在于它的唱腔，裘派唱腔韵味醇厚，以情取胜，善用鼻腔共鸣和头腔共鸣，音色很美。裘盛戎对花脸的唱工有独特建树，早期的京剧净角唱工以刚为主，气势磅礴，古朴直平，不太讲究韵味，裘派唱腔继承了传统净角唱腔雄浑、豪放的风格，又借鉴了老生、青衣的唱腔，在"刚"中增加了"柔"的成分，以柔衬刚，刚柔并济，听起来韵味十足。裘派唱腔注重唱情，以声传情，具有强烈的艺术感染力。裘盛戎的唱，感情色彩浓郁，唱腔同人物、剧情紧密结合，深刻揭示人物内心世界，字字句句入情入理。《姚期》、《赤桑镇》、《铡美案》是裘派名剧，最能代表裘盛戎的艺术风格。"裘派"至今仍为最有影响的净行流派，其表演艺术"韵味浓郁，凌越前人"，有"十净九裘"之称，裘的弟子众多，其中以方荣翔最为出色。

丑行以萧长华为代表。萧长华（1878—1967），祖籍江西，生于北京，出身梨园世家，父亲是与程长庚、卢胜奎、杨月楼等同台献艺的丑行演员。萧长华从小得到良好的文化启蒙教育，11岁学戏，12岁登台，15岁以后专工丑行。萧长华嗓音清脆响亮，吐字清晰明快，他的念白富有音乐性和韵味美。他的唱腔古朴而遒劲，身段简洁大方，善于运用不同的步法、手势和手中的道具来揭示人物性格和内心情感,富有节奏感和舞蹈美。萧长华在近八十年的舞台生涯中,继承传统表演艺术的精华,塑造了一批为观众所喜爱的丑角艺术形象,如《群英会》中的蒋干、《审头刺汤》中的汤勤、《法门寺》中的贾桂等。著名京剧表演艺术大师梅兰芳所演的很多剧目中的主要丑行角色,都是由萧长华来配演的,其中很多人物由他创造并首演。新中国成立以后,萧长华以耄耋之年出任中国戏曲学校名誉校长等职务,为京剧事业培养出了很多优秀的人才。著有《萧长华戏曲丛谈》和《萧长华演出剧本全集》。

文　　选

元剧之结构和文章

王国维

一　元剧之结构

元剧以一宫调之曲一套为一折。普通杂剧,大抵四折,或加楔子。案《说文》(六):"楔,櫼也。"今木工于两木间有不固处,则斫木札入之,谓之楔子,亦谓之櫼。杂剧之楔子亦然。四折之外,意有未尽,则以楔子足之。昔人谓北曲之楔子,即南曲这引子,其实不然。元剧楔子,或在前,或在各折之间,大抵用〔仙吕·赏花时〕或〔端正好〕二曲。唯《西厢记》第二剧中之楔子,则用〔正宫·端正好〕全套,与一折等,其实亦楔子也。除楔子计之,仍为四折。唯纪君祥之《赵氏孤儿》,则有五折,又有楔子,此为元剧变例。又张时起之《赛花月秋千记》,今虽不存,然据《录鬼簿》所记,则有六折。此外无闻焉。若《西厢记》之二十折,则自五剧构成,合之为一,分之则仍为五。此在元剧中亦非仅见之作。如吴昌龄之《西游记》,其书至国初尚存,其著录于《也是园书目》者云四卷,见于曹寅《楝亭书目》者云六卷。明凌濛初《西厢序》云:"吴昌龄《西游记》有六本",则每本为一卷矣。凌氏又云:"王实甫《破窑记》、《丽春园》、《贩茶船》、《进梅谏》、《于公高门》,各有二本。关汉卿《破窑记》、《浇花旦》,亦有二本。"此必与《西厢记》同一体例。此外《录鬼簿》所载:如李文蔚有《谢安东山高卧》,下注云:"赵公辅次本。"而于赵公辅之《晋谢安东山高卧》下,则注云:"次本";武汉臣有《虎牢关三战吕布》,下注云:"郑德辉次本",而于郑德辉此剧下,则注云:"次本"。盖李武二人作前本,而赵郑续之,以成一全体者也。余如武汉臣之《曹伯明错勘赃》,尚仲贤之《崔护谒浆》,赵子祥之《太祖夜斩石守信》、《风月害夫人》,赵文殷之《宦门子弟错位身》，金仁杰之《蔡琰还朝》，皆注"次本"。虽不言所续何人，当亦续《西厢记》之类。然此不过增多剧数，而每剧之以四折为率，则固无甚出入也。

杂剧之为物，合动作、言语、歌唱三者而成。故元剧对此三者，各有其相当之物。其纪动作者，曰科；纪言语者，曰宾、曰白；纪所歌唱者，曰曲。元剧中所纪动作，皆以科字终。后人与白并举，谓之科白，其实自为二事。《辍耕录》纪金人院本，谓教坊"魏、武、刘三人，鼎新编辑，魏长于念诵，武长于筋斗，刘长于科泛"。科泛或即指动作而言也。宾白，则余所见周宪王自刊杂剧，每剧题目下，即有全宾字样。明姜南《抱璞简记》（《续说郛》卷十九）曰："北曲中有全宾全白。两人相说曰宾，一人自说曰白。"则宾白又有别矣。臧氏《元曲选序》云："或谓元取士有填词科，（中略）主司所定题目外，止曲名及韵耳。其宾白，则演剧时伶人自为之，故多鄙俚蹈袭之语。"填词取士说之妄，今不必辨。至谓宾白为伶人自为，其说亦颇难通。元剧之词，大抵曲白相生，苟不兼作白，则曲亦无从作，此最易明之理也。今就其存者言之，则《元曲选》中百种，无不有白，此犹可诬为明人之作也。然白中所用之语，如马致远《荐福碑》剧中之"曳剌"，郑光祖《王粲登楼》剧中之"点汤"，一为辽金人语，一为宋人语，明人已无此语，必为当时之作无疑。至《元刊杂剧三十种》，则有曲无白者诚多；然其与《元曲选》复出者，字句亦略相同，而有曲白相生之妙，恐坊间刊刻时，删去其白，如今日坊刊脚本然。盖白则人人皆知，而曲则听者不能尽解。此种刊本，当为供观剧者之便故也。且元剧中宾白，鄙俚蹈袭者固多，然其杰作如《老生儿》等，其妙处全在于白。苟去其白，则其曲全无意味。欲强分为二人之作，安可得也。且周宪王时代，去元未远，观其所自刊杂剧，曲白俱全，则元剧亦当如此。愈以知臧说之不足信矣。

元剧每折唱者，止限一人，若末，若旦；他色则有白无唱，若唱，则限于楔子中；至四折中之唱者，则非末若旦不可。而末若旦所扮者，不必皆为剧中主要之人物；苟剧中主要之人物，于此折不唱，则亦退居他色，而以末若旦扮唱者，此一定之例也。然亦有出于例外者，如关卿之《蝴蝶梦》第三折，则旦之外，俫儿亦唱；尚仲贤之《气英布》第四折，则正末扮探子唱，又扮英布唱；张国宾之《薛仁贵》第三折，则丑扮禾旦上唱，正末复扮伴哥唱；范子安之《竹叶舟》第三折，则首列御寇唱，次正末唱。然《气英布》剧探子所唱，已至尾声，故元刊本及《雍熙乐府》所选，皆至尾声而止，后三曲或后人所加。《蝴蝶梦》、《薛仁贵》中，俫及丑所唱者，既非本宫之曲，且刊本中皆低一格，明非曲。《竹叶舟》中，列御寇所唱，明曰道情，至下〔端正好〕曲，乃入正剧。盖但以供点缀之用，不足破元剧之例也。唯《西厢记》第一、第四、第五剧之第四折，皆以二人唱。今《西厢》只有明人所刊，其为原本如此，抑由后人窜入，则不可考矣。

元剧脚色中，除末、旦主唱，为当场正色外，则有净有丑。而末、旦二色，支派弥繁。今举其见于元剧者，则末，有外末、冲末、二末、小末；旦，有老旦、大旦、小旦、旦俫、色旦、搽旦、外旦、贴旦等。《青楼集》云："凡妓以墨点破其面为花旦"，元剧中之色旦、搽旦，殆即是也。元剧有外旦、外末、而又有外；外则或扮男，或扮女，当为外末、外旦之省。外末，外旦之省为外，犹贴旦之后省为贴也。案《宋史·职官志》："凡直馆院则谓之馆职，以他官兼者谓之贴职。"又《武林旧事》（卷四）"乾淳教坊乐部"，有"衙前"，有"和顾"；而和顾人中，如朱和、蒋宁、王原全下，皆注云："次贴衙前"，意当与贴职之贴同，即谓非衙前而充衙前（衙前谓临安府乐人）也。然则曰冲、曰外、曰贴，均系一义，谓于正色之外，又加某色，以充之也。此外见于元剧者，以年龄言，则有若字老、卜儿、俫儿，以地位职业言，则有若孤、细酸、伴哥、禾旦、曳刺，邦老，皆有某色以扮之；而其身则非脚色之名，与宋金之脚色无异也。

元剧中歌者与演者之为一人，固不待言。毛西河《词话》，独创异说，以为演者不唱，唱者不演。然《元曲选》各剧，明云末唱、旦唱，《元刊杂剧》亦云"正末开"或"正末放"，则为旦、末自唱可知。且毛氏"连厢"之说，元明人著述中从未见之，疑其言犹蹈明人杜撰之习。即有此事，亦不过演剧之一派，而不足以概元剧也。

演剧时所用之物，谓之砌末。焦理堂《易余籥录》（卷十七）曰："《辍耕录》有诸杂砌之目，不知所谓。按元曲《杀狗劝夫》，衹从取砌末上，谓所埋之死狗也。《货郎旦》外旦取砌末付净科，谓金银财宝也。《梧桐雨》正末引宫娥挑灯拿砌末上，谓七夕乞巧筵所设物也。《陈抟高卧》外扮使臣引卒子捧砌末上，谓诏书帛也。《冤家债主》和尚交砌末科，谓银也。《误入桃源》正末扮刘晨，外扮阮肇带砌末上，谓行李包裹或采药器具也。又净扮刘德引沙三、王留等将砌末上，谓春社中羊酒纸钱之属也。"余谓焦氏之解砌末是也。然以之与杂砌相牵合，则颇不然。杂砌之解，已见上文，似与砌末无涉。砌末之语，虽始见元剧，必为古语。案宋无名氏《续墨客挥犀》（卷七）云："问今州郡有公宴，将作曲，伶人呼细末将来，此是何义？对曰：凡御宴进乐，先以弦声发之，然后众乐和之，故号丝抹将来。今所在起曲，遂先之以竹声，不唯讹其名，亦失其实矣。"又张表臣《珊瑚钩诗话》（卷二）亦云："始作乐必曰丝抹将来，亦唐以来如是。"余疑砌末或为细末之讹。盖丝抹一语，既讹为细末，其义已亡，而其语独存，遂误视为将某物来之意，因以指演剧时所用之物耳。

二　元剧之文章

元杂剧之为一代之绝作，元人未之知也。明之文人始激赏之，至有以关汉卿比司马子长者（韩文靖邦奇）。三百年来，学者文人，大抵屏元剧不观。其见元剧者，无不加以倾倒。如焦里堂《易余籥录》之说，可谓具眼矣。焦氏谓一代有一代之所胜，欲自楚骚以下，撰为一集，汉则专取其赋，魏晋六朝至隋，则专录其五言诗,唐则专录其律诗,宋专录其词,元专录其曲。余谓律诗与词,固莫盛于唐宋,然此二者果为二代文学中最佳之作否,尚属疑问。若元之文学,则固未有尚于其曲者也。元曲之佳处何在?一言以蔽之,曰:自然而已矣。古今之大文学,无不以自然胜,而莫著于元曲。盖元剧之作作者,其人均非有名位学问也;其作剧也,非有藏之名山,传之其人之意也。彼以意兴之所至为之,以自娱娱人。关目之拙劣,所不问也;思想之卑陋,所不讳也;人物之矛盾,所不顾也。彼但摹写其胸中之感想,与时代之情状,而真挚之理,与秀杰之气,时流露于其间。故谓元曲为中国最自然之文学,无不可也。若其文字之自然,则又为其必然之结果,抑其次也。

明以后传奇,无非喜剧,而元则有悲剧在其中。就其存者言之,如《汉宫秋》《梧桐雨》《西蜀梦》《火烧介子推》《张千替杀妻》等,初无所谓先离后合、始困终亨之事也。其最有悲剧之性质者,则如关汉卿之《窦娥冤》,纪君祥之《赵氏孤儿》,剧中虽有恶人交构其间,而其蹈汤赴火者,仍出于其主人翁之意志,即列之于世界大悲剧中,亦无愧色也。

元剧关目之拙,固不待言。此由当日未尝重视此事,故往往互相蹈袭,或草草为之。然如武汉臣之《老生儿》,关汉卿之《救风尘》,其布置结构,亦极意匠惨淡之致,宁较后世之传奇,有优无劣也。

然元剧最佳之处,不在其思想结构,而在其文章。其文章之妙,亦一言以蔽之,曰:有意境而已矣。何以谓之有意境?曰:写情则沁人心脾,写景则在人耳目,述事则如其口出是也。古诗词之佳者无不如是,元曲亦然。明以后,其思想结构尽有胜于前人者,唯意境则为元人所独擅。兹举数例以证之。其言情述事之佳者,如关汉卿《谢天香》第三折:

〔正宫·端正好〕我往常在风尘,为歌妓,不过多见了几个筵席,回家来仍作个自由鬼;今日倒落在无底磨牢笼内!

马致远《任风子》第二折:

〔正宫·端正好〕添酒力晚风凉,助杀气秋云暮,尚兀自脚趔趄醉眼模糊。他化的我一方之地都食素,单则俺杀生的无缘度。

语语明白如画,而言外有无穷之意。又如《窦娥冤》第二折:

〔斗虾蟆〕空悲戚,没理会,人生死,是轮回。感著这般病疾,值著这般时势,可是风寒暑湿,或是饥饱劳役,各人证候自知,人命关天地,别人怎生替得?寿数非干一世。相守三朝五夕。说甚一家一计,又无羊酒缎匹,又无花红财礼,把手为活过日,撒手如同休弃。不是窦娥忤逆,生怕旁人论议。不如所咱劝你,认个自家晦气。割舍的一具棺材停置,几件布帛收拾,出了咱家门里,送入他家坟地。这不是你那从小儿年纪,指脚的夫妻,我其实不关亲,无半点凄怆泪。休得要心如醉,意似痴,便这等嗟嗟怨怨,哭哭啼啼。

此一曲直是宾白,令人忘其为曲。元初所谓当行家,大率如此;至中叶以后,已罕觏矣。其写男女离别之情者,如郑光祖《倩女离魂》第三折:

〔醉春风〕空服遍　眩药不能痊,知他这腌臜病何日起。要好时直等的见他时,也只为这症候因他上得。得。一会家缥缈呵,忘了魂灵;一会家精细呵,使著躯壳;一会家混沌呵,不知天地。

〔迎仙客〕日长也愁更长,红稀也信尤稀,春归也奄然人未归。我则道相别也数十年,我则道相隔著数万里,为数归期,则那竹院里刻遍琅玕翠。

此种词如弹丸脱手,后人无能为役;唯南曲中《拜月》、《琵琶》差能近之。至写景之工者,则马致远之《汉宫秋》第三折:

〔梅花酒〕呀! 对著这迥野姜凉,草色已添黄,兔起早迎霜。犬褪得毛苍,人搦起缨枪,马负著行装,车运著　粮,打猎起围场。他他他伤心辞汉主,我我我携手上河梁。他部从,入穷荒;我銮舆,返咸阳。返咸阳,过宫墙;过宫墙,绕回廊;绕回廊,近椒房;近椒房,月昏黄;月昏黄,夜生凉;夜生凉,泣寒螿;泣寒螿,绿纱窗;绿纱窗,不思量。

〔收江南〕呀! 不思量,便是铁心肠,铁心肠也愁泪滴千行;美人图今夜挂昭阳,我那里供养,便是我高烧银烛照红妆。

〔尚书云〕陛下回銮罢,娘娘去远了也。(驾唱)

〔鸳鸯煞〕我煞大臣行,说一个推辞谎,又则怕笔尖儿那火编修讲。不见那花朵儿精神,怎趁那草地里风光。唱道伫立多时,徘徊半晌,猛听的塞雁南翔,呀呀的声嘹亮,却原来满目牛羊,是兀那载离恨的毡车半坡里响。

以上数曲,真所谓写情则沁人心脾,写景则在人耳目,述事则如其口出者。第一期之元剧,虽浅深大小不同,而莫不有此意境也。

古代文学之形容事物也,率用古语,其用俗语者绝无。又所用之字数亦不甚多。独元曲以许用衬字故,故辄以许多俗语或以自然之声音形容之。此自古文学所未有也。兹举其例,如《西厢记》第四剧第四折:

〔雁儿落〕绿依依墙高柳半遮,静悄悄门掩清秋夜,疏刺刺林梢落叶风,昏惨惨云际穿窗月。

〔得胜令〕惊觉我的是颤巍巍竹影走龙蛇,虚飘飘庄周梦蝴蝶,絮叨叨促织儿无休歇,韵悠悠砧声儿不断绝,痛煞煞伤别,急煎煎好梦儿应难舍,冷清清的咨嗟,娇滴滴玉人儿何处也?

此犹仅用三字也。其用四字者,如马致远《黄粱梦》第四折:

〔叨叨令〕我这里稳丕丕土炕上迷 没腾的坐,那婆婆将粗剌剌陈米喜收希和的播,那蹇驴儿柳阴下舒著足乞留恶滥的卧,那汉子去脖项上婆婆没索的摸。你则早醒来了也么哥,你则早醒来了也么哥,可正是窗前弹指时光过。

其更奇绝者,则如郑光祖《倩女离魂》第四折:

〔古水仙子〕全不想这姻亲是旧盟,则待教祆庙火刮刮匝匝烈焰生。将水面上鸳鸯忒楞楞腾分开交颈,疏剌剌沙鞳雕鞍撒了锁鞚,厮琅琅汤偷香处唱号提铃,支楞楞争弦断了不续碧玉筝,吉丁丁珰精砖上摔破菱花镜,扑通通东井底坠银瓶。

又无名氏《货郎旦》剧第三折,则用叠字,其数更多。

〔货郎儿六转〕我则见黯黯惨惨天涯云布,万万点点潇湘夜雨;正值著窄窄狭狭沟沟堑堑路崎岖,黑黑黯黯彤云布,赤留赤律潇潇洒洒断断续续,出出律律忽忽鲁鲁阴云开外,霍霍闪闪电光星注;正值著飔飔摔摔风,淋淋渌渌雨,高高下下凹凹答答一水模糊,扑扑簌簌湿湿渌渌疏林人物,却便似一幅惨惨昏昏潇湘水墨图。

由是观之,则元剧实于新文体中自由使用新言语。在我国文学中,于《楚辞》《内典》外,得此而三。然其源远在宋金二代,不过至元而大成。其写景抒情述事之美,所负于此者,实不少也。

元曲分三种,杂剧之外,尚有小令、套数。小令只用一曲,与宋词略同。套数则合一宫调中诸曲为一套,与杂剧之一折略同。但杂剧以代言为事,而套数则以自叙为事,此其所以异也。元人小令套数之佳,亦不让于其杂剧。兹各录其最佳者一篇,以示其例,略可以见元人之能事也。

小令
〔天净沙〕(无名氏。此词《庶斋老学丛谈》及元刊《乐府新声》,均不著名氏,《尧山堂外纪》以为马致远撰,朱竹垞《词综》仍之,不知何据。)

枯藤老树昏鸦,小桥流水人家,古道西风瘦马,夕阳西下,断肠人在天涯。

套数
《秋思》(马致远。见元刊《中原音韵》《乐府新声》)

〔双调·夜行船〕百岁光阴如梦蝶,重回首往事堪嗟! 昨日春来,今朝花谢,急罚盏夜阑灯灭。
〔乔木查〕秦宫汉阙,做衰草牛羊野,不恁渔樵无话说。纵荒坟横断碑,不辨龙蛇。

〔庆宣和〕投至狐踪与兔穴,多少豪杰,鼎足三分半腰折,魏耶?晋耶?

〔落梅风〕天教富,不待奢,无多时好天良夜,看钱奴硬将心似铁,空辜负锦堂风月。

〔风入松〕眼前红日又西斜,疾似下坡车,晚来清镜添白雪,上床与鞋履相别。莫笑鸠

巢计拙,葫芦提一就装呆。

〔拨不断〕利名竭,是非绝,红尘不向门前惹,绿树偏宜屋角遮,青山正补墙东缺,竹篱茅舍。

〔离亭宴煞〕蛩吟罢一枕才宁贴,鸡鸣后万事无休歇,算名利何年是彻!密匝匝蚁排兵,乱纷纷蜂酿蜜,闹穰穰蝇争血。裴公绿野堂,陶令白莲社,爱秋来那些?和露滴黄花,带霜烹紫蟹,煮酒烧红叶。人生有限杯,几个登高节?嘱付与顽童记者,便北海探吾来,道东篱醉了也。

〔天净沙〕小令,纯是天籁,仿佛唐人绝句。马东篱《秋思》一套,周德清评之以为万中无一,明王元美等亦推为套数中第一,诚定论也。此二体虽与元杂剧无涉,可知元人之于曲,天实纵之,非后世所能望其项背也。

元代曲家,自明以来,称关马郑白。然以其年代及造诣论之,宁称关白马郑为妥也。关汉卿一空倚傍,自铸伟词,而其言曲尽人情,字字本色,故当为元人第一。白仁甫、马东篱,高华雄浑,情深文明。郑德辉清丽芊绵,自成馨逸,均不失为第一流。其余曲家,均在四家范围内。唯宫大用瘦硬通神,独树一帜。以唐诗喻之:则汉卿似白乐天,仁甫似刘梦得,东篱似李义山,德辉似温飞卿,而大用则似韩昌黎。以宋词喻之:则汉卿似柳耆卿,仁甫似苏东坡,东篱似欧阳永叔,德辉似秦少游,大用似张子野。虽地位不必同,而品格则略相似也。明宁献王曲品,跻马致远于第一,而抑汉卿于第十。盖元中叶以后,曲家多祖马、郑,而祧汉卿,故宁王之评如是。其实非笃论也。

元剧自文章上言之,优足以当一代之文学。又以其自然故,故能写当时政治及社会之情状,足以供史家论世之资者不少。又曲中多用俗语,故宋金元三朝遗语,所存甚多,辑而存之,理而董之,自足为一专书。此又言语学上之事,而非此书之所有事也。

（选自王国维《宋元戏曲史》,上海古籍出版社 1998 年版）

【阅读书目】

1. 王国维:《宋元戏曲史》,上海古籍出版社 1998 年版。
2. 周贻白:《中国戏剧发展史纲要》,上海古籍出版社 1979 年版。
3. 王季思主编:《中国古典十大悲剧集》,上海文艺出版社 1982 年版。
4. 王季思主编:《中国古典十大喜剧集》,上海文艺出版社 1982 年版。

【思考题】

1. 试析"戏曲"和"戏剧"两个概念的联系和区别。

2. 何谓"诸宫调"？诸宫调在形式上有哪些特点？

3. 元杂剧在体制上有哪些特点？

4. 明代传奇的代表作家和作品有哪些？

5. 京剧中有哪些"行当"，各有什么属性？

第十章

中国科技

概　述

　　科学技术史是人类文明发展的重要组成部分。作为历史悠久的文明古国，中国有着光辉灿烂的科学技术发展史，并建立了独特的科学技术体系，构成这一体系的农学、医学、天学、算学四大学科以及陶瓷、丝织、建筑等一系列技术是古代中国人集体智慧的结晶，而指南针、火药、印刷术和纸的发明经阿拉伯传入欧洲后不仅对近代科学的诞生起到重要作用，甚至推动了世界文明的进程。大体而言，中国古代科技发展可分为先秦时期、秦汉及魏晋南北朝时期、隋唐宋元时期和明清时期。我们将沿着历史发展的脉络追寻中国古代科技的发展状况，并择要介绍中国传统科学思想和主要科技成就。

一　发展简史

　　人类历史从制造工具开始，170万年前云南的元谋人便生活在这片土地上，我们的祖先大约在1万年前从旧石器时代过渡到了新石器时代。发明弓箭、钻木取火、构木为巢、制作陶器，甚至发明了行于水上的独木舟，科学知识的萌芽蕴含在技术之中，并被人们运用到实际生活中。

　　夏商周时期（前21世纪—前770），青铜冶炼技术已经炉火纯青，制造了种类繁多、工艺高超的精美青铜器皿。人工冶铁技术也在此基础上有所发展，在春秋末年的民间作坊中已经开始了生铁冶铸。冶铁技术的发展推动了铁制农具的广泛使用，传统农学和农业生产技术在战国时代已基本形成。本时期的水利建设也进入了一个新的时期。公元前5世纪，魏国西门豹在河南临漳县主持修建漳水十二渠，使两岸大片的盐碱地得到改良。公元前246年，秦国在陕西泾阳县兴建的郑国渠，把贫瘠的渭北平原变成沃野，而公元前256年由秦国蜀守李冰父子修建的位于四川灌县的都江堰，不仅在当时使成都平原300万亩土地成为良田,直到今天依旧惠泽一方民众。数学方面已经开始使用十进位值制的记数方法,发明了算筹和筹算,虽然没有关于几何学的理论体系,但发明了规矩和准绳,成为木工、陶工、车工的重要工具。约成书于战国晚期(一说汉代)的《黄帝内经》奠定了中医学的基础。这一时期科学思想也有所发展,《墨经》中记载了一些光学与力学的知识,如小孔成像,凹面镜、凸面镜和平面镜成像及动力静止、浮力、重心斜面等。随着文明的进步,先秦时期产生了很多关于宇宙起源的理论,其中,阴阳学说和五行学说对后世传统天文学、医学、数学、农学等都产生了深刻影响。

秦汉到魏晋南北朝时期(前221—公元581)是中国传统科学技术形成的时期。这一时期,传统天文学、算学、农学、医药学等都建立了基本的理论体系,带有浓厚的经验性和实用性色彩,而且,较为发达的科学技术如天文、历法等往往与国家政务息息相关。历代政府都设立了天文台,日夜不停地观测天象,中国历史上的天象记录是最完整、最系统、最丰富的,这一点得到全世界的公认。

东汉前期成书的《九章算术》标志着中国传统数学的形成,三国时期的刘徽和南朝的祖冲之(429—500)把圆周率精确到第七位有效数字,同时,祖冲之还创制了求球体体积的正确公式。北朝贾思勰《齐民要术》建立了成熟完备的农学体系,包括种植业、林业、畜牧业、水产养殖等都有全面论述。本时期中医学也出现了一批杰出的医药学家和重要的医学宝典,如汉代以来成于众手的《神农本草经》,有医圣之称的东汉医学家张仲景(约150—219)的《伤寒杂病论》,晋代名医王叔和(约3世纪)的《脉经》,晋代皇甫谧(215—282)的《针灸甲乙经》等都从不同程度推动了医药学的发展。起源于战国中期的元气说经东汉王充的发展完善后成为对科学技术影响较大的思想之一。西晋裴秀(224—271)提出的制图六体,奠定了中国古代地图学的基本理论。而马均、葛洪(约281—341)等人在机械制造和炼丹方面都取得了很大的成就。这一时期的金属冶炼技术进一步发展,考古材料证实(1976年湖南长沙出土春秋晚期的钢剑)至迟在春秋晚期已有炼钢工艺,而秦汉以来炼钢技术趋于精湛,终于在西汉中晚期出现了炼钢的新工艺——炒钢,至南北朝时灌钢技术基本成熟,后世承袭,使中国在世界历史上长期居于钢铁生产的领先地位。

隋唐宋元(581—1368)是中国传统科学技术全面发展,登上巅峰的时期,许多发明创造在世界文明史上也有划时代的意义。印刷术、指南针和火药三项发明都在本时期出现,大致在12世纪前后传出国门,彻底改变了人类文明的发展史。隋代开凿了京杭大运河,对南北文化经济的交流曾发挥过重要的作用。

这一时期,天文学方面也取得了辉煌的成就,唐代僧人一行(683—727,俗名张遂)和元代郭守敬(1231—1316)都曾进行过大规模的大地测量,一行首次用科学方法测量了子午线的长度,并在此基础之上编制了《大衍历》,郭守敬制订了《授时历》，在回归年的长度、冬至时刻的测定、赤道岁差值及交食周期的研究方面都居于世界领先水平。

本时期也是古代数学发展的高峰时期，涌现出一批杰出的数学家。秦九韶（1202—1261）、李冶（1192—1279）、杨辉（约13世纪）、朱世杰（约13世纪末到14世纪初）被称为宋元数学四大家。高次方程的数值解法、天元术和四元术、高阶等差级术和大衍求一术，在世界范围处于领先水平。中医学在本时期也进入全面发展时期，在医学理论、临床诊断、药物药理及医学教育等方面都取得了重大的进度。医学也有了妇产科、小儿科、法医学等不同医学流派的分野。而本时期又有大批科技著作流传，如《木经》、《营造法式》、《农书》、《梓人遗制》、《武经总要》等，另外，在车、船、桥和机械制造方面显示了古代建筑技术的高超成就。所以有学者认为中国已经具备了近代工业关键性因素：大规模生产和机械化。[1] 这个时期发明的水转纺车利用水轮驱动，可同时带动30～50余枚纺锭，已具备了控纺纱机器的雏形。

明清时期（1368—1911）是传统科学技术走向衰落的时期。昔日领先世界的天文学和算学停滞不前，只有中医药学、农学等获得了进一步的发展。出现了李时珍（1518—1593）的《本草纲目》这样的科学巨著。而徐光启（1562—1633）所著的《农政全书》是中国传统农业技术的集大成式著作。宋应星（1587—约1665）编著的《天工开物》则是一部中国农业和手工业各方面生产技术的总结性著作，同时还记载了当时农业及手工业生产中先进的科技成果。而徐霞客（1587—1641）则是明末著名的地理学家，《徐霞客游记》的地理学价值主要体现在它对岩溶地貌的记载和论述。明末清初的传教士同时带来了西方先进的技术，虽然这些西方科技仅仅在部分上层知识分子中间流传，但在思想界所引起的震动使中国走向学习西方科学技术之路。直到今天，除了中医药学之外，中国传统科技逐渐汇入世界科技的发展潮流中。

二 科技成就

传统科学技术的辉煌成就不仅是中国传统文化不可或缺的一部分，也为世界文明进步作出过贡献，这一点已逐渐得到国内外学者的认同。这里我们重点介绍农学、天文学、数学、医学，以及推动了世界文明进程的四大发明（造纸术、印刷术、指南针和火药）。

（一）农学

中国自古以农业立国。农业科技从原始社会"刀耕火种"到明清时代的"精

---

〔1〕 ［澳］马克·埃尔文：《中国历史上为何未能实现工业革命》，《参考消息》1999年9月1日第10版。

耕细作",经历了大约近万年的时间。在农业科学技术发展的同时,总结农业生产经验并用以指导实践的农学也取得了很大的成就,从选种、平地、播种、灌溉施肥、防治病虫害到收获,建立了一套完善的技术体系。

据考古材料显示,在新石器时代我们的祖先已经发明了农业。随着历史的发展,农业科技也在不断地进步,从公元前 21 世纪夏朝建立到公元前 771 年西周灭亡,农业生产技术已有了明显的进步:开始利用青铜铸造农具,有铲、镈、镰等;农作物的品种进一步丰富,有禾、黍、稷、来(小麦)、麦、菽、稻、麻等;农业气象学萌芽,人们开始认识到天气条件和农业生产的关系。

春秋战国时期(前 770—前 221)是我国奴隶社会向封建社会过渡时期,也是我国传统的精耕细作农业技术的发生时期。当时铁农具的使用不仅提高了农业生产效率,而且为大型农田水利工程的兴建创造了物质条件。战国时最有名的几个水利工程如魏国的漳水渠,秦国的郑国渠和都江堰,不仅造福一方、惠泽当时,有的至今还在发挥效益。与此同时,在水利灌溉中人们发明了利用杠杆原理减轻劳动强度的提水工具"桔槔",大大提高了灌溉效率。这一时期的人们还掌握了施肥的技术,同时在耕作技术方面提倡"深耕熟耨"。这些都大大促进了农业生产的发展。

随着农业生产的发展,战国时期"百家"还出现了以许行为代表的农家学派,同时也出现了总结农业生产经验的农书,流传下来的有《吕氏春秋》中的《上农》、《任地》、《辨土》、《审时》四篇文章和散见于诸子百家著作中的零星资料。另外,《管子·地员篇》可以看作我国最早的土壤分类学文献,而《尚书·禹贡》则记载了依土壤肥沃程度而划分等级的方法。这些农学知识都为后世农业技术的进步和农学理论的发展奠定了基础。

秦汉时期农业生产的重心在黄河流域,为了克服这一地区干旱少雨的矛盾,人们一方面兴修水利,同时又从耕作上找到了一套适应本地区自然特点的生产技术,如代田、区田等耕法,以耕、耙、耱为中心的抗旱保墒措施等,另外还有穗选法、留种田、绿肥轮制、嫁接、温室、天敌治虫等农业技术,还发明了耧车、翻车等农业机械。农业技术的进步又为农学的发展创造了条件,据《汉书·艺文志》所载,两汉时代在社会上流行的农书就有九家 114 篇之多。其中,《氾胜之书》最为著名。北魏时期贾思勰的《齐民要术》是我国最古老的、保存最完整的一部农书,是继《氾胜之书》之后对我国黄河流域农业生产经验的系统总结,包括耕田、收种、蔬菜、果树、蚕桑、畜禽、养鱼、酿造等农业生产的各个方面,被称为中国古代农业百科全书。

隋唐宋元时期(581—1368),随着我国经济重心南移,南方水田的耕作栽培技术是这个时期农业技术发展和农学总结的主要内容。这一时期形成了以耕、耙、耖为内容的水田耕作技术和以培育壮秧为重点的水稻栽培技术。还出现了一系列与此相关的农具(曲辕犁、耖、耩)和灌溉工具(翻车、龙骨车、筒车)。这一时期较重要的农学著作是北宋陈旉的《农书》和元代王祯的《农书》。《陈旉农书》分三卷,上卷讲农业生产,中卷讲养牛,下卷讲蚕桑,是我国第一部总结南方生产经验的农书。《王祯农书》共分36卷,分《农桑通诀》、《百谷谱》、《农器图谱》三大部分,《农具图谱》为全书重点,除农具外,还有农车、仓廪和各种农田灌溉及纺织器具,同时还附有100多幅插图,是我国最古老的一部农器图谱。

明清时期(1368—1911)是我国传统农业技术深入发展和继续提高之时,也是西方科技传入中国之时。明朝时,我国人口大幅度增长,这时随着中外交往的增多,玉米、甘薯等高产作物和花生烟草等经济作物在明中叶传入我国,缓解了日趋紧张的粮食供应。同时在实践中注意提高单位面积的产量,一方面促进了多熟制的发展,同时又促成了以"粪多力勤"为特点的精耕细作技术的形成。在此基础上,农书的数量也大大增多了,明代徐光启(1562—1633)的《农政全书》是他穷毕生精力完成的一部农学巨著,对农业生产经验作了全面总结,同时还介绍了西方的农学知识,是我国农学史上最早传播西方科学知识的人。鸦片战争后,中国由于连年战火,农田水利建设受到严重破坏,农业生产处于衰退状态,为了富国强兵,一些有识之士提出振兴农业的主张,并注重吸收西方国家先进的农业技术,到"戊戌变法"时人们已经开始兴办农业教育,促进了现代农业的发展。

(二)天文学

传统思想认为天道自然与人类社会之间存在神秘的感应关系,历朝历代都由国家建立专门机构,负责收集各种相关数据,修订和完善新的历法。中国古代天文学在天体观测、仪器制造和历法推算方面的成就最为突出。

1.天体观测与天文理论

传统天文学便是在先民们对天象的长期观测和记录中起步的。在文字产生之前,他们便在陶器和崖壁上刻下了所见到的太阳、月亮、星辰、银河和云彩等图像。文字产生后,又积累了一系列天象记录。先秦时我国便记录了最早的日食、月食、太阳黑子、五大行星运行轨道和会合周期,彗星和流星、陨星、极光等天文现象,遥遥领先于世界各国。如在已发现的甲骨文中有五次日食记录。《春秋·文公十四年》则有关于哈雷彗星的最早记录。到哈雷在公元1682年发现这颗彗星的运行周期时,我国已经积累了20多次准确观察的记录。

汉代是系统观测、记录天象的起始时期。日食和月食不仅有了具体的日期,而且对于食分、方位、初亏和复圆的时刻都注意到了,另外还有新星、超新星和极光的记录。关于太阳黑子出现的时间、形象、大小和位置都有了明确的记录。

先秦以来天体结构理论主要有三种:宣夜说、盖天说和浑天说。宣夜说肯定宇宙的无限性,否定了虚构的天壳存在,但没有对日月星辰等天体运行规律加以阐述,也没有可供天文学家使用的数学模型,这使得这一学说失去了实用价值。盖天说产生于春秋战国时期,彼时便有"天圆地方"之论,认为有"天壳"存在,而且描述了太阳运动轨迹,还提供了一整套保存于《周髀算经》的数学模式:七衡六问图。这一学说虽然在汉代又经人补充修订,但毕竟是不成熟的早期学说,两汉之际信奉的人已经很少了。汉代关于天体结构的理论中浑天说占主导地位。主要观点保存在张衡的《浑天仪图注》中。它认为宇宙就像是一个鸡蛋,天壳浑圆而包裹在外,大地如同蛋黄在其中,天大而地小,天与地都浮在水上,天凭气而不附,地浮于水而不落。浑天说还提出周天是 365.25 度,以及南极、北极、黄赤交角等都与现代数值非常接近。

魏晋时期最卓越的天文成就是阐释了一些天文现象。一是岁差。由于日月行星的引力影响,地球人看到的太阳恒星年长度与回归年长度有差别,这就是岁差。西汉的刘歆和东汉的刘洪都发现了这一现象,但没有解释。东晋时天文学家虞喜第一次明确无误地指出这种现象,并提出 50 年西移一度的岁差值。二是大气消光现象。东晋时的姜岌解释了为什么初升的太阳不像正午的太阳那么耀眼,说明是大气消光现象在起作用。三是天体视运动不均匀现象。北朝时民间天文学家张子信经过 30 多年天体观测,发现了太阳和五星视运动的不均匀性,即太阳在春分后运行得慢,秋分后运行得快。四是提高了日月交食的推算精度,这也是张子信发现的。

唐代的僧一行为了制订新的历法,利用经过改进的世界上最先进的天文仪器,通过坚持不懈的观测 ,重新测定了日月星辰的位置和运行规律,获得了一系列数据。同时,他又主持了一次大地实测活动,不仅推翻了《周髀算经》以来"日行千里差一寸"的说法,而且在无意间第一次测得了子午线的长度。明末开始,随着西方传教士进入中国,带来了西方流行的天文知识,天文学近代体系也在这个过程中逐渐建立。

2.天文仪器

天象观测离不开天文仪器的使用。早期的天文仪器和设备主要有圭表、漏刻和原始浑仪。圭表一是用来测定太阳的运行轨道和周期,从而确定回归年的长度和季节时令的划分;二是用来测定具体时刻(日晷),是古代主要计时器之一,它最迟在西周时已经产生。漏刻出现在西周或稍晚时候,有水漏和沙漏两种,由漏和有刻度的标尺组成,根据漏去的沙量或水量读取具体时间。浑仪最迟在战国时期已经出现,除了用来观测日月和金木水火土五大行星外,主要用来观测恒星。战国时齐国的甘德和魏国的石申分别著有《天文星占》8 卷和《天文》8 卷,后世合称《甘石星经》。石申曾测记了 120 颗恒星的位置,比古希腊著名的依巴谷星表约早两个世纪。甘德观察到岁星(木星)的时间比伽利略(Galilio Aalilei,1564—1642)早 2000 年。

汉代的天文仪器主要有浑仪和浑象两种。浑仪是根据浑天说的理论制造的。浑象是现代天球仪的鼻祖,由汉代耿寿昌发明,后来张衡又在其基础上制造了更为先进的水运浑象,利用漏壶滴水的动力和漏壶的计时性,使浑象的显示与昼夜时刻的天象变化一致。为了更方便地了解星空和天体,魏晋时期的天文学家发明了星图,最著名的是西晋太史令陈卓所绘的"三垣二十八宿体系恒星图",奠定了古代的星图体系。唐初太史令李淳风设计了精度更高的浑仪,他在六合仪和四游仪的基础上制作了由黄道环、白道环与赤道环三环相交的三辰仪,后来一行等又在其基础上改制为黄道游仪。同时,一行等人还改进了张衡的水运浑象,增加了能报时的木人,成为中国最早的机械报时装置。中国古代的科学家们在宋元时期制造了一系列精妙绝伦的天文仪器。最为著名的是北宋天文学家苏颂和韩公廉所造的水运仪象台和元代郭守敬改良的圭表、漏壶、浑仪和浑象及创制的简仪和仰仪等。水运仪象台巧妙地把浑仪和水运浑象组合为一个整体,开现代天文台的先声。仰仪是一种用于观测太阳赤道坐标的仪器,还可观测到日食的全过程。简仪是浑仪的变体,郭守敬把浑仪分解为赤道装置和地平装置两部分,这样可以方便地观测星体,读取数据。而西方直到1598年才有同样水平的仪器。

3.历法编写

天文学最实际的应用便是编写历法,先秦时已有"古六历"(黄帝历、颛顼历、夏历、殷历、周历、鲁历),其中颛顼历自秦一直沿用到汉代。汉武帝时命令司马迁等人制定了第一部由国家组织制定的太初历。东汉章帝元和年间太初历由贾逵等人编的四分历代替。两汉历法中成就最高的是东汉刘洪编制的乾象历,它第一次包含了月球运动不均匀的内容,在中国历法史上具有划时代的意义。魏晋南北朝时期因为朝代更迭,所以出现了20多部历法,成就最高的是刘宋时祖冲之编制的大明历,它利用了本时期最高的天文成就,把虞喜发现的"岁差"编入历法,第一次提出"交月点",并给出他所测定的交月点长度,与现代精确值只差一秒,它所提供的回归年长度与现代精确值只差46秒。这些数值大大提高了天文常数的精确度。唐代一行在天文观测的基础之上制定出大衍历,吸取了当时天文学的最新观测研究成果。中国历史上最为卓越的一部历法是元代郭守敬编订的《授时历》。在制定新历法之前,郭守敬为了进行测验,先后创制了一系列天文仪器,其中最重要的是改进了圭表,发明了仰仪和简仪,由此测得了最为精确的回归年长度等重要数值。这部历法在历法原理、计算方法和具体数值等方面都有突出的成就。它自产生后便一直从元代用到了明代,共计364年,是我国古代使用时间最长的一部历法。

(三)数学

数学又称为算术、算学,是中国古代最发达的学科之一。思辨性是数学固有的特性,数学的概念是抽象思辨的,数学的方法也是抽象与思辨的。然而,中国传统数学却是寓理于算,以实用为主。

传统数学的起源可以追溯到新石器时代的结绳记事,商代的记事系统已经有了十进制的萌芽。完整的数字和位值文字使得记数与计算都十分便捷。大约在西周与春秋之交,我国先民又发明了算筹。西周时期,四则运算已经完全具备。战国时期,分数的运算也已经在现实中如天文历法、田亩计算中运用。而在代数发展的同时,几何学也有所发展,相传在大禹治水时的测量工具已有了"规矩"和"准绳"。现存最早的数学著作如《周髀算经》和《九章算术》等许多内容都是先秦时期的数学成果。从西周时起,数学被国家定为知识分子必学的"六艺"之一。因实用性色彩,数学一直与天文学有不解之缘,著名的数学成就多是由计算历法而来。

《周髀算经》是我国现存最早的数学著作,成书于西汉初年,记载了周代商高所提出的直角三角形"勾三股四弦五"的关系。《九章算术》约成书于公元 1 世纪左右,作者不详,现在流传的是晋刘徽和唐李淳风的注本。全书以问题集的形式构成,共收有 246 个例题,其中许多内容在当时居于世界领先水平,如联立一次方程组甚至领先世界水平 1000 多年。它奠定了中国传统数学的特点与风格,历代数学家基本按此体例来阐释理论与方法。后世对它也多注释解说。魏晋时期刘徽的数学成就体现在《九章算术注》中。数学本来是思辨性极强的学科,但中国传统数学却注重实用,理论研究薄弱。刘徽的《九章算术注》首创了中国的理论数学,他第一次对一些数学概念如齐、同、率等作出了科学的定义,第一次全面地对数学法则和公式进行了逻辑证明,这些奠定了中国古典数学的理论基础。此外,他在数算技术上也有创造性的突破,如建立了十进分数理论,发展了对"正负术"的认识,用互乘相消法改进线性方程组的解法,提出了以"割圆术"求圆周率的方法,得出圆周率是 3.1416。200 年后,祖冲之计算出 3.141529203 的圆周率。这个值西方直到 1100 年后才算出。

隋唐时期科举制度兴起,算学也成为科学考试的内容,并规定了数学的学习内容是十部算经:《周髀算经》、《数术记遗》、《张立建算经》、《九章算术》、《五曹算经》、《孙子算经》、《海岛算经》、《夏侯阳算经》、《五经算经》和《辑古算经》,并由李淳风作注,既保存了古代的数学成就,又为当时和后世的学习者提供了很大的便利。

宋元时期的数学取得了辉煌的成就,先后涌现出不少杰出的数家。北宋的贾宪在《黄帝九章算法细草》中提出了"开方作法本源图",即指数为正整数的二项式展开系数表,史称"贾宪三角",利用这样的方法可以求出任意次冥的系数,直到无穷大。数亿的方法是阿拉伯数学家阿尔·卡西在 1427 年的《算术之钥》中才又一次提出,比贾宪晚了 300 多年。稍后的数学家秦九韶在 1247 年著成的《数学九章》中有两项成就,一是"正负开方数",即探索系数中有负整数的方程解法,二是"大衍求一术",为求解同余式题目找到了科学的途径,从而诞生了"中国剩余定理",比德国数学家高斯于 1801 年提出的同类定理早了 500 多年。本时期最有成就的数学家是朱世杰,他的《四元宝鉴》被认为是中世纪最杰出的数学著作之一。他提出"四元术",元代数学家李冶发明了"天元术",即一元高次方程的列法,李德载发展为二元高次方程组,刘大鉴推衍到三元高次方程组,朱世杰在这里发展为四元高次方程珠列法与消元法,代表了中国传统数学的最高水平。西方直到 18 世纪才达到同等水平。

明清时期由于商品经济的迅速发展,应用数学发展很快,明代数学家吴敬的《九章算法比类大全》,便是重点阐释一般的实用性数学问题,特别是一些与商业有关的新内容,如利息计算、实物抵押、股份分成和加工贸易等。明清数学最重要的成果是珠算的普及。1840 年以后,随着国门渐开,交流日多,西方的数学成就也逐渐被接受,如李善兰翻译了《几何原本》的后九卷,他所列出的一系列高阶等差级数求和公式,成了颇有名气的"李善兰恒等式",他还证明了著名的费尔玛定理,这一系列成就使中国的数学开始进入高等数学的领域。

(四)四大发明

中国古代的四大发明——造纸术、指南针、印刷术、火药对人类文明的发展作出了巨大贡献。1933 年,考古学家在新疆罗布泊发掘出西汉古纸张。新中国成立后,又先后在西安灞桥(1957 年)、甘肃居延(1973 年)、陕西扶风(1978 年)等地发现西汉古纸,这些古纸是植物纤维纸——麻纸。这些材料证明,至迟在公元前 2 世纪的西汉时期我们的祖先已经发明了造纸术。但此时造纸术尚处于初期阶段,工艺比较简陋,纸质粗糙,还不适宜书写,一般只用于包装。时至东汉,和帝时的宦官蔡伦改进了造纸术,他不但继承和改进西汉所用的麻头、麻布、麻织渔网等为造纸原料,而且首创用树皮造纸,同时对造纸工艺进行创造性的改造,这样便造出质优价廉、适宜书写的纸张,并引起书写材料的革命。

汉代以后,造纸术进一步完善,在魏晋南北朝时期,人们已经开始利用桑皮、藤皮造纸,隋唐五代时期,竹子、麦秆、稻秆都成为造纸的原料。这些材料的运用为造纸业的发展提供了丰富而充足的原料来源。在技术方面,魏晋南北朝时期有了固定尺寸的帘床,简化操作,提高了生产效率,又出现了防止纸张被虫蠹的方法。唐代又发明了在造纸过程中加矾、加胶、涂粉、洒金、染色等各项加工技术。除了一般书写用纸外,还有各种宣纸、壁纸、花纸以及各种彩色蜡笺。大约在公元 4 世纪左右,造纸术东传入朝鲜和日本,唐代时(8 世纪)传至印度、阿拉伯,后来又逐步传入北非和欧洲,这样才结束了埃及草纸、印度贝叶、欧洲羊皮纸的书写历史。但在近代欧洲工业革命发明用机器造纸,不断改进造纸技术后,中国的造纸术便渐渐地落在了时代的后面。

　　早在春秋战国时期，我们的祖先就已经发现了天然磁石吸铁以及指示南北的性质，大约在同时，人们利用磁石的这一性能制造了最早的指南针——"司南"，用天然磁铁磨成杓状，底部磨得非常光滑，将其置于刻有 24 个方位的罗经盘上，其杓柄自动会指向南方。但这一方法因为工艺复杂，且天然磁铁易失磁性，误差较大，所以未能推广使用。从"司南"到真正的指南针出现经历了漫长的发展过程。据史料所载，真正的指南针发明年代应该是唐五代时期，它是方士（风水先生）发明并用于看风水时确定方向，北宋时期指南针已成为风水先生的定向仪器。从"司南"发展到指南针，关键是利用人工方法使铁制器物磁化。北宋科学家沈括（1031—1095）在《梦溪笔谈》里记载了当时指南针的四种形式和各自的优缺点。然而，由于地磁偏角的存在，指南针并非指向正南正北，而是稍偏 15 度左右。这一点，北宋天文学家杨维德在《莹原总录》中已有记载，沈括在《梦溪笔谈》里也曾谈到，这表明他们虽未能明白原因，但却能实事求是地忠实记录下来。

　　指南针的发明大大促进了航海事业的发展。早期航海者利用日月星辰来定位以辨明方向，但在阴雨天气时只能听天由命。北宋末年，指南针开始用于航海，但还是作为天文导航的辅助工具。南宋时期，指南针逐步成为航海业中的主要导航仪器。航海者还根据指南针导航情况编绘了航海图和航海手册，明初郑和下西洋便是以指南针作为导航仪，有《郑和航海图》存世。指南针在宋代已传入阿拉伯地区，大约在公元 12 世纪，指南针又经阿拉伯传入欧洲。中国航海用的指南针都采用水浮装置的方式，称水罗盘，传入欧洲后，改为设有固定支点的指南针——旱罗盘。它在哥伦布发现新大陆，麦哲伦环绕地球航行，还有欧洲各国在世界各地建立殖民地的活动中起到了重要的作用。

　　火药是由硫黄、硝酸甲和木炭三种原料按比例混合而成。追求长生不老的炼丹家们在长期实践过程中积累了关于火药的基本知识。火药发明后，在晚唐五代时被用作战争武器，从此火药和火药武器迅速发展。最早使用火药的武器称火箭和火炮。宋代火药的性能不断改进，威力大增，而且还出现了新的火器品种。宋初曾公亮在《武经总要》中记录了三种火药的配方，分别为毒性火药、燃烧火药和爆炸火药。最早的管形火器——火枪是由宋人陈规于 1132 年发明制造的，当时的枪管由巨竹制成，内装火药，至迟到元代出现了金属制造的管形火器——火铳。这一类火器在明代有很大发展，性能也进一步完善，装上瞄准装置，由火绳点火发展到有击发机构，由单放发展到齐放、连放等，材料也由铜制改为铁制。

　　火器在发展过程中还出现了一种具有发射和推动功能的火箭。元代发明的利用火药喷射产生的反作用力把箭射向敌方的火药箭，其发射原理与现代火箭一样。明代除了"飞刀箭"、"飞枪箭"等多种单发火箭外，还有同时发射几十支甚至上百支的"火弩流行箭"、"百矢弧"等。另外还发明了多级火箭和可以飞回的火箭。茅元仪在《武备志》中记载"火龙出水",就是二级火箭,而"飞空砂筒"则是一种可以回收的火箭,可以说是现代多级火箭和可回收火箭的雏形。

大约在唐朝时,制造火药的主要原料之一硝石已随着国际商贸的发展流传到阿拉伯、波斯(今伊朗)等地,因其洁白如雪,所以被称为"中国雪"。宋元之际,随着蒙古军队的远征,阿拉伯人得到了火药和火器并掌握了制造方法,随后,又流传到欧洲并获得了较快的发展。到明中叶之后,新火药火器技术又经过传教士及葡萄牙和荷兰在中国沿海的侵略而传到中国。

三 科学思想

中国古代科学技术在传统思想文化背景之下产生发展,阴阳说、五行论和元气思想是中国古代哲学家对世界组成及发展演化予以描述和解释的学说,而各门科学技术都无一例外地以它们来说明自己的研究对象。下面具体介绍一下这几种思想。

阴阳二字源出很早,先民指山南为阳,山北为阴。最早把阴与阳作为相互联系又相互对立的哲学范畴来解释万象的是《周易·系辞》:"一阴一阳之谓道,继之者善也,成之者性也。"认为天地间事物的运动变化离不开阴阳消长。春秋时期已有了阴阳相生相克的观念。《老子》又进一步把阴阳二气看作是万物生成、演化的内在根源。《老子》四十一章中有言:"道生一,一生二,二生三,三生万物。万物负阴而抱阳,冲气以为和。"阴与阳共同构成整个世界,但一般来说,阳代表积极、向上、进取、刚强的精神;阴则代表消极、向下、退守、柔弱的状态。天是最大的阳性物体,地为最大的阴性物质。天处于永恒不变的运动变化之中,相对而言,地则是静止的,而动又体现了刚健之意,静为柔顺。于是阴阳思想又与动静和刚柔之意联系起来。总之,在传统哲学范畴之内,阴与阳是客观事物的基本属性。

"五行"说的起源也很早,它在先秦的发展依次经历了并列、相杂、相克、相生等阶段。李约瑟在《中国科学思想史》中曾说五行的观念,并非五种基本物质,而是五种基本程序。最早明确提出"五行"的是《尚书·洪范》篇:"五行,一曰水,二曰火,三曰木,四曰金,五曰土。"传统的五行理论中,金、木、水、火、土不仅是构成事物的五种基本物质,而且还具有符号的意义,它们各对应自然世界和社会生活中的一类物质。《洪范》便认为五行对人的生活不可或缺,其他自然现象与社会现象也都可以分成五大类,甚至具有五行的性质。既然自然现象与社会现象以五行作为共同的基础,同类的东西因为具有共同属性所以可以互相感应,于是自然与人事可以互相影响。从这种解释中可以看出,五行理论企图用五行把自然现象与社会现象联系起来,用以说明世界是一个有秩序的统一整体。在这种思想中含有一种唯物主义因素，即肯定五行是世界的基础，事物的性质都体现了水、火、木、金、土五种物质的性能。春秋末年，五行循环相克的观念开始出现。降及战国初年，又出现了五行相生的思想。

《管子·四时》《礼记·月令》等篇不但有五行相生之说，而且开始把它与阴阳说结合起来，构筑了阴阳五行思想系统。《月令》篇不仅把阴阳与五行连接起来，同时也把四时、五方与五行配搭起来，四时变化源于五行相替和阴阳二气盛衰，同时把种种物事分别纳入"五色"、"五音"、"五虫"、"五脏"之属，然后也与五行、四时匹配，建构起一个关于宇宙世界相互联结的完整自然哲学体系。

依阴阳五行家的看法，人的一切行为，都必须以阴阳、四时、五行在相互联结中给出的规则为依据。社会人事方面的一切举措，包括庆赏和刑罚等种种社会政治举动，都必须遵循阴阳、四时、五行的运行规律才会获得成功，不然将要引发灾祸。由此，阴阳五行家不仅以"阴阳消息"的观念说明了自然世界的复杂关系，而且编织了一个贯穿自然和社会的宏大图景。阴阳五行思想不仅成为基本思想，在天文学、农业，中医学等方面都颇有影响，在社会政治理论形成"五德始终"。

传统哲学中，气是万物的本源，亦是构成星辰和五谷的基本要素，鬼神亦是流动于天地间的气体，圣人之所以有智慧，亦是因气之故。万物都是气运行变化的结果。在此基础之上，东汉学者王符（约 85—163）提出元气一元论，明确把元气作为宇宙的本原，弥漫于天地之间，难以从内外、上下等对其作量的描述。

自然感应是元气体论的一个基本观点。最初的感应是指同类之间的感应，即同类物体即使相隔很远也可以相互发生作用。后来发展为异类也可相感。孔颖达在《周易正义·乾卦·文言》中说："其造化之性，陶甄之器，非惟同类相感，亦有异类相感者，若磁石引针，琥珀拾芥，蚕吐丝而商弦绝，铜山崩而洛钟应，……皆冥理自然，不知其所以然也。"北宋理学家更是把各种作用都看作是感应作用。在解释乐器共振、共鸣，阳燧召火，磁石吸铁，琥珀拾芥，日月吸地海为潮汐，生物钟等现象时常常用到元气感应理论。[1] 不管同类相感还是异类相感，感应的速度都很快，不受时空的限制和影响，而感应作用的媒介便是气。元气论还认为气与气可以相互包容，气也可以渗透到有形物体之中。但中国元气论中的气是一个综合的概念，具有浓厚的思辨色彩，可以解释广泛的领域。这一点与现代物理学中的场有相似之处。

在实际理论中，阴阳五行理论与元气理论也相互结合。最初本意而言，气分阴阳，恰如唐代李筌在《阴符经疏》中曾言："天地则阴阳之二气，气中有子，名曰五行。五行者，天地阴阳之用也，万物从而生焉。万物则五行之子也。"这种观点是中国古代哲学理论的基本框架。从中国古代科学发展的历史看，这些思

---

〔1〕 详见程宜山：《中国古代元气学说》，湖北人民出版社 1986 年版，第 152 页。

想对古代的天文学、医学、化学的发展都有一定的影响。

四 特点及不足

李约瑟（Joseph Needham）在他的《中国科学技术史》中谈到，中国古代的科学技术很发达，从公元前 1 世纪到公元 15 世纪的许多科学领域，中国远比西方领先，但"为什么以伽利略为代表的近代科学——连同它对先进技术的影响，产生在欧洲，而不发生在中国"。这就是所谓的李约瑟难题，或许能从以下几个方面来解释。

实用性是中国古代科技的最大特点。如天文学的研究和观测更多的是为了制定相对精确的历法，数学偏重于运算的技巧和历法的测算，医学讲究实际临床望闻问切的经验。四大发明与陶瓷、纺织、建筑、机械等科技成就都为现实的社会生活服务，与西方科学技术相比，中国古代科技具有轻科学、重实用，重继承、轻创新的精神。

在科学思想方面，用以解释自然现象的阴阳五行理论和元气理论，强调天人合一的思想，这些思想具有高度普适性，却不能精确地解释具体规律。这种笼统的解释使中国传统科技具有整体性的色彩，在认识方法上由外而知内，通过直觉感悟外在事物，限制了对自然界进行具体研究、理性探讨的科学精神。

传统儒家修齐治平的价值观念限制了知识分子从事科学技术研究的热情。虽然历史上有宋应星等人不以功名为念，一心钻研各种技术问题，但这种人物在古代社会少之又少，而皓首穷经、求取功名才是大部分文人实现人生价值的正确途径。还有，对于有些学科如天文等是典型的学在官，由国家特定机构垄断，民间不允许教授学习，也在一定程度限制了科学的发展。

另外，近代科学技术是在资本主义生产方式的基础之上产生的，中国传统自给自足的小农经济缺乏改进生产技术、提高产品质量的原动力。在长期"重农抑商"的社会背景之中，工商业没有得到充分发展，创新思想和科技成果难以得到广泛运用，科学技术也难以发展。

■ 专 题

中 医

在世界医学发展史上，中国是唯一拥有连续性医学著作的国家，中医学以其独特的理论及治疗方法独树一帜。中医理论讲究整体性与统一性,在临床治疗上通过"望"、"闻"、"问"、"切",辨证施治,针灸、按摩、气功都是其独特的养生健身方法,医学分科也很详尽,内科、外科、妇科、儿科、法医及耳、喉、眼、齿等诸科一应俱全。在中药学方面,对三千多种植物、动物和矿物质的药性、功效及用法都有详细的记载,并配制成汤剂、丸、丹、散、膏等不同类型的成药。我们将从以下几方面谈谈中国传统医学。

一　中医发展简史

中医学是一门古老的学科,它起源很早,传说上古三代时的神农氏尝百草,发明医药。在原始时代,由于人们对于自然及人体自身的认识有限,所以医学和巫术往往是相交融的,医生和巫师是同一个人。但大约在原始社会向奴隶社会过渡时期,巫、医开始分离,至西周时,据记载王室御医中已有医师(最高医官)、疾医(内科医师)、疡医(外科医师)、食医(营养师)及兽医的区分,可见当时的医师已经有了初步的分工。而中医学的基本理论及治疗技术也在此时出现,并逐渐发展起来。从甲骨文中我们可以看到当时人们所认识的疾病已经遍及现代各科,只是还没有具体的病名。在治疗的手段上,逐渐形成两大类:一是药物治疗,以草本植物为主,也有少量的木本植物的果实、枝叶及动物的某些部分和某些矿物,早期中药以汤剂为主,在长沙马王堆三号汉墓出土的《五十二病方》帛书上,记载了 52 类 103 种疾病的治疗药方约 300 个,所用到的药物有 247 种,据专家们认定,这可能是战国时期的著作。另一类治疗手段是针灸和外科疗法。

传统中医史上,扁鹊、张仲景、华佗这三大祖师爷和《黄帝内经》、《神农本草经》、《伤寒杂病论》三大医典的出现,标志着中医体系的最终形成。扁鹊(约前401—前310)是春秋战国时期著名的医学家,除总结出四诊法外,还熟练掌握了针灸、砭石、按摩、烫贴、手术、导引、汤药等治疗技术。奠定了中医理论基础的医学经典是成书于西汉初年的《黄帝内经》(简称《内经》)除针灸、经络、生理解剖及保健等具体问题的论述外,还对古代医学的基本理论部分作了总结性的归纳。一些基本观点如阴阳平衡、整体联系等辩证思想,至今在中医临床方面仍具有重大指导意义。这些理论奠定了古代中医学的整个体系框架。

张仲景和华佗是东汉末年的两位名医,张仲景擅长内科,华佗则以外科闻名于世。张仲景撰述的《伤寒杂病论》具有极高的地位及价值,它最终确立了中医辨症施治的原则,奠定了中医诊治学体系的基础。从宋代起,此书还被列为官办医学的教科书,并流传到日本、朝鲜和东南亚国家,促进了这些国家的医学发展。华佗在中国是一位家喻户晓的神医,他一生坚持在民间行医,声誉广播,医术高超,在 1700 年前就曾成功地做过腹腔肿瘤及肠胃切除吻合等大手术,所用的麻沸散是世界上最早的麻醉剂。他还积极保健,提倡体育锻炼以增强体质,创造了著名的"五禽戏"。还撰有不少医学著作,可惜已经全部失传了。

隋唐时代,中医学的发展空前繁荣。这时政府对医学非常重视,建立了完善的国家医药机构和医药教育制度,政府通过科举考试的方式选用医生。隋唐两代,医学名家和医学著作层出不穷,当时最著名的是政府组织编撰的第一部官修药典《新修本草》。《新修本草》问世后,在医学界掀起了一场"本草热",有许多相关著作问世,如陈藏器的《本草拾遗》,孟诜的《食疗本草》,李珣的《海药本草》等。而本时期最杰出的医学大师是京兆华原(今陕西耀县)人孙思邈(约581—682)。他自幼聪颖,一生好学,而且医德高尚,医术高明。其医学成就主要体现在《备急千金要方》(简称千金要方)一书中,全书共 30 卷。内容从医德、医伦到具体诊法、处方、食养、导引、按摩、针灸及咒禁等无所不包,可以算作是一部临床医学的百科全书。此后,孙思邈还写了《千金翼方》来补充前书,两书共成一个整体,在中国医学界享有极高的声誉。除此外,本时期还有一些著名的医学家及医学著作。如隋唐巢元方及其《诸病源候论》(简称《巢氏病源》),王焘及其《外台秘要》,范汪及其《范东阳方》,秦承祖及其《脉经》等,都对中医学有很大影响。另外值得一提的是唐代还有一部少数民族医书,是当时吐蕃宇陀、元丹共布共同撰著的《四部医典》,这是一部综合性的大型藏医著作,是藏医学的一部集大成著作。

宋元是中医学蓬勃发展的时期。这时隋唐两代所兴起的国家对医药进行管理和教育的模式进一步发展。医学教育的分科也从唐代的四科发展到宋代的九科和元代的十三科。分科的成熟和精细同时促进了医学人员的专门化和技术精益化。同时,政府组织人力编纂了大量医书,如《开宝本草》、《嘉祐本草》、《图经本草》、《神医普救方》、《太平对惠方》等本草类及医方类医书。同时,宋政府又在首都开封设立了太医局卖药所,接着又陆续在各地开设和剂惠民局(简称和剂局或惠民局),即现代国立医院门诊的雏形。在临床医学发展方面,本时期水平最高当数"金元四大家":刘完素,张从正,李杲,朱震亨。他们的特点是既遵守《内经》、《伤寒》的传统体系,又各有创新,形成各自不同的风格。除此外,宋代医学还形成了一种新的门类:法医学。从《礼记·月令》及云梦睡虎地秦简律书中记载可知,中国法医学起源很早,但自此后一直没什么发展。而两宋时期,相关著作却一下子出现很多,如无名氏的《内恕录》、郑克的《折狱龟鉴》等。其中最有名的是宋慈所撰《洗冤录》,全书共 5 卷,是一部集合众说、体系完整的法医学名著,它的出现标志着我国法医学学科的正式形成。

明清时期传统医学的最大突破便是对于历来被当作经典的《伤寒论》致病说提出不同观点。本时期另一医学上的发明是人痘接种法。种痘法发明后,不仅在全国推广,而且很快流传到俄国、朝鲜、日本、土耳其和欧洲,在世界范围开创了免疫学的新天地。

在药典修撰方面,本时期也取得了前无古人的巨大成就。这便是明代医药学家李时珍(1518—1593)所著的《本草纲目》,对世界医药学和生物学都作出了杰出贡献。鸦片战争后,西方的医学知识逐渐传入中国,教会医院相继在国内建立,客观上也培养了一部分西医人才。1865年以后,同文馆中设立医学班,开始主动培养西医人才,后来政府又派留学生出国学习西方医学知识,产生了中国最早的一批西医人才队伍。中国的现代医学体系也在这个过程中逐步建立起来。

二　中医理论

传统医学讲究整体性和统一性,认为人体的病理活动其实是外在环境作用于人体内部机能所致。而人体内部各器官机能又是休戚与共,相通相连,所以治病也讲究统一性,并非如西医"头痛医头,脚痛医脚"的方式。奠定了中医学理论基础的是一部古老的医学经典《黄帝内经》(简称《内经》)。

《黄帝内经》约成书于汉代,但其绝大部分内容是战国时期的作品,通过黄帝及其臣子岐伯、雷公等人论医的方式展开叙述。共18卷162篇,包括《素问》和《灵枢》两部分。《素问》又名《黄帝内经素问》,共9卷81篇,主要探讨人体生理、病理、疾病治疗原则及人与自然的关系。《灵枢》又名《灵枢经》、《针经》、《九墟》、《九卷》等,主要研究人体解剖、脏腑经络、腧穴针灸等内容。

《黄帝内经》把人体各部分与天地自然看成一个相互联系、内外统一的有机整体,运用传统的阴阳五行学说来解释人的身体构造与生理机能的关系。五脏相互影响,五脏与人的五官也有一定的联系,有一种器官发生了疾病就会影响其他的器官,人身各部分的疾病可以互相影响,这些体现了阴阳五行的相互作用。人体是由阴阳两个方面组成,人的五脏,跟四时和四方是完全配合的,如果阴阳保持平衡,人体就健康,如果平衡的状态被破坏,人体就会发病。而人发病的主要原因在于人的精神状态及外界环境甚至气候的变化,如精神方面出现波动则会"怒伤肝"、"喜伤心"、"思伤脾"、"忧伤肺"、"恐伤肾";而饮食不当,劳逸过度,还有自然界反常的风、寒、暑、湿、燥、火等都可能使人阴阳失调,进而生病。为了平衡体内的阴阳,就要按四时不同"各有收受",肝应"春气",心应"夏气",肺应"秋气",肾应"冬气"。一年四季的变化使生物有生、长、收.藏的反应。人也应该随着四季的变化,对于自己的身体,作生、长、收、藏的适应。只有这样才能祛病延年。而医学重在防而非治,所以《内经·四气调神大论》中说"是故圣人不治已病治未病,不治已乱治未乱,此之谓也。夫病已成而后药之,乱已成而后治之,曾犹渴而穿井,斗而铸锥,不亦晚乎"。这种观念也是当今医学界的共识。

脏腑、经络学说是中医理论体系中用来说明生理、病理及治疗原因的重要理论。《内经》系统介绍了人体五脏、六腑、十二经脉及奇经八脉等生理功能及病理变化。《内经·经脉别论》中说到饮食在五脏六腑中消化吸收的过程,对体循环和肺循环的概况作了大致正确的描述。《内经》认为五脏六腑是人体能够保持生命状态的重要器官,经络则是遍布人体的通路,沟通人体内外表里,病理上传导病邪,治疗上可以发挥药性及感受针灸。后来,在经络学的基础上又进一步发展了腧穴理论,腧穴又称"穴位",穴位位于身体的表面,布于经脉循行的经路之上,是以又称为经穴。认准穴位才能够更好地发挥传导疗效。这些理论是中医辨证施治方法的基础和依据。

在治疗方法上是由表及里,由虚到实,强调"四诊""八纲",四诊是望(色)、闻(味)、问(情)、切(脉),"八纲"即阴、阳、表、里、寒、热、虚、实,医生在此基础之上对病人进行综合治疗。这些理论对中医学理论影响很大。早在公元前5世纪,扁鹊就开始运用切脉结合望诊诊断疾病。《内经》又对这种理论予以总结,记载了当时常用的三个人体切脉部位,除了现在依旧沿用的两手桡动脉外,还记载了头面部的颞颌动脉和下肢的胫前动脉。特别强调切脉与望诊的结合运用,以防止诊断的片面性。八纲辨证是根据四诊取得的材料,进行综合分析,以探求疾病的性质、病变部位、病势的轻重、机体反应的强弱、正邪双方力量的对比等情况,归纳为阴、阳、表、里、寒、热、虚、实八类症候,是中医辨证的基本方法。张仲景是东汉名医,他的医学成就集中体现在《伤寒杂病论》中,后人将其又分为《伤寒论》和《金匮药略方法论》两部分。在《自序》中,他自陈本书是在"勤求古训,博采众方"和自己"精究方术"的基础上完成的。书中从临床实践出发,把《内经》以来的病因、脏腑经络学说,同四诊、八纲等辨证方法加以有机结合,并从各类病症中总结出多种治疗方法,主要有汗、吐、下、温、清、补、消,后人称为"八法"。在这里,张仲景不仅运用四诊分析病情,而且从具体病症的转变过程中辨识病理变化,掌握病候的实质,称"六经辨法",已经具备了"八纲辨证"雏形。这种方法有助于进一步分析病症的属性、病位的深浅、病情的不同表现及人体的抗病能力,使诊治者对疾病有纲领性的认识。明清时期又对《伤寒论》的致病理论提出修正补充,明初王履最先在治病原则上将温病与伤寒区别开来,明末吴有性又把温病、温疫与伤寒截然区分,在病因、发病和治疗原则方面提出全新的系统理论。到了清代,新理论又经过喻嘉言、叶桂等医学家努力而进一步完善,最终形成温病派,从而对一般热性传染病有了全面认识。

三 医疗技术

针灸是我国独有的治疗手段,它所依据的理论是"经络学说"。这种理论认为人体的穴位是腑脏和经络之气输注并散发于体表部位,联系穴位和腑脏的道路便是经络。通过针和灸两种方法足以将外界的刺激通过穴位注入,经由经络而达到相关内脏,从而达到温通经络、消除病因的目的。它在中国起源很早,1963年在内蒙古多伦县道洼新石器遗址中曾出土一枚石制砭针,这是针灸的最初形态。战国时期,针刺技术和理论都有所发展,春秋时期的名医扁鹊就是针砭高手,扁鹊针砭是汉代画像石中经常出现的题材。而在长沙马王堆三号汉墓出土的战国时期针灸专用的《足臂十一脉灸经》和《阴阳十一脉灸经》则奠定了针灸技术的理论基础。

秦汉时期的《黄帝明堂经》和魏晋时期皇谧甫(215—282)的《黄帝三部针灸甲乙经》(又名《针灸甲乙经》)是两部比较系统的针灸学专著。这两部著作进一步总结了以前的针灸学经验,特别是归纳整理了每种疾病的针灸取穴及每个穴位的主治病症,并补充了许多以前没有记载的穴位,对各个穴位进行了明确的定位,并对各穴的适应症、针法及禁忌症作了详细描述,对后代针灸学的发展产生了很大影响。在南北朝和隋唐时期,出现了很多彩绘针灸挂图及针灸图谱、灸疗专书及兽医针灸著作,针灸治疗法还被正式列为国家医学教育课程。唐以后各代,医学界又有大量的针灸学著作问世。最有学术价值的当属北宋医官王惟一主持编修的《铜人腧穴针灸图谱》(公元1027),为了使针灸图谱更为立体化、形象化,王惟一还在医官院主持监制了最早的两具刻有经脉俞穴的铜人模型,叫针灸铜人,这些铜人身上共有657个穴位,穴名354个。在这些铜人体内注水(一说水银),练习与测试时把铜人全身涂蜡,并穿上衣服,如果认准了穴位下针,水便会进出,反之则无。元代著名医家滑寿(约1304—1386)在学习针灸的基础上又著成《十四经发挥》和《十四经穴歌》,认为"奇经八脉"中的任督二脉各有专穴,可与十二经相提并论,提起为"十四经",从而使十四经脉理论开始在临床中运用。是书不但考订了657处腧穴,而且理清了脉的分布与脏腑的关系。而明代杨继洲(1522—1619)对明以前针灸经验进行了学术总结,全书分为10卷,内容全面,资料翔实,针灸的历史渊源、针灸理论、穴位确认、针灸方法、诸病症的针灸治疗及作者数十年临床实践的总结都有论述,是明代以来流传最广的针灸学专著。在实践过程中,医学家们还不断地改进针灸工具及技术,创造了多种多样的针刺,如火针、温针、梅花针等,发展了灸疗的方法(如药饼灸法、灯火燋法等)和艾卷(如所谓的雷火针、太乙针等),丰富了针灸疗法的内容。直到今天,针灸还是中医治疗中常用的方法之一。

我国很早就有了外科,《周礼》中所记的"疡医"便是负责肿疡、溃疡、金疡、折疡等外科疾病。前面所提到的马王堆汉墓出土的《五十二病方》便是早期的一部外科专书。外科治疗思想同样强调整体观,认为体表的病症源于患者内在的机能变化,在治疗过程中必须内外兼顾才可以探其本而治其末。在长期的历史发展过程中,外科治疗技术在很多方面都处于世界领先水平。如华佗是东汉末年著名的医生,他便以外科知名于世。他所用的麻沸散是继承先秦以酒作为止痛药的经验,是以酒冲服麻沸散,其成分组成已经不可知。除华佗之外,不少医药文献及史书小说还有关于这类手术的记述,如隋代的巢元方和元代的危亦林等都做过断肠吻合手术。值得一提的是,危亦林在长期临床实践中撰成《世医得效方》,其中对于正骨科的研究最为精湛,涉及四肢骨折、关节脱臼、跌打损伤等治疗方法。而且对于最难治疗的脊柱骨折提出悬吊复位法,并且以桑白皮与杉木板并用以固定脊柱,这些理论和方法即使在今天看来依旧符合科学原则。

唇裂(民间俗称兔唇)修补术也是中国古代外科手术之一。早在东晋时期,我国的医学家已经能够做这样的手术了。而唐代诗人方干因为貌陋兔缺,有司不与科名,于是隐居会稽(今绍兴)终身不出。几十年后遇医补唇成功。时至清康熙年间,外科医生顾世澄系统介绍了唇裂修补术的手术步骤和方法,这是关于这类手术的最早系统叙述。另外,传统医学在一些外科小手术方面也颇有成就,如金针拨内障和针套拨出术、鼻息肉摘除术、葱叶导尿术、穿刺放水术、咽部异物剔除术等方面都十分巧妙有效。

除外科医学外,传统医学在免疫学方面也取得了很高的成就。早在东晋时期,道教学者葛洪的《肘后备急方》中已经对天花作了详细的撰述,并讲到治疗疯狗咬伤的方法,即用疯狗的脑浆治疗,以毒攻毒,已经蕴含了近代免疫学的基本思想。而早期免疫学的重大成就却是在明代出现的"人痘接种法",为天花的预防和治疗提供了有效的方法。我国种痘法有痘衣法、痘浆法、旱苗法和水苗法多种,清代医学著作《种痘心法》中还记载了痘苗的选种与培育,与当代选疫苗的科学道理非常接近。在当时,这种方法简直是医学上的奇迹,康熙二十七年(1688),有俄国的医生专门来北京学习人痘法,后来又从俄国传到了土耳其,英国驻土耳其大使夫人孟塔古又把这种方法带到了英国,这样,种人痘的方法很快盛行于英国,再由英国传入欧洲各国和印度。1796年,英国人琴纳发明了牛痘接种法,1805年经由葡萄牙商人带入中国,因为牛痘接种法安全系数更高,所以慢慢取代了人痘接种法。人痘接种法开辟了世界免疫史的新纪元。

四 中药学

中药学是中国传统医学的重要组成部分。早在新石器时代,便有神农氏尝百草的传说,对于农作物及天然植物的药性已有了初步的了解。殷商时期,酒作为兴奋剂和麻醉剂的功效已逐渐被人们所认识和利用,商汤之相伊尹还发明了汤剂,《周礼》中也有了"以五药养其病"的说法,这五药便是指草、木、虫、石、谷五种。中国现存最古老的一部中医学药物专著是《神农本草经》,它总结了战国以来的药物知识,对中草药进行了全面的分析和系统的分类,为中药深入的研究和发展奠定了坚实的基础。《神农本草经》共记载药物365种,其中动物类67种,植物类252种,矿物类46种。书中对于药物的各种关系作了详细的论述。不仅记载了每一种药物的主治、性味、产地和采集时间等,还阐明了药物配伍的原则,指出主药与辅助药物之间是"君、臣、佐、使"关系,还提出药物的"七情"理论(单行、相须、相使、相畏、相恶、相反、相杀)及"四气五味说",成为后世对中药药性进行分辨的理论依据。

南北朝时期的学者陶弘景有世代从医的家学渊源,他最为著名的医学著述是《神农本草经集注》(《本草经集注》),既是对本草经的注释与补充,并又体现了之前的药物学成就。首先,改进了药物分类方法,本草经把药物分成六部三品,陶弘景认为这种方法有不能准确区分药物性能的弊端,于是提出按照药物的自然来源及属性划分药物归属的方法,即分为玉石、草木、虫兽、米石、果、菜、有名无用(未验证药性)等七类,自此以后的 1000 年中,中药的分类基本上沿用此法。其次,首创"诸病通用药"的分类体例。其三,整理校订了 730 种药物,又新增了 265 种药物,对其药物产地、采集时间、加工及储存方法都有详细的说明,并且纠正了原书的一些错误。而本时期《雷公炮炙论》则详细说明了 300 多种药材的加工制作流程,以及炮、炙、煨、炒、度、飞、伏等 17 种炮制药品的方法。这些方法有些至今还在应用。

隋唐时期医疗行政建制已经日趋完善,医疗教育水平也有了很大的进步,在中医药学方法,国家组织人力物力征集全国各地的药材,绘出图谱,并说明产地、功效、性味和主治病症等,于唐显庆四年(659)编撰成书《新修本草》,又称《唐本草》,全书 54 卷 ,记载了药物 844 种,包括了药图、药经和本草三部分。时至宋元,中医药学进一步发展,宋太祖曾下诏令刘翰等人在《唐本草》的基础之上,结合其他本草类著作编写了《开宝重定本草》,苏颂又在此基础上对古老的《神农本草经》予以校正,编成《嘉祐补注神农本草》(成书于 1060 年)。宋嘉祐三年(1058)开始,朝廷开始在全国范围内进行药物普查,后来,令苏颂、掌禹锡将这些海量的药物资料进行整理、分类、鉴别、考订,最终于嘉祐六年(1061)完成了《图经本草》一书,共记载了 780 种药物,药图 933 幅,是中国第一部刻版印刷的本草图谱。北宋元丰年间,出身于医生世家的唐慎微在《补注神农本草》、《图经本草》等书的基础上,广泛采集医家常用和民间习用的验方单方,又从经史百家文献中整理出大量有关医药学资料,结合自己丰富的实践经验进行研究,编写、刊行了药物学巨著《经史证类备急本草》32 卷、60 多万字,简称《证类本草》。《证类本草》收载药物 1558 种,每药附有图谱,说明药物的采集、炮制方法及主治功能,并且在每药之后附载有关方剂,首创了沿用至今的"方药对照"的编写方法。这部药典后来经过政府的整理刊行,成为私著官修的本草类图书。在《本草纲目》刊行前成为本草类学习和编写的范本。《本草纲目》便是以此为蓝本增补考订而成。《本草纲目》成书于明神宗万历六年(1578),是李时珍(1518—1593)历时 27 年而修订完成的一部医药学世著。全书共 52 卷 ,收录了1892 种药物,李时珍新增 374 种,并有 1109 幅药物插图和 11096 个药方。为了编撰此书,李时珍前后花费了近 20 年的时间走遍大江南北,实地考察各地草药的生长情形,并收集民间药物、单方和书籍文献。书中纠正了以前本草学的一些舛误,把所有的药物分成了 16 部,60 类,以部为纲,以类为目。这一系统分类方法是当时世界上最先进的分类方法,体现了生物进化的过程,除了本土的植物外,还收集了一些外来药物如苏木、香料、鸦片等。在编著中,李时珍还创立了统一的编写体例,每种药物都分为释名、集解、辨疑、正误、修治、气味、主治、发明、附方等项目,是中国古代药学著作中最为完备的格式。《本草纲目》总结了 16 世纪以前中国所有药物学知识,被称为"东方医学世典",达尔文称其为"中国古代的百科全书",时至今日,在世界药物学及植物学领域依旧被人重视。而清代的赵学敏(1730—1810)不仅是一位医学家,还精研物种演变,他在实践基础上所作的《本草纲目拾遗》代表了清代本草学的最高成就。其主旨是对《本草纲目》进行拾遗补正,体例基本上是依本草而成,书中有 716 种药物是《本草纲目》中所不曾收录的,同时又对一些药物的效用作了详细的补充。

文　选

素　问(节选)

　　昔在黄帝,生而神灵,弱而能言,幼而徇齐,长而敦敏,成而登天。乃问于天师曰:余闻上古之人,春秋皆度百岁,而动作不衰;今时之人,年半百而动作皆衰者,时世异耶? 人将失之耶? 岐伯对曰:上古之人,其知道者,法于阴阳,和于术数,食饮有节,起居有常,不妄作劳,故能形与神俱,而尽终其天年,度百岁乃去;今时之人不然也,以酒为浆,以妄为常,醉以入房,以欲竭其精,以耗散其真,不知持满,不时御神,务快其心,逆于生乐,起居无节,故半百而衰也。

　　夫上古圣人之教下也,皆谓之虚邪贼风,避之有时,恬淡虚无,真气从之,精神内守,病安从来。是以志闲而少欲,心安而不惧,形劳而不倦,气从以顺,各从其欲,皆得所愿。故美其食,任其服,乐其俗,高下不相慕,其民故曰朴。是以嗜欲不能劳其目,淫邪不能惑其心,愚智贤不肖不惧于物,故合于道。所以能年皆度百岁而动作不衰者,以其德全不危也。

　　帝曰:人年老而无子者,材力尽耶? 将天数然也。岐伯曰:女子七岁,肾气盛,齿更发长;二七而天癸至,任脉通,太冲脉盛,月事以时下,故有子;三七,肾气平均,故真牙生而长极;四七,筋骨坚,发长极,身体盛壮;五七,阳明脉衰,面始焦,发始堕;六七,三阳脉衰于上,面皆焦,发始白;七七,任脉虚,太冲脉衰少,天癸竭,地道不通,故形坏而无子也。丈夫八岁,肾气实,发长齿更;二八,肾气盛,天癸至,精气溢泻,阴阳和,故能有子;三八,肾气平均,筋骨劲强,故真牙生而长极;四八,筋骨隆盛,肌肉满壮;五八,肾气衰,发堕齿槁;六八,阳气衰竭于上,面焦,发鬓颁白;七八,肝气衰,筋不能动,天癸竭,精少,肾藏衰,形体皆极;八八,则齿发去。肾者主水,受五藏六府之精而藏之,故五藏盛,乃能泻。今五藏皆衰,筋骨解堕,天癸尽矣。故发鬓白,身体重,行步不正,而无子耳。帝曰:有其年已老而有子者何也?岐伯曰:此其天寿过度,气脉常通,而肾气有余也。此虽有子,男不过尽八八,女不过尽七七,而天地之精气皆竭矣。帝曰:夫道者年皆百数,能有子乎?岐伯曰:夫道者能却老而全形,身年虽寿,能生子也。

黄帝曰:余闻上古有真人者,提挈天地,把握阴阳,呼吸精气,独立守神,肌肉若一,故能寿敝天地,无有终时,此其道生。中古之时,有至人者,淳德全道,和于阴阳,调于四时,去世离俗,积精全神,游行天地之间,视听八达之外,此盖益其寿命而强者也,亦归于真人。其次有圣人者,处天地之和,从八风之理,适嗜欲于世俗之间,无恚嗔之心,行不欲离于世,被服章,举不欲观于俗,外不劳形于事,内无思想之患,以恬愉为务,以自得为功,形体不敝,精神不散,亦可以百数。其次有贤人者,法则天地,象似日月,辨列星辰,逆从阴阳,分别四时,将从上古合同于道,亦可使益寿而有极时。

——《黄帝内经·素问·上古天真论篇》

春三月,此为发陈。天地俱生,万物以荣;夜卧早起,广步于庭,被发缓形,以使志生,生而勿杀,予而勿夺,赏而勿罚,此春气之应养生之道也;逆之则伤肝,夏为寒变,奉长者少。夏三月,此为蕃秀,天地气交,万物华实;夜卧早起,无厌于日,使志无怒,使华英成秀,使气得泄,若所爱在外,此夏气之应养长之道也;逆之则伤心,秋为痎疟,奉收者少,冬至重病。秋三月,此谓容平,天气以急,地气以明,早卧早起,与鸡俱兴,使志安宁,以缓秋刑,收敛神气,使秋气平,无外其志,使肺气清,此秋气之应养收之道也;逆之则伤肺,冬为飧泄,奉藏者少。冬三月,此为闭藏,水冰地坼,勿扰乎阳,早卧晚起,必待日光,使志若伏若匿,若有私意,若已有得,去寒就温,无泄皮肤,使气亟夺。此冬气之应养藏之道也;逆之则伤肾,春为痿厥,奉生者少。

天气,清净光明者也,藏德不止,故不下也。天明则日月不明,邪害空窍,阳气者闭塞,地气者冒明,云雾不精,则上应白露不下。交通不表,万物命故不施,不施则名木多死。恶气不发,风雨不节,白露不下,则菀槁不荣。贼风数至,暴雨数起,天地四时不相保,与道相失,则未央绝灭。唯圣人从之,故身无奇病,万物不失,生气不竭。逆春气,则少阳不生,肝气内变;逆夏气,则太阳不长,心气内洞;逆秋气,则太阴不收,肺气焦满。逆冬气,则少阴不藏,肾气独沉。夫四时阴阳者,万物之根本也。所以圣人春夏养阳,秋冬养阴,以从其根,故与万物沉浮于生长之门。逆其根,则伐其本,坏其真矣。

故阴阳四时者,万物之终始也,死生之本也,逆之则灾害生,从之则苛疾不起,是谓得道。道者,圣人行之,愚者佩之。从阴阳则生。逆之则死,从之则治,逆之则乱。反顺为逆,是谓内格。是故圣人不治已病治未病;不治已乱治未乱,此之谓也。夫病已成而后药之,乱已成而后治之,譬犹渴而穿井,斗而铸锥,不亦晚乎?

——《黄帝内经·素问·四气调神大论》

黄帝曰:阴阳者,天地之道也,万物之纲纪,变化之父母,生杀之本始,神明之府也。治病必求于本。故积阳为天,积阴为地。阴静阳躁,阳生阴长,阳杀阴藏。阳化气,阴成形。寒极生热,热极生寒。寒气生浊,热气生清。清气在下,则生飧泄;浊气在上,则生(月真)胀。此阴阳反作,病之逆从也。

故清阳为天,浊阴为地;地气上为云,天气下为雨;雨出地气,云出天气。故清阳出上窍,浊阴出下窍;清阳发腠理,浊阴走五藏;清阳实四肢,浊阴归六腑。水为阴,火为阳;阳为气,阴为味;味归形,形归气,气归精,精归化,精食气,形食味,化生精,气生形;味伤形,气伤精,精化为气,气伤于味;阴味出下窍,阳气出上窍;味厚者为阴,薄为阴之阳;气厚者为阳,薄为阳之阴。味厚则泄,薄则通。气薄则发泄,厚则发热;壮火之气衰,少火之气壮;壮火食气,气食少火;壮火散气,少火生气;气味辛甘发散为阳,酸苦涌泄为阴。阴胜则阳病,阳胜则阴病;阳胜则热,阴胜则寒。重寒则热,重热则寒;寒伤形,热伤气;气伤痛,形伤肿;故先痛而后肿者,气伤形也;先肿而后痛者,形伤气也;风胜则动,热胜则肿,燥胜则干,寒胜则浮,湿胜则濡(病字头加与)。天有四时五行,以生长收藏,以生寒暑燥湿风;人有五藏,化五气,以生喜怒悲忧恐。故喜怒伤气,寒暑伤形。暴怒伤阴,暴喜伤阳。厥气上行,满脉去形;喜怒不节,寒暑过度,生乃不固。故重阴必阳,重阳必阴。

故曰:冬伤于寒,春必温病;春伤于风,夏生飧泄;夏伤于暑,秋必痎疟;秋伤于湿,冬生咳嗽。

帝曰:余闻上古圣人,论理人形,列别藏府,端络经脉,会通六合,各从其经,气穴所发,各有处名,谿谷属骨,皆有所起,分部逆从,各有条理,四时阴阳,尽有经纪,外内之应,皆有表里,其信然乎?岐伯对曰:东方生风,风生木,木生酸,酸生肝,肝生筋,筋生心,肝主目;其在天为玄,在人为道,在地为化;化生五味,道生智,玄生神,神在天为风,在地为木,在体为筋,在藏为肝,在色为苍,在音为角,在声为呼,在变动为握,在窍为目,在味为酸,在志为怒。怒伤肝,悲胜怒;风伤筋,燥胜风;酸伤筋,辛胜酸。……

故曰:天地者,万物之上下也;阴阳者,血气之男女也;左右者,阴阳之道路也;水火者,阴阳之征兆也;阴阳者,万物之能始也。故曰:阴在内,阳之守也;阳在外,阴之使也。

帝曰:法阴阳奈何? 岐伯曰:阳胜则身热,腠理闭,喘粗为之俛仰,汗不出而热,齿干以烦冤,腹满死,能冬不能夏;阴胜则身寒,汗出,身常清,数栗而寒,寒则厥,厥则腹满死,能夏不能冬。此阴阳更胜之变,病之形能也。

帝曰:调此二者奈何? 岐伯曰:能知七损八益,则二者可调,不知用此,则早衰之节也。年四十,而阴气自半也,起居衰矣。年五十,体重,耳目不聪明矣。年六十,阴痿,气大衰,九窍不利,下虚上实,涕泣俱出矣。故曰:知之则强,不知则老,故同出而名异耳。智者察同,愚者察异,愚者不足,智者有余,有余则耳目聪明,身体轻强,老者复壮,壮者益治。是以圣人为无为之事,乐恬憺之能,从欲快志于虚无之守,故寿命无穷,与天地终,此圣人之治身也。

天不足西北,故西北方阴也,而人右耳目不如左明也;地不满东南,故东南方阳也,而人左手足不如右强也。帝曰:何以然? 岐伯曰:东方阳也,阳者其精并于上,并于上,则上明而下虚,故使耳目聪明,而手足不便也;西方阴也,阴者其精并于下,并于下则下盛而上虚,故其耳目不聪明,而手足便也。故俱感于邪,其在上则右甚,在下则左甚,此天地阴阳所不能全也,故邪居之。故天有精,地有形,天有八纪,地有五里,故能为万物之父母。清阳上天,浊阴归地,是故天地之动静,神明为之纲纪,故能以生长收藏,终而复始。惟贤人上配天以养头,下象地以养足,中傍人事以养五藏。天气通于肺,地气通于嗌,风气通于肝,雷气通于心,谷气通于脾,雨气通于肾。六经为川,肠胃为海,九窍为水注之气。以天地为之阴阳,阳之汗,以天地之雨名之;阳之气,以天地之疾风名之。暴气象雷,逆气象阳。故治不法天之纪,不用地之理,则灾害至矣。

故邪风之至,疾如风雨,故善治者治皮毛,其次治肌肤,其次治筋脉,其次治六腑,其次治五藏;治五藏者,半死半生也。故天之邪气,感则害人五藏;水谷之寒热,感则害于六府;地之湿气,感则害皮肉筋脉。故善用针者,从阴引阳,从阳引阴,以右治左,以左治右,以我知彼,以表知里,以观过与不及之理,见微得过,用之不殆。善诊者,察色按脉,先别阴阳;审清浊,而知部分;视喘息,听音声,而知所苦;观权衡规矩,而知病所主;按尺寸,观浮沉滑涩,而知病所生;以治无过,以诊则不失矣。故曰:病之始起也,可刺而已;其盛,可待衰而已。故因其轻而扬之,因其重而减之,因其衰而彰之。形不足者,温之以气;精不足者,补之以味。其高者,因而越之;其下者,引而竭之;中满者,泻之于内;其有邪者,渍形以为汗;其在皮者,汗而发之;其慓悍者,按而收之;其实者,散而泻之。审其阴阳,以别柔刚,阳病治阴,阴病治阳,定其血气,各守其乡,血实宜决之,气虚宜掣引之。

——《黄帝内经·素问·阴阳应象大论》

（选自张廷模《黄帝内经素问新校》,人民军医出版社 2005 年版）

【阅读书目】

1. 郭霭春主编:《黄帝内经素问校注》,人民卫生出版社 1992 年版。

2. 中国科学技术协会:《中国科技史料》,科学普及出版社 1980－2004 年。

3. 李约瑟:《中国科学技术史》系列,科学出版社 2008 年版。

4. 卢嘉锡主编:《中国科学技术史》天文学、地学、家学、算学、医学卷等,科学出版社 2008 年前后。

【思考题】

1. 中国传统的科技成就主要有哪几方面?

2. 你如何理解"为什么以伽利略为代表的近代科学——连同它对先进技术的影响,产生在欧洲,而不发生在中国"这一李约瑟难题。

3. 简述中医的治疗技术。

第十一章
中国建筑

概　　述

　　建筑是人类为自己创造的生存和居住环境,它首先体现了人类的物质文明,但也反映出人类的精神文明。建筑首先产生于实际需要,受制于自然物理,并非有意创制形式,更无所谓系统、风格和流派的讲究;但是建筑的发展却往往是由人类的精神文明决定它的方向和趋势的,从而产生了不同民族、不同文化在建筑上的差异。从这个角度讲,一个国家、民族的建筑也可视作其精神文明的物质载体,一个国家、民族的建筑史也可视为其精神文明发展史的反映,而在其发展进程中产生的若干重要的建设成就则成为其历史发展的标志物和人们引以为豪的共同记忆和文化遗产。梁思成认为,"建筑之规模、形体、工程、艺术之嬗递演变,乃其民族特殊文化兴衰潮汐之映影,一国一族之建筑适反鉴其物质精神,继往开来之面貌",就是这个意思。

　　中国建筑属于一个独立的结构系统,历史悠长,散布区域辽阔。较之于其他文化的建筑形式,中国传统建筑的延续时间最长,到 19 世纪末达 3000 年之久;分布面最广,遍及中华大地以及日本、朝鲜和东南亚地区,17 世纪以后曾对欧洲的建筑产生过影响。至今许多珍贵的古建筑遗存反映了古代中国建筑在技术和艺术上的成就,也是中国古代文化宝库中的一份珍贵遗产。

一　发展历程

　　关于中国古代建筑的发展,中国建筑史学界多把它分成六个阶段。

(一)自上古至秦为成型期

　　商朝已有较成熟的夯土技术,商王朝后期已经建造了规模相当大的宫室和陵墓。西周以后,春秋时代的统治阶级营建很多以宫室为中心的大小城市,城壁用夯土筑造,官室多建在高大的夯土台上。原来简单的木构架,经商周以来的不断改进,已成为中国建筑的主要结构方式。

(二)秦汉时期为成年期

这段时期建筑事业极为活跃,史籍中有关建筑的记载极为丰富。秦始皇陵的兵马俑坑已经部分揭露,其宫殿建筑按遗址推断是一组组用复道(有顶的廊道)相通的大型夯土台木结构建筑。西汉继续营建了许多新的高台建筑。到了东汉,木结构楼阁逐步增多,砖石建筑也有发展,墓室砖拱结构已臻成熟,出现了仿木结构的石阙、石墓祠。中国古代建筑作为一个独特的体系,在汉代已经基本形成。

(三)魏晋南北朝时期为吸收期

这一时期宫殿与佛寺的建筑活动极为兴盛,佛教的流行则为建筑活动大动力。这些建筑并非照搬印度形式,而是与中国固有技术融合的创新,雕塑艺术也日渐汉化、世俗化,特别是塔最为明显。因最初塔是木结构楼阁(如北魏在洛阳建的水宁寺九层高大木塔),影响到以后建造的砖塔的造型。

(四)隋唐时期为高峰期

隋一统中国,定都长安,大兴土木,而唐尤为中国工艺之全盛及成熟时期。这一时期城市和宫殿的建筑规模空前宏大,布局和造型都达到了很高水准。这时期遗存下来的陵墓、木构殿堂、石窟、塔、桥及城市宫殿的遗址,无论布局或造型都具有较高的艺术和技术水平,雕塑和壁画尤为精美,不但显示唐代建筑是中国封建前期建筑的高峰,并证明中国封建社会的建筑已经发展到成熟的阶段了。

(五)五代宋辽金时代为转型期

一般认为中国艺术自五代赵宋以后渐趋华丽细致,宋中叶以后乃呈纤靡文弱之势,体现在建筑上就是城市的建筑规模缩小,大型建筑也缺乏隋唐时期的那种恢宏气度。宋代城市改变了汉以来历代都城采用的封闭式里坊制度,城市生活较前更为繁荣。此外,宫殿寺庙等建筑群在布局上出现若干新手法,艺术形象趋向于柔和绚丽,装修、彩画和家具经过改进已基本定型,室内布置也开辟了新途径。宋朝是中国建筑发生较大转变的时期,对以后元、明、清建筑有着深远的影响。

(六)元明清时代为渐进期

元明清三代均建都北京,都市宫殿规模为近代所未有,但其建筑传统仍一如旧制。这时期的官式建筑已完全程式化、定型化,建筑装饰琐碎繁缛,但民间建筑的类型与数量较前加多,质量也有所提高。同时,皇家和私人的园林在传统基础上创造一些新手法,留下了若干优秀作品。因此,明清建筑继汉、唐、宋建筑之后,成为中国古代建筑的最后一个高潮。

中国古代建筑在其漫长的发展过程中逐渐形成若干与其他建筑体系不一样的特色,综观建筑史学界的各种意见,这些特点大体可以归纳为三个方面:

中国古代建筑以木构架结构为主要的结构方式,并创造了与这种结构相适应的各种平面和外观,数千年一脉相承,形成了一种独特的建筑风格。木构架建筑的各种构件,如柱、梁、檐等,往往可以起到很好的装饰作用。此外,木构房屋为了防腐需涂上油漆,丰富多样的色彩运用又构成古代建筑艺术上的一大特色。木构架结构在当时社会条件下的优点还有:承重与围护结构分工明确;室内空间分割灵活;便于适应不同的气候条件;可以减少地震危害;材料供应比较方便,等等。

中国建筑多采用庞大的出檐屋顶,即通常说的"大屋顶"。房顶不但体形高大且是曲面形,屋顶四面的屋檐是两头高于中间,整个屋檐形成一条曲线。屋顶中直线和曲线巧妙地组合,形成向上微翘的飞檐,不但利于采光和排水,还增添了建筑物灵动轻快的美感。屋顶在其他建筑体系中素来是不受重视的部分,在中国却受到了高度的重视,并在功能、技术和审美方面达到了完美的统一。

自台榭建筑衰落后,中国古建筑很少见有单幢大建筑,多取以单层房屋为主的封闭式院落布置。房屋以间为单位,若干间并联成一座房屋,几座房屋围成庭院。古代建筑,小到住宅,大到宫殿,都是由院落组成。就单座房屋而言,中国古代建筑形体变化不够丰富,屋顶形式的选择和组合也受到礼法等级制度的束缚,中国古代建筑的艺术性更多体现在平面纵深发展的建筑群与庭院空间的变化与组合上。

二 建筑类型

(一)古代城市

正如"城市"这个名词所暗示的那样,城市天生就承担了军事防御和经济交流两大职能。《墨子·七患》说"城者,所以自守也",《易·系辞》记载"神农氏……日中为市,致天下之民,聚天下之货,交易而退,各得其所",古人对这一点看得很清楚。就此而言,如果说西方早期城市是其社会经济发展的产物的话,那么中国早期城市则主要充当了统治阶级用以获取和维护政治权力的工具。《礼记·礼运》批评"今大道既隐,天下为家,各亲其亲,各子其子,货力为己,大人世及以为礼,城郭沟池以为固",讲的就是这种现象。

中国古城出现甚早。考古资料证明,我国筑城起源于新石器时代晚期的仰韶文化和龙山文化时代,考古学家分别在山东章丘城子崖龙山文化遗址、湖南澧县城头山屈家岭文化遗址和河南省郑州市北发现了这样的古城,距今多在四千至六千年前。《吴越春秋》记载:"鲧筑城以卫君,造郭以居人,此城郭之始也。"这一记载与考古发现大致吻合。尽管中国古城出现得很早,但仍然是防御工程,不具备城市的基本形态。城市必须有集中的居民和固定的市场,二者缺一都不能称为城市。据《周礼》"考工记"和"司市"篇,西周都城丰镐专门设有"市",并设"司市"一职,说明市的设立和管理已成为政府行政职能的一部分。由此看来,真正意义上的中国"城市"至迟也已在西周出现了。不过由于中国古代都城不是国家经济中心而是军事、政治中心,所以自古中国都城建筑中最重要的都是宫殿与城墙,对市贸、店铺以及作坊等商业区的建设都不够重视。《周礼·考工记》有"前朝后市"之制,将"朝"设计在城市前部,而"市"则放在不起眼的后面,这种强烈反差正体现了中国古代城市规划中的泛政治化特色。

中国城市不仅起源早,且经过精心规划设计,从城址的选择、划定范围到平面布局,都是经过事先精密安排的。中国古城多选平原,平原地区自然环境优越,交通方便,水源丰富,物产丰盈,能为城市的兴起和发展提供一切必要的条件,仅土地资源一条就使城市有足以回旋的余地,物产丰盈更使城市的发展具备雄厚的物质基础。城市是一个地区政治、经济和文化的中心,城址选择必须考虑水陆交通条件。如范蠡所言:"今大王欲立国树都,并敌国之境,不处平易之都,四达之地,将焉立霸王之业。"(《越绝书·卷八》)水资源的问题也是城市选址所要考虑的重点。对于动辄数十万乃至上百万人口的都市来说,首先要保证充足的饮用水,此外还要供应范围用水和漕运用水。漕运是京城粮食和物资的供应线,汉长安开郑渠,隋唐修运渠,元疏凿通惠河与南北大运河相接,都是为了解决漕运问题。

古代都城有城与郭的设置,所谓"筑城以卫民,造郭以守民",二者的职能分工很明确,城用来保护国君,郭则是看管人民的。城与郭的位置原非一律,比如齐临淄、赵邯郸和韩故都的郭是附于城的一边的,而吴阖闾城和曲阜鲁城的郭则包在城外面,所谓"内之为城,外之为郭"。对于统治者来说,当然以后一种方式更为安全,所以从汉以后前者不再出现。不同时代城、郭名称不一:或称子城、罗城;或称内城、外城;或称阙城、国城,名异而实一。一般京城有三道城墙:宫城(大内、紫禁城)、皇城或内城、外城(郭);府城通常是两道城墙:子城、罗城。筑城的办法,夏商时期已出现了版筑夯土城墙,但夯土易受雨水冲刷,唐以后渐有用砖包夯土墙的例子,明代砖的产量增加,这种方法才得到普及。冷兵器时代,城墙的防御作用自然不容小觑,所以《孙子》说"攻城之法,为不得已";秦始皇一统天下之后首先做的就是"收天下兵"和"堕坏城郭"。此外,由于中国的许多城市是沿江河湖海而兴建的,城墙还有防洪功能,南方地区尤其如此。

中国古代城市的形状,往往也就是城墙勾勒出来的形状。鉴于中国古代城市通常都追求一种严格对称的平面布局,故有论者认为中国古代城市规划之所以取法方正,源于古代城市必须构筑城墙有关,因为方形或矩形的城市平面在建城的工程观点看是最经济的。原因不止如此,方形平面是中国古代城市追求的理想模式,是"天圆地方"中"地方"观念以及封建伦理等级文化的体现和象征。《周礼·考工记》有"匠人营国。方九里,旁三门。国中九经九纬,经涂九轨。左祖右社,面朝后市"的说法,这一直是封建社会中城市规划的指导思想。中国首都规划中的中轴线已经定型,皇宫无不摆在中轴线上,以显示皇权的至高无上。同时,有了中轴线以后,不仅可以突出皇宫的重要地位,也为对称布局创造了条件,使城市庄严、肃穆、壮观。地方城市规划虽不像首都那样严格,但在中国地方城市中,衙署不是居中,就是占据高地,几乎无一例外。对称就要有中心,这种中心不是建筑物,就是街道。从总体上来说,全城的对称中心多为街道,皇宫的对称中心多为建筑物。譬如,隋唐长安城、元明清的北京城,都以纵贯全城的中轴线为中心,左右对称布局;东汉洛阳皇宫、隋唐长安皇宫、元明清北京皇宫,都以主要大殿作为中轴线,左右对称布局。地方城市中凡有十字街道的城市,纵贯全城的街道往往就是中轴线。

自战国到北宋初年为止,中国古代城市多为市坊制城市。每个居住区四周用墙围起,四面或两面开门,由官吏管理,实际上形成若干城中的小城,这些小城就称为"坊"或"里"。城内商业也是集中在一两个小城中,定时开放,由专官管理,称"市"。在排列整齐的坊和市之间就很自然地形成方格形的街道网。北宋中期,由于城市经济繁荣,开始出现了商业街,随后出现了夜市,最后拆除了坊墙,居住区可以直通城市主干道,这种城市后世称为街巷制城市。北宋后期的汴梁、南宋临安、元大都以及明清时期的大多数城市都属于这种类型。街巷开放后,元明时开始在城市中心兴建钟楼、鼓楼等建筑,并逐渐成为城市活动中心。这类建筑对形成城市街景和立体轮廓起重要作用,也是中国古城的特色之一。

(二)宫殿陵寝

1. 宫殿

宫殿是中国建筑文化类型的主角,它是古代都城当之无愧的主体。如果说西方古代建筑史需要围绕宗教建筑来写,那么中国古代建筑史无论如何也绕不开宫殿。中国宫殿建筑的历史几乎是和中国古城的历史一样悠久。目前已知最早的宫殿建筑是在河南偃师二里头,为商代早期文化遗存。河南安阳小屯的殷墟是商晚期首都所在地,现已发现数十处宫殿遗址。周人早期活动于渭水流域中上游,近年在陕西岐山、扶风一带也发现当时的宫室遗址,其建筑已明显为对称布局,围成几组院落的建筑群。

春秋至战国,宫殿建筑的新风尚是大量建造台榭,即在高大的夯土台上再分层建造木构房屋。据史籍记载,当时秦穆公、宋平公和鲁庄公等都筑有"灵台",这类台型建筑有的甚至高达十几米。遗留至今的台榭夯土基址还有不少,如河北易县燕下都遗址、邯郸赵王城的丛台以及山西侯马新田故城内夯土台等。这种风气对后世宫殿建筑深有影响,不但东汉灵台之类仍用夯土高台,到明清时期主要殿宇仍然要建立在高大台基之上。

秦始皇仿六国宫室样式,在咸阳集中修造了一批宫殿,其中阿房宫尤为著名。汉代建筑文化很大程度上沿袭了秦代作风,自秦开始的中国第一次宫殿建筑热潮在汉代得到了继续和发展。西汉长安城宫殿分为各自独立、各有城垣的几区,有未央宫、长乐宫、建章宫等,其中未央宫规模最大,宫墙周长达8900米。自从春秋战国、秦以来时兴的高台建筑在汉代依然流行,而且从汉武帝时期开始逐步发展为新的楼阁形式。楼阁盛行于东汉,它一改西汉那种"井干楼"造型,代之以梁架式木构多层楼阁。东汉洛阳作为大朝场所的主殿德阳殿基高仅4.5米,表明高台风尚已趋没落。

中国宫殿建筑的第二次高潮是在隋唐时期。隋文帝以周长安故宫"不足建皇王之邑",于汉长安城外创造新都。隋文帝又废止自两汉以来京城宫阙之间民居杂处的旧传统,把新都大兴城严格区分为宫城、皇城、外郭城三部分,这一重要改革一直为后世效法。唐因隋旧,皇城宫城一仍前置。长安东北角的大明宫为唐初建置的代表作,宫墙周长约7.6公里,四面共有11座门,已探明的殿、台、楼、亭等基址有40余处,其规模可以想见。尤其值得称道的是,即便属于大明宫中最巨伟之含元殿和麟德殿,开间尺寸也不过5米稍多,尺度不及后世,用料也相对较小;能用较小的材料构成宏伟的宫殿,应该说当时建筑技艺已相当纯熟。此外,唐代较少琉璃瓦,高级宫殿堂也只用青瓦,墙面、构架用色主要以红白为主,是魏晋以来风格。唐代作风明朗刚健,很少繁缛装饰。唐代宫殿形制,对日本建筑影响很大。其后北宋宫殿布局远不及唐时恢廓,北宋汴梁与南宋临安的宫殿都由旧时州衙改建,论气势规模自然不及唐代宫殿。

明清之时又迎来了宫殿建设的第三次高潮,也成了中国宫殿建筑史上的绝唱,其代表作自然就是紫禁城了。紫禁城南北纵长约960米,东西约760米,矩形平面。紫禁城全部宫殿依据《周礼》"前朝后寝"模式分为"外朝"和"内廷"两部分,四隅分布角楼,前面千步廊,廊东(左)为太庙,廊西(右)为社稷坛,合所谓"左祖右社"的布局。总体来看,故宫建筑成就表现在多方面:一是强调中轴线和对称布局。中国古代大建筑群基本采用沿轴线南北纵深发展、对称布置的布局方式,故宫中轴与城市中轴重合,地位更形突出。二是院的运用与空间变化。以建筑围绕成院,若干院组成建筑群,各个院的空间尺度加以变化对比来产生不同气氛。三是建筑形体尺度的对比。明清宫殿屋顶型式无多,制度刻板;但是故宫各殿仍显得富于变化对比,错落有致,显然得益于此。四是富丽的色彩和装饰。故宫强烈的原色调建筑群,以北京城的灰色调为背景,显得分外鲜明。

2.陵寝

中国封建文化之发达为世所少有,帝王权威冠于天下,故帝王陵寝建筑文化之繁荣自然也是不足为奇的。不过考古发现表明,中国自旧石器时代出现墓葬直到殷商时期的两万多年时间里,墓葬均不见有人工堆筑的坟丘,即所谓"古也,墓而不坟"。不仅平民,就是王公贵族也是这样,除了墓室内部的规模和结构以及棺椁的大小层数及随葬品多寡外,墓室上没有什么不同。中原地区出现封丘式墓葬,应该不晚于孔子时代,据记载孔子把父母合葬在防的时候,"封之,崇四尺"(《礼记·檀弓》),即筑了四尺高的坟丘。到了战国,有坟丘的墓葬成了主流,墨子主张是"节用"的,他批评当时墓葬"丘垄必巨"(《墨子·节葬下》)的现象,由此也可看出当时的丧葬风俗。自此,封土为坟渐渐发展到在坟前树碑、种树直至设"神道"、"石像生"等,墓丘越筑越高大,因墓主身份及墓的大小形式不同,坟墓也有了诸如"坟、墓、丘、冢、陵、山"等名称上的区别。战国时已有人把高大的封丘称作"陵"(《史记·赵世家》),这是君主坟墓称陵的最早记载。后世把君主去世称为山陵崩,帝王之墓地称为陵园,帝王墓地的宫殿建筑称为陵寝。

陵墓建筑中空前绝后的伟大作品当属秦始皇骊山陵。秦始皇陵园的面积有 56.25 平方公里。秦始皇陵墓的封土呈平顶的四方锥体,夯土筑成。据史籍记载,底部南北长 515 米,东西宽 485 米,高 115 米。经两千多年的风雨侵蚀和人为破坏,现封土底部南北长 350 米,东西宽 345 米,高 47 米。这座帝王陵墓的地面建筑今天已是荡然无存,但由其残存的砖瓦、门道及瓦当的尺寸来看,其恢宏尺度和壮伟风格应不难想见。20 世纪 70 年代发现的兵马俑坑震惊世界,其实秦始皇帝陵的四周分布着大量形制不同、内涵各异的陪葬坑和墓葬,现已探明的就有 400 多个,这说明我们对始皇陵的了解还是相当有限的。始皇陵的形制,直接影响汉代,对后世也有影响。例如墓顶绘天文星象,为汉、唐、宋、辽墓葬中相当普通的现象。西汉诸陵多在咸阳以西渭水北坡上,地位高敞,陵体宏伟,远望极为醒目。汉陵也是四方形,四周有围墙,墙中有门阙。各陵有享殿,所谓事死如生,每日献食,这即形成后世"下宫"制度。汉陵各设陵邑,迁各地富豪于此,成为繁华富庶地区,汉武帝时茂陵人口甚至超过长安。陵邑制度也为后世继承,作为保卫、供奉、管理陵园的措施。唐朝帝王陵墓分布于渭水北岸乾县、礼泉、泾阳一带山地,唐陵的特点是因山为穴,不采用人工夯筑的封土法,18 座唐陵绝大多数都是利用天然山体。北宋陵墓虽然整体气魄不如唐陵墓,但陵墓雕刻十分细致。明代有孝陵、十三陵等处,石象生体型高大,十分壮丽,是为明陵特征之一。满清入关后,形成两个集中陵区,按昭穆顺次入葬,东陵在河北兴隆,西陵在河北易县。陵园的规制基本上仿照明代的式样。由于没有明陵那样优秀的地形,诸陵一字排开,气势散漫,远不及明陵。

(三)亭台楼阁

如前所述,建筑的群体性是中国古代建筑除了以木构架为结构体系之外的又一重要特征,从合院式的住宅、寺庙、陵墓到坛庙、宫殿莫不都是由若干座单栋房屋组合而成的建筑群体。一个完整的建筑,除了比较重要的殿、堂、厅等主体建筑外,还包括诸如亭、台、楼、阁、馆、舫、廊等次要的陪衬建筑,甚至也少不了比如华表、影壁、石狮、香炉等不起眼的建筑小品。组群建筑的艺术处理,随着组群的性质与规模大小,产生各种不同的组合方式。

1. 阁

中国古建筑中最富观赏性的自然要算是亭台楼阁了。同为高层建筑,亭较小且不高,用于较为庄严的建筑中显得不够协调,台自两汉以后除了作殿基外比较少见,楼阁倒是越来越多地出现在大型古建筑中;或许是因为楼阁在整个建筑群中凌空高耸,可以打破一般建筑平板呆滞毛病的缘故吧。

一般认为楼和阁都来源于上古时期的干阑式建筑,鉴于二者在形制上的近似,古人常以楼阁连称。古籍关于阁的记载很早,《战国策·齐策》和张衡《两都赋》都提到"阁"这种建筑。由这些记载可以看出,当时把上有屋宇的栈道称为阁,后来把那些底层空着(或次要用途)而上层作主要用途的单座建筑叫作阁。阁一般都带"平座",所谓平座,即二层以上(包括二层)的檐柱以外,依靠斗拱或挑梁伸出的,可供人凭栏远眺的地方。平座是"阁"的重要标志,故而《营造法式》把平座称作"阁道"或"飞阁",建筑界有"无座不成阁"之说,这个座就是指平座。有些储藏食物的干阑式建筑被称为阁(《魏书》),所以后世很多带有储藏性的高层建筑多以阁为名,如汉代天禄阁、石渠阁、麒麟阁,唐代凌烟阁,宋代龙图阁,以及清代文渊阁等。佛道二教发达后,便有许多供神仙菩萨的高层建筑也叫阁,如独乐寺观音阁、善化寺普贤阁等。

2. 楼

《说文》释"楼"为"重屋也",《尔雅》以为"狭而修曲为楼",其形制和阁也没有什么大的分别。从汉代画像石以及汉墓明器可以推测,当时颇多二层"重屋"建筑,上下全住人,形制亦非狭长,且趋于独立的多层建筑。时人把这类建筑称作"楼",以区别于那些有复道栈道之用的,或用于庋藏目的,或带有平座的"阁"。楼既可以住人,又可以登高望远,这便具有实用目的,如各地常见的鼓楼、钟楼和箭楼,都有其军事防卫用途的。不过汉代热衷于造楼,主要受当时神仙思想的影响,想借此"招来神仙之属"(《史记·孝武本纪》)。时代越发展,楼的功用就越是偏于审美,楼和阁的区分也就越发模糊,到了唐宋时期甚至出现了"仙山楼阁"和"宝楼阁"这样的建筑概念。

3. 亭

亭是中国园林最常见的建筑,甚至因此有把园林叫作亭园的。但最早的亭却不是供观赏之用的,其建筑式样也不是现在的样子。秦汉时期的亭约可分三类:一是邸驿乡镇用于旅舍堡垒之亭。秦制十里一亭,十亭一乡,这种亭里也有住所、围墙,行旅者可以在此停留宿食,所以叫亭,"亭者,停也"之义。所谓都亭邮亭均是此类建筑。二是旗亭,即市门楼或城门楼之类的建筑。《续汉书》刘昭注谓"洛阳二十四街,每街一亭,十二城门,门一亭。人谓之旗亭",《西京赋》薛综注旗亭即"市门楼也,立旗于其上,故取名焉"。三是国防用亭隧亭障之亭,王国维考释亭即烽火台一类的建筑。总之,这几种亭都是成组建筑,与后世的亭不一样。

随着社会发展,亭的用途也越来越广泛。有学者统计,亭的功用在古代共计有观兵、讲学、迎饯、游宴、观瞻、纪念和风水等十二种之多,总体看来,其发展趋势却是越来越趋于观赏性的审美功能。亭何时发展为一种风景建筑,说法不一。汉代已有在院中建亭以供歇息的风气,其中比较有名的就有扬雄建于蜀地的"玄亭",又称"子云亭"。晋代兰亭作为文人雅集、曲水流觞的胜地已相当有名,到了唐代亭子更是园林必备的建筑。唐代有些亭规模相当大,如曲江亭和鸿胪亭等,可能更接近汉亭;后世常见的单座亭在唐代也不少,如沉香亭和自雨亭等。到宋代,《营造法式》更是明确规定了亭的制造方法和样式。一般说来,亭在园林设计中的作用主要有三:构景、休息和凭眺。亭的制造方法比较简单,难处在于如何安排其位置,位置得当则有点睛之妙。此外,在庙宇陵墓等开阔的广庭或神道上也常建有碑亭,宫殿会馆里也多有奏乐亭等类建筑。

4. 廊

何谓廊?屋檐下之过道或独立有顶盖之通道也。廊在中国古建筑中经常要用到,一座建筑有带前后廊的,有带周围廊的,建筑与建筑之间也常用廊连接,实际上廊就是一条窄长而又曲折随意的有顶过道。

廊是一个十分丰富的建筑文化世界,它依功能、地形和材料的不同而变化,是一个多变的建筑门类。廊的分类方法有多种,从廊的整体造型可以分为直廊和曲廊两类。直廊多见于宫殿、庙宇和宅第等建筑环境,廊道受建筑物平面直线影响而呈直势;曲廊多见于园林,尚曲是中国园林的审美要求,故园林建筑多选择曲廊。若从廊的横剖面看,廊又可以分为双面空廊、单面空廊、复廊几种。北京颐和园长廊算是双面空廊的代表作,苏州留园系列漏窗可谓深得单面空廊之妙,而苏州沧浪亭之复廊不愧是其中佳构。阁道也可以算作廊的一种,又称为楼廊,它是双层的走廊,底下可以作走廊通楼下,上面亦是走廊通楼上,所谓"复道行空"指的就是这种廊。汉唐时期宫殿之间多有阁道相通,长度可达数里。阁道在南方常用在桥上,即所谓廊桥,对桥面既有保护作用,其外观也很美观别致。廊又因其地形、地貌不同可分为爬山廊、平地廊和水廊等几种。廊之文化审美属性中有一点极为重要,就是"随形而弯,依势而曲",这个"形""势"主要指地形地貌。在平地、山坡和水域设廊,其形象可以大异其趣。总之,廊虽是人工建筑,亦必须达到"虽由人作,宛自天开"的境界。

究其根本,廊不过是建筑空间环境的一种组织手段而已,由于中国传统建筑以建筑群体组合为主,群体是由若干单体构成的,这种有机构成常常以廊来串连、组织。廊的串连组织作用,在园林景观设计中尤为突出,而廊的大量使用也成了中国古建筑特点之一。

(四)古代园林

中国古代园林起源很早。据有关文献记载,商代就有了苑,主要是选择一块山林,在里面放养一些野兽供帝王行猎取乐。当时苑里还没有什么建筑,只有土筑的高台,可用于瞭望四周和观察天象。苑到了西周被称作囿,它的规模有的达到方圆 70 里,囿内畜养各种禽兽和鱼类,挖池沼,筑高台,并开始在台上建筑宫室。汉朝开始把早期的游囿发展到以园林为主的帝王苑囿行宫,除布置园景供皇帝游憩之外,还举行朝贺,处理朝政。汉武帝时期有名的上林苑地跨五县县境,纵横 300 里,据《汉书》记载,"苑中养百兽,天子春秋射猎苑中,取兽无数。其中离宫七十所,容千骑万乘",是秦汉时期皇家园林的典型。

魏晋南北朝时期,造园活动已普及民间,园林的规模由大变小,园林风格也多以浓郁的自然情调为追求,园林的内涵也转向以满足人的精神享受为主。当时社会以崇尚自然、寄情山水为风尚,山水诗和山水画奉行一时。文人士大夫开始在自己居所周围经营具有自然山水之美的小环境,从此中国兴起和发展了追求自然情趣的山水园林。原来帝王以狩猎为主的苑囿也向山水园林转化,在园中开池堆山,广植花木,布置亭台楼阁,力求创造出具有自然之美的环境。中国山水风景园林作为一种艺术,到了南北朝时期已经形成稳定的创作思想和方法,小型、精致、高雅和人工山水写意化是这个时期园林发展的主要趋势。如果说魏晋南北朝是中国山水园林的奠基时期,那么唐朝则要算是中国山水园林全面发展时期了。这一时期风景园林出现了前所未有的昌盛,艺术水准也有了长足进步。唐政府很重视城市和近郊风景点的开发与建设,长安东南角曲江一带被辟为公共风景游览区,每逢节日,这里成了百姓聚会游乐的胜地。流风所及,各地私家园林也大为发展,其中尤以东、西二都为盛,仅洛阳一地就达千家之多。随着园林小型化趋向的发展,园林欣赏也出现近观、细玩的倾向,小池、盆池、怪石以及松、竹、梅等观赏植物都构成园林庭院风景的主要装点。

两宋时,造园活动更为普遍,已及于地方城市和一般士庶,特别是在用石方面,两宋园林有较大发展。宋徽宗尤喜怪石,先后在苏杭等地设置"造作局"和"应奉局",专司搜集民间奇花异石。叠石造山自汉至唐以堆山为主流,及至宋徽宗兴艮岳寿山大役,积时六年,建成历史上罕见的大假山,使用大量石材,构成土石混合的山体。山上冈连阜属,峰峦迭起,有屏嶂、峰岫、石壁、瀑布、溪谷等景色。这种大量用石的堆山作风,对后世追求奇险的造山风气产生巨大影响。大量用石叠山也造就了一批专业匠人,当时吴兴就出现了一种称为"山匠"的假山工。这期间,大批文人、画家参与造园,进一步加强了写意山水园的创作意境。宋代风景园林建筑的特点是造型绚丽多姿,宋画中描绘的黄鹤楼、滕王阁等临江楼阁,其体量组合、屋顶穿插和结合环境诸多方面所表现的设计技巧,至今仍令人赞叹。文人雅士爱好园亭者多喜自为设计,其间也不乏园林建筑的新创造,如欧阳修设计的"画船舫"和陆游的"烟艇",都是后世船厅、画舫斋、石舫之类园林建筑的先驱。

明清是中国园林创作的高峰期。这个时期的造园活动曾出现两个高潮:一是明中晚期南北两京和江南一带私家园林的繁荣;一是清代中叶皇家园林和扬州、江南各地私家园林的兴盛。皇家园林创建以清代康熙、乾隆时期最为活跃。当时社会稳定、经济繁荣给建造大规模写意自然园林提供了有利条件,如"圆明园"、"避暑山庄"、"畅春园"等。清代皇家园林造园的指导思想是集仿各地名园胜迹于一身,所以全国各地,尤其是江南一带的优美风景,是清代园囿造景的创作源泉。清代皇家园林不同于一般宫廷建筑的庄重严肃,除了宫室那部分外,其他多比较活泼,随意布置,建筑式样变化多,与地形结合紧密。建筑体量较小巧,装修也较简洁淡雅。不过比起私家园林来,皇家园林则显得堂皇而壮丽,大木比例基本是宫式做法,常有庙宇布置其中,成为重要的风景点或构图中心。苑中中心建筑,为与空间相衬,体量与尺度都很高大,叠石手法和花木配植也都与当时私家园林不同。私家园林在明清两代也有极大的发展,特别是在经济繁荣、达官文人荟萃的江南地区。前代园林得到修整与改建,新修园林争奇斗胜,私人造园出现前代未有的盛况。苏州在明清两代都是工商繁盛、文人荟萃、诗文书画及工艺美术异常发达的城市,名园众多为各地之冠。扬州在清代为盐商聚集之所,又是文人云集之地,清帝数次南巡,大事铺张,更促成此一地区园林之繁盛。园林为综合艺术,其间又融合绘画、书法、诗歌、工艺诸因素,取自然之势加以人工之创造点缀,成为优美之游乐环境。山明水秀之郊野可建优美之园林,尘嚣喧闹的都市城内也能以巧妙的手法择地度势叠山引水,创造出"城市山林"的清幽环境,如苏州诸园林即具此特色。私家园林不若皇家宫苑占地广阔,但更注意在有限的空间内容纳丰富的景区,以创造动人的意境及无穷的变化。它们在创作思想上,仍然沿袭唐宋时期的创作源泉,从审美观到园林意境的创造都是以"小中见大"、"须弥芥子"、"壶中天地"等为创造手法。这一时期的造园思想更是从游赏向可游可居方面逐渐发展,它既有"静观"又有"动观",从总体到局部包含着浓郁的诗情画意。这种空间组合形式多使用某些建筑如亭、榭等来配景,使风景与建筑巧妙地糅合到一起。优秀园林作品虽然处处有建筑,却处处洋溢着大自然的盎然生机。明清时期正是因为园林这一特点和创造手法的丰富而成为中国古典园林集大成时期。明清时期园林的兴盛还造就了一批从事造园活动的专门人才,如计成、周秉臣、张涟、叶洮、李渔、戈裕良等,他们有较高的文化艺术素养,有的人甚至亲自参与园林设计和施工,因而把园林创作推向更高的层次,提高了园林的艺术水准。计成在总结实践经验的基础上著成《园冶》一书,是我国古代最系统的园林艺术论著。

专 题

苏州园林

中国古典园林主要有皇家园林和私家园林两大类。皇家园林出现最早,但成就最高、影响最大的还数私家园林。私家园林是兼供主人游赏、休息、居住之用的宅旁园,以追求隐逸幽静、林下清福为主导思想,使主人虽身居都市而能享山林之乐。受城市用地限制,私家园林不可能简单地复制自然山水,而是结合中国诗词和山水画的意境,以带有一定象征性的手法,创造出小中见大,更能概括自然之美的形神兼备的景致。魏晋南北朝时期,文人士大夫寄情于山水之间,开始在居所周围经营起具有山水之美的小环境,是为中国私家园林的开端。唐朝是中国园林发展的盛期,光在洛阳一地,就有私家园林千家之多。宋都汴梁除大肆兴建皇家园林外,私园也有数百座之多。宋室南渡后,苏州、杭州、扬州等地园林冠于天下。明清时期,江南园林续有发展,尤以苏州、扬州两地为盛。从造园艺术上讲,园林发展到明清时期,才完全达到写意山水园林"虽由人作,宛自天开"的自然境界,真正称得上是米芾所谓的"城市山林",而苏州园林正是其中的杰出代表。童寯《江南园林志》提及江南园林兴废时道,"南宋以来,园林之盛,首推四州,即湖、杭、苏、扬也。而以湖州、杭州为尤。明更有金陵、太仓。清初人称'杭州以湖山胜,苏州以市肆胜,扬州以园亭胜',今虽湖山无恙,而市肆中心,已移上海;园亭之胜,应推苏州。维扬则邃馆露台,苍莽灭没,长衢十里,湮废荒凉",而"杭州私园别业,自清以来,数至七十。然现存者多咸、同以后所构。近且杂以西式,又半为商贾所栖,多未能免俗,而无一巨制。苏杭并以风景名世,惟杭之园林,固远逊于苏矣"。他最后断言,"江南园林,论质论量,今日无出苏州之右者"。

苏州古典园林的历史可上溯至公元前6世纪。春秋吴国的梧桐园,以及东晋时期号称"吴中第一名园"的顾辟疆园,开苏州园林之先河。南朝高士戴颙移居苏州,据《南史·隐逸传》记载,"吴下士人共为筑室,聚石引水,植林开涧,少时繁密,有若自然",其布局、手法及追求和近世园林建筑已相当接近。隋唐五代时苏州已有私家园林20多处,隋朝有史可稽的有"孙驸马园",唐代时除了魏晋延续下来的"任晦园池"和"戴颙宅"外,在今桃花坞西侧有"孙园",是唐时苏州名园。五代钱氏留下的四大名园,即南园、东墅、金谷园和孙承祐池馆,在苏州乃至全国园林史上都颇具影响。宋时苏州上承南唐、吴越之旧,地方未受干戈,经济上也没有受重大影响,园林仍兴建不辍。宋室南渡,高宗曾一度"驻跸"苏州,其园林建筑之盛自不待言。《江南园林志》称"宋时江南园林,萃于吴兴",据史籍统计,苏州此时有名的私园不下 50 处,略高于当时的都城杭州。其中如苏舜钦之"沧浪亭"、朱长文之"乐圃"、梅宣义之"五亩园"、朱勔之"同乐园"以及范成大之"石湖别墅",都属于规模较大、建筑精美而且影响深远的名园。元时江浙仍为财富集中之地,不到百年的时间里,苏州造园约 40 处,居城中者不到10 处,其中以"狮子林"为最胜。

明清时期,苏州经济文化空前繁荣,园林艺术自明朝起也开始达到登峰造极的地步,并一直延续到清朝中叶。自明中叶成化、嘉靖始,江南沿海城市的手工业和商业逐渐兴盛繁荣起来,社会风气也渐趋于浮华奢靡,这些都激发了苏州园林修建的热潮。明人黄省曾《吴风录》中"至今吴中富豪,竞以湖石筑峙奇峰阴洞,至诸贵占据名岛,以凿凿而嵌空妙绝,珍花异木,错映阑圃。虽闾阎下户,亦饰小小盆岛为玩",可谓当时苏州私家造园热潮的写照。明代有明确记载的苏州园林约有 260 多处,位于苏州城区的约 140 处,保留至今并列入《世界遗产名录》的有"拙政园"、"东园(留园)"、"艺圃(药圃)",其他如"洽隐园"、"东庄"、"唐家园"、"五峰园"、"芳草园"和"归园田居"等也都是一时之选。入清以后,清朝皇帝多热衷于修建离宫别苑,康熙和乾隆更是六下江南,游园赏景,这些都大大推动了苏州园林的发展。据统计,当时苏州城区有园林 190 多处,有清一朝新建园林多达 140 多处,其中不乏"网师园"、"环秀山庄"、"耦园"、"怡园"等世界级名园,其他如"绣谷"、"清华园"、"可园"、"塔影园"、"渔隐小圃"、"半园"和"听枫园"等亦都是名园。此外如顾氏诸园、尤侗"亦园"、李果"莳湄草堂"、毕沅"灵岩山馆"、石韫玉"五柳园"、惠周惕"红豆书庄"以及俞樾"曲园"等园,因为园主人多为知名文人,园因人传,所以这些园林知名度亦高,影响亦远。清人沈朝初《忆江南》词写道,"苏州好,城里半园亭",其时盛况可以想见。盛极而衰,嘉庆朝后,中国古典园林渐趋没落,主要标志就是宅园数量锐减,宅园中房舍建筑比例大量增加,山林景点面积相对减少,凸显出古典园林的发展因受到文化理念和空间局限的影响而即将走到尽头。

私家园林多集中在江南特别是苏州一带,主要是因为这些地区具有造园在自然、经济与人文等方面所必需的诸多条件。园林有四个基本要素:叠山、理水、花木、建筑,前三个要素对自然环境都有特定的要求。建造山水园林首先需要的是山和水,没有现成的山还可以土石人工堆筑,但若缺乏天然水源,任是其他条件如何优越也无从补救。潘耒《纵棹园记》说得很清楚:"园居最难得者水。水不可以人力致,强而蓄焉,止则浊,漏则涸。"江南素为水乡泽国,湖泊密布,水网纵横,水资源十分丰富。园林堆山,除了土之外,不可缺石,而江苏、浙江一带多产石料,南京、宜兴、昆山、杭州、湖州等地多产黄石,苏州山美,亦多产美石,尤其是太湖石。太湖石采自江湖水涯,经过常年水流冲刷,石色有深浅变化,表面纹理纵横,形态多玲珑剔透,历来为堆山之上品用料,也宜罗列庭前观赏。今日苏州园林中的太湖石,多为北宋末年"花石纲"遗物。江南园林有四大名石之说,除杭州绉云峰外,上海玉玲珑、苏州瑞云峰和冠云峰,皆为太湖石巨峰。《江南园林志》说,"园林无花木则无生气",一语道出花木之于园林的重要性。江南气候温和,冬无严寒,空气湿度大,适宜生长常青树木,植物花卉品种极为丰富。据说五代苏州"金谷园"就有奇卉异木 1000 余种,范成大《吴郡志》并《梅谱》、《菊谱》记载当时苏州植种名贵花木 70 余种。迄今为止,苏州花木已有 300 余种,有些园林就以花木为名,如"梧桐园"、"梅园"、"多木园"等,足见其花木之盛。这些都为苏州园林的繁荣提供了得天独厚的自然条件。

造园需花费大量钱财,苏州在这一方面也有优势。唐代已有"当今赋出天下,江南居十九"之说,到了宋代则更是"国家根本仰给东南"。苏州自唐末起逐步崛起,宋朝已有"天上天堂,地下苏杭"之美誉,民间则有"苏湖熟,天下足"和"苏常熟,天下足"的谚语。明清时期苏州更是成为"衣被天下"的全国经济文化中心,曹雪芹在《红楼梦》中称苏州"最是红尘中一二等富贵风流之地"。康熙朝进士孙嘉淦在其《南游记》中赞叹:"姑苏控三江跨五湖而通海。阊门内外,居货山积,行人水流,列肆招牌,灿若云锦。语其繁华,都门不逮。"自唐宋至明清,苏州经济地位日益上升,私家园林的建造也随之迅速发展以至成熟,由此也可以看出园林发展对经济的依赖。中国古典园林以写意山水园为主,因此造园者的文化素养对园林的艺术价值就有决定性的作用。苏州素称"东南文物之邦",人才辈出,据《苏州历代园林录》统计,历代著名诗人自己造园的有韦应物、苏舜钦、范成大、王世贞等 20 余人,书画家有沈周、文徵明、唐寅等 30 余人,为别人设计主持造园的则有文徵明、仇英等 10 余人,至于史籍未书的则不知凡几。这些苏州文人把他们的才华倾注于苏州园林,使其更具文化内涵,更见艺术光辉。计成在《园冶》提出,园林修造不同于其他建筑,其关键在"三分匠七分主人"。"匠"即专门技术人才,而"主人"指的是园林的设计者,这两方面人才苏州都不缺。苏州不缺园林设计大师,也不乏各个行业的能工巧匠。出自苏州的建筑大师,宋代有丁谓,明代有蒯祥,在他们身后的则是以苏州"香山帮"名世的一代代苏州工匠。近人姚承祖出身香山匠人世家,他总结历代香山匠人的营造经验而著成的《营造法原》一书,被誉为"南方中国建筑之唯一宝典"。造山是园林建造中的重要内容,苏州历代不乏堆叠假山的高手,周密《葵辛杂识》说:"工人特出吴兴,谓之山匠,或亦朱勔之遗风。"苏州亦多精花木之道者,王鏊《姑苏志》记载:"虎丘人善于盆中植奇花异卉,盘松古梅,置之几案,清雅可爱。"对苏州经济、文化、山水、花木、人才之状,明人袁宏道有一段极精辟的概括:"山川之秀丽,人物之色泽,歌喉之婉转,海错之珍异,百巧之川凑,高士之云集,虽京都亦难之。"如此天时、地利、人和集于一身,苏州园林的繁荣自然也是顺理成章的事情了。

　　苏州古典园林宅园合一,可赏,可游,可居,这种建筑形态是在人口密集和缺乏自然风光的城市中,人类依恋自然,追求与自然和谐相处,美化和完善自身居住环境的一种创造,其间至今仍有丰富的经验可资吸取和借鉴。世界遗产委员会这样评价苏州古典园林:没有哪些园林比历史名城苏州的园林更能体现出中国古典园林设计的理想品质,咫尺之内再造乾坤。苏州园林被公认是实现这一设计思想的典范,其基本设计原则与手法,大致可归纳为以下几个方面:

　　第一,从空间布局上看,苏州园林多把全园分割为各具特色的若干景区,各个景区又互相贯通,联为整体。

　　古代造园理论都以深远不尽为极品,切忌一览无余。苏州园林多不大,最大的拙政园占地也只有 62 亩,环秀山庄不过 1 亩多地,"残粒园"仅 140 平方米,如何在有限的空间制造出"壶中天地"、"芥子须弥"的效果呢?古代造园者就在园林布局上做足了文章。陈从周先生认为:"园林中的大小是相对的,不是绝对的,无大便无小,无小也无大。园林空间越分隔,感到越大,越有变化,以有限面积,造无限空间,因此大园包小园,即基此理。是例极多,几成为造园的重要处理方法。佳者如拙政园之枇杷园、海棠坞,颐和园之谐趣园等,都能达到很高的艺术效果。园林布局主要是每区有自己的特点,如果入门便觉是个大园,内部空旷平淡,令人望而生畏,即入园亦未能游遍全园,故园林不起游兴是失败的。"为增加空间层次和强化空间对比,园景起手处即以山树、花木或门厅障景几为铁律,沧浪亭、拙政园、留园、鹤园等众多作品都遵此程式结构。《红楼梦》写贾政等人游大观园,"开门进去,只见一带翠嶂挡在面前。众清客都道:'好山!好山!'贾政道:'非此一山,一进来园中所有之景悉入目中,更有何趣?'"众人游至蘅芜苑,"步入门时,忽迎面突出插天的大玲珑山石来,四面群绕各式石块,竟把里面所有房屋悉皆遮住"。曹公可谓知园者。

　　园林要含蓄,主要在藏景。明代唐志契《绘事微言》认为,"景愈藏境界愈大,景愈露境界愈小",移用于园林也是很合适的。藏景有障景、隔景两种。障景多用于园景入口处。隔景就是把景观隔开、隔断,从而把园林空间划分为若干小空间,以便增加景深和层次。隔景又有实隔和虚隔之分:实隔多用围墙、山石和屋宇,虚隔多用花木、竹篱、花窗、池水、桥梁等。苏州园林面积较小,建筑物密集,又要分割景区,墙自然用得较多。苏州园林一般不用较高的围墙,即便使用,亦在墙前加走廊或以树木和假山遮蔽墙的一部分,以免陷于单调和生硬。园内墙上多用漏窗、空窗或圆洞门,使园景隔而不断。这种隔景墙的典型首推虎丘千人石和剑池之间的墙体,山石隔的典型例子是狮子林的"卧云室",以建筑隔景的成功之作当数"鹤园"四面厅。实际上,苏州园林的隔景往往是多种手法的综合使用。如"留园",以山池花木和多种建筑将全园划分成 30 多个大小不等的景区,其中"揖峰轩"又以房屋、廊墙、门洞等建筑将长 29 米、宽 15 米的空间一分为六,缀以湖石,植以花木,更为隔景处理之典范。"景贵乎深,不曲不深",要造成园林空间丰富的层次和景深,空间布局的曲折变化至关重要。如"留园"入口布置,原本可以南北贯通而入,却通过一系列狭窄的天井、廊院,转折达七八次之多才到"古木交柯"处,景不可谓不深;又如"留园"中部石林小院一组建筑和庭园,约有十余处小空间,均以回廊、空窗、门洞连通,庭园内置石峰,环种翠竹芭蕉,置身其中,环顾左右,除可看到相邻庭园竹石小品的园景,更可窥见二重、三重甚至更深远的空间与景致,空间层次不可谓不丰富。

利用曲折的路径增加空间转换和景观变化也是一种常见的手法,钱泳《履园丛话》所谓"造园如作诗文,必使曲折有法",说的就是这个道理。园中风景如果没有适当的观赏路线联系起来,则难免陷于散漫、零乱,所以各园都有一条或若干条观赏路线,使游人在这些路线上看到的风景像连续的画面,不断呈现于眼前。游人一路走来,步移景异,可以随意流连,随处都可观赏到不同的景致,这样就在有限的范围内延长了观赏的时间,获得一种深远不尽的空间感,园林空间布局所要达到的曲径通幽、抑扬顿挫、柳暗花明、以小见大等艺术境界都通过具体的游览路线得到了实现。这种观赏路线在小园林往往只有一条,如果沿池一带是风景优美的区域,观赏路线也多半采取环池一周的方式。较大的园林观赏路线也较复杂,或穿过花木,或渡水越山,相互穿插,变化较多,但其中常有一条是主要观赏路线。在这条主要路线上,往往建有曲折的走廊,以避炎阳和雨雪,并用以增加园景的层次和深度。对景是园林造景中的一个重要内容,我国园林中的对景不同于西方庭园中轴线对景的手法,而是随着曲折的平面布局,移步换景,层层推出,或者从某一观赏点出发,通过房屋的门窗或围墙的门洞作为画框来取景;或者通过走廊和漏窗来看风景,都是效果很好的对景手法;主要的对景虽然多布置在游园必经的路线上或逗留较久的地点,但其中又以不经意中发现者为佳妙。同时对景也是相互的,即从双方考虑相互观赏,这样就使全园构成许多错综复杂的对景,联为一个整体。

第二,苏州园林对园林建筑的处理也别具匠心。

建筑物在我国古代园林中占有极重要的位置,常与山、池、花木共同组成园景,在局部园景中可成为构图的主题。山水是园景的骨干,欣赏山水风景的位置则常在建筑物内,所以园林建筑往往既是观赏对象,又是风景观赏点。屋宇种类常见的有厅堂、轩、馆、楼、台、阁、亭、榭、廊、舫等。除少数亭台厅堂外,一般均围绕山池花木布置,房屋之间常用廊子串通,其位置、形体、大小、装修等方面多随功能和构图的变化而作相应处理。园林建筑造型一般都以轻巧淡雅、玲珑活泼为主。房屋设计多无定制,普通住宅往往采用三间五间,但园林建筑,一室半室,均极其妙,其空间处理也多取开敞流通的形式,空廊、空门、空窗、漏窗、透空屏风格扇等手法的运用,空间组合的处理,都达到很高的境界,故建筑内外空间,建筑与建筑之间,都能达到有机联系,融为一体。

在个体建筑处理方面:

厅堂是园林内的主要建筑,位置适中,以能凭眺最好的园景为首要条件。一般方向朝南,体形较大,装修陈设最为华丽。《园冶》中也有"凡园圃立基,定厅堂为主,先乎取景,妙在朝南"之说。厅堂有四面厅和鸳鸯厅等。主要厅堂多采用四面厅,为了便于看景,四周绕以回廊和大片格扇、长窗,不作墙壁。鸳鸯厅是在内部以屏风、罩、格扇分为前后两部分,梁架、装饰、陈设各不相同,故有此称,其作用为冬夏两用,南半部宜于冬春,北半部宜于夏秋。荷花厅均位于池边,前有平台,为观赏水景的主要建筑物。榭与舫多为临水建筑。舫又称早船,是一种船形建筑,前后分作三段,前舱较高,中舱略低,尾舱建二层楼,以便眺望。舫不位于池侧者称为船厅。楼阁位置均设于厅堂之后,可立于半山半水之间。楼多为二层,向园一面装长窗、栏杆,两侧多作山墙。阁与楼相似,重檐四面开窗,造型较楼为轻快。楼梯或设于室内,或由室外假山进入楼层。

亭是休憩眺望之所,也是园景的点缀。亭可设于山上、林中、水际等处,式样和大小也是因地制宜的。亭有半亭与独立亭的区别,前者多半与走廊相连,依壁而建,后者建造地点不拘。亭的平面有方、长方、五角、六角、八角、圆、梅花、扇形等各种形式。亭间一般不设门窗,柱间下部设半墙或平栏,以供坐憩。

廊在园林中主要是风景的导游线,又是建筑之间相互联系的脉络。在园景组合方面,还起划分空间、增加风景深度的作用。廊的体形宜曲宜长,随形而弯,依势而曲,或蟠山腰,或穷水际。廊按形式分有直廊、曲廊、波形廊、复廊等数种,按位置分有沿墙走廊、爬山走廊、水廊、回廊等。曲廊多逶迤曲折,仅一部分依墙而建,其他部分转折向外,因而廊与墙之间构成若干不同形状的小院,栽花布石,以增加层次和景色。复廊即两廊并为一体,中间隔一道带有漏窗的墙,廊的两面都可通行。这种廊在园中可以分隔风景,使一景到一景起过渡作用。爬山廊建于地势起伏的山坡上,不仅可以使山坡上下建筑之间有所联系,而且廊子有高有低、起伏变化,使园景更为丰富。水廊一般驾于水面之上,能使水面与空间半通半隔,愈可增加水面景深。

墙的主要功能是分隔空间,或对景物起衬托和遮蔽作用。墙的形式变化颇多,有平墙、梯级形墙、波形墙(云墙)等,在构造上则有白粉墙、磨砖墙、版筑墙、乱石墙等。《园冶》中提及围墙都属版筑、石墙或茅篱一类,深得山林趣味。墙上常设漏窗,使墙面活泼而富于变化。在位置上,围墙与假山之间可即可离,各有其妙,但一般不宜临水,以免单调。墙与水之间都有道路、石峰、花木点缀,景物映于墙面与水中,比较生动。山石花木之于白墙,更是不可缺少,用白粉墙衬山石花木之美,犹如在白纸上作花卉山水画,意境尤佳。

第三,对山水花木的独到处理也是苏州园林风格的重要组成部分。

山石、水体、建筑、植物是古典园林的基本物质构成要素,正是它们构成了环境的表象,决定了外部空间的质感、色彩、细节乃至形式。古今中外园林形象的差异,除其空间布局的不同外,很大程度上来自于园林景观表象的悬殊,即构成园林的物质材料及组合方式的种种不同。

假山是园景中的重要因素。由于匠师们长期的实践和提炼,不断推陈出新,发展成了一种独特的艺术,也是表现我国古代园林风格的最重要的手法之一。创造山林景色是过去叠石造山的主要目的。有的私园往往在厅堂和书房前后,累石为山,或依墙面造石壁,点缀花木,构成庭院山景。小型园林也有以山景为全园主体的,稍大的因需有山有池,常用掘池所出的泥土,与叠石相配合堆造假山。其中有的假山也能做到峰峦回抱,洞壑幽深,宛如真实的山林。而临水构峭壁危崖,或为曲崖,或建石矶,使山水相互衬托,更为完美。体形高大的山林,一方面可在山上建亭阁,俯瞰全园或眺望园外,达到扩大空间的目的;另一方面又可阻隔视线,增加园中宁静的气氛。假山不外土、石构成。不过造山而不用石,很难创造出雄伟或秀拔的风格,所以事实上必须土、石并用。但不论石多或土多,都必须与自然的山林形象相接近,这是最根本的设计原则。

池有大小主次之别,水面处理也有聚分的不同。一般说池水以聚为主,以分为辅,聚则水面广阔,虽人工开凿也富有自然情趣,分则似断似续,可构成曲折深邃的趣味。池面形状绝大多数采取不规则状,以免呆板。由于园林面积的限制,水面的分隔都不用堤,而用桥、廊、岛等方式,尤以桥、廊的分隔为妙,能使水面与空间仍然相互渗透,若即若离,最适宜于小水面。较大的水面多设"水口",使人望之有深远之感,余味不尽。池岸处理不宜僵直,也不能太高,否则犹如凭栏观井,完全失去应有的比例尺度,不能发挥水面应有的作用。池岸一般都用石块叠成曲折自然的形状,只有少数地带砌成整齐的驳岸。在面积较大的园林中,也采取部分土岸,则更为自然质朴。池面桥梁通常以梁式桥为多,平面曲折。桥上石栏低矮,简洁轻快,以便与全园的体量风格相一致。拱桥不常用,用亦在不显著处,因为拱桥桥身较高,很难与小园的面积相适应,即使梁式桥,其高度也视池面大小而定,池面大,桥可稍高;更有以步石代替桥梁的做法,尤显别致。

园林中的植物也很讲究不同树种与花卉的配置,以求得四季常青和色彩上的变化,并注意其与周围建筑山石水沼的协调。花木在私家园林中以单株欣赏为主,较大的空间也成丛成林地栽植。有落叶树与常绿树的结合,也有一种树单植或各类树间植的。园林以老树为难得,略有几株,就能使园林平添几分苍古深郁。在建筑物前的庭院中,则宜种植饶有姿态和色香俱佳的花树。廊侧或小院中,常安排自由散置的芭蕉、竹子、花台和盆景等。至于老梅宜冬、丹枫迎秋,以配合时令,都是苏州园林惯用的手法。在苏州园林中,植物的景观作用体现在很多方面:植物独特的形态和质感烘托映衬山石、水体、建筑等景物,完善空间围合和界面构图,修饰和遮蔽不良景观,增加景深,丰富空间层次,在对景中起着近景、中景和远景的作用。植物有时甚至成为景观主题或主体,赋予景区、景点各种不同的景观特色,增加和丰富了园林景观的内容和形式。

文　选

园　冶（节选）

明·计成

兴造论

世之兴造,专主鸠匠,独不闻三分匠七分主人之谚乎? 非主人也,能主之人也。古公输巧,陆云精艺,其人岂执斧斤者哉? 若匠惟雕镂是巧,排架是精,一梁一柱,定不可移,俗以"无窍之人"呼之,其确也。故凡造作,必先相地立基,然后定其间进,量其广狭,随曲合方,是在主者,能妙于得体合宜,未可拘牵。假如基地偏缺,邻嵌何必欲求其齐,其屋架何必拘三、五间,为进多少? 半间一广,自然雅称,斯所谓"主人之七分"也。第园筑之主,犹须什九,而用匠什一,何也?

园林巧于因借,精在体宜,愈非匠作可为,亦非主人所能自主者,须求得人,当要节用。因者:随基势之高下,体形之端正,碍木删桠,泉流石注,互相借资;宜亭斯亭,宜榭斯榭,不妨偏径,顿置婉转,斯谓"精而合宜"者也。借者:园虽别内外,得景则无拘远近,晴峦耸秀,绀宇凌空,极目所至,俗则屏之,嘉则收之,不分町疃,尽为烟景,斯所谓"巧而得体"者也。体、宜、因、借,匪得其人,兼之惜费,则前工并弃,既有后起之输、云,何传于世? 予亦恐浸失其源,聊绘式于后,为好事者公焉。

园说

凡结林园,无分村郭,地偏为胜,开林择剪蓬蒿;景到随机,在涧共修兰芷。径缘三益,业拟千秋,围墙隐约于萝间,架屋蜿蜒于木末。山楼凭远,纵目皆然;竹坞寻幽,醉心既是。轩楹高爽,窗户虚邻;纳千顷之汪洋,收四时之烂漫。梧阴匝地,槐荫当庭;插柳沿提,栽梅绕屋;结茅竹里,浚一派之长源;障锦山屏,列千寻之耸翠,虽由人作,宛自天开。刹宇隐环窗,仿佛片图小李;岩峦堆劈石,参差半壁大痴。萧寺可以卜邻，梵音到耳；远峰偏宜借景，秀色堪餐。紫气青霞，鹤声送来枕上；白苹红蓼，鸥盟同结矶边。看山上个篮舆，问水拖条枥杖；斜飞堞雉，横跨长虹；不羡摩诘辋川，何数季伦金谷。一湾仅于消夏，百亩岂为藏春；养鹿堪游，种鱼可捕。凉亭浮白，冰调竹树风生；暖阁偎红，雪煮炉铛涛沸。渴吻消尽，烦顿开除。夜雨芭蕉，似杂鲛人之泣泪；晓风杨柳，若翻蛮女之纤腰。移竹当窗，分梨为院；溶溶月色，瑟瑟风声；静扰一榻琴书，动涵半轮秋水，清气觉来几席，凡尘顿远襟怀；窗牖无拘，随宜合用；栏杆信画，因境而成。制式新番，裁除旧套；大观不足，小筑允宜。

一、相地（略）

二、立基（略）

……

九、选石

夫识石之来由，询山之远近。石无山价，费只人工，跋蹑搜巅，崎岖究路。便宜出水，虽遥千里何妨；日计在人，就近一肩可矣。取巧不但玲珑，只宜单点；求坚还从古拙，堪用层堆。须先选质无纹，俟后依皴合掇。多纹恐损，无窍当悬。古胜太湖，好事只知花石；时遵图画，匪人焉识黄山。小仿云林，大宗子久。块虽顽夯，峻更嶙峋，是石堪堆，遍山可采。石非草木，采后复生，人重利名，近无图远。

（一）太湖石

苏州府所属洞庭山，石产水涯，惟消夏湾者为最。性坚而润，有嵌空、穿眼、宛转、险怪势。一种色白，一种色青而黑，一种微黑青。其质文理纵横，笼络起隐，于石面遍多坳坎，盖因风浪中冲激而成，谓之"弹子窝"，扣之微有声。采人携锤錾入深水中，度奇巧取凿，贯以巨索，浮大舟，架而出之。此石以高大为贵，惟宜植立轩堂前，或点乔松奇卉下，装治假山，罗列园林广榭中，颇多伟观也。自古至今，采之已久，今尚鲜矣。

（二）昆山石

昆山县马鞍山，石产土中，为赤土积渍。既出土，倍费挑剔洗涤。其质磊块，巉岩透空，无耸拔峰峦势，扣之无声。其色洁白，或植小木，或种溪荪于奇巧处，或置器中，宜点盆景，不成大用也。

（三）宜兴石

宜兴县张公洞、善卷寺一带山产石，便于竹林出水，有性坚，穿眼，险怪如太湖者。有一种色黑质粗而黄者，有色白而质嫩者，掇山不可悬，恐不坚也。

（四）龙潭石

龙潭，金陵下七十余里，地名七星观，至山口、仓头一带，皆产石数种，有露土者，有半埋者。一种色青，质坚，透漏文理如太湖者；一种色微青，性坚，稍觉顽夯,可用起脚压泛;一种色纹古拙,无漏,宜单点;一种色青如核桃纹,多皴法者,掇能合皴如画为妙。

（五）青龙山石

金陵青龙山,大圈大孔者,全用匠作凿取,做成峰石,只一面势者。自来俗人以此为太湖主峰,凡花石反呼为"脚石"。掇如炉瓶式,更加以劈峰,俨如刀山剑树者,斯也。或点竹树下,不可高掇。

（六）灵璧石

宿州灵璧县地名"磬山",石产土中,岁久,穴深数丈。其质为赤泥渍满,土人多以铁刃遍刮,凡二三次,既露石色,即以铁丝帚或竹帚兼磁末刷治清润,扣之铿然有声,石底多有渍土不能尽者。石在土中,随其大小具体而生,或成物状,或成峰峦,巉岩透空,其眼少有宛转之势,须借斧凿,修治磨砻,以全其美。或一两面,或三面,若四面全者,即是从土中生起,凡数百之中无一二。有得四面者,择其奇巧处镌治,取其底平,可以顿置几案,亦可以掇小景。有一种扁朴或成云气者,悬之室中为磬,《书》所谓"泗滨浮磬"是也。

（七）岘山石

镇江府城南大岘山一带,皆产石。小者全质,大者镌取相连处,奇怪万状。色黄,清润而坚,扣之有声。有色灰青者。石多穿眼相通,可掇假山。

（八）宣石

宣石产于宁国县所属,其色洁白,多于赤土积渍,须用刷洗,才见其质。或梅雨天瓦沟下水,冲尽土色。惟斯石应旧,逾旧逾白,俨如雪山也。一种名"马牙宣",可置几案。

（九）湖口石

江州湖口,石有数种,或产水中,或产水际。一种色青,浑然成峰、峦、岩、壑,或类诸物。一种扁薄嵌空,穿眼通透,几若木版以利刃剜刻之状。石理如刷丝,色亦微润,扣之有声。东坡称赏,目之为"壶中九华",有"百金归买小玲珑"之语。

（十）英石

英州含光、真阳县之间,石产溪水中,有数种:一微青色,间有通白脉笼络;一微灰黑,一浅绿。各有峰、峦、嵌空穿眼,宛转相通。其质稍润,扣之微有声。可置几案,亦可点盆,亦可掇小景。有一种色白,四面峰峦耸拔,多棱角,稍莹彻,面面有光,可鉴物,扣之无声。采人就水中度奇巧处凿取,只可置几案。

（十一）散兵石

"散兵"者,汉张子房楚歌散兵处也,故名。其地在巢湖之南,其石若大若小,形状百类,浮露于山。其色青黑,有如太湖者,有古拙皴纹者,土人采而装出贩卖,维扬好事,专卖其石。有最大巧妙透漏如太湖峰,更佳者,未尝采也。

（十二）黄石

黄石是处皆产，其质坚，不入斧凿，其文古拙。如常州黄山，苏州尧峰山，镇江圌山，沿大江直至采石之上皆产。俗人只知顽夯，而不知奇妙也。

（十三）旧石

世之好事，慕闻虚名，钻求旧石。某名园某峰石，某名人题咏，某代传至于今，斯真太湖石也，今废，欲待价而沽，不惜多金，售为古玩还可。又有惟闻旧石，重价买者。夫太湖石者，自古至今，好事采多，似鲜矣。如别山有未开取者，择其透漏、青骨、坚质采之，未尝亚太湖也。斯亘古露风，何为新耶？何为旧耶？凡采石惟盘驳、人工装载之费，到园殊费几何？予闻一石名"百米峰"，询之费百米所得，故名。今欲易百米，再盘百米，复名"二百米峰"也。凡石露风则旧，搜土则新，虽有土色，未几雨露，亦成旧矣。

（十四）锦川石

斯石宜旧。有五色者，有纯绿者，纹如画松皮，高丈余，阔盈尺者贵，丈内者多。近宜兴有石如锦川，其纹眼嵌石子，色亦不佳。旧者纹眼嵌空，色质清润，可以花间树下，插立可观。如理假山，犹类劈峰。

（十五）花石纲

宋"花石纲"，河南所属边近山东随处便有，是运之所遗者。其石巧妙者多，缘陆路颇艰，有好事者，少取块石置园中，生色多矣。

（十六）六合石子

六合县灵居岩，沙土中及水际，产玛瑙石子，颇细碎。有大如拳、纯白、五色者，有纯五色者。其温润莹彻，择纹彩斑斓取之，铺地如锦。或置涧壑急流水处，自然清目。

夫葺园圌假山，处处有好事，处处有石块，但不得其人。欲询出石之所，到地有山，似当有石，虽不得巧妙者，随其顽夯，但有文理可也。曾见宋杜绾《石谱》，何处无石？予少用过石处，聊记于右，余未见者不录。

十、借景

构园无格，借景有因。切要四时，何关八宅。林皋延伫，相缘竹树萧森；城市喧卑，必择居邻闲逸。高原极望，远岫环屏，堂开淑气侵人，门引春流到泽。嫣红艳紫，欣逢花里神仙；乐圣称贤，足并山中宰相。《闲居》曾赋，"芳草"应怜；扫径护兰芽，分香幽室；卷帘邀燕子，闲剪轻风。片片飞花，丝丝眠柳。寒生料峭，高架秋千，兴适清偏，怡情丘壑。顿开尘外想，拟人画中行。林阴初出莺歌，山曲忽闻樵唱，风生林樾，境入羲皇。幽人即韵于松寮，逸士弹琴于篁里。红衣新浴，碧玉轻敲。看竹溪湾，观鱼濠上。山容霭霭，行云故落凭栏；水面鳞鳞，爽气觉来敧枕。南轩寄傲，北牖虚阴。半窗碧隐蕉桐，环堵翠延萝薜。俯流玩月，坐石品泉。苎衣不耐凉新，池荷香绾；梧叶忽惊秋落，虫草鸣幽。湖平无际之浮光,山媚可餐之秀色。寓目一行白鹭,醉颜几阵丹枫。眺远高台,搔首青天那可问;凭虚敞阁,举杯明月自相邀。冉冉天香,悠悠桂子。但觉篱残菊晚,应探岭暖梅先。少系杖头,招携邻曲。恍来临月美人,却卧雪庐高士。云冥黯黯,木叶萧萧。风鸦几树夕阳,寒雁数声残月。书窗梦醒,孤影遥吟;锦幛偎红,六花呈瑞。棹兴若过剡曲,扫烹果胜党家。冷韵堪赓,清名可并;花殊不谢,景摘偏新。因借无由,触情俱是。

夫借景,林园之最要者也。如远借,邻借,仰借,俯借,应时而借。然物情所逗,目寄心期,似意在笔先,庶几描写之尽哉。

(选自陈植《园冶注释》,中国建筑工业出版社 1988 年版)

【阅读书目】

1.梁思成:《中国建筑史》,百花文艺出版社 2005 年版。

2.潘谷西主编:《中国建筑史》(第五版),中国建筑工业出版社 2004 年版。

3.楼庆西:《中国古建筑二十讲》,三联书店 2001 年版。

4.刘敦桢主编:《中国古代建筑史》(第二版),中国建筑工业出版社 1984 年版。

5.童寯:《江南园林志》,中国建筑工业出版社 1984 年版。

6.刘敦桢:《苏州古典园林》,中国建筑工业出版社 1979 年版。

7.陈从周:《梓翁说园》,北京出版社 2004 年版。

【思考题】

1.中国传统建筑的特点有哪些?

2.古代建筑何以成为中国传统文化的组成部分?

3.中国传统文化对中国古代园林有什么样的影响?

4.苏州园林有哪些建筑特色?

5.你觉得古代建筑有哪些地方至今仍值得借鉴?

第十二章

中国官制

概　　述

　　官制，简单地讲就是设官分职的制度，即关于国家机关的建置、职掌，官吏的设置及其考选、管理的制度。中国古代职官制度是中国古代政治制度的重要组成部分。自夏代建立国家以来，经过几千年的发展，逐渐形成了一套沿革清晰、体系完整的职官制度。它不但影响了中国几千年的国家统治，而且在世界政治制度史上的影响也是广泛而深远的。比如西方的文官考选制度就是借鉴了我国科举选官制。韦廉斯（S. Wells Williams）在其《中国》（*The Middle Kingdom*）一书中曾这样说："中国政府中文武官吏所由产生的这种著名的考试制度，虽在古代的埃及或有类似的制度，但在古今任何一个大国中都可算是一种无可比拟的制度。"（转引自邓嗣禹《中国考试制度史》）。

　　由于古代职官历代建置不同，因革损益，情况繁复错杂，内容非常丰富。下面只简要叙述历代官制的发展和官制内容。

一　发展简史

　　中国职官是在原始社会末期的部落中逐渐产生的。那时的氏族首领或者酋长管理公共事务，以图腾为氏号，从神话记载中可以看到，包牺氏、神农氏、轩辕氏以龙、以火、以云纪官；也有以擅长的生产技能为官称的，如少曍部落群有重、该、修、熙四个亲属部落，重善于使用木质铲地的农具——耒耜，该善于使用加工金属制成的农具，修、熙善于防洪水，所以分别被奉为"木正"、"金正"、"水正"。随着生产力的发展，出现了阶级分化，夏朝建立了中国历史上第一个阶级王朝，正式揭开了设官分职的官制史的序幕。

　　关于古代职官发展阶段有多种说法，我们以秦代为界分两段讲述。

（一）先秦时期官制

因先秦史料不足，文献无征，大多为后人比附构设，所以讲官制一般从秦朝开始。为了了解职官发展脉络，秦以前职官，只能依据甲骨、金文以及比较可靠的文献，如《尚书》、《诗经》、《国语》、《左传》等为基础。

据《左传》成公十三年说："国之大事，在祀与戎。"即国家大事有二：祭祀的宗教活动和征战的军事活动。祭祀是先民社会的重要活动，主持祭祀的领袖就是一国君主，《左传》襄公二十六年说："祭则寡人"。同时也设置各种辅佐君主办理祭祀的官司，如甲骨文中称"卿史"、"大史"，古书里常称作"巫"。这些巫、史是神权传达者，"上帝"的旨意通过他们传达给君主，由君主下令执行。甲骨卜辞就是商代巫、史向上帝卜问的记录。

夏代废弃禅让制开始王位世袭制，政权为不平等的部落联盟，至商、西周逐渐发展为分封制。商、周两代官员分为内服、外服两个系统，内服是王的直接统治区域，外服是所封诸侯，形成了后世中央和地方政权关系的初期形态。

从西周到春秋，大约六七百年，巫、史地位下降，军政大权由王室掌握。王室的机构成为中央政府，诸侯、大夫的机构则为地方政府。中央政府有三公（太师、师傅、太保），权力最大。特殊情况下，如在王年幼或缺位的情况下，他们可以摄政，即代行王权。以卿士为首的政务部门，金文称"卿士寮"，他们担任了从巫、史手里分化出来的军事、行政、司法、外事等职务。"太史寮"，即以太史为首的神事、教育、秘书部门，它与卿士寮平行相处。卿士之下，开始有了明确的职务分工，但不具体。地方政府设置大约与中央政府相同。

春秋时期，周王室衰微，各国争霸，各诸侯国设官仍沿西周之制。战国时期，官制发生了巨大变化，开始形成了官僚制度。在整个国家机构中，巫、史和宗室贵族不占重要地位，而君主的臣仆和侍从上升到了主要地位。各国国君之下分设相将，分掌文武二柄。另外，还设官分职，有尉掌军事；御史为国君秘书；郎中掌宫内的传达和警卫；卫尉掌管宫门的禁卫；太仆掌车马；廷尉掌司法；主客掌外交；内史掌租税；少府掌山海池泽，供养国君，形成了官僚制度。地方行政制度分为郡县两级，以郡统县。

（二）秦至清末官制

秦汉官制上承战国，其后历代相沿，各封建王朝设官分职，一脉相承。从秦始皇开始，废除分封制，施行郡县制，各地政府官吏由中央委派，正式建立了中央集权的官僚制度。

秦汉以后历代行政体制大致可分为四个主要阶段：秦汉是封建中央集权行政体制的奠基时期，基本形成了中央和地方行政体系的框架和模式，其核心是"三公九卿"制；魏晋至隋唐在中央形成了"三省六部"制；宋元时期"三省制"向"一省制"过渡和转变；明清时期"内阁制"的形成标志着封建专制和中央集权的进一步强化。具体内容在下文作进一步介绍。

二 基本内容

封建君主专制时代,维持国家政权的力量主要集中在君权和相权。秦汉以降,各朝设官分职,虽有因革,但大体相沿不变。其主要特点是行政与司法不分,监察系统独立于行政系统之外,全国官制分中央和地方两部分。官制内容,大体可分中央行政制度、地方行政制度、武官职掌以及职官等级几方面,但作为封建国家元首的皇帝以及"位居一人之下,万人之上"的宰相,具有一定的特殊性,我们将其放在制度内容前,单独作一概述。

(一)皇帝

封建君主专制时代,历朝更替,但是皇位世袭制不变,以皇帝为核心,总掌国家军、政、立法、司法以及监察等大权,形成了帝王至尊的各种制度。例如,帝王称呼,战国以前,因"天人合一"、"君权神授"的思想占主导地位,夏、商、周时代的君主称"后"、"王",王被认为是执行上天旨意对人间进行统治,所以又称作"天子"、"天王"。不过春秋以后,周天子威权下降,王的名号不再至尊,有的诸侯国的首领也自称"王"或"帝"。至秦嬴政统一天下,确定了以"皇帝"为帝王名号。"帝"原指天帝、上帝,是主宰宇宙万物之神,"皇"字从金文上看是光辉、美丽、伟大的意思,是修饰形容"帝"的,"皇帝"连称就是"煌煌上帝"的意思。秦王使用"皇帝"一称,目的是为了提高君主的地位和神化君主的权力。随着皇帝名号的确立,与之相关的其他称号也作了相应的规定。皇帝自称"朕",臣民称皇帝为"陛下",皇帝的命令称"制"、称"诏",皇位的继承人称"皇太子",皇帝的正妻称"皇后",皇帝的母亲称"皇太后"等。与此同时也形成了后宫制度、东宫制度以及为皇室服务的机构。为体现和维护皇帝至高无上的权威和形象,还形成了极为复杂的宫室、舆服、宗庙、陵寝和礼仪等制度。如秦始皇建阿房宫,汉高祖建未央宫,极尽奢华,宫室的建造除了实用,更有象征意义,正如名相萧何所言"天子以四海为家,非壮丽无以重威"。在宫室、朝廷之上,君臣之间有一定的礼节,有专门的朝仪制度;外出也有排场车驾,叫做卤簿,有大驾、法驾、小驾之别;出入警跸,鸾旗在前,属车在后,威风凛凛,足显皇帝之尊严和威仪。秦始皇还为后世帝王立下了预修陵墓的先例,据司马迁描述,秦王骊山陵"以水银为百川江河大海,机相灌输,上具天文,下具地理"(《史记》卷六,《秦始皇本纪》),陵中充满了奇珍异宝。宗庙则是天下系于一姓的重要象征,历朝皇帝建置宗庙,以显一姓统天下的局面,是封建时代"家天下"思想的直接反映,如秦之嬴姓、汉之刘姓、唐之李姓等。

(二)宰相

封建君主时代制约皇权的主要力量是相权,其长官俗称宰相,君主下最高执政官的通称。具体的称呼历代名目很多。宰相之官是从国君的家臣发展而来，"宰"原为主掌膳馐之官，殷商置"太宰"，伊尹曾为汤之宰，其职虽在酒食，但在神权社会下，因注重宗教仪式，主持祭享的官独受尊崇，于是有机会进入国政。"相"原为宾赞之官，从春秋时开始成为官司之称，至战国时代有丞相、相国之名，成为主持政务之官。宰相位极人臣，非一司、一职之官，凡君主所治，宰相均参与，所谓"一人之下，万人之上"，宰相既是君主最高幕僚，又是百官之长。

历代宰相的称呼除了辽代曾作正式官名外，其他各朝代均非正式官名。秦时，宰相的正式官称是丞相，有时分置左右，以右为上，宦官担任丞相的称"中丞相"。如秦二世拜赵高为"中丞相"。

汉初沿袭秦制，以丞相或左右丞相为宰相之职。称相国者，地位稍尊；以御史大夫为丞相之副。汉武帝时，将实权移至内廷，形成所谓的"内朝"。丞相失去了最高决策权，内朝的尚书渐握实权。汉成帝时则以丞相、御史大夫（大司空）、大司马为三公官，统称宰相。

魏晋以后，尚书台（南朝梁改称尚书省）从内廷独立出来，成为中央执行政务的总机关。尚书台的正副长官尚书令、尚书仆射加"录尚书事"，为宰相之职。由于尚书台从内廷的文书机关变为外廷的行政机构，从魏晋开始另设中书省为文书处理机关，长官中书监、中书令亦为宰相之职。中书省因掌管机要，接近皇帝，其地位比尚书省更为重要，当时有"凤凰池"之称，诗文中也简称"凤池"。要注意，魏晋以后的中书令与汉代的中书令含义不同。汉代的中书令与尚书令是同一个职务的不同称呼，担任尚书令的是宦官，才能称中书令；魏晋以后中书令与尚书令是两个不同的职务，担任中书令的不再是宦官，而是士人。

隋唐两代，都不设丞相、相国。隋以三省长官（门下省纳言、内侍省内史、尚书省尚书令）为宰相之职。唐初，尚书仆射与侍中、中书令同为宰相，中宗以后，不加"同中书门下平章事"的，就不是宰相。尚书令，因唐太宗为秦王时曾任此职，其后不置，所以唐代以尚书左右仆射为宰相。唐代宰相名号之多，据杜佑《通典·职官三·宰相》："大唐，侍中、中书令是真宰相。（尚书、左右仆射亦尝为宰相。其间或改为纳言、内史、左相、右相、黄门监、紫微令等名，其仆射，贞观末始加'平章事'方为宰相。）其余以他官参掌者，无定员，但加'同中书门下三品'及'平章事'、'知政事'、'参知机务'、'参与政事'及'平章军国重事'之名者，并为宰相。"从唐玄宗开始，翰林学士加上"知制诰"头衔专门负责起草机密诏令，有"内相"之称。

宋代宰相之称也有多种变化。宋初，沿唐、五代之制，以他官带"同中书门下平章事"为宰相之职。元丰新制，尚书左仆射兼门下侍郎为左相，尚书右仆射兼中书侍郎为右相。政和间，以太师、太傅、太保为真相之任，少师、少傅、少保为次相之任。高宗建炎三年（1129），以尚书左、右仆射同中书门下平章事为宰相。

孝宗乾道八年(1172),诏侍中、中书令、尚书令设而不除,以左右丞相充其位。

元代中书省中书令,左右丞相、平章事,以及尚书省左右丞相、平章事为宰相。明洪武十三年(1380),因胡惟庸案,罢废宰相,取消中书省,归其政于六部,由天子直统。而设殿阁大学士以备顾问,以后内阁权日重,内阁大臣则成为不是宰相的宰相。清代则以军机大臣作为宰相的别称。

我国宰相制度,代有不同,然君相之间基本上是"君臣相须"的关系,宰相辅君主之不逮,君主倚宰相以治国。宰相之职是官僚制度的枢纽,因此受到君主有意的遏制,这就是宰相制度出现一变再变的原因。不过其变迁之中不脱"君主近臣,代起执政,品位既高,退居闲曹"的法则。

(三)中央行政制度

秦以后,中央政府开始明显地划分行政、军事、监察、宫廷服务四大系统;地方上有郡、县两级政府,这一框架体制沿至清代基本没有发生大的变化。自秦至清,中央行政体制的演变是由秦汉三公九卿制演变为三省六部制,明清时为内阁制。

三公九卿。"三公"属于宰相官属,上文已介绍,下面说说九卿。秦汉九卿的特点是君主家事与国事不分,政治事务与宫廷事务相混杂。九卿分别为:(1)奉常(汉景帝更名太常,王莽更名秩宗),掌管宗庙礼仪。属官有太史令掌管天象历法,太医令掌管医疗,以及博士(先为皇帝顾问、后专掌经学传授)。(2)郎中令(汉武帝更名光禄勋),管宫廷侍卫。其下属有掌议论的大夫,掌管皇帝侍卫的郎,以及掌引见传达的谒者等。(3)卫尉(汉景帝初曾改称中大夫令),掌管宫门警卫。(4)太仆,掌管皇帝车马,兼管全国的马政。(5)廷尉(汉景帝、哀帝曾更名大理,王莽更名作士),是最高的司法官。(6)典客(汉景帝更名大行令,武帝更名大鸿胪,王莽更名典乐),管理少数民族来朝事宜。(7)宗正(汉平帝曾更名宗伯),掌管皇族事务。(8)治粟内史(汉景帝更名大农令,武帝更名大司农,王莽更名羲和、纳言),掌租税赋役。(9)少府(王莽更名共工),本是与大司农相对的皇帝私府,掌管宫廷总务。

九卿之外,还有中尉(汉武帝更名执金吾)掌京师的治安;将作少府(汉景帝更名将作大匠)掌宫室、宗庙、陵寝及其他土木营建;将行(汉景帝更名大长秋)掌宣达皇后旨意和管理宫中事务。至南朝梁时发展为十二卿,其官署各以寺为称。不过南北朝时,诸卿职权已经逐渐转归尚书各曹。这是官制发展史上的一种进步。因为九卿之中,廷尉、典客和治粟内史管的是政务,其余六卿管的是皇帝私人事务,很少涉及国政,这是封建社会初期行政机构发展尚未成熟的表现。

三省六部。魏晋以后,中央各部门经历了一次大的变动,最突出的特点是尚书机构得到迅速发展。尚书台在魏文帝时由内廷改为外围的执行机构,而另设中书省,以中书监、中书令为首长,参掌中枢机构。南北朝时,又设门下省对中书省的权势加以遏制,这样就形成了中央尚书、中书、门下三省分职的制度,中书省取旨,门下省封驳,尚书省执行。[1] 尚书本是九卿中少府的属官,发展为尚书台后,事务增多,于是出现了分曹治事,每曹设尚书一人的制度。以后尚书各曹逐渐变为部,至隋代始定为吏、民、礼、兵、刑、工,六部,属于尚书省。唐避太宗讳,改民部为户部。六部是隋唐以后主要的政务部门。

六部职掌大致为:(1)吏部,掌官吏的任免、铨叙、考绩、升降、勋封等。(2)户部,掌户口、土地、赋税、钱粮、财政收支等。(3)礼部,掌礼仪、祭祀、科举、学校等。(4)兵部,掌全国军政。(5)刑部,掌全国司法行政。(6)工部,掌工程、营造、屯田、水利、交通等。六部的长贰官为尚书、侍郎。部下设司,司的长贰官为郎中、员外郎。属官有都事、主事等。

六部虽取代了秦汉九卿的大部分职权,但九卿的名称基本上维持不变,只是职权变小了,有的甚至完全不同。如太常,北魏称太常卿,北齐称太常寺卿,隋唐沿称。原所掌礼仪、科举之事归礼部,学校归国子监,天文历法归司天台,太常寺卿的主要职务只剩下祭祀等事。有的卿由于职务并入有关的部司,后来就裁撤了。

隋唐以后,中央各部门又陆续有些新的调整和变动。但直到清代,六部的机构和长官名称都相沿未改,职权范围也大体未变。

后世以《周礼》六官作为六部尚书的代称,如元明清户部尚书就别称为大司徒,刑部尚书别称大司寇。兵部尚书别称大司马等。

六部仿《周礼》六官,列表对照如下:

六部尚书	《周礼》六官
吏部尚书	天官大宰(冢宰)
户部尚书	地官大司徒
礼部尚书	春官大宗伯
兵部尚书	夏官大司马
刑部尚书	秋官大司寇
工部尚书	冬官大司空

三省制到宋代,形同虚设,只用于定官位寓禄秩。元世祖忽必烈即位,设立"中书省"总理全国政务,不仅总管内外百司,且统辖六部,三省制遂演变为一省制。明代朱元璋取消中书省,废除丞相,建立三殿两阁,长官称大学士,只协理政务,不掌握实权;到明嘉靖、万历年间,内阁制基本成熟,具有决策政务,草拟诏旨、荐官和封驳等大权。清代沿袭明代的内阁制,但始终不是完全的行政中

---

[1]　隋避国公讳,不用"中",改中书省为内史省。在唐高宗、武后和玄宗时,三省名称曾有几次改变;尚书省称中台、文昌台;中书省称西台、凤阁、紫微;门下省称东台、鸾台、黄门。

枢。清代中枢机构的重大变化是设立军机处。军机处直接秉承皇帝旨意,行动机密,办事迅速,保证了处理各种复杂事务的有效性,对提高行政效率起到了积极作用。

下面再说说史官、文学侍从、教官等。

史官古已有之。周代的太史掌天文历法,兼管国家图书。秦汉太史令仅掌天文历法,无修史之职。史书的修撰,由皇帝临时指定文学之士在东观进行,称为著作东观。而记载皇帝的言行,即修起居注,多由宫内女史担任,也有由皇后亲自撰写的。魏晋南北朝设专职史官,一般称著作郎,掌编纂国史,兼修起居注。隋在内史省设起居舍人,唐在门下省设起居郎,分掌修起居注之事。元代由集贤院兼管学校,给事中兼修起居注,与前代制度有别。从唐代始,设史馆,以他官兼任史馆修撰,由宰相监修国史。宋代史馆则称为国史实录院,有修撰、编修、检讨等官。明代史官并入翰林院,仍沿用过去的官号。

古代典章图籍在政务中占据很重要的地位。《论衡·别通》曰:"萧何入秦,收拾文书,汉所以能制九州者,文书之力也。"汉的麒麟阁,东汉的东观,都是禁中藏书之处。东汉桓帝别置秘书监,典司图籍。晋时先改监为寺,后改称秘书省,是国家图书馆。唐代一度称秘书省为兰台,这是因为兰台是汉宫的藏书之处。宋代把收藏图书和编修国史的单位合称为馆阁:馆指昭文馆、史馆和集贤院;阁指秘阁和龙图、天章等阁。明代馆阁之职并入翰林院,所以翰林院也就称为馆阁了。

翰林院之设,始于唐代,本是内廷供奉之处。唐玄宗初置翰林待诏[1],又改为翰林供奉,开元二十六年(738),再改为学士,另设学士院,命翰林学士供职其中,直属皇帝,成为皇帝的机要秘书。由翰林学士草拟的制敕、诏告称内制;而由中书省之中书舍人或知制诰(以他官撰拟诏旨)撰拟的诏敕,称为外制。总称为"两制"。

宋代对学士尤为重视,学士院改称翰林学士院,或称翰苑、禁林。因处宫禁,待遇优异,号称玉署、玉堂。宋代龙图、天章诸阁各置学士、直学士和待制,备皇帝顾问、参与论议或校订图书,后成为朝臣外调的加恩兼职,并不担任其职。宋代还有殿学士,这是授予旧相、辅臣的"职名",有观文殿大学士、学士,资政殿大学士、学士,端明殿学士。这类殿学士和阁学士都是表示优宠的虚衔。

明初置庶吉士,始分设于六科,永乐二年(1404)始专属翰林院,从新进士中选优异者考选,在院读书,以学士、侍郎等教习之。自学士至庶吉士,统称翰林。从此翰林才成为文学之士的专称,翰林院也正式成为外朝官署。清代翰林院不置学士,只在大学士、尚书中选满汉各一人为掌院学士,所属有庶常馆(庶吉士

---

[1] "待诏"一官始于汉,武帝时曾征召贤良文学待诏金马门,应制奏赋,备顾问。

深造之所)、起居注馆和国史馆。

古代还有博士、助教等官。秦汉博士为太常属官,掌通古今、备顾问。汉武帝设五经博士,并置博士弟子学习经术。以聪明威重者一人为博士祭酒。自三国魏开始,博士分专掌礼仪的太常博士和掌训教的诸博士,如五经博士、国子博士、太学博士等。博士作为国子学和太学的教官,设助教作为博士的副职,后代沿置,直到明清中央教育机构国子监还有博士和助教。

下面介绍一下作为独立于行政体制之外的监察系统,监察官和谏官。

监官是君主的耳目,代表君主监察各级官吏。谏官的职责是对君主的过失直言规劝,使其改正。随着君主专制的加强,谏官权力逐渐削弱,至清代统归入监官。监官与谏官,古代并称台谏,亦通称言官。

我国古代中央的监察官可以追溯到战国时代的御史。御史是记事之官兼纠察之职。秦与西汉设立御史府,以御史大夫为长官,御史中丞为佐贰。在内廷保管档案并监督百官的,称侍御史;出外监察郡县的称监御史。汉武帝时,分全国为十三部(州),部置刺史,以"六条诏书"考察郡县官吏。京师所在置司隶校尉,掌纠劾京师百官及附近各郡。遇有特别紧急的情况,皇帝临时派遣有诛杀之权的御史,称绣衣御史,或称绣衣直指。西汉末年,御史大夫改为大司空,御史府改为御史台,以御史中丞为长官,转属少府,成为专门的监察机关,别称兰台。唐高宗曾改称御史台为宪台。武则天时曾一度改御史台为左右肃政台,所以习惯把监察官称为台官。

唐代御史台分为三院:一曰台院,侍御史属之;二曰殿院,殿中侍御史属之;三曰察台,监察御史属之。对地方的监察,唐太宗分全国为十道(玄宗增置十五道),每道设监察御史一人。其具体职称,初称按察使,玄宗时改称采访使,肃宗时又改称观察处置使(亦称观察使)。中唐以后,节度使、观察使、刺史多加御史大夫或御史中丞衔,如入京为本官,即称"知台事"。在外兼任大夫、中丞的各使,也置御史为僚属,称为外台。

明清中央监察机构称为都察院。都察院创始于明朝,明太祖改御史台为都察院,都察院的长官有左右都御史,左右副都御史,左右佥都御史,其下有监察御史。监察御史可以居住在京城,也可以派到各省巡察地方。明自中叶以后,都察院的长官,也有派出提督军务、总监民政的,称为总督巡抚。清沿明制,巡抚例兼都察院左副都御史衔,故巡抚亦称都堂。

明朝除都察院以外,另设六科给事中,分监六部,也是一个独立的纠察机关。清雍正间改隶都察院,六科给事中遂与都察院合并。给事中分科,监察御史分道,故合称科道。科道皆由翰林编修、检讨、内阁中书、各部郎中、员外郎考选。

谏官的设置较监官为早。西周时虽无专职的谏官,但公卿大夫都有进谏之责。春秋初年齐桓公设大谏,为谏官设置之始。

秦汉时有谏官而无谏官性质的专门机构。西汉有谏大夫,东汉称为谏议大夫,是属于光禄勋的专职谏官。

魏晋以后,光禄大夫、太中大夫、中散大夫皆为优崇之号,无实职。晋始置门下省,以侍中、给事黄门侍郎为长官,掌殿内众事,因侍从君主,有参政献言之责。

唐重谏官,武则天时增置拾遗、补阙,各分左右,分属门下、中书二省。宋改补阙为司谏,改拾遗为正言,另从门下省分置谏院,以左右谏议大夫为长官,司谏、正言为其所属。

隋唐以来,和谏官同居门下省的有给事中,负责审阅各部奏章和封驳中书省所拟诏旨。宋初,于给事中之下,另设通进司与银台司,掌接受章疏并有封驳之责。神宗元丰以后,封驳仍归给事中,属门下省。给事中分治六房。给事中与谏议大夫都是谏官,合称给谏。

明清置通政使司,简称通政司,长官为通政使,掌内外章奏、封驳和臣民密封申诉之件。明代又采宋代给事中分治六房之制,定为吏户礼兵刑工六科,其主要职务为稽察驳正六部之违误。清雍正年间,将六科给事中并入都察院,都给事中改为掌印给事中。

(四)地方行政制度

西周实行分封制,地方长官为诸侯与大夫两级,诸侯的封地叫国,大夫的封地叫邑。春秋时地方行政单位是邑县,其长官名称各国不同,鲁、卫称宰,晋称大夫,楚称令尹。战国时期,以郡统县,成为郡、县两级地方行政。郡的长官称守,主掌军事;县的长官称令,主掌民政。

秦统一后,规定万户以上的县称令,万户以下的县称长。汉代地方制度沿秦之定制,以郡统县。京师所在的郡,秦置内史为长官,西汉分为京兆尹、左冯翊、右扶风(三者既是区划名称,又是长官名称),称为三辅,长官相当于郡太守。县有两级,一级的设县令,次级的设县长。其下有丞有尉,丞掌文书,尉掌治安,都算是"长吏"。汉代和郡平行的还有"国",是诸侯王的封地,设官开始仿中央,吴楚七国之乱后加以裁削,由中央派相处理行政。相和太守相当,都是二千石的官,所以汉代往往用二千石作为"郡国守相"的代称。

在地方官制方面,刺史的变迁最为显著。西汉的刺史是以最低级的中央官吏出外巡察,其地位虽远在郡守以下,却有纠劾郡守之权。汉武帝元封五年(前106),为了加强中央对地方的控制,除京师附近七郡外,把全国分为十三个刺史部(也称十三州),即冀州、兖州、青州、徐州、扬州、荆州、豫州、幽州、并州、益州、凉州、朔方、交趾。十三部虽属于监察性质,但却是行政区划设"州"的开始。到了东汉末期,改刺史为州牧,州与郡、县变为正式行政三级,而州牧也成为前所未有的高级军政长官。汉代郡守改称太守,后因兼领军事,所以有郡将之称。郡的属官除诸曹外,还有督邮、主簿等。古人还把刺史或太守称为使君,如柳宗元的《永州韦使君新堂记》,就是为永州刺史韦公写的。

魏晋南北朝时期的地方行政为州、郡、县三级,但因南北对峙,政权割据,州的设置范围越来越小,一部分州郡有名无实。隋代把东汉末年以来的州郡县三级改为州(郡)、县两级,或置州,或置郡,州郡无别,置州长官称刺史,置郡则仍称太守。州实际上相当于汉代的郡。隋唐县的长官统称令。

唐初在全国置十道,玄宗时增置十五道,作为中央对地方的监察区,略同汉代的州。每道派京官一人巡察所属州县,先后被称为巡察使、按察使、探访处置使、观察使。又沿袭魏晋以来的军区置都督府,都督加使持节称节度使,总揽一方军政、民政、财政和监察大权。节度使初设于边镇,后遍设于内地,形成藩镇割据的局面。

宋代废除藩镇制度,节度使只是优宠将帅大臣和宗室勋戚的虚衔。北宋初年,把全国分为十三道,不久改为“路”。宋代的路不同于唐代的道,一个路常常分属几个机构管辖,既有监察性质,也有行政功能。路下为府、州、军、监和县。宋代县令之名虽存,但是常另派朝官知(主持)某县事,简称知县;州政由中央派员前往管理,称为“知某州军州事”(“军”指地方军队,“州”指民政),简称知州。与州同级的还有府、军、监。府分京府和次府。京府的长官本称尹,因宋太宗赵光义曾为东京开封府尹而改为知府。军多设于冲要之地,监多设于矿区。军、监的长官也称为知军、知监。宋代没有太守,刺史也是虚衔。因此宋代诗文中如欧阳修的《醉翁亭记》中的太守,《丰乐亭记》中的刺史,都是沿用前代的旧称。

元代地方区划分为省、路、州、县四级。元代地方最高行政机构是行中书省,体制类似中央,也有丞相、参知政事等官。路设总管府,兼管军事与民政,置达鲁花赤、总管(或都总管)各一员。达鲁花赤是元代特殊的官称,蒙古语的含义是镇压者、制裁者、盖印者,转而有监临官、总辖官之义,主要是由蒙古人(参用少数色目人)担任,掌握实权。

明代的地方行政基本上是省、府、县三级。初沿袭元制,后改行中书省为承宣布政使司,简称布政司,但习惯仍称“省”,长官为左右布政使,掌一省之政。省的下一级地区为府,将元代的路都改为府。府的长官称知府,京府则称府尹。在省与府之间,也有道的设置。由布政使的佐官左右参政、参议分理各道的钱谷,称分守道;按察使的佐官副使、佥事分理各道的刑名,称分巡道。遇有战事时,派朝臣出巡地方,处理军务,称为巡抚。遇有军事问题牵连几省,巡抚不能解决时,则派总督处理。总督、巡抚都是临时差使,不算正式地方官。

清代的地方行政大体沿袭明制而略有不同。在省一级,正式以总督或巡抚为最高长官。总督别称制军、制宪、制台;巡抚别称抚台、抚军、抚院、部院、中丞。都督、巡抚并称封疆大吏,或疆臣、疆吏、岳伯。布政使、按察使为督、抚属官,并称两司。布政使掌一省的财赋与人事,别称藩台、藩司、方伯。按察使掌一省的刑名、监察,别称臬司、臬台、廉访;清末改为提法使,为一省最高司法行政长官。乾隆时,专设分守、分巡道,多兼兵备衔,管辖府、州,成为省以下府、州以上的高级行政长官,通称道员,别称道台、观察。省以下之府(直隶州)、县(散州),与明制同。

(五)武官

西周时期军政合一,王、侯、公、卿、大夫既管行政,也管军事。春秋时期晋国置中、上、下三军,三军将领由国君任命,这是武职设置之始,但三军将领仍兼掌政事。至春秋末期,将军才成为专职武官之称。战国时期,有的国家置大将军或上将军,作为军队的最高统帅。楚国以柱国(也称上柱国)为最高武官。

秦汉以后,武官的设置大致可分为三个方面:一是在皇宫、京师作警卫的军队将领;二是在中央机构中掌管军事行政的武官;三是出外领兵作战的将帅。西汉时太尉(即战国时期的国尉)掌全国军事行政,汉武帝改置大司马,东汉仍改为太尉。率兵作战的高级武官有大将军、骠骑将军、车骑将军、卫将军,后来又有左右前后将军。此外,还有临时设置的将军,如贰师将军,是对大宛作战时设置的。将军可以自己开府,其府属有长史(总理幕府)、司马(主兵马)、从事中郎(职参谋议)等。将军所领的军队分为若干部,置校尉;部下分曲,置军候;曲下分屯,置屯长。

魏晋以后,将军和校尉名目繁多,其中不少是虚衔。太尉、大司马、大将军都逐渐变为高级荣誉称号,作为加官、赠官或兼官,不掌军事实权。全国最高军事统帅为都督中外诸军事或大都督。权位最高的大臣出征时往往加以"假黄钺"的称号,即代表皇帝亲征之意。地方军政长官加"使持节"的称号,就拥有诛杀中级以下官吏之权;次一等的加"持节",可以杀无官职的人;再次则加"假节",可以杀犯军令的人。武职的幕僚多称"参军"(或参军事)。

唐代战时有元帅、副元帅为最高统帅,元帅常以皇子或亲王担任,副元帅常以有威望的大臣担任。为监视出征将帅,中唐以后多以宦官监军,称都监或都都监,最高级的称"观军容宣慰处置使"(简称"观军容使"),以掌权的宦官担任,实际上握有最高指挥权。唐代还有经略使、招讨使、制置使、防御使、团练使等武职,多由节度使、观察使、刺史等兼任。军队戍守之地,较大者称军,小者称守捉、城、镇,皆有使。

宋代正规军都称为禁兵。禁兵由三衙即殿前司、侍卫亲军马军司、侍卫亲军步军司分别统领,各置都指挥使、副都指挥使、都虞候等长官。三衙长官分别称为殿帅、马帅、步帅,合称三帅。南宋资历浅的担任称主管殿前司、主管侍卫马军司、主管侍卫步军司。三衙负责禁兵的管理和训练。教练武艺的军官称都教头、教头。禁兵的调动权归枢密院,由皇帝直接控制。枢密院为军事行政机关,长官为枢密使、枢密副使等。南宋初,三衙禁军事实上已不存在,陆续收编诸将所辖部队,称为御前军,设御营司,置御营司都统制作为禁军将领。以后凡出兵作战或派兵驻屯各地时,其统兵官称"某州驻扎御前诸军都统制",习惯上简称为某州都统制。其下有统制、同统制、副统制等。

明代的军队实行卫所制。卫是基本的军事编制。下设千户所和百户所。其长官,卫称指挥使,所称千户、百户,其下还有总旗、小旗。全国设中、左、右、前、后五军都督府,各设左、右都督和都督同知,分领在京卫所和外地都司、卫所。遇有战事,派总兵佩将印出征,事毕交印。总兵官本为临时差遣的军职,后渐成常驻地方的高级武官。总兵、副总兵一般以公、侯、伯及都督充任,挂印称将军者,权力更重。总镇一方的为镇守,独镇一路的为分守,各守一城一堡的为守备,与主将同守一城的为协守。明初在用兵时还派部院长官总督军务,事毕即罢,后渐成定制。有重要军务时,特设经略,职位高于总督。

清代的军队分为八旗[1]与绿营两个系统。八旗包括满洲八旗、蒙古八旗和汉军八旗;绿营兵也称绿骑兵,是清入关后招募汉人组成的。八旗兵分为"禁旅八旗"和"驻防八旗"两种。绿营兵驻守京师的巡捕营,归步军统领管辖。步军统领的全称为提督九门巡捕五营步军统领。通常辖八旗兵称统领,辖绿营兵称九门提督,实为一职。驻防八旗分别由将军、都统、副都统、城守尉、防守尉等统率。绿营兵大都分驻各省,由总督统辖的称督标,巡抚统辖的称抚标,提督统辖的称提标,总兵统辖的称镇标,将军统辖的称军标,等等。总督、巡抚、将军等都是兼职,实际各省的专职武官为提督、总兵、副将、参将等。清代在八旗兵、绿营兵之外,有时为镇压农民起义和少数民族起义,还在地方临时招募兵卒,称"勇",其军队称为"勇营"。清末又建立用新式武器装备并经过训练的练军,也称新军。新军的编制为军、镇、协、标、营、队、排、棚。军设总统,镇设统制(也叫镇统),协(旅)设领(也叫协统),标(团)设统带(也叫标统),营设管带(海军的舰长也用此称),队设队官,排设排长。

(六)职官等级

古代的职官有严格的等级制度,表示职官等级的有爵、勋、品、阶等数种。

爵,一般称爵位,是表示社会地位和物质待遇的一种尊号。西周爵位一般有诸侯、大夫、士三级,爵称同时也是官称。授爵多根据血缘亲疏或功劳大小,在许多情况下可以世袭。春秋战国时期,爵位制度发生很大的变化,除沿袭旧

[1] 八旗:正黄、正白、正红、正蓝、镶黄、镶白、镶红、镶蓝。四种镶色旗是增设的。"镶"指在原纯色旗的周围,再以别种颜色镶边。黄、白、蓝三色,均镶以红边,红色的镶以白边。八旗有一定次序,以镶黄、正黄、正白为上三旗,正红、镶白、镶红、正蓝、镶蓝为下五旗。

制外，又有按军功、职位、才能授爵的新制度。战国时各国的爵称一般有君、侯、卿（上卿、亚卿、客卿）、大夫（五大夫、上大夫、大夫）等。执圭是楚国特殊的爵称。秦国还有专门奖励军功的二十等爵[1]。

汉代宗室封爵分为王、侯（县侯、乡侯、亭侯）二等，功臣的封爵沿用秦的二十等爵。汉初异姓也封王，异姓受封者通称列侯。汉武帝时另设武功爵十七级，有造士、闲舆卫、良士、元戎士、官首等名目，与二十等爵并行，不久废。

魏晋以后，历代宗室和功臣的封爵大多以王、公、侯、伯、子、男为号。晋宋以后，爵号加"开国"字样以示尊贵，例如乐安郡开国公，曲阜县开国子，称为开国爵。不加"开国"的称为散爵。有的朝代还封给功臣以特殊的荣誉称号，如宋朝有推忠、佐理、协谋、同德、守正、亮节等，明朝有开国辅运推诚（佐太祖定天下者）、奉天靖难推诚（从成祖起兵者）等。明清皇室封爵和异姓封爵不同。

皇帝的妃嫔、女儿、姐妹、姑母及大臣的母、妻等也大都有封号，其意义与爵位略同。宫廷内妃嫔等称为内命妇，宫廷外的公主及大臣母、妻等称外命妇。

勋，通称勋官，是为奖赏有功人员所定的称号。其制始于北周，至唐定制，共十二转（十二转，视正二品），转多为贵，受勋者即称勋官。有上柱国、柱国、上护军、护军、轻车都尉、骁骑尉等，共十二级。后代沿袭唐制，只是品级略有不同。明代有文勋、武勋，文官勋号除"柱国"外还有正治卿、资治尹之类。武勋第一级为左右柱国，其余各级与唐勋官称呼同。文、武勋的第一级都是正一品。清代勋官合并于爵位。

品，古代把职官分为若干等，通称为品。西周时官有九命之别，九命最高，一命最低。汉代以禄秩的多少表示官的等级。有万石、中二千石、二千石、比二千石、千石、比千石、八百石、比八百石等级别，最低的为斗食（全年不满百石）。例如九卿是中二千石，刺史太守之类是二千石，县令是千石到六百石，禄石不同，月俸收入不同。每一种官职都有固定的俸禄级别，所以有时以俸禄级别指官职，如郡守俸禄为二千石（每月一百二十斛），二千石遂成为郡守的通称。从魏晋开始，官分九品，以一品为高，九品最低。南朝梁定十八班，班多为贵，与九品并用。隋唐时九品至一品官称为流内，九品以外的职官称为流外。流外官经过考铨转授流内官称为入流。流外亦有品级，以处胥吏，明清则总称未入流，不分品级。

阶即阶官，又称散官，宋朝称寄禄官，是表示官员实际等级的阶位和称号。汉代以前，官的等级与担任这种职务的人享受的官级待遇是相等的。魏晋以后，出现了"有名无职"的官称，如特进、光禄大夫、中散大夫及一些散号将军等，这是授予那些年老有病的旧臣或有战绩功勋之臣，仅作为领取俸禄和享受某种

---

[1] 二十等爵，其称号是（由低往高）：公士、上造、簪袅、不更（以上四等相当于士）、大夫、官大夫、公大夫、公乘、五大夫（以上五等相当于大夫）、左庶长、右庶长、左更、中更、右更、少上造、大上造（即大良造）、驷车庶长、大庶长（以上九等相当于卿）、关内侯、彻侯（以上二等相当于诸侯）。

礼遇的依据,不需负实际职责,这样的官叫做散官。唐代把散官的名号加以整理补充,定出等级,用作标志官员身份级别的称号,叫阶,又叫"阶品"或"散阶",通称为阶官。阶官有文散阶与武散阶之分。文散阶二十九阶,如从一品曰开府仪同三司,正二品曰特进,从二品曰光禄大夫等。自从二品至从五品下都称某某大夫,自正六品上至从九品下都称某某郎。武散阶四十五阶,如从一品曰骠骑大将军,正二品曰辅国大将军,从二品曰镇国大将军,以下多以将军、中郎将、郎将、校尉等为号。叙阶之法,有封爵、勋庸、劳考等多种依据,不完全按照现任职务的高低,因此,阶官与职事官的品级不一定相符。唐宋时阶官高于职事官,则在职事官前加"行"字,阶官低于职事官,则在职事官前加"守"字,阶官比职事官低二品则加"试"字。明代阶官与职事官已逐渐接近,至清代则职居几品,即授几品阶官,无散官之名,但亦可特授较高级的阶官。

■ 专　题

科　举

　　科举制度是中国历史上考试选拔官员的一种基本制度。由于它一直实行的是"自由报名、公开考试、平等竞争、择优取士"的原则,给广大中小地主和平民百姓提供了科考入仕的机会。科举制度不但在我国历史,乃至世界历史上都是具有开创性的人才选拔制。它对日本、越南、韩国等东南亚国家有着直接影响,还通过欧洲传教士介绍到了欧洲,后来欧美各国采用的文官制度,其考试原则和方式与科举制度极其相似,很大程度吸纳了科举的优点。

一　科举前之选官制度

　　为政之道在于得人,招揽贤才,使"贤者在位,能者在职"。那么历史上招才选能使用过哪些方法呢?从历史看,自古官人登进之法,大要有三:春秋以前,出于世官;汉隋之间,出于选举;隋唐以降,迄于有清,出于科举。

　　《礼记·礼运》篇有这样一句话:"大道之行也,天下为公,选贤与能,讲信修睦。"古代"与"通"举"。其中"选贤与能"即所谓选举,不过这里是指国家产生以前的原始社会民众选举首领的情况。夏商周三代,主要实行"世卿世禄制",后来也可能辅以"乡举里选"制。《周礼·地官·乡大夫》讲到三年举行一次"大比",以考查乡人的"德行道艺",选拔贤能的人才,被乡里荐举出来的人叫"秀士",这就是所谓的"乡举里选"。不过西周时基本是"世禄世卿制",这种选士方式在当时范围很有限。战国时期,贵族世袭官职的制度基本上被废除了,除君主以外,其他官职都不能世袭,而由君主随时任命或撤换。秦统一中国,对士人采取消灭的政策,想靠狱吏进行统治,结果秦王朝很快就覆灭了。

汉代为了选拔人才,高祖曾下求贤诏,表示"贤士大夫有肯从我游者,吾能尊显之"(《汉书·高帝纪下》)。选举与辟召是官吏登用的重要途径。辟召是指因才高名重,由国家直接征召使用。选举是指通过中央的大臣或地方长官考察乡党的舆论,选择人才,推荐到中央,再参加相关形式的任用考试制度。由于后代创立科举制度,为辨别起见,也称作"察举"。察举的科目很多,常见的有贤良方正、秀才(茂才)、孝廉、明经等。汉代的察举,实权掌握在公、卿、守、相手里,所举的科目,又以道德品行为重,考试虽间有使用,但不受重视。

魏晋以后,汉代的察举制发展为九品中正制(或九品官人法)。九品,是指将察举的对象分为九等(即九品),政府按等录用。九品中正制本来是为了品评人才的优劣,以便选人授官,但晋朝以后,由于担任中正的都是"著姓士族",人物品评全被豪门贵族操纵,因而出现了"上品无寒门,下品无势族"现象,九品中正制实际上成了门第高低的标志了。隋代废除九品中正制,大小官吏都由中央任命。选士由朝廷用公开考试的方法甄别选用。这是科举考试制度的开始。

二 科举制度的沿革

一国大政,大抵有"用人"与"行政"二端。行政的运作是否良善则看用人是否得当;而用人标准,惟有考试制度才是最公平的。科举制度就是因魏晋"九品中正制"造成门阀世族之弊政,从而创立的自由竞争,公平合理的用人制度。科举制创始于隋,确立于唐,完备于宋,延续至元、明、清达1300年之久,作用重大,影响深远。

隋——科举初创期。隋代创制科举,在于炀帝别设进士一科,《旧唐书·杨绾传》:"近炀帝始置进士科,当时犹试策而已。"这是科举制真正开始。这里的进士科,是考试的科目,而不是荐举的科目,是有特殊意义的。隋设进士、明经二科取士,由于尚属初创阶段,缺乏系统规模。

唐——科举确立完善期。唐代继承并大大发展了隋代科举制度。考试的科目,分为常科与制科两类。常科每年举行,科目有秀才、明经、进士、俊士、明法、明字、明算等五十余种。

常科的考生有两个来源:一是生徒,一是乡贡。生徒指由京师及州县学馆出身选送于尚书省受试者;乡贡则不由学馆,而是经州县考试,及第后再送尚书省应试者。州县考试称为解试。尚书省的考试,通称省试,或称礼部试。礼部试都在春季举行,故又称"春闱",闱是考场的意思。由乡贡入京应试的通称"举人"，唐人常说"举进士"。凡参加进士科考试的人，习惯就称为进士，后来秀才科废除，也常常称作秀才。举人、进士、秀才在唐代几乎是同一个含义，与明清时期的意义有很大差别。

主持考试的，本来是吏部考功员外郎，唐玄宗开元二十四年（736）以后，改为礼部侍郎。有时皇帝临时委派中书舍人等清要官吏主持，称为"知贡举"。

考试的内容、形式和录取的标准，各科不同。进士科重文辞，明经科重经术。唐高宗武则天以后，进士科最为社会所重。进士科以考诗赋为主，此外还考时务策等。诗赋的题目和用韵都有一定的规定，诗多用五言六韵（近代变为五言八韵），有一定的程式，一般称为试帖诗。

考试能否合格，不完全依据当时的成绩，还要有当世显人向考官推荐奖誉，才有及第（及格）的希望，故有"投状"之举，即考前要将自己认为不错的文稿投给显要达官过目，以得到奖誉推荐。因此考中第一名有"状头"、"状元"之称。

科举考试合格叫及第，或擢第，或登第，或登科，也单称"中"。常科考试及第以前的士人，称"白身"、"白衣"、"布衣"。唐代进士及第称为"进士第"，或"前进士"，最为荣耀，被视为"登龙门"，誉称为"白衣公卿"或"一品白衫"。考中的士人称考官为"座主"或"恩门"，对座主自称"门生"，同时及第的互称"同年"。

唐人常科及第后，只是有了"出身"，即有授官资格，须经吏部考试，考试合格，才能授官。韩愈虽然进士及第，但是因吏部考选未中，没能得官。为此，他曾以"前乡贡进士"的名义三次上书宰相求仕。

吏部试称为"释褐试"或"关试"，考试内容包括身（体貌丰伟）、言（言辞辩正）、书（楷法遒美）、判（文理优长）四项。试判登科，叫做"入等"。如选人未满，试文三篇，叫做"宏辞"，试判三条，叫做"拔萃"，考中的即授官。凡通过吏部考试的，均发给授官凭信，称为"告身"。出身不同，初授的品级也不同。

唐代的制举，是由皇帝特诏举行的考试。应试者可以是已有官位的人，也可以是常科及第的人，还可以是庶民百姓。考试内容，开始仅策问，玄宗时则加试诗、赋。制科考试，通常由皇帝亲自主持，考期不固定，科目由皇帝临时决定，有贤良方正直言极谏科、才识兼茂明于体用科等一百余种。唐代制科考试合格后，可以直接授予官职。

从授官的规定来看，制科及第最优，其次是秀才，再次是明经，最次是进士。而进士及第却最难，大致是一百人取一二名。尽管如此，士人所重，惟进士一科。不由进士出身的，终不为美，制科出身反而被视为"杂色"。

常科、制科之外，从武则天开始，又有武举，由兵部考试，考试的项目有马射、步射、负重等，高第者可以得官，但选用之法不足道，人们并不重视。

宋——科举改革完备期。科举制到宋代更加完备，在考试制度方面作了不少重要改革。礼部考试，主考官由皇帝临时任命，加强了皇帝对人才选拔的控制权。从宋太祖开始,正式建立了殿试制度,常科分州府试、礼部试、殿试三级。废除了唐代"公荐"制度,严格考试程式,特别是推行弥封、誊录法,保证了科举考试中"一切以程文为去留"这一公平竞争原则的实施。神宗时,王安石建议废明经等科,只保留进士科。考试的内容和方式,取消唐代偏重记忆的帖经[1]、墨义[2]等考试方法,注重经书义理的阐明。王安石变法期间,还实行学校与科举相结合的制度。在太学中颁行三舍法,即分外舍、内舍与上舍。根据考试成绩,外舍生优秀者升内舍,内舍生优秀者升上舍。上舍生上等可以不经殿试直接取旨授官,中等免省试,下等免解试。

宋太宗时,殿试后分五等三甲放榜。一、二等称"及第",三等称"出身",四等、五等称"同出身"。北宋时,殿试第一名称榜首,第二、三名称榜眼,一二三名都可称状元。南宋以后,始称第一名为状元,第二名为榜眼,第三名为探花。宋代只要读书好就能通过科举踏上仕途,所以有宋可称为科举社会。

元代——科举制度暂停期。蒙古人灭宋后一度不举办科举,至元仁宗延祐二年(1315)才再次开办。元代科举考试蒙古、色目人与汉人、南人分开,重经义而轻诗赋。经义在四书《大学》、《中庸》、《论语》、《孟子》内出题,以朱熹《四书集注》为准。以朱注四书试士,从元代开始。元朝自仁宗至顺帝时灭亡止,科举时办时废,元科举所选人材常常未受到足够的重视。

明清——科举制度鼎盛期。明清是科举制度极盛时期,也是走向衰亡的时期。两朝制度,大体相同。其一个重要的特点是学校与科举结合更加紧密,科举必由学校。

明清的学校有两种:国学和府、州、县学。国学是中央一级的学校,府、州、县学是地方学校。国学初名国子学,后改称国子监,入国子监学习的,通称监生,或称国子监生。监生是一种出身,可以得官,也可以通过科举做官。监生因来源不同,也有各种名目,大体有四类,即贡监、荫监、举监、例监。

贡监是指以贡生资格入国子监读书的。而贡生,明代分为岁贡、选贡、恩贡、纳贡四种。每年或两三年从府、州、县中选送廪生入监读书的,称为岁贡。岁贡大都挨次升贡,所以又称"挨贡"。于岁贡之外考选学行兼优的生员充贡,称为选贡。遇皇室庆典,根据府、州、县学岁贡常额,特许加贡一次,称为恩贡。生员纳捐入监的称纳贡。清代的贡生有六种:岁贡、恩贡、优贡、拔贡、副贡和例贡。前五种都算正途出身,总称五贡。副贡是指在乡试录取名额之外列入备取的,可直接入国子监读书,此为明制所无。例贡与明代的纳贡性质略同,不算正

---

〔1〕 帖经:相当于现代考试的填空与默写。考官从《五经》中任意选取中的任意一行,用纸条遮盖其中的几个字,要求考生将其默写出来。

〔2〕 墨义:相当于现在试卷中的简答题。是围绕经义及注释所出的简单问题。题目多达二三十以上。

途,所以在五贡之外。

荫监有两种,明代称官生、恩生,清代称恩荫、难荫。按父辈品级取得监生资格的叫官生,不按品级而由皇帝特给的叫恩生;现任大官或遇庆典给予的叫恩荫,由于先代殉职而给予的叫难荫。以举人资格入监的(会试未及第)称举监。由普通身份(非生员)捐纳取得监生资格的称例监。

府、州、县、卫所设立的学校,一般称为郡县学,也称儒学。凡经过本省各级考试考入府、州、县学的,通称生员,别称庠生、秀士、博士弟子员,俗称秀才。这是功名的起点。取得生员资格的入学考试叫童生试,简称童试,也称小考、小试。童生试包括县试、府试和院试三个阶段。应试者无论年龄大小,均称童生,或称儒童、文童。院试合格以后才能称生员。县、府、院试第一名都称案首。生员分为三等:廪生、增生、附生。由官府供给膳食的称廪膳生员,简称廪生,有一定名额。定额生员之外增加的称增广生员,简称增生,地位次于廪生。于廪生、增生之外再增名额,附于诸生之末,称为附学生员,简称附生。后来凡初入学,只称附生,廪生、增生由岁、科两试成绩优秀者补充。

生员在学习期间,还要参加两种考试:一种叫岁考,一种叫科考。这两种考试都由提学官(清代为学政)主持。清代制度:凡科考一、二、三等及小省前五名、大省前十名准送乡试外,其余之考三等者,或因故未考者,以及在籍之监生(一般指例监)荫生、贡生名不列于学官,不经科考者,均须由学政考试,名为录科。经过录科录取的即可参加乡试。凡生员参加科考、录科未取,在乡试前再行补考一次,名为录遗,经过录遗录取的亦可参加乡试。

明清正式的科举考试为乡试、会试、殿试三级。乡试之年为大比之年,因考期在秋季八月,所以乡试又称"秋闱"。凡本省生员与监生经科考、录科、录遗考试合格者,均可应试。明初惟两京乡试选派翰林官任主考,各省则由教官充任。万历以后,始定为翰林或科、道官派往。清代主考分正、副,协助主考的有同考官,因在闱中各居一房,又称房考官,简称房官。主考、同考官外,又有监临官,主要职务是监考,一般由巡抚充任。此外还有提调、监试、收掌等官。所有参加乡试的官员,统称帘官。帘官有内、外之分。内帘包括主考、副主考及管理试卷的提调等官;外帘包括监临、外提调等官,负责管理考场事务。

逢子、午、卯、酉年举行乡试,辰、戌、丑、未年举行会试。乡试分三场,八月初九日第一场,十二日第二场,十五日第三场。乡试考中的称举人,俗称孝廉,第一名称解元。会试于乡试后的第二年二月(乾隆间改为三月)在礼部举行,也考三场,日期与乡试同。参加会试的是各省的举人。会试的主考官称总裁,一称座主或座师,管考试;房官俗称房师,管阅卷。考中的称贡士,俗称"出贡",别称明经,第一名称会元。殿试在会试后同年三月初(乾隆间会试改为三月,殿试则为四月)举行。应试者为贡士,由皇帝亲自主持,协助的有读卷、提调、监试等官,只考时务策一道。录取分三甲:一甲取三名,赐进士及第。第一名称状元,也称殿元;第二名称榜眼;第三名称探花,合称三鼎甲。状元居鼎甲之首,别称鼎元。二甲赐进士出身。三甲赐同进士出身。二、三甲第一名皆称传胪。一、二、三甲通称进士。如果一个人在乡试、会试、殿试中都考取第一名,就叫作"连中三元"。进士榜称甲榜,或称甲科。进士榜用黄纸书写,所以叫做黄甲,一般也称为金榜,中进士称为金榜题名。

明清两代,进士、监生、举人可以按不同情况授予一定的官职。状元授翰林院修撰,榜眼、探花授翰林院编修。二、三甲进士参加朝考,考论诏奏议诗赋,选擅长文学书法的为庶吉士,庶吉士在翰林院内特设的教习馆(亦名庶常馆)肄业三年,期满后举行"散馆"考试,成绩优良的分别授翰林院编修、翰林院检讨,其余分发各部任主事,或分发到各省任知县。

三 科举制度的影响

科举制度在中国实行了整整1300年,对隋唐以后中国的社会结构、政治制度、教育、文学、语言,民俗、艺术等均有很大的影响。

首先,科举对维持社会稳定,巩固封建统治起了很大作用。科举允许考生"投牒自进",特别是宋代开始,基本做到了不论出身、贫富皆可参加。不但拓宽了选才的基础,也让处于社会中下阶层的知识分子有了通过科考进入社会上层的机会,这对于维持社会的稳定来说无疑起到了相当大的作用。科学以来,千万学子,皓首穷经,渴望"金榜题名",踏进仕途,光宗耀祖,这反映了科举也是一种用于巩固统治,笼络、控制读书人的有效方法。史书记载,唐太宗见新科进士鱼贯而出,大喜道:"天下英雄尽入吾彀中矣!"

第二,科举为中国历朝发掘、培养了大量人才。虽然登科的进士并非全是有识之士,但是通过科举的确选拔出了一批经世致用的杰出人才,这在唐、宋时期表现尤为突出。例如北宋名臣王禹偁、寇准、范仲淹、包拯、欧阳修、王安石、苏轼、苏辙、沈括等都是进士出身。其中王禹偁、范仲淹、欧阳修等出身寒微,完全是通过科举进入仕途的。明朝英宗之后,"非进士不进翰林,非翰林不入内阁",科举成了高级官员必经之路。

第三,科举对文化教育事业起到了巨大推动作用。科举考试极大地激发了人们勤奋读书的热情,中央官学、州县学、书院及各种乡村私塾空前发展。教育的发展有力地推动了社会文化水平的提高。读书人中除少数人进入仕途外,大多数都在各地讲读经书,从事知识的传授工作,繁荣了全国的教育。而这些读书人代代传授的都是封建王朝钦定的"圣贤书",无形中也起到了维持各地文化及思想的统一作用。

第四,科举对于文学、语言、习俗、民间艺术等方面也有相当大的影响。科举制直接促进了唐诗、宋散文的繁荣,及"考试文学"——八股文、策论的兴盛。古代文学作品中,科举入仕的情节是故事发展主要的影响因素。其中具有代表性的作品,如唐传奇《莺莺传》(即后来的《西厢记》)、《霍小玉传》等,是两出典型的科举制度下的爱情悲剧。明清兴起的"八股文",虽然其形式束缚了考生的思想发挥,但是从写作学角度看,它的起、承、转、合写作方式还是很有实用价值的。

在科举考试制度的形成和演化过程中,出现了大批科举术语,丰富了汉语词汇系统。有些词语流传至今仍有生命力,如"秀才"、"状元"、"冒籍"、"枪手"、"关节"、"糊名"、"鼎甲"等;还有习语、谚语、民谣和成语典故等,如"槐花黄,举子忙"、"十年寒窗无人问,一举成名天下知"、破天荒、五子登科、蟾宫折桂、夺锦标、雁塔题名、独占鳌头、连中三元、名落孙山、沆瀣一气,等等。

科举事关权位、声望、荣誉、财富等,是整个社会关注的焦点。每逢大比年份,特别是乡试前后,设有贡院的省会城市都处于一种节庆热闹的氛围中,而发榜的时刻,更是当地的重要日子。科举时代流行新科举人、进士等举办宴庆活动,唐代乡试毕,地方长官设乡饮酒礼款待举人,举行"鹿鸣宴"。这一礼俗沿至明清。唐代,朝廷还特赐新及第进士及诸科举人,称为"闻喜宴"。宋代则赐宴于琼林苑,称"琼林宴"。元代改称"恩荣宴"。科举还影响到了婚俗。如嘉兴旧时农村结婚时要吃状元糕,新娘至新郎家门前时,地上依次铺五张麻袋,寓意五子登科,陪伴新郎新娘的喜娘要吃"状元花烛饭"。

因科场竞争激烈,又有各种偶然因素,所以社会上还流行着科名前生注定的观念,所谓"名第者,阴注阳受"。讲究运气,流行求神拜佛。科举时期迷信魁星、文昌星。每年的二月二日(有的地方是三日)文昌诞辰之日,清代士人有文昌会的活动。赴京应试的举人往往在会试之后,发榜之前到北京正阳门前关帝庙(俗称前门关庙)抽签问卜。在贡院中,考官往往也有祭拜关帝和文昌帝的仪式。

科举意识还渗透到一些民间艺术作品中,它们大多通过谐音、联想、暗示等隐喻手段表达与科举考试相关的美好祝福。如年画"鲤鱼跳龙门"、剪纸图"独占鳌头",均寓意科举及第。"喜得连科"剪纸图案是喜鹊站在莲藕边,谐音莲藕为连科。也有在儿童佩戴的银锁片上刻有"三元及第",预祝前程美好。在瓷画、雕刻艺术方面,科举时代流行某些吉祥图案纹饰。如"一鹭莲荷"喻指"一路连科",祝愿举子每考必中。莲荷象征着科举功名。

在高度评价科举进步作用的同时,也要看到它存在很多弊病,特别是清代后期表现尤为突出。

首先,考试内容的老套、陈旧和考试方式的僵化,完全不利于选拔经世致用的人才,同时也埋没和耽误了大批杰出人才。从明代开始,科举考试的内容限于朱熹注的四书五经,形式只用"代圣人立言"的八股文。这大大影响了读书人的知识结构、自由思想以及创造能力。经过选拔的知识分子,大多思想迂腐狭隘,缺乏真才实学,只是依附、隶属于君主统治思想的产品。还导致许多具有各种特殊才能的精英屡屡科场失意,如李时珍、吴承恩、文征明、蒲松龄等。更有大量一生困厄于科场,虚耗光阴,像"孔乙己"之类的牺牲品。

第二,科举败坏了世风,导致官场腐败。在科举功名的诱惑下,士人为登龙门费尽心机,不择手段,以致世风日下,败坏士人心。由于应举者多而录取的名额有限,很多举士不得不靠关系、通关节、走后门。唐代贿官请托现象非常严重。宋代采用弥封、誊录、锁院制后有所遏制,但科场舞弊现象一直存在。请托贿赂之风、座主门生裙带关系等直接导致了官场腐败和社会混乱。

第三,科举导致中国近代学术思想落后,科学技术停滞不前。明清以来,由于只重形式的八股成了功名的敲门砖,社会上形成了脱离实际的学风。一些知识分子,无法在学术上进行创新,严重阻碍了学术文化的发展。科举一直以经学作为进身的阶梯,视自然科学为末流,这也是近代中国自然科学落后的重要原因之一。

▉ 文　选

八股文形式的解剖

启　功

一　题目

八股文既以《四书》题为主要内容,以下俱以《四书》题为例。

字数少的题,又称"小题",多句或全章的题称为"大题",有一字至一句的,如"战"(《论语》)、"妻"(《孟子》)、"是也"(《论语》)、"匍匐"(《孟子》)、"少师阳"(《论语》)、"去其金"(《孟子》)、"节彼南山"(《大学》引《诗经》)、"子路不说(悦)"(《论语》),至于五字或再多的,不再举例。有一句的,如前举"节彼南山"、"子路不说",都是整句,如"战"、"妻"等就是句中摘出的一字了。

还有两句三句以至全章的,全章中有的可分几节,例如"学而时习之,不亦说(悦)乎;有朋自远方来,不亦乐乎;人不知而不愠,不亦君子乎"即是一章中分三节。出题为了简单,只写"学而时习一节",或"学而时习二节"(即至"乐乎",或写"学而至乐乎")。若写"子曰学而全章",则是自"子曰"至"君子乎"了。

"战"是摘"子之所慎斋战疾"句中的一字,"匍匐"是截去"匍匐往"的"往"字,还有整句中截去半句的,固然都等于儿戏,即使那些一章中取一节或两节的,也已不是孔子、孟子诸人当时的完整意思了。

还有更荒唐的是截搭题,即截去一句的头尾,或前一句的尾搭上后一句的头,或截前一章的尾搭后一章的头,更有隔篇截搭的。举例来看:"王速出令,反其旄倪,止其重器。"是孟子对齐宣王说的。有人只取"王速出令反"五字,于是考生都作成王快出命令使人造反,成了笑柄。这是上下句的截搭。"异邦人称之亦曰君夫人"是《论语·季氏》篇的末句,"阳货欲见孔子"是《阳货》篇的首句。有人截成"君夫人阳货欲",就更不像话了。

大家习知截搭题为儿戏,却不想即出单句,原意也不完整。但这类出截搭题法是怎么来的呢? 因为整段整章的题,前代人几乎都作过了,考生念过,遇到同题,可以抄用。考官很难记得那么多,辨别那么快。于是出这种缺头短尾、东拉西扯的题,可以杜绝考生抄袭的弊病。这也是清代后期这种现象才渐渐多了的缘故。不难想象,如果在雍乾时代,法令严苛,像那出"王速出令反"之类儿戏题的人,后果就不堪设想了。

二　破题

顾名思义,"破"即是解开、分析的意思,翻译密码叫做"破译";猜谜语,叫做"破谜"。文章开篇专把题义点明,叫做"破题"。从唐代人作律赋、宋代人作经义,直到明清人作八股文,开始点明题义的那几句话,都被称为破题,只是唐宋人作法没有明清人在八股之中那样死板罢了。

怎说死板? 八股文的破题,规定只用两句。也有三句的,多半是有一个长句中有略顿处,像是三句的。这两句主要是概括题义、解释题义,但又不能直说题义。直说的等于重复说一下,叫做"骂题"。作得好的,常是既透彻又概括。很长很复杂的题目,要用简单的两句把它点明;短到一两个字的题目,也要用比题字多几倍字数的两句话把它说透。

在科举考场中,考卷数多,阅卷人少。题目一律,文体一律。阅卷的时限又短促。每日要看若干本。阅卷人的精神情绪,不问可知。所以有人阅卷,一看破题已可预见到全文的水准。很简单,一本卷子,头两句即不通顺,下文怎能忽然变好? 况且即使后边较好,而开头不通,一座没顶的房屋,也难算合格。因此阅卷者的注意力很自然地多投在破题部分。作者对破题部分也多煞费苦心,极力把它作好。还有仓卒之间测验一个人才智,出一题令被测验的人去"破",破得好,便过了这一关,可以算是最短最快的考试,前人记录的也非常多。

从实质上说,这种破题的作法,和作谜语极其相似。有谜面,有谜底。破题两句即是谜面,所破的题目名字即是谜底。进一步讲,整篇的八股文几百字就是谜面,题目那些字即是谜底。因为少数的几个字或几句的孔孟的话,翻来覆去硬敷衍成篇,不过是用变着花样的字面(字、词),挖空心思的论点,上下左右、正反前后地开辟通道或堵塞漏洞。从其中看出被考的人对《四书》和朱熹的注解念得熟不熟，钻得透不透，想得全不全。出题人拿出一字半句，类似零头碎块，作者也能把它说全，说圆，说得天花乱坠。这样的士子"说谎"和"圆谎"的技能才算及格，才是可靠的官员材料。什么是"圆谎"，比如说"惟天为大，惟尧则之"，尧学天，谁知道，谁看到。如遇此题，也要写得逼真活现，岂非圆谎！下面举些破题的例子：

"子曰"二字题，破说："匹夫而为百世师，一言而为天下法。"这是不露出谜底的任何一字而把"子"（孔子，至圣先师）、"曰"（孔子所说，至理名言）二字说得不但非常透彻，而且绝对不能够移到别人身上，这是最标准的破题。又因为不露谜底题字，可以叫作"暗破"（各种巧立名目的破法不必详举了）。

"大学之道、天命之谓性、学而时习之、孟子见梁惠王"，这是《大学》《中庸》《论语》《孟子》每部书的第一句，合起作题目。这四句毫无关联，破说："道本乎天（切题中前二句），家修而庭献也（切后二句，在家里学习，在朝廷贡献）。"又如"周有八士：伯达、伯适、仲突、仲忽、叔夜、叔夏、季随"（《论语》记了八人，题目截去末一人季騧）题，有人作了破题的上句说："纪周士而得其七"，缺一个下句。有人续出来说："皆兄也。"毫无联系的七个人名，还故意缺少一个。用三字凑成了两句"废话"。少数字也破两句，多数字也破两句，有情理的破两句，没情理的也破两句。以上都是郑重的场合中所作的冠冕堂皇的废话。

还有公然作游戏的破题："君命召，不俟驾行矣"（《孟子》），破曰"王请度之"（也是《孟子》的一句，本意是请王自己忖度，这里当作"王请"、"度之"讲，度又是徒步行走的意思，"君命召"即是王者邀请，"不俟驾行矣"，即是不等得车来就徒步走了。这是特意作少数字的破。又有人看到一个秃头人走过，指向另一人说：你能以这秃头为题，作一个字的破题吗？回答说："鞹。"《论语》"虎豹之鞹"朱熹注解鞹字说："皮去毛者也。"

也有故意作长破的，如题"御人以口给，屡憎于人"（《论语》），破说："圣人憎御人之人，恶其以善为恶、以恶为善、以是为非、以非为是、以贤为不肖、以不肖为贤者也。"三十七字，实只两句；"之人"为一句，"者也"为第二句。其中顿号处，都是小停顿，不能算句。又有出"三十而立"题的，破云："两当十五之年，虽有椅子板凳而不坐也。"

以上都是公开取笑的事，如真在考场中作，必然要被罚。但郑重的考卷中所作破题，它的原则和技巧，与这类游戏是并无两样的。

还有错解题义，作成不合理的破题的。一考官出"非帷裳必杀之"题，这是《论语》的一句话。帷裳是朝、祭用的礼服，尺度可宽。如非帷裳，宽了必须削剪。"杀"即削剪之义。一人作破题云："服有违乎王制者，王法所必诛也。"把杀字解为杀人的杀。虽然错了，但考官因为他维护王制、王法，就许可他算及格。

又一考官出"征商自此贱丈夫始矣"，这句出于《孟子》，是说开始征收商旅税的人，为统治者聚敛钱财，是个贱丈夫。考者错解为征讨殷商的周武王，作破题说："以臣伐君，武王非圣人也。"考官因为他侵犯了周武王这位统治者的偶象，就把他判入劣等。

又有人误破题目的字面，乱作解释。题为"子之燕居一章"（燕居即晏居），作文的人只按字面去破，说"记圣人之乌处（把燕讲成乌，把居换成处），甲出头而夭侧头也。"《论语》"子之燕居"下边二句是"申申如也，夭夭如也"。作者把申字讲成甲出头，把夭字讲成夭侧头。这可算是最离奇的破题了（见《坚瓠集》）。

又有一位学政考一省的生员，出"鳖生焉"题，这是把《中庸》"鼋鼍蛟龙鱼鳖生焉"句，截去前五字，已不成话。生员作破题说："以鳖考生，则生不测焉。"字多双关，令人失笑。以鳖考生，可以讲作用鳖的问题来考生员，也可讲作派鳖来考生员。则生不测，可讲作生员莫测高深，也可讲作则发生不测事件了。结果学政被革了职。

三　承题、起讲

在破题后，用三句承接破题所说出的意思，这部分叫作"承题"，它具有承上启下的作用。以三句为标准。

承题以下，引申、讲明题义，或并说明题目内容的背景等等，这部分叫作"起讲"，又称"小讲"，最多不得超过十句。

所谓的句，比较灵活，有时一句中的许多顿处，可以不被算作一句。如上文谈破题中那个"御人以口给，屡憎于人"题的长破，有许多小顿处都不认它为句。为了说明一篇中各部分的关系紧密，下边联贯举一篇为例，分出各部分来谈：

狗吠　清　蒋栻之

出自《孟子》"鸡鸣狗吠相闻而达乎四境"。是孟子对齐宣王说的话，见《公孙丑·上》。

　　物又有以类应者，可以观齐俗矣。

以上是破题，狗吠上有鸡鸣一词，所以说出"又有"，孟子当时是说齐国富庶，不是凭空为说狗吠，用"观齐俗"可以笼罩全题。

　　夫狗，亦民间之常畜也，乃即其吠而推之，其景象果何如耶？

以上是承题。大意是狗本是民间常畜，其吠有何可说？孟子所以提出狗吠，是为说明齐国富庶，而富庶的景象究竟何如呢？这样写，既承上讲明为何提出狗吠，又引起下文的地步。因为只抱狗吠二字而说，必然只表现狗吠的声音，这里扩展到狗吠的背景范围，就不愁没有可说的了。

　　若曰：辨物情者，所以观国俗，睹物产者，所以验民风。吾尝入齐之疆，而窃叹其聚俗之盛也。

以上是起讲。从齐国之内,民风国俗说起,民生富庶,当然养的狗就多了。这样写,先铺开齐国的环境,狗所生存的背景就不致落空,起讲即可开始"入口气","若曰"即是说孟子当时即是这样说起的。从此以下,全要体现孟子的口气,也就是所有议论,都是孟子说的。八股文这种特殊的讲解经书义理的文体,要"代圣贤立言",文中所论,都必须是替圣贤说话。从破承到起讲,总起来是一大部分,也被统称为"冒子"。

> 岂但征之鸡鸣已哉!

这种单句或小段都是文中的引子、楔子或粘合剂。用在前边的叫"领题"、"出题",用在中间的叫"过接",用在后边的叫"收结",还有下文的叫"落下"等等。这里"岂但"一句即是第一比以前的"领题"。明代曾把这部分的话称它为"原题"。八股的苛刻要求之一,是不许"犯上"或"犯下",例如孟子原话是"鸡鸣狗吠相闻而达乎四境",而题目只出"狗吠",如果文中讲了鸡鸣如何,就算"犯上";如讲了达乎四境如何,就算"犯下"。这里写岂但鸡鸣就完了吗?下句潜台词是还有狗吠呢!又可引出狗吠。如说它犯上,但它却是否认鸡鸣的。

四 八股、四比

以下接用《狗吠》一文的中间部分为例:

> 自功利之习既成,而人争夸诈。故斗鸡之外,尤多走狗之雄。

以上第一股,从狗吠问题上想起走狗,走狗问题上又配上作陪衬的斗鸡。这里只提出狗,并不沾吠。

> 自山海之资既启,而户饶盖藏。则吠夜之声,不减司晨之唱。

以上是第二股,与第一股合为对联。从人民收入富裕说到养狗的渐多,狗吠之声,不减鸡鸣。仍没正面露出狗吠,又仍在暗中用鸡鸣陪衬。

> 分沥粒之余甘,而驯扰优游,不过与彘豚并畜。乃暮析相传,而人为之守望者,狗亦共之徼巡。盖风雨晦明之间,嗤嗤者经宵而未静矣。

这是第三股,也是第二比的上联。进入了全篇要正面发挥的重要部分。沥粒余甘指洗米的剩余,与彘豚并畜是说养狗和养猪一样简单。人在晚间或守望或巡夜,狗亦随着出力。嗤嗤是狗叫之声.因此常常整夜可以听到。这里既说出狗的用处,也说出狗的叫声。

> 抚胎伏之无伤,而尘嚣角逐,亦只与牛犊同群。乃夜扉既阖,而人乐其安居,狗尚严其戒备。盖草露寒瀼之际,狺狺者达旦而未休矣。

这是第四股,是第二比的下联。说狗的繁殖增多,可与牛犊同群奔逐。每到人家入夜关门之后,人已安居,狗还在戒备。露水满地的草丛中,发出狗叫声音,到晓不停。猗猗也是狗叫声。这两大股,从狗的生活、繁殖、功用,归到吠声。嘤嘤、猗猗更是形容狗叫的常用专词。

　　　　瞻之以影,听之以声,非其见闻习熟而狰狞欲啖者,一若有异言异服之讥。

这是第五股。狗从人的影、人的声,辨别是否熟习的人。如是生疏的人,便凶猛地去咬。这时它的作用很像古代国境上遇有特殊语言、特殊服装的人要加以稽查一样。讥在这里是审查之义。前边两股正面说出狗的功能,和吠声的广泛。似乎已无可多说的了。这里又提出狗能识别熟人生人,对生人进行拦阻、又吠又咬的情形。

　　　　深巷之中,蓬门之下,苟其一唱噑然而嘈杂齐喧者,并若有同声同气之助。

这是第六股。前边说了狗在较远范围能加守护。这里说一个小户人家的门前,一狗一叫,众狗齐叫,真有"同声相应、同气相求"的态度。

　　　　由是国风十五,而卢令志美,独夸东海之强。

这是第七股。从今天的狗追溯到古代的狗。《诗经》十五国风的"齐风"里说到"卢令令",卢是田犬,令令是犬戴的铃铛声音。齐国在东海之滨,卢令载在"齐风",可以说为东海地方增强了声誉。

　　　　甚而食客三千,而狗盗争雄,尝脱西秦之险。

这是第八股。说齐国的孟尝君有三千门客,曾用鸡鸣狗盗的手段,逃出了秦国。前三比把狗的能力、功劳、讥查、咬人、吠影、吠声,乃至嘤嘤、猗猗的声音特色都写得既详且尽,到了最末,好像已无可再说了。作者忽然抬出狗的光荣历史,辉煌地载于《诗经》、《战国策》,有根有据,可以说是毫无遗憾了。只是还有一个小漏洞,是作者忽略了的,下一章里再作评论。

　　　　苟使民居寥落,安能群吠之相呼;倘非万室云连,岂必村厖之四应也哉!

这是用对句作结束,说明"相闻而达乎四境"的原因。即是说,如果齐国国内居民寥落,即有狗吠也不能打成一片。正因为齐国富庶,万家相连,才有吠声相应的盛况。这是中间暗藏着"达乎四境"的下文。这种收结,又称"落下"。

此篇引自《目耕斋偶存》。

　　　　　　　　　　　　　　　(选自启功等《说八股》,中华书局 1994 年版)

【阅读书目】

1. 龚延明:《中国古代职官科举研究》,中华书局 2006 年版。

2. 张晋藩主编:《中国官制通史》,中国人民大学出版社 1992 年版。

3. 刘岱总主编:《中国文化新论 制度篇 立国的宏观》,三联书店 1992 年版。

4. 吕思勉:《中国制度史》,上海教育出版社 1985 年版。

5. 孔令纪等主编:《中国历代官制》,齐鲁书社 2003 年版。

6. 左言东、陈嘉炎著:《古代官制纵横谈》,新华出版社 1989 年版。

7. 袁刚著:《中国古代政府机构设置沿革》,黑龙江人民出版社 2003 年版。

8. 沈兼士编:《中国历代考试制度史》,台湾商务印书馆 1995 年版。

9. 刘海峰、李兵著:《中国科举史》,上海中国出版集团、东方出版中心 2004 年版。

【思考题】

1. 简述宰相一职的沿革。

2. 何谓三省六部制,其有哪些内容?

3. 科举制度产生的原因是什么,以清代科举考试为例,简述正式科举考试的程序及内容。

4. 在你家乡是否还有科举习俗的存在。实地调查,请列举出二三个例子。

5. 简述八股文的基本形式。

第十三章
中国教育

概　述

　　中国古代教育是中国古代文化赖以延续和发展的基础,是中国古代文化不断创新的动力。没有古代教育,中国古代的物质文明和精神文明是难以创造、延续和发展的。人文主义是中国古代教育的传统特征,它以做人为教育的首要目的,注重教人以德行和智慧,尤其重视道德教育和德性培养,注重气节和操守的培养及精神境界的提升,提倡发奋"立志",强调道德责任感和历史使命感。这一传统上起孔孟老庄,中经佛教禅宗,下迄宋明理学,逐渐形成了一系列具有独特风格的道德教育与道德修养的原则和方法,其影响力不可估量。这一传统在漫长的中国历史上教育、感染、熏陶了一代又一代仁人志士,推动了中国社会的进步,促进了中华文明的繁荣,培育了中华民族的精神和智慧。

一　教育起源

　　中国的教育起源很早,自原始人类产生之时,教育也就萌芽了。当时的教育主要是在群体生活中,由长者向年青一代传授劳动技术和生存能力,如工具的制造和使用、劳动经验的传授等。传说中的"燧人氏教民钻木取火"、"伏羲氏教民结网捕鱼"、"神农氏教民制耒耕作"等,都反映了我国原始教育的某些情况,即教育与生产劳动相统一,没有一定的组织和形式,也没有特定的教育场所和教育制度。

　　文字的产生推动了教育的发展,人类的智慧结晶得以传播和保存,教育的内容不再局限于生产劳动技能,开始加入原始宗教以及其他文化内容。其中又以礼乐教育和以孝为主的道德培养为重点。《周礼·春官宗伯》中有"大司乐掌成均之法,以治建国之学政,而合国之子弟焉"。"成均"是在部落联盟时期乐师主管音乐事务,演奏歌唱,实施乐教的场所,通过祭祀中的礼乐活动来团结氏族、培养人的德行,用礼乐熏陶出"直而温,宽而栗,刚而无虐,简而无傲"(《尚书·尧典》)这样完美的人。

"教育"二字最早出现于《孟子·尽心篇》:"得天下英才而教育之。""教"的甲骨文是一人手拿一根棍棒打一个孩子,孩子的头上还有被打的两个记号,本意是以棍棒训子,令其遵循长辈的意志,《说文解字》云:"教,上所施,下所效也。""育"的篆书字形是个颠倒的"子"字,古人认为颠倒之子即不顺之子,也即不孝之子,以骨肉之情感化、教导不顺之子谓之"育",《说文解字》云:"育,养子使作善也。"由此可见,"教育"二字的古意就是培养人的良好品德。礼乐和道德在古代教育中的重要地位,在中国以后几千年的历史中不仅没有被削弱,而且成为中国古代教育的核心内容被延续了下来。

二 先秦教育

据《礼记》记载,夏朝时已出现了学校教育,夏朝有名叫"庠"、"序"、"学"、"校"的施教机构。但是,有文物佐证的学校,迄今所知最早的时代是在商代,殷墟甲骨文里记载了殷商学校的名称,如庠、序、学、瞽宗等。从文献记载来看,"庠"、"序"属于教育平民子弟的乡学,"学"属于培养贵族子弟的国学,"瞽宗"则是学习祭礼的学校。"瞽"就是盲人,因为殷人迷信,祭祀盛行,在祭祀时多半配乐,乐官多由盲人担任。

西周时期,形成了官学制度,即所谓"学在官府"。官学分为"国学"和"乡校"。国学设立在周王或诸侯的都城,分小学、大学两级。小学设在宫廷中,大学设在南郊,《礼记·王制》云:"大学在郊,天子曰辟雍,诸侯曰泮宫。"周王朝的大学称为"辟雍",由五学组成:居中者为太学(又名"辟雍"),居南者为南学(又名"成均"),居北者为北学(又名"上庠"),居东者为东学(又名"东序"),居西者为西学(又称"瞽宗"、"西雍"),东、南、西、北四学因在辟雍之四门,又叫四门学。诸侯国的大学叫做泮宫,形制大致与此相同而略小。乡学是地方学校。

西周各级学校的教育对象是贵族子弟,一般 8 岁入小学,15 岁入大学。以"六艺"为教学内容,六艺即礼、乐、射、御、书、数。礼是伦理道德与政治教育;乐是配合礼的音乐、舞蹈、诗歌训练,陶冶内在感情;射是射箭,御是驾车,这两项是军事技术训练;书、数是读、写、算的知识和技能。具体的科技知识,如天文、历法、医药、建筑等知识,则是由"百工"以父传子的方式教学,世代相继,称为"世业"。它们不属于贵族学校的教学内容,这是因为贵族们奉行的原则是"德成而上,艺成而下"。

春秋战国时期,周王室的国学逐渐衰落,"天子失官,学在四夷",孔子首创私学,弟子三千,动摇了官学的垄断地位,促进了文化教育的进步。"私学"作为一种新兴的教育形式开始发展起来后,孔子、墨子、孟子、荀子等成为一代私学大师,《论语》《墨子》《孟子》等诸子著述中都记载了丰富的教育资料。《礼记·学记》《礼记·大学》是这一时期教育经验和教育理论的总结,提出了"化民成俗,其必由学"、"建国君民,教学为先"的思想,成为世界上最早出现的自成体系的古典教育学专著,奠定了中国古代教育思想的基础。战国时期,齐国有"稷下学宫",学习的学员多达千人,学宫设有"祭酒"、"博士"等领导人员,主持教学、研究、管理。"祭酒"取意于"食必祭先,酒必敬长",这一职务相当于今天的大学校长。除由中央设学府培养官吏外,还有不少卿相名人以招食客的方式,养士求贤。就是齐相孟尝君田文、赵国平原君赵胜、魏贵族信陵君魏无忌、楚国贵族春申君黄歇四人,招收门客,给养谋士,世称"战国四公子"。

三　秦汉教育

秦王朝的教育提倡"忠"、"孝"和专门针对女性的"贞",依靠刑罚而"立法化俗";秦始皇颁布了"禁私学"令,焚毁民间藏书,禁止谈论诗书,只允许人们以吏为师,学习法令,加强教育领域的专制。同时,秦王朝整理和统一文字,编辑《仓颉篇》《爰历篇》《博学篇》等蒙学识字课本,客观上促进了教育的发展。

汉代封建制度确立以后,为了培养统治阶级所需要的人才,采取"内法外儒"的文教政策,积极兴办学校,招纳士子们就读。汉代的学校,官学与私学并举,而以官学最为发达。官学中有中央政府主办的"太学"和"鸿都门学",也有地方政府主办的"郡国学"和校、庠、序等。班固《东都赋》赞颂汉代"四海之内,学校如林,庠序盈门",可以想见当时学校教育发达的盛况。

西汉元朔五年(前124),汉武帝下令兴太学于京师,以"五经博士"为教官,西汉时征聘或荐举名流学者担任博士,东汉设都讲,为博士的助手。西汉太学生称"博士弟子",东汉称"诸生"或"太学生"。太学招收的正式生有太常(秦汉九卿之一,掌礼仪、祭祀及博士选试)选择的18岁以上仪状端正的贵族子弟,有直接因"父任"而入学的青年,地方保送的称"受业弟子",属于特别生,不规定名额,前者官费,后者自费。因此,有的太学生还要搞勤工助学,如倪宽曾靠帮助同学做饭以自给。太学创立后,规模不断发展,学生人数不断增加,到汉成帝时已增至3000人。东汉建都洛阳,太学设于城南,到汉顺帝时来自全国各地的学生达3万余人,甚至连匈奴也派子弟来学。"四姓小侯学"是为皇室外戚及贵胄子弟创办的贵族学校,亦称"官邸学",创于东汉明帝永平九年(66),"四姓"指外戚樊氏、郭氏、阴氏、马氏。四姓小侯学也学五经,择师而教,能通经得高第者,特优赏进。

汉代的地方官学也有一个发展过程。汉武帝时只有郡国学,所谓"郡国"乃地方高级行政区划,"郡"直隶中央政府,行政长官称为"郡守";"国"则由分封的诸王统治。郡与国的地方官学称郡国学。直到汉平帝元始三年(3)才明确规定:郡国设学,县邑设校,乡设庠,聚(自然村)设序,这样,从中央太学到郡国学、校、庠、序的封建教育体系就正式形成了。汉代民间私学很盛,学生多者上千。有的相当于大学,叫"精舍"或"精庐";有的相当于小学,叫"蒙馆"或"书馆",这是后来的书院和私塾的源头。

汉代官学除太学之外,还有"鸿都门学",是我国最早的艺术专科学校,类似今天的文化艺术学院,"鸿都门学"开创于东汉灵帝光和元年(178),因校址在鸿都门而得名。学习的内容为辞赋、小说、尺牍、字画,学生数十人。东汉末因灵帝的提倡,诸生及经州郡推举的艺术专门人才千余人参加课试,学生毕业皆可任用。鸿都门学为唐代的各种专科学校开了先河。

四 魏晋教育

魏晋南北朝,政治动荡,战乱不断,官学一直处于时兴时废、若有若无的状态。当时的"九品中正制"取士制度,给学校教育带来了极坏的影响,学习成绩的好坏与仕途没有联系,能否仕途得意的关键在于出身是否名门望族,即所谓"上品无寒门,下品无士族",这种选才制度导致卿大夫很少有真才实学者,学生求学的积极性受挫,教学质量也大降。

这一时期,地方教育制度正式确立,北魏时期不仅普遍设置州郡学,而且建立了州郡学校教育制度,这是我国正式实行郡国学校教育制度的开始。晋武帝于咸宁二年(276)在太学之外,另设"国子学",只收五品以上官员子弟入学,太学则成为六品以下官员子弟的学校,这是晋代门阀制度的必然结果。北齐时,改国子学为"国子寺",设博士、助教等。南朝的宋文帝立儒学、玄学、文学、史学四馆,相当于大学下属的四个系科,这是唐代分科教学的滥觞。该时期专科教育得到发展,设了律学、书学、算学、文学、医学等实用学科的学校,丰富了封建教育制度的内容。私学较前有了发展,质量和规模均超过官学。士族阶层开始重视家族教育,家训、家诫等有关家庭教育的著述大量出现,《颜氏家训》是我国封建社会第一部系统完整的关于家庭教育的著作。

这个时期的学校教育打破了儒家经学一统天下的局面,玄学、儒学、宗教等都成了教育的内容。玄学强调自然主义,注重理论的思辨性;儒学强调继承自身的历史传统,注重理论的实用性;宗教强调方内与方外的协调,注重理论的严密性。各种思想纷争、交融,形成了教育思想的多样性和丰富性。此外,该时期学风上崇尚"简洁明理",人才培养上注重"经世致用",都是值得后世承继的教育特色。

这个时期还产生了我国封建社会第一部系统完整的家庭教育著作,即颜之推所著被称为"古今家训之祖"的《颜氏家训》。颜之推(531—595?),字介,梁朝金陵人。《颜氏家训》的内容基本适应了封建社会中儒士们教育子孙立身、处世的要求,提出了一些切实可行的教育方法和主张,继承和发展了儒家以"明人伦"为宗旨的"诚意、正心、修身、齐家、治国、平天下"的传统教育思想。

《颜氏家训》还打破了以儒学教育统括一切专门教育的传统框框,提出教育的目标在于培养对国家有实际效用的各种专门人才,依靠各种专才教育使各人专精一职,因此教育的主要内容为德与艺。德讲"仁义",艺讲"广博",德艺相互融合。颜之推要求学习者应有正确的学习动机,学习主要是为了识见广博,开启心扉,修身利行,不是为了谈说、取官,学习目的在"求益",学习态度要踏实。颜之推还非常重视儿童早期教育,认为幼儿时期是教育的最佳期,对儿童的教育应自幼儿能感知外界事物时便开始进行,儿童教育的重要内容应当是语言和道德教育。他指出在家庭教育中应当切忌偏宠,不论子女聪慧与否,都要以同样的爱护和教育标准来对待。颜之推的教育思想是他治学治家经验的结晶,在中国教育发展史上有很高的价值。

五　隋唐教育

隋唐是我国封建社会发展的鼎盛时期,隋朝创立了新的官吏选拔制度——科举制,对教育产生了深远的影响。唐代复兴汉代教育的传统,同时又继承魏晋南北朝以来的教育成果,使学校教育达到了新的高峰,出现了"学者慕响,儒学聿兴"的局面。隋唐时期的教育,以儒家经典为教育内容的传统学校和以传授专业知识为主的专科性学校并行,教育体系管理严密、形式完备、种类繁多,超过以往任何一个朝代,也领先于当时世界各国。在这个先进的教育体系中,中央官学与地方官学相联系,官学与私学共存,科举制把选士与育士紧密结合在一起,从而成为左右封建教育发展的指挥棒。选拔人才和培育人才的标准一致,不仅促进了唐代学校教育和社会教育的发展,而且也使寒门庶士有了入仕的机会,改变了南北朝时期选士只从世族中来的流弊。唐代还产生了以韩愈、柳宗元等为代表的一批教育家,他们发扬儒学,兼容佛、道,影响了后世的教育思想。

隋唐一统天下,加强了对学校教育的控制。隋文帝为了振兴学校教育,以国子寺总辖国子学,太学、四门学等。隋炀帝时又改国子寺为"国子监",这样,国子监的职能便相当于后来的教育部。唐代承袭隋代的制度,但学校的体系更加完备。仅中央设立的学校就分直系和旁系两类,通称为"六学二馆"。六学属于直系,由国子监统一管辖,它们是国子学、太学、四门学、律学、书学、算学,前三者属于大学性质,后三者属于专门学院性质。二馆属于旁系,都是大学性质,一是"弘文馆",归门下省管辖;二是"崇文馆",归太子东宫管辖。二馆的学生资格高于国子学,只限皇亲国戚及三品以上官员子弟入学。二馆之外,旁系学校还有太医署管辖的医学,秘书省管辖的小学(二馆的预备学校),直系还有礼部下的祠部管辖的"崇玄学"(学习老庄思想)。唐代的学校教育体系完备,在入学分科考试等方面,都有严格的制度,如国子学名额 300 人,限文武三品以上的官员子弟;太学名额 500 人,限文武五品以上官员的子弟;四门学名额 1300 人,限文武七品以上官员的子弟 500 人,其余 800 人可由庶民子弟补充。各学分科都按其学习内容规定修学年限,同时还要对学生进行旬试、岁试及毕业考试,不及格必须重学,三次不及格者,延长学习期限九年;仍不及格,则勒令退学。在校学生享受供膳,学生要向老师行"束脩"之礼,所谓"束脩",就是学生与老师初次见面时敬奉的礼物。这种礼仪,孔子时代已经流行,到唐代则成为明文规定,礼物轻重,因学校的性质而异。国子学和太学,每人送绢三匹,四门学二匹,其他学一匹,绢之外还有酒肉,数量不定。送礼时还要举行一定的缴纳仪式,目的是密切师生关系。

唐代教育的显著特点是重视技能教育,出现了医学、兽医学、天文学、音乐学等诸多门类的专科学校。太医署所属学校有医学,其中分医科、按摩、针科、药科,学生结业后,可分别考取医师、医正、医工等职。唐代地方州府之学分为经学和医学两种,学生名额依各地人口多少而有差异。经学生分别为 40 至 60 名,医学生分别为 10 至 20 名。县学只设经学,名额 20 至 50 个。司天台(天文台)所属有天文学、历数学、漏刻学。太仆寺所属有兽医学。军队系统的屯营、飞骑也有学校。以上各学,皆收日本、新罗、百济、高丽、高昌、吐蕃子弟留学。其中以日本学生最多,有的日本学生,成绩卓著,对中日两国的文化交流起了很大的推动作用。

六　宋辽金教育

宋朝统治者确立了"兴文教,抑武事"的政策,尊孔崇儒,提倡佛、道,重视科举,重用士人,形成了教育流派并行,教育人才辈出,教育思想丰富多彩的局面,这是继春秋战国"诸子百家"之后的又一个文化、学术、教育繁荣发展的多元时代。

宋朝在教育方面,通过三次兴学,在中央和地方建立起了完备的官学教育体系。宋代教育有三点值得注意:一是书院教育的兴盛;二是武学的设置;三是王安石的兴学。宋仁宗设武学(军事学院)、军监学(军工学院),王安石变法后,更加受到重视,后来,各级地方也设立武学。北宋先后三次兴学,即范仲淹(989—1052)的庆历兴学、王安石(1021—1086)的元丰兴学和徽宗时的蔡京兴学,以王安石的兴学最有成效。王安石在兴学过程中,创立了"三舍法",以严格升级考试制度。所谓"三舍法",即分太学为上舍、内舍和外舍,并制定了一套太学生的肄业、考核及出身的章程。在一定年限和条件下,外舍生可以升入内舍,内舍生可以升入上舍。最后按照科举考试法,分别规定其出身并授以官职,绍圣(1094—1098)中,科举考试一度废止,专以三舍为取士之法。此外,元丰兴学还对教材作了规定,学生一律使用由王安石亲自改定的《三经新义》(《诗经》、

《尚书》《周官》),该教材反对繁琐的章句之学,注重义理之学,与以前太学生们所学的教材大相径庭。

宋元时期的教育思想在整个中国教育思想发展史上的地位可以说是承上启下,继往开来。它不仅直接影响到明清时期,而且对近代中国也产生了影响。这一时期出现了不少影响后世的著名教育家,如周敦颐(1017—1073)、程颢(1032—1085)、程颐(1033—1107)、张载(1020—1077)、胡瑗(993—1059)、王安石、朱熹(1130—1200)等,以这些教育家为代表的各学派,教育思想极为活跃,学派林立,各具特点。以朱熹为代表的"理学",其内部又有不同派别。除"理学"之外,以王安石为代表的"新学",以陈亮(1143—1194)、叶适(1150—1223)为代表的事功学派,他们的教育思想也异趣纷呈。如以朱熹为代表的"理学"与以程颢为代表的"心学"着眼于心性修养,提出了一系列的教育原则和方法,有较浓厚的理论色彩。而湖湘、荆公及事功等学派不仅主张通晓儒家经义,更重视经世致用,强调解决社会现实矛盾,注意效果与应用。上述理论对后世的教育理论水平和教育实用价值均有深远的影响。

辽、金、元三个朝代均由我国少数民族建立,统治者大力推行"汉化"政策,并同时设立民族学校,建立起了比较完整的民族教育体系,推动了民族教育事业的发展。

七　明清教育

明清时期,教育基本格局变化不大。其主要变化为:一是明至清中叶,国子监基本上成为中央官学的唯一形式;二是地方设置专管教育的学官,国家颁置学田作为地方教育的固定经费;三是学校设置由县延伸到村社,由中原延伸到边疆与少数民族地区;四是出现了培养翻译人才和讲授西方科技的学校。

明朝统治者以教育为本,大力发展学校教育事业,使中央官学、地方官学以及私学都得到空前的发展。明代学校,中央有国子监及宗学(贵族学校),地方有府学、州学、县学,边疆及特殊地方则有卫学(军事学校)。地方学校彼此不相统属,学生皆有送至中央国子监学习的资格。此外,地方性专科学校还有军事、医学、阴阳学等。同时,统治者也采取了种种措施加强对学校的控制,重视科举,科举以学校教育为基础,学校以科举考试为目的,学校遂成为科举的附庸。另一方面,明朝的书院发展道路坎坷,几经衰败,东林书院是其中影响最大的一所书院。程朱理学教育是明朝占统治地位的教育理论。明中叶,教育家王守仁(1472—1529)创立"心学"教育理论,重视道德教育和儿童教育,批评受科举制左右的学校教育,对当时的教育产生重大影响。以"重实"为特征的王廷相教育思想,批判理学教育脱离实际、空疏无用的倾向,也为教育理论的发展注入新的思想。

　　清代教育是中国封建社会教育的末期。清代统治者重视文化教育对治理国家的作用，他们崇尚儒家经术，提倡程朱理学，制定了"兴文教，崇经术，以开太平"的文教政策。清代学制，大抵沿袭明制。中央和地方广泛设立各类学校，学校教育得到了恢复和发展。同时，清代统治者也采取各种措施加强对学校的管理和控制。通过开科取士等怀柔手段笼络士人，通过严禁结社和兴文字狱等高压手段迫害士人，迫使他们埋首于故纸堆中，服从教化。清代书院得到发展，数量众多，但在政府的控制下，书院官学化现象日趋严重，实际已成为准备科举考试的场所。书院中对清代学术文化发展作出重要贡献的当属诂经精舍和学海堂两所书院。

　　始于隋朝盛于明清的科举制为广大的知识分子打开了仕进之路，但是科举考试偏重经籍文辞，忽略德行才能，束缚知识分子思想的自由发展，在明清两代，这一趋势愈演愈烈，从而导致学校教育和社会教育变成科举的附庸，在全社会造就了"科举至上"的风气。因此，出现了一批有识之士，他们抨击宋明理学，不满科举制度，重视经世致用，强调联系实际的教育、教学原则和方法，黄宗羲、王夫之、颜元等人是重要的代表人物。

　　明清时代的国子监，最初只是管理教育的行政机关，后来在发展演变中与国子学合二为一，到明代已取代国子学，成为兼有行政机关和最高学府两种性质的机构，到清代又取代太学，成为国家唯一的最高学府，但其职权已大大缩小，不再是教育行政领导机关。现在我们所看到的北京国子监，就是元、明、清三代沿用的最高学府。它始建于元大德十年(1306)，东与孔庙毗邻，这就是中国古代学校"左庙右学"的传统格局。走进国子监的大门——太学门，经过琉璃牌坊，就是它的主要建筑——辟雍殿，四周环绕一个圆形水池，叫做"泮水"，其名称和建筑布局都沿用周代大学的旧名和样子。自汉代以来，太学内多设辟雍，供皇帝讲学。每逢皇帝来讲学，太学(或国子监)的官员和学生都要跪在泮水四周聆听。辟雍以北是"彝伦堂"，意为法规和伦理之堂，是供学生们讲习经义的地方，类似今天的大礼堂。辟雍两侧，设"率性"、"诚心"、"崇志"、"修道"、"正义"、"广业"六堂，是学生们平时学习的地方，类似我们今天的教室。各堂的名称充分体现封建社会的基本要求，即重视伦理和道德，忽视专业和技能。彝伦堂两侧为四厅："典簿厅"负责文书财会，"绳愆厅"负责制度和纪律，"典籍厅"负责图书资料，"博士厅"负责教授经义，它们是国子监内的行政和教学管理机构。

　　国子监的最高领导人为祭酒，习惯上称作"国子祭酒"，一般都由学识渊博、声望较高的儒家学者担任，唐代文学家韩愈(768—824)曾任此职。北京国子监的第一任祭酒是元代著名学者姚燧(1238—1313)。国子监的副职是"司业"，协助祭酒管理全监事务，类似今天的常务副校长，唐代诗人张籍(767?—830?)，就因担任这一官职而被称为张司业。司业以下为"监丞"，坐绳愆厅办公；"典簿",坐典簿厅办公;"典籍",坐典籍厅办公,类似今天的大学图书馆馆长,清代著名史学家章学诚曾任此职;"博士"和"助教",分坐博士厅和六堂工作,负责讲解经义,他们就相当于今天的大学教授和讲师。

入国子监学习的人叫做"监生"。明清时代的监生没有唐代那样的出身限制,但因入学资格不同而分为四类:在京会试落第的举人,由翰林院择优选送入国子监就读的叫做"举监";从各地方学校中选拔入监就读的叫"贡监";三品以上官员子弟靠父荫入监就读的叫"荫监";因监生缺额由普通人家捐资而特许其子弟入监就读的叫"例监"。此外,还有外国留学生在监就读,称为"夷生"。监生们学习的主要课程是程朱学派注释的《四书》、《五经》以及《资治通鉴》等;八股文是必修课程。通《四书》而未通经者居正义、崇志、广业三堂为初级班;一年半以后经考试,文理通顺者升入修道、诚心二学,为中级班;又一年半以后,经史兼通、文理俱优者升率性堂,为高级班,再一年结业。明代的国子监实行"会食"和"历事"制度。会食就是会餐,将桌椅器皿于课堂,祭酒南向,司业北向,监丞、博士诸官东西向坐,监生则分东西两班坐置其后,膳夫(今炊事员)一人管监生25人,进餐前先鸣铎(大铃)传唱:"食不语,坐必安。"这种会食制度的意义并不在吃而在礼,目的是培养监生们极为规范的言行举止。历事则类似于今天的实习,即将监生们分往衙门各司学习政事,熟悉政务,为以后任官做必要的准备。开始时为半年,后来改为两个月,一般为白天实习,晚上归舍;实习成绩分为上、中、下三等,上等的选用,补充缺官;中等的继续历事;下等的回监读书。明清入监学生的待遇极为优厚,衣食住全由国家供给;已婚者还可养其家小,未婚者赐钱婚聘,回家探亲还发给路费,等等。但在思想和行为上却控制极严,凡上课、起居、饮食、衣服、沐浴及告假出入等,都有严格的规定,小有过失,即行处罚。清代的监规规定:"其不守规条屡行记过二月不悛者,绳愆厅具实呈堂,令其回原籍不许肄业;至有酗酒喧争、造谣生事、诋忤师长诸大过者,不论平日有无功过,本堂官立即移绳愆厅呈堂究治。"对那些狎妓嫖赌、寻衅闹事者,还要按律惩治,轻者笞打,重则处死。

■ 专 题

书 院

书院是中国古代特有的一种教育组织和学术研究机构,它萌芽于唐代,鼎盛于宋元,普及于明清,转型于清末。"书院"之称始于唐,据袁枚《随园随笔》:"书院之名起唐玄宗时,丽正书院、集贤书院皆建于朝省,为修书之地,非士子肄业之所也。"由此可知,唐官方设立的书院,实际上是整理和校勘国家藏书的机构,而不具备讲学的功能。大约到唐代的中晚期,一些民间书院开始接纳和教授门徒,这一做法直接导致了教育书院的产生。

书院在系统地综合和改造传统的官学和私学的基础上,建构了一种不是官学但有官学成分,不是私学但又吸收私学优点的新的教育模式,它是官学与私学相结合的产物。自从书院出现以后,我国古代教育便发生了一个很大的变化,即出现了官学、私学和书院并行发展的格局,三者成鼎立之势,直到清朝末年。它们之间虽有排斥,但更多的是互相渗透和融合,促进了我国古代文化教育的发展和繁荣。

书院在中国大地上存在了一千余年,成为中国文化史和教育史上引人注目的一大奇观。书院在漫长的发展过程中,在办学形式、组织管理和教学原理体制、方法等方面,形成了显著的特点,对中国封建社会后期教育的发展,传统文化的基本特征和走向,都产生过重大的影响。

一 书院制度的起源与沿革

中国古代私学传统发端于先秦。那时,诸子百家各树一帜,为了宣传其学说主张,不仅收徒讲学,而且也聚徒论政,使私学既是教育活动的重要形式,又是一种或松散或集中的学术政治团体。到了秦汉,私学成为文化教育事业的主导。虽然秦始皇曾推行过践踏文化的"焚书坑儒"政策,但私学并未因此而销声匿迹,继续以其独有的方式存在于民间。由于私人讲学成为一种社会时尚,到东汉光武帝刘秀统治时期,逐渐出现了一些随师所在之地而立的较为固定的讲学的场所,史书称之为"精庐"或"精舍"。精庐或精舍能够较为固定地容纳一些生徒居住,改变了以往私学教学场所随师迁徙的状况,已具有以后书院教学的一些基本特点。从这一点来讲,"精舍"可以说是书院制度的前身。自魏晋以来,佛教信徒常在山林名胜之处,建立丛林,勤修神道,逐渐形成"禅林制",另外,由于社会动荡,一些崇尚道家无为之道、淡泊人生、愤世避俗观念的知识分子,也纷纷归隐山林,或隐居读书,或授徒讲学。这种"禅林制"和士人归隐读书、授徒的山寺,与后期形成的书院制度有诸多相似之处,书院的形成与此有极大的关系。

在唐朝儒者士人立"精舍"、"书院"读书、授业的同时,唐代官方也正式设立了书院。唐代官立书院——丽正修书院改为集贤殿书院后,其职责在《唐六典》中有记载:

> 集贤院学士,掌刊辑古今之经籍,以辨明邦国之大典,而备顾问应对,

凡天下图书之遗逸,贤才之隐滞,则承旨而征求焉。其有筹策之可施于时,
著述之可行于代者,较其才艺,考其学术而申表之。凡承旨撰集文章,校理
经籍,月终则进课于内,岁终则考最(考察功绩)于外。

由此看来,"刊辑古今之经籍",是书院的主要职责,与此同时,书院还担负
着举荐贤才,议政咨询的任务。此外,集贤殿书院有侍讲学士、侍读直学士,玄
宗曾选他们"日一人侍读,以质史籍疑义",同时他们也经常为皇太子讲学和编
订教材。从这个意义上讲,书院已有教学活动。虽然唐代官立书院与私立书院
一样,还不具备后来那种聚徒讲学的教育组织,但它是书院发展史上的重要开
端,成为后来书院的雏形。

到了北宋,社会生产得到了恢复和发展,人民生活相对稳定,人心开始向
学。当时统治者忙于拓疆守土,只重科举对现有人才的选拔和吸收,以满足立
国之初的一时之需,无暇顾及兴学建校之事。因此在建国近百年的时间里,官
学一直未得到应有的重视。正是在此背景下,书院才以其强大的生命力获得较
大的发展,并确立了自己作为一种重要的教育组织形式的地位。北宋时因暂时
无力顾及振兴官学,故而对著名私学采取"赎买"政策,官私联营的学校模式开
始出现。在北宋三次兴学期间,官学空前兴盛,加之重在改革的实践理性成为
主流,纯学术的研究日益消沉,因而书院渐败,连著名的六大书院也破败停办或
改为官学。南宋末年,外族的入侵、内部的倾轧和科举的腐败,致使南宋的官学
形同虚设。同时,由于朱熹等人对书院卓有成效的复办和理学的流行,书院又
日渐昌盛。宋代书院普遍订立了比较完备的条规,这是书院制度化的重要标
志,其中朱熹亲自拟订的白鹿洞书院学规,成为书院学规的典范。

元代政府加强了对书院的控制和管理,书院开始走上了官学化的道路。朝
廷对以私学为主的书院没有采取制止措施,而是采取奖励措施,积极加以引导
提倡。至元二十三年(1286),忽必烈下令将江南官府占有的学田归还学校,制
止以"理财"为名变卖学校和书院学田。在采取上述措施的同时,元政府又因势
利导,鼓励地方人士办学。这些优惠、保护政策,再加上海内承平,社会经济的
恢复和发展,使书院的兴复和发展进入了一个新的时期。据《元史》、《宋元学
案》所载,有书院 26 所,正史中记载的书院只是略数,实际数目比此更多。曹松
叶先生的统计表明,元代新建书院 143 所,兴复书院 65 所,改建书院 19 所,共
计 227 所。

朱元璋立国后,致力于发展官学,而不提倡复兴书院。此后一百年内,未见
有任何倡导措施,书院寥寥可数,且多冷寂无闻。与书院残破冷落的状况形成
鲜明对照的是明代官学的兴盛。由于朝廷的大力提倡,使明代学校极为兴盛。
《明史·选举志》描述了这种盛况:"天下府州、县、卫、所,皆建儒学,教官四千二
百余员,弟子无算,教养之法备矣。"明朝这种倡导官学的政策,使书院受到冷

落,庶几无人问津。明政府极力提倡科举,实行八股取士,并使科考内容与学校教学内容互为呼应,这就等于断了在山野读书的士人的入仕之道,士人如果不趋就学校就无法在科考中博取功名。明成化年以后,这一情况愈演愈烈,官学逐渐变成了科举的附庸,由于科举独重八股取士,士子只要饱读用做科场利器的程墨房稿,即可取功名、享富贵。学校的教育课程也以此为准,致使"学问由此而衰,心术由此而坏",更助长了士人趋功赴利、不务实学的风气。与此同时,科举和官学的腐败,为一些理学家和正直士人所不满,为了救治时弊,他们纷纷脱离官学,回归山林,重操开山授徒的旧业。于是,在成化年间,书院逐渐兴盛,至嘉靖年间发展到极盛时期。到了天启、崇祯年间,书院仍有兴建,但数量已少得多了,主要原因是明代末年政治经济已处于日薄西山的境地,到明代后期,书院屡遭毁废,遂由盛转衰。

清初由于政府的抑制,书院并未得到复兴。直至雍正时期,朝野上下呼吁复兴书院,才正式开禁。光绪二十七年(1901),清政府采用张之洞、刘坤一《筹议变通政治人才为先折》的奏请,下诏各省所有书院于省城改设大学堂,各府厅及直隶州改设中学堂,各州县改设小学堂。至此,滥觞于唐朝,延续千年的中国古代书院制度冰消冻解,宣告结束。

二 书院的管理与教学制度

书院的组织体系以山长为核心。这样的体系决定了山长的学识高低、人品好坏会直接影响书院的盛衰进退,因而其人选历来备受重视。山长的产生方式有建院学者自任、官方任命、举荐、地方公众选任四大类型。一般来讲,"经明行修,堪与多士模范"是公认的用人标准。为防日久生弊,某些书院或提出进士、举人、秀才等任职资格,试图以硬指标来把关;或士绅推选官府聘任,寄希望于官民制衡机制下的"士绅公论";或实行聘任制,一年一任。凡此种种,旨在从制度上保证山长的资质,使书院在一个道德、学问双优的舵手引领下不断向前发展。

书院早期的管理体制比较简单灵活。它既有专门的教学场所,又有固定的田产作为办学的经济保障,可以说是"掌教有官,育士有田"。书院的主持人既要负担书院的教学工作,又必须负责书院的日常组织管理。宋代以后,逐步形成了具有书院特色的管理体制。如清代白鹿洞书院26位管理人员中,管理人员15人(主洞、副讲、堂长、经长和学长),工作人员7人(正、副管干、典谒、引赞),勤杂人员4人(伙夫、采樵、门斗),只有主洞和副讲由专职人员担任,勤杂人员聘请临时人员外,其余20人均选用学生充任。有时学生还参与书院志的编校、院田的清查和田租的征收。这大大节约了书院的人力、物力、财力,也锻炼了学生的能力,提高了办学效益。为了加强管理,古代书院还制定了一整套的规章制度。一些书院还对学生每日的课程安排加以规定。尽管其中有些可能失之于繁琐、苛刻,但它对于生徒为学进德的指导作用无疑是不能忽视的。

山长的指导,重在学习方法的传授。朱熹提出了循序渐进、熟读精思、虚心涵泳、切己体察、著紧用力、居敬持志的"读书六法",是历代书院普遍遵守的法则。此外,元代程端礼的《读书分年日程》在开出读书目录的同时亦注重读书方法的指导,实际上是一个辅导性读书目录;清代岳麓书院山长王文清手订《读经六法》、《读史六法》,专论学习经史的方法;康熙年间,李来章著《南阳书院学规》二卷,分为学次序、读书次序两部分指导诸生读书治学。

书院教学内容则包括儒学经典(易、诗、书、春秋、孝经、论语、孟子、四书集注),甚至道德性命之说。由于历史时代的不同,教学内容上颇有变化,如元以前要涉及天文、地理、律历、算数等方面。教育旨趣也大有不同,一般来讲,元以前书院的学者不屑仕途,"耻事权贵"、"不与时俯仰"。而清代书院大部分以科考为教学目的,"教读通监、通考以充其学,选定史记、汉书、春秋繁露……以博其义。择其才者教作诗赋、经解、策论"(《续碑传集》)。这种书院着意于考课,以科举及第为目的,学生埋头于八股文习作,抛弃学问人格于不顾,形成玄薄不淳的学风,使书院最终逃脱不了日渐衰败的命运。

讲会制度是书院教学和学术传播的重要组织形式,是书院的一大特色。所谓"讲会",是大师、师友或师生甚至社会上的书生聚在一起,自由讲学,自由争辩,从而提高学术水平的一种活动。书院讲学实行"门户开放",一个学者可以在几个书院讲学,听讲者也不限于本院生徒,常有慕名师而远道访学者,书院热情接待并提供各种方便。"讲会"制度由宋代著名学者吕祖谦首创。公元1175年,吕祖谦邀请朱熹、陆九渊、陆九龄及其门人参加学术讨论,由此开了"讲会"的先河。到了清代,"讲会"已形成一整套完善的制度,各地书院的"讲会"都具有明确的宗旨、详细的规约、规定的日期、严密的组织、隆重的仪式和专门的经费开支。

规约制度,是书院制度中另一个比较突出的特点,对封建社会后期教育产生过重大的影响。书院都有一套完整的"学规"或"学制",规定了教学活动的规则、学习的目的和标准、为学的次序和方法,最主要的是对为学的方向和道德修养立要求。最典型的如朱熹所定的白鹿书院的学规中,明确规定五教之目(父子有亲,君臣有义,夫妇有别,长幼有序,朋友有信)、为学之序(博学之,审问之,慎思之,明辨之,笃行之)、修身之要(言忠信,行笃敬,惩忿窒欲,迁善改过)、处事之要(正其谊,不谋其利;明其道,不计其功)和接物之要(己所不欲,勿施于人;行有不得,反求诸己),明确表达了朱熹重视人格陶冶胜于辞章修养的办学思想。朱熹提出的书院办学思想,不仅为历代书院所恪守,而且成为古代教育的一大方针。

设立日记,用以记录、考查学生每天的学习情况,也是书院指导自学的有效办法。日记之法,始于宋代,文天祥在《安湖书院记》中,就有"置进学日记,令躬课其业,督以无怠"的记载。后世书院因循发挥,使其日臻完善。一般而言,是预设每日功课,刊印日记、日程、日课、功课等簿册,学生依程学习,按日填记,送交山长查核批改。如明万历年间吉安白鹭洲书院立日课簿,诸生"每日将用过工夫",按看经书,读论策表,看《资治通鉴》《性理大全》,看程墨时艺,看古文等五项内容登记,以备官师抽查。同治年间,上海龙门书院分设行事日记册、读书日记册,前者按晨起、午前、午后、灯下四节记每日所习功课,后者则记读书心得与疑义,每隔五日即"呈师前,以请业请益,师有指授,必宜服膺"。以上各家,虽操作有些差异,但山长凭日记"指授"诸生学习,而学生据日记得以"请业请益"之功则是基本的学习方式。

祭祀是书院规制中又一个极为重要的组成部分,是书院的重要文化活动之一,历来受到世人的重视。北宋书院已开始祭祀,所祀与官学相似。南宋时随着书院与学术及地方文化的结合,书院祭祀的对象更广泛,但最主要的是孔子。随着书院祭祀的宗教化,书院祭祀的人物也标志着书院的学术方向和学风,书院除祭祀公认的儒家道统人物外,又特别祭祀自己学派的代表人物,如涪州的北岩书院,便供有程颐像,设有尹公祠。还有一些书院特别供祀那些与本书院有关的先儒,用以纪念和表彰他们对书院的贡献,如紫阳书院自南宋成立时起,就塑有朱熹及其外祖父和父亲的神像。朱熹在竹林精舍祀他的老师李侗和李侗之师罗从彦,开了祀本师的风气。许多书院也纷纷仿效,如象山书院祀陆九渊,杜洲书院祀杨简,都是祀本师。明代湛若水的老师是陈献章,《明史·湛若水传》载:"若水生平所至必建书院以祀其师陈献章"。至于心学的开创者王守仁死后其门人建书院祭祀他的就更多了。

书院不仅重视教学,还注重通过考试的手段,考核生徒的学业水平,并采取相应的奖励措施,建立考课制度。考课制度在宋代书院中就已采用。据《宋史·尹谷传》记载:"初,潭士以居学肄业为重。州学生月试积分高等,升湘西岳麓书院生;又积分高等,升岳麓精舍生。潭人号为三学生。"类似于科举中的连中"三元"。

三　书院的教学特点

教学是书院的第一职能。书院教学制度的创立,既取法于官学、私学乃至禅林精舍,又吸收了道家宫观等传统教育体制,广取其经验,善借其教训,不断更新教育理念,产生了朱熹、王守仁等教育大师,极大地满足了当时的知识群体的文化需求。

书院教学的最大特点是遵循"因材施教"、"随人指授"的原则,采用灵活多样的教学方式。具体而言,有令诸生环听讲书,间日则分班回讲者;有诸生质疑,由学长、经长、堂长而及副讲、主洞,逐级递升者;有明白解答、详明指示者;有略加启示,令其自悟者;有当头一喝,促其猛省者;有随事点拨、随处体认者;也有就某一普遍存在的问题请大师升堂讲说,当堂质疑者,不一而足。

书院把教学与训育结合起来,提倡道德完善,注重人格教育,形成了一种重视人格陶冶的书院精神。学习不专重知识的传授,而重视合乎"理"的生活习惯的培养。其次,教学上特别强调学习者主观能动性,这是学习的基础条件。大师讲学无不强调立志,就是要立定方向。主观上立定方向,才能勤勉为学。

同时,古代书院还注重校园环境对于人格熏陶的意义。从办学地点上来说,当时的书院多仿寺庙,依山林名胜而建,如白鹿洞书院在庐山五老峰下,岳麓书院在长沙岳麓山洞下,嵩阳书院在太室山南,石鼓书院在回雁峰下。书院不仅重视择胜,更重环境的建设,为人所用,使环境与人有更好的协调作用。《云山书院仰极台池》载:"天下郡县书院,堂庑斋舍之外,必有池亭苑圃,以为登眺游息之所。……而山川之胜,贤达之风,每足以兴起感仪其志,其为有益于人也。"营建书院"必有池亭苑圃",原因正在于"感仪其志"、"有益于人"。岳麓书院山长罗典到院之初,就创辟"书院八景"。环境成为书院的第二课堂,把环境与教育有机结合起来,正是书院的突出特色。此外,古代书院也通过箴牌、门楹、堂联和斋舍的命名来教育学生。东林书院就有"风声、雨声、读书声,声声入耳;家事、国事、天下事,事事关心"的对联,学生每日耳濡目染,受益良多,流传至今。

中国古代书院一般都非常注重聘请名师主持院务,书院山长(也称院长、洞主、山主、主讲等)的形象往往是书院声望高低、教学成败和能否使四方学子闻风而聚的关键。自宋开始,著名思想家几乎都曾讲学于书院。如陆九渊(1139—1192)讲学于象山精舍,朱熹讲学于武夷精舍和白鹿洞书院,王阳明讲学于龙冈书院和稽山书院,顾宪成和高攀龙讲学于东林书院等。这些名师掌教的书院吸引了四方游学之士闻风负笈而至,甚至不远千里,"裹粮"而来,"结庐"而居。有些名师解聘离任,讲学他院,许多弟子亦结伴随行;有些弟子还集资建院,礼请老师留下讲学。书院之所以能长期维系,代代相传,与书院名师的热心教诲、学生的慕名求教这样的良好师生关系是分不开的。

四　书院与宗教

书院较之官学的优势在于师生可以相对自由的讲学与辩论。从宋代起,书院的教育功能逐渐加强,书院与教育、学术的关系更加密切,并对理学的形成起着重要的作用。当时的学者普遍读儒经、道经、佛经,参加三教会讲,三教集于一身,表明当时的社会普遍意识到,通过相互吸收改造,儒、道、佛三教逐渐在思想上、修养方法上相近。宋明两代儒学的复兴,书院的发达,也使学术流派不断涌现,许多著名书院教育家同时又是著名的大理学家。

宋朝时,道教大举,人们尊神而轻佛,教育家们也深受影响,并自觉不自觉地吸收道教的发展成果,并将这些思想贯彻于书院教育中。既是理学家又是书院教育家的先哲们,多是先出入于老学而后求之于六经,他们的思想体系颇受道教思想的影响。北宋理学家周敦颐、邵雍等人的学说即源于道士陈抟的思想。理学开创者周敦颐既信佛,又尊道,南宋初朱震在《汉上易解》中认为他的《太极图说》实源自道教炼气化神的"太极先天图"。《太极图说》关于天道、地道、人道和死生的概括,与道教的《太极先天之图》两者都将宇宙、万物和人类的来源归结为太极乃"天地之大本"。程朱理学的集大成者、书院教育家朱熹在年轻时就尝自谓"清夜眠斋宇,终朝观道书",四十四岁时作有《太极图说解》、《通书解》,先后还作了周敦颐《太极图说》、《易通》的题记、《太极通书后序》等,认为"太极是天地万物之理"。"终朝观道书"的朱熹从青年时代起,就结交道友,大量地阅读道教书籍,多次向名道士白玉蟾讨教丹道。道教的超脱精神对朱熹的人生目标、生活习性、审美情趣等产生了深刻影响。

宋代道教还吸纳民间俗神进入道教神系,民间广为信奉的梓潼帝君(文昌帝君)成为天下士人崇奉的职掌禄籍之神,故世间有"北孔子、南文昌"之说。元明以后,随着科举制度的规模化和制度化,对于文昌帝君的奉祀逐渐普遍。各地都建有文昌宫、文昌阁或文昌祠,有的书院就设在道教的文昌宫,其中以四川梓潼县七曲山的文昌宫规模最大。书院供奉道教文昌神像或神位,其间虽时有兴废,但因文章司命,贵贱所系,所以一直奉祀不衰。旧时每年二月初三日为文昌帝君神诞之日,官府和当地文人学士都要到供奉文昌帝君的庙宇奉祀,或吟诗作文,举行文昌会,祈神保佑科举中式。

一些乡间书院和私塾书院在选择院址时亦受到道教的影响。道教的宫观选址一般都在名山胜水间,许多书院也将院址选择在远避嚣尘的秀丽山水间,希望能在山水间静思、熟虑、讲学、著书,探讨安身立命的久远之道。

书院文化中还渗透着佛教思想。书院的兴起与当时佛教禅林活动的发展有关。"禅定"本为佛教徒的修持活动,即通过静虑而集中精神,排除外界干扰和内心杂念,将思想专注于一定的对象,据佛教义理进行思考,以解除烦恼,求得精神超脱。尤其是南北朝时期出现的禅宗,在教徒的修持上提出了某些新说,如"心性生万物"、"自悟"、"顿悟"、"意念"等,使佛教思想进一步渗透到世俗生活中。入宋后,许多知识分子深受其影响,伴随的书院活动深深打下其烙印。

在教学方式上,书院学者的讲学方式当时也差不多是从禅林的讲经说法移植而来。宋时陆九渊所办书院,除讲堂外,并建一"方丈"作其居室;每日上午他至书院讲堂开讲,自"方丈"至讲堂,乘轿而行,鸣鼓为号;讲时登上高座,学生围坐而听;讲毕则让学生到"方丈"问疑,类似僧徒向长老"入室请益"。

受佛教影响的最根本之处则是在教育内容上。南宋至明,书院的发展与宋明理学的发展紧密相连,而宋明理学在很多方面则是"援佛入儒"。禅林讲学的中心是在佛教徒的修持活动上,而当时书院的传习内容则多强调心性之学和伦理纲常的理学。相应地,这也就带来了书院以道德修养为重心的教学精髓。由此可见,书院与佛学的关系确是密不可分的。

五　书院的文化贡献

文化的生产和传播,除了受到当时政治、经济等因素制约外,文化主体——人的因素占有重要地位,书院的会讲制度在客观上突破了当时较封闭的人际和学术交往,对于文化传播是个创举。自宋以后的历代儒学大师大多在书院学习或讲学过,书院为他们提供了教学场所,也使其学术思想得以有效传播,也为学院创造了浓厚的文化氛围。书院不拘一家之说,吸收各种流派讲学,提倡学术自由,也促进了文化的繁荣。在封建专制社会里,统治者为了便于思想统治,往往定一家之说为官方正统,抑制打击其他学说的出现和流传,并以官学的形式杜绝其他学说存在的社会条件。而书院则继承了古代私学的非正统主义传统,评议时政、量裁人物,广泛吸收各学派的学术思想,相互砥砺,取长补短,使理学发展出"程朱"和"陆王"两大学派,令儒家学说更加完整,促进了中国古代文化的成熟和传播。

书院的师承关系是文化发展承前启后的内在线索,为中华民族古代文化的延续作出了重要贡献。在小农经济占主导地位的社会环境里,书院为学术交往和文化再生产提供了物质载体。书院拥有的固定房舍和田产又在物质上保障了文化传播的顺利进行。

书院还具有出版、校勘古籍等多种社会文化功能。历代书院的经营管理者不仅十分注重书籍收藏,充分发挥文化储存功能,同时还注意对古籍的校勘,去伪存真,删糟留精,使古代文化得以整合。同时,还在教学和研究中阐发个人思想,出版学术著作,完善个人或本学派的思想体系。古代书院这一文化现象,以其独有的文化功能,充分发挥了它在古代社会的文化生产、文化储存、文化整合、文化传播、文化反馈等重要作用。

书院作为中国历史上一种重要的文化现象,它的产生和发展为中国近代学校的出现提供了思想素材和有益的经验,为中华民族造就了一代又一代的文化精英,对中国文化的繁荣产生过重大影响。整理和研究这份宝贵的文化遗产,意义十分重大,需要年青一代不断继往开来,弘扬发展。

文　选

礼　记(节选)

学记第十八

发虑宪，求善良，足以謏闻，不足以动众；就贤体远，足以动众，未足以化民。君子如欲化民成俗，其必由学乎！

玉不琢，不成器；人不学，不知道。是故古之王者，建国君民，教学为先。《兑命》曰："念终始典于学。"其此之谓乎！

虽有嘉肴，弗食，不知其旨也；虽有至道，弗学，不知其善也。是故学然后知不足，教然后知困。知不足，然后能自反也；知困，然后能自强也。故曰：教学相长也。《兑命》曰："学学半。"其此之谓乎！

古之教者，家有塾，党有庠，术有序，国有学。比年入学，中年考校。一年视离经辨志，三年视敬业乐群，五年视博习亲师，七年视论学取友，谓之小成；九年知类通达，强立而不反，谓之大成。夫然后足以化民易俗，近者说服，而远者怀之，此大学之道也。《记》曰："蛾子时术之。"其此之谓乎！

大学始教，皮弁祭菜，示敬道也；《宵雅》肆三，官其始也；入学鼓箧，孙其业也；夏楚二物，收其威也；未卜禘，不视学，游其志也；时观而弗语，存其心也；幼者听而弗问，学不躐等也。此七者，教之大伦也。《记》曰："凡学，官先事，士先志。"其此之谓乎！

大学之教也，时。教必有正业，退息必有居学。不学操缦，不能安弦；不学博依，不能安诗；不学杂服，不能安礼；不兴其艺，不能乐学；故君子之于学也，藏焉，修焉，息焉，游焉。夫然，故安其学而亲其师，乐其友而信其道。是以虽离师辅而不反。《兑命》曰："敬孙务时敏，厥修乃来。"其此之谓乎。

今之教者，呻其占毕，多其讯，言及于数，进而不顾其安，使人不由其诚，教人不尽其材，其施之也悖，其求之也佛。夫然，故隐其学而疾其师，苦其难而不知其益也，虽终其业，其去之必速，教之不刑，其此由乎！

大学之法，禁于未发之谓豫，当其可之谓时，不凌节而施之为孙，相观而善之谓摩。此四者，教之所由兴也。

发然后禁，则扞格而不胜；时过然后学，则勤苦而难成；杂施而不孙，则坏乱而不修;独学而无友,则孤陋而寡闻;燕朋逆其师,燕辟废其学。此六者,教之所由废也。

君子既知教之所由兴,又知教之所由废,然后可以为人师也。故君子之教喻也,道而弗牵,强而弗抑,开而弗达。道而弗牵则和,强而弗抑则易,开而弗达则思,和易以思,可谓善喻矣。

学者有四失,教者必知之。人之学也,或失则多,或失则寡,或失则易,或失则止。此四者,心之莫同也。知其心,然后能救其失也,教也者,长善而救其失者也。

善歌者,使人继其声;善教者,使人继其志。其言也约而达,微而臧,罕譬而喻,可谓继志矣。

君子知至学之难易,而知其美恶,然后能博喻;能博喻然后能为师;能为师然后能为长;能为长然后能为君。故师也者,所以学为君也。是故择师不可不慎也。《记》曰:"三王四代唯其师。"此之谓乎!

凡学之道,严师为难。师严然后道尊,道尊然后民知敬学。是故君之所不臣于其臣者二:当其为尸则弗臣也,当其为师则弗臣也。大学之礼,虽诏于天子,无北面,所以尊师也。

善学者,师逸而功倍,又从而庸之;不善学者,师勤而功半,又从而怨之。善问者,如攻坚木,先其易者,后其节目,及其久也,相说以解。不善问者反此。善待问者,如撞钟,叩之以小则小鸣,叩之以大者则大鸣,待其从容,然后尽其声;不善答问者反此。此皆进学之道也。

记问之学,不足以为人师。必也听语乎,力不能问,然后语之;语之而不知,虽舍之可也。

良冶之子,必学为裘;良弓之子,必学为箕;始驾马者反之,车在马前。君子察于此三者,可以有志于学矣。

古之学者,比物丑类。鼓无当于五声,五声弗得不和。水无当于五色,五色弗得不章。学无当于五官,五官弗得不治。师无当于五服,五服弗得不亲。

君子曰:"大德不官,大道不器,大信不约,大时不齐。"察此四者,可以有志于学矣。

三王之祭川也。皆先河而后海;或源也,或委也。此之谓务本。

大学第四十二

大学之道,在明明德,在亲民,在止于至善。知止而后有定,定而后能静,静而后能安,安而后能虑,虑而后能得。物有本末,事有终始,知所先后,则近道矣。古之欲明明德于天下者,先治其国;欲治其国者,先齐其家;欲齐其家者,先修其身;欲修其身者,先正其心;欲正其心者,先诚其意;欲诚其意者,先致其知,致知在格物。物格而后知至，知至而后意诚，意诚而后心正，心正而后身修，身修而后家齐，家齐而后国治，国治而后天下平。自天子以至于庶人，壹是皆以修身为本。其本乱而末治者否矣，其所厚者薄，而其所薄者厚，未之有也！此谓知本，此谓知之至也。所谓诚其意者，毋自欺也，如恶恶臭，如好好色，此之谓自谦，故君子必慎其独也！小人闲居为不善，无所不至，见君子而后厌然，掩其不善，而著其善。人之视己，如见其肺肝，然则何益矣？此谓诚于中形于外，故君子必慎其独也。曾子曰："十目所视，十手所指，其严乎！"富润屋，德润身，心广体胖，故君子必诚其意。《诗》云："瞻彼淇澳，菉竹猗猗。有斐君子，如切如磋，如琢如磨。瑟兮僴兮，赫兮喧兮。有斐君子，终不可諠兮！""如切如磋"者，道学也；"如琢如磨"者，自修也；"瑟兮僴兮"者，恂栗也；"赫兮喧兮"者，威仪也；"有斐君子，终不可諠兮"者，道盛德至善，民之不能忘也。《诗》云："于戏前王不忘。"君子贤其贤而亲其亲，小人乐其乐而利其利，此以没世不忘也。《康诰》曰："克明德。"《太甲》曰："顾諟天之明命。"《帝典》曰："克明峻德。"皆自明也。汤之《盘铭》曰："苟日新，日日新，又日新。"《康诰》曰："作新民。"《诗》曰："周虽旧邦，其命惟新。"是故君子无所不用其极。《诗》云："邦畿千里，惟民所止。"《诗》云："缗蛮黄鸟，止于丘隅。"子曰："于止，知其所止，可以人而不如鸟乎？"《诗》云："穆穆文王，于缉熙敬止！"为人君，止于仁；为人臣，止于敬；为人子，止于孝；为人父，止于慈；与国人交，止于信。子曰："听讼，吾犹人也，必也使无讼乎？"无情者不得尽其辞，大畏民志。此谓知本。

所谓修身在正其心者：身有所忿懥，则不得其正；有所恐惧，则不得其正；有所好乐，则不得其正；有所忧患，则不得其正。心不在焉，视而不见，听而不闻，食而不知其味。此谓修身在正其心。所谓齐其家在修其身者：人之其所亲爱而辟焉，之其所贱恶而辟焉，之其所畏敬而辟焉，之其所哀矜而辟焉，之其所敖惰而辟焉。故好而知其恶，恶而知其美者，天下鲜矣！故谚有之曰："人莫知其子之恶，莫知其苗之硕。"此谓身不修不可以齐其家。所谓治国必先齐其家者，其家不可教，而能教人者无之。故君子不出家而成教于国。孝者，所以事君也；弟者，所以事长也；慈者，所以使众也。《康诰》曰："如保赤子"，心诚求之，虽不中不远矣。未有学养子而后嫁者也！一家仁，一国兴仁；一家让，一国兴让；一人贪戾，一国作乱。其机如此。此谓一言偾事，一人定国。尧、舜率天下以仁，而民从之；桀、纣率天下以暴，而民从之。其所令反其所好，而民不从。是故君子有诸己而后求诸人，无诸己而后非诸人。所藏乎身不恕，而能喻诸人者，未之有也。故治国在齐其家。《诗》云："桃之夭夭，其叶蓁蓁；之子于归，宜其家人。""宜其家人"，而后可以教国人。《诗》云："宜兄宜弟。""宜兄宜弟"，而后可以教国人。《诗》云："其仪不忒，正是四国。"其为父子兄弟足法，而后民法之也。此谓治国在齐其家。

　　所谓平天下在治其国者：上老老而民兴孝，上长长而民兴弟，上恤孤而民不倍，是以君子有絜矩之道也。所恶于上，毋以使下；所恶于下，毋以事上；所恶于前，毋以先后；所恶于后，毋以从前；所恶于右，毋以交于左；所恶于左，毋以交于右。此之谓絜矩之道。《诗》云："乐只君子，民之父母。"民之所好好之，民之所恶恶之，此之谓民之父母。《诗》云："节彼南山，维石岩岩。赫赫师尹，民具尔瞻。"有国者不可以不慎，辟则为天下僇矣。《诗》云："殷之未丧师，克配上帝。仪监于殷，峻命不易。"道得众则得国，失众则失国。是故君子先慎乎德。有德此有人，有人此有土，有土此有财，有财此有用。德者本也，财者末也，外本内末，争民施夺。是故财聚则民散，财散则民聚。是故言悖而出者，亦悖而入；货悖而入者，亦悖而出。

　　《康诰》曰："惟命不于常！"道善则得之，不善则失之矣。楚书曰："楚国无以为宝，惟善以为宝。"舅犯曰："亡人无以为宝，仁亲以为宝。"《秦誓》曰："若有一介臣，断断兮无他技，其心休休焉，其如有容焉。人之有技，若己有之；人之彦圣，其心好之，不啻若自其口出。实能容之，以能保我子孙黎民，尚亦有利哉！人之有技，媢嫉以恶之；人之彦圣，而违之，俾不通。实不能容，以不能保我子孙黎民，亦曰殆哉！"唯仁人放流之，迸诸四夷，不与同中国，此谓唯仁人为能爱人，能恶人。见贤而不能举，举而不能先，命也；见不善而不能退，退而不能远，过也。好人之所恶，恶人之所好，是谓拂人之性，菑必逮夫身。是故君子有大道，必忠信以得之，骄泰以失之。生财有大道。生之者众，食之者寡，为之者疾，用之者舒，则财恒足矣。仁者以财发身，不仁者以身发财。未有上好仁而下不好义者也，未有好义其事不终者也，未有府库财非其财者也。孟献子曰："畜马乘，不察于鸡豚；伐冰之家，不畜牛羊；百乘之家，不畜聚敛之臣。与其有聚敛之臣，宁有盗臣。"此谓国不以利为利，以义为利也。长国家而务财用者，必自小人矣。彼为善之，小人之使为国家，灾害并至。虽有善者，亦无如之何矣！此谓国不以利为利，以义为利也。

　　（选自清·阮元《十三经注疏》，南昌学堂重刊本，中华书局1980年版）

【阅读书目】

1. 杨伯峻译注：《论语译注》，中华书局1980年版。
2. 张正峰主编：《中国古代教育文选》，人民教育出版社2007年版。
3. 郭齐家编著：《中国古代教育家》，北京科学技术出版社2009年版。
4. 章柳泉著：《中国书院史话》，教育科学出版社1981年版。
5. 陈平原著：《中国大学十讲》，复旦大学出版社2002年版。

【思考题】

1. 中国古代教育主要特征,它和现代教育的区别。
2. 春秋战国时期私学的产生和发展。
3. 王安石元丰兴学的主要内容。
4. 书院的教学方法有哪些地方值得现代教育借鉴?
5. 试析朱熹的白鹿书院学规的主要内容及其对后世的影响。

第十四章
中国典籍

概　述

　　《周易·系辞下》曰："上古结绳而治,后世圣人易之以书契。"《尚书序》曰：
"古者伏羲氏之王天下也,始画八卦,造书契,以代结绳之政,由是文籍生焉。"
"书契"即文字,或刻在龟甲兽骨上或铸在青铜器皿上,后又书写在竹简、木板、
缣帛、纸张上。把它们连缀起来,就是古代的书籍。

　　古代典籍产生的具体时间难以考定。《左传·昭公十二年》："左史倚相趋
过,王曰：'是良史也,子善视之! 是能读《三坟》、《五典》、《八索》、《九丘》。'"《三
坟》、《五典》、《八索》、《九丘》只是传说中的典籍,并无人见过。根据发掘出土的
商王武丁时期的甲骨已有编连痕迹,以及《尚书·多士》中周公对殷民的训话
("惟尔知,惟殷先人有典有册,殷革夏命"),一般认为,至迟在商朝中期,中国早
期的典籍就已产生。而至迟在孔子出生以前,中国古代正式的典籍已经产生。
经过数千年的发展,中国古代留下的古籍总数大概在12万种以上,堪称源远流
长、举世无双,是中国古代文化的结晶和宝贵遗产。

一　典籍载体

　　典籍是物质和精神相结合的社会产品,我国古代典籍的载体材料先后有：
甲骨、金石、竹木、缣帛、纸张等。

　　(一)甲骨

　　龟甲(龟甲的腹板)和兽骨(主要是牛的肩胛骨或胫骨)合称甲骨。因其所
记多与占卜有关,故又称"卜辞"。因其起初出土于殷墟(河南安阳县西北小屯
村),故又称"殷墟书契"、"殷墟卜辞"。

　　甲骨文是光绪二十五年(1899)由金石收藏家王懿荣偶然发现的,他共收藏

了 1000 多片,后为《老残游记》作者刘鹗(刘铁云)得到并继续收集,约 5000 片。1903 年他选择其中字迹完好者拓印出版,是为我国著录甲骨文的第一部书《铁云藏龟》。1927—1937 年,中央研究院历史语言研究所用现代考古方法进行了 10 余次发掘,相继编印出版了《殷墟文字甲编》、《殷墟文字乙编》。1977 年,在陕西岐山凤邹周原遗址又出土了 1000 多件周代甲骨。据不完全统计,国内外现存甲骨(含拓片)约 14 万至 15 万片,其中单字 4500 个,有不到一半的被释读,有一些学者有分歧,还有大量的字现在还难以认识。

(二)金石

金,指青铜(铜和锡的合金)器,刻铸在青铜器上的文字即为金文,又称"铭文"、"铭辞"。青铜器在生活器具中主要有酒器、饮器、食器、乐器等,这些器具如用作礼器则被称为吉金,故铭文又称"吉金文字"。三代时,刻铸金文最多的是钟、鼎,故后世又称金文为"钟鼎文"。

西周是钟鼎文最为盛行的时代,现存 1 万多件有铭文的青铜器中,铭文最长的是"毛公鼎",共 497 字。金文曲笔较多,笔画较甲骨文粗圆肥硕。

现存最早的石刻文字是秦刻石鼓,即在十块鼓形石头上刻有十首四言诗。秦始皇统一中国后的十年间有峄山、泰山、琅琊、芝罘、东观、碣石、会稽七处石刻,现残存的唯有琅琊石刻。东汉末熹平四年(175)命大学者蔡邕以古文、篆书、隶书三种字体,把《周易》、《尚书》等经典刻在石碑上,自此历代都有重要的石经。保存完好至今的有"开成石经"("唐石经")和"乾隆石经"("清石经")。这些石经有校勘范本的作用,具有不可忽视的版本价值。石刻文献还包括大量的墓志碑文以及佛寺道观中的释道经书等。

(三)竹木

竹指竹简,木指木牍,合称"简牍"。一支竹片制成的叫"简",若干简编在一起成为策(册),编联了的简册卷在一起就叫卷。木牍是用来书写的木版或木片,一尺见方的叫"方"。从汉代起,木牍的标准长度是一尺(后代书信叫"尺牍")。简与牍在功能上有区别,《仪礼·聘礼》曰:"百名以上书于策,不及百名书于方。"

简牍作为典籍形式,据说在殷商时期即已有,但出土的简牍文献主要集中在战国至汉晋时期。自古及今著名的有:西晋时期在汲郡魏墓出土的《竹书纪年》、1930—1931 年在内蒙古出土的居延汉简、1972 年山东银雀山西汉墓竹简、近年在湖北荆门郭店出土的楚简等。

(四)缣帛

缣帛即丝织品,作为典籍载体主要使用在春秋战国和秦汉时期。

帛书在柔软性、书写性、携带性、绘画性方面比简牍好,但保存性却不及简牍,因此出土的帛书比简牍少得多。20世纪最著名的是1973年在湖南长沙马王堆西汉墓出土的帛书,其中与《老子》有关的文献最多。

(五)纸张

汉代发明了造纸术,纸张始用于书写,东晋时期纸张逐渐全面取代缣帛和简牍成为典籍载体的主要形式。纸质典籍在唐代之前都是用笔抄写而成,唐代开始采用雕版印刷的方式制作典籍,至两宋而极盛,标志着典籍的生产方法发生了划时代的变革。由此,纸质典籍可分为两大类:写本和印本。

写本包括:手稿本(即作者手稿)、清稿本(据手稿誊清的稿本,与前者的区别是非作者亲笔所写)、抄本(未经作者过目,更无作者笔迹,据底本一一抄录,有的可能是从稿本录来,价值仅次于稿本。辗转互借抄写的称为传抄本)、影抄本(即摹抄本)等。

印本包括:刻本、活字本和影印本等。其中刻本最普遍,分类比较复杂,从不同的角度有不同的分类:

以刻印时代划分,有唐刻本、五代刻本、宋刻本、辽刻本、金刻本、元刻本、明刻本、清刻本、民国刻本等。唐刻本保存到现在的不多,一般认为现存最早的是唐懿宗咸通九年(868)刻印的《金刚经》,五代刻本也较少。现存宋刻本几乎都是珍本,因为宋代是我国雕版印刷的黄金时期,宋刻本校勘精审,刻印精美,成为后世刻本的楷模。

以刻印地区划分,宋代刻书除北宋首都汴梁外,主要有浙江、福建、四川等地;金代刻书中心在山西平水;明代以杭州、苏州、徽州等为主。因此有浙本、蜀本、闽本、吴本、徽本、平水本等。

以刻印者来分,有官刻本、私刻本、坊刻本之分。官刻本即官府刻印的本子。官刻本中历代国子监刻印的称为监本。明代有南北两京国子监,因此有南监本和北监本。清代康熙年间,在武英殿设修书处主持修书、校勘、刻印,这就是所谓殿本。地方官刻本中有藩刻本、局本和书院本等。明代地方藩王府刻印的称为藩刻本。清代两湖、两广、江西、浙江、福建等成立书局,所刻之书称为局(官书局)本。宋元明清都有书院,所刻称为书院本等。与官刻本相对,还有私刻本和坊刻本。私刻本又包括自刻本和家刻本。自刻本就是作者自己刻印自己的著作。家刻本指家塾私宅刻印的书,这是私刻本最常见的一类。广义的家刻本等于私刻本。家刻本因为多由学者或藏书家主持其事,其目的主要是为了流传善本,保存自己或亲友的著作,而不是为了赢利,所以一般质量较高。由书坊、书肆、书林、书堂、书铺、书棚、书籍铺、经籍铺等书店刻印的称为坊刻本。坊刻本由书坊书商主持其事,与家刻本目的正好相反,主要是为了赢利,所以其刻本质量高低差别很大。

以刻印的先后来分,可以分为初刻本(原刻本)、重刻本、翻刻本、影刻本、修补本、增修本、重修本等等。其中初刻、初印本价值最高。

以刻印的版式和字体等来分,可以分为大字本、小字本、巾箱本、袖珍本、插图本、百衲本等。巾箱本是版式很小的古书,可以置于巾箱中,随身携带,故名巾箱本。巾箱本也可以放在袖中,所以与袖珍本很难区分。百衲本是将同一种书的许多不同书版拼凑印成一部完整的书。古代僧人苦修,以陈旧杂碎布片缝衲成衣,称为"衲衣"。"百衲"形容补缀缝衲很多。

以印刷的颜色来分,有蓝印本、朱印本、墨印本、套印本(用几种颜色印刷的本子)等。

除上述几种主要的分类外,还有所谓残本、足本、孤本、祖本、校本、通行本、删节本、批点本、题跋本等,均可顾名思义。

活字本是活字印刷术出现后排印的书本。据沈括《梦溪笔谈》记载,活字印刷术是宋代庆元年间平民毕昇发明的。依据制作活字的原料,又有泥活字本、磁活字本、木活字本、铜活字本、锡活字本、铅活字本之分。泥活字本、磁活字本、锡活字本图书流传都甚少,古代活字印刷主要是木活字本和铜活字本。木活字本最著名的是清代武英殿聚珍版,印书 134 种。铜活字本最著名的是清《古今图书集成》1 万卷。铅活字本在明代就已出现,但技术不成熟,后来没有发展,近代从西方引进活字排版技术,才成为主要版本形态。

影印本是采用一定工艺使原书或原稿得以再现的复制本。根据其印版材料和工艺技术的不同,可分为石印本、胶印本、珂罗版印本等。近代以来采用石印技术印刷了不少古籍,如:同文书局影印的《古今图书集成》、《二十四史》;商务印书馆影印的《四部丛刊》、百衲本《二十四史》、武英殿本《二十四史》等。

随着古代典籍载体材料的变化,典籍的装帧形制也有所演变。纸质典籍产生前主要有简册和帛书卷子装两种形制。纸质典籍的装帧则大致上有如下形制:卷轴装,又称卷子装,是唐以前写本的主要装帧形式。经折装,也称折子装,把长幅书纸左右连续定宽折叠而成册子状,主要为佛经的装帧形式。梵夹装,以两板夹散页的装帧,是一种比较特殊的佛经装帧。旋风装,也叫龙鳞装,形制比较特别,是卷轴装向册叶装转变时期的一种过渡形式。蝴蝶装,雕版印刷书籍的一种装帧形式,将有字的版面中间对折,打开后见到整个版面,四周空白。包背装,把有字的版面中间反折,无字的版面对折,其折页方法与蝴蝶装相反,而与线装书一样,只不过装订方法是用涂有糨糊的裹被纸把成叠的书页粘合成册。线装,折页方法与包背装同,装订用线钉合书页成册,现在常见的古书和新印线装书都是这种装帧形式。

古代典籍传承至今,留下了不少善本和珍本。所谓善本,顾名思义就是好的本子,关于什么是善本,有各种说法。其中张之洞所说较为精当:"善本非纸白版新之谓,谓其为前辈通人用古刻数本,精校细勘付刊,不伪不阙之本也。"

"善本之义有三：一曰足本，二曰精本，三曰旧本。"所谓足本，自然是指没有残缺的本子，所谓精本是指精校精刻的本子，都比较好理解。而旧本究竟是旧到什么时候呢？清代人所说的旧本，一般指宋元刻本和明嘉靖以前的刻本。由于传世古书是一种稀缺物资，日渐减少，现在把确定善本的时间定得较晚。如《中国古籍善本书总目》编委会把时间定在明末(1644)以前。根据国家关于古籍乾隆六十年(1795)以前出品的文物和出版物都在国家法律保护之列，不得走私出口的规定，现各图书馆都把乾隆末年以前的刻本视为善本。总之，善本就是比较完足，错误率低，文字较接近原著面貌的本子，既包括离成书时间较近的古本，也包括经过后人精校过的本子。至于珍本，现代一般认为凡是具有历史文物性、学术资料性、艺术代表性而又流传甚少的版本可看作是珍本。

二　典籍分类

中国典籍浩如烟海，如何分类？

西汉末年成帝时，刘向奉命主持大规模的图书校勘，整理国家藏书。全部图书校毕，编成一部综合性图书目录《别录》。二十年后，刘向之子刘歆《七略》依据其父的《别录》，首用七分法："歆于是总群书而奏其《七略》，故有《辑略》，有《六艺略》，有《诸子略》，有《诗赋略》，有《兵书略》，有《术数略》，有《方技略》。"(《汉书·艺文志》)东汉班固作《汉书·艺文志》，以刘歆的《七略》为蓝本。此志为包括六艺百家文献的总目录，将图书分为六类，即：六艺(易、书、诗、礼、乐、春秋、论语、孝经、小学)、诸子(儒、道、阴阳、法、名、墨、从横、杂、农、小说)、诗赋(赋、杂赋、歌诗)、兵书(兵权谋、兵形势、兵阴阳、兵技巧)、数术(天文、历谱、五行、蓍龟、杂占、形法)、方技(医经、经方、房中、神仙)。

到了晋代，荀勖著《中经新簿》，始改为四部分类：甲部(六艺、小学)、乙部(古诸子、近世子家、兵书、兵家、术数)、丙部(史记、杂事、皇览簿、旧事)、丁部(诗赋、图赞、汲冢书)。唐朝魏徵等的《隋书·经籍志》，去甲、乙、丙、丁之号，代以经、史、子、集之名，完成了古代典籍从六分法向四部分类法的过渡。后代沿用《隋志》所确定的四部名称和顺序，每部下面类目名称、顺序、详略各有不同。中国古代的基本典籍，包括十三经、二十五史、诸子百家、诗词歌赋、别集、丛书类书、政书方志等都可分别划归这四部之一。

（一）经

经史子集四部之中无疑是以经为首。所谓"经"即经书，是指中国古代以孔子为代表的儒家所编著书籍。在两千多年中，经部典籍可谓汗牛充栋，仅以《四库全书总目》的著录，经部书籍已达 1773 部 20427 卷。

儒家经典起初只有"六经"(也叫"六艺")：诗、书、礼、乐、易、春秋，但"乐经"不传(古文经学家认为古代实有《乐经》，因秦毁而亡；今文经学家认为古无《乐经》，乐包括在诗与礼之中)，实际上只有"五经"，因此西汉时立的是"五经博士"。汉代提倡"以孝治天下"，所以到了东汉，五经之外，又增加了《孝经》和《论语》，合为"七经"。唐代又以易、诗、书、仪礼、周礼、礼记、左传、公羊传、谷梁传合称为"九经"，并以九经取士。到唐文宗太和年间，复刻"十二经，立石国学"，这十二经是"九经"加上《论语》《孝经》《尔雅》。宋代理学家极力推崇孟子，北宋仁宗时镌刻的"嘉祐石经"加入《孟子》，儒家经典从此定为"十三经"。南宋时将十三经和历代较好的注、疏合刻成为通行的《十三经注疏》。包括：《周易》(魏王弼、韩康伯注，唐孔颖达等正义)、《尚书》(旧题汉孔安国传，唐孔颖达等正义)、《诗经》(汉毛亨传，汉郑玄笺，唐孔颖达等正义)、《周礼》(汉郑玄注，唐贾公彦疏)、《仪礼》(汉郑玄注，唐贾公彦疏)、《礼记》(汉郑玄注，唐孔颖达等正义)、《左传》(晋杜预注，唐孔颖达等正义)、《公羊传》(汉何休注，唐徐彦疏)、《谷梁传》(晋范宁注，唐杨士勋疏)、《论语》(魏何晏集解，宋邢昺疏)、《孝经》(唐玄宗注，宋邢昺疏)、《尔雅》(晋郭璞注，宋邢昺疏)、《孟子》(汉赵岐注，宋孙奭疏)。

除儒家经典"十三经"之外，经部典籍的绝大部分是历代解经著述。历代解经典籍，形式繁复而数量众多，从汉唐经宋元到清代达到高峰。如康熙年间由纳兰性德刊刻的《通志堂经解》，收集了唐宋元明的解经典籍146种，清代阮元所编《皇清经解》和王先谦所编《皇清经解续编》共收集了清儒解经典籍392种。

(二)史

日本学者松浦友久曾说："有两个'shi'的世界，十分显著地矗立在中国文学史上，一个是读平声的'诗 shī'的世界，另一个是读上声的'史 shǐ'的世界。对以五万首唐诗为代表的诗歌的爱好，和对以浩博的《二十四史》为象征的历史的珍视，这两点不仅在文学史上，即使从中国文明的广阔背景上考虑，也是非常重要的。"(《唐诗语汇意象论》，中华书局1992年版)

中国具有悠久的史学传统，留下了卷帙浩繁的史部典籍。史部典籍按其体例，分为纪传体、编年体、纪事本末体和典志体四大类。

编年体史籍是最早形成的史书体裁，它以时间为纲，按照年月次序记载史事。我国现存最早的编年体史籍是据称由孔子删定的《春秋》，继而有我国第一部体制完备、记事详尽的编年体史书《春秋左氏传》。宋代司马光《资治通鉴》上承《左传》，是我国的第一部编年体通史，叙述了自周威烈王二十三年(前403)到后周显德六年(959)，共计1362年的历史，影响深远。

纪传体史书的创立者是司马迁，其所著《史记》是中国第一部纪传体通史。《史记》之后，东汉班固创作了我国第一部纪传体断代史《汉书》。纪传体以人物为纲，系以史事，综以时间，既便于记载历史事件的发展脉络，又便于记载社会生活的各侧面与人物之间的相互联系。在《汉书》之后，纪传体断代史成为中国史书编纂体例的主流，即所谓"正史"。随着时间的推移，所谓"正史"从"前四史"（《史记》、《汉书》、《后汉书》、《三国志》），逐渐增加为"十七史"（"前四史"加上《晋书》、《宋书》、《南齐书》、《梁书》、《陈书》、《魏书》、《北齐书》、《周书》、《隋书》、《南史》、《北史》、《新唐书》、《新五代史》），再增为"二十一史"（"十七史"再加《宋史》、《辽史》、《金史》、《元史》）、"二十二史"（再加《明史》）。至清乾隆时再加《旧唐书》和《旧五代史》，钦定为"二十四史"。后又有"二十五史"（再加《新元史》）、"二十六史"（再加《清史稿》）。

纪事本末体史书以南宋袁枢的《通鉴纪事本末》为代表。这一体裁以事件为纲，每一事件确定标题，详述始末。自袁枢开创之后，后代史家纷起效仿，先后出现了《续资治通鉴长编纪事本末》、《宋史纪事本末》、《明史纪事本末》、《左传纪事本末》等，从而成为继编年体、纪传体之后的另一大流派，丰富了我国史部典籍的种类。

典志体史籍创始于唐代杜佑的《通典》，该书上起尧舜，下迄唐代肃宗、代宗，分门别类地记述了历代典章制度。此后南宋郑樵《通志》、宋末元初马端临《文献通考》与《通典》合称为"三通"。"三通"加上清代所编"续三通"、"清三通"等又合称为"十通"，贯通了中国几千年的制度沿革，成为古代典章制度的渊海。

（三）子

子部典籍涵盖诸子百家之作。"诸子"一词始见于《史记·屈原贾生列传》："贾生年少，颇通诸子百家之书。"汉代《七略》和《汉书·艺文志》的"诸子略"仅指九流十家之著作。"九流"即儒、道、阴阳、法、名、墨、纵横、杂、农，加上小说家则为"十家"。魏晋时期，"子书"的范围开始扩大。到《隋书·经籍志》，把子部典籍分为儒、道、法、名、墨、纵横、杂、农、小说、兵、天文、历数、五行、医方等十四家。发展至《四库全书总目》，其子部典籍包括儒家、兵家、法家、农家、医家、天文算法、术数、艺术、谱录、杂农、类书、小说家、释家、道家等十四部类。由此可知，子部实是古代哲学社会科学、自然科学以及艺术、宗教等各门类各家各派典籍之汇集。

以《诸子集成》为例，该书收录先秦至六朝时期常用的二十六家诸子著作的注本或校本二十八种，有《论语正义》、《孟子正义》、《荀子集解》、《老子注》、《老子本义》、《庄子集解》、《庄子集释》、《列子注》、《墨子间诂》、《晏子春秋校注》、《管子校注》、《商君书》、《慎子》、《韩非子集解》、《孙子十家注》、《吴子》、《尹文子》、《吕氏春秋》、《新语》、《淮南子》、《盐铁论》、《扬子法言》、《论衡》、《潜夫论》、《申鉴》、《抱朴子》、《世说新语》、《颜氏家训》等，多为古代思想、政治类典籍。

古代宗教类典籍主要有佛教典籍和道教典籍。数量庞大的佛教典籍是中国古代典籍的重要组成部分之一。佛教典籍大致有两大类：一是汉译佛教经典；二为中土佛教徒撰述的佛教论著、注疏和佛教史籍。前者如《法华经》、《维摩诘经》、《金刚经》、《华严经》、《阿弥陀经》、《四分律》等，后者如《高僧传》、《法华经传记》、《洛阳伽蓝记》、《大唐西域记》、《五灯会元》等。以上译经和著述主要出现在唐代及其以前,唐代以后在佛教典籍方面所做的主要工作是编纂和刊印汉文《大藏经》,即传译至中国的大小乘经、律、论和中华撰述的各类佛经章疏、论著、史籍汇编而成的大型佛籍丛书。自宋至清,木刻汉文大藏经各代频出,其中较著名的有《赵城金藏》、《普宁藏》和《乾隆版大藏经》等。由于近代又发现了大量敦煌手抄经卷等,1982 年中国成立中华大藏经编辑局,1997 年由中华书局出齐《中华大藏经(汉文部分)·正编》全部 106 册,汇集经籍 4200 余种 23000 余卷,约 1 亿字。汉文《大藏经》无论是规模还是内容均居世界三大佛藏(巴利语大藏经、藏文大藏经、汉文大藏经)之首。

道教是中国的本土宗教,自东汉中叶产生后,随着道教的传播和发展,积累了数量庞大的经典和相关著述,如《太平经》、《正一经》、《三皇经》、《灵宝经》、《上清经》等。中国道教史上第一部总括道教典籍的大型丛书《道藏》成书于唐玄宗开元年间,此后宋金元明各代均编有《道藏》,现存明版《道藏》合计 5485卷,流传广泛。道教典籍内容较为庞杂,不仅有道教自身的著述,而且还收录了为数不少的道教之外的著作,如诸子、医学、历象、占卜以至艺术类著作,对保存中华文化作用巨大。

科技典籍在古代多归属于子部,主要涉及农业、医药、数学、天文历法、工程、交通等。成书于春秋末年的《考工记》是现存最早的科技典籍,其他著名的还有《周髀算经》、《九章算术》、《黄帝内经》、《齐民要术》、《梦溪笔谈》、《营造法式》、《农政全书》、《本草纲目》、《徐霞客游记》、《天工开物》等。

(四)集

古代诗文都是以"集"的形式汇编成书的,故文学类典籍大多在集部。集部虽位居四部之末,但其书籍数量超过前述经、史、子各部。《隋书·经籍志》把集部典籍分为楚辞、别集、总集三类,《四库全书总目》在这三类之外再加上诗文评和词曲两类。

汇集多人作品成一书的叫总集,如产生于春秋时期的我国第一部诗歌总集《诗经》和西汉刘向汇编的《楚辞》。总集又可分为"选集"和"全集"两大类,前者如收辑从先秦至梁代诗文的《昭明文选》(梁萧统编)和收辑自梁至唐诗文的《文苑英华》(宋李昉等编),后者如《全上古三代秦汉三国六朝文》(清严可均编)、《全唐诗》(清彭定求等编)。一般来说,选集的编辑旨在推荐佳作,全集的编纂旨在保存文献。

如果按照总集收录作品的时限来分,又可把总集分成通代和断代两大类。著名的通代诗文总集除《昭明文选》、《全上古三代秦汉三国六朝文》外,还有《玉台新咏》(梁徐陵编)、《乐府诗集》(宋郭茂倩编)、《汉魏六朝百三名家集》(明张溥编)、《古文辞类纂》(清姚鼐编)、《古文观止》(清吴楚材、吴调侯编)、《全汉三国晋南北朝诗》(近代丁福保编)等。断代总集除《全唐诗》外,还有《唐文粹》(宋姚铉编)、《全唐文》(清董诰等编)、《宋六十名家词》(明毛晋编)、《宋诗钞》(清吴之振等编)、《元曲选》(明臧懋循编)、《明诗综》(清朱彝尊编)、《明文海》(清黄宗羲编)、《列朝诗集》(清钱谦益编)等。其他还有按地域或流派编的,如《花间集》(五代赵崇祚编)、《西昆酬唱集》(宋杨亿等编)等。诗文总集展现了一定历史时期诗文创作的概况,有助于对一个时期重要作家作品有基本的了解;诗文总集提供了丰富的校勘和辑佚材料,也为检索作品提供了极大的方便。

收集某个作家部分或全部作品的叫别集,如曹植的《曹子建集》、陶渊明的《陶靖节集》、韩愈的《韩昌黎集》、欧阳修的《六一居士集》等。中国历代诗人作家很多,别集也就很多,并且随着时间的推移、社会的进步而递增。如唐代别集现存有 280 种,宋人别集见于著录的有 700 多种,明人别集约 2000 多种,清人别集则在 4000 种以上。别集的编排方式也是五花八门。如按作品内容编排的有《门类增广十注杜工部诗》,按作品体裁编排的有《李太白文集》,按作品年代编排的有《稼轩词编年辑注》,分体和编年结合的有《读杜心解》等。唐以来基本上历代著名文人都有别集流传,这些别集常常不仅收集其文学作品而且收集其一生的其他全部著作,因而是保存作家作品、著作,进而有助于后人了解、研究历史人物思想、生平等的最基本典籍。

三　出土典籍

前述经史子集四部等各种著作,都是从古及今一代又一代传抄递承下来的典籍,可以称为"传世文献"。中国古代典籍还有另外的一部分,即与传世文献对举的"出土文献",也就是指通过地下发掘得到的历代典籍。

在中国古代,曾经有过发现被埋藏的典籍的先例。例如汉代景帝、武帝时期,在孔子故宅墙壁中曾发现战国时期的古文《尚书》、《礼记》、《春秋》、《论语》、《孝经》,又如西晋太康二年,汲郡人盗发魏襄王墓得到《竹书纪年》。

19 世纪末至 20 世纪出土文献大量涌现,其中最著名者有:1899 年以来在河南安阳等地陆续出土的甲骨卜辞;1900 年在敦煌莫高窟藏经洞发现的六朝以来的写本卷子;1972 年山东银雀山西汉墓发现的竹简,有《孙子》、《晏子》、《尉缭子》、《太公》,以及《齐孙子》(即《孙膑兵法》)、《地典》等多种佚书;1973 年长沙马王堆三号汉墓发现的帛书,有《周易》以及与今本出入比较大的《系传》、《老子》、《春秋事语》、《战国纵横家书》等;1993 年清理湖北荆门郭店 1 号楚墓发现的竹简;1994 年上海博物馆入藏的竹简,有《老子》、《缁衣》、《五行》及多种儒家佚书。

出土文献尽管不少残损严重,但是具有无可比拟的重大而独特的文献学意义。

第一,提供了大量有价值的佚书,可以填补传世文献的空白,以至改写中国古籍史、中国学术史。例如,敦煌莫高窟发现的《云谣集杂曲子》是晚唐时编成的歌词选集,比一般认为是最早的歌词总集后蜀赵崇祚编的《花间集》年代更早,为研究词的起源提供了新的资料。因此唐圭璋先生在其《〈云谣集杂曲子〉校释》中说:"自唐词发现后,足以解决词学上之疑问甚多。如词为诗馀之说,词起于中唐之说,慢词创自柳永之说,唐人无双调《望江南》之说,李白不能作《菩萨蛮》之说,杜牧不能作《八六子》之说,皆可以不攻自破。"

第二,提供了比传世古籍更早的本子,这些本子具有时代明确、改动较少、可靠性高等特点。传世古籍流传既久,屡经传抄翻刻,难免存在脱漏、增衍、讹误、删改等问题,离原貌已相去甚远。而出土古籍则保存了抄写时的历史原貌,因而具有更高的文献价值。例如,2008 年清华大学经校友捐赠入藏一批战国竹简,约 2400 枚,内容主要是经史一类的书籍。经过初步观察,发现有多篇《尚书》,有的见于传世本而文句颇多不同,有的曾为传世文献引用但久已佚失,还有些是秦汉以来从未有人知道的。其中还发现有一种编年体史书,类似于《竹书纪年》,所记史事自周初直至战国早期,对传世文献有很重大的修正和补充。

第三,提供了判别传世古籍真伪、时代的标尺。例如宋元以来,一些传世古籍的真实性开始为人所怀疑。发展到晚清,形成了一股强大的疑古思潮,不少古籍都被怀疑是后人伪造的。然而,20 世纪以来,尤其是近几十年,随着大批简帛佚籍的频频出土,证明相当多的古籍是不可轻易否定的。

有见于出土文献的极高价值,王国维曾撰写《最近二三十年中中国新发见之学问》一文,提出:

> 古来新学问起,大都由于新发见。有孔子壁中书出,而后有汉以来古文家之学;有赵宋古器出,而后有宋以来古器物、古文字之学。……然则中国纸上之学问赖于地下之学问者,固不自今日始矣。自汉以来,中国学问上之最大发见有三:一为孔子壁中书;二为汲冢书;三则今之殷虚甲骨文字,敦煌塞上及西域各处之汉晋木简,敦煌千佛洞之六朝及唐人写本书卷,内阁大库之元明以来书籍档册。此四者之一已足当孔壁、汲冢所出,而各地零星发现之金石书籍,于学术之大有关系者,尚不予焉。故今日之时代可谓之"发见时代",自来未有能比者也。

王国维所说殷墟甲骨、汉晋简牍、敦煌遗书,加上后来发现的吐鲁番文书,在 20 世纪形成高峰,不仅各自为专门之学,而且均成具有国际意义的独立学科。其中如以敦煌藏经洞出土文书为主要研究对象的"敦煌学",就是 20 世纪世界学林中的一门显学。

敦煌文献又称敦煌遗书、敦煌写本、敦煌卷子,或敦煌文书。公元 1036 年西夏攻占敦煌前夕,由和尚藏入洞中,外面封以泥壁,绘上壁画,不着痕迹。后来逃避战乱的和尚一去不复返,藏经洞遂不为世人所知。直到八百多年以后,

1900 年 6 月 22 日,居住在敦煌莫高窟的王道士,因封壁损坏,无意之中发现洞窟内堆放满满的经卷文书写本和刻本。此后珍贵的敦煌遗书遭到一批又一批的劫掠,百分之八十散失国外。其中 1907 年英国的斯坦因骗去 9000 多件,1908 年法国伯希和选去精品 6000 多件。1909 年,斯坦因、伯希和将其所得精品在北京展览,引起震动,清廷下令将劫余遗书运往北京,入藏京师图书馆,有16000 多件、8600 多卷,约占全部敦煌遗书的五分之一,现藏国家图书馆。其余散藏于世界各地,包括大英博物馆、法国国家图书馆以及俄国、日本等国家的许多个人以及研究机构。

敦煌文献卷帙浩繁,绝大部分是手抄卷子本。其内容百分之九十是佛教文献,如早期禅宗的典籍《六祖坛经》等。其余有不少道教文献以及其他摩尼教、景教的文献,如《老子化胡经》等;有儒家经典,如六朝和唐初抄写的《古文尚书》、《毛诗古训传》、《论语郑氏注》等;有史地著作,如现存史书的古本残卷以及不少已佚史书,如《汉书集解》、《春秋后语》等;有公私文书,包括法制文书和民间契约等;有子部典籍,如《孔子家语》残卷、《六韬》残卷以及一些亡佚的类书;还有古典文学资料,尤其是亡佚的唐五代诗歌,如韦庄的《秦妇吟》和《王梵志诗》。目前国内外所藏敦煌文献大多已整理出版。

专　　题

类书与丛书

中国古代历来有著作、编述、抄纂三分说。相传孔子曾经删《诗》《书》,订《礼》《乐》,赞《周易》,修《春秋》,整理过六经,但他自己始终声称"述而不作"。《礼记·乐记》曰:"作者之谓圣,述者之谓明。"司马迁作《史记》,他自己也认定是做了"编述"的工作,他在《史记·太史公自序》中说:"余所谓'述'故事,整齐其世传,非所谓'作'也。"东汉大思想家王充写作《论衡》,慎重其事地在《论衡·对作篇》里解释说:"非作也,亦非述也,论也。论者,述之次也。《五经》之兴,可谓作矣。《太史公书》、刘子政《序》、班叔皮《传》,可谓述矣。桓君山《新论》、邹伯奇《检论》,可谓论矣。今观《论衡》政务,桓、邹之二论也,非所谓作也。造端更为,前始未有,若仓颉作书、奚仲作车是也。《易》言伏羲作八卦,前是未有八卦,伏羲造之,故曰作也。"

因此,著名文献学家张舜徽在其《中国文献学》中说:"综合我国古代文献,从其内容的来源方面进行分析,不外三大类:第一是'著作',将一切从感性认识所取得的经验教训,提高到理性认识以后,抽出最基本最精要的结论,而成为一种富于创造性的理论,这才是'著作'。第二是'编述',将过去已有的书籍,重新用新的体例,加以改造、组织的工夫,编为适应于客观需要的本子,这叫做'编述'。第三是'抄纂',将过去繁多复杂的材料,加以排比、撮录,分门别类地用一种新的体式出现,这成为'抄纂'。三者虽同是书籍,但从内容实质来看,却有高下浅深的不同。"

实际上,古代典籍中编纂者占有非常大的比重,进而有两大类极具特色的典籍:类书与丛书。

一 类书

类书是一种分门别类汇辑资料以供查寻的工具书。类书的概念最早出现在《旧唐书·经籍志·子部》,当时叫"类事",著录类书 22 种。《新唐书》改称"类书",此后就叫"类书"了。很明显,类书的特点有二:一是分门别类,对搜集的资料分类加以编排(类书就是因类聚书籍资料而得名);二是录而不作,只是纂集罗列资料而不加论述或考辨。

类书可以从内容和编排方式两个角度进行分类。从内容上分,有综合性类书和专科性类书。前者涉及门类广泛,天文地理、鸟兽虫鱼、衣食住行、名物制度等都在内,有点类似于现在的百科全书,是类书的主要形式。后者只搜集汇编某一门类的资料。从编排形式分,有按义类编排的和按字顺编排的两种。其中,绝大多数是按义类编排的,按字顺编排的比较著名的有《永乐大典》、《佩文韵府》、《经籍纂诂》等,都是按字韵为序编排。

一般认为我国第一部类书是三国时期王象等奉魏文帝命编纂的《皇览》,后亡佚了。《三国志·魏书·杨俊传》:"魏有天下,拜象散骑侍郎,迁为常侍,封列侯。受诏撰《皇览》,使象领秘书监。象从延康元年始撰集,数岁成,藏于秘府,合四十馀部,部有数十篇,通合八百馀万字。"隋唐时期出了不少类书,其中隋初《玉烛宝典》是现存最早的类书。其他著名的有:隋虞世南编《北堂书钞》、唐欧阳询等编《艺文类聚》、唐徐坚等编《初学记》等。宋代类书大盛,著名的有史称宋初四大类书:《文苑英华》、《太平御览》、《册府元龟》、《太平广记》。明代最著名的是解缙等编的《永乐大典》。清代是类书编纂的鼎盛时期,有现存最大的类书《古今图书集成》,还有《渊鉴类函》、《佩文韵府》、《骈字类编》、《清稗类钞》、《子史精华》等。

类书最主要的功用是有助于查检和收集古代专题资料。古代的有关资料常常散见于各种典籍中,类书将之收集在一起,在"类"之下收集了许多同样主题不同类型的资料,多节录各书原文,有的甚至把整本书都收入,可以让使用者在最短的时间内取得大量的相关资料,节省许多时间和精力。其次是有助于考校典籍,包括辑佚和校勘。类书的资料是从大量典籍中摘引来的。由于很多类书征引的书绝大部分已亡佚,所以类书具有极为可贵的文献价值,成为辑佚的主要资源。即使某书没有失传,利用类书也可以与其他典籍互相比勘。

据粗略统计,我国古代类书约有 600 余种,现存类书有 200 余种,其中比较著名的类书有:

《艺文类聚》。欧阳询等奉唐高祖李渊命编纂。全书 100 卷,分天、岁时、地、州、衣冠、服饰、虫豸等 46 部。每部之中又分子目,共 727 子目。其体例是先列叙事性的资料,再列诗、赋、论、赞等文学性的资料。大量征引文学性资料入类书是《艺文类聚》的创举。《艺文类聚》保存了大量唐以前的文献资料。据统计,《艺文类聚》引用了唐以前的古籍 1400 余种,其中现存者不到十分之一,大多是现今所不存的,故备受学者的重视。

《初学记》。这是唐玄宗为方便他的儿子学习作文时引用典故、检索辞藻而命徐坚等编成的类书。全书 30 卷,23 部,313 子目。每一子目内分三部分内容。“叙事”:杂取古籍中有关论述。“事对”:列举有关典故提炼成的对句,以备写诗作文采用。“诗文”:摘引诗赋片断。《四库全书总目提要》称此书:“在唐人类书中,博不及《艺文类聚》,而精则胜之。”

《太平御览》。宋太平兴国年间李昉等奉太宗命编纂。初名《太平总类》,因太宗为显示自己好学,每天读三卷,一年读完,改名《太平御览》。全书 1000 卷,55 部,4558 子目。《太平御览》一般先列训释词义的资料,然后大致按经史子集为序排列资料,经史资料多而集部资料少。《太平御览》的引书不像其他类书只录文句或是割裂文义,大多是全篇整段地收录,并注明出处。许多已亡佚的古籍因此保存下来,故清代以来的校勘、辑佚等学者都非常重视《太平御览》,视之为“辑佚的宝山”。

《册府元龟》。北宋王钦若等奉真宗命编辑,专门汇集上古至五代时期历朝的君臣事迹。初名《历代君臣事迹》,书成后真宗改为《册府元龟》。“元龟”就是大龟,古人认为龟可以鉴往知来,所以常作借鉴的意思。《册府元龟》全书 1000 卷,940 万字,是宋代最大的类书。全书分 31 部,1104 门。取材以正史为主,也有一些取自经书子书,不取小说杂书,所据皆北宋以前古本。北宋四大书中“广记”、“御览”、“英华”的价值,明清人早有认识,而对《册府元龟》的文献价值一直评价不高。实际上,《册府元龟》是一座珍贵的资料宝库,具有很高的学术价值。复旦大学教授陈尚君认为《册府元龟》最重要的价值有两点:“一是可以作为五代以前各种正史校订文本的重要依据,因为全书所采可信都是宋初以前的文本,即便原书具存,文本校勘的价值仍不容忽视;二是保存了数量可观的唐五代实录原文。”(《古代类书整理的重大收获——评校订本〈册府元龟〉》)《册府元龟》往往整篇大段采录资料,按朝代先后依次列出,材料颇为丰富,可以说是一部有关帝王将相的专题资料汇编史。其最大缺点是未注明出处。

《永乐大典》。明永乐年间编纂的规模最大的类书。全书 22877 卷,另有凡例、目录 60 卷,共 3.7 亿字,分为 11095 册。《永乐大典》辑入各种典籍七八千种,往往是整部、整篇或整段收录,不加改动,所以保存了大量的珍贵典籍,有不少佚书。《永乐大典》的体例是"以韵统字,以字系事",即先按《洪武正韵》分列单字,单字下先注《洪武正韵》的音切及释义,再引其他字典韵书的注音释义,然后收录该字的篆、隶、楷、草等字体,再分类收录与该字有关的各种材料。由于不按部类编排,所以查找专题资料不太方便。《永乐大典》是在南京修成的,明成祖迁都北京后也移存北京,后嘉靖皇帝令钞副本一部(摹抄了五年)。正本明亡后下落不明,副本在修《四库全书》时起了作用,后来也逐渐散佚。现残存约 400 册,散落在 8 个国家的 30 多个单位。中国内地 163 册,台北故宫博物院 60 册。

《古今图书集成》。《古今图书集成》的规模仅次于《永乐大典》,但至今并无缺漏,所以是我国现存的规模最大的古代类书。原书由陈梦雷独自编成,后在雍正六年全书印出。《古今图书集成》全书 10000 卷,1.6 亿字,分为六汇编(历象汇编、方舆汇编、明伦汇编、博物汇编、理学汇编、经济汇编),32 典,共 6117 部。每部内的材料分成十项排列。《古今图书集成》取材范围从上古到清康熙末年,引书数千种,收图像 6244 幅,引文比较准确。《古今图书集成》成书后有五次印本。第一次是雍正六年,共印 64 部(现存约 20 部);第二次是 1888 年;第三次是 1893 年;第四次是 1934 年;第五次是 1985—1986 年由中华书局和巴蜀书社联合影印出版,底本是 1934 年的缩印本,分成 80 册。

《佩文韵府》。清张玉书奉康熙命主编的一部专门收集辞藻典故的类书。"佩文"是康熙的书斋名,"韵府"是因单字按平水 106 韵排列而得名。《佩文韵府》收单字 10000 多,词语约 56 万多条,共 2115 万字。《佩文韵府》的体例是先列单字,单字下有注音释义。接下来是"韵藻"、"对语"、"摘句"三部分,所收词语都是采用尾字排列法,即词语的尾字与单字相同。"韵藻"为主要内容,词语依二字、三字、四字排序,每条词语下收录典籍用例。"对语"收录对仗的词语,如"祖竹/孙桐"、"啼蟋蟀/落梧桐"等。"摘句"收录包含字头单字的五言及七言诗句,如"疏雨滴梧桐"、"紫鸾黄鹄碧梧桐"等。

《骈字类编》。这是清张廷玉奉康熙命主编的一部专门收集辞藻典故的类书。全书 240 卷,分天地、时令、山水等 13 门,1604 个首字。与《佩文韵府》不同的是,《骈字类编》所收词语是根据首字的字义分类排列,而且所收的词语只限于二字词语(骈字)。

《骈字类编》和《佩文韵府》都可以用以查找典故及诗文语句的出处。例如若要查找"可乎哉！可乎哉！谈何容易"的出处，翻检《佩文韵府》，在该书找到"易"字条，在"易"字条下见有"韵藻：险易、居易、多易、容易、四易……"然后查有"容易"的句子，其中就有上句及其出处。

类书是典型的中国传统书籍，至今仍有生命力。

二　丛书

与分门别类汇辑资料编成一部书以供人们查寻的类书不同，丛书是将原来单本印行的著作汇编在一起并冠以一个总名的一套书。"丛书"之名最早见于唐代陆龟蒙的《笠泽丛书》，但《笠泽丛书》四卷是其本人诗、赋、颂、铭、记等的文集，并不是真正意义上的丛书。只有把两种以上的不同著作编印在一起，题以一个总名，才是丛书。丛书有综合性和专科性之分。综合性丛书汇集部类不同的两种或两种以上的著作，如《四库全书》、《四部丛刊》、《四部备要》等；专科性丛书则汇集同一部类的两种或两种以上的著作，如《十三经注疏》、《二十四史》等。

我国第一部丛书是南齐陆澄的《地理书》，这是地理类的专科性丛书。第一部综合性丛书是南宋嘉泰二年俞鼎孙、俞经所编《儒家警语》，该书收书 6 种且久不传世，故几无影响。南宋咸淳九年，左圭编出《百川学海》，收书 100 种 177 卷，奠定了综合性丛书的规模，对后世影响较大。而既有丛书之名又具丛书之实的是明代程荣的《汉魏丛书》，该书收汉魏六朝诸家著作 38 种。

丛书的价值至少有两点：一是保存典籍，使之免于散佚。由于丛书规模大，容易被人注意而得到重视，所以流失的可能性比单行本小。不少古籍单行本已经不见了，幸有丛书收录而得以保存。二是集中存放，便于查找。单行本在浩如烟海的古籍中难以找到，而丛书把很多书集中起来，使单本著作有了一个固定的所在。

中国的古籍估计有 12 万种，丛书所收录的就有 5 万多种，几乎达到一半。而且有的书只有稿本或孤本，还有的书传本很少，丛书编者往往搜集这样的书加以汇刻，使这些难得一见的书广为传布，易于得到。比如，清末黎庶昌在日本时收集到 26 种中国古籍，大都是国内失传的或罕见的书。他把这 26 种书汇编为《古逸丛书》，照原样摹印。民国年间，张元济又编印了《续古逸丛书》。1983—1988 年中华书局又出了《古逸丛书三编》。这三种丛书使我们可以看到许多珍本、孤本的原貌。此外，专科性丛书把同类古籍汇集在一起，也便于人们学习和研究，其便利性也不是单本书可以比拟的。

如前所述，古代丛书的编撰是从宋元时期开始的，经过明代的发展，到清代进入全盛时期，并且出现了官修丛书。官修或私修的综合性或专科性丛书层出不穷，先后有《御纂七经》、《武英殿聚珍版丛书》、《二十四史》、《十三经注疏》、《学海类编》、《通志堂经解》、《抱经堂丛书》、《知不足斋丛书》、《汉学堂丛书》、《玉函山房辑佚书》、《百子全书》等。其中最为著名而又影响最大的当属《四库全书》。

《四库全书》是我国古代最大的丛书,收书 3461 种 79309 卷。除戏曲、小说、佛经、道经以外,我国重要的常用的古籍基本上都收录其中。

《四库全书》是乾隆年间编纂的。编纂的过程首先是向全国征集图书,然后是整理图书,先由四库馆臣对收集来的书加以甄别,分成应抄、应刻、应存和应删四类。"应抄"即可以抄入《四库全书》的书;"应刻"是指不仅应抄入《四库全书》,而且还应另行刻印;"应存"是指价值不高,不能抄入"四库",只在《四库全书总目》中存其目录(这就是所谓"存目");"应删"是指既不抄也不刻也不必存,即连进入存目的资格都没有的书。

甄别之后是抄写底本,挑选了 700 至 1000 人每天抄写。最后还要校订,但仍有不少错误。第一部《四库全书》是乾隆四十六年底抄完的,接着又用了三年时间另抄了三部。第一部存放在紫禁城内的文渊阁,另三部分别存在圆明园的文源阁、承德避暑山庄的文津阁和沈阳故宫的文溯阁,世人称为"内廷四阁"或"北四阁"。后来考虑到江浙为人才荟萃之地,下令再誊写三部,分别存放在扬州的文汇阁、镇江的文宗阁、杭州的文澜阁,世称"江浙三阁"或"南三阁"。七部《四库全书》历时多年抄成,且之间有改纂、增补、抽换等,所以收书并不完全相同。

七部中,扬州文汇阁、镇江文宗阁、圆明园文源阁《四库全书》先后毁于战乱。现仅存的四部中,文渊阁藏书在 1949 年运往台湾,现藏台北故宫博物院;沈阳文溯阁藏书 1966 年运抵兰州;杭州文澜阁藏书现藏浙江省图书馆;承德避暑山庄文津阁《四库全书》1915 年入藏北京,与《敦煌遗书》、《赵城金藏》、《永乐大典》并称为国家图书馆的四大镇馆之宝。

《四库全书》对古籍的保存和流通起了巨大的作用,如果没有《四库全书》,有的古籍可能就失传了,因为原决定收录的书后来已不见了。但在编纂中,也有不少书被禁毁,也有不少书经过删改,所以引用《四库全书》时最好跟其他版本对照一下。

在清乾隆年间编纂《四库全书》时,纂修官在校阅书籍时要为每种书写一篇提要,写好后夹在书内送总纂官纪昀和陆锡熊。两人在协勘官的协助下对入选的提要进行加工润色,统一体例,然后分类编排。乾隆四十六年撰写完成,直到乾隆六十年印刷。这就是《四库全书总目》(又名《四库全书总目提要》)。

《四库全书总目提要》共 200 卷,著录收入《四库全书》的 3461 种书及存目书 6793 种,总计 10254 种。全书按经史子集分类,四部之下又分小类,总共 44 小类。四部之首各有一篇"总序",每小类前有一篇"小序",阐明学术渊源流变和分类目的、理由。每书下有介绍作者、内容提要、版本源流等。《四库全书总目提要》质量可靠,对了解书的作者、内容、流传、价值等具有重要意义。

此外，乾隆因为《总目》卷帙过繁，不便查检，乃命四库馆于敏中等另编《四库全书简明目录》。《四库全书简明目录》经部 4 卷、史部 4 卷、子部 6 卷、集部 6 卷，共 20 卷。除"存目"中的书一概不收外，其余全根据文渊阁所藏《四库全书》著录书名、卷数和撰著者的时代、姓名等，删减"提要"原文，略述作书大意。如："世说新语三卷：宋临川王刘义庆撰，梁刘孝标注。本名世说新书，后相沿称新语，遂不可复正。其书取汉至晋轶事琐语，分为 38 门，叙述名隽，为清言之渊薮。孝标所注，征引赅博，多所纠正，考证家亦取材不竭。"鲁迅曾将《四库全书简明目录》列入其《开给许世瑛的书单》。

值得一提的是，当代出版了两部与"四库"有关的大型丛书。

一为《四库全书存目丛书》。这部丛书收的是编纂《四库全书》时列入存目的书。清乾隆时通过各种渠道搜集的书有 15400 种左右，"四库"只收了四分之一。1992 年国家批准编纂《四库全书存目丛书》，成立了以季羡林为总编纂的编委会，通过对世界各地图书馆的查访，搞清了存目书只剩 4000 多种。经过选择善本、剔除重复等，得 4508 种（其中经部 734 种、史部 1086 种、子部 1253 种、集部 1435 种，约三分之一是孤本）。1995—1997 年由齐鲁书社影印出版，精装 16 开，1200 册。这部丛书与《四库全书》有很大的一点不同，即全部是影印，保留了古籍的原貌。2001 年齐鲁书社又出版了《四库全书存目丛书补编》，收的是当时没有收入的 219 种书，分装 99 册。

另一为《续修四库全书》。《四库全书》和《四库全书存目丛书》所收之书都是清代乾隆以前的。清代学术达到了封建时代的顶峰，清代学者著述宏富，据调查研究，有 7 万多种，是《四库全书》的 22 倍。因此，续修四库全书一直是有识之士的夙愿。1994 年成立了以顾廷龙、傅璇琮为主编的编纂委员会，经过普查书目、确定书目，1995—2002 年，上海古籍出版社出版了《续修四库全书》。该丛书收书 5213 种，数量较之《四库全书》多了 1752 种，成为迄今为止最大的丛书。《续修四库全书》的收书范围包括补选和续选两部分。补选的主要是《四库全书》遗漏、摈弃、禁毁或列入存目的书以及已收但版本残劣的书。续修的主要是乾隆中期以后至民国以前的各学术门类和流派的代表性著作，如"乾嘉学派"、"新学"等。这一部分有 2770 种，占一半多一点。2003 年上海古籍又出版了与之配套的《续修四库全书总目、索引》。

查找丛书可以利用有关索引，如最著名的新中国成立后上海图书馆编的《中国丛书综录》三册。该书收集了各类丛书 2792 种，著录了这 2792 种丛书包含的 38991 种书，是一部搜罗最完备、便于检索的丛书总目。第一册是《总目分类目录》，第二册是《子目分类目录》，第三册是《子目书名索引》和《子目著者索引》。我们查找古书一般首先用《子目书名索引》，然后在第二册中查到该书收在哪些丛书中，最后再在丛书中找到这本书。

文　选

艺文志叙论

昔仲尼没而微言绝，七十子丧而大义乖。

颜师古曰："七十子，谓弟子达者七十二人。举其成数，故言七十。"

按：《史记·孔子世家》有云："孔子以诗、书、礼、乐教，弟子盖三千焉；身通六艺者七十有二人。"于是后之言孔学者，率推尊孔门教化之盛，为振古所未有。以今考之，殊不然也。大抵人之恒言，每喜以三之倍数，九之倍数，形容事物之众多。故凡言"三十六"、"七十二"，乃至"三百"、"三千"，多属虚数，未可质言。如孔门果有弟子三千，贤者七二，何以司马迁当汉初"北涉汶泗，讲业齐鲁之都，观孔子之遗风，乡射邹峄"。徘徊山东境内，如此其久。意欲博访周咨，尽知孔门弟子。乃《史记仲尼弟子列传》所载，仅数十人。大半不能详其行事，但记姓名而已。从知后人所称"三千"、"七二"之数，皆夸饰之辞耳。清乾隆时，汪中尝为《释三九》三篇；近代刘师培又曾撰《古籍多虚数说》六篇；揭橥斯例，可成定论。学者究览其义，足以增益识解，不致惑于陈说也。

故《春秋》分为五，《诗》分为四，《易》有数家之传。

按：上世学艺授受，初皆口耳相传，后乃著之竹帛。十口相传，不能无增损之言；五方殊音，不能无讹变之语。师说异同，实由此起。承受既非一本，解说自多分歧初不必自仲尼没、七十子丧而后然也。《春秋》分为五者，《颜注》引韦昭曰："谓左氏、公羊、谷梁、邹氏、夹氏也。"左氏乃左丘明，公羊乃公羊高，谷梁乃谷梁赤。邹氏、夹氏，其名未详。《诗》分为四者，韦昭亦曰："谓毛氏、齐、鲁、韩。"毛氏乃毛亨，齐乃齐人辕固，鲁乃鲁人申培，韩乃燕人韩婴。诸家皆有传说，流布于世。今所存者，惟毛氏诂训传为全耳。

战国从衡，真伪分争，诸子之言纷然殽乱。

按：韩非子《显学篇》曰："世之显学，儒墨也。儒之所至，孔丘也；墨之所至，墨翟也。自孔子之死也，有子张之儒，有子思之儒，有颜氏之儒，有孟氏之儒，有漆雕氏之儒，有仲良氏之儒，有孙氏之儒，有乐正氏之儒。自墨子之死也，有相里氏之墨，有相夫氏之墨，有邓陵氏之墨。故孔墨之后，儒分为八，墨离为三。取舍相反不同，而皆自谓真孔墨。孔墨不可复生，将谁使定后世之学乎？孔子墨子俱道尧舜，而取舍不同，皆自谓真尧舜。尧舜不复生，将谁使定儒墨之诚乎?"韩非此论,已详道战国末期诸子竞兴、真伪分争之实。当时百家争鸣,各自以为得某家学术之真,而目世人传其学者为伪。彼此攻,议论纷起,遂成群言殽乱之局,莫之能一也。《志》云"战国从衡"者,从衡即纵横也。谓其时合纵连横之说,盛行于世耳。

至秦患之,乃燔灭文章,以愚黔首。

按:群言殽乱,则思想分歧,难于统一意志,最为有国者所忌。故孟子尝言,"诸侯恶其害己也,而皆去其籍"(《孟子·万章下》)。可知焚书之事。非自秦始。秦自孝公时,已有商鞅之燔《诗》《书》而明法令。其后李斯佐始皇定天下,即请焚书,亦特实行商君遗教耳。顾其时所烧者乃民间藏书,而博士官所职,固未烧也。所不去者医药卜筮种树之书。虽有明令保存,竟无留传于后。可知书之散亡,不尽由于秦火,明矣。且周秦法家之言治国,急趋功利,奖励耕战。功以善战为上,利以疾农为本。不欲民之事学,以有妨于耕战也。《商君书·垦令篇》有云:"民不贵学问则愚,愚则无外交;无外交,则勉民不偷。民不贱农,则安不殆。"又云:"不好学问,则务疾农。"可知法家治国之道,不贵民之多智。秦之所以"燔灭文章,以愚黔首",由斯之道也。人之发黑,故秦称民为黔首。

汉兴,改秦之败,大收篇籍,广开献书之路。

齐召南曰:"此二句既叙在孝武之前,则指高祖时萧何收秦图籍,楚元王学《诗》,惠帝时除挟书之令,文帝使晁错受《尚书》,使博士作《王制》,又置《论语》、《孝经》、《尔雅》、《孟子》博士,即其事也。"

按:萧何初入关时收秦图籍,乃指当时天下地图与户口册也,自非经传子史之类。《史记·萧相国世家》云:"沛公至咸阳,诸将皆争走金帛财物之府分之,何独先入收秦丞相御史律令图书藏之。沛公为汉王,以何为丞相。项王与诸侯屠烧咸阳而去,汉王所以具知天下阨塞、户口多少强弱之处、民所疾苦者,以何俱得秦图籍也。"据此,可知萧何当时所得,非常见之书籍,而是能提供天下阨塞、户口多少之地图与户籍。《史记》所云"何独先入收秦丞相御史律令图书藏之",乃谓收秦律令于丞相府,取地图户籍于御史大夫府也。齐召南考证《志》文"大收篇籍"语,首举萧何事为例,失其实也。至于所称"楚元王学诗",见《汉书》本传;"惠帝时除挟书之令",在惠帝四年;"文帝使晁错受《尚书》",见《史记·晁错传》;"使博士作《王制》",见《汉书·郊祀志》;"置《论语》、《孝经》、《尔雅》、《孟子》博士",见赵岐《孟子题辞》。文献足征,俱可明汉初崇文劝学之治。

迄孝武世,书缺简脱,礼坏乐崩。

颜师古曰:"编绝散落,故简脱。"

按:古人写书,竹木与缣帛并用。《墨子·鲁问篇》已云:"书于竹帛",可知二者兼行,为时甚早。《志》所云"书缺简脱",书谓帛书,简谓竹简也。战国时期帛书,虽以前时有发现,然丝织品易于腐敝,所遗留者多为残片。惟一九七三年十二月在长沙马王堆三号汉墓中出土之帛书，多至十二万字，包括《老子》《经法》《十大经》《战国策》及兵书、历书、医书等十余种古籍。乃吾人今日所见最完整最丰富之古代帛书。即以《老子》而论，已有两种写本，一本在汉高祖时期之前，一本写在汉高祖时期之后。由于历时久远，文字时有缺脱。到武帝时，帛书与竹简并行于世，集中收储于官府者日多，大半皆残坏不全也。

圣上喟然而称曰："朕甚闵焉！"

周寿昌曰："圣上，称孝武也。玩语气似当时语。窃疑汉求遗书始自武帝，当时必有记录，班采其言入文中耶？"

按：周氏所致疑者是也。顾《汉书·艺文志》中，尚有甚可疑者二事：一则《诗赋略》中有《上所自造赋》二篇，颜《注》云："武帝也。"夫所谓"上"者，臣工称当代君主之辞也。刘向、刘歆为西汉末年人，去孝武之世犹远，况班氏乎？二则《诸子》《诗赋》《兵书》三略中著录之书，班氏自注"有《列传》"者，凡十一见。颜师古《注》于儒家《晏子》下发其例云："有《列传》"者，谓《太史公书》。"此自注之辞果出刘班手，何可泛云"有《列传》"而不举其书名？由此可见，刘《略》、班《志》，前有所承。甚至有采及武帝时学者之撰述以入己作者，此类是也。然无征不信，莫由详考矣。

于是建藏书之策，置写书之官，下及诸子传说，皆充秘府。

颜《注》引如淳曰："刘歆《七略》云：'外则有太常、太史、博士之藏，内则有延阁、广内、秘室之府。'"

按：《文选》卷三十八、任彦升《为范始兴作求立太宰碑表》："府之延阁，则青编落简。"李善注引刘歆《七略》曰："孝武皇帝敕丞相公孙弘广开献书之路，百年之间，书积如山。"汉求遗书，自武帝始。搜访既周，网罗自易。自六艺经传外，诸子百家，故书雅记，悉辐辏于京师。盖其初尚未专尊儒术，表章六经，故兼收并蓄，于斯为盛也。

至成帝时，以书颇散亡，使谒者陈农求遗书于天下。

按：《汉书·成帝纪》：河平三年，"光禄大夫刘向校中秘书，谒者陈农使使求遗书于天下。"颜《注》云："言令陈农为使，而使之求遗书也。"以《成纪》行文观之，校书之事在上，求书之使在下，是当时实为校书而遣使出外求书也。此与武帝时之求书自异。武帝时重在搜罗遗书，藏之秘府，而未及雠校；成帝时始任专人为之。校书必资异本对勘，故又遣使广求之于天下也。在此之前，若汉初有张良、韩信序次兵法，武帝时杨仆纪奏兵录，皆仅各效所长，偶加清点。若夫鸠集众才，统校群书，则实自河平三年（公元前二十六年）诏令刘向诏中秘书始。校雠之名，亦自向定之，所谓"一人读书，校上下得谬误为校；一人持本，一人读书，若怨家相对为雠"（见《文选魏都赋注》引刘向《别录》即是也。当时罗致多人，分任其事，向特总其成耳。

诏光禄大夫刘向校经传诸子诗赋,步兵校尉任宏校兵书,太史令尹咸校数术,侍医李柱国校方技。

按:刘向字子政,汉皇族楚元王刘交(高祖同父少弟)四世孙。成帝时,任光禄大夫,终中垒校尉。向子歆,字子骏,后改名秀,字颖叔。父子事迹,附见《楚元王传》。《传》称其"父子俱好古,博见强志,过绝于人"。又称歆在"河平中,受诏与父向领校秘书。讲六艺、传记、诸子、诗赋、数术、方技,无所不究。向死后,歆复为中垒校尉,卒父前业"。可知向歆父子,俱以博学多识,有名于时,故同受诏校中秘书。《志》文称举共校书者数人,而独未及刘歆,盖歆《辑略》原文,意存谦退,不列已名,班氏仍未改耳。当时参预校书之人,自任宏、尹咸、李柱国外,尚有杜参,见本《志诗赋略》;班游,见《汉书叙传》可知襄校者尚多,实亦不止三人。但此三人各效所长,分任专门术业,自非襄校可比,故特著其名以重之。

每一书已,向辄条其篇目,撮其指意,录而奏之。

按:阮孝绪《七录序》曰:"昔刘向校书,辄为一《录》,论其指归,辨其纰缪,随竟奏上,皆载在本书。时又别集众录,谓之《别录》,即今之《别录》是也。"《隋书·经籍志》亦曰:"每一书就,向辄撰为一《录》,论其指归,辨其纰缪,叙而奏之。"可知当日刘向每校一书既毕,即写成一篇介绍文字,一方面"条其篇目";一方面"撮其指意";此之谓"目录",亦简称"录"。即如今日犹存之《孙卿新书叙录》(即《荀子叙录》)而言,先列三十二篇篇目于前,然后叙述作者行事、书中内容、校雠经过于后,此即当日刘向所为每书《叙录》之体式。其初每篇《叙录》,皆载在本书,随书而行。后又汇集群书《叙录》,成为一书,俾能别行于世,故名之曰《别录》。正如清乾隆中修《四库全书》时,每书之首,撰有《提要》一篇,后又汇集群书《提要》,成为《四库全书总目提要》,其用一也。惜《别录》一书早佚,今可考见之群书《叙录》,仅存《战国策》、《晏子》、《孙卿子》、《管子》、《列子》、《韩非子》、《邓析子》及刘秀(即刘歆)《上山海经表》,共八篇(《关尹子叙录》乃后人伪托)而已,顾犹可考见其条例。

会向卒,哀帝复使向子侍中奉车都尉歆卒父业。歆于是总群书而奏其《七略》。

按:阮孝绪《七录序》曰:"会向亡,哀帝使歆嗣其前业,乃徙温室中书于天禄阁上,歆遂总括群篇,奏其《七略》"(《隋书·经籍志》略同)。盖歆当时以《别录》为底本,删繁存简,撰为《七略》。隋唐《志》咸著录刘向《七略别录》二十卷、刘歆《七略》七卷,明二书详略不同。方之《四库全书》,《别录》为《总目提要》,《七略》乃《简明目录》也。南宋以后,二书并亡。稽之《通志》,尚著录《七略》七卷,而《通考》不载,其明征也。

故有《辑略》,有《六艺略》,有《诸子略》,有《诗赋略》,有《兵书略》,有《术数略》,有《方技略》。

按：阮孝绪《七录序》曰："向子歆撮其指要,盖为《七略》。其一篇即六篇之总最,故以《辑略》为名。"又曰："向、歆虽云《七略》,实有六条。刘向之世,史书甚寡,附见《春秋》,诚得其例;诗赋不从六艺《诗》部,盖由其书既多,所以别为一略。"姚振宗曰："《七略》三十八种之书,尽在《艺文志》;三十八种之流别,亦尽在于《志》。故其书虽亡,其流风余韵,犹约略可寻"(说见《隋书·经籍志·史部簿录类·七略》条下)。《七略》之为书,实分图书为六大类,而每大类中又分若干种,自是我国图书分类目录之祖。其书虽已亡佚,而义例、内容,俱尚存于《汉书艺文志》。凡考镜东汉以前学术流别、著述盛衰者,胥必取证于斯,此《汉志》所以可贵也。

今删其要,以备篇辑。

颜师古曰："删去浮冗,取其指要也。其每略所条家及篇数有与总凡不同者,传写脱误,年代久远,无以详知。"

按：《七略》原本,于每书名之下,各有简要之解题,故为书至七卷之多。由其为簿录专籍,自可任情抒发。至于史册包罗甚广,《艺文》特其一篇。势不得不蠲汰烦辞,但存书目。史志之所以不同于朝廷官簿与私家目录者,亦即在此。班氏删《七略》以入《汉书》,散《辑略》以成叙论。后之史家为《艺文》、《经籍志》者,率沿其体,莫之或改矣。

(选自张舜徽《汉书艺文志通释》,湖北教育出版社 1990 年版)

【阅读书目】

1.李致忠、周少川、张木早著:《中国典籍史》,上海人民出版社 2004 年版。

2.孙钦善著:《中国古文献学史简编》,高等教育出版社 2006 年版。

3.曹之著:《中国古籍编纂史》,武汉大学出版社 2006 年版。

4.李零著:《简帛古书与学术源流》,三联书店 2008 年版。

5.黄永年著:《史部要籍概述》,江苏教育出版社 2008 年版。

6.杨琳著:《古典文献及其利用》,北京大学出版社 2004 年版。

【思考题】

1.中国古代典籍先后以哪些材料为载体?

2.古代纸质典籍有哪些版本形式?

3.略述中国古代典籍传统的分类方法及其发展。

4.中国古代典籍为何分为四大部类?它与中国文化有何内在的关系?

5.谈谈出土古籍的意义和价值。

6.类书与丛书在传承中国文化上起了什么作用?

第十五章
中国体育

概　　述

"体育"一词是 19 世纪西学东渐时期从日语引进的一个外来概念词。尽管在中国传统文化词语中并没有体育这个词,但是中华民族历来有强身健体的传统,体育活动项目众多,涉及领域广阔,极富自身特色。

一　基本类别

中国古代的体育活动是极为丰富多彩的,具体有:蹴鞠、打马球、捶丸、木射、龙舟、弄潮、冰嬉、投壶、投石、击壤、拓关、扛鼎、举石、角抵、手搏、相扑、摔跤、马戏、围棋、象棋、六博、双陆、拳术、棍术、刀术、枪术、剑术、导引、五禽戏、八段锦、御车、射箭、杠子、踢毽、拔河、登高,等等。如按现代体育的分类,上述诸多具体形式当可分别纳入球类、水上、田径、举重、体操、马术以及棋类运动等。而按其来源或性质特色,大致可以分成五大类别:一是军事类,如武术;二是娱乐类,如蹴鞠;三是养生类,如气功;四是益智类,如围棋;五是具有地域和民俗时令特点的民间体育活动,如龙舟竞渡等。以下择要介绍其中较有代表性的球戏、武术、气功、棋戏四种。

(一) 球戏

我国古代的球戏,有蹴鞠、击鞠、捶丸等形式。

蹴鞠又名"踢鞠"、"蹴球"、"蹴圆"、"筑球"等,"蹴"即用脚踢,"鞠"是皮制的球,"蹴鞠"就是用脚踢球。

蹴鞠起源很早,汉代刘向《别录》曾云:"蹴鞠者,传言黄帝所作,或曰起于战国之时。"蹴鞠在战国时代已很流行,尤其在齐、楚一带。《战国策·齐策》中主张六国合纵以抗秦的苏秦在游说时说:"临淄甚富而实,其民无不吹笙鼓瑟,击筑弹琴,斗鸡走犬,六博蹋鞠者。"

汉代是蹴鞠运动发展较快的时期。据说汉高祖刘邦年轻时就在家乡同"屠贩少年酤酒卖饼,斗鸡蹴踘,以此为欢"(《西京杂记》)。两汉时期蹴鞠在民间较为普及,还产生了专业蹴鞠艺人,并且出现了专门论述蹴鞠的著作。《汉书·艺文志》录有《蹴鞠》25篇。东汉李尤《鞠城铭》对汉代蹴鞠有所描述:"圆鞠方墙,仿象阴阳。法月衡对,二六相当。建长立平,其例有常。不以亲疏,不有阿私。端心平意,莫怨其非。鞠政亦然,况乎执机。"从此诗可以看出,汉代蹴鞠的主要方式是双球门的直接对抗比赛,设鞠城即方形球场,场上队员各12名,双方进行身体直接接触的对抗,就像打仗一样,踢鞠入对方球门多者胜。

唐宋时期是蹴鞠的发展变革时期,并且在宋代达到鼎盛。唐时蹴鞠之"鞠",其内部的充塞物,已从原先的毛发改为气体。这样制作出来的鞠,无疑弹性更好。唐宋时期的蹴鞠比赛也在双球门直接比赛的方式之外,产生了单球门间接对抗、不用球门的白打等新形式。单球门间接比赛是唐宋时期蹴鞠的主要方式,主要用于为朝廷宴乐和外交礼仪竞赛表演。比赛时球门设在场地中间,双方各在一侧,分别从两侧向球门射球,球穿过球洞多者胜。无球门的散踢方式称作白打,主要是比技巧,脚法花样多而严密者胜。比赛中的踢球动作有拐、蹴、搭、蹬、捻等,脚法名目则有转乾坤、燕归巢、斜插花、风摆荷、佛顶珠、鸳鸯拐、流星拐、凤翻身、旱地拾鱼、金佛推磨、双肩背月、拐子流星等。

唐宋诗歌中有不少篇章描述蹴鞠,如王维《寒食城东即事》曰:"蹴鞠屡过飞鸟上,秋千竞出垂杨里";杜甫《清明》曰:"十年蹴鞠将雏远,万里秋千习俗同";韦应物《寒食后北楼作》诗曰:"遥闻击鼓声,蹴鞠军中乐";王建《宫词》有:"殿前铺设两边楼,寒食宫人步打球";白居易《洛桥寒食日作十韵》有:"蹴球尘不起,泼火雨新晴";韦庄《丙辰年鄜州遇寒食城外醉吟五首》则有:"永日迢迢无一事,隔街闻筑气球声";陆游《春晚感亭》曰:"寒食梁州十万家,秋千蹴鞠尚豪华",《感旧末章盖思有以自广》曰:"路入梁州似掌平,秋千蹴鞠趁清明",等等。

击鞠,又称击毬、打毬,后人称之为打马球,即骑在马上用球杖击球入门的一种球戏。击鞠起于何时何地有不同的说法。有人认为发源于波斯经土耳其传入中国,有人认为由吐蕃传入长安,还有人认为是由汉代蹴鞠演变而成。曹植《名都篇》有"连骑击鞠壤,巧捷惟万端"的诗句,表明至迟在三国时期击鞠已经产生。

击鞠盛行于唐代,但它不像蹴鞠流行于民间,而主要是帝王贵族所喜好的活动。唐朝统治中国约300年,先后有20位皇帝,喜爱击鞠的就有11位,其中堪称击鞠能手的有3位。如唐玄宗李隆基年轻时曾代表唐朝与吐蕃马球队比赛,"玄宗东西驱突,风回电激,所向无前,吐蕃功不获施。"(《封氏闻见记》)。宋人曾绘有《(唐)明皇击球图》。又如唐僖宗对自己的击鞠技艺颇为自负,自认为是当世第一高手,曾云:"若应击球进士举,须为状元。"唐僖宗在位时,还曾以击鞠的胜负来决定官员的任命。宋代击鞠运动继续发展,但已略显颓势,尽管出现了女子马球。至清代,击鞠活动在中原逐渐消失。

唐代的击鞠为双球门两队互射对抗性比赛,由于竞争激烈,骑马奔抢,速度快,冲撞多,比赛中常有伤亡事故,甚至有借比赛之机实施政治暗杀的情况。从唐代起,也出现了不骑马的徒步打球。到宋、金时期,击鞠逐渐演变为单球门的射门比赛。与此同时,步打球也由对抗性竞赛变为单纯的打球入门比赛,并改球门为球窝,这种由击鞠"步打"发展而来的新的竞技游戏就是"捶丸",宋时称为"步击",金元时才称为"捶丸"。捶丸盛行于宋元明时期,场地多在郊外或花园的自然地带,地形要复杂,窝与窝的距离在30米至100米。捶丸比赛的球一般为硬木制成,球棒有适合打高球和打地滚球的两类。竞赛方式可以为个人也可以为团体。捶丸比赛讲求比赛规则,讲求道德修养,不得高声喧哗,是一种较为文雅的休闲养生娱乐活动,所以多在上层社会流行。

元世祖至元十九年(1282)曾有人撰写《丸经》一书记载了这项活动:"天朗气清,惠风和畅,饭饱之余,心无所碍,取择良友三三五五,于园林清胜之处,依法捶击。"《丸经》分上下篇,共32章,描述了捶丸的场地、器械、打法、规则以及球场道德和比赛心态等,如:"失利不嗔,得隽不逞,若喜怒见面,利口伤人,君子不与也。"《丸经》堪称中国古代体育史上较早的一部最完备的体育专业书,后被收入明嘉靖壬戌年(1562)顾起经所刻《小十三经》。

(二)武术

民间称为"武艺"、"武功"、"功夫"。武术的起源可以追溯到远古时代,它产生于人类的生产劳动和部落之间的战争。人类要求得生存、猎取食物、保护自己,就要与野兽斗争。在斗争中,一方面依靠群体力量,一方面依靠增强群体中每个人的战斗力和技能。在生产和战斗中,他们或单纯使用拳脚,或使用简单的工具和武器,并逐渐掌握发展了徒手和持武器进行攻防格斗的技能,这些徒手进行的拳打、脚踢、躲闪、跳跃、摔跌等动作就是后代拳术的萌芽。其起源至迟不会晚于春秋战国。班固《汉书·艺文志》著录有《手搏》6篇、《剑道》36篇,当属武术教材。中华武术经过历代的不断发展,在明清达到高潮。高潮的标志之一是,各种拳械由基本动作组成不同"招势",再由不同招势编排出不同形式、不同套路,从而形成了武术的重要特征。标志之二是武术防身、健身、表演三者兼备,且门派林立、体系完备。标志之三是涌现了不少武术书籍,如戚继光的《纪效新书》、俞大猷的《剑经》、茅元仪的《武备志》、程宗猷的《耕余剩技》、唐顺之的《武编》等。

武术以其内容可分为徒手拳术和持械演练两大类。拳术变化多端、流派繁多,据说不下百种。如:长拳、少林拳、红拳、查拳、华拳、花拳、南拳、太极拳、绵拳、意拳、醉拳、猴拳、蛇拳、翻子拳、八卦掌、八极拳、通臂拳、劈挂拳、迷踪拳、地趟拳、鹰爪拳、螳螂拳、形意拳、六合拳，等等。按地区划分，有所谓南派与北派。南派以太极、八卦、形意为代表，北派以长拳、查拳、地趟、翻子、迷踪拳为代表。按技术特点划分，有所谓内家拳与外家拳。内家拳以武当为代表，包括太极、形意、八卦等，外家拳以少林拳为代表。

现代拳术一般划分为五大类别：一为长拳，包括查拳、华拳、炮拳、红拳、少林拳等。其风格特点是大开大合，进长攻远，注重腿法，有所谓"手打三分，腿踢七分"，"手是两扇门，全凭腿打人"的说法。二为短拳，又称短打，是一类较为古老的拳种。三为南拳，起源于明代，流行于南方各地。南拳是一个统称，各地区所含内容不一，包括许多拳法。其风格特点是动作灵活多变，出手迅捷，"一手多势"，故有"南拳北腿"之说。四为象形拳，包括螳螂拳、猴拳、鹰爪拳、蛇拳、醉拳等。其风格特点是模仿概括动物。如螳螂拳，以模仿螳螂捕蝉而得名；猴拳，以模仿猴子各种动作而得名；鹰爪拳，吸收鹰的形、意和出击动作而形成；醉拳，模仿醉汉酒后形态，麻痹敌人，貌似散乱，其实严格，形醉而意不醉。五为内家拳，包括太极拳、形意拳、八卦掌等。其中太极拳是拳术与气功相结合的产物，其主要特点是以静制动，以柔克刚，避实就虚，借力反击，后发先至。这种原则体现在推手和套路动作中。经过长期演变，分为陈氏、杨氏、孙氏、吴式、武式五大流派，但要领大同小异。太极拳特别适合年老体弱者锻炼，故普及率很高。

器械类讲究"十八般兵器"，包括刀、剑、枪、棍、鞭、铜、锤、钯、镗、槊、叉、戟、钩、斧、钺、铲、拐、盾等。其中，刀、剑、枪、棍是武术中的四大器械，分别有刀术、剑术、枪术和棍术。即使是同一种兵器，也有不同的类别。比如刀，有长刀、短刀、腰刀、朴刀之别。而短刀之中，又有直背刀、柳叶刀、雁翅刀、鬼头刀、云头刀之分。

武术器械又大致可分为长器械和短器械两大类。长器械以枪为首，被称为"百兵之王"。枪作为一种兵器，在唐宋时已是军队中的主要装备。武术中的枪法著名的有杨家枪法、少林枪法、马家枪法等。短器械以剑为首，所谓"百刃之君"。剑在中国古代兵器中出现很早，春秋战国时期的干将、莫邪、太阿、龙泉等名剑闻名遐迩，其时剑术也达到很高的水平。汉代以后，剑不仅用于攻防，兼具装饰、表演功用。剑术表演在唐代达到高潮，唐诗中就有不少诗篇吟咏舞剑，如杜甫的《观公孙大娘弟子舞剑器行》："昔有佳人公孙氏，一舞剑器动四方。观者如山色沮丧，天地为之久低昂。如羿射九日落，矫如群帝骖龙翔；来如雷霆收震怒，罢如江海凝清光……"剑术流派繁多，有青萍剑、武当剑、达摩剑、太极剑、八卦剑等。

在中国武术文化中，武术流派很多，其中少林、武当名满天下。少林寺位于河南登封县少室山北麓五乳峰下，建于北魏太和十九年(495)，在南北朝时即建有武装僧兵。明朝时期,少林寺武功即闻名于世。在历史发展中,少林功夫形成了极为丰富的形态,所谓少林七十二艺,包括大小洪拳、罗汉拳、梅花拳、七星拳,以及少林棍术、刀术、剑术等,以至有天下功夫出少林之说。武当道观位于湖北郧县武当山上,建于明永乐八年(1410)。武当始祖张三丰创内家拳法,特点是以静制动。除拳法外,武当还有兵器,武当剑、六合枪、六合刀等均为武术之精湛。从少林、武当两大门派还可以看出中国武术的几个共有特点:一是讲究动静结合,以静制动;二是刚柔相济,以柔克刚;三是立足于防守,并不以攻击为主要目标,提倡"武德"。

(三)气功

气功是中国古代特有的一种通过意识的运用使身心健康优化的锻炼方法,已有两千多年的历史。传世战国文物《行气》玉佩,有铭文 45 字,简述了行气的过程及功用,表明当时气功修持已达到高深的境界。《庄子·刻意篇》有关于气功的记载:"吹呴呼吸,吐故纳新,熊经鸟申,为寿而已矣。此导引之士、养形之人、彭祖寿考者之所好也。"1973 年出土于长沙马王堆的汉代帛书《导引图》,其中一部分是气功的图像,并有文字说明。汉代《黄帝内经》以形气学说阐述病理病因以至天体演变等,不仅是中华医学的圣经,也是中华气功之宝典。中华气功发展至今天,据不完全统计有 700 多种功法。

这种类繁多的气功都包含着形体、意识、呼吸的调整与配合,即所谓调身(端正姿式)、调心(调整意念)、调息(均匀呼吸),但又同中有异,可以从不同的角度分为不同的大类。有分为道家气功、儒家气功、佛家气功、医家气功和民间气功等六类的,这是着眼于气功的文化背景。有分为治病功法和养生功法两大类的,这是着眼于练功的目的。常见的是分为静功和动功两大类,这是着眼于练功的特征。静功取坐、卧、立等静姿,以运用意识为主,协调呼吸为辅;动功以意识的运用结合肢体运动、自我按摩、拍击,并辅以呼吸的调整。前者如吐纳、行气、坐忘、心斋、守一、禅修、胎息等,后者有导引、五禽戏、八段锦、易筋经等。

"五禽戏"是东汉名医华佗创造的一套健身体操。《三国志·华佗传》引华佗语曰:"人体欲得劳动,但不当使极尔。动摇则谷气得消,血脉流通,病不得生,譬犹户枢不朽是也。是以古之仙者为导引之事,熊颈鸱顾,引挽腰体,动诸关节,以求难老。吾有一术,名五禽之戏,一曰虎,二曰鹿,三曰熊,四曰猿,五曰鸟,亦以除疾,并利蹄足,以当导引。"华佗五禽戏的具体动作今已失传,但从晋代陶弘景《养性延命录·导引按摩篇第五》中可窥大概:"虎戏者,四肢距地,前三掷,却二掷,长引腰,乍却仰天,即返距行,前、却各七过也。鹿戏者,四肢距地,引项反顾,左三右二,左右伸脚,伸缩亦三亦二也。熊戏者,正仰,以两手抱膝下,举头,左僻地七,右亦七,蹲地,以手左右托地。猿戏者,攀物自悬,伸缩身体,上下一七,以脚拘物自悬,左右七,手钩却立,按头各七。鸟戏者,双立手,翘一足,伸两臂,扬眉鼓力,右二七,坐伸脚,手挽足距各七,缩伸二臂各七也。夫五禽戏法,任力为之,以汗出为度,有汗以粉涂身,消谷食益,除百病,能存行之者,必得延年。"

"八段锦"之名,最早出现在南宋洪迈所著《夷坚志》中:"政和七年,李似矩为起居郎。……似矩素于色简薄,多独止于外舍,仿方士熊经鸟伸之术,得之甚喜。……尝以夜半时起坐,嘘吸按摩,行所谓八段锦者。"由此可知,八段锦在北宋已流传于世,并有坐势和立势之分。锦为丝织品,有柔和优美之意,以此作为该功法的美称。古人把这套动作比喻为"锦",意为五颜六色,美而华贵。南宋晁公武《郡斋读书志》记录:"《八段锦》一卷,不题撰人,吐故纳新之诀也。"八段锦在流传中出现了许多流派。有坐式、立式、马步式三种具体方法,又有南北派之分,还有文八段锦和武八段锦之别,等等。无论何种变化,八段锦的主要特点是:以上下肢全身肢体动作为主,结合呼吸吐纳功夫,集中意念。作为一种健身功夫,在社会流传。

"易筋经"源自古代导引术,历史悠久。汉墓帛画《导引图》中有40多幅各种姿势的导引动作,现今流传的易筋经基本动作都能从中找到原型。易筋经为何人所创,历来众说纷纭,迄今无定论。一般认为,在易筋经流传中,少林寺僧侣起到了重要作用。达摩祖师所传禅宗以河南嵩山少林寺为主,少林僧侣以此活动筋骨,习武健身,并不断对其进行修改、完善、补充,使之成为一种独特的习武健身方式,至明代开始流传于社会。

(四)棋戏

中国传统有"琴棋书画"之称,"棋"为其中不可缺少的一环。这种具有益智特点的盘上游戏,从春秋时期已经相当普及,先后有围棋、象棋、六博戏和双陆等。

在中国古代的棋类运动中,围棋无疑是影响最大的,"琴棋书画"中的棋一般指的就是围棋。围棋这一体育竞技形式初现于四千多年前,而在一千多年前就走向了世界,先后传到朝鲜与日本。围棋中注入了中国人的人生智慧、生存哲学、世界观和军事观点等,具有深厚的传统文化积淀。围棋与中国文化的关系,本章"专题"部分将重点讲述。

古代棋类运动中另一重要形式是中国象棋。中国象棋在国际上的影响不如围棋大,但由于象棋规较略为简单,变化不如围棋繁复,因而在中国民间的普及程度远胜围棋,是一种雅俗共赏的游戏。

正如不少体育活动的起源扑朔迷离一样,中国象棋的起源及其名称来历也迄今无定论。有人认为起源于上古舜时,为舜所发明以供其弟弟"象"消遣。有人认为起源于周武王伐纣时期,"象棋,武王所造,其进退攻守之法,日月星辰之象,乃争国用兵战斗之术。以象牙饰旗,故曰象棋"。还有人认为源于秦末楚汉相争时,韩信发明象棋,用以锻炼将士的攻杀能力,因为象棋棋盘中间以"楚河汉界"相隔,再现了当时两军对垒的场景……无论起源于何时,不难看出,象棋在起源和发展中与战争有着极为密切的关系,深受军事影响,因而在着法、规则以及兵种上才有不断的创新。

南北朝文学家庾信著有《象棋经赋》,可知其流行时间之早,但当时还未定型。据《续艺经》载:"昔神农以日月星辰为象,唐相牛僧孺用车、马、将、士、卒加炮,代之为棋矣。"从牛僧孺在原来的棋子之中加上炮这一点看,唐代的象棋比以前局制有很大的改进。考古文物证明,象棋经过发展补充,到了宋代已基本定型。1974年福建泉州湾发掘的宋代海船上的20枚象棋棋子、四川江油出土的两副宋代铜质象棋以及河南洛阳发现的一副宋代瓷质的象棋,或在棋子名称或在棋子数量上与现代象棋几乎一样。南宋诗人刘克庄有《象弈一首呈叶潜仲》诗,其中说:"屹然两国立,限以大河界。连营凛中权,四壁设坚械。三十二子者,一一具变态。先登如挑敌,分布如备塞。尽锐贾吾勇,持重伺彼怠。或迟如围莒,或速如入蔡。远砲勿虚发,冗卒要精汰。负非繇寡少,胜岂击彊大。昆阳以象奔,陈涛以车败。匹马郭令来,一士汲黯在。献俘将策勋,得隽众称快。"这也说明,那时的象棋在制度与棋盘样式上,与后代并无二致。

象棋在宋代开始兴盛,到明清两代得到广泛的发展,产生了不少名手,也出版了许多棋谱著作。如无名氏的《梦入神机》、徐芝的《适情雅趣》、朱晋桢的《橘中秘》、王再越的《梅花谱》、张乔栋的《竹香斋象戏谱》等。明清时期的社会名流大都钟情象棋,留下无数寓意深刻的诗作。比如王再越一生不求功名,为人刚直不阿,常常借棋喻世,时有点睛之笔:"叹英雄,勤劬立业类枰场"、"看世情,争先好胜似棋忙"。清代才子纪晓岚也曾为《八仙对弈图》题诗道:"局中局外两沉吟,犹是人间胜负心。"

在棋类中,还有六博棋等。六博的历史悠久,《楚辞·招魂》有:"菎蔽象棋,有六博些。分曹并进,遒相迫些。成枭而牟,呼五白些。"用象棋一词指六博始见于此。东汉许慎《说文解字》载:"古者乌曹作博。"《世本·作篇》也说:"乌曹作博。"《论语·阳货》:"子曰:饱食终日,无所用心,难矣哉!不有博弈者乎?为之,犹贤乎已。"博即六博,弈即围棋,并称博弈。六博棋由一个木质棋盘、双方各6枚棋子、各6枚骰子三部分组成。两人对局行棋时,把6枚骰子一齐扔下,称为博彩,再依其排列决定行棋方式。战国时期六博活动盛行各国,《史记·苏秦列传》记载苏秦曰:"临菑甚富而实,其民无不吹竽鼓瑟,弹琴击筑,斗鸡走狗,六博蹴鞠者。"列举了八种娱乐,有六博而无围棋。现存最古的六博棋局,是1975年底到1976年春,在湖北云梦睡虎地发掘战国末期古墓中出土的六博棋局,其形制与古文献的记载基本相合。据考证,这个博局的年代大约在秦昭王五十一年(前256)前。秦汉时期,六博仍然盛行,隋唐以后逐渐衰落而失传。

与六博相似的双陆,也是由棋盘、棋子、骰子三部分组成,但具体形制、玩法又有不同。双陆大致在三国魏晋时期开始流行,唐代到明朝有较为广泛的影响。《金瓶梅》、《红楼梦》都有有关描写,如《金瓶梅》中提到,西门庆"双陆、象棋、抹牌、道字,无所不通"。

二 主要特点

中国传统体育历史悠久,自成体系,有着极其丰富的内容。它以迥异于西方体育的独有表现方式发展、传承,具有独特的精神和魅力,是人类体育宝库中的瑰宝。

从远古开始并在漫长的发展进程中,中国古代体育形成了如下主要特点。

(一)中国传统体育与传统文化同构共生

一般认为,与西方文化尚动、重分、主外不同,中国文化有着尚静、重合、主内的性质与趋向。中国传统体育的基本特征与此一致。具体说来,中国传统体育深深植根于中国传统文化,其本质特征是讲究天人合一、阴阳调和。中国古人把宇宙间的一切,包括人体自身,都看成是由对立力量之消长而导致的大化运行,致力于达到某种不变的平衡状态。从外部来看,中国传统体育不是号召人与外在的对立、对抗,而是强调人与外在的调和、融洽。在内部,中国传统体育并不以体、心为二元对立,不把形体锻炼与修身养性截然划分开来,而是追求身体和精神在同一活动过程中都得以休养、改善,故有所谓"形神合一"、"形神相亲"之说。因此,中国传统体育并不像源于古希腊的西方体育那样追求增进体能、追求肌肉发达与体魄强健,而更注重健康与长寿、注重内外修为的一致与调适。

(二)中国传统体育注重娱乐和教化功能

中国传统体育中的许多项目,都没有像西方体育那样走上纯粹竞技的道路,与西方传统体育侧重竞技、看重比赛结果不同,中国传统体育更多的是作为一种娱乐活动,在不同的场合进行表演。比如世界武术锦标赛比赛项目的剑术源于中国,奥林匹克比赛项目的击剑主要源于欧洲。击剑以对攻实战为主,而剑术主要用于健身和表演。其他如扛鼎、冰嬉、杠子以至游泳、射箭等运动在中国一直十分兴盛,而且历代高手迭出,但始终没有形成系统严密的竞技规则,因而也没有演变成有组织的举重、滑冰、体操和游泳、射箭等正式体育比赛项目。这在一定程度上有如中国古代四大发明之一的火药,中国人发明后,并未将之用于战争,而是把它制成爆竹,主要用于节日庆典。

(三)中国传统体育具有丰富的人文内涵

如赛跑和射箭,分别有流传千古的"夸父逐日"、"后羿射日"等神话传说;如投壶，是从周代一种宴饮礼仪发展而来；又如龙舟竞渡，源于春秋战国时期，是为了纪念当时的名人屈原或伍子胥而产生的，数千年来，这项活动在中国历史上一直传承不绝，并且产生了众多的佳话；又如重阳登高，是中国的传统登山活动，其名称、来历与《周易》和神仙故事有关，发展中又演绎出了插茱萸、赏菊花、吃花糕等习俗，并产生了众多的相关诗文；再如五行拳、太极拳、太极剑等，显然与阴阳五行学说有不可分割的关系。中国古代体育活动具有丰厚人文内涵的另一个突出表现是，中国古代体育有着大量的文献记载和文物图像。文献记载自不待言，文物图像则从青铜器皿、汉画像石到历代铜镜、绘画、雕刻等，应有尽有，其丰富多彩为世所罕见。

中国传统体育与外国传统体育虽然迥然有异，但毕竟又有一定的相似性。因此，以奥运会为代表的现代体育的许多正式比赛项目，诸如足球、跑步、举重、游泳、摔跤、击剑、射箭、滑冰等，都可以在中国传统体育中找到类似的形式，而且其中不少在中国很早就产生了。

比如球戏中，中国古代的打马球、捶丸、木射分别类似于现代体育中的马球、高尔夫和保龄球，而蹴鞠则是最早的足球运动。2004年2月4日，国际足联副秘书长项伯涅在国际足联百年庆典的伦敦新闻发布会上说："有意思的是，足球在欧洲出现之前，原始性质的足球已在中国出现。虽然有不少国家都认为自己是足球运动的诞生地，但研究国际足球的历史学家有确切证据表明，足球最早起源于中国，中国古代的蹴鞠就是足球的起源。"在2006年德国世界杯期间，国际足联主席布拉特再次表示："足球起源于中国，临淄是足球的故乡，不仅是你们的骄傲，是中国人的骄傲，也是全世界的骄傲，是所有喜欢足球、喜欢世界杯的人的自豪。"其他如：摔跤运动在中国早已流行，起初称为"角力"、"蚩尤戏"等，秦汉时期称为"角抵"，南北朝时期更名曰"相扑"，隋唐时东传日本，成为日本国影响深远的"国技"。射箭的源头可以追溯到远古人类的狩猎活动，在距今两万多年前的山西峙峪人遗址中，已经发现有石制的箭镞；扛鼎、拓关、举石都是中国古代的举重运动，只是因为所举器械及其材质有别而有不同的名称。这也说明，人类体育文化在本质上又有相同相似的一面。

专 题

围 棋

围棋，古代又称"弈"，西汉扬雄《方言》曰："围棋谓之弈。自关而东，齐鲁之间,皆谓之弈。"东汉许慎《说文解字》亦曰:"弈,围棋也,从廾亦声。"围棋无疑发源于古代中国。是中国文化的产物,但它的发明者和肇始期却迄今尚无定论。

现存有关围棋的最早文字材料,见于记叙我国春秋时期史事的《左传》。《左传·襄公二十五年》载有卫国大夫大叔文子这样一段话:"今宁子视君不如弈棋,其何以免乎? 弈者举棋不定。不胜其耦,而况置君而弗定乎? 必不免矣。"(现在宁子看待国君不如下围棋,他怎么能够免于祸患呢?下棋的人举棋不定,就不能战胜他的对手,何况安置国君而不能决定呢? 必定不能免于祸难了。)

大叔文子是在就政治事件发表言论时谈及围棋,并以围棋来打比方的。运用比喻的目的是为了更清楚地说明问题,喻体一般都选取人们熟悉的事物。大叔文子既以下棋来打比,说明在襄公二十五年(前559)时围棋当已广为人知。而任何事物从萌芽到流行,中间必然经历一个较长的发展时期,因此,不少人认为围棋的创制应在春秋以前很久。估计距今3000年左右。另外,我国古代还有一种更早的围棋起源传说。《世本·作篇》中说:"尧造围棋.丹朱善之。"西晋张华《博物志》说:"尧造围棋,以教子丹朱。或云:舜以子商均愚,故作围棋以教之。"尧舜都是公元前2000年以前的人物。如果此说有确切的证据,那么围棋的肇始期就不是3000年前而是4000年前(《大英百科全书》即断言围棋在公元前2356年左右起源于中国)。

不论是3000年还是4000年,"古今之戏,流传最久远者,莫如围棋"(明谢肇淛《五杂俎》)。数千年来,围棋深深地植根于中国文化的土壤之中,在华夏大地代代相传、绵延不绝,堪称中国古老文化宝冠上一颗晶莹闪亮的明珠。

一 器用有常,变化日新——棋具与棋制

围棋的棋具和下棋的规则都比较简单。棋盘多为长方形,由纵横各19条平行线相交而成,共有361个交叉点。棋子呈扁圆形,分黑白两色,黑子181枚,白子180枚,棋子之间没有等级差别。对弈时,一方执黑,一方执白,轮流将棋子下在交叉点上,最后以占点多少决胜负。围棋的棋盘大多是木制品,也有石刻的。棋子有用木头制作的,也有用石料制成的,更高级的则以犀角、象牙、白玉为质料。明朝大奸臣严嵩、清朝和坤被抄,家中藏有碧玉、白玉围棋数百副。晋代曹摅在其《围棋赋》中描绘道:"局则邓林之木,鲁班所造。规方砥平,素质玄道,犀角象牙,是错是砺。"这大概是上层贵族所用围棋的基本状况。

古今围棋及其着法大致相同,主要区别在于棋盘道数多少不同。依据历代出土文物和古代文献,围棋棋盘的道数有一个由简单到复杂的演变过程。最初的棋盘大约只有十一道或十三道。到东汉,则有十七道,到唐代则以十九道为主,同时亦并行十七、十五道线的棋盘。随着棋盘道数的增多,围棋棋子也有所

增加，从 300 枚发展到 361 枚。

围棋的棋具、规则虽然简单，但小小棋盘蕴藏着极为繁复的棋局变化。宋代科学家沈括曾用数学方法对围棋的变化进行了一番计算，得到的结果是"大约连书万字四十三，即是局之大数"(《梦溪笔谈》)。其计算根据是，下棋时围棋棋盘的每一个交叉点都有放黑子、放白子或不放子的可能。一个交叉点有 3 种可能，两个交叉点就有 3^2 种可能，三个交叉点有 3^3 种可能……361 个交叉点就有了 3^{361} 种可能。这本身就大得不可思议，再加上对局中出现的"打劫"等，361 个棋子产生的变化实在是无穷无尽。"器用有常，施设无祈，因敌为资，应时屈伸，续之不复，变化日新"，"自古及今，弈者无同局"等说法表明古人对围棋的奥妙变化深有体会，无怪乎他们会发出"人能尽数天星，则遍知棋势"的感叹，甚至产生"围棋初非人间之事……仙家养性乐道之具也"的想法。

二　高品间出，逸思争流——棋史与国手

围棋活动在春秋时代已经开展，到战国时期就更为流行了。成书于战国中期的《孟子》，"弈"字出现七次，还提到一个名为"弈秋"的棋手。从孟子对弈秋的评论("弈秋，通国之善弈者也")来看，"弈秋"当为中国最早的围棋国手。

两汉以后，有关棋手及围棋活动的记载开始增多。汉高祖刘邦和戚夫人下过围棋，汉景帝之子广川王刘去、汉宣帝刘洵是围棋爱好者，著名学者班固、马融、李尤等都是围棋的倡导者。汉代有个国手叫杜夫子，葛洪《西京杂记》记载说："杜陵杜夫子善弈棋，为天下第一。人或讥其费日。夫子曰：'精其理者，足以大神圣教。'"三国时期社会动荡不宁，但围棋却方兴未艾。不仅帝王将相、文臣谋士(如曹操、孙策、费祎、陆逊、吕范、王粲等)常常下棋，连儿童也迷于棋道。魏国名士孔融全家被抄时，"二子年八岁，时方弈棋。融被收，端坐不起。左右曰：'而父见执，不起何也？'二子曰：'安有巢毁而卵不破者乎？'遂俱见杀"(《三国志》)。

经过春秋至三国八百多年的发展，围棋在两晋南北朝时期呈现出一派繁荣昌盛的景象。西晋开国皇帝司马炎、东晋名门望族王谢世家都热衷于棋艺。《晋书》多处涉及围棋，其中最为有名的是"淝水之战"期间东晋宰相谢安下棋的故事：

> 时符坚强盛，疆埸多虞，诸将败退相继。……坚后率众，号百万，次于淮肥。京师震恐。加安征讨大都督。玄入问计，安夷然无惧色，答曰："已别有旨。"既而寂然。玄不敢复言，乃令张玄重请。安遂命驾出山墅。亲朋毕集，方与玄围棋赌别墅。安常棋劣于玄，是日玄惧，便为敌手而又不胜。安顾谓其甥羊昙曰："以墅乞汝！"安遂游涉。至夜乃还，指授将帅，各当其任。玄等既破坚，有驿书至。安方对客围棋，看书既竟，便摄放床上，了无

喜色，棋如故。客问之，徐答云："小儿辈遂已破贼。"

谢安在百万大军压境之时，前线捷报飞到之际从容着棋、喜忧不形于色的"雅量"，至今还为人们津津乐道。

南朝棋风之盛较之东晋有过之而无不及。宋文帝、宋明帝、齐高帝、梁武帝、梁宣帝、梁简文帝等下起棋来"累局不倦"以至"从夕达旦"，身体力行之余还著书立说，并且推出了中国围棋史上一大新鲜事物——"品棋"。当时仿效"九品中正制"，依据棋艺水平的高低，把围棋手分成九个等级。一品称为"入神"，棋艺已达"神游局内，妙而不可知"的境界；二品称为"坐照"，棋艺到了"不劳神思，而万意灼然在目"的地步；以下依次为"具体"、"通幽"、"用智"、"小巧"、"斗力"、"若愚"、"守拙"。南朝共进行了三次品棋，梁武帝天监年间的一次，"登格者二百七十八人"，"九品之外，不可胜计"，足见参与围棋活动人数之众多。

唐代在中国围棋史上的突出贡献是在宫廷中设立了专业棋手"棋博士"和"棋待诏"。棋博士掌教官人下棋，棋待诏则专备皇帝诏用。这一制度后为宋代承袭，在一定程度上推动了中国围棋的发展。棋待诏王积薪是唐代最负盛名的国手，留下了不少趣闻佳话。据说安史之乱时，王积薪以棋待诏的身份随唐玄宗避往四川，途中投宿一农户檐下。更深人静之际室内婆媳两人忽然下起棋来。王积薪听着她们摸黑对弈的报位声，觉得非常高妙，天明后就当面请教。"妇乃指示攻守、杀夺、救应、防拒之法，其意甚略。王积薪即更求其说，孤姥笑曰：'止此已无敌于人间矣。'王积薪虔谢而别。行十数步，再诣则已失向之室闾矣。自是积薪之艺，绝无其伦。"（唐薛用弱《集异记》）王积薪之后另一名国手顾师言则以弈胜日本王子的故事而久享盛誉。唐宣宗大中年间，日本国王子来朝。这位王子善于围棋，唐宣宗便让棋待诏顾师言与之对局，"至三十三下，胜负未决。师言惧辱君命，而汗手凝思，方敢落指，谓之镇神头，乃是解两征势也。王子瞪目缩臂，已伏不胜。"左右谎称顾师言还是第三国手，"王子掩局而吁曰：'小国之一，不如大国之三，信矣。'"（唐苏鹗《杜阳杂编》）

如果说唐代王积薪成艺有赖仙人，颇具神话色彩，那么宋代刘仲甫得名则全仗己力，纯属世间之事。刘仲甫原为江南人，成为国手前曾游至钱塘（今杭州）。"仲甫舍馆既定，即出市游.每至夜分，方扣户而归。初不知为何等人也。一日晨起，忽于邸前悬一帜云：'江南棋客刘仲甫奉饶天下棋先'，并出银盆酒器等三百星，云以此偿博负也。须臾，观者如堵，即传诸好事。翌日，数土豪集善棋者会城北紫霄宫，且出银如其数，推一棋品最高者与之对手。"结果刘仲甫获胜，在对局中刘仲甫还详细评析讲解了当地名手之得失，围观众人无不心悦诚服。不久，刘仲甫入京补为棋待诏。"擅名二十余年，无与敌者。"（宋何薳《春渚纪闻》）刘仲甫还著有《棋诀》一篇，并传下三局对弈图。

元、明两代中国围棋稳步前进，围棋活动深入到社会各阶层，棋艺水平也不断提高,为清代围棋的大飞跃奠定了坚实的基础。明末清初,中国围棋迈入一个前所未有的蓬勃发展时期。在 100 余年的时间里,名家辈出,高手云集,争奇斗妍,前后相继,一浪盖一浪,把中国围棋推向了历史最高峰。后人曾对当时棋坛群星璀璨的盛况和国手各擅胜场的棋风作过精辟生动的描述:

> 施定庵如大海巨浸,含蓄深厚。范西屏如崇山峻岭,抱负高奇。程兰如如齐楚大国,地广兵强。梁魏今如鲁灵光殿,岿然独存。黄龙士如天仙化人,绝无尘想。徐星友如白傅吟诗,老姬皆解。周东侯如急峡回澜,奇变万状,偏师驰突,是其所长。陈子仙如剑客侠士,饶有奇气。周小松如金丹九转,炉火纯青。过百龄如西楚霸王,力能扛鼎。周嬾予如百战健儿,老于步武。汪汉年如羲之染翰,挥洒自如。何　公如灵运入山,穷极幽邃。徐耀文如名医视疾,脉络分明。(邓元鏸《弈潜斋集谱》)

这一段散发出浓郁中国文化气息的文字评述了有清一代 14 位绝顶高手,他们大多活跃于清朝前期。其中江苏无锡人过百龄率先改变对局起手的旧套路,为围棋注入了新的活力,称霸棋坛几十年。江苏泰县人黄龙士崛起于康熙初年,18 岁时就取得压倒群雄的赫赫战果,以棋圣的资格跻身于包括顾炎武、黄宗羲等人在内的"十四圣人"之列。雍正、乾隆年间,梁(魏今)、程(兰如)、范(西屏)、施(定庵)四大家弈名满天下,而范、施晚出,更是声威震四海。范西屏和施定庵均为浙江海宁人,先后学棋于同一师门。范西屏之弈奇妙高远,施定庵之弈邃密精严,棋艺都登峰造极。成名之后,范、施除彼此势均力敌、难分轩轾外,对其余同辈国手战无不胜,皆让二子,两人似双峰并峙,雄视棋坛 40 余年,在中国围棋史上的地位有如诗中"李杜",甚至人伦"周孔"。

范、施以后,特别是清道光年间起,大清帝国国力江河日下,文化逐渐衰微,中国围棋也随之步入低谷,范、施这样的巨擘再不复见。晚清国手周小松也实事求是地认为其本人与本朝其他国手皆可抗衡,"如遇范施,不能敌"。周小松是清代最后一位国手,也是古代围棋国手之殿军。裴毓麟所作《清代轶闻》载有周小松与权贵曾国藩下棋的故事:"曾国藩最好弈,而不工。尝召小松弈,意厚焁之。小松授曾九子,裂其棋为九片,皆仅乃得话。曾大怒,遂一文不之焁。"可见周小松不仅棋艺超群绝伦,为人也超凡脱俗、刚正不阿。

三　观其指归,可以喻大——棋书与弈理

随着围棋活动的普及深入,中国古代棋艺著作也应运而生。

用文字论述围棋的早期理论出现于汉代,东汉著名哲学家桓谭在其《新论》中第一个对围棋作出了明确的理论表述。紧接着,班固撰写出我国第一篇专门阐发围棋意义和价值的文章《弈旨》。在此之后,各种棋论、棋品、棋铭等接踵而至,仅题为《围棋赋》的名作就先后有五篇问世,分别为汉马融、晋曹摅、晋蔡洪

等所作。唐、宋人对这"五赋"与《弈旨》、《弈势》(魏应玚)、《棋品序》(梁沈约)评价甚高,统称"五赋三论",认为"有能悟其一,当所向无敌"。在上述棋论、棋赋的基础上,北宋时期诞生了全面系统论述弈理的经典著作——《棋经十三篇》。该书归纳总结了前代棋手积累的经验,具体而深刻地论述了围棋的意义、对局态度、实战方法和棋品、术语等。《棋经十三篇》成书后广为流传,宋代名手人人能诵此十三篇,明代还刻入所谓《居家必备》中,九百多年来,一直是中国古典围棋理论的权威论著。

记录对弈中的一定套数和走法的图谱大约也产生于两汉三国时期,古籍中曾有"汉图"、"吴图"等名称,但现在能见到的最早棋谱类著作是南宋初年棋待诏李逸民编辑的《忘忧清乐集》。《忘忧清乐集》汇集了大量南宋以前的棋谱、棋势。然而,该书在清嘉庆前少有人知。从元、明直到清中叶的四百多年内,被弈家"奉为圭臬"的是《玄玄棋经》。《玄玄棋经》原作《玄玄集》,名出"玄之又玄,众妙之门"(《老子》),清代避康熙名讳又称《元元集》、《元元棋经》。其编者是元代名手江西庐陵人严德甫、晏天章。该书除收有《棋经十三篇》、《弈旨》和《棋诀》等经典文献外,主要辑录了各种定式和死活研究图势。《玄玄棋经》影响极为深广,刊行后不断被抄录、翻刻,还先后收入《永乐大典》和《四库全书》,在围棋史上具有很高的地位。

清代棋艺突飞猛进的同时,棋书出版也空前繁荣,不少国手凝聚毕生功力编写出了许多宝贵的棋艺著作。徐星友有《兼山堂弈谱》,范西屏有《桃花泉弈谱》,施定庵有《弈理指归》及其续编,周小松有《餐菊斋棋评》。这些名著名谱风行海内,"言弈者,几于家置一编"。迄至光绪年间,据不完全统计,中国古代棋艺著作已达200多种。

这些为数众多的棋艺专著,尤其是棋论、棋评、棋经等文字著述,力图从理论上揭示围棋的奥秘,集中反映了前人对棋理的认识和见解。今人读来仍然时有所获。

古代围棋理论的大部分内容是对围棋对局实践的探讨,其主要特点是"拟军政以为本,引兵家以为喻"(曹摅《围棋赋》),即从兵法角度来阐释弈理。早在桓谭的《新论》中就有"世有围棋之戏,或言是兵法之类也"的说法。马融的《围棋赋》则说得更为具体形象:"略观围棋兮,法于用兵。三尺之局兮,为战斗场。"古典名著《棋经十三篇》干脆仿《孙子》十三篇而作,肯定地指出:"棋虽小道,实与兵合。"以后的历代棋论都继承了这一传统。

以弈喻兵或以兵喻弈,的确比较得当。围棋原本就是以棋子围而相攻杀,故谓之围棋,围棋起初也很可能源于古代部族之间攻伐劫掠等军事行动,何况两人对弈恰似两军开战:"棋之布置,如兵之先阵而待敌也;棋之侵凌,如兵强弱未分形势鼎峙也;棋之用战,如兵之封疆端重而全形胜也;棋之取舍,如兵之转战之后,取舍不明,患将及也。"(皮日休《原弈》)总之,围棋的谋篇布局、行棋落子,与打仗制定战略、判断战局、选择战机、采用战术毫无二致。因此,中国古代弈书仿佛就是兵书,兵书中的常用词语在棋书中随处可见,如:敌我、和战、胜负、生死、攻守、取舍、予夺、进退、得失、动静、虚实、利害、强弱、众寡、先后、勇怯……使人强烈地感受到兵家文化的色彩。还应注意的是,如此之多的相反而又相成的矛盾对立项在棋书中运用得如此得心应手,恰恰又是中国古代思想传统中辩证思维特色的显现。

对于围棋棋局的传统解释,是由东汉班固奠定基调的。他说:"局必方正,象地则也。道必正直,神明德也。棋有白黑,阴阳分也。骈罗列布,效天文也。四象既陈,行之在人,盖王政也。"(《弈旨》)班固的解说显然与当时的思想文化氛围分不开,汉代盛行以董仲舒为代表的把古代宗教天道观和阴阳、道家学说掺入其中的儒家官方哲学,自然、社会中的万事万物,一切问题似乎都可以据此加以解答,围棋当然也不例外。此后,以天地、阴阳等说解围棋的做法由历代论者发扬光大:

> 夫万物之数,从一而起。局之路,三百六十有一。一者,生数之主,据其极而运四方也。三百六十,以象周天之数。分而为四,以象四时,隅各九十路,以象其日。外周七十二路,以象其候。枯棋三百六十,白黑相半,以法阴阳。
>
> （《棋经十三篇》）

> 夫棋之制也,有天地方圆之象,有阴阳动静之理,有星辰分布之序,有风雷变化之机,有春秋生杀之权,有山河表里之势。世道之升降,人事之盛衰,莫不寓是。惟达者能守之以仁,行之以义,秩之以礼,明之以智。
>
> （元虞集《玄玄棋经序》）

> 弈之为道,数叶天垣,理参河洛,阴阳之体用,奇正之经权,无不寓焉。
>
> （施定庵《弈理指归序》）

这里有一生万物、阴阳八卦的思想,有天人感应、仁义礼智的观念,有道家,有儒术,也有易学。无论说它是某种发现、诠释、体味,还是象征、寄托、比附,在中国古代弈理中可以观照到中国文化的主体内容是个毋庸置疑的事实。中国古代围棋理论,作为中国文化的有机成分之一,确实有着与其他民族文化迥异其趣的内在特质和精神风貌。

在论述、揭示围棋战略战术和外在形式的同时,多数论者都视围棋为瑰宝,对之肯定、倡导甚至称颂备至。不过,古代也不乏怀疑、否定围棋的议论。最有代表性的反对派棋论是三国时期韦曜奉吴太子孙和之命撰作的《博弈论》。《博弈论》对"今世之人,多不务经术,好玩博弈,废事弃业,忘寝与食,穷日尽明,继以脂烛"的现状大为不满,指责围棋搞得"心劳体倦,人事旷而不修,宾旅阙而不接",痛斥围棋"求之于战阵,则非孙吴之伦也;考之于道艺,则非孔氏之门也;以变诈为务,则非忠信之事也;以劫杀为名,则非仁者之意也"。韦曜的文章可谓振振有词,观点鲜明,但毕竟有失偏颇,后世应之者寥寥,很快被一片对围棋的叫好声所淹没。

值得一提的是,在中国棋书之林中,除了各种弈旨、弈评、弈赋、弈品、弈问、弈喻外,还有一部别具一格的《弈律》,是明代绍兴人王思任有感而作的。原来,棋界也存在不正之风。有的棋手棋艺低下不思改进,战之不胜就求助于不光明的伎俩,"于是逊于心者拗于手,昧于肠者辩于舌,一局之中,不胜哄焉"。对于这种现象,《棋经十三篇》本有所警觉,曾指出,"得品之下者,举无思虑,动则变诈,或用手以影其势,或发言以泄其机","赧莫赧于易(即悔子),耻莫耻于盗(即偷子)"。大概棋坛歪风势头不减,《弈律》作者才"不得不齐之以法","使其有所畏而不得动"。作者颁布了"罚"、"徒"、"笞"、"杖"、"格杀"等轻重刑罚来惩治各种歪风邪气,如:"凡白昼抢夺人棋,杖九十,徒二年半。强悔者,杖七十。哀悔者,笞五十","凡局已分胜负,因而挟愤逃去不终者,杖一百,总徒四年","凡庸医见人棋子有病,初无故害之情,不按方术,强为针刺,因而致死者,杖六十,终身不许行术","凡弈时腐吟优唱,手舞足蹈,狂惑观听者,俱笞五十","凡事毕不即输服,而苦留再弈者,杖七十","凡以弈谄事贵长,巧为称颂者,杖七十"……不少条目写得活泼细腻而很有讽刺意味,读来令人莞尔。

四　虽不工弈,楸枰不可不备——围棋与士大夫

"从来十九路,迷悟几多人?"围棋一经产生,就以其神奇的魅力吸引了无数的爱好者。上自号令天下的帝王将相,下至引车卖浆的村夫农妇,无不在这奥妙无穷的围棋天地里流连忘返,而在社会各阶层中,与围棋结下了不解之缘的首推古代的士大夫。

众所周知,中国古代文人很早就把琴、棋、书、画引为风雅之事,看作博学多才的标志。其实,焚香抚琴、对客围棋等与其说是文人墨客的闲情逸致,倒不如说是他们不可或缺的生活方式中的一部分。所谓"虽不工弈,而楸枰不可不备","若无翰墨棋酒,不必定作人身"(清张潮《幽梦影》),看似戏语,实乃士大夫文化心态的真实流露。倘若有人编制一部历朝棋手、棋迷、棋友人名录,收入其中的将有一大批中国文化名人,诸如伟大诗人杜甫、白居易、陆游,伟大戏剧家关汉卿、汤显祖,小说家吴承恩、蒲松龄,文论家司空图、王世贞,经学家马融、钱大昕,哲学家王阳明、陆九渊,政治家范仲淹、王安石,艺术家郑板桥、徐文长、唐伯虎……都与围棋有着或深或浅、或隐或显的关系。

古代文人喜好围棋的方式多种多样、形态各异。有的文人深谙棋理,算得上是弈林高手,如王叔文和黄庭坚,王叔文曾担任唐代棋待诏,黄庭坚则著有

《黄山谷棋诀》。有的文人虽不工弈，却喜交国手，关心棋坛动态，如钱谦益和袁枚，前者写有《棋谱新局序》，后者写过《范西屏墓志铭》，分别保存了明清之际棋手和清代棋圣范西屏的珍贵史料。还有的文人不太下棋，却以"坚坐注目"、"看棋竟日夜"而著称，这方面的典型人物是苏轼和李渔。苏轼在观棋之余留下了"胜固欣然败亦可喜"的豪言壮语，时至今日仍在各种竞技比赛场合回响。李渔则在《闲情偶寄》中发表过一篇"下棋不如观棋"的高谈阔论，不失为一家之言：

> 弈棋尽可消闲，似难借以行乐；弹琴实堪养性，未易执此求欢。以琴必正襟危坐而弹，棋必整榘横戈以待。百骸尽放之时，何必再期整肃？万念俱忘之际，岂宜复较输赢？常有贵禄荣名付之一掷，而与人围棋赌胜，不肯以一着相饶者，是与让千乘之国，而争箪食豆羹者何异哉？故喜弹不如喜听，善弈不如善观。人胜而我为之喜，人败而我不必为之忧，则是常居胜地也。

更有一些文人学士"嗜棋"到了"成癖"的程度。如宋代文人郑侠，喜欢邀请来客下棋，如推辞不会，他就强留客人在旁边观看，自己用左右手对弈，左手持白右手执黑，殚精竭虑就像两人对敌一样。"白胜则左手斟酒，右手引满。黑胜反是。如是凡二十年如一日。"（陆游《渭南文集》）说来可笑，清代也有这样一位"独弈先生"。清初散文家魏禧记叙说："胶山黄氏，有隐君子曰'在龙'。性不治生产，绝世务而好弈。常闭户居，户外人闻子声丁丁然。窥之，则两手各操白黑子，分行相攻杀，或默然上视而思，或欣然笑也。"（《魏叔子文集》）棋迷形象跃然纸上，憨态可掬。

文人学士对围棋情有独钟是有其深刻的历史文化原因的。中国古代知识分子一向以天下为己任，把安邦兴国、匡时济世作为最高理想，但现实常常不如意，仕途往往不得志，当抱负难以实现时，他们就转而归隐山林，以修身养性来达到道德的自我完善。因此"穷则独善其身，达则兼善天下"成了古代士大夫普遍的人格心理和人生模式。而无论是出仕还是退隐，无论是从政还是修身，古代士大夫都可以在围棋这尺矩之地寻找到现实的借鉴和精神的寄托。

就出仕从政来说，"古今豪杰辈，谋略多类棋"。弈理不仅如前所述蕴含着兵法，而且与为人处世、治国施政息息相通。棋局瞬息万幻，正像政坛风云多变；棋势的优劣成败，正像国家的盛衰兴亡；棋盘上攻守易位、强弱转换，又似宦海中得失相因、祸福相依；下棋中，"从时有如设教，布子有如任人，量敌有如驭众，得地有如守国。……至于怠志而骄心，泄机而忘败，非止围棋，将规家国焉"（宋宋白《弈棋序》）。因而古人叹曰："试观一十九行，胜读二十一史。"（清尤侗《棋赋》）宋代著名文人欧阳修通过经年对局，对此深有所悟，他曾举例说：

> 治国譬之于弈，知其用而置得其处者胜，不知其用而置非其处者败。

败者临棋注目，终日而劳心。使善弈者视焉，为之易置其处则胜矣。胜者所用，败者之棋也；兴国所用，亡国之臣也。（《新五代史·周臣传》）

就退隐修身来说，"共将声迹遁岩坷，静里看棋趣自多"。在这纵横交错、黑白相间的方圆世界里，没有尘世的纷扰、官场的倾轧，有的只是高尚的志趣、幽远的沉思。当隐者逸士在古松流水之间、清风朗月之下，纹枰相对，进行无声而会心的"对话"时，性情得以陶冶，情操得到升华，委实可以达到淡泊名利、超然尘外的目的。正由于围棋具有这种特殊的效用，在谈玄、尚隐的魏晋时代，围棋获得了"手谈"、"坐隐"的美称。同样是那个欧阳修，晚年隐退，自号"六一居士"，其中之"一"就是"棋一局"。他自称，面对围棋等可以"太山在前而不见，疾雷破柱而不惊，虽响九奏于洞庭之野，阅大战于涿鹿之原，未足喻其乐且适也"（欧阳修《六一居士传》）。

文人墨客醉心于围棋带来的直接产物是文学史上数量相当可观的以围棋为题材的作品。古典小说名著《西游记》、《三国演义》中都有弈棋的精彩片段。被誉为中国长篇小说最高典范的《红楼梦》，全书一百二十回涉及围棋的多达十六回。其他像《金瓶梅》、《儒林外史》、《封神演义》、《镜花缘》等都用了不少章回、笔墨来铺叙下棋的场面。古白话短篇小说集《二刻拍案惊奇》有一篇《小道人一着饶天下，女棋童两局注终身》，其主要情节就是把王积薪、顾师言、刘仲甫的事迹糅合在一起加以改编而来。古代文言短篇小说集《聊斋志异》有十五篇故事与围棋有关，还有一篇专以《棋鬼》为名。在那里，狐鬼神怪也不甘寂寞、技痒难忍，来到咫尺楸枰旁与人争强斗胜。中国是诗的国度，历代咏棋诗更是层出不穷、举不胜举。最长的一首咏棋诗是宋代哲学家邵雍的《观棋大吟》。全诗1800字，比一向视为"古今第一长诗"的《孔雀东南飞》还多出了15个字。在吟咏棋手、棋艺、棋趣的五言、七言律诗和绝句中，不乏脍炙人口的名篇佳句。"初疑磊落曙天星，次见搏击三秋兵，雁行布阵众未晓，虎穴得子人皆惊"（刘禹锡）以状写实战之棋局变化见长；"心似蛛丝游碧落，身如蜩甲化枯枝"、"心游万里不知远，身与一枰相对闲"（黄庭坚）以形容弈者的凝神入化著称；"窗前半偈闻钟后，松下残棋送客回"（温庭筠）描绘的是一幅局罢人散、冲淡恬静的画面；"别后竹窗风雪夜，一灯明暗覆吴图"（杜牧）刻画的是一个弈林高手勤操苦练的形象。同是看棋，"楚江巫峡半云雨，清簟疏帘看弈棋"（杜甫），"院静春深昼掩扉，竹间闲看客争棋"（邵雍），以及"架肩骈头密无缝，四座寂然凝若梦，忽时下子巧成功，一笑齐声海潮哄"（吴承恩）场景不同，气氛各异，意境有别，但字里行间无不弥漫着观弈之无穷乐趣；而"青山不厌千杯酒，白日唯消一局棋"（李远），"却怀刘项当年事，不及山中一着棋"（王守仁）则把隐士幽人对围棋的一往情深抒发得酣畅淋漓。总之，中国古典诗词百花洲上的咏棋诗犹如一株株奇葩摇曳多姿，别具一番神情风韵。

语言是文化的载体和结晶,源远流长的中国围棋文化自然在中华民族语言中留下了深深的印记。"举棋不定"、"星罗棋布"、"当局者迷,旁观者清"、"一着不慎,全盘皆输"等成语早已家喻户晓、尽人皆知,"烂柯"、"手谈"、"坐隐"等雅称,也保存在汉语宝库中,不时为人们取出使用。已故陈毅元帅就曾在给《围棋》杂志的题词中预言:"中国手谈,必将有巨观。"

文 选

棋经十三篇

宋·张拟

《传》曰:"饱食终日,无所用心,不有博弈者乎?"桓谭《新论》曰:"世有围棋之戏,或言是兵法之类。上者,远其疏张,置以会围,因而成得道之胜;中者,则务相绝遮要,以争便求利,故胜负狐疑,须计数以定;下者,则守边隅,趋作罫以自生于小地。"春秋而下,代有其人,则弈棋之道,从来尚矣。今取胜败之要,分十三篇,有与兵法合者,亦附于中云尔。

○棋局篇第一

夫万物之数,从一而起,局之路三百六十有一。一者,生数之主,据其极而运四方也。三百六十,以象周天之数;分而为四,以象四时;隅各九十路,以象其日;外周七十二路,以象其候。枯棋三百六十,白黑相半,以法阴阳。局之线道谓之枰,线道之间谓之罫。局方而静,棋圆而动。自古及今,弈者无同局,曰"日日新"。故宜用意深而存虑精,以求其胜负之由,则至其所未至矣。

○得算篇第二

棋者,以正合其势,以权制其敌。故计定于内而势成于外,战未合而算胜者,得算多也。算不胜者,得算少也。战已合而不知胜负者,无算也。《兵法》曰:"多算胜,少算不胜,而况于无算乎!"由此观之,胜负见矣。

○权舆篇第三

权舆者,弈棋布置,务守网格。先于四隅分定势子,然后坼二、斜飞,下势子一等。立二可以坼三,立三可以坼四,与势子相望可以坼五。近不必比,远不必乖。此皆古人之论,后学之规,舍此改作,未之或知。《书》云:"靡不有初,鲜克有终。"

○合战篇第四

博弈之道,贵乎谨严。高者在腹,下者在边,中者占角,此棋家之常。然法曰:"宁输数子,勿失一先。"有先而后,有后而先,击左则视右,攻后则瞻前。两生勿断，皆活勿连。阔不可太疏，密不可太促。与其恋子以求生，不若弃之而取势。与其无事而强行，不若因之而自补。彼众我寡，先谋其生；我众彼寡，务张其势。善胜敌者不争，善阵者不战，善战者不败，善败者不乱。夫棋始以正合，终以奇胜。必也四顾其地牢不可破，方可出人不意，掩人不备。凡敌无事而自补者，有侵绝之意也；弃小而不救者，有图大之心也。随手而下者，无谋之人也。不思而应者，取败之道也。《诗》云："惴惴小心，如临于谷。"

○虚实篇第五

夫弈棋绪多则势分，势分则难救。投棋勿逼，逼则使彼实而我虚。虚则易攻，实则难破，临时变通，宜勿执。《传》曰："见可而进，知难而退。"

○自知篇第六

夫智者见于未萌，愚者暗于成事。故知己之害而图彼之利者胜，知可以战不可以战者胜，识众寡之用者胜，以虞待不虞者胜，以逸待劳者胜，不战而屈人棋者胜。《老子》曰："自知者明。"

○审局篇第七

夫弈棋布势，务相接连，自始至终，着着求先。临局交争，雌雄未决，毫厘不可以差焉。局势已赢，专精求生；局势已弱，锐意侵绰。沿边而走，虽得其生者败。弱而不伏者愈屈，躁而求胜者多败。两势相围，先蹙其外，势孤援寡则勿走，是故，棋有不走之走，不下之下。误人者多方，成功者一路而已。能审局者则多胜矣。《易》曰："穷则变，变则通，通则久。"

○度情篇第八

人生而静，其情难见，感物而动，然后可辨。推之于棋，胜败可得而先验。法曰："夫持重而廉者多得，轻易而贪者多丧，不争而自保者多胜，务杀而不顾者多败。"因败而思者，其势进；战胜而骄者，其势退。求己弊而不求人之弊者，益；攻其敌而不知敌之攻己者，损。目凝一局者其思周，心役他事者其虑散。行远而正者吉，机浅而诈者凶，能自畏敌者强，谓人莫己若者亡，意旁通者高，心执一者卑。语默有常，使敌难量；动静无度，招人所恶。《诗》云："他人有心，予忖度之。"

○斜正篇第九

或曰："棋以变诈为务，劫杀为名，岂非诡道耶？"予曰："不然。"《易》曰："师出以律，否臧凶兵。"本不尚诈谋，言诡道者，乃战国纵横之说。棋虽小道，实与兵合。故棋之品甚繁，而弈之者不一。得品之下者，举无思虑，动则变诈，或用手以影其势，或发言以泄其机；得品之上者则异于是，皆沉思而远虑，因形而用权，神游局内，意在子先，图胜于无胜，灭行于未然。岂敢假言词喋喋，手势翩翩者哉？《传》曰："正而不谲。"其是之谓也。

○洞微篇第十

凡棋有益之而损者，有损之而益者；有侵而利者，有侵而害者；有宜左投者，有宜右投者;有先着者,有后着者;有紧　者,有慢行者。粘子勿前,弃子思后。有始近而终远者,有始少而终多者。欲强外先攻内,欲实东先击西。路虚而无眼则先觑,无害于他棋则做劫;饶路则宜疏,受路则勿战。择地而侵,无碍则进。此皆棋家之幽微也,不可不知。大《易》曰:"非天下之至精,其孰能与于此?"

○名数篇第十一

夫弈者,凡下一子,皆有定名。棋之形势、死生、存亡,因名而可见。有冲,有斡,有绰,有约,有飞,有关,有札,有粘,有顶,有尖,有觑,有门,有打,有断,有行,有立,有捺,有点,有聚,有跷,有夹,有拶,有　,有刺,有勒,有扑,有征,有劫,有持,有杀,有松,有槃。用棋之名,三十有二。围棋之人,意在万周。临局变化,远近纵横,我不得而前知也。用倖取胜,难逃此名。《传》曰:"必也,正名乎!"棋亦谓欤?

○品格篇第十二

夫围棋之品有九:一曰入神,二曰坐照,三曰具体,四曰通幽,五曰用智,六曰小巧,七曰斗力,八曰若愚,九曰守拙。九品之外,不可胜计,未能入格,今不复云。《传》曰:"生而知之者,上也;学而知之者,次也;困而学之,又其次也。"

○杂说篇第十三

夫棋,边不如角,角不如腹。约轻于捺,捺轻于　。夹有虚实,打有情伪。逢绰多约,遇拶多粘。大眼可赢小眼,斜行不如正行。两关对直则先觑,前途有碍则勿征。施行未成,不可先动。角盘曲四,局终乃亡。直四板六,皆是活棋。花聚透点,多无生路。十字不可先纽,势子在心,勿打角图。弈不欲数,数则怠,怠则不精。弈不欲疏,疏则忘,忘则多失。胜不言,败不语,振廉让之风者,乃君子也。起忿怒之色者,小人也。高者无亢,卑者无怯,气和而韵舒者,有喜其将胜也;色变者,忧其将败也。赧莫赧于易,耻莫耻于盗,妙莫妙于用松,昏莫昏于覆劫。凡棋,直行三则改,方聚四则非。胜而路多,名曰赢局;败而无路,名曰输筹。皆筹为溢,停路为节。打筹不得过三,淘子不限其数。劫有金井、辘轳,有无休之势,有交递之图,弈棋者不可不知也。凡棋有敌手,有半先,有先两,有桃花五,有北斗七。夫棋,有无之相生,远近之相成,强弱之相形,利害之相倾,不可不察也。是以安而不泰,存而不骄;安而泰则危,存而骄则亡。《易》曰:"君子安而不忘危,存而不忘亡。"

○跋

我朝善弈显名天下者,昔年待诏老刘宗,今日刘仲甫、杨中隐,以至王珑、孙侁、郭范、李百祥辈,从皆能诵此十三篇,体其常而生其变也。古人谓:"犹盘中去圆,横斜曲直,系于临时,不可尽知。而必可知者,是圆不绊出于盘也。"《棋经》,盘也;弈者,圆也。士君子无所用心,则可欢焉。

（选自赵敏俐、尹小林主编《国学备览》,首都师范大学出版社 2007 年版）

【阅读书目】

1. 崔乐泉著:《中国古代体育文物图录》,中华书局 2000 年版。
2. 张德福主编:《中国古代体育史话》,北京师范大学出版社 2001 年版。
3. 刘秉果等:《插图本中国体育史》,上海古籍出版社 2003 年版。
4. 谷世权编著:《中国体育史》,北京体育大学出版社 2004 年版。
5. 冯国超著:《中国传统体育》,首都师范大学出版社 2007 年版。

【思考题】

1. 中国传统体育有哪些具体的形式及其名称?
2. 中国传统体育大致可以分成哪些类别?
3. 中国传统体育的本质特点是什么?
4. 中国体育反映出中国文化的哪些基本特点?
5. 中国体育的某些项目(如足球)难以走向世界有无内在的文化原因?
6. 简述围棋与中国文化的关系。
7. 谈谈中国象棋与文化。

第十六章
中外交流

■ 概　述

　　人类历史告诉我们,任何民族与国家都不可能在完全封闭的环境中求得大的发展。我们的祖先在历史上曾经对人类文明作出过杰出的贡献,并为我们民族赢得了极高的荣誉。中华民族也曾积极吸收外来文化,极大地丰富了自己的物质生活和精神生活。中国与外部世界的文化交流实在是造福人类的伟大事业。

一　通往世界之"路"

　　我国古代历史文献对历来与中亚、南亚、西亚许多国家的陆路交通线路始终不曾概括出一个专用名称,19 世纪以来许多学者多有弥补这一缺憾的想法。1877 年,普鲁士地理学家、旅行家和东方学家李希霍芬(1833—1905)在其《中国亲程旅行记》一书中首次把"中国与河中地区(即中亚阿姆河与锡尔河之间的地区)以及中国与印度之间,以丝绸贸易为媒介的西域交通路线"称为"丝绸之路",其后德国历史学家赫尔曼主张将"丝绸之路"的西端延伸到地中海沿岸和小亚细亚地区。他们的观点立刻得到西方汉学家的支持,并逐渐被学术界广泛接受。19、20 世纪之交,一些西方探险家在新疆、甘肃等地考察并发现了大量古代中国与亚、非、欧洲交往的遗物后,在有关著作中广泛使用"丝绸之路"这个名称,并把古代中国与其他国家以丝绸贸易为代表的文化交流所能到达的地区都包括在"丝绸之路"范围之内,这不仅使"丝绸之路"概念更加深入人心,也进一步扩大了其空间、时间的内涵。这样,"丝绸之路"也就成为从中国出发,横贯亚洲,进而连接欧洲、非洲的这条陆路通道的总称,其后相继出现丝绸之路"绿洲道"、"沙漠道"、"草原道"和"海上道"等提法自然都属于题中应有之义了。由此看来,"丝绸之路"实际上是一片交通路线网,从陆路到海洋,从戈壁瀚海到绿洲,途径无数城邦、集市和古代帝国,来往于这条道路的有士兵和水手、商队和僧侣、朝圣者和游客、学者和工匠、得胜之师和败军之将,"丝绸之路"开始被人们看作东西方政治、经济和文化交流的桥梁,"丝绸之路"也几乎成为中外文化交流的代名词。

中西方文化交流早在丝绸还未成为主要流通商品之前的远古时期就已经存在了,所谓"草原之路"和"绿洲之路"就是这种交流的具体体现。"草原之路"通常是指从蒙古高原的草原地带,西向进入天山北麓,到达伊犁河谷,进入中亚碎叶再到其他地区的路线。这条路线可以从中原进入,也可从甘肃张掖地区或新疆的吐鲁番越过天山而进入。这是古代游牧部落经常迁徙往来的线路,考古发现也证明了草原丝绸之路上的中西文化往来。据说在两千五百多年前,来自欧洲的斯基泰人一度控制着这条古道,他们从阿尔泰山取得巨量黄金,因而草原丝绸之路又享有"黄金之路"的美称。匈奴崛起之后,每年都要从中原地区索取和掠夺大量丝绸织品。到了武帝初年,两国于边界设"通关市",匈奴以其出产的牛马羊驼换取中国的缯帛酒秫等物。匈奴贵族由此所获得的大量丝绸,除自己消费一部分以外,便通过草原之路运往西方贩卖。在张骞开拓西北丝绸之路以前,北方草原之路一直在东西方贸易交流上起着重要的作用。在河西走廊中断的时候,比如唐朝后期(约9世纪),吐蕃占据河西走廊,中原与西域、中亚的交通路线就主要靠北部的草原之路与丝绸之路衔接。

"绿洲之路"指的是位于草原之路南部,由分布在大片戈壁、沙漠之中的绿洲城邦国家开拓出的连接欧亚的交通线路,这条路就是古丝绸之路的雏形。早期丝绸之路并不以丝绸为主要交易物资。据信在公元前15世纪左右,中国商人就已经出入塔克拉玛干沙漠边缘,购买产自现新疆地区的和田玉石,同时出售海贝等沿海特产,同中亚地区进行小规模贸易往来。商代妇好墓中就有产自新疆的软玉出土,这说明至少在公元前13世纪,中国就已经开始与西域乃至更远的地区进行商贸往来。晋人《穆天子传》记载,周穆王曾携带丝绸、金银等贵重物品西行至里海沿岸,这种说法稍显不经。但是目前在丝绸之路沿线的考古中,确实出土了部分这一时期的丝绸制品。据《史记·赵世家》记载,战国时已有"马、胡犬不东下,昆山之玉不出,此三宝者非王有已"的说法,这在一定程度上说明,战国时期中原地区已经存在了相当规模的对外经济交流,其流传通道无疑就是这条绿洲之路。

诸多丝路当中最著名的自然要数西汉张骞"凿空"西域开拓的那条"丝绸之路"了。汉建元三年(前138),张骞奉命前往西域,寻找并联络曾被匈奴逐出河西走廊的大月氏,合力进击匈奴。在被匈奴扣留十年之后,张骞设法逃脱,并经楼兰、龟兹,翻越葱岭,经大宛、康居,终于抵达大月氏,不过张骞带来的提议遭到大月氏国王的拒绝。张骞这次出使西域尽管未能完成其使命,但却使生活在中原内地的人们了解到西域的实况,激发了汉武帝"拓边"的雄心。公元前119年,张骞再次出使西域,这一次河西走廊已是畅通无阻,张骞顺利地到达了乌孙,并派副使访问了康居、大宛、大月氏、大夏、安息、身毒等国家。其后,这条道路上汉使往来不绝,西域使节和商人也由此进入中原,带来他们的物产,带回中国的丝绸和其他物品,"丝绸之路"就这样开通了。及至唐代,它仍然是东西方沟通交流的重要渠道。

除了这条著名的丝绸之路外,还有一条"海上丝绸之路"沟通中国与其他国家的交流。其最早的记载见于《汉书·地理志》,《后汉书·西域传》更提到"大秦"有海路通到中国。魏晋南北朝时期,由于北方战乱的缘故,陆路交通有所阻隔,海上交通得到更大的发展。有史料可稽,东晋时期广州成为海上丝绸之路的起点。孙吴政权黄武五年(226)置广州(郡治今广州市),加强了南方海上贸易。广州海上丝绸之路的发展,致使对外贸易收入成为南朝各政权的财政依赖。为了适应海上贸易的发展,唐宋政府开始在广州、泉州设"市舶使",管理海外贸易。鉴于北方地区的复杂局面,宋朝对经由海上交通的海外贸易更为倚重,立国之初就"分四路招致海南诸蕃",以求通过海外贸易增加政府收入,"市舶之利,颇助国用。以招致远人,阜通货贿"。此外,经济重心的南移也是宋代海上贸易兴盛的重要原因。唐代已有"当今赋出天下,江南居十九"之说,到了宋代则更是"国家根本仰给东南"。海上贸易在唐代就有很大的发展,宋代经济重心的继续南移,以及造船、航海技术的发展,再加上宋朝政府的"招诱进奖"的政策,这些因素共同促成了路上丝绸之路的衰落和海上交通的繁荣。宋代海上贸易空前繁荣,贸易线路多达数十条,除至日本、高丽、东南亚之外,还到达印度南部、西南部以及东南部,最远达到非洲以及波斯湾地区。海上通道在隋唐时运送的主要大宗货物是丝绸,所以大家都把这条连接东西方的海道叫作"海上丝绸之路"。到了宋元时期,瓷器出口渐渐成为主流,因此人们也把它叫作"海上陶瓷之路";由于输入的商品历来主要是香料,有时也把它称作"海上香料之路"。

二　东传与西行

佛教传入中国,是中外文化交流史上最重要的事件,也是对中国社会影响最为深远的文化交融之一。佛教在中原地区的初传时间有西汉和东汉两种说法,目前学术界多以东汉初年为佛教正式进入中原之始。东汉说来自《后汉书·西域传》,并为《高僧传》、《历代佛祖统记》等佛教典籍广泛接受。据梁代慧皎《高僧传》记载,"汉明帝梦一金人于殿廷,以占所梦,傅毅以佛对。帝遣郎中蔡愔、博士弟子秦景等往天竺。愔等于彼遇见摩腾、竺法兰二梵僧,乃要还汉地,译《四十二章经》,二僧住处,今洛阳门白马寺也。"这一说法虽带有些神秘色彩,但证之以其他文献材料,基本可信。

佛教主要经由陆路传入中国。汤用彤认为,"佛教东渐首由西域之大月支、康居、安息诸国,其交通多由陆路,似无可疑",史载伽叶摩腾、竺法兰,以及稍后安世高和支娄迦谶等僧人都是经这条路来的。除了途经西域的陆路外,不少中亚、南亚僧人取道海路进入中原,魏晋南北朝时期中国与印度洋之间的海路交通更因有大量佛教僧侣频繁往返而被称为"佛教之路"。今天可以考知最早经海路来华的佛教僧侣是康僧会,《高僧传》载其于赤乌十年(247)来到建业,是为江南佛教之始;南朝时禅宗祖师达摩也是经海路到达广州的。

佛教自传入中国后,虽与中国传统文化有过一些冲突,但大体还是在互相适应、互相协调的状态下走出了这样一种轨迹:先是依附于汉代流行的神仙道术,继而又与魏晋时期的玄学合流,后经过南北朝时期对佛教思想和理论的系统清理而进一步儒学化,至隋唐发展为与中国儒道二教既鼎立又合流的盛大气势。天台、华严、禅、净土四宗的出现,标志着佛教在中国本土化的完成。宋明理学的产生,则标志着在更深的层面上实现了佛教文化与儒家文化的相互融合。随着佛教的传入,印度文化在宗教、哲学方面给中国以巨大影响,中国雕塑、绘画、文学等诸多领域也都留下印度文化的印迹。佛教传播还促进了中印间科学技术交流,印度的天文历算、医学和先进的熬糖术陆续传入我国。中国文化也对印度产生影响,玄奘把老子的《道德经》翻译成梵文介绍到印度,中国音乐《秦王破阵乐》为印度人所熟知,中国的炼钢术、造纸术等发明也相继传入印度。

中国从印度传入佛教,佛教又经中国继续东传,不过东传的佛教已经是中国化的佛教了。前秦苻坚即于建元八年(372)派遣使者及僧人顺道送佛像及佛经至高句丽,两年后,中国僧人阿道又去高句丽,高句丽即建造肖门寺和伊弗兰寺供顺道和阿道居住。他们两人即在高句丽弘传佛法,是为佛教正式传入朝鲜半岛之始。新罗王朝统一三国后,两国佛教徒之间的交往十分频繁,来华学法的僧人很多,隋唐佛教宗派也陆续东传,其中禅宗在新罗时代更是盛极一时。从6世纪开始,佛教从朝鲜半岛南部的百济传入日本。之后朝鲜半岛和中国僧人陆续赴日传教,其中扬州大明寺僧鉴真应日本僧人邀请,六次冒死东渡,最终于天宝十八年(759)成功抵达日本,他终生在日本弘扬律宗,自己也被尊为为日本律宗的始祖。来华求法的日本僧人也有不少。空海从唐贞元二十年(804)在长安青龙寺研习密宗与汉学,回国后创建了"真言宗",所著《文镜秘府论》保留了不少中国文学和音韵学的宝贵资料。最澄与空海同时来华,入浙江天台山研习天台宗,回国后创立日本天台宗。最澄弟子圆仁以其实地见闻写成《入唐求法巡礼行记》,成为中外文化交流史上的伟大著作之一。

与印度佛教东传相对应的是,中国僧人兴起了西行求法的热潮。佛教传入之初,佛经均由西域僧人转译。从三国时期开始,就有一些中国佛教信徒立誓要前往佛教原生地去探求佛教的真精神。这一热潮始于三国末年,一直延续到北宋,持续时间长达 500 多年,尤以唐中期以前最盛。西行求法的僧人中有姓名可考者 200 多人,其中以朱士行、法显和玄奘最为著名。就目前所知,中国最早一位西行求法的僧人就是三国曹魏时期的朱士行,据《出三藏记集》"朱士行传"载:"朱士行以魏甘露五年(260)发迹雍州,西涉流沙,既至于阗,果写得正品梵书胡本九十章,六十万余言,遣弟子弗如檀、晋言法饶凡十人,送经胡本还洛阳。"朱士行虽仅到了于阗,所传佛经也只有一部,但他此举促进了大乘佛学在中原的传播,且开中原僧人西行求法之先河。东晋隆安三年(399),僧人法显从长安出发,经河西走廊、西域和葱岭,历时三年抵达印度北天竺,随后继续南行至佛教盛行的摩揭陀国,学习梵文,搜求经律,抄写律本。公元 409 年,法显搭乘商船由海路回国,抵国已在义熙八年(412),距其出发已经是 14 年了。法显以古稀之年仍笔耕不辍,将自己 14 年游历 30 余国的经历写成《佛国记》,并与人合译经律论 6 部 24 卷,这些佛典的翻译对中国佛学发展有着重大的意义。玄奘 13 岁就剃度出家,精研佛教经典,28 岁已是"擅声日下,誉满京邑",可是他在求学过程中对中国佛学各宗派之义理始终存在一些疑惑,于是决心前往印度求取佛经原本,"誓游西方,以问向惑"。唐贞观三年(629),玄奘不惜"冒越宪章,私往天竺",他沿丝绸之路西行,耗时四年历经辛苦抵达印度那烂陀寺,拜名僧戒贤为师,研习《瑜伽师地论》等佛经。他于贞观十九年(645)携大、小乘佛教经典回到长安,并在太宗、高宗的支持下,召集各大寺高僧组成译经场,译出经、论 75 部、凡 1335 卷。玄奘还以自己亲身经历为基础写成《大唐西域记》一书,至今仍是研究中亚、南亚地区古代史和宗教史以及中外文化交流史的重要文献。

三 亚洲之中国

梁启超在《中国史叙论》一文中分中国史为三个时代:"中国之中国"、"亚洲之中国"和"世界之中国"。中国与亚洲各国的文化交流始于先秦,至隋唐臻于极盛,宋元时期稍显沉寂,由于帝国衰落所导致的封闭保守,明清时期与亚洲各国的交流已是心有余而力不足了,即便是明王朝倾力为之的七下西洋的壮举也带上一层落日余晖似的伤感。

继汉朝之后,强盛的唐朝不可避免地要走上对外"拓边"的道路。继承北朝游牧民族"行国"的遗风,唐朝李氏统治集团自然而然地走上对外全面开放的道路。唐朝统治者一般优遇与尊重外国使节,对来唐的外国人一般也尊重其生活习惯、宗教信仰,使其安居乐业,甚至登仕录用。据统计,当时和唐王朝直接交往的国家达 70 国之多,而西域各国及吐蕃等均遣皇子来长安留学,使唐代长安成为当时西域人留学的中心;再加上唐代对外交通十分发达,中国文化广泛外传,外国事物也相继传入中国,大大促进了中外交化的交流。这一时期是中国封建时代对外交流的高潮时期。唐代中西丝绸贸易繁盛,茶叶、纸张、药材等也输往西域及天竺、波斯、大食等国家,并通过波斯转销到西方各地。鉴于中外贸易发展迅速,唐政府在重要港口广州设立"市舶司",并于武威、张掖等陆路要冲置"互市监",分别管理对外贸易。在这个过程中,中国的丝织技术,如脚踏纺车、印染技术等,通过安息、条支等西域国家传入西方及印度,唐代工匠也到中亚、西亚各地传授纺织技术。此外,中国的绘画及纺织法陆续西传,并盛行于阿拉伯地区,铸铁及凿井术也经西域传入印度。唐玄宗天宝十年(751),唐与大食爆发怛罗斯之役,唐军为大食所败,大批士兵被掳,其中不少为造纸工匠,造纸技术遂传入大食,再辗转传至欧洲,对欧洲以及世界文化的传播起了极大的作用。在另一方面,波斯、回纥及阿拉伯商人往来于丝绸之路,把西域的香料、药物、珊瑚、宝石、良马输入中国。在这一过程中,西域的琉璃制造术也传入中国,"唐三彩"的出现显然也得益于此。唐代中国僧人玄奘、义净等前往天竺游学取经,使佛教在中国更为流行。唐代的丝织品,由于受西域文化的影响,往往绘有佛经故事的画像,或织上波斯的花纹图案。唐代流行跳胡腾舞、胡旋舞,弹琵琶,奏高昌乐曲、天竺乐曲,足以看出西域文化对唐代艺术的影响。唐代的绘画和雕刻深受印度佛教艺术的影响,唐传奇、变文吸收了不少佛教俗讲的内容,韵文方面也因音乐的盛行及佛经中梵文的翻译而对切韵法有所改良,甚至影响到近体诗对格律的追求。此外,西域各国的宗教,如景教、祆教、摩尼教,均于此时传入中国,史称"中古三夷教"。

唐朝全方位的开放政策自然也波及了一衣带水的日本。7世纪的日本正处在本国的历史飞跃时期,它殷切地期望得到外来的文化营养滋润自己的肌体,隋唐时期的对外开放政策恰恰为这种要求提供了可能性。中国与日本的交流古已有之,《史记》有齐人徐福渡海未归的记载,传说徐福最后定居日本。《后汉书·东夷传》记载"建武中元二年(57),倭奴国奉贡朝贺,使人自称大夫,倭国之极南界也。光武赐以印绶"。此外《三国志》有日本邪马台国与魏朝贡贸易的记录,《宋书》也有南朝刘宋与日本大和国倭五王之间的使节往来的记载,日本出土文物"汉委(倭)奴国王"金印,及日本考古发现的大批汉魏南北朝时期的铜镜,都证实了中国史书的记载。中日两国之间的交流至隋唐达到了频繁往来的鼎盛时期。为吸取中国的先进文化,日本天皇曾经先后派出了4次遣隋使和19次遣唐使(成功到达15次)。使团人数多时达五六百人,其中有留学生、留学僧随行。其规模之大、次数之多、旅途之艰险,为世所罕见。他们广泛地学习吸收中国的政治法律制度和文学、儒学、佛学、医学及书法绘画、雕塑建筑、天文历法、工艺技术、风俗、服装等,有力地促进了日本的政治改革和经济文化发展。

在宋元时期以及明前期,中国对外交通和对外关系发生了很大的变化,陆路交通除了在蒙元帝国时期有过一段辉煌外,多呈衰落的趋势,海路交通却渐趋活跃。在此基础上,中西方的文化交流继续展开,以瓷器、指南针、印刷术和火药为代表的中国文化主要经阿拉伯国家传向西方,以阿拉伯文化为代表的西方文化也大规模传入中国,这些西来的文化除了天文历法、医药学、数学和建筑等科学技术外,还包括伊斯兰教和犹太教。在宋元中西海路交通大发展的基础上,明代的中西海路交通以郑和七下西洋为代表达到鼎盛。自明永乐三年(1405)至宣德八年(1433),郑和受明成祖派遣,率领庞大船队先后七下西洋,历时 28 年,航程万余里,经东南亚、印度洋,远达红海和非洲东海岸,历经亚、非 30 多个国家和地区。丝绸、瓷器、茶叶、铁器和农具等中国特产随郑和船队输到海外,海外各种珍宝、药品、颜料、棉布以及香料、珊瑚等物品也从印度洋输入中国。由于郑和下西洋是为了执行明成祖"宣德化而柔远人"的政治策略,这种"朝贡贸易"遵循"厚往薄来"的政策,完全违反商业规则,加之维持船队本身就需要一大笔开支,七下西洋之后已是难以为继了。郑和七下西洋这一昙花一现的壮举,是朝贡贸易运用到极致以至失败的典型,也是中外文化交流古典时代结束时最精彩也最无奈的谢幕。

四　中国与欧洲

自 16 世纪开始,天主教会传教士一直试图进入中国,但几次尝试均告失败,直到意大利人利玛窦(Matteo Ricci,1552—1610),才找到了一条正确的通道。利玛窦于 1582 年来到澳门,第二年获准进入肇庆,在这里利玛窦换上儒服,并凭借自己在自然科学和数学方面的学识赢得当地中国官员和读书人的尊敬和友谊,最后于 1601 年被完全接受,获准在北京居住和布道。利玛窦很清楚,基督教在中国的传播依赖两个条件:第一,传教士必须证明自己对中国政府是有益的;第二,尽量避免攻击中国人敬祖和尊孔的传统。为了实现第一个条件,利玛窦本人指出了道路并为他的后继者所遵循。鉴于中国政府对天文历法的高度重视,利玛窦说服耶稣会在 1606 年派来天文学专家熊三拔神父,协助主管天文历算的"钦天监"修订历法。由于西欧历算的精确,加上徐光启等人的大力保举,明思宗于 1611 年下令由耶稣会士负责修改历法,从此历法就成了耶稣会士在华战略的关键阵地,汤若望甚至被清顺治皇帝提升为钦天监监副。尽管其间几经反复,钦天监直到 1838 年一直都是基督教在中国的重要据点。耶稣会士能够向中国宫廷和政府提供帮助的领域还包括医学和外交,如中俄尼布楚谈判就是由耶稣会士徐日升、张诚神甫任译员,条约最后也是用拉丁语拟定的。此外,耶稣会士还先后为明清两朝铸造大炮,这些都是耶稣会在中国得到优容的重要原因。1662 年,康熙在一份承诺传教自由的诏书中表彰教士们在修改历法、外交和铸炮方面的贡献,并给予基督教传教士与西藏喇嘛同样的特权。

耶稣会士凭借为中国政府提供的有效服务获得自由传教的许可,不过基督教要在中国取得深入的发展,就必须要彻底解决中国人尊孔敬祖与基督教信仰之间的文化冲突问题。如果传教士不去攻击属于儒教的此类问题,基督教就能在中国占据与佛教、道教同样的地位。利玛窦认为可以作出这样的让步而不至于背离神圣的宗教信仰。他认为尊孔和敬祖都只具有礼貌的意义而不是宗教崇拜行为,所以中国基督徒可以参与尊孔敬祖,这不算是对自己宗教信仰的背叛。利玛窦的让步调和政策在他死后被耶稣会士们或多或少地保持了将近一个世纪,但遭到了随耶稣会后进入中国的方济各会和多明我会修道士的激烈反对。他们利用一切机会在梵蒂冈游说,控告耶稣会士纵容并参与异教徒的宗教崇拜。他们的煽动导致一场重大的"礼仪之争",并最终葬送了在中国广泛传播基督教的一切机会。

礼仪之争的危机直到 1706 年才爆发出来,但 1610 年利玛窦去世后就已经出现预兆,为传教应作出多大程度的妥协以融入某个特定文化和特定社会,即便在耶稣会内部也是意见不一的,在利玛窦之后继任中国传教团领袖的龙华民更是明确表达了对利玛窦让步政策的不满。1693 年,法国外方传教会的阎当担任福建省主教,他大力谴责对儒教的一切妥协,撤除了两位不听他命令的耶稣会士。就此开端的争论被提交到罗马教廷,1704 年,教皇格勒孟第十一决定禁止耶稣会士所允许的习俗,并派铎罗为教皇使节,以确保教士和信徒服从敕谕,并把教皇的决定通知康熙皇帝。1705 年 12 月,铎罗由阎当陪同觐见皇帝,双方就诸如"'上帝'是否可以译为'天',尊孔子为'圣'是否意味着宗教上的'神圣'"等问题展开争论。由于阎当断然反对皇帝对这些词义的解释,康熙命令教廷使者离京,并把阎当驱逐出境,然后又颁布谕旨,下令所有传教士或者接受利玛窦允许的习俗,或者离开中国。不顾耶稣会士的呼吁,罗马教皇明确反对对中国习俗的任何妥协。其后几经交涉,双方的隔阂和敌意却是有增无减,直到 1721年,出于对礼仪之争的厌倦以及对教皇干涉中国内政的恼怒,康熙宣布,"以后不必西洋人在中国行教,禁止可也,免得多事"。礼仪之争就此落下帷幕,一场建立在平等和开放基础上并有可能带来积极成果的文化对话也就此夭折。

耶稣会士在中国的传教以及后来的礼仪之争,使得不少中国经典被传教士翻译介绍到欧洲,开启了欧洲人认识中国的大门。耶稣会成员要定期向罗马总会上交详细描述其活动的报告,耶稣会还将这些材料有选择地公开,以期引起公众对耶稣会士工作的兴趣。在华耶稣会士有关中国的作品包括定期结集出版的书信以及单独刊行的专题著作,前者如 14 卷的《耶稣会士书简集》,后者代表作品有巴黎耶稣会士杜赫德的 4 卷本《中华帝国全志》等。除了他们自己关于中国风土人情的记述外,耶稣会士们还翻译了不少中国的经典作品,其中多为儒学作品。这些著作对中国多有好评,从整体上塑造了一个民丰物阜、文化悠久、制度先进以及中国人天性纯良、理性乐观等正面的中国形象,来自中国的古代思想也大大丰富了欧洲启蒙运动者的理论。莱布尼兹承认:"我们以前谁也不信在这世界上还有比我们伦理更完善、立身处世之道更进步的民族存在,现在东方中国竟使我们觉醒了。"具有讽刺意味的是,由耶稣会士在欧洲培植起来的对中国的好感转过来反而成为启蒙主义者攻击教会的思想资源。当时欧洲知识分子都承认中国在数学和自然科学方面远逊于欧洲,但中国人在政治、道德方面则被认为达到特别出色的地步,中国的科举制度、重农思想和政教分离的社会结构都对欧洲产生了巨大的影响。"他们(中国)有最完美的道德科学",伏尔泰还断言,"他们帝国的组织,的确是世界上所见到的最好的"。从 17世纪始,欧洲各国一度出现了仰慕中国的风尚,欧洲流行一时的洛可可风格正是借鉴吸收中国艺术风格的结果,中国文学、绘画和园林艺术也都在欧洲造成不小的影响。传教士们在把西方学术和文化带到中国的同时,也把古老的中国文明传到欧洲,其间中西文化的碰撞、交流和相互融合的深广程度,无论如何是他们所始料未及的。

专　题

丝绸之路

　　丝绸是我国古代人民的伟大发明,古代西方人对中国的了解首先是从丝绸开始的。公元前 53 年,为了争夺商业通道以及扩张势力,罗马军队与安息人之间爆发了著名的卡尔莱战役。罗马军团被团团包围,安息人伴着响亮的皮鼓和哨声,潮水般涌向罗马军团,罗马士兵负隅顽抗,坚持了许久。当天正午时分,正当罗马人筋疲力尽的时候,安息人突然展示出他们鲜艳夺目、令人眼花缭乱的军旗,一举摧毁了罗马军团最后的抵抗意志。这是罗马人失败得最惨的一次战役,两万多名罗马战士血染沙场,一万多人被俘。在这次毁灭性战役中出现的绚烂旗帜,据后世历史学家考定,就是罗马人前所未见的第一批丝绸织物。由于丝绸比以往任何纺织品都要华丽适体,因而很快为罗马社会所熟悉和喜爱。卡尔莱战后还不到 50 年的时间里,丝绸这种神秘的异国产品就已经彻底渗透到罗马民众的风俗习惯中了。或许当时丝绸都是经安息输入的,难免有资敌的嫌疑,以至于在公元 14 年,古罗马元老院下令禁止男性公民穿戴丝绸,对妇女使用丝绸也作出一定的限制。不过直到罗马人彻底征服叙利亚之后,他们才最终获知,这种神秘的纺织品既非出于安息人之手,也非希腊人所为,而是由一个遥远的民族所制造,这个民族就叫"赛里斯国(丝国)"。"赛里斯"这个词显然属于音译,有些学者认为就是中文的"缯",或是"丝"、"绢"以及"蚕"的对音,无论如何都与丝绸有着密切关系,中国和丝绸也成为合二为一的概念。正因为如此,后世将中国与周边世界的交流通道称为"丝绸之路"。

斯塔夫里阿诺斯在其名著《全球通史》中论及古代欧亚大陆形势时指出:"古典文明时代最明显、最引人注目的特点,就是在这一时代里首次出现了一个欧亚文化高度发达的核心区——一个内部各地区正开始相互影响并作为一个整体发挥作用的欧亚大陆。早期的各帝国几乎完全限于各自所在的大河流域地区内,看起来就像汪洋大海般的野蛮状态中的几座小岛。不过,到公元1世纪,罗马帝国、贵霜帝国、安息帝国和汉帝国一起连成了一条从苏格兰高地到中国海,横贯欧亚大陆的文明带,从而使各帝国在一定程度上能相互影响。"这条横贯欧亚大陆的文明带的形成和存续,与丝绸之路的开通及发展有着密不可分的关系。在丝绸之路正式开通的前夜,欧亚大陆上的几个主要文明中心虽然都在不断地扩张,但它们之间尚未建立起有效的联系和影响。丝绸之路的开通,使这种情况为之一变。

古代欧亚大陆历史的重大改变以及张骞划时代的使命,这两件事首先都源于大月氏人的一次迁徙。大月氏人原来居住在河西走廊西部张掖至敦煌一带,遭受匈奴毁灭性的打击之后,大月氏人向西北迁至伊犁河流域及伊塞克湖附近,后又为匈奴和乌孙联军所迫再次南迁,定居于阿姆河北岸。公元前1世纪初叶,大月氏又征服阿姆河南的大夏并在公元初建立起强大的贵霜帝国。大月氏人的两次迁徙对中亚地区的历史影响至为深远,它造成希腊化的巴克特里亚王国灭亡,并促使塞种入侵印度北部。这就是公元前138年张骞作为汉朝使者出使西域时的形势,张骞出使完全是因为当时西汉与匈奴之间几乎连年不断的战争。据《史记·大宛列传》记载:"天子问匈奴降者,皆言匈奴破月氏王,以其头为饮器,月氏遁逃而常怨仇匈奴,无与共击之。汉方欲事灭胡,闻此言,因欲通使。"张骞被选中担任这一使命,但他进入河西地区后很快就落到匈奴人的手里。度过了十年的俘虏生活后,张骞设法逃脱并到达大宛,大宛早已"闻汉之饶富,欲通不得"。大宛人把张骞送到卜哈拉附近的月氏王牙帐,但是月氏人对自己目前的近况已是太满意了,他们"既臣大夏而居,地肥饶,少寇,志安乐,又自以远汉,殊无报胡之心。骞从月氏至大夏,竟不能得月氏要领"。张骞只得扫兴而回,随身带回了当地往日希腊文化的遗物——葡萄。张骞此行虽然未能达到与月氏国结盟的政治目的,却了解到西域诸国的政治、经济、地理、文化、风俗等情况,后来中国正是根据这些资料才制定了在西域地区的前进政策。

据《史记》记载,张骞亲身访问过大宛、月氏、康居,他还报告了得自传闻的有关乌孙(热海附近)、奄蔡(咸海与里海以北地区)、安息(今伊朗)、黎轩(今叙利亚地区)、条支(巴比伦)和身毒(印度)等国的情况。"天子既闻大宛及大夏、安息之属皆大国,多奇物,土著,颇与中国同业,而兵弱,贵汉财物;其北有大月氏、康居之属,兵强,可以赂遗设利朝也。且诚得而以义属之,则广地万里,重九译,致殊俗,威德遍於四海。"汉武帝因此决定开辟一条西北路线,并重新发动对匈奴的大规模战争。军事行动取得了空前的成功,匈奴西部各部落遭到沉重的打击,南匈奴彻底臣服于汉王朝,北匈奴则被驱逐到漠北苦寒之地。通往西域的道路打通了,中国使节们被陆续派往张骞报告里提到的所有国家,据《史记》记载:"使者相望于道。诸使外国一辈大者数百,少者百馀人。其后益习而衰少焉。汉率一岁中使多者十馀,少者五六辈,远者八九岁,近者数岁而反。"张骞报告说西域没有蚕丝,所以丝绸成为赏赐西域各国的最主要物品。

这一时期西域外交政策的重心已不再是针对匈奴,而是要在国内外塑造一个伟大的国家形象。西汉政府向西域各国赠赐丝绸非常普遍且出手慷慨,《史记·大宛列传》称张骞公元前 115 年第二次出使西域时"赍金币帛直数千巨万",《汉书·西域传》载宣帝元康元年(前 65)龟兹王来朝,一次获赐"绮绣杂缯琦珍凡数千万"。具有讽刺意味的是,汉王室的慷慨并未取得预期的效果,"使者既多,而外国益厌汉币,不贵其物"(《大宛列传》)。由于汉朝对西域屡兴征伐,长此以往,在西域已是名声大损,异族君王们终于拒绝为汉使在沿途提供食宿给养,汉朝使者沿途也经常遭到匈奴流动部队或者普通盗贼的洗劫。如果汉朝再想与大夏及大宛保持经常性的联系,那就必须首先确保使节们的沿途安全。公元前 110—前 104 年间,汉武帝穷全国之力,在付出沉重代价之后终于征服了大宛。汉王朝在西域地区的威望也达到了顶点,"汉发使十余辈至宛西诸外国,求奇物,因风览以伐宛之威德"(《大宛列传》)。这样,在公元 2 世纪末,在张骞凿空中国"新世界"的 28 年后,中国军队成功地深入帕米尔分水岭以西。中西方经过西亚转手的间接贸易也逐渐发展,终于把中国和欧洲联系在一起。当汉通西域时,中国之丝绸不仅早已闻名于西方各国,而且产量也足供行销国外。汉代运丝的商队通常由政府官办,从中国出发的队商,在西汉时已经跨过阿姆河,进入里海北部、伊朗高原、美索不达米亚、叙利亚和北印度,甚至到达地中海滨的条支(安提阿克),有的还到了罗马。当然,中国的丝绢多由外国商人运出,罗马作家普林尼在《博物志》里说,"赛里斯人并不等待出售商货,贸易都有外人到来成交"。当时中国丝绸最大的主顾是罗马帝国。奥古斯都时代(前 27—公元 14),丝绸在古罗马成了常见的商品,公元后几个世纪中,罗马城内的托斯卡区甚至开设了专售中国丝绢的市场。公元 2 世纪时,即便是在罗马帝国极西的海岛伦敦,丝绸的风行程度据说"也不下于中国的洛阳"。

　　西汉在开通丝绸之路后的 100 多年间一直保持着对西域地区的有效控制，中西陆路交通因此畅通无阻。但在公元 1 世纪初，王莽一改西汉历朝对西域各民族的优容政策，屡屡无故侵侮诸国，并下令断绝西域诸国与内地的交通，使西汉对西域的统治毁于一旦。匈奴势力趁机进入西域地区，致使西域与内地王朝关系阻隔。公元 73 年，东汉大军四路出击匈奴，在重新控制了的新疆东部地区设官置守，班超又出使收服了南道诸国。次年，汉朝恢复了西域都护府等建置。不久，焉耆、龟兹等地首领在匈奴的支持和怂恿下，攻杀西域都护。班超决意固守西域，经过十几年的努力，匈奴势力再一次被赶出西域。公元 91 年，东汉政府再次恢复西域都护一职，并由班超担任，东西交往的大干线再次畅通。公元 107 年，汉安帝认为西域路途遥远，经营费用太大，得不偿失，于是下令撤销西域都护。匈奴趁机南下占领西域，并煽动河西、陇西等地羌人反对东汉政府，使东汉政府对陇山以东地区一度失去控制。东汉政府后来认识到西域的重要性，遂于公元 123 年任命班超之子班勇为西域长史，又一次将占据西域的匈奴人赶走，丝绸之路第三次开通。东汉时期，随着国内外政治形势的变化，丝绸之路通绝频数，《后汉书·西域传》概括为"自建武至于延光，西域三绝三通"。只是东汉末年，内乱频仍，中央政府再也无力西顾，西域也就逐渐脱离了东汉王朝的控制。

　　两汉时期的丝绸之路已然成为东西方交通的陆路干线，东起长安，出陇西高原，经河西走廊武威、张掖、酒泉而达敦煌。敦煌以西有玉门、阳关两个隘口，由此以西分为南北两道。《汉书·西域传》记载："自玉门、阳关出西域有两道。从鄯善（位于新疆罗布泊南及西面）傍南山北，波河西行至莎车，为南道；南道西逾葱岭则出大月氏、安息。自车师前王庭随北山，波河西行至疏勒，为北道；北道西逾葱岭则出大宛、康居、奄蔡。"从长安经河西走廊的武威、张掖、酒泉、安西到敦煌，敦煌郡有玉门、阳关，由此分南、北二道。南道出阳关西南沿阿尔金山北麓至伊循（今新疆木兰），沿塔克拉玛干沙漠南缘至且末、精绝（今民丰）、扜弥（今策勒）、于阗（今和田）、皮山、莎车，由此经蒲犁（今塔什库尔干），越过葱岭，出明铁盖山口（阿赖山脉，今吉尔吉斯共和国境内），沿兴都库什山北麓、喷赤河上游至大月氏和安息，这是南道干线。翻越葱岭有两条路线：一是从塔什库尔干越葱岭到克什米尔，玄奘归返时即走此线；二是沿克孜勒河西行至西姆哈拉，翻越葱岭，到大宛，张骞第一次出使大宛，很可能走的是这条线路。南道又有若干支线，其中主要的一条支线即《汉书·西域传》提到的"罽宾－乌弋山离道"，即"自皮山西南经乌秅，涉悬度，历罽宾，六十余日行至乌弋山离国"，从乌弋山离西南陆路行可抵条支。北道走向前后略有变化。汉设西域都护以前，北道走向偏南，即出玉门关西行，穿越汉代称为白龙堆的罗布泊碱滩北头，由罗布淖尔北经楼兰，沿孔雀河北岸西抵库尔勒，再往西到焉耆、轮台、龟兹，与后来的北道相接。这条路经过楼兰古国,又称楼兰故道。这条路需过白龙堆,缺乏水草,行旅艰困。楼兰当道,亲汉,常迎送汉使。直到 4 世纪中叶塔里木河改道,楼兰废弃,交通才绝。张骞第二次出使西域,即走楼兰故道。公元前 60 年以后,由于匈奴被逐到天山以北,加上西域都护府的设立,使北道畅通,形成相对稳定走向的北道,北道走向北移。具体走向为:出玉门关西过白龙堆至罗布淖尔西北的楼兰,转北绕道车师前国,转向西南取道塔克拉玛干沙漠北缘的危须、焉耆、轮台、龟兹,再至姑墨、温宿、尉头至疏勒(今喀什),经捐毒(今乌恰),从西姆哈拉越过帕米尔高原到大宛、康居。从康居西北可通奄蔡,向南可到大月氏,西南可通安息。在疏勒与策勒之间有路可通,南北二道可以交汇。

　　两汉时期沿丝绸之路输入西方的其实远不止丝绸。汉代的铸铁技术独步天下,汉军征伐西域时,一些逃亡士兵将铸铁技术传入大宛、康居和安息,之后又传到俄罗斯和罗马。普林尼在《自然史》写道:“虽然铁的种类很多,但没有一种能和中国来的钢相比美。”穿井开渠的技术也在这时由中国传入中亚和印度。汉武帝时期出现了一种叫龙首渠的新式井渠,可以控制地下水源和防止沿岸崩塌。李广利征讨大宛时,这项技术也传到西域。公元前 64 年,汉宣帝派大将辛武贤率大军在敦煌白龙堆之间穿卑鞮侯井,通渠屯田,这种卑鞮侯井就是后来新疆的坎儿井。桃、杏、梨和高粱等中国物产也在这一时期传到了中亚各地,中国的许多药材,如大黄、黄连、生姜、肉桂等,开始输入波斯和阿拉伯地区。此外,中国漆器、竹器、金银器,以及先进的农耕经验等也大量传入西域。张骞通西域后,西域马匹成为汉朝战马的主要来源,此前此后的两个时代的造型艺术中,对马的描绘截然不同。张骞凿空西域后,品类繁多的西域瓜果、蔬菜和豆类,如葡萄、苜蓿、安石榴、胡麻、胡桃、胡豆、胡瓜、胡萝卜、胡荽、胡椒、胡蒜等,都成功移植到汉代中国。此外,绘画、音乐、乐器、舞蹈、杂技以及佛教等西域精神文化开始大量传入,极大地丰富了汉族的文化生活,并对汉族社会生活产生了深刻影响。

　　魏晋南北朝时期,中原地区一度战乱频仍,但总体来说丝绸之路依然保持畅通。三国时期的曹魏政权正式恢复了西汉以来戊己校尉的设置,治所设在丝路要地高昌(今吐鲁番),不久又恢复西域长史设置,治所在海头(今罗布泊西)。西晋嬗魏后,沿袭了曹魏管理西域的模式,西域很多地区的首领还送质子到洛阳,以示臣服和信任。北朝时期,由于各统治王朝同西域少数民族间的固有联系,丝路交通益加繁荣,洛阳成为当时西域商人荟萃之地。据《洛阳伽蓝记》记载:“自葱岭以西,至于大秦,百国千城,莫不款附。商胡贩客,日奔塞下。所谓尽天地之区已。乐中国风土而宅者,不可胜数。”这一时期中西陆路交通的发展还体现在交通线路的增加,北新道和河南道就是新辟交通线路中最主要的两条。《三国志》注引《魏略·西戎传》提到,“从敦煌玉门关入西域,前有两道,今有三道",其"南道"、"中道"基本上与《汉书》记载的南北二道相同,但又出现了一条"从玉门关西北出,经横坑,辟三陇沙及龙堆,出五船北到车师界戊己校尉所治高昌,转西与中道合龟兹"的新道,又称为北新道。这条道路早在先秦就已出现,因为此前沿途一直为匈奴控制,从曹魏时期开始,北新道的利用率逐渐提高,北周时客商往来已经是"多取伊吾道"(即北新道)。同一时期在西域以东还出现一条与河西走廊平行的道路——"河南道"。这条路也是古已有之,张骞首次出使西域归国时,为了躲避当时占据河西走廊的匈奴,就"傍南山欲从羌中归",说明当时沿南山(昆仑山及其支脉)东西分布的诸羌族部落之间存在一条辗转连接的交通路线。两晋南北朝时期,吐谷浑排挤诸羌族,据有今青海之地。由于南北对立,东晋南朝只得经吐谷浑同西域联系,从而发展出益州(成都)至鄯善间与河西走廊平行的新路线,因其沿线主要经过东晋南北朝时期的吐谷浑河南国而得名"吐谷浑道"或"河南道"。

隋朝初期,丝绸之路为突厥和吐谷浑所控扼,为使国家府库中积压的缯彩绫锦行销西方,隋炀帝开始经营西域。公元608年,隋军联合西突厥铁勒部击败吐谷浑,《隋书》称此战之后,"自西乎临羌城(今青海湟源县湟水北岸)以西,且末(今新疆且末县南)以东,祁连以南,雪山以北,东西四千里,南北二千里,皆为隋有"。隋朝在这些地区驻军屯田,并令丝绸之路沿途郡县负责接待来往客商。丝绸之路的畅达,使得中外丝绸贸易及其他交易活动异常活跃,《资治通鉴》感叹:"西域商往来相继,所经郡县,疲于送迎。"隋末唐初,北方突厥势力得以发展壮大。东突厥势力不断南侵,西突厥则控制了西域大部分地区,切断了中原与丝绸之路的直接联系。自629年开始,唐朝先后征服东突厥、吐谷浑以及高昌等地,在交河城(今吐鲁番西雅尔和卓)设安西都护府.负责整个西域的管理。此后,唐朝又占浮图城(新疆吉木萨尔),在此设庭州。642—648年,唐军在接连打败西突厥后,又攻取焉耆、龟兹等地。天山南路各小国纷纷摆脱了西突厥的控制,归附唐朝。唐迁安西都护府于龟兹,统领龟兹、焉耆、于阗、疏勒四镇,称"安西四镇"。到702年,唐又在天山以北设北庭都护府。安西都护府和北庭都护府是唐朝设在西域的最高统治机构,前者负责天山以南的塔里木盆地及葱岭以西、楚河以南的广大中亚地区,后者负责天山以北及巴尔喀什湖以东、以南的广大游牧地区。此时的中西陆路通道除沿用以往的北、中、南三道外,又增加了安西(今新疆库车)入西域道和中受降城(今内蒙包头西南)入回鹘道,它们在唐朝前后期分别成为中西方陆路交通的主干道。

唐朝政府为了保证丝路的畅通,便于行旅以及加强对西域的控制和管理,在从长安经河西到西域各地的交通大道上都设立了驿站,驿站供给过路商人、官员的食宿和牲畜的草料,这大大便利了商人和官吏在丝路上的来往。唐代大诗人岑参《初过陇山途中呈宇文判官》"一驿过一驿,驿骑如星流。平明发咸阳,暮及陇山头"，对丝绸之路上驿传交通的发达和便利大加赞叹。唐代还实行"过所"制度，"过所"上要详细登记执"过所"者的姓名、年龄、所带之物等。对往来客商，根据唐朝政府的规定，还要收一定的税金。据《新唐书·西域传》记载："焉耆、龟兹、疏勒、于阗征西域贾，各食其征。由北道者，轮台（治所约当今新疆米泉县境）征之。"在丝路沿途主要城镇、关口，唐朝政府都驻有军队，大的称"镇"、"军"，小的称"守捉"，以保护交通和地方安宁。据《旧唐书》记载，唐朝在西北边疆驻军达四万余人，"烽戍罗卒，万里相继"，至使"西域五十余国，广轮一万余里，城堡清夷，亭侯静谧"。古老的丝绸之路也就此进入了空前绝后的鼎盛期。据统计，沿着这条道路和唐代"通使"、"通贡"的国家多达百余，当时长安作为丝路上的国际性都市更是胡商云集。《旧唐书·西戎传》称，"大蒙之人，西方之国，与时盛衰，随世通塞。勿谓戎心，不怀我想。贞观开元，蕃街充斥"，其国际化程度可见一斑。在古丝路出土的古代钱币中，不仅有萨珊波斯的银币，也有拜占庭（东罗马帝国）的金币；而在这条丝路上出土的丝织物，已不再是单纯的中国风格，而是常常采用中亚、西亚流行的花纹；新疆吐鲁番附近发现的西域壁画，更是可以见出唐式、罗马式、键陀罗式等多种风格的融会贯通。所有这些，都表明这条丝道当年曾经是多么的繁华，通过这条丝道汇聚在一起的多种文化之间的撞击、融汇的力量又是何等丰富和强烈。

　　盛极而衰，古丝路的衰落终于不期而至了。公元751年，强大的唐王朝和新兴的黑衣大食，为争夺在中亚地区的霸权，在怛罗斯（今哈萨克斯坦的江布尔城附近）展开决战，这是一场当时历史上最强大的东西方帝国间的碰撞。怛罗斯之战的后果是阿拉伯帝国完全控制了中亚，中亚开始了整体伊斯兰化的过程；另一个众所周知的后果就是中国的造纸术由是西传，撒马尔罕成为阿拉伯帝国的造纸中心，西方文明也因此获得了迅速的发展。怛罗斯之战失利后，唐朝势力基本上退出了葱岭以西地区。安史之乱以后，唐王朝不仅无暇西顾，且大量抽调河陇兵力东去平叛，河西空虚，吐蕃势力乘虚而入。781年，沙洲陷落，河西脱离了唐中央王朝的控制，全部落入吐蕃之手。丝绸之路从此动荡不已，无复当年"无数铃声遥过碛，应驮白练到安西"（张籍《凉州词》）的繁华。虽然在元朝这条通道曾一度复兴，但为时既短，其内涵也与汉唐时代大不相同，到明代以后，这条通路更显衰落。从丝绸之路的兴衰看，781年吐蕃完全据有河西走廊是一个突出的转折点。河西走廊的陷落以及随后西北地区长期的动荡自然是一个重要因素，宋元海上丝绸之路的兴起则加剧了古丝路的衰落，但更重要的原因则是西方蚕桑丝织业的发展。在3世纪至6世纪，中国内地的蚕桑技术就沿着丝绸之路传播到河西走廊和西域地区，以后连波斯人、拜占庭人也都掌握了蚕桑丝织技术。自8世纪开始，西方世界的蚕桑丝织业有了较大发展。仅就大食而言，8世纪中后期伊朗地区盛产蚕桑的省份已有8个之多，还出现了一些专门从事缫丝、纺织、印染和刺绣的城市。9世纪末期,蚕桑业传入了西班牙等地,埃及、希腊等地的丝织业也有了较大进步。与汉唐时代相比,此时中国丝绸在国际市场占的比重大不如前,中国丝绸在本国出口商品中,也失去了往昔独尊的地位,中国陶瓷、茶叶和金银等商品很大程度上取代了丝绸在中国外运商品中的地位。西方丝织业的发展离不开横贯东西的丝绸之路,但令人感叹的是,西方丝织业的发展却反过来直接促成了丝绸之路的中衰。

两宋时期横亘在中西方西北通道上的主要政权有西夏、哈喇汗、高昌回鹘、西辽等。西方的回鹘或中亚商人同辽、金、宋之间的贸易必须要经过西夏,而西夏却是一个以畜牧业和农业为主的国家,河西走廊由此不但没有发挥商业枢纽的作用,反而成为阻碍东西方交流的瓶颈,史籍中有关西夏官吏在过境贸易中掠夺商人的事情屡有记载。成吉思汗统一蒙古诸部以后,他和他的子孙先后发动了三次大规模的西征。蒙古军队的西征在历史上产生了双重影响:一方面,蒙古军队野蛮残酷的征服,对所经地区的社会经济文化造成极大的破坏;另一方面,蒙古帝国的统治因西征而扩张到黑海南岸和波斯湾地区,使中国与中亚、西亚、欧洲连接起来,在这些交通线上第一次建立起完善的传驿制度,从而使蒙元时代的中西陆路交通再次达到高潮。蒙古西征都是沿着古代商路进行的,其目标就是商路沿途的富裕商镇和城市,这样不但可以摧毁沿途各国家的军事、政治统治中心,而且能得到大量财富以及补给。从一定意义上说,蒙古军队的西征过程也就是中西交通路线的重建过程,开辟了一条从漠北和林(今蒙古额而德尼召以南)北穿南俄,南贯波斯,东经中亚、西亚,西到欧洲的通道。"他们从亚洲的一端到另一端开辟了一条宽阔的道路",英国史学家道森在其《蒙古出使记》中写道,"在他们的军队过去以后,他们把这条大道开放给商人和传教士,使东方和西方在经济上和精神上进行交流成为可能"。辽、金时代,由于西夏对沙漠丝绸之路的人为阻隔,中原与西方的陆上往来,多取道漠北的草原丝绸之路,随着蒙古的迅速崛起以及蒙古铁骑狂飙突进式的西征,从中原往漠北大草原的交通条件大为改善,开辟了由元大都通往和林的两条驿路,即贴里干道和木怜道,这一时期东西方之间的陆路联系比起历史上任何时代都更为密切。不过这一时期沿着古丝路前进的人们,多以宗教信仰及其他文化交流为使命,如丘处机、耶律楚材和马可·波罗等,这也从侧面反映出古丝路的衰落。

蒙元时期古丝路的复兴是以军事征服的形式而得以实现的,随着元帝国的衰落和最终灭亡,尤其是15世纪新航路的开辟,穿越中亚内陆、充满艰险的沙漠丝绸之路因缺少商品贸易所带来的勃勃生气而不可避免地又一次渐渐沉寂下来。塔克拉玛干周围的绿洲城市,失去了往日的喧闹,葱岭两侧的反复争夺,业已成为遥远的回忆。中国的生丝、茶叶、瓷器,仍然为世界各国所喜爱,却不再由跋涉于"死亡之海"中的骆驼来负担,出口物资的绝大部分都集中到了诸如广州、泉州、明州、登州等港口。西方客人,包括前来传教的教士,都不再选择中亚内陆那艰险的旅行路线,而西域各古国大多也已不复存在,成为流沙之中见证丝路辉煌历史的最后遗迹。

文　选

西域传（节选）

汉·班　固

西域以孝武时始通,本三十六国,其后稍分至五十余,皆在匈奴之西,乌孙之南。南北有大山,中央有河,东西六千余里,南北千余里。东则接汉,扼以玉门、阳关,西则限以葱岭。其南山,东出金城,与汉南山属焉。其河有两原:一出葱岭山,一出于阗。于阗在南山下,其河北流,与葱岭河合,东注蒲昌海。蒲昌海,一名盐泽者也,去玉门、阳关三百余里,广袤三百里。其水亭居,冬夏不增减,皆以为潜行地下,南出于积石,为中国河云。

自玉门、阳关出西域有两道。从鄯善傍南山北,波河西行至莎车,为南道。南道西逾葱岭则出大月氏、安息。自车师前王廷随北山,波河西行至疏勒,为北道。北道西逾葱岭则出大宛、康居、奄蔡焉。

西域诸国大率土著,有城郭田畜,与匈奴、乌孙异俗,故皆役属匈奴。匈奴西边日逐王置僮仆都尉,使领西域,常居焉耆、危须、尉黎间,赋税诸国,取富给焉。

自周衰,戎狄错居泾渭之北。及秦始皇攘却戎狄,筑长城,界中国,然西不过临洮。汉兴至于孝武,事征四夷,广威德,而张骞始开西域之迹。其后骠骑将军击破匈奴右地,降浑邪、休屠王,遂空其地,始筑令居以西,初置酒泉郡,后稍发徙民充实之,分置武威、张掖、敦煌,列四郡,据两关焉。自贰师将军伐大宛之后,西域震惧,多遣使来贡献。汉使西域者益得职。于是自敦煌西至盐泽,往往起亭,而轮台、渠犁皆有田卒数百人,置使者校尉领护,以给使外国者。至宣帝时,遣卫司马使护鄯善以西数国。及破姑师,未尽殄,分以为车师前后王及山北六国。时汉独护南道,未能尽并北道也,然匈奴不自安矣。其后日逐王畔单于,将众来降,护鄯善以西使者郑吉迎之。既至汉,封日逐王为归德侯,吉为安远侯。是岁,神爵三年也。乃因使吉并护北道,故号曰都护。都护之起,自吉置矣。僮仆都尉由此罢,匈奴益弱,不得近西域。于是徙屯田,田于北胥鞬,披莎车之地,屯田校尉始属都护。都护督察乌孙、康居诸外国动静,有变以闻。可安辑，安辑之；可击，击之。都护治乌垒城，去阳关二千七百三十八里，与渠犁田官相近，土地肥饶，于西域为中，故都护治焉。

至元帝时，复置戊己校尉，屯田车师前王庭。是时匈奴东蒲类王兹力支将人众千七百余人降都护，都护分车师后王之西为乌贪訾离地以处之。自宣、元后，单于称藩臣，西域服从，其土地山川王侯户数道里远近翔实矣。

出阳关，自近者始，曰婼羌，辟在西南，不当孔道。西与且末接。随畜逐水草，不田作，仰鄯善、且末谷。西北至鄯善，乃当道云。鄯善国，本名楼兰，王治扜泥城，去阳关千六百里，去长安六千一百里。初，武帝感张骞之言，甘心欲通大宛诸国，使者相望于道，一岁中多至十余辈。楼兰、姑师当道，苦之，攻劫汉使王恢等，又数为匈奴耳目，令其兵遮汉使。汉使多言其国有城邑，兵弱易击。于是武帝遣从票侯赵破奴将属国骑及郡兵数万击姑师。王恢数为楼兰所苦，上令恢佐破奴将兵。破奴与轻骑七百人先至，虏楼兰王，遂破姑师，因暴兵威以动乌孙、大宛之属。还，封破奴为浞野侯，恢为浩侯。于是汉列亭障至玉门矣。

楼兰既降服贡献，匈奴闻，发兵击之。于是楼兰遣一子质匈奴，一子质汉。后贰师军击大宛，匈奴欲遮之，贰师兵盛不敢当，即遣骑因楼兰候汉使后过者，欲绝勿通。时汉军正任文将兵屯玉门关，为贰师后距，捕得生口，知状以闻。上诏文便道引兵捕楼兰王。将诣阙，簿责王，对曰："小国在大国间，不两属无以自安。愿徙国入居汉地。"上直其言，遣归国，亦因使候司匈奴。匈奴自是不甚亲信楼兰。征和元年，楼兰王死，国人来请质子在汉者，欲立之。质子常坐汉法，下蚕室宫刑，故不遣。报曰："侍子，天子爱之，不能遣。其更立其次当立者。"楼兰更立王，汉复责其质子，亦遣一子质匈奴。后王又死，匈奴先闻之，遣质子归，得立为王。汉遣使诏新王，令入朝，天子将加厚赏。楼兰王后妻，故继母也，谓王曰："先王遣两子质汉皆不还，奈何欲往朝乎？"王用其计，谢使曰："新立，国未定，愿待后年入见天子。"然楼兰国最在东垂，近汉，当白龙堆，乏水草，常主发导，负水儋粮，送迎汉使，又数为吏卒所寇，惩艾不便与汉通。后复为匈奴反间，数遮杀汉使。其弟尉屠耆降汉，具言状。元凤四年，大将军霍光白遣平乐监傅介子往刺其王。介子轻将勇敢士，赍金币，扬言以赐外国为名。既至楼兰，诈其王欲赐之，王喜，与介子饮，醉，将其王屏语，壮士二人从后刺杀之，贵人左右皆散走。介子告谕以"王负汉罪，天子遣我诛王，当更立王弟尉屠耆在汉者。汉兵方至，毋敢动，自令灭国矣！"介子遂斩王尝归首，驰传诣阙，悬首北阙下。封介子为义阳侯。乃立尉屠耆为王，更名其国为鄯善，为刻印章，赐以宫女为夫人，备车骑辎重，丞相将军率百官送至横门外，祖而遣之。王自请天子曰："身在汉久，今归，单弱，而前王有子在，恐为所杀。国中有伊循城，其地肥美，愿汉遣一将屯田积谷，令臣得依其威重。"于是汉遣司马一人、吏士四十人，田伊循以填抚之。其后更置都尉。伊循官置始此矣。

......

　　大宛国,王治贵山城,去长安万二千五百五十里。户六万,口三十万,胜兵六万人。大宛左右以蒲陶为酒,富人藏酒至万余石,久者至数十岁不败。俗嗜酒,马嗜目宿。宛别邑七十余城,多善马。马汗血,言其先天马子也。张骞始为武帝言之,上遣使者持千金及金马,以请宛善马。宛王以汉绝远,大兵不能至,爱其宝马不肯与。汉使妄言,宛遂攻杀汉使,取其财物。于是天子遣贰师将军李广利将兵前后十余万人伐宛,连四年。宛人斩其王毋寡首,献马三千四,汉军乃还。贰师既斩宛王,更立贵人素遇汉善者名昧蔡为宛王。后岁余,宛贵人以为“昧蔡谄,使我国遇屠”,相与共杀昧蔡,立毋寡弟蝉封为王,遣子入侍,质于汉,汉因使使赂赐镇抚之。又发使十余辈,抵宛西诸国求奇物,因风谕以伐宛之威。宛王蝉封与汉约,岁献天马二匹。汉使采蒲陶、目宿种归。天子以天马多,又外国使来众,益种蒲陶、目宿离宫馆旁,极望焉。

（选自《汉书》,中华书局 2000 年版）

【阅读书目】

1.张国刚、吴莉苇:《中西文化关系史》,高等教育出版社 2006 年版。

2.[法]布尔努瓦:《丝绸之路》,山东画报出版社 2001 年版。

3.[英]赫德逊:《欧洲与中国》,中华书局 1995 年版。

4.荣新江:《中古中国与外来文明》,三联书店 2001 年版。

5.岑仲勉:《汉书西域传地里校释》,中华书局 1981 年版。

【思考题】

1.丝绸之路的重要线路有哪些?

2.中国通过“丝绸之路”输出的东西有哪些?

3.中国从中外交流中得到了什么?

4. 古代中国对亚洲有什么样的影响?

5.什么是“礼仪之争”? 你对此有何看法?

后　记

　　"中国传统文化"（简称"中国文化"）一类课程是国内不同类型、不同层次高等学校大都开设的一门必修或选修课。这门课程究竟属于何种类别呢？我们认为，面向全校学生开设的讲解中国传统文化的课程，无论是叫"中国文化概论"，还是叫"中国文化要览（或通论、概览、纲要、论略、基础）"等，其性质不属于学科基础课或专业课，应当属于通识教育课程。

　　对大学本科生进行通识教育近年来已经成为国内高等教育界的共识，越来越多的高校开设了通识教育课程。但是，通识教育毕竟还处在探讨和实践的过程中，各高校的做法并不明确也不一致，多少存在一些问题。例如缺乏计划性：课程的开设少有通盘考虑和统筹安排，带有较大的随机性，往往因人设课，甚至以一般的讲座代替上课。其后果是课程不够稳定，有的学期有，有的学期又突然消失。又如缺乏系统性：课程尽管开了很多，却较为庞杂，不成体系。不少学校每学期开设的通识课程有数十门乃至百余门。大至"中国历史"，小至"插花与盆景"，呈散乱拼盘状。再如缺乏精品课：从学校层面来看，往往追求课程数量而忽略课程质量；从教师层面来看，有的因个人喜好，有的为完成任务而开课。通识教育中缺少着力打造的精品课程，教学质量难以保证，以致出现了一些通识教育课程专业化、功利化、低俗化的倾向：或把专业课的内容加以稀释而转化为通识课，或把通识课程上成实用技能课，或一味迎合学生而使通识课程过度娱乐化。这些问题的出现，究其实质，是对通识教育的认识存在偏差。不少人把通识教育等同于以往的公共选修课，视之为对学科基础课、专业课的补充或调剂，却不知这在一定程度上背离了通识教育的本意。

　　何谓通识教育？通识教育是与专业教育相对而言的，是指对所有大学生普遍进行的具有共同内容的教育。长期以来，按专业实施教育是现代高等教育的显著特征，然而过度的专业化造成了人文与科技的隔阂、传统与现代的断裂。人们越来越认识到，单一的专业教育无法造就具有广博视野、通融识见、美好情感的人才。作为对现代大学课程日益专门化、专业化的回应和对抗，通识教育在美国、欧洲以至全球逐渐兴起。

　　通识教育的真正目的并不仅仅是让学生扩大一点知识面、了解一点所学专业之外的知识，而是要塑造全新的人格和心灵。通识教育课程所讲授的恰恰是非专业、非功利、非实用的知识,即有关人文、社会和自然的基本知识和理念,培养学生形成植根于传统文化深处的对社会、世界的宽广认知和理解,以及现代文明人应有的普遍价值观和社会责任感。有学者针对中国大陆的实际情况,提出通识教育有三个要点,我们深以为然:第一,核心是培养学生现代公民的基本观念和素养;第二,读中西经典,弄清中西文化的基本区别和中国传统文化的成就与不足;第三,合理设计涵盖现代文明基本知识和人文与科技平衡的课程。(《袁伟时:提防伪通识教育!》,载《羊城晚报》2009年8月29日B5版)

　　毫无疑问,中国文化类课程以传承中华文化为己任,实施的正是这种真正意义上的通识教育。"中国文化要览"是介绍中国传统文化的入门性课程,旨在让"90后"的中国大学生一览本民族文化之概貌,领略其多彩之风姿,养成对传统的温情和敬意,完全符合上述基本原则,因而是一门典型的通识教育课程。由此亦可知,大陆和港台高校在通识教育的潮流下纷纷开设中国传统文化课程是有其内在依据的。香港中文大学前校长金耀基先生说:"香港中文大学以融会中西文化为鹄的,所以在通识课程中,特别以'中国文明'为共同必修科目,这是因为我们相信,中文大学固然在培养现代的'知识人',但却更着重在培养'中国的'现代知识人。如果一个中国的大学生对自己的'文明'都无一定的认识,要想融会中西文化就变得毫无着落了。"(见金耀基:《大学之理念》,三联书店2001年版)

　　随着中国文化类课程在各高校的开设,坊间有关教材已有数十种之多。归纳起来,大致可以分为三种主要的类型。一种是"纵"的类型,即按照历史发展的线索阐述中国传统文化,厚重者如《中国文化史》(冯天瑜等著,高等教育出版社),精简者如《中国文化史纲要》(吴小如主编,北京大学出版社)。一种是"横"的类型,即分门别类地介绍中国文化的不同侧面,如《中国文化史概要》(谭家健主编,高等教育出版社)、《中华文明读本》(刘东主编,凤凰出版传媒集团)等。第三种是"纵横"结合型,如《中国古代文化史》(阴法鲁等主编,北京大学出版社)和《中国文化概论》(张岱年、方克立主编,北京师范大学出版社),前者分成不同的文化专题,在专题下按历史发展论述,后者既有纵向追溯也有横向铺展。除这三种主要类型外,还有其他的一些类别,如《古代中国文化讲义》(葛兆光,复旦大学出版社)、《中国传统文化十五讲》(龚鹏程,北京大学出版社),侧重阐发对中国传统文化的见解,带有比较强烈的原创色彩。显然,在上述诸种类别中,"横"的分门别类介绍中国文化的占绝大多数。这一大类又有多种样式:有的分成制度文化、精神文化、物质文化等三大部分加以介绍;有的分成哲学、史学、文学、宗教、艺术等层面加以介绍;有的则分成具体的细小类别加以介绍,深入到姓氏名号、称呼、五行、八卦、属相、书信、对联、文房四宝等;还有的是大小交错,如《中国文化导读》(叶朗等主编,三联书店)既阐述汉语汉字、中国佛教这样的大问题,也论及丝绸之路、水墨画等具体问题;有的则着重讲述中国文化的某些内容,而不是面面俱到,如《中国古代文化会要》(黄金贵主编,西泠印社出版社)不涉及文史哲等,又如《中国的品格——楼宇烈讲中国文化》(楼宇烈著,当代中国出版社)只谈儒、道、释和典籍、艺术、中医。

在已有多种类型且各有所长的情况下,如何编写出一本具有自我特色的教材,颇费斟酌。我们在教学实践中,深感中国传统文化博大精深、千头万绪,要在几十个课时中,把中国传统文化的概貌和要点传达给学生,实在是一件很不容易的事情。必须有所取舍,必须点面结合,因此,本教材采取的是概述、专题、文选三结合的体例。

"概述"侧重于面上的介绍,对中国传统文化各重要方面的基本状况、发展流变、主要特点作综合性的叙述,注重知识的全面性、准确性,力图使学生对中国传统文化的总体有较为全面的把握。考虑到一个学期通常为16个左右教学周,我们选择了16个方面,即中国传统思想、宗教、民俗、语文、史学、文学、美术、音乐、戏曲、科技、建筑、官制、教育、典籍、体育和中外文化交流等。

上述各方面,每一方面都可说是包罗万象、千山万壑。"专题"在概述的基础上,深入到"点",选择其中最富中国特色的某一点作较为详尽的阐发,注重可读性、趣味性,意在使学生对中国传统文化的某些细节有较为深入的了解,于是有老庄、禅宗、传统节日、汉字、二十四史、唐诗、国画、古琴、京剧、中医、苏州园林、科举、书院、类书与丛书、围棋、丝绸之路等16个专题。

为引导学生尽可能地阅读经典,直接接触原始文献,我们设置了"文选"这一环节。每章选取一相关名篇,注重经典性、代表性。这16篇文选古今互见,既有古代的《素问》、《史德》、《棋经十三篇》等传世名篇,也有现代名家王国维、闻一多、朱自清、江绍原、宗白华、张舜徽、启功等的学术文章。值得指出的是,选文兼顾了经(如《礼记》)、史(如《汉书》)、子(如《金刚般若波罗蜜经》)、集(如《文心雕龙》)四大部类。

教材希望能够达到这样的目的:有助于学生了解五千年中华文明留下了哪些文化遗产,知道中国文化的精华是什么,从而激起对中国传统文化的兴趣。为有志者进一步学习研究,每章后都提供了阅读书目。

一般的中国文化类教材或专著,前面常常有一章或几章,论述中国文化的基本特征、主体精神等。本教材没有设置这样的章节,而是开门见山,直奔中国传统文化的具体门类。之所以如此,主要是出于这样的考虑:中国文化究竟有哪些基本特征、主体精神,迄今并无定论,有待深入探讨。仅拿基本特征来说,就堪称言人人殊。有"三点说"(如大陆农业和封建宗法相结合、注重伦理型、追求和谐统一),有"四点说"(如农业文明、王权主义、宗法制度、儒道精神),有"五点说"(如人文性、包容性、伦理型、和谐型、务实精神),有"六点说"(如以德性修养为安身立命之本、以中庸为基本处世之道、以耕读传家为根本的治家之道、以经学为治学之本、以义利合一为基本价值追求、以直观意象为基本的思维方式),还有"十点说"(独创性、悠久性、涵摄性、统一性、保守性、崇尚和平、乡土情谊、有情的宇宙观、家族本位、重德精神)……可谓不一而足。我们觉得,与其在学生尚未对中国文化的基本状况有初步的了解之前,一上来就先行框定它的基本特征、主体精神等,莫不如让学生在对中国文化各侧面有所知晓之后,自己从中体悟、归纳出中国文化的基本特征、主体精神。实际上,我们还暗含了这样一个安排,把这个问题作为每次课程结束后的常规、保留试题,即作为一个开放性的问题,让同学自己去提炼、论证。

与此相同,预留给学生进一步独立思考的,还有一个重大问题:中国传统文化的缺失。本教材讲授中国传统文化,主要是介绍其成就,没有专门论述其缺失。这并不表明我们认为中国传统文化尽皆是处、无一弊病。与之相反,我们以为对于传统,既要继承其精华,也要敢于反省其不足。中国传统文化有很多好的方面,但和任何事物一样,也必有缺陷。中国传统文化最主要的缺失究竟有哪些? 这个问题同样可以作为一个开放性的课题,让同学自己去思考、总结。

最后要说的是,本教材的撰写者均为浙江工业大学"中国文化要览"课程的主讲教师。浙江工业大学一贯重视对学生的人文素质培养,早在 2003 年就将"中国文化要览"列入全校八门文化素质课之一,每个学期都有近 50 个左右班级的学生选修这门课程,至今已七年。主讲教师大多积累了丰富的授课经验,根据各人所长,分工如下:第一、十一、十六章,王兴旺副教授、博士;第二章,万润保教授、博士;第三、十章,马晓坤教授、博士;第四章,朱惠仙副教授、博士;第五、十二章,沈小仙副教授、博士;第六章,袁九生讲师、硕士;第七章,唐元发副教授、博士;第八章,方坚铭副教授、博士;第九、十三章,钱国莲教授、硕士;第十四、十五章,孙力平教授、博士。主编负责设计本教材的体例、框架并统稿。

本教材的编写得到浙江省重点教材建设项目资助,得到浙江工业大学的支持;在编写过程中,学习参考了前述许多优秀的中国文化教材和相关专著(详见各章后的"阅读书目"),在此一并表示诚挚的谢意! 由于学识有限,本教材定有诸多不足之处,亦请读者不吝指正,以便修改。

约 900 年前,中国古代大学问家朱熹在江西铅山鹅湖寺与另一大儒陆九渊论争后,曾赋诗一首,留下了千古名句:

"旧学商量加邃密,新知培养转深沉。"

谨以此与读者共勉。

孙力平

2010 年 6 月

图书在版编目(CIP)数据

中国文化要览 / 孙力平主编. —杭州：浙江大学
出版社,2010.6(2023.8 重印)
ISBN 978-7-308-07903-7

Ⅰ.①中… Ⅱ.②孙… Ⅲ.①文化史－中国－高等学
校－教材 Ⅳ.①K203

中国版本图书馆 CIP 数据核字(2010)第 161510 号

中国文化要览

孙力平　主编

责任编辑	柯华杰
封面设计	刘依群
出版发行	浙江大学出版社
	（杭州市天目山路 148 号　邮政编码 310007）
	（网址：http://www.zjupress.com）
排　　版	浙江大千时代文化传媒有限公司
印　　刷	广东虎彩云印刷有限公司绍兴分公司
开　　本	710mm×1000mm　1/16
印　　张	25.75
字　　数	480 千字
版 印 次	2010 年 6 月第 1 版　2023 年 8 月第 6 次印刷
书　　号	ISBN 978-7-308-07903-7
定　　价	48.00 元